ISBN 978-1-332-68760-2
PIBN 10407941

1 MONTH OF
FREE
READING

at

www.ForgottenBooks.com

By purchasing this book you are eligible for one month membership to ForgottenBooks.com, giving you unlimited access to our entire collection of over 700,000 titles via our web site and mobile apps.

To claim your free month visit:

www.forgottenbooks.com/free407941

ANALISI

DELLA

PROPRIETÀ CAPITALISTA

ACHILLE LORIA

Rerum cognoscere causas.

Opera che ottenne il premio reale per le scienze economiche.

VOLUME SECONDO

LE .FORME STORICHE DELLA COSTITUZIONE ECONOMICA

TORINO

FRATELLI BOCCA EDITORI

LIBRAI DI S. M. IL RE D'ITALIA

SUCCURSALI

ROMA
Via del Corso, 216-217

FIRENZE
Via Cerretani, 8

DEPOSITI

PALERMO
Università, 12
(N. Carosio)

MESSINA
(Daly)

CATANIA
S. Maria al Ros.°, 23
(N. Carosio)

1889

PROPRIETÀ LETTERARIA

Torino   Stabilimento tipografico Vincenzo Bona.

A TE, MIA ADELINA,

CHE COLL'ONDA PURA DELL'AFFETTO

FAI RISPUNTARE I FIORI

NELLA MIA ANIMA

INDICE

LIBRO SECONDO

Le forme storiche della costituzione economica.

CAPITOLO V. — *Il profitto a base di salario nelle colonie e nell'Europa.*

CAPITOLO VI. — *L'ultima rivelazione delle colonie.*

CORREZIONI ED AGGIUNTE

A pag. 37, nota 1, si aggiunga: S. SMITH, *Hist. of N. Jersey*, Burlington, 1765, 545, narra come fosse vietato ai produttori di lasciare degli interstizj vacánti fra i loro poderi.

A pag. 388, nota, linea 1, in luogo di *aumento*, si legga *aumento annuo*.

LIBRO SECONDO

LE FORME STORICHE DELLA COSTITUZIONE ECONOMICA

INTRODUZIONE

La nostra dimostrazione teorica è compiuta. L'influenza, che esercita sui rapporti economici la esistenza o la inesistenza di terra libera, fu da noi sottoposta, ne' principali suoi aspetti, al cimento dell'analisi. Noi vedemmo come l'esistenza di terra libera determini la necessaria formazione della economia dissociata, o della associazione mista, e la conseguente impossibilità del profitto e come questo non sorga che mediante la soppressione della terra libera, la quale si ottiene, finchè esiste terra incolta trattabile dal lavoro puro, mercè l'appropriazione dell'uomo e, quando più non esiste terra fertile incolta, mercè l'appropriazione esclusiva della terra. Così la natura del profitto, la sua genesi, le sue tendenze ulteriori, la scissione, che ne deriva, della società fra più classi ed i rapporti, che intercedon fra queste, ci apparirono nella piena lor luce. — Ma nella nostra indagine, quale fin qui fu condotta, si manifestano due rilevanti lacune. Infatti se noi abbiamo analizzate ampiamente le leggi del profitto, che si costruisce sulla cessazione della terra fertile incolta, o, a dir più esattamente, sulla appropriazione esclusiva del terreno, non abbiamo invece analizzate le leggi del profitto, quale si costruisce, finchè esiste la terra fertile incolta, sull'asservimento del lavoratore; e la natura di quel sistema economico fondato sulla appropriazione dell'uomo, che ci apparve fugacemente in sullo scorcio della nostra investigazione, rimane per noi un assoluto mistero. — Ma un'altra e ben maggiore lacuna si ravvisa nella precedente disamina; poichè la nostra dimostrazione ebbe fin qui un carattere prevalentemente deduttivo, che rende ora sommamente desiderabile ed impone una ricerca complementare, efficace a suffragare collo studio dei fatti le astratte investigazioni. Quindi per una parte la necessità di una indagine sulla struttura del profitto fondato sulla schiavitù, per altra parte la necessità d'una indagine schiettamente induttiva, la quale dimostri col solo lume dei fatti la dipendenza del profitto dalla soppressione della terra libera.

Ora non appena si osservino dappresso queste due lacune, che la nostra ricerca presenta, si scorge che la prima di esse è contenuta nella seconda, o che la soluzione di questa adduce per sè medesima alla soluzione della prima. Ed infatti quando fosse dimostrato induttivamente che la causa del profitto, finchè esiste terra fertile incolta, è la soppressione della terra libera mediante la schiavitù del lavoratore, quando per ciò il carattere della schiavitù, o la sua essenza di base del profitto, ci fosse apparsa nella completa sua luce, questa stessa investigazione ci rivelerebbe i caratteri del profitto fondato sulla schiavitù del lavoratore e le leggi, onde la sua dinamica è governata. Quindi lo studio essenziale e sovra tutti importante, che a noi ora si impone, è di dare una riprova induttiva del risultato, a cui deduttivamente pervenimmo, cioè di mostrare coll'analisi dei fatti che il profitto è il prodotto della soppressione della terra libera, e che le forme storiche del profitto corrispondono ai metodi successivi di soppressione della terra libera, i quali sono imposti dalla decrescenza, dovuta ai progressi della popolazione, nel grado di produttività della terra incoltivata.

Ma questa dimostrazione induttiva sembra a primo tratto infrangersi contro quell'ostacolo insuperabile, che presenta ogni tentativo di attribuire la causa di un fenomeno susseguente ad un fenomeno antecedente, quando da molti fenomeni fu quello preceduto. Imperocchè se può dimostrarsi che a ciascuna delle varie forme che assunse il profitto, o a ciascuna fase successiva della costituzione economica, corrispose un diverso grado di produttività della terra incolta, dee pur riconoscersi che accanto al mutare di quel grado si ebbe in quei diversi periodi una mutazione parallela di altri ed importanti fattori sociali; e che perciò può sempre attribuirsi anche a questi altri elementi una influenza causale sul fenomeno, che stiamo indagando. Così, p. es., se gli è vero che l'epoca della schiavitù è distinta da quella del salariato per un'ampiezza sterminata di terre fertili incolte, o per un tenue grado nella densità della popolazione, gli è pur vero che la prima epoca si distingue dalla seconda per una condizione diversa dello stromento produttivo, per una diversa religione, per una diversa morale, per una diversità profonda degli ordinamenti politici ed amministrativi, della coltura, della scienza; onde può sempre affermarsi che anche in questi elementi, e non in quello solo della densità della popolazione, dee ricercarsi la causa della diversa forma sociale. — Così ancora, gli è vero che la genesi dell'economia a salariati fu preceduta da un incremento poderoso di popolazione, che mutava il grado di produttività della terra incoltivata; ma la precedevano del pari, o la accompagnavano, un colossale sviluppo della tecnologia industriale ed agricola, una grande riforma religiosa, un meraviglioso progresso intellettivo, una nuova politica finanziaria, che sorgeva sotto gli auspicii del debito pubblico; ed è per ciò ben legittima l'opinione, la quale considera anche questi elementi come fattori della mutazione sociale, onde la moderna epoca è uscita (1). Questa opinione non si rivelerebbe fallace, se non quando fosse mostrato che di quelle varie cause apparenti una sola merita veramente tal nome, mentre l'altre, o non furono che gli effetti della prima, ovvero intervennero come personaggi muti e quasi come comparse nello svolgimento del dramma sociale.

Ora la logica più elementare ci insegna che il solo metodo di osservazione applicabile a ricercare se un fenomeno sia l'effetto di un dato fattore esclusivamente, o di questo commisto con altri, è il metodo di concordanza e differenza, « il più perfetto dei me-

---

(1) Il metodo, che induce la mutazione della struttura sociale dalla mutazione parallela di un fenomeno, riesce ad illazioni così recise, come contraddittorie fra loro. Così, ad es., Doubleday, trovando che a paro coll'aumento del debito pubico cresce la tassa dei poveri in Inghilterra, ne induce senz'altro che la causa della miseria dei popoli moderni è il debito pubico; mentre Cobbett, trovando che il pauperismo succede cronologicamente alla Riforma, a questa lo attribuisce; laddove Marx, trovando che nell'Inghilterra si ebbe un aumento parallelo di capitalismo e di miseria, attribuisce al « capitale » la causa della povertà. — E Pinto, il teorico dei banchieri d'Amsterdam, non ha forse scoperto che la causa della caduta di Roma fu l'ignoranza del sistema dei debiti pubblici, mentre il medico americano J. Stockton la attribuisce all'addensarsi della popolazione nella città eterna? E si potrebbero moltiplicare gli esempi all'infinito.

todi sperimentali » (Mill); ossia quello, che fa variare l'elemento dato, mentre gli altri non variano, poi fa variare questi, rimanendo il primo invariato; e, quando incontri una variazione del fenomeno nel primo caso, la sua invariabilità nel secondo, ne induce la dipendenza esclusiva del fenomeno stesso da quell'elemento determinato (1). Dunque, applicando al caso nostro il metodo suddesignato, sarebbe necessario trovare due paesi, in cui tutti i fattori presunti dello sviluppo sociale fossero identici, tranne uno soltanto e precisamente le condizioni di produttività della terra incolta, o meglio (poichè la produttività della terra incolta è normalmente eguale a quella della peggiore fra le terre coltivate) le condizioni di produttività della terra-limite; e due paesi in cui tutti i fattori dello sviluppo sociale, tranne quell'uno, fossero diversi. La diversità del sistema economico dei due primi paesi, la identità del sistema economico dei due ultimi, ci darebbe una dimostrazione induttiva ineluttabile della dipendenza esclusiva dei rapporti economici dalle condizioni territoriali.

Se non che il pensiero stesso di ritrovare due paesi, i quali differiscano fra loro per un solo elemento, o per un solo elemento si eguaglino, sembra inammissibile ad alcuni scrittori, e fra questi al Mill, il quale ne deduce recisamente essere il metodo di differenza inapplicabile alle scienze sociali. L'ipotesi ad es., che due nazioni coincidano fra loro in tutti gli elementi della loro costituzione collettiva, tranne che nella politica commerciale, scrive quel filosofo, « non è ammissibile nemmeno dal punto di vista astratto. Due nazioni, che coincidessero in tutto, tranne che nella politica commerciale, coinciderebbero anche in questa. Le differenze di legislazione non sono delle diversità essenziali e fondamentali, non sono delle proprietà specifiche; esse sono gli effetti di cause preesistenti. Se le due nazioni differiscono in questa parte delle loro istituzioni, gli è a cagione di qualche differenza nella loro

---

(1) Se esaminando un oggetto A, io trovo che esso è il prodotto di uno degli elementi a, b, c, d, o di più fra questi, o di tutti, e se voglio accertare quale di queste possibilità si avveri nel fatto, io prendo altri due oggetti, A' e A'', che sono rispettivamente il prodotto degli elementi a, b, c, d', a', b', $c,'$ d, o di una parte di questi. — Ora se trovo che $A' \lessgtr A$, ciò prova che d e d' sono fattori di A ed A'. Ma se poi trovo che $A'' = A$, ciò prova che a, b, c, a', b', c' non sono fattori di A e A'', ossia che la sola causa di A e A'' è d.

posizione e di conseguenza nei loro interessi, o in qualche parte
delle loro opinioni, delle loro consuetudini, e delle loro tendenze;
e questa differenza ne fa presumere altre all'infinito, che possono
influire sulla loro prosperità industriale, come pure su ogn'altra
manifestazione della loro esistenza, in più modi che non si possa
dirlo ed imaginarlo » (1). Ora lasciando di osservare, come già
altri fece (2), che queste avvertenze del Mill varranno bensì a
renderci cauti nelle applicazioni sociali del metodo di differenza,
non però a bandire questo prezioso stromento di investigazione
dai campi della sociologia, noi avvertiremo come appunto le considerazioni del Mill ci conducano a ravvisare nella ricerca, alla
quale ci accingiamo, il solo esempio, in cui il metodo di differenza sia perfettamente applicabile alle investigazioni sociali.
Se infatti, a norma di quanto il Mill medesimo insegna, il metodo di concordanza e differenza potrebbe applicarsi quando
si trovassero due paesi, i quali coincidessero o differissero fra
loro soltanto in un elemento primordiale, questo metodo diviene
immediatamente applicabile nel cáso, di che al presente si tratta,
in cui la comparazione si riferisce a due paesi, che coincidano
o divergano fra loro pel solo elemento del grado di produttività
della terra limite; poichè è questo appunto un elemento primordiale, anzi il solo elemento primordiale dell'economia. Ed
invero se due paesi differiscono fra loro pel solo elemento del
grado di fertilità dell'ultima terra occupata, questo elemento diverso non può derivare che dalla diversa fertilità della terra ne'
due paesi, o dalla diversa densità della popolazione, dovuta a sua
volta al fatto che l'istinto fisiologico di procreazione opera da
tempo diverso nelle due nazioni assunte ad esame. Non è esso dunque un elemento assolutamente primordiale, in quanto che non può
rannodarsi ad alcuna cagione economica, o ad alcun istituto
delle due nazioni, ma è dovuto ad una causa fisica, comune a
tutte le parti del globo, e ad una causa fisiologica, comune a
tutti gli esseri organizzati? Certamente si potrà opporre che l'incremento della popolazione, determinante il grado di occupazione
della terra, non è dovuto soltanto all'istinto fisiologico della pro-

(1) MILL, *Système de logique*, Paris 1866, 11, 472; I, 453.
(2) LAMPERTICO, *Sulla statistica come scienza in generale e su Melchiorre
Gioia in particolare*, 2ª ed. Roma 1879.

creazione, ma è nella sua quantità regolato da un coefficiente psicologico od economico, il quale pertanto, lunge dall'essere un elemento primordiale, si rannoda a cause anteriori. Ora noi potremmo senz'altro eliminare questa obbiezione, riportandoci alle indagini fatte al Cap. V del Libro I, ove si vide che il coefficiente di procreazione è esso medesimo un prodotto del grado di occupazione della terra; poichè, ciò posto, il dire che fra gli elementi determinanti la costituzione economica di un paese v'ha il coefficiente di procreazione, non fa che confermare la tesi, secondo cui quegli elementi si riducono al grado di occupazione del terreno. Ma volendo oggimai attenerci esclusivamente all'esame dei fatti, noi dobbiamo dare a quella obbiezione una risposta induttiva, e a tale scopo analizzare col metodo di differenza la causa stessa del coefficiente di procreazione. Infatti, quando si dimostri che i paesi, i quali divergono soltanto pel grado di occupazione della terra, o di produttività della terra-limite, hanno un coefficiente di procreazione diverso, mentre quelli che coincidono soltanto nel grado di occupazione della terra hanno un coefficiente di procreazione eguale, riesce evidente che il coefficiente di procreazione entra esso medesimo nel novero di quei rapporti sociali, che sono il prodotto del grado di occupazione della terra e che per ciò non può mai togliere a questo il carattere di elemento primordiale. Il nostro metodo è dunque inattaccabile nelle sue basi, a condizione di essere applicabile a tutti i rapporti economici; poichè ove esso riesca a mostrare che i paesi coincidenti solo nel grado di occupazione della terra hanno tutti i rapporti economici, *compreso il coefficiente di procreazione*, eguali, e quelli che divergono solo per quell'elemento hanno tutti i rapporti economici, compreso il coefficiente di procreazione, diversi, esso porge la duplice dimostrazione, che quei paesi si eguagliano, o si differenziano, per un elemento primordiale e che è questo la causa della loro struttura economica; e presenta quindi, secondo i precetti stessi del Mill, una applicazione irreprensibile del metodo di differenza alla sociologia.

Ciò posto, si scorge come la ricerca, che ora s'impone ai nostri studi, sia un raffronto fra lo sviluppo economico delle colonie e d'Europa; poichè è evidente che le colonie, ne' vari periodi del loro sviluppo, differiscono dall'Europa ad esse contemporanea per un solo elemento, cioè il grado di produttività della terra-limite (1), e che presentano una perfetta identità di condizioni territoriali con un periodo arretrato dell'Europa, da cui differiscono sotto ogni altro rapporto. Ora su questa base può perfettamente applicarsi il metodo di concordanza e differenza; e quando questo riveli una diversità dei rapporti economici della madrepatria e delle colonie, una identità dei rapporti economici nelle colonie ed in un periodo della economia d'Europa, nel quale erano analoghe le condizioni territoriali, si manifesterà luminosa la indipendenza dei fenomeni economici dalle condizioni dell'uomo, la loro dipendenza assoluta dalle condizioni della terra e si avrà una dimostrazione induttiva irresistibile della tesi da noi additata. A questa dimostrazione positiva dedico le pagine che seguono, nelle quali sottopongo al lettore i risultati, meno dei miei studi che della mia sorpresa; sorpresa giustificata, profonda, poichè analizzando i fenomeni senza preconcetti e senza alcuna predilezione per una teorica determinata, vidi spiegarmisi innanzi una dimostrazione induttiva più rigorosa, più completa, più splendida, di quella che dai liberi erramenti della deduzione avrei potuta sperare.

---

(1) L'osservazione di WAPPÄUS (*Bevölkerungstatistik*, I, 144) essere impossibile trovare due paesi che differiscano soltanto pel grado di densità della popolazione, cade dunque completamente innanzi all'esistenza delle colonie. — Quanto all'obbiezione, che non possano considerarsi gli Americani come formanti una sola razza cogli Inglesi, ecco ciò che scrive un viaggiatore intelligente: « Nè la emigrazione di Europei estranei al Regno Unito, nè qualunque altra causa bastò a cancellare od attenuare l'impronta originaria, eminentemente britannica, data all'America nel momento della prima colonizzazione; tutti gli elementi che entrano nel sistema politico e sociale degli Stati Uniti sono essenzialmente britannici. » (COCHRANE, *Journal of a residence and travels in Columbia*, Lond. 1825, 1, 233).

CAPITOLO I.

LA RIVELAZIONE STORICA DELLE COLONIE

———

Chi è avvezzo a giudicare la vicenda umana a norma del pregiudizio teleologico, dee ravvisare nello sviluppo giovanile delle colonie, che dispiegasi agli sguardi della vecchia Europa, il risultato di una grandiosa e sapiente predestinazione. Si direbbe infatti che provvidenza di nume abbia ideato di compensare la civiltà d'Europa delle vaste fratture, che appaiono nella sua storia economica, negletta dai narratori d'ogni età; ed abbia evocato un novello mondo, che sorge innanzi all'antico e nel proprio presente gli rivela il suo passato. — Non altrimenti che Ercolano e Pompei, questi « palimsesti della natura » hanno irrigidito un istante dell'antica èra, serbandoci ricco di vita un periodo defunto, così lo sviluppo delle colonie risuscita, illuminata dai vivaci colori della giovinezza, un'epoca per noi da lungo decorsa. Le colonie sono veramente, come direbbe Petty, un animale politico, da cui la fisiologia sociale può trarre tesori (1), esse sono per la scienza economica ciò che le montagne per la geologia, dacchè se quelle rendono accessibili alla scienza moderna le stratificazioni primitive della terra, le colonie permettono di rileggere nel libro del presente le pagine strappate della storia sociale. Epperò se gli è vero, e fu notato da Hegel, che la storia universale non potrebbe rivelarsi a sistema, ove non fosse il Mediterraneo, *agora* dell'antica umanità, è pur vero che la storia sociale non potrebbe compiutamente spiegarsi, ove le colonie non ne rivelassero la sintesi luminosa nel loro accelerato processo (2).

Qual'è la sintesi storica, di cui le colonie ci sono rivelatrici?

Pensa un'accolta di uomini, viventi nell'Inghilterra all'epoca di

———

(1) W. Petty, *Political anatomy of Ireland* (1672), Lond. 1691. Prefazione.

(2) « L'Unione americana dev'essere considerata come un vasto campo per lo studio della scienza economica col metodo sperimentale. » Combe, *Notes on the United Staates during a phrenological visit*, Edinb. 1841, II, 150. « La

Elisabetta, o di Giacomo I e pensa il tessuto de' rapporti economici, in seno al quale essi stanno. Innanzi ad essi svolgesi la
grande manifattura or ora sbocciata e va formandosi il latifondo,
eretto sulle ruine delle coltivazioni patriarcali. S'accentrano le
ricchezze nei pochi, formasi un'oligarchia finanziaria, cresce la
produzione, ma in ragione sempre più ineguale si ripartisce. Si
moltiplicano a Manchester e a Londra i doviziosi equipaggi e i
mendichi. Si sfascia l'edificio gotico delle istituzioni feudali e la
proprietà libera, borghese, insaziata di conquiste, si sfrena. È l'inizio
del sistema economico moderno, che assurge con uno strascico di
dolori, di grandezze, di grettezze infinite. Ed ora supponi che
capriccio di fata trasporti d'un tratto queste genti britanne sopra
una vergine plaga, nella Pensilvania, o nella Virginia. Son quelle
stesse genti, che ieri, nelle città del Regno Unito, assumevano
quei rapporti di produzione, di cui son base la grande industria
ed il salariato; eppure, strana cosa! quegli stessi rapporti di produzione divengono recisamente impossibili nella novella lor sede
e la permanenza del loro carattere, dei loro costumi, delle loro
idee, non ha efficacia a creare nella colonia quegli istituti economici, che nella madrepatria avean vita. Gli uomini stessi,
trasportati da una regione ove ogni terra era occupata ad una,
ove le terre sono accessibili a tutti, assistono ad una metamorfosi radicale di quei rapporti economici, che intercedevan fra

---

storia delle nostre colonie d'Australia è un ricco repertorio di esperienza economica. » Cairnes, *Alcuni principj*, 356. « Solo in America, scrive List, mi
apparve il graduale sviluppo dell'economia sociale. Un processo, che in Europa
esige un periodo secolare, cioè il passaggio dalla vita nomade alla pastorizia,
da questa all'agricoltura, e da questa allo stato agricolo e commerciale, si compie
colà sotto i nostri sguardi. » (*Nationale Syst. der pol. Oek.* Prefaz. x). Ma il sussidio, che l'America appresta alla ricerca scientifica, eccede i campi dell'economia.
Giusto Möser studiava nelle Indie occidentali la Storia di Roma, nelle piantagioni dell'America settentrionale l'emigrazione dei popoli (Jul. Schmidt, *Prefazione a Herder, Philosophie der Geschichte*, XII). L'America ha svelato a
Tocqueville le leggi della costituzione politica ed a Morgan la costituzione fa-
miliare dell'età preistorica. Quest'ultima rivelazione è singolarmente notevole.
Infatti, se la emigrazione successiva alla scoperta d'America riprodusse in questa
le prime forme della proprietà d'Europa, sembra che una emigrazione antichis-
sima dall'Asia all'America abbia riprodotto in questa delle forme di costituzione
famigliare già nell'Asia scomparse; l'analisi delle quali permise a Morgan di
tracciare le leggi della famiglia primordiale. (Cfr. Morgan, *Systems of consan-
guinity and affinity of hum. fam.*, Washington 1871, 492 e ss.).

loro. E non è tutto. — Nella novella terra, nella quale « non vi ha nulla di antico, tranne gli alberi delle sue vergini foreste », si compie, a così dire, una rinascenza dell'umanità, e risorge la struttura economica dell'Europa primeva, senza che il progresso umano, elaborato in due millenni, sia efficace a vietare la riproduzione degli stessi fenomeni sociali col riprodursi delle condizioni stesse dell'ambiente esteriore. E dopochè ha assunto un sistema sociale riproducente l'economia primitiva, la colonia procede a passi accelerati nella evoluzione economica e s'avvicina sempre meglio alle condizioni della madrepatria ed infine le raggiunge, ma non però senza aver percorso quattro stadi, quattro tempi, quegli stessi che la vecchia umanità d'Europa ha dovuto percorrere, in un intervallo più volte secolare, per giungere dalle condizioni primitive alle condizioni odierne del suo sistema economico. E finalmente, in questa metamorfosi accelerata dei rapporti economici nelle colonie, la decadenza e la morte di ciascuna forma economica è salutata e preceduta da una metamorfosi nelle condizioni della proprietà fondiaria, o nel grado di produttività della terra-limite, non però da alcuna metamorfosi sensibile nelle condizioni intellettuali, o più generalmente, subbiettive dell'uomo.

Tale la storia delle colonie moderne. Ma uno studio delle colonie medievali ed antiche ci mostrerebbe la riproduzione degli stessi fenomeni; la colonia, sorgente con forma economica primitiva e procedente per tre stadi, se medieva, per due stadi se antica, verso la condizione sociale della madrepatria. — Infatti nelle colonie antiche si nota un primo periodo, nel quale predomina la proprietà comune, o la piccola proprietà, mentre solo in un periodo più tardo si introduce la schiavitù. Così durante la guerra del Peloponneso gli Ateniesi, conquistata Lesbo, la dividono fra 2700 cittadini, che divengono piccoli proprietari, e solo più tardi fanno schiavi gli indigeni (1). Nè diverso spettacolo ci presentano quei 600 cittadini, che Pericle invia a colonizzare Sinope e che vi istituiscono la piccola proprietà dapprima, solo dappoi la schiavitù (2). Nelle colonie latine si trovano soltanto li-

---

(1) Hegewisch, *Geographische und historische Nachrichte die Colonien der Griechen betreffend.* Altona 1808, 153.4, 169.

(2) (Sainte-Croix), *De l'état et du sort des colonies des anciens peuples,*

berti e romani liberi (1), e quelle società sono per lungo tempo esclusivamente composte di piccoli proprietarii. Le colonie di Alamanni, trasportati nella Frisia e nella Gallia, non hanno schiavi (2) e nelle colonie di veterani formatesi sui lembi dell'impero romano prevale per un vasto intervallo la proprietà collettiva (3). Fino all'anno 441 U. C. le colonie antiche son composte quasi esclusivamente di piccoli proprietarii (4) e la schiavitù, che pure impera nella madrepatria, non si introduce che in un assai tardo periodo nella economia coloniale (5). Nè meno interessante sviluppo ci presentano le colonie del medio evo. Infatti nel XII e XIII secolo, quando la schiavitù è da lungo tempo cessata e la servitù stessa in decadenza nell'Europa e quasi estinta in Italia, veggiamo inferire la schiavitù nelle colonie fondate dalle nazioni europee e dall'Italia in ispecie. Così, quando, nel 1212, i Veneziani colonizzano Candia, ciascuno dei feudi maggiori, o *cavallerie,* che vi istituiscono vien fornito di 24 schiavi saraceni (6). « Gli schiavi sono assai numerosi nelle colonie latine; se ne trovano non solo di Musulmani, ma ancora di Cristiani, Armeni, Siri, Georgiani; sono prigioni di guerra, o schiavi importati ed i Latini hanno soltanto gran cura che uno schiavo cristiano non sia venduto ad un infedele » (7). Solo in

---

Philadelphie 1779, 167, 245. Certamente in alcune colonie la schiavitù si introduce fin dal loro sorgere, come a Melos; ma in questo caso però non si ha la colonizzazione di una terra deserta, bensì la sovrapposizione di una razza conquistatrice ad un'altra. (CORNEWALL LEWIS, *Essay on the government of dependencies,* Lond. 1841, 172). — In molte colonie greche, p. es. a Chio, la schiavitù si introduce prima che nella madrepatria; ma in questi casi la popolazione raggiunge nelle colonie, pel più rapido aumento, una densità maggiore che nella madrepatria, cosicchè, economicamente, è la madrepatria che diviene nel fatto colonia. (Cfr. BELOCH, *Bevolkerung der griechischrömischen Welt,* Leipz. 1886, 493-5).

(1) SCHILLING, *Bemerkungen über römische Rechtsgesch.* Leipz. 1829, 317.

(2) MADWIG, *État romain,* Paris 1882-4, III, 34-8.

(3) SEEBOHM, *English village comunity,* Lond. 1884, 359, 279.

(4) (BARRON) *History of colonization of the free peoples of antiquity,* London 177, 97.

(5) MACÉ, *Histoire de la propriété du domaine public chez les Romains,* Paris 1851, 82.

(6) LEO, *Storia degli stati italiani,* Firenze 1840, I, 397.

(7) REY, *Les colonies franques de Syrie aux XII et XIII siècles,* Paris 1883, 57, 105-7. Il 7 dicembre 1424 Vasilissa Francesca fa ad Antonio, bastardo di Nero Acciajuoli e duca d'Atene, la donazione di una schiava « sclavam unam

un periodo successivo si introduce nelle colonie dell'Oriente il sistema feudale e i paesani della Siria si convertono in *hom-liges* (1).

Ma ove pur noi ci arrestiamo alla contemplazione della vicenda sociale nelle colonie moderne, possiamo scorgere tosto quale imponente rivelazione esse porgano alla scienza della storia umana. Se infatti le colonie assumono rapporti di produzione opposti a quelli, che han vita nella madrepatria, malgrado la identità psiçologica dei coloni e degli abitatori di quella, se gli uomini stessi, trasportati sopra una vergine gleba, vi iniziano di necessità rapporti diversi ed opposti a quelli, a cui soggiacevano nell'antica terra, ciò vuol dire almeno che i fenomeni sociali e dell'antica e della nuova patria non hanno la loro causa esclusivamente nell'uomo, ma sono in parte dovuti alle condizioni territoriali. Ma poi, quando si scorge che i rapporti economici assunti nelle sorgenti colonie presentano una profonda identità con quelli assunti dalla umanità primitiva, allorchè le condizioni dell'uomo erano assolutamente diverse, le condizioni della terra erano identiche a quelle delle colonie, si giunge alla conclusione più recisa, che causa de'fenomeni sociali non è l'uomo, ma sì la natura esteriore. Imperocchè se abbiamo due soli fattori possibili del fenomeno sociale, l'uomo e la terra; se a parità nelle condizioni dell'uomo possiamo avere la disparità massima nelle condizioni sociali, mentre a parità nelle condizioni della terra abbiamo una necessaria parità nelle condizioni sociali, dobbiamo concludere che la motrice del processo sociale è la terra e che l'uomo non è del processo umano l'agente, ma lo spettatore.

Quale sia la rilevanza di questo risultato, si scorge di leggieri. La teoria dello sviluppo economico delle colonie, quale fu sopra riassunta, distrugge tutti quei sistemi filosofici, che trovano nell'intelligenza, o nelle varie sue esplicazioni, la causa del movimento storico umano. — Come ammettere infatti il teorema di Comte e di Buckle, che i fenomeni sociali siano il prodotto dello sviluppo ›

---

nostram et rusticam nomine Eudochiam de partibus despotatus, ad nos pleno jure spectantem » e gli permette « prædictam Eudoxiam vendere, donare, permutare, alienare, affrancare, liberare, in dotem dare. » (BOUCHON, *Nouvelles recherches historiques sur la principauté française de Morée*, Paris 1845, I, 166).

(1) HEYD, *Geschichte des Levantenhandels in Mittelalter*, Stuttgart 1879, I, 156.

intellettuale ; come il concetto hegeliano che la storia sia la esplicazione evolutiva dell'idea ; come l'aforisma di Lassalle che lo spirito umano sia il *fieri* nella storia ; quando sia dimostrato che una novella umanità, forte del patrimonio intellettivo e materiale accumulato da cento generazioni anteriori, trovasi costretta ad assumere i rapporti economici dell'età primitiva, pel solo fatto che essa viene ad assidersi accanto ad una terra libera, al pari della primeva umanità? La civilizzazione delle colonie, erigentesi sopra le condizioni della natura fisica, indipendente dalle condizioni psicologiche dell'uomo, è contraddittoria al concetto di una dipendenza della civiltà umana dallo sviluppo intellettuale o morale della società, e conforta il concetto di una dipendenza serrata della storia sociale dalla natura, di una sintesi grandiosa e meccanica dell'uomo e del mondo esteriore.

Se per questi rispetti la ricerca sulla evoluzione delle colonie reca un contributo eminente alla scienza della storia umana, essa non reca meno splendido lume alla dottrina economica ; poichè una legge si rivela da tutta la storia delle colonie ed è questa, che la proprietà fondiaria non è già soltanto un fattore dell'organismo economico, ma è il piedestallo, su cui si erige l'intero sistema sociale. A noi cittadini dell'Europa occidentale, cui le meraviglie dell'industria manifattrice fanno proclivi ad attribuire al modo di produzione una influenza esclusiva nella moderna economia, a noi tale concetto appare una riproduzione *mutatis verbis* dei pregiudizi fisiocratici. Dove però il processo industriale moderno non è ancor predominante, o tuttor non soverchia l'importanza economica della proprietà terriera, come sarebbe nella Russia, come sarebbe a maggior ragione nelle colonie, ivi lo scrittore attiensi ad una sintesi più territoriale, e pertanto più vera, dei fenomeni economici. Così non è gran tempo ed un pubblicista distinto della Russia notava con molta giustezza: « In tutte le elucubrazioni sulla questione operaia, in tutti gli sterili accorgimenti escogitati alla conciliazione del capitale e del lavoro (accorgimenti i quali rassomigliano a picciolo trave, che debba congiungere due immense pareti) si dimentica che sotto la larva della questione operaia, un'altra ed essenziale questione si annida, la questione agraria e che la causa reconditta del malessere sociale, ond'è travagliato l'occidente d'Europa, risiede nell'esclusione dalla proprietà fondiaria, che affligge la parte massima della nazione » '(1). E pochi anni dappoi, alla spiaggia opposta dell'Atlantico, uno scrittore imparziale avvertiva : « Non è nei rapporti fra capitale e lavoro, che dee ricercarsi la spiegazione dello sviluppo differenziativo del nostro incivilimento. La grande causa della ineguaglianza nella distribuzione della ricchezza è la ineguaglianza nella proprietà della terra; imperocchè la proprietà fondiaria è il fenomeno fondamentale, che determina la condizione sociale, politica ed economica di ciascuna nazione » (2). Sì, nell'evo moderno, non altrimenti che nell'antico, la proprietà fondiaria è il fenomeno principe di tutta l'economia; e per tale riguardo il presente si differenzia dal passato in ciò soltanto, che nell'età antica i rapporti della proprietà fondiaria furon causa di rivoluzioni cruente, non però nella nostra ; manifestandosi qui il fatto inverso a quello notato da Hegewisch, che le finanze e le imposte hanno provocato frequenti rivoluzioni negli stati moderni, non però negli antichi (3).

Tali i pensieri, che suscita la ricerca della genesi e dello svolgimento sociale delle colonie moderne, tale il soggetto che noi

---

(1) WASSILTCHIKOFF, *Proprietà fondiaria*, ecc. Introduzione, IV.

(2) GEORGE, *Progress and Poverty*, 1883, 213. Anche nella Germania e nell'Italia, ritroviamo questa sintesi soltanto presso i pensatori dell'epoca, in cui lo sviluppo industriale era più limitato e preminente la produzione rurale. Si veggano Thünen, Nebenius, Fuoco. — Tuttavia anche fra scrittori moderni, specialmente se pratici, la verità si fa strada. — « Un popolo, dice Mac Donnell, è ciò che lo fa il suo sistema fondiario. — La terra che esso coltiva è più forte di lui. » *The land question*, Lond. 1873, 4.5. « La questione della proprietà fondiaria è la base della storia d'Europa. » STEIN, *Drei Fragen des Grundbesitzes*, 6, 11, Vedi anche LETTE, *Vertheilung des Grundeigenthums*, Berlin, 1858, 1.

(3) « Quel que soit le nom des partis, qui se disputent le pouvoir — patriciens et plébéiens — seigneurs et vilains — tiers état et noblesse — la question capitale est toujours: à qui le sol? » LABOULAYE, *Histoire du droit de propriété foncière en occident*, Paris 1839, 62. Giuseppe Ferrari ha lumeggiato stupendamente questo concetto nel geniale suo libro: *La Chine et l'Europe*, Paris, 1869. Egli dimostra che « la Chine, vide d'événements, pauvre de poésie, est entièrement vouée au progrès de la loi agraire. Sa civilisation lui défend de régler la distribution des terres sans régler en même temps l'industrie, le commerce, les armées, le pouvoir, la science, sans se trouver accablée, enrayée, ou fourvoyée de temps à autre par son propre travail. » (231). L'osservazione di sir James STEUART (l. c., III, 48) sulla differenza fra l'evo antico, dominato dalla proprietà fondiaria, ed il moderno, che le è meno soggetto, è più speciosa che vera.

ci proponiam di trattare. Edoardo Gans, per contemplare la storia del diritto, si colloca sul Campidoglio e, figgendo lo sguardo bifronte nella storia pre-romana e post-romana, cerca indurre dal contrasto di queste colla storia di Roma il senso recondito dello sviluppo storico umano. Noi ci collochiamo nella sede gloriosa della giovane libertà e, contemplando da questa lo svolgimento economico del mondo europeo, vogliamo divellere dal suo raffronto collo svolgimento delle colonie il senso profondo e sintetico dello sviluppo sociale. La ricerca, non neghiamolo, richiede lunghe e perigliose fatiche; ma essa ne è ben degna e le compensa a dovizia. — Dalle officine di New-York e dai campi di Dakota si parte una luce, che proiettata sui ruderi del medio evo, dell'antichità, della primitiva barbarie, li illumina d'improvviso splendore, anima le loro fossili forme, interpreta i caratteri misteriosi che essi portano scritti e strappa il loro, e col loro il nostro segreto. — L'America porge la chiave dell'enigma storico, che l'Europa cerca da secoli invano; ed il paese che non ha storia riflette e rivela luminosamente il mistero della storia universale (1).

---

(1) « L'America è la terra dell'avvenire, in cui deve esplicarsi la realtà della storia universale. » HEGEL, *Philosophie der Geschichte*, Berl., 1840, 106.7.

CAPITOLO II.

L'ECONOMIA DEI PRODUTTORI DI CAPITALE NELLE COLONIE E NELL'EUROPA.

§ 1. — Dissociazione primitiva dei produttori di capitale.

Il fatto imponente, che si manifesta all'inizio medesimo delle colonie, è l'impossibilità del salariato. — È vero che i capitalisti vi emigrano a schiere, fidenti di sfruttare gli elevati profitti, che la feracità esuberante della colonia promette; è vero che gli operai emigranti alle colonie non han giurato a sè stessi di fuggire per sempre il lavoro salariato; al contrario! ancor sulla nave, che li trasporta verso il nuovo emisfero, essi dipingono alla propria mente la condizione loro nella colonia, come quella di operai agiati, non però di proprietari indipendenti (1). Ma che monta? dacchè han posto piede nella novella regione, veggono stendersi innanzi a sè una ricchezza confortatrice di vergini terre, che li seduce col magico incanto della proprietà libera e piena. Allora è indarno che i melanconici capitalisti emigrati si sforzano di trattenere al proprio servigio una classe di lavoratori; la catena invisibile, che avvince in Europa l'operaio al capitalista e che ha la sua base profonda nell'assenza di terra inoccupata, si spezza. Il rapporto di salario, frutto esotico, more o vegeta senza forza nella colonia e gli operai si disperdono per le libere glebe, di

_____

(1) « 3100 uomini, donne e fanciulli, vennero dall'Irlanda in America nel 1727 e 4200 nei due anni successivi. Essi non chiedevano che di ottenere nel nuovo mondo ciò che l'antico loro negava: sicurezza nel loro lavoro. » *Collections of the Maine historical society*, Portland, 1831 e ss., VI, 10-11. « Le colonie dell'America settentrionale erano originariamente composte di uomini, che aveano lasciato la loro patria, indotti dal desiderio di trovare impiego in un paese, in cui il lavoro ottenesse un salario elevato. » BROUGHAM, *An inquiry into the colonial policy of the european powers*, Edinb. 1803, I, 42.

cui si fanno proprietari (1). È classica, a tale proposito, una lettera scritta nel 1767 da sir Henry Moore, governatore di Nuova York, al Ministro del commercio d'Inghilterra, nella quale si trovano strazianti querele sul costume degli operai di abbandonare la fabbrica per divenire piccoli proprietari. Sir Henry narrava con elegiaca eloquenza, come perfino i domestici importati dall'Europa lasciassero il loro signore, tosto ch'era spirato il periodo convenuto e s'appoderassero un picciol tratto di terra. « Il proprietario di una fabbrica di vetri, raccontava lagrimando lo stesso Moore, immigrato nella mia provincia e poi fallito, mi assicurava che la sua rovina non doveasi ad altra cagione, che all'abbandono in cui l'aveano lasciato gli operai, che egli aveva a grande spesa importati e soggiungeva che molti altri imprenditori avevano sofferto al pari di lui e per la stessa cagione » (2). Il *go west young man*, divisa dell'*yankee* salutante nella terra libera la propria alleata, era la negazione del salario. Epperò indarno il governo spagnuolo faceva ampie concessioni di terre ai propri devoti nell'isola di San Domingo; le terre rimanevano incolte per difetto di salariati. Indarno i plutocrati d'Inghilterra immigravano alle colonie coi loro capitali; questi perivano per mancanza di operai. Un certo Peel, di cui l'intelletto non doveva aver nulla di comune con quello del celebre ministro, avea recato seco dall'Inghilterra operai e viveri per 50.000 sterline affine di fondare un'industria nella Nuova Olanda, a Swan River. Giunto alla meta, vide i suoi operai disperdersi per le terre inoccupate e neppur gli rimase un domestico per fare il suo letto o per attingere acqua al fiume (3). Nel 1629 alcuni capitalisti emigrano alla Nuova Inghilterra, conducendo con sè a grande spesa un certo numero di salariati; ebbene, appena giunti a riva, quelli si disperdon per le terre e fondano villaggi indipendenti (4). Ma la sorte di questi disgraziati capitalisti è comune a tutti i loro colleghi, i quali cercano senza frutto nel Nuovo Mondo un profitto ai loro capitali (5), giustificando l'arguto quesito, proposto dal Vescovo Berkeley

---

(1) « Le terre nell'America e nelle Indie occidentali sono generalmente possedute dagli stessi coltivatori. » AD. SMITH, *Wealth of Nations*, 1776, II, 570.

(2) BISHOP, *History of american manufactures*, Philad. 1868, I, 236-7.

(3) WAKEFIELD, *England and America*, II, 18 e ss.

(4) *Concise historical account of british colonies in America*, Lond., 1775, 39.

(5) SENIOR, *Economia politica* (Bibl. Ec.), 700.

« Può darsi che un uomo sia proprietario di 20.000 acri nell'America settentrionale, eppure non abbia di che pranzare? » — Meravigliati da quest'impreveduto fenomeno, i capitalisti smettono dell'antica grettezza, ed offrono ai lavoratori un salario maggiore del prodotto, che essi possono sulla térra libera ottenere, certi con ciò di riuscire a staccarli dalla proprietà fondiaria ed a formare il salariato. Eppure, mirabile a dirsi! hanno a registrare un nuovo insuccesso. Perchè mai? « Come si può credere che i coloni ricusino di essere salariati, mentre pur sanno che un buon sistema di cooperazione assicurerà loro elevati salari ed il modo di procacciarsi un capitale? La ragione è che essi preferiscono l'indipendenza agli elevati salari e che il desiderio di posseder terra li rende ostili ad ogni combinazione di lavoro. Credere che gli operai immigranti si associno spontaneamente ai capitalisti è in contraddizione alla storia » (1). Le più diverse colonie non fanno, per tale riguardo, che riprodurre un identico fatto. — « Nelle nostre colonie dell'America settentrionale, avverte già Ad. Smith, nè i ricchi salari, nè l'agiata sussistenza possono indurre i proprietari coltivatori a porsi al servigio di un imprenditore industriale » (2). Nel Canadà « i genitori distolgono i loro figli e le loro figlie da una specie di servigio, che in tutte le regioni transatlantiche è considerata più o meno indecorosa, *per quanto possa essere lucrativa*; un sentimento questo, che sorge per gran parte dalla somma facilità di acquistare proprietà fondiaria. In Europa, per ventura, esiste una classe, il cui solo scopo ed il cui solo diletto (!) è di impiegarsi nell' industria, ma nell'America vi è un pregiudizio profondo contro questa specie di lavoro » (3). L'idea di lavorare per un salario, nota Mungo Park, non è mai entrata nella mente dei negri, e gli operai salariati, o i liberi che si vendano per mercede, sono affatto ignoti nell'Africa (4). « Di un negro libero, che vendesse il suo lavoro ad un proprietario, non si ebbe mai esempio in Giamaica e pro-

---

(1) MERIVALE, *Lectures on colonization and colonies*, Lond. 1841-2, I, 247, II, 39-40.

(2) AD. SMITH, l. c., I, 463.

(3) BASIL HALL, *Travels in North America*, Edinb. 1829, I, 299-300. Vedi anche CAREY, *Essay on the rate of wages*, 30. Sulla ampiezza delle terre incolte, HALL, l. c., 302.

(4) M. HENRY, *The cotton trade*, Lond. 1863, 87.

babilmente nessuna mercede, per quanto elevata, sarebbe considerata da quello come una sufficiente tentazione » (1). « Nelle Indie occidentali, narra Underhill, io chiesi ai piccoli proprietari, che prestavano lavoro in via suppletoria per una mercede, se, ricevendo un salario eguale alla mercede attuale ed al prodotto dei loro poderetti, essi si sarebbero indotti a cedere le loro piccole proprietà; e ne ricevetti una sola risposta: no » (2). Dovunque « la carestia del lavoro e la scarsità ed indipendenza dei lavoratori costringono ciascuno a dispensarsi dal lavoro salariato ed a fare ogni cosa da sè » (3); onde « la dipendenza dell'uomo dall'uomo è ignorata ed ogni membro della società deve confidare esclusivamente nel suo piccolo ammontare di ricchezza » (4). Per tal modo la terra libera determina la necessaria frattura del rapporto, così consolidato in Europa, fra capitalista e salariato.

Questa impossibilità del salario, che si presenta nelle colonie come risultato della terra libera, si manifesta del pari nell'Europa primitiva, come prodotto delle stesse condizioni territoriali. « Nei tempi prossimi all'origine della società è quasi impossibile trovare uomini, che vogliano lavorare la terra altrui, poichè, quando tutti i terreni non sono ancora occupati, quelli che vogliono lavorare preferiscono dissodare delle nuove terre e coltivarle a proprio conto. Quindi non è all'origine della società che i proprietari possono cessare d'essere coltivatori; è solo quando i progressi della società e della coltura hanno fatto nascere e ben distinguere la classe stipendiata » (5). « Nei tempi più antichi, in cui ogni libero riceveva almen tanta terra quanta era necessaria alla sua sussistenza, servivano solo gli schiavi; il salariato era impossibile » (6). Così « di operai che lavorassero per un salario non se n'aveano nella Germania primitiva; poichè questo sarebbe

---

(1) M. G. Lewis, *Journal of a West India proprietor*, Lond. 1834, 348.

(2) Underhill, *The West Indies*, Lond. 1862, 265.

(3) Grahame, *History of the United States*, 2ª ed. Philad. 1845, II, 429.

(4) *Maine's historical society (Sketch of the resources of the city of New-York*, 1827), VI, 97.

(5) Turgot, *Réflexions sur la formation ecc. des richesses*, ed. Daire, 17. È merito di Turgot di avere intravveduta la evoluzione del rapporto fra la proprietà ed il lavoro; ma lo stato arretrato della scienza gli tolse di scorgere le cause profonde, che si celavano sotto una successione di forme apparentemente superficiali.

(6) Weinhold, *Altnordisches Leben*, Berlin 1856, 429.

stato un servigio ed il libero non serviva alcuno, lo schiavo soltanto serviva il suo signore » (1). Che se ad una scrupolosa erudizione vien fatto di scoprire nell'antichità d'Europa le traccie
dell'esistenza sporadica del salario (2), non son queste che la rivelazione di un fenomeno anormale, da cui non può nulla indursi
circa la struttura di quella società.

Ora questi lavoratori, riluttanti a vendersi per una mercede,
si trasferiscono sulle terre inoccupate e ne divengono liberi coltivatori, dacchè la stessa esuberanza del suolo rende loro possibile
di produrvi senza alcuna accumulazione preesistente. Della produttività sorprendente della terra in questo periodo dà ineluttabile prova il fatto, che ancora nel 1666 in Rhode Island, il
grano produce 80 per 1 ed in alcune provincie si ottiene grano,
per 26 anni, dal medesimo campo, senza concimarlo (3). Nella
Carolina dal Sud, nel 1731, il riso ed il grano turco producono
100 volte la semente e produrrebbero di più se la terra fosse
meglio coltivata (4). Nel circondario di Bermuda, in James Town,
un mese solo di lavoro basta ad assicurare al coltivatore la sussistenza ed a fornirgli i mezzi di pagare le imposte (5); mentre
la coltivazione dello zucchero dà un prodotto di 10 *crots* per
acre in Giamaica, di 25 in S. Vincenzo, di 30 in Portorico; è
straordinaria la produttività della terra nella Virginia (6) e nel
Massachussets; e dovunque un anno di lavoro giunge a dissodare
4 acri del terreno meno produttivo (7). Nè basta; poichè su questa
terra, sommamente produttiva, può la produzione iniziarsi senza
una accumulazione anteriore. Allorchè il primo flutto di emigranti
si riversa sulla California, trova una plaga benedetta dalla esuberanza di una natura superba; de' suoi pascoli, sterminati e ric

---

(1) WACKERNAGEL, *Abhandlungen zur deutschen Alterthumskunde und
Kunstgeschichte*, Leipz. 1872, 20.

(2) Vedi per es. MAURER, *Geschichte der Dorfverfassung*, Erlangen 1865,
I, 142. WEINHOLD, l. c., 94.

(3) PALFREY, *History of New England*, Boston 1859-64, III, 37.

(4) *A description of South Carolina*, Charlestown, 1731, 9.

(5) CHALMERS, *Political annals of the present United Colonies*, London,
1780, I, 34.

(6) J. HAMMOND, *Leah and Rachel, or the two fruitful sisters Virginia and
Maryland*. Lond. 1656, 12. JEFFERSON, *Notes on the state of Virginia*, Lond.
1787, 278.

(7) PALFREY, III, 104.

chissimi, alimentansi greggi così abbondanti, che ciascun viaggiatore può provvedersi gratuitamente di cavalcatura e di alimento,
e le terre, con picciola fatica del colono dissodate, dànno un prodotto di gran lunga maggiore che quello ottenuto dalla coltura
più intensiva del vecchio mondo. — « Nella Carolina del Sud,
narra una scrittura del secolo XVIII, v'ha tale abbondanza di
bestiame, che un piantatore, il quale avea nella scorsa primavera 200 capi di bestiame, li lasciò errare liberi e selvaggi pei
boschi. I cavalli s'hanno in tale abbondanza, che è difficile vedere un uomo del popolo andare a piedi » (1). Così la natura
stessa fornisce gratuitamente l'antecipazione delle sussistenze durante la produzione. — « Alcuni dei coloni, scrive Lyell, giun-
sero con una numerosa famiglia e con punta moneta, nemmeno
tanta da comperare gli strumenti agricoli, e divennero in 12 anni
proprietari di 300 *acri* di terra » (2). « Nel far concessioni di
terre — così si risponde ad una inchiesta sulle colonie inglesi —
io credo che sia necessario esigere nei concessionari il possesso
di un capitale, tranne però quando si tratti di figli di *convicts*.
A questi io credo che si possa concedere terra, senza esigere in
essi la proprietà di un capitale » (3). Ora ciò dimostra appunto
che in tali condizioni il capitale non è indispensabile alla coltivazione. « Nelle Indie occidentali, coltivando una quantità sufficiente di terreno a proprio conto, il colono può mantenere sè
stesso e la sua famiglia. *Anche quelli che sono totalmente
privi di capitale* possono procacciarsi a condizioni assai favorevoli ed a lungo credito tanti *acri* di terra, quanti producono derrate pel consumo di una numerosa famiglia » (4). Anche in America « la coltivazione di una terra può essere incominciata senza capitale » (5). « Sovente un colono inizia la sua impresa con nessun

---

(1) *A description of the province of South Carolina*, Charlestown, sep-
tember 1731, 9.

(2) LYELL, *Travels in North America*, Lond. 1845, I, 86.

(3) *Report of the Commissioner of Inquiry on the state of agriculture and
trade* in N. S. Wales, 1828, 50.

(4) *Heads of a plan for the abolition of negro slavery* (Parliam. Papers,
1847-48, XXIII, Parte 1, 68).

(5) DEANE, *The New England farmer*, Boston 1822, 89. Alcuni fatti in
senso contrario vengono addotti in *A brief account of the establishment of
the colony of Georgia*, 1733, 4 e in PORTER, *The West*, 263. — Ma che
questi fatti si riferiscano ad eccezioni rarissime è dimostrato dalle osservazioni

altro patrimonio che un carattere intrepido ed una valida scure. Con questi egli nulla teme e procede allegramente al suo attacco contro la boscaglia » (1). Johnston narra a tale proposito : « Nel villaggio di Hampton ho ricevuto dai membri più intelligenti della società agraria di quella regione l'assicurazione formale, che un emigrante operoso, privo di capitale, può arricchirsi anche in questa parte rocciosa del loro distretto e che, sebbene egli debba sopportare qualche privazione, pure essi non conobbero mai un insuccesso » (2). Ed oggi ancora le regioni del Nord-Ovest d'America « sono accessibili a tutti, poichè fin dal primo anno il colono, che non ha a fare alcun lavoro di dissodamento, può ottenere un raccolto di lino, di patate, d'avena, e d'altri grani e legumi, purchè esso incominci abbastanza per tempo la coltura. Il suolo è così fertile, che un primo lavoro dà i risultati più soddisfacenti » (3).

Ciò che fa velo agli storici delle colonie, e vieta loro di riconoscere la possibilità di una prima produzione senza capitale nel periodo iniziale di quelle, è un fatto che sembra ai precedenti contraditorio, cioè il fatto che i primi coloni e più poveri, emigranti alle nuove terre senza possedere alcun capitale, videro sovente colpita d'impotenza la propria produzione e trovarono in esse la ruina e la morte. Ma la radice di questo fenomeno non è nel difetto di capitale, bensì nel difetto di associazione di lavoro, che privava questo d'ogni efficacia e lo condannava alla improduttività. — Imperocchè quella stessa terra libera, di cui l'impossibilità del salario era il prodotto, determinava il disgregamento dei coltivatori e la impossibilità di una divisione del lavoro. Anzitutto la prima forma della divisione del lavoro, quella cioè fra la città e la campagna, era impossibile nella infanzia delle colonie. I mercadanti che le fondavano, ci narra Mirabeau (4), sforzavansi indarno di inver-

---

importanti addotte da Ebeling, *Erdbeschreibung und Geschichte von America*, Hamburg 1793 e ss., II, 701 ; e dalle *Collections of the Massachussets historical society* (*An account of the present state and government of Virginia*, 1696) V. 125. Cfr. Merivale, l. c., l, 252.

(1) Hall, l. c., I, 146.

(2) Johnston, *Notes on North America, agricultural, economical and social*, Lond. 1851, I, 124.

(3) Elio Tassé, *Le Nord-Ouest*, 2ᵉ ed. Ottawa 1882, 47.

(4) *L'Ami des hommes*, s. l., 1759, III, 302-3.

tire l'ordine di natura costruendo città; la terra libera imponeva
alle prime agglomerazioni un carattere esclusivamente rurale,
onde le industrie non avean modo di vita e le manifatture più
necessarie apprestavansi nelle famiglie dei coltivatori proprietari.
Il dispregio dell'arti industriali è fatto caratteristico di questo periodo ed indarno gli scrittori insistono sulla necessità che una parte
dei coloni si rivolga alle industrie, acciò si formino villaggi e venga
scongiurata la dispersione, fonte di barbarie e regresso. Veggasi
ad es. ciò che avveniva nella più bella fra le colonie britanniche,
nella Virginia. Giammai colonia sorse sotto auspici sì bene augu-
rati, nè mai, dice il suo storico Smith, cielo e terra s'eran meglio
accordati per apprestare all'uomo un soggiorno piacevole e de-
lizioso. I coloni, soggiunge il Bancroft (1), possedendo sicurezza
civile ed abbondanza di terre, libero mercato ai loro prodotti
ed in realtà tutti i diritti di uno stato indipendente, avendo nel-
l'Inghilterra la propria tutrice contro l'oppressione straniera,
anzichè la propria sovrana, fruivano di tutta la prosperità, che
una terra vergine, equità di leggi e generale eguaglianza di condizioni possono assicurare. Ma di mezzo a tanta floridezza sociale
insinuavasi una forza dissolvitrice, l'isolamento dei coloni. Fra
tanta ampiezza di terre, ciascun immigrante era stimolato ad
appoderare più terra che non potesse coltivare; le « piantagioni »
estendevansi per vasti tratti di paese e poderi di 1000, 2000, 3000
acri eran cosa consueta. Quindi ogni colono rimaneva separato
da' suoi colleghi per un deserto, che l'assenza di vie di comunicazione rendeva impossibile di valicare; quindi il paese spopolato,
la vita solitaria, lo scambio irrilevante ed eccezionale; quindi i
maggiori disastri nella economia della colonia (2). I vascelli inglesi, che giungevano nella Virginia e doveano esportarne le
derrate, non le trovavano mai raccolte in uno o pochi depositi,
come negli altri stati trafficanti del globo; onde eran costretti a
formare i loro carichi alla spicciolata, sulle singole piantagioni,
poste lungo fiumi navigabili, a distanza di 100 o 200 miglia dal-
l'oceano. Poichè tale costume stancava i naviganti e rallentava
il loro cammino, l'Inghilterra prescrisse più volte che si eriges-

(1) BANCROFT, *Histoire des États-Unis*, Paris 1861, I, 160 e ss.
(2) *A letter from M* John Clayton Rector of Crofton at Wakefield in
Yorkshire to the Royal Society*, 12 May 1688, 21.

sero città alle foci dei fiumi e che in quelle fossero raccolti i prodotti della provincia destinati all'esportazione. Ma tutto fu indarno; la tendenza alla dissociazione, caratteristica ai coloni, riluttava ad ogni influenza accentrante del commercio e della madrepatria (1). Perciò Beverley, che scrisse nel 1705 gli *Annali della Virginia*, rimprovera ai suoi connazionali la radicata indolenza, e la attribuisce alla loro residenza in abitazioni disperse ed al difetto di quella vita collettiva, che risulta dalla mutua cooperazione e concorrenza (2). Taluni scrittori del secolo XVII soggiungono anzi che lo spettacolo del disgregamento dei coloni della Virginia era sgradevole per modo, che gli indigeni alienavansi ognor più dai bianchi e sempre più riluttavano a convertirsi al cristianesimo (3). Ma questi fatti si riproducevano in tutte l'altre colonie. Così « a Swan River vi fu un anno di mancati raccolti, nel quale i coloni morivano di fame nel tempo stesso che i viveri giungevano da Van Diemen; poichè la dispersione estrema dei coloni aveva impedito al governatore di provvederli in tempo dei viveri necessari » (4). « Nelle colonie, che producono una sola derrata, gli abitanti sono dispersi e perciò non sono nè utili a sè stessi in pace, nè forti in guerra » (5). Così « nel Newfoundland i coloni sono per la maggior parte genti solitarie ed erranti, che vivono senza legge e governo in

---

(1) RAYNAL, *Histoire philosophique et politique des établissements ecc. des Européens dans les deux Indes*, Londres 1792, XV, 6.

(2) GRAHAME, l. c., l, 146.

(3) In uno scritto presentato al Vescovo di Londra nel 1662 si legge: « Una lunga esperienza ha reso evidente che, fintantochè i nostri proprietari di terre proseguiranno, come fecero sino ad oggi, a fondare aziende agricole disperse e remote dalla Casa del Signore, essi continueranno a defraudare Iddio del culto pubblico. È questa una fra le più dolorose conseguenze delle piantagioni disperse. I ministri della religione non possono visitare le abitazioni remote dei coloni, o, visitandole, debbono rubare un tempo prezioso ai loro studi. Da ultimo il difetto di scuole per la educazione dei fanciulli è pure una conseguenza dolorosa delle masserie disperse. Questi fatti rendono ancor più difficili e rare le conversioni degli indigeni al Cristianesimo; poichè essi veggono le famiglie de' cristiani scomposte, negletto il servizio religioso, e vanno perciò sempre più alienandosi dai cristiani. » *Virginia's cure, or an advise narrative concerning Virginia*, by R. G. Londra 1662, 7.

(4) WAKEFIELD, l. c., II, 34.

(5) DAVENANT, *On the plantation trade*, nelle Works ed. Whitworth, Lond. 1771, II, 25-6.

abitazioni disperse » (1). « In generale, una società trapiantata
da una delle regioni popolate d'Europa ad una, in cui si abbia
un'ampia estensione di terre inoccupate, degenera dopo la sua
trasmigrazione. Tale società regredisce di solito ad uno stato primitivo, a quello stato arretrato di civiltà, in' cui ciascuno, o quasi
ciascuno, si fa coltivatore a proprio conto » (2).

Che la dissociazione de' coloni dovesse limitare d'assai la produttività del loro lavoro, si comprende ; ma ciò, che non appare
altrettanto evidente, è che appunto la dissociazione era in tali
condizioni necessaria ad evitare un'altra cagione limitatrice del
prodotto. — È questo un fatto, che Merivale pose in luce perfettamente. « La superiorità della grande sulla piccola coltura,
egli dice, che si rivela in uno stadio progredito della popolazione,
non si ha più nello stadio primitivo dell' economia. Imperocchè la
grande impresa, imponendo l'accentramento dei produttori agricoli,
rende impossibile di limitare la coltura alle sole terre più fertili
e costringe alla coltivazione di terre meno feconde e più prossime, quando la coltura delle più fertili e meno vicine sarebbe libera
a tutti. La disgregazione dei produttori si presenta per ciò come
l'unico modo, affinchè si coltivino le sole terre più produttive,
ossia venga sfruttata al sommo grado la fecondità della terra ;
dunque la dissociazione del lavoro è in questo periodo la esplicazione necessaria della legge del minimo mezzo. Non è se non
quando il suolo più fertile e meglio sito sia tutto occupato ed in
parte esaurito, che la maggior produttività del capitale accentrato
e della associazione del lavoro si rende sensibile » (3). Gli è per
ciò che, in ogni colonia, al disgregamento primitivo si accompagna, e ne è causa, la occupazione esclusiva delle terre più fertili ;
ciò che vediamo perfettamente nella colonia di Plymouth (4) e
nella Nuova Brunswick (5) e nelle principali colonie americane.
È vero che la limitazione della coltura alle sole terre più feconde non esclude per sè stessa la associazione di lavoro, la quale

---

(1) CHILD, *A new discourse of trade*, Glasgow 1751, 157.
(2) *The british colonization of New Zealand*, Lond. 1837, 7. Cfr. sull'Al-
geria, PARE, *Cooperative agriculture*, Lond. 1870, XX.
(3) MERIVALE, l. c., I, 253, 261.
(4) BRADFORD, (*Secund Governor of the colony*) *History of Plymouth plantation*, Boston 1856, 216, 303.
(5) JOHNSTON, l. c., I, 191-3.

può sempre stabilirsi sulle stesse terre più produttive, purchè gli occupanti di queste ne abbandonino una parte ad altri
coloni e si associno ad essi; ma la inesausta fertilità del terreno
rende preferibile ai coloni la coltivazione disseminata. — Ed infatti
nelle condizioni di straordinaria fertilità della terra, che avemmo
campo di rilevare, la coltivazione de' piccoli proprietari dissociati
consente un prodotto bastevole pel consumo e per l'esportazione
ed è perciò facilmente preferita ad una associazioue di lavoro,
che li costringerebbe a privarsi di una parte delle loro proprietà
e limiterebbe più o meno rigorosamente la loro indipendenza (1).
Soltanto ove la terra è poco fertile, per es. nella Nuova Inghilterra, notasi una certa associazione di lavoro, poichè questa non
trova più ostacolo nella necessità di limitare la coltivazione alle
sole terre più fertili, o nella cospicua produttività del lavoro dissociato, chę si impiega sovr'esse (2).

L'analisi delle colonie dimostra pertanto che la associazione
del lavoro, lunge dall'essere una qualità naturale del lavoro,
come credettero quegli economisti, che limitarono i propri studi
alle sole regioni d'Europa, è fenomeno essenzialmente storico e,
ciò che sopratutto è rilevante, ha una base profondamente territoriale; dacchè in uno stadio primitivo della proprietà fondiaria
l'associazione del lavoro è fenomeno non solo impossibile, ma
economicamente irrazionale, e solo sotto l'influenza di nuove e
diverse condizioni della terra essa diviene razionalmente necessaria, come applicazione ¦della legge del minimo mezzo (3). Di
che troviamo più aperta riprova nel fatto, che quella dissociazione del lavoro si riproduce nella economia primitiva d'Europa,
col riprodursi della terra libera, di cui essa è il fatale risultato.
Le condizioni territoriali dell'Europa primitiva sono esattamente
identiche a quelle delle prime colonie americane; poichè non
solo si incontrano ivi pure (come è ovvio) le terre libere sterminate, ma la produttività delle terre coltivate presenta la cifra
medesima, ossia la terra rende ivi pure fra l'80 ed il 100 per 1 (4).

---

(1) MERIVALE, l. c., I, 43-4.
(2) HARRIET MARTINEAU, *Society in America*, Lond. 1837, 99.
(3) WAKEFIELD, *A view of the art of coloniz.*, Lond. 1849, 168 e ss.
(4) DICKSON, *Husòandry of Ancients*, Edinb., 1788, II, 90-1. PLIN., *Nat. Hist.* XVIII, 10, XVII, 5.

Orbene, col riprodursi delle condizioni stesse territoriali, si riproduce la stessa costituzione economica. « Nell'antica Germania
ciascuno riceveva sul territorio comune il proprio appezzamento,
lo isolava mercè siepi dai poderi de' suoi vicini e vi costruiva gli
edificj » (1). *Colunt discreti ac diversi, ut fons, ut campus,
ut nemus placuit.* E la causa, che determina questa dissociazione dei produttori non è altra che quella, che la determina
nelle colonie, cioè la limitazione delle colture alle sole terre
più produttive. « Nelle regioni delle Alpi, avverte Inama-Sternegg, nella Svezia e nella Norvegia, predominò lungo tempo il
sistema delle masserie dissociate, poichè fra le terre facilmente
coltivabili si stendevano ampi tratti di terre refrattarie ai metodi
primitivi di coltura » (2). « Nelle economie primitive, soggiunge
Moser, le colture sono fra loro completamente disgregate » (3),
e nella Germania, ad es., le masserie disperse dànno per lungo
periodo l'impronta all'intera costituzione economica (4). Infine
quel disgregamento, che notavasi nelle colonie d'America, si nota,
sotto l'identica forma, nella Russia del secolo XV. Quivi « il sistema
di coltivazione estensiva, che richiedeva un ampio territorio, era
uno stimolo allo stabilimento delle sedi in piccoli villaggi, o in
masserie isolate. Il desiderio, che animava i coloni, di possedere
la massima quantità di terre, vinceva la aspirazione alla con-
vivenza in comune, che è forte ne' primi periodi sociali pel difetto di sicurezza. Da ciò il disgregamento dei coloni russi » (5).
Questo fenomeno della disgregazione dei coltivatori si svelava

---

(1) WEINHOLD, l. c., 215.

(2) INAMA-STERNEGG, *Untersuchungen über das Hofsystem im Mittelalter*,
Innsbruck 1872, 10-11.

(3) MOSER, *Patriotische Phantasien*, Berlin, 1804, I, 25 e passim.

(4) INAMA, *Deutsche Wirthschaftsgeschichte*, Leipz. 1879, 10, 44-7, 146, 172.

(5) KEUSSLER, *Geschichte und Kritik des bauerlichen Gemeindebesitzes in
Russland*, Riga 1876, I, 65. Ancora alla metà del secolo XV era necessario limitare il dissodamento delle terre incolte in più provincie della Russia, affine di
ovviare alla eccessiva dissociazione dei produttori, Новицкій, Очеркъ исторіи
крестьянскаго сословія юго-западной россіи въ xv-xviii вѣкѣ. — Кіевъ,
1876. (NOWITZKI, *Storia delle classi agricole nel sud-ovest di Russia dal
XV al XVIII secolo*), 18. Tchitcherin insiste assai dottamente sulle influenze
politiche del disgregamento, che sopprime ogni possibilità di vita municipale e
provoca per reazione un intervento dispotico dello Stato (TCHITCHERIN, *Della
Rappresentanza nazionale*, Mosca 1866, 360-1).

dunque colla medesima intensità nella Russia e nell'America, nel secolo XV e nel XVII, presso un popolo semibarbaro e presso un popolo civilizzato; e noi dobbiamo iscriverlo accanto ai precedenti, quale documento novello della indipendenza dei fenomeni sociali dalle condizioni intellettive e morali della società umana.

Accanto a questa riproduzione del lavoro dissociato, e come contraccolpo di questo, si avverte nelle colonie e nell'Europa primitiva una meravigliosa identità nello stromento di produzione. Ed invero, se noi poniamo di fronte le condizioni dello stromento produttivo nell'Europa e nelle colonie del secolo XVII, possiamo scorgere a primo tratto come un popolo, il quale sopra un'antica terra attua certi metodi perfezionati di produzione, debba, trasportato sopra una vergine plaga, obliare quegli stromenti produttivi, che egli stesso ha creato e sfruttato finora, e, quasi colpito d'impotenza intellettiva ed economica da una virtù superiore, debba ricondursi a quegli stromenti rudimentali, che l'umanità primitiva ha praticati. — Quanto fosse progredita la tecnologia industriale nel secolo XVII in Europa è a tutti noto; è noto che i francesi chiamavano la Germania « la patria delle macchine » (1); che nell'Inghilterra fin dal 1565 si era fondata una compagnia per filare il metallo con macchine; che nel 1670 una macchina a tessere perfezionata, detta il telaio olandese, era importata dall'Olanda nell'Inghilterra; che Savary sfruttava il vapore come motore meccanico, Newcombe ne perfezionava il sistema; che gran numero di macchine, fossero pure fatte quasi esclusivamente di legno, erano ideate ed applicate; che infine, malgrado gli ostacoli opposti all'introduzione delle macchine dalla politica dei tempi e dalla opinione popolare, lo sviluppo meccanico dell'Inghilterra nei secoli XVI e XVII era straordinario (2). Ma quanto diverso lo sviluppo meccanico dell'America in quell'epoca stessa! Allorchè i coloni presero a dissodare il terreno, l'aratro da essi adoperato era rozzo, tutto di legno, senza punta di ferro (3). L'aratro adottato dai coloni francesi nell'Illinese era di legno, con una piccola punta di ferro legata all'estremità

---

(1) SCHMOLLER, *Die Strassburger Tucher-und Weberzunft*. Strassb. 1879, 147.
(2) SPENCER, *Descriptive Sociology*, English, Lond. 1873, 50-1.
(3) BOLLES, *Industrial history of the United States*, Norwich 1879, 12.

da una striscia di pelle greggia. Gli aratri, pur così imperfetti, eran pochi ed ancora nel 1637, in tutto il Massachussets, non se ne aveano 30 (1). La scarsità di questi stromenti avea dato luogo al costume, che il possessore di un aratro andasse per le fattorie ed arasse pei singoli proprietari, ovvero cedesse loro per qualche tempo l'aratro medesimo. Non di rado un villaggio pagava un premio a chi acquistasse un aratro e lo dedicasse per questa guisa al vantaggio comune (2). Il sistema di coltivazione dominante in America in questo periodo si riassume in quella agricoltura nomadica, che rappresenta il grado massimo della estensività e che, dopo avere esaurita una terra, procede ad un'altra e poi ad un'altra ancora (3). Non già che le cognizioni agronomiche e tecniche fossero nelle colonie in arretrato di fronte alla madrepatria. « Lo stato stazionario dell'agricoltura fra noi (così il Jefferson) non dipende dal difetto di cognizioni, ma dall'abbondanza di terre, che si possono a libito esaurire. In Europa si vuole sfruttare al massimo grado la terra, poichè il lavoro è abbondante; qui si vuole sfruttare al maggior grado il lavoro, poichè abbonda la terra » (4). « L'agricoltura de' primi tempi d'America, così una relazione ufficiale, era assai semplice, primitiva; primitiva, poichè l'arte sarebbe stata superflua. I nostri padri avevano terre fertili, ricchi pascoli, rozzi stromenti agricoli, ma braccia robuste, copiosi prodotti e modesto tenor di vita » (5). E tuttavia anche il lavoro dei coloni era povero ed inefficace, ed essi eran così mediocri produttori che, mentre il loro paese era ricchissimo di legname, importavano dall'Inghilterra tutte le merci, di cui il legno era materia prima (6); anzi ancora al principio del secolo nostro alcune colonie doveano importare dalla madrepatria parte delle derrate alimentari (7). Ancora nel 1705 nella Virginia era così negletta la

---

(1) RATZEL, *Die Vereinigten Staaten von Nord-Amerika*, München 1880, II, 269.

(2) BOLLES, l. c., 15 e passim.

(3) AD. SMITH, 191.

(4) JEFFERSON, *Notes on the state of Virginia*, 163.

(5) *Twenty-third annual Report of the secretary of the Massachussets board of agriculture*, Boston 1876, 10.

(6) *The great industries of the United States*, Lond. 1872, 31.

(7) BURKE, *Speech on conciliation with America*, 1775 (Works, London, 1815, III, 44).

pastorizia, che si tosavano le pecore per dar loro refrigerio nell'estate, non per utilizzarne la lana. Nelle provincie meridionali dell'Unione il bestiame era completamente abbandonato (1), e nella Carolina del Sud non v'era un ovile in tutto il paese, onde, nell'inverno del 1731, 10,000 capi di bestiame perirono di freddo (2). Non mancavano le esortazioni ad una miglior coltura e più produttiva; ma rispondevano vittoriosamente i coloni che la terra era per sè così feconda, che non valea la pena di affaticarsi in una produzione accurata e di impiegare un maggior capitale.

Nè più rigogliose che quelle della industria agricola erano le condizioni della manifattura. Allorchè nella Georgia gli immigranti, cresciuti di numero, dovettero pensare al modo di provvedersi la sussistenza, alcuni, con fatica e spesa non piccole, tentarono la costruzione di vascelli e di tavole, ma i vascelli non lasciarono mai la riva perchè disadatti alla navigazione e le produzioni in generale, per l'alto costo e l'enorme prezzo, divennero fonte di ruina ai loro produttori (3). La disgregata industria era incompatibile col progresso, mentre la terra incolta, sospingendo verso l'industria agricola ciascun produttore delle colonie, dava all'industria manifattrice un'impronta essenzialmente domestica. Eran le donne dei coloni, che filavano e tessevano nell'America del secolo XVI e XVII, come nell'Europa primeva; ed era assai raro che una porzione del prodotto si portasse al mercato. La manifattura era della maggior semplicità. La lana, dopo che ripulita, era pettinata, così strettamente com'era possibile, da due cardi con dossi di cuoio e denti di metallo, mossi dalla mano del lavoratore. La cardatura era fatta a mano; e la tela, dopochè era stata tessuta col semplice *telaio a mano coloniale* (4), veniva spedita nell'Inghilterra, poichè nella colonia non sapevasi ridurla a prodotto compito. — Ancora alla metà del secolo XVIII

(1) *Great industries*, 30.
(2) *A description of South Carolina*, 8.
(3) TAITLER, ANDERSON, and DOUGLASS, *A true and historical narrative of the colony of Georgia*, Charlestown 1741, 22.
(4) Si noti questa denominazione di *coloniale*, data allo stromento di produzione, a designare che esso è specifico alle colonie e non si riscontra nella madrepatria. La diversità nelle condizioni tecniche delle colonie e d'Europa, acquista per tal guisa una espressione evidente nel linguaggio.

nello Stato di Nuova York e in quello di Nuova Jersey non si avevano manifatture meritevoli d'esser cennate; ed il commercio di questi due stati limitavasi alla esportazione dei grani e d'altre provvigioni alimentari. La Pensilvania traeva dall'Inghilterra le vesti e tutti gli utensili domestici, e tutti i prodotti di tela e di lana, che usavansi nella Nuova Inghilterra, erano del pari importati dal Regno Unito ; poichè i coloni trovavano meno costose queste merci importate, che non quelle prodotte con imperfetti stromenti ed enorme costo nella stessa colonia (1). Questa necessità, in cui si trovavano i coloni, di importare le merci più comuni dalla madrepatria, era un fattore potente della loro dipendenza politica; e quando nel 1750 l'Inghilterra vietò alle colonie l'industria del ferro, affermando con Lord Chatam che esse non avevano il diritto di esercitarla, quando una industria tessile, che fondavasi nel Massachussets, fu dichiarata « un danno » (a nuisance) e soppressa, le colonie non poterono ribellarsi alla madrepatria, poichè la povertà dell'industria rendea loro impossibile la fabbricazione dei bastimenti e dell'armi, come le rendea dipendenti dalla Gran Brettagna per tutte le produzioni non agricole (2). Ma questi stessi divieti, che la madrepatria imponeva all'esercizio delle industrie nelle colonie, rivelano la impossibilità organica in esse di uno sviluppo industriale cospicuo. Infatti gli è appunto perchè « la natura stessa impediva ai coloni di impiegarsi nella manifattura nel senso più ampio della parola » (3), è appunto per ciò che i divieti britannici alla manifattura nelle colonie erano storicamente razionali ed attuabili; il che non è che una applicazione della legge generale, per cui una prescrizione positiva riesce trionfante, solo quando sia essa medesima imposta dalle condizioni storiche dell'economia. — Ciò è, del rimanente, così vero, che non appena cessarono quelle condizioni territoriali, che escludevano la possibilità della manifattura nelle colonie, queste infransero il giogo britanno e levaronsi a libertà. La legge storica universale, accennata anche dal Roscher, per cui una colonia, giunta ad un

---

(1) BOLLES, *Industrial history*, 370, 375. Gli è perciò che nelle colonie dei primi tempi si accordano con tanta frequenza privilegi ai costruttori di molini, di ferriere ecc. Cfr. JEFFERSON, l. c., 223.

(2) BOLLES, l. c., 370.

(3) MERIVALE, l. c., I, 218. — CAREY, *The slave trade*, Philad. 1853, 95-6.

certo grado di maturità, si stacca dalla madrepatria, e sorge ad indipendenza politica, ha la sua base profonda nella progressiva incompatibilità di leggi limitatrici dell'industria con un certo grado di densità della popolazione, o con certe condizioni territoriali.

Ed ora se dalla balda giovinezza della economia coloniale passiamo ai rozzissimi esordi di quella d'Europa, ecco meravigliosa identità di fenomeni, che al nostro sguardo si svolge. Quelle stesse condizioni dello stromento produttivo e dell'industria, che appaiono nelle colonie dei primi periodi, si manifestano nella economia primitiva d'Europa. Così quell'agricoltura nomadica, che riscontrammo nell'America prima, riappare fra i Germani, secondo Tacito avverte, come prodotto della terra libera: *arva per annos mutant et superest ager* (1), e riappare nell'Europa quella pastorizia estensiva, che ha per risultato una produzione animale misera e mal nutrita (2). Nè un parallelo meno spiccato si avverte fra l'industria delle colonie e d'Europa, ove pure, nel primo suo stadio, si incontra l'industria domestica e nulla è la divisione del lavoro (3). Come si scorge, la coincidenza fra lo sviluppo tecnico dell'America e dell'Europa primitiva non potrebbe essere più spiccata; ma questa coincidenza non ha nulla di straordinario, quando si rannodi al solo elemento, che fosse comune a quelle due parti così disgiunte del mondo in tempi così disparati, la esistenza di terre fertili incolte. Infatti queste per un lato escludevano la necessità dei grandi perfezionamenti tecnici, per altra parte li rendevano impossibili, sia coll'impedire l'associazione del lavoro che è la condizione prima di que' perfezionamenti, sia col sopprimere, mercè il disgregamento dei coloni, ogni concorrenza fra essi ed ogni stimolo al miglioramento della produzione (4). Noi osserveremo, nulla più che di sfuggita,

---

(1) Roscher, *Ansichten*, I. 214 e ss.

(2) Hanssen, *Agrarhistorische Abhandlungen*, 1880, I, 165.

(3) Weinhold, 94. Wackernagel, 43.

(4) « La produttività dell'industria dipende: 1° dall'azione della natura, cioè dalle qualità naturali del suolo, da cui son tratte le sussistenze; 2° dalla associazione del lavoro, dovuta alla distribuzione degli impieghi, che per brevità può chiamarsi arte. Ma *questi due regolatori della produzione hanno una tendenza ad agire in opposta direzione*. Se un popolo coltiva terra di grandissima fertilità e senza limiti di spazio, cosicchè la popolazione possa crescere

come qui pure si riveli la onnipotenza sociale della terra, la quale, mentre impone la inutilità dello stromento perfezionato ne impone la impossibilità e svolge così ad un tempo i suoi decreti ed i mezzi della loro attuazione; e passeremo all'analisi di ben altri e più notevoli influssi, che la terra libera compie.

§ 2. — Reazione contro il disgregamento.
La associazione propria coattiva.

I danni gravissimi, che risultavano dal disgregamento, come i limiti, che esso imponeva alla produzione, doveano riuscire sempre più sensibili, quanto più la necessità di una produzione copiosa era imposta dall'aumento della popolazione; d'onde la necessità di nuove e specifiche forme di produzione, le quali bilanciassero quelle influenze dissolvitrici. — E qui si presenta il secondo e più meraviglioso fenomeno della economia coloniale : la identità delle prime sue forme con quelle delle società primitive, fruenti di terre inoccupate.

Tutti i documenti, che ci rimangono sulla condizione primitiva delle colonie, ci rivelano che la proprietà individuale della terra era in esse strettamente limitata dalle prescrizioni della comunità, o della compagnia proprietaria. Già la terra ripartivasi in porzioni eguali fra i coloni. Così le leggi primitive di molti stati d'America limitavano a 50 acri la proprietà fondiaria di ciascun immigrante (1); nella Virginia tutte le concessioni di terre agli antichi immigranti ed ai loro eredi doveano limitarsi a 100 acri (2); nell'Australia la legge limitava l'estensione di ciascun lotto ad 80 acri, se l'immigrante era celibe, a 100 se marito, aggiungendo 10 acri per ogni figlio che sopraggiungesse (3). Nella Georgia il governatore Oglethorpe, il 1° febbraio 1732, ripartiva la terra in lotti di 50 acri, di cui ciascuno era diviso in 3 parti; $\frac{1}{8}$ di acre per una casa ed

senza ricorrere a terreni inferiori, esso non ha stimolo ad impiegare la sua industria nel modo più progredito. Al contrario esso è fortemente indotto a dividere il suo capitale in piccole particelle. » WAKEFIELD, *Engl. and Am.* I, 125.

(1) BANCROFT, l. c., I, 165.

(2) *Orders and Constitutions by the Treasurer, Counseil and Companie of Virginia*, 1619-20, § 115.

(3) FLANAGAN, *History of New South Wales*, Lond. 1862, I, 58.

un giardino nel villaggio, 4 acri e $\frac{7}{8}$ a breve distanza da quello e 45 acri a maggior distanza (1). Or non è chi non vegga la perfetta analogia fra questi primi fenomeni e quelli della marca alemanna; poichè anche questa distribuiva le terre in porzioni eguali fra i comunisti, ed assegnava a ciascun d'essi una porzione di terra circostante alla casa ed una lunge da quella (2). La identità fra le colonie primitive e la marca appare a primo tratto dalla seguente pittura di una antica colonia della Nuova Inghilterra. Ogni comunità vi constava di un regolare aggruppamènto di fattorie private, ma i pascoli, i prati, le saline, le peschiere rimanevan proprietà collettiva dell'intera comunità. E le fattorie eran disposte per guisa, che nessuna casa fosse a distanza maggiore d'un miglio dal centro del villaggio (3). Raro il caso che i coloni ponessero le loro abitazioni nel villaggio, come i comunisti della *Mark*, benchè di tali abitazioni agglomerate s'avesse qualche esempio, come quello dei creoli spagnuoli (4). Ma se per la dissociazione delle abitazioni le colonie primitive differiscono dalla marca germanica, non differiscono però dalle molte comunità primitive, ad es. quelle di Norvegia (5), nelle quali le abitazioni dei coloni erano dissociate e disperse. — Nel Massachussets non entravano nelle assemblee che i cittadini i quali possedessero proprietà fondiaria (6); come nella marca il carattere di comunista era annesso alla proprietà della terra (7). Le leggi dei primi stati americani imponevano ad ogni immigrante la coltivazione della terra assegnatagli, sotto pena di espropriazione (8). Così nella Georgia, se una parte di ciascuno degli appezzamenti rimaneva incolta durante 18 anni, quella parte dovea ritornare ai

---

(1) Taitler ecc. *Narrative of Georgia*, 48.

(2) Maurer, *Dorfverfassung*, II, 165 e ss. « Tutti i componenti della comunità rurale possedevano nel villaggio una casa ed una corte, e nella marca, in ogni zona, un egual lotto di terra. » Maurer, *Einleitung in die Mark-Frohn-Hof-und Dorfverfass.* München, 1854, 125.

(3) Bolles, *Ind. hist.*, 10.

(4) Merivale, l. c., I, 6.

(5) Weinhold, L c., 215.

(6) *Collections Massach. hist. soc.*, IV, 185.

(7) Maurer, *Markenverfassung*, 82.

(8) Hutchinson, *History of Massachussets Bay*, Lond., 1828, 10-11.

provveditori della colonia (1); ed in generale « l'obligo ne' proprietari di coltivare il loro terreno era universo, se pur non sempre adempiuto, nelle primitive colonie » (2). Del pari nella marca germanica non bastava la semplice dimora e la proprietà fondiaria per essere comunista, ma il possessore doveva eziandio coltivare la terra sotto pena di decadenza (3).

Ma questa proprietà terriera, che spettava ai coloni, non aveva alcun carattere assoluto e permanente, bensì rimaneva soggetta al dominio della comunità. Così nella Virginia la forma di proprietà istituita da Lord Delaware nel 1610 era la proprietà collettiva; e benchè, dopo 3 anni dalla sua introduzione, essa fosse già ritenuta incomportabile, pure la piena proprietà non venne introdotta che assai più tardi (4). Ad Henrico la prima distribuzione di terre, che sir Thomas Dale fece fra i coloni, non accordò a questi la piena proprietà de' loro appezzamenti, ma permise loro soltanto di usufruirne come fittaioli temporanei, condizione questa che, secondo un annalista inglese, « determina una dipendenza priva di proprietà ed indegna d'uomini liberi » (5). Nella Nuova Inghilterra vige del pari, all'inizio della colonia, la proprietà comune, ed anche quando la proprietà del terreno coltivato non è più collettiva, la forma economica di quella colonia è ben lontana dalla rigidezza della proprietà individuale (6). Nella Carolina del Sud l'assegno delle terre agli immigranti non accordava loro la proprietà, ma l'usufrutto a vita (7); e nella Georgia la terra doveva trasmettersi per eredità soltanto ai figli maschi, anzi al figlio primogenito e, mancando eredi maschi, dovea la terra ritornare ai provveditori della colonia (8). Ma

---

(1) TAITLER ecc.. *Georgia*, 19-20.

(2) MERIVALE, l. c., I, 90.

(3) MAURER, *Markenverfassung*, l. c.

(4) GRAHAME, l. c., I, 198.

(5) CHALMERS, l. c., I, 34.

(6) PALFREY, l. c., I, 30.

(7) *A discourse concerning the designed establishment of a new colony to the south of Carolina*, by sir R. MONTGOMERY, Lond. 1717, 10. — « Anche il diritto dei comunisti del villaggio a succedere al consociato, che sia morto senza eredi, si connette alla comunità rurale. In origine, finchè il territorio della marca fu proprietà indivisa di tutti i comunisti, non si conobbe alcun diritto ereditario. » MAURER, *Dorfverf.*, I, 325.

(8) *An account shewing the progress of the colony of Georgia*, Lond.,

v'ha di più. Nella Georgia era vietato di assegnare od alienare la terra avuta in sorte, o alcuna parte di questa, per qualsiasi numero d'anni ; e con ogni cura si provvedeva ad evitare la divisione delle terre in tenui appezzamenti, o l'accentramento delle proprietà terriere (1). Ed a queste prescrizioni, che accennano ad una proprietà limitata della terra, altre e più rigorose si aggiungono. Nel Massachussets, per una prescrizione del 1673, niuno può, senza il consenso di una commissione nominata all'uopo, appropriarsi terra, o cederla altrui, o vendere in qualsiasi guisa la particella assegnatagli (2). Ma se vogliamo rilevare nelle colonie una rinnovazione perfetta della economia primitiva, osserviamo il § 8 del cap. 4 delle leggi della Nuova Inghilterra. Questo articolo, che sembra riprodurre testualmente le prescrizioni della marca, stabilisce, che nessun cittadino, od abitante di villaggio possa vendere l'appezzamento a lui conceduto a persona, che non sia fra i cittadini liberi dello stesso villaggio; a meno che questi non diano il loro consenso a tale alienazione, o non rifiutino di dare il dovuto prezzo, corrispondente a quello, che altri offra senza frode (3). Non altrimenti prescrivevano i legislatori della *Mark* ; e niun comunista di questa poteva vendere la sua terra a chi appartenesse ad altra comunità, ed a' suoi consociati spettava un diritto di prelazione all'acquisto della sua terra, o di retratto se questa fosse venduta (4).

Invero questa coincidenza profonda fra i fenomeni della comunità primitiva d'Europa e delle colonie americane del secolo XVII,

---

1741, 6-7. « De terra vero nulla in muliere haereditas non pertinet, sed ad virilem sexum qui fratres fuerint tota terra perteneunt. » (*Legge salica*). Questa legge regolò il diritto successorio nella marca, dopo che il principio d'eredità s'introdusse. MAURER, *Dorfverf.*, I, 325.

(1) TAITLER, l. c., 48.

(2) *Collections Massachuss. hist. soc.*, I, 262. Del pari nella Gallia primitiva era proibita la permuta della terra. « Si autem abnepotes partitioni factae inter patres suos non steterint, illi quoque partitionem instituent, ut nepotes antea fecerunt et post hanc partitionem factam nec partitio, nec permutatio ulla permittetur. » LAFERRIÈRE, *Histoire du droit français*, Paris 1846, II, 93.

(3) *An abstract of the laws of New England*, Lond. 1641, 9. Si aggiunga che nelle colonie, come nella marca (TACITO, *Germania*, 49) si distribuiva una maggior estensione di terra alle persone, o famiglie eminenti (l. c., 8). Lo stesso GEORGE (l. c., 348) avverte che la prima ripartizione delle terre in America è uguale a quella degli antichi Britanni.

(4) MAURER, *Dorfverfassung*, I, 120.

ci farebbe credere allo strano capriccio di un negromante della storia. Eppure tale identità è perfettamente spiegabile, quando si rannodi all'influenza della terra inoccupata; la quale, avendo a necessario risultato il disgregamento, determinava, come naturale contrapposto della sua potenza centrifuga, una forma sociale coagulatrice de' produttori. Ma questa funzione della comunità primitiva ci è poi rivelata dagli incessanti suoi sforzi, intesi a creare coattivamente l'associazione di lavoro fra i suoi componenti. A raggiungere tale risultato, la comunità incominciava dall'imporre a questi il lavoro in comune; ed infatti i primi immigranti nelle colonie britanniche coltivarono in comune le terre circostanti ai loro villaggi (1). Ad Henrico, durante 5 anni dopo l'approdo di Dale, rimase prescritto ai coloni di lavorare collettivamente (*trade jointly*). I prodotti del lavoro comune doveano porsi in un pubblico magazzino, da cui ciascuno doveva essere fornito del necessario. E quando, compiuto il termine di 5 anni, nel 1613, il governatore abbandonò della severità delle sue leggi, 3 acri di terra vennero concessi a ciascun colono, coll'obligo di lavorare 11 mesi per la comunità. — « Per quanto strane sembrino queste prescrizioni, osserva Chalmers, esse furon festeggiate dai coloni e ne migliorarono le sorti » (2). Nel 1619 si stabilisce una società anonima per la fondazione della colonia di Plymouth ed essa impone una associazione coattiva, sia di proprietà che di lavoro, fra tutti i coloni, i quali, ad ogni settennio, debbono distribuire fra loro i proventi e benefici ottenuti dal commercio, o dal lavoro comune (3). Ma tali fenomeni hanno perfetto riscontro in quelli della economia primitiva d'Europa. Quivi, a creare l'associazione di lavoro, la comunità incomincia dall'annettere forzosamente alla coltura anche le terre meno produttive. Così nell'antica economia agraria del Galles, quando si vuole isti-

---

(1) « I primi coloni coltivarono in comune le terre circostanti ai loro villaggi. » MERIVALE, l. c., I, 91.2. « I primi coloni della Georgia procedevano a stento nella coltivazione, benchè lavorassero in comune. » TEITLER, l. c., 21. « I lavori di primo dissodamento son fatti in comune, mercè la associazione spontanea dei coloni. » BRADBURY, *Travels in the interior of America* in 1809-1811. Liverpool 1817, 293. CHEVALIER, *Lettres sur l'Amérique du Nord*, Paris 1836, II, 343.

(2) CHALMERS, l. c., l, 34 e ss. SMITH, *History of Virginia*, Virginia, 1753, 39.

(3) PALFREY, l. c., l, 29-30.

tuire la associazione fra i produttori, che la riduzione della coltura alle terre migliori disgiunge, si pongono a coltura terre di qualità inferiore; e per conservare l'eguaglianza fra i comunisti, si accorda a ciascun d'essi una frazione eguale di terra in ciascuna delle zone di fertilità diversa, in cui dividesi il terreno appoderato; d'onde la bizzarra ripartizione della terra in istriscie, che forma per lungo tratto il carattere di quella regione (1). Nel *run-rig* irlandese e nella marca germanica seguesi lo stesso sistema. Ora su queste terre contigue di qualità diversa può attuarsi una associazione di lavoro; e questa viene realmente attuata, e nei primordi della società d'Europa e d'Asia il lavoro agricolo vien compiuto in comune (2). Per questo modo si istituisce nei primordi delle colonie e d'Europa una associazione forzosa fra i produttori di capitale, ossia una *associazione propria* (3) coattiva. — Ma non basta. Nelle colonie, quando più non s'hanno vestigia d'una coltivazione collettiva, troviamo prescrizioni severe, che impongono di compiere certe piantagioni, o di coltivare certi prodotti, sotto pena di decadenza dalla proprietà della terra (4), precisamente come nella marca germanica, allorchè cessò la coltura in comune, rimase la coltura coattiva, ossia venne prescritto a ciascun

---

(1) SEEBOHM, l. c., 113, 179, 208-28.

(2) Nella Russia, ove l'agricoltura non s'inizia che verso il 1000 d. C., vi ha un periodo, di cui la durata non è ben definita, ma che si chiude innanzi al secolo XV, nel quale la libertà individuale è completa, la proprietà della terra è dissociata o collettiva, ed il lavoro, in quest'ultimo caso, è compiuto in comune. Соколовски Очеркъ Исторіи сельской общины на сѣверѣ россіи. с. Петервургъ, 1877. (SOKOLOWSKI, *Storia del comune agr. nella Russia settentrionale*) 43. Ed. ancora nel secolo XVI nella Russia « le operazioni di diboscamento si compivano mercè il lavoro associato dei coloni, poichè quella operazione esigeva una grande combinazione di sforzi. » WASSILTCHIKOFF, l. c., 357. Nella comunità indiana le terre del villaggio sono oggi ancora coltivate talora in comune ed il prodotto è diviso fra i comunisti in proporzione al loro lavoro. WILKS (Lieut.-Col.) *Historical Sketches of the South India*, 2ᵃ ed. Madras 1869, I, 73. — È pure assai notevole, poichè tradisce il carattere collettivo della economia primordiale, che l'atto del *mangiare* è designato in tutte le lingue colla parola *ripartizione*; e che non già l'azione individuale, ma l'azione sociale riceve dapprima una designazione nel linguaggio. (NOIRÉ, *Das Werkzeug*, Mainz, 1880, 147).

(3) Cfr. Lib. I, p. 9.

(4) Nel Maryland, p. es., si prescrive per legge la coltivazione del grano GRAHAME, l. c., II, 16.

comunista un sistema di produzione conforme ad un disegno sociale. Sotto l'influenza della nuova forma economica anche il sistema di produzione viene radicalmente a mutare, ed all' agricoltura nomadica de' primi tempi succede quella forma più progredita di coltivazione, di cui è caratteristica il pascolo perenne. Così nell'America « i villaggi usano a pascolo i terreni più poveri, mentre le porzioni di terra più ricche e più fertili son poste a coltura » (1), come nella marca germanica la terra è divisa in due parti, di cui l' una è tenuta a pascolo, l'altra posta a coltura secondo certe rotazioni fissate dall' autorità (2).

Le leggi delle prime colonie stabiliscono una divisione forzosa delle occupazioni. Questo ci è dimostrato dalla colonia di Plymouth, ove i coloni, appena sbarcati, vengon divisi in sezioni, per essere impiegati nelle diverse industrie; ma questo ci insegna, con più efficace evidenza, la storia della Virginia, ove Lord Delaware, il quale trova la colonia in uno stato di completo sfacelo, dovuto al disgregamento, ne ristora le sorti coll'assegnare a ciascun colono la sua occupazione e condizione particolare, e prescrive ai Francesi di piantar vigne, agli Inglesi di lavorar ne' boschi ecc., sotto la direzione di ufficiali da lui nominati (3). La Compagnia proprietaria inviava poi nella colonia operai esperti nella fabbricazione delle macchine, o nell'allevamento dei bachi; e già nel 1608 vi avea spedito un manipolo di operai polacchi e tedeschi, acciò vi fabbricassero vetro, catrame, sapone e vi erigessero molini (4), ed avea iniziato trattati per procacciare alla colonia operai esperti nella preparazione della canape e del lino, od in altre industrie necessarie. — La Compagnia si adoperava ancora a diversificare le industrie e provvedeva acchè vi fossero nella colonia mugnai, falegnami, fabbri (5), ed una accolta insomma di industrie manifattrici. Queste prescrizioni legislative non valsero a creare uno sviluppo industriale fiorente, a cui riluttavano le condizioni stesse della colonia; e la coltivazione del ta-

---

(1) *Proceedings ecc. of Massachuss. Board of Agr.*, 1851, 116. PALFREY, l. c., II, 55.

(2) MAURER, *Einleitung*, 9 e ss.

(3) CHALMERS, l. c., I, 31.

(4) *Great Industries of U. S.*, 25-6.

(5) *A declaration of the supplies intended to be sent to Virginia in this yeare 1620 by H. M. Counsel*, 18 luglio 1620, 16.

bacco ne rimase l'industria predominante. Ma desse valsero ad imprimere alle rare e povere industrie della Virginia e d'America una organizzazione cristallizzata, quale aveasi nell'antica Germania e nell'India. Nell'America primitiva « ogni villaggio, ogni contea aveva il proprio cardatore e tintore e quest'individuo era il solo nell'industria, il quale conducesse la propria impresa pubblicamente, e per un certo numero di clienti » (1). Non altrimenti nella comunità indiana, ciascun villaggio ha il suo fabbro e falegname, che fabbricano gli stromenti agricoli e costruiscono le case dei coltivatori, il vasellaio, il lavandaio, il pastore che attende al bestiame ecc. (2). E la marca germanica, mentre limitava il numero dei manifattori, che potevano stabilirsi sulle sue terre, adopravasi acciò si trovasse costantemente nella propria circoscrizione quel numero di operai industriali, che era necessario ai bisogni comuni; cosicchè mentre si provvedeva acchè la marca conservasse il carattere agricolo, si curava che questo carattere non eccedesse così da rendere impossibile la divisione del lavoro (3). Per tal guisa, ancora una volta, si riproducono, ad epoche disgiunte da secoli, i fenomeni stessi, col riprodursi delle stesse condizioni della terra, e per quanto diverse siano le condizioni subbiettive dell'uomo, che di quei fenomeni è in apparenza l'agente. E l'immigrante in America, il quale portava in sè stesso il costume di libertà educato nella patria britanna, doveva adagiarsi ad un intervento collettivo creatore della divisione del lavoro, non meno opprimente e dispotico di quello, a cui assoggettavasi l'uomo, psicologicamente schiavo, dell'antica Germania e dell'India (4).

---

(1) BOLLES, *Ind. hist.*, 372.

(2) CAMPBELL, *Modern India*, Lond. 1852, 85. L'autore anonimo del libro *The advantages of East India trade*, p. 68, mostra benissimo che la divisione del lavoro è il prodotto di un motivo esteriore e non già, come crede antistoricamente Ad. Smith., di una inclinazione allo scambio, che sia congenita all'uomo. Però esso cade in errore, credendo che questo motivo esteriore sia il commercio internazionale, laddove è semplicemente l'aumento della popolazione.

(3) MAURER, *Markenverfassung*, 118-9. Platone, nella sua Repubblica dà, come è noto, un disegno di divisione del lavoro creata dallo Stato, quale rispondeva all'ideale de' suoi tempi.

(4) Un ricorso non meno notevole della economia primitiva è la ristorazione delle *corvées*. Infatti, come nella marca germanica i lavori, che dovevano compiersi a vantaggio della comunità, si imponevano da questa mediante cor-

Ora se la proprietà dissociata, sopprimendo ogni rapporto fra uomo e uomo, rende impossibile di definire il carattere del reddito complesso di ciascun produttore, o di determinare se in esso si contenga un profitto, la proprietà collettiva ed i rapporti, che ne derivano fra i singoli produttori, consentono di constatare la inesistenza del profitto nel primo periodo delle colonie e d'Europa. — Così Newport avverte che gli abitanti primi della Virginia « non aveano alcuna nozione del profitto» (no respect of profit) (1), e Grahame soggiunge che in tutte le colonie d'America era severamente vietato di percepire un reddito dal prestito del bestiame e degli stromenti agricoli (2). Del pari presso gli Eschimesi, narraci Rink, se taluno ha risparmiato qualche avere, questo è considerato cosa comune e se alcuno prende a prestito le navicelle o gli stromenti di un altro, non è tenuto a dare al proprietario alcun compenso (3). Fra i Tungusi, abitanti il sud-est della Russia nel secolo XV al XVIII, il prodotto della caccia dividevasi in ragione eguale fra tutti i cacciatori associati (4). Non altrimenti, fra gli antichi Germani era ignoto il profitto; *fenus agitare et in usuras extendere ignotum; ideoque magis servatur, quam si vetitum esset* (5). Il che è ben naturale.

---

vate, così nella Pensilvania e nello Stato di N.-York, dopo la guerra d'indipendenza, vennero imposte delle corvate di costruzione stradale a tutti i cittadini al di sopra di 16 anni; ed ancora alla prima metà di questo secolo i proprietari degli Stati dell'ovest sovvenivano alla costruzione dei molini coi servigi personali. ROSCHER, *Kolonien*, Leipz. 1856,103. PARKMAN, *Old regime in Canada*, Boston, 1885, 300, ecc.

(1) *Transactions and Collections of the American antiquarian Society*, 1860, IV, 61-2. « I popoli poco progrediti nelle vie dell'industria e del commercio ignorano perfino il nome del capitale. Se essi migliorano le loro terre, è per procacciarsi abbondanti raccolti, non per toccare dei profitti maggiori. » COURNOT, *Science de la richesse*, 88. — « Nelle nostre consuete investigazioni, noi non rammentiamo abbastanza che l'interesse del danaro è un' idea raffinata e non già universale. Essa è così lunge dall'essere universale, che la maggioranza delle persone che risparmiano, in molti paesi, la respingerebbero. » BAGEHOT, *Lombard Street*, Lond. 1875, 119.

(2) l. c., I, 267.

(3) Cfr. CLIFFE-LESLIE, *History and future of interest and profit*, Fortnightly Rev. 1881, 640.

(4) Соколовскі, Экономическій бытъ Земледѣльческаго населенія россіи — С. Петербургъ. 1878. (SOKOLOWSKI, *La vita economica della classe agricola in Russia*), 117.

(5) TACITO, *Germania*, 48.

Infatti in queste condizioni il lavoratore, che prende a prestito un capitale, cessa in realtà d'essere proprietario della terra su cui lavora e compie una vera astensione dalla terra libera, alla quale esige come compenso l'intero prodotto del capitale mutuatogli; onde il proprietario di questo non può percepirne alcun profitto e, se persiste nel prestito, gli è solo per dar prova di civismo ed acquistare influenza sulla comunità. — Ora l'inesistenza del profitto, che è il fenomeno caratteristico di questo periodo, genera come inevitabile risultato l'impossibilità di una accumulazione progressiva; poichè il produttore può accumulare soltanto quella quantità di capitale, che può mettere in opera egli stesso, col lavoro isolato od associato, e perchè manca, col profitto, il fondo, da cui si alimentano gli incrementi della ricchezza e dell'accumulazione (1). Perciò « il primo risultato della terra libera è la rachitica accumulazione del capitale» (2). « I coloni non pensano mai ad accumulare, tranne che per estendere le loro coltivazioni. Una nazione di coltivatori è esente dai vizii di un popolo manifattore, e in essa cercasi indarno la accumulazione del capitale e la ineguale distribuzione della ricchezza » (3). « Nessuno trova possibile di accumularvi grandi ricchezze » (4).

La inesistenza del profitto, che si avverte nel primo periodo delle colonie e d'Europa, ha per risultato che il valore si determina in ragione del lavoro; e come nelle prime colonie « il valor delle merci è dato dal lavoro » (5), così nell'Europa « il lavoro fu la prima moneta con cui si misurò il prezzo delle cose » (6). Ma la circolazione comparata delle colonie e d'Europa ci offre un altro e più rilevante ammaestramento. Essa ci mostra come, nelle condizioni normali della economia, la moneta non consti di un prodotto, poichè a nessuno balena l'assurda idea di impiegare lavoro nella produzione di una merce per sè priva di utilità. Infatti nella prima fase della storia d'America era generale il pensiero che una colonia non dovesse possedere un medio circo-

---

(1) WAKEFIELD, *Engl. and Am.* I, 17 e ss. — *New South Wales*, by a resident Lond. 1849, 20.
(2) MERIVALE, l. c., II, 39, 40.
(3) BROUGHAM, l. c., I, 43.
(4) GRAHAME, l. c., I, 148.
(5) *Transact. amer. antiq. soc.*, l. c.
(6) A. SMITH, l. c., 38.

lante costoso, e che si dovesse far uso esclusivamente di moneta cartacea (1). Così nel Massachussets i primi immigranti esprimono apertamente la loro antipatia verso la moneta metallica e ne esigono la esclusione (2). Le colonie di Rhode Island, Connecticut, Virginia, N. Hampshire, seguono l'esempio dell'altre ed emettono titoli fiduciari, certo non senza cadere in gravi errori, sia col dichiarare i biglietti convertibili solo dopo un lungo periodo, sia talvolta coll'annettere loro un interesse, che ne rallenta la circolazione. — Il buon parroco Tucker, il quale giudica dietro un prisma europeo i fenomeni americani, condanna l'emissione cartacea, a cui si abbandonano le colonie, come un « sistema di iniquità » (3); ma Franklin, giudice più competente e più prossimo, porta ben diverso apprezzamento. La carta-moneta, egli dice, ha rigenerate le colonie. Nella Nuova Inghilterra, nel 1696, cioè verso l'epoca, in cui si comincia ad usare la carta-moneta, v'hanno soltanto 130 congregazioni, ma esse sono già 530 nel 1760; e la carta-moneta, emessa nella Pensilvania nel 1723, dà vita novella all'industria di quella regione (4), onde il popolo ribellasi a qualunque disegno inteso ad introdurre la moneta metallica (5). Ma quelle condizioni economiche, che escludono la moneta costosa, si presentano del pari all'aurora dell'umanità; onde non è meraviglia, se gli indigeni della Nuova Inghilterra, usavano a scopo di moneta una specie di pallottole, che essi chiamavano *wampampeak*, e che erano di due sorta, bianca l'una, l'altra azzurra: la prima equivalente all'argento, la seconda simboleggiante l'oro, e fatte le une e le altre di scaglie di pesce (6); mentre anche oggi nel Congo i lavoratori indigeni vengono pagati dagli Europei in assegni fiduciari.

Ma la impossibilità del profitto, quindi di ottenere una ricchezza senza lavoro, e della accumulazione progressiva, quindi

---

(1) SUMNER, *History of american currency*, N. York, 1876. 15-16. PARKMAN, *Old regime in Canada*, 300.

(2) HUTCHINSON, *History of Massachussets Bay*, 14.

(3) J. TUCKER *Four tracts together with two sermons on political and commercial subjects*, Glocester 1774, 151.

(4) FRANKLIN, *Remarks and facts relative to the american paper currency*. Works II, 343-44.

(5) *A discourse concerning the currencies of the british plantations in America*, Boston 1740, 13, 29·

(6) *New english Canaan, containing an abstract of New England*, 1632, 29·

di accrescere la propria ricchezza senza aumento di lavoro, genera da sè medesima la propria reazione, poichè spinge il produttore a procacciarsi un reddito coi metodi più criminosi ed abbietti; onde la speculazione e la caccia agli illeciti lucri, che scoppia nelle regioni dominate dalla terra libera e vi spande i suoi malefici influssi, come una malattia nazionale. « Il suolo coloniale, osserva profondamente il Wakefield, sembra assai favorevole allo sviluppo di una condotta, che, senza essere legalmente criminosa, è però poco onorevole; quella condotta che consiste nell'ingannare, nel venir meno alle fatte promesse, nel tradire la fiducia, nel sacrificare tutto a sè stessi. Nelle colonie una condotta simile è detta destra ed accorta; nell'Inghilterra essa è chiamata disonorevole, e gli stessi coloni più rispettabili, che disapprovano recisamente quella condotta, le dànno spesso l'appellativo di *coloniale*. Per la produzione dell'onore le colonie non sono un terreno molto confaciente. » (1). Ed ancora nel 1779 Washington scriveva: « Se io fossi chiamato a descrivere i tempi e gli uomini, di cui tanta parte vidi e conobbi, direi in una parola che la dissipazione e la licenza li han dominati ed invasi; e che la speculazione, il peculato ed una sete insaziabile di ricchezze prevalgono sovra ogni altro sentimento presso ciascuna classe di cittadini. » (2). « Il commercio, dice Franklin, che del commercio americano fu testimone e parte, è sinonimo di frode. » (3). Nelle colonie lo spirito di speculazione è generale (4), l'accumulazione la passione dominante, la ricchezza il solo titolo alla pubblica stima (5); epperò le virtù civiche sono vana parola e « sembra che non s'abbiano, in politica, dei principj, tranne che la soddisfazione delle proprie passioni e che le leggi non v'abbiano valore, se non in quanto non contraddicano agli interessi privati. » (6). E il Dr Channing scriveva: « È diffuso fra noi uno spirito di licenza, che, se non

---

(1) WAKEFIELD, *A view of colonisation*, 151-2. Vedi anche *New South Wales*, 6.

(2) Lord MAHON, *History of England* (Tauchnitz, Ed.) VI, 289.

(3) FRANKLIN, l. c., 376. Si confronti colle note parole di Cicerone contro le industrie ed i commerci.

(4) BROUGHAM, l. c., II, 76.

(5) MERIVALE, l. c., II, 271.

(6) CHEVALIER, l. c., I, 343.

sarà represso, addurrà alla dissoluzione della forma attuale della società. Anche nei più antichi fra gli Stati dell'Unione la peggior plebe si impadronisce della cosa pubblica, ed un miserabile giornale trova ben poca difficoltà a provocare le moltitudini alla violenza. Già, se noi ci rivolgiamo alle provincie prossime al Texas, vediamo le armi della legge paralizzate dalla prepotenza degli individui. » (1). Quanto dunque è lunge dal vero lo scrittore latino, che afferma: *coelum, non animum mutant, qui trans mare currunt!* Questi *yankees,* riottosi ed indomiti, son di razza britanna, figli o nipoti a quella pacifica gente di Manchester e Londra, che aggiunge come ultimo articolo al suo credo il *God save the Queen* (2). Ma tale rivoluzione nel carattere de' coloni non ad altro era dovuta che alle condizioni profondamente diverse dell'ambiente territoriale, che attendevano gli emigranti d'Europa, a quella terra libera, che stendevasi innanzi ad essi ed escludeva la appropriazione capitalista. — D'altra parte, la stessa terra libera ha pure influenze benefiche sul carattere nazionale: « Fu la terra libera, nota perfettamente il George, la forza tramutatrice, che convertì il timido salariato d'Europa nell'audace coltivatore del *Far West;* fu dessa, che infuse una coscienza di libertà ed un sentimento di benessere anche in coloro, che vivevano estranei all'industria coltivatrice. Il popolano d'Europa, che si fa adulto, trova sovra i seggi migliori del banchetto della vita la scritta dolorosa: *occupato;* ma nell'America arridegli il pensiero che la terra pubblica stendesi innanzi a lui; e la coscienza di questo fatto è penetrata nella nostra vita nazionale, dandole generosità ed indipendenza, elasticità ed ambizione. La fierezza del carattere americano e l'eccellenza delle istituzioni d'America su quelle d'Europa, tutto ciò ebbe ragione in questo fatto, che la terra libera stendevasi innanzi al lavoro ed era accessibile ad esso. » (3). Ma se ci sorprende questa profonda antitesi fra le condizioni del carattere umano nell'Europa moderna

---

(1) Lord MAHON, l. c., VI, 108-9.

(2) Un simigliante contrasto presentaro nell'antichità i Tarentini, i quali, usciti dallo stato spartano, aristocratico, agricolo e rigorista, si abbandonano alla democrazia, alla manifattura ed al lusso e di tutte le consuetudini dell'antica patria, più non conservano una sola. « Tarentinis quid ex Spartana dura illa hac horrida disciplina mansit?» LIV., XXXVIII, 17.

(3) GEORGE, l. c. (1880), 350.

e nelle colonie (1), è ben più sorprendente l'identità delle condizioni del carattere umano nelle colonie e nell'Europa primitiva. Quest'*auri sacra fames*, che irrompe così disfrenata nelle colonie d'America, si riscontra, con identità stupenda, nella Germania, nell'Islanda primitive. Dei Germani, dice Tacito, che per moneta si riconciliavano cogli uccisori de' loro parenti più cari (2); mentre nell'antica Islanda, secondo narraci Weinhold, era principio il povero essere schiavo, il ricco solo possente, e l'acquisto della ricchezza era aspirazione insaziata di ogn' uomo, che volesse salire. « È falso, egli dice, il raffigurare questi popoli primitivi arrischianti la vita pel solo desiderio di perigliare; al contrario essi erano accorti calcolatori e ravvisavano nell'oro la fonte della libertà personale e della influenza politica » (3).

Di fronte a questa rinascenza delle condizioni primitive della proprietà, osservasi nelle colonie una riproduzione non meno sorprendente della legislazione primitiva d'Europa. Fenomeno caratteristico alle prime colonie d'America è la risurrezione della legislazione mosaica. Il codice della Virginia, come quello del Connecticut, si direbbero scritti col sangue, tanto son frequenti i casi, nei quali essi comminano la morte; la morte a chi venda

---

(1) Una modificazione anche più profonda del carattere nazionale nelle colonie rivelasi nel regresso della istruzione e della coltura degli emigranti. Gli Scozzesi immigranti nella Carolina settentrionale nel secolo XVII, narra Raynal, erano vissuti nella loro patria in seno ad un sistema feudale. Ne' manieri de' loro duchi patriarcali il coltivatore trovava festevole accoglienza. Il capo della tribù era venerato qual padre ed una compatta solidarietà associava tutti i membri del *clan*. « Isolés du reste du globe, ils montraient dans leurs manières la politesse des cours sans en avoir les vices; dans leur maintien une fierté, qui leur était inspirée par la noblesse de leur origine. Sous chaque toit on trouvait au moins un historien pour rappeler les grands événements et un poète pour les chanter ». Ora che divennero questi brillanti Scozzesi nel nuovo mondo? « Les colons sont rarement assemblés. Aussi sont ils les moins instruits des Américains, les plus indifférents pour l'intérêt public (contrasto all'antica solidarietà). La plus part vivent épars sur leurs plantations, sans ambition et sans prévoyance. On leur trouve peu d'ardeur pour le travail et rarement sont ils bons cultivateurs. » RAYNAL, l. c., XV, 20-3. Non altrimenti i brillanti Francesi, emigrati nell'Acadia nel secolo XVII, vi degradano ad una condizione semi-selvaggia. — (RAMEAU, *Une colonie féodale en Amérique*, 1877, 133).

(2) TACITO, *Germania*, 44.

(3) WEINHOLD, l. c., 105 e ss. Così i Celti. (MOMMSEN, I, 298).

le merci ad un prezzo eccedente quello legalmente fissato; la
morte a chi opponga violenza a' decreti del Governatore ; la morte
insomma ad ogni più picciolo fallo (1). Ma come nella società
mosaica, così nell'americana, la pena di morte, scritta ad ogni
tratto nei codici, ben di rado era applicata nel fatto (2). E
come nella marca germanica i delitti, per quanto gravi, non venivano puniti di gastigo corporale, ma di ammenda pecuniaria, così
nelle colonie d'America, allorchè un uomo era accusato d'un delitto, per quanto enorme esso fosse, lo si obbligava a dar cau-
zione per una somma assai rilevante, eppoi gli si accordava la
libertà ; anzi, se egli era deputato, gli era fin consentito di se-
dere alla Convenzione. — Questo ricorso americano del diritto primitivo d'Europa è così sorprendente, che ha colpito perfino un
economista, non certo notevole per un senso storico troppo squisito, Chevalier. « Tanti riguardi verso gli assassini, gli incendiari,
e i falsari, egli dice, ricordano quei barbari tempi, in cui i crimini si riscattavano a prezzo d'oro » (3). Ma' una dimostrazione più ancora imponente dell'antagonismo organico fra le condizioni delle colonie e d'Europa è data dal fatto, che si trovò
impossibile di applicare nelle colonie d'America la legislazione
d'Inghilterra. Allorchè le prime associazioni formaronsi in America, i coloni non seppero qual altra legge instaurare, tranne
quella della madrepatria. Era questa, a cui essi erano consueti,
che era scritta nella loro lingua materna, e che parea perciò
meglio rispondente al loro carattere nazionale. Ma ad ogni tratto si
incontravano difficoltà gravissime nell'applicare alle colonie questa
legislazione. Ben presto si vide che la *statute law* d'Inghilterra,

---

(1) For the colony in Virginea Britannica lawes divine morall and mar-
tiall, 1612, 14, 25 e passim.

(2) Tocqueville (*Démocratie en Amérique*, Brux. 1837, I, 64-5), biasima
questa riproduzione della legge mosaica, che riconduceva un popolo incivilito
alle sanzioni di un popolo barbaro; e soggiunge, a prova della inopportunità
di questo ricorso, che non mai si vide la pena di morte più prodigata nelle
leggi e meno applicata nel fatto. Ma il T. non vede che anche presso gli Ebrei
la pena di morte, minacciata ad ogni tratto ne' codici, era assai di rado applicata. La riproduzione di questo curioso contrasto presso i due popoli di Pale-
stina e d'America tradisce una profonda analogia nel loro carattere e nel loro
costume, che può addursi come prova novella della riproduzione dei fenomeni
sociali col riprodursi delle stesse condizioni territoriali.

(3) Chevalier, l. c., II, 138.

la legislazione più moderna, era inapplicabile ai rapporti della economia coloniale, e si fu costretti ad applicare la sola *common law*, la quale, appunto perchè più antica, adattavasi meglio ai rapporti di una umanità rinascente. Ma anche questa legge non resse lungo tempo alle condizioni profondamente opposte delle colonie d'America, ed i rapporti novelli, che queste evocavano, resero necessaria una legislazione speciale. Quindi a poco a poco la *common law* d'Inghilterra non si considerò applicabile alle colonie, se non nei casi, nei quali non era particolarmente disposto da uno statuto della colonia e sorse e si sviluppò sempre meglio a legge universa la *colonial common law*. Nulla meglio che questa impossibilità di applicare alle colonie la legislazione moderna della madrepatria, e questa necessità di ristorare nelle colonie una legislazione più antica d'Europa, poi di sostituire anche questa con una legislazione specifica alle colonie; nulla meglio che questi fatti rivela il carattere recisamente opposto, che i paesi nuovi assumono di fronte agli antichi e la profonda identità delle loro condizioni economiche, epperò giuridiche, con quelle della società primitiva (1).

Senonchè, mentre la associazione propria coattiva foggiava nelle colonie tutto un sistema di eguaglianza sociale ed un organismo giuridico corrispondente, essa veniva grado grado evocando le forze, che doveano dissolverla. Infatti quel sistema non giungeva a sopprimere che in modo molto imperfetto i danni della dissociazione del lavoro, ed inoltre creava nuovi e poderosi limiti alla produzione, inceppandola di molteplici vincoli e sommettendola ad una incresciosa tutela. Perciò si comprende che quella forma economica dovesse bentosto riuscire molesta e manifestarsi sempre più incompatibile col progresso della popolazione; poichè mentre questo rendeva socialmente necessaria una forma economica, che accrescesse il prodotto, l'esaurimento della terra, risultante da una coltura inefficace e corrosiva, operava ad assottigliarlo. « Nei primissimi periodi delle colonie, avverte uno storico coscienzioso, l'aumento

---

(1) CORNEWALL LEWIS, *Government of dependencies*, 196-203. « Delle costituzioni delle colonie fu detto, che esse formano una miniatura dell'antico governo sassone dell'Inghilterra. » CHALMERS, l. c., 1, 527. Cfr. *Local government* ecc. (*Cobden Club. Ess.*), 26. — FREEMAN (*Comparative potitics*, Lond., 1873, 33) avverte a sua volta che la costituzione degli Stati Uniti presenta una singolare rassomiglianza colla costituzione federale della lega achea.

della popolazione fu tenue, e solo la tenuità di questo accrescimento fu la causa, per cui si potè di tanto differire il completo
riconoscimento del diritto di proprietà fondiaria » (1). Ma quando,
cessati i disagi indissolubili da un primo installamento, venne
meno la causa, che aveva esacerbata la mortalità e frenato l'aumento della popolazione americana ne' primi tempi, la popolazione
assunse nell'America quel poderoso aumento, che è il necessario
prodotto delle condizioni demografiche delle colonie. Infatti, se le
terre libere sterminate sono per sè stesse un possente incentivo
alla procreazione, questa è poi nelle prime colonie accentuata
dalla stessa composizione fisica della popolazione, tutta costituita
d'immigranti, ossia d'uomini che sono nel fiore dell'età e pro-
creano con vigorosa energia; onde non è meraviglia se Petty
vanti la fecondità de' primi coloni e se Penn narri che ne' primi
tempi d'America ciascuna donna procrea in media 6 ed anche 8
figliuoli (2). — Ma oltre che all'aumento, necessariamente limitato, dovuto alla procreazione, la popolazione delle colonie soggiace ad un aumento illimitato dovuto alle incessanti immigrazioni.
Ora quest'aumento accelerato della popolazione rende bentosto intollerabile l'antica forma d'economia fondiaria e provoca una tenace battaglia dei coloni contro la proprietà collettiva della terra.
— Prima che in ogn'altra, la battaglia si combatte nella colonia
di Plymouth, i cui abitanti ottengono la soppressione della proprietà collettiva, dimostrando che « l'esperienza che essi ne hanno
fatta è la critica più decisiva delle teorie platoniche sul comu-
nismo dei beni. » Ma la battaglia si combatte con ben maggiore accanimento nella Georgia, nel secolo XVIII. Quivi gli agricoltori
inviavano ai Provveditori della colonia una protesta da tutti fir-
mata, nella quale invocavano con eloquenti querele la proprietà
privata della terra, affermando che la proprietà limitata era insufficiente alla produzione del necessario, e che la ruina della
colonia ne sarebbe il fatale risultato. A questi reclami rispondevano i Provveditori il 9 dicembre 1738, opponendo recisamente
il loro *veto* alle richieste dei coloni. Ma questi non si ristavano;
ed il 26 maggio 1739 spedivano una nuova protesta, nella quale
asserivano di aver abbandonate le loro terre, poichè trovavano

---

(1) GRAHAME, l. c., I, 198.
(2) PETTY, *Five essays in political aritmetik*, Lond. 1687, 79-80.

LORIA, II.

intollerabile il sistema della proprietà limitata. A questo scritto rispondevano, con una novella ripulsa, i Provveditori; e poichè i coloni pubblicavano una terza protesta, i Provveditori opponevano ad essi una replica definitiva collo scritto: *An account shewing the progress of the colony of Georgia*. London 1741, nel quale rilevavano energicamente il carattere di usufruttuari del suolo, che spettava ai coloni e mantenevano il diritto dello Stato a regolare le condizioni del loro possesso. Ogni appezzamento de' coloni, essi dicevano, deve considerarsi come un feudo militare e limitarsi a tanto spazio, quanto è sufficiente a produrre le sussistenze del colono e della sua famiglia; e lo Stato può e deve imporre tutte quelle restrinzioni, le quali valgano a conservare l'eguaglianza delle proprietà terriere, base della costituzione e della forza delle colonie nascenti (1).

Un fatto sopratutto notevole, è che dove pure i coloni trionfano nella loro crociata contro la proprietà collettiva del suolo, a questa non succede già la proprietà privata, ma la proprietà di famiglia. « L'anno 1623, narra lo storico della Nuova Inghilterra, fu il primo, in cui lo stimolo dell'interesse individuale accentuasse in quella colonia l'efficacia del lavoro. Ad ogni *famiglia*, in luogo della partecipazione al prodotto totale, che fin qui era stata legge generale, si assegnò la coltivazione ed il prodotto di una porzione separata di terra. Questo sistema ebbe completo successo, poichè diede nuovo impulso alla operosità di tutti i lavoratori; onde assai maggior quantità di grano venne prodotta, di quello che non sarebbe stato altrimenti. » (2). Così alla proprietà collettiva del comune sostituivasi la proprietà di famiglia. Ma anche questa non soddisfece per lungo tempo alle esigenze dei coloni, i quali nel 1627 si rivolsero ai Governatori, facendo vivissime istanze perchè fosse loro accordata la proprietà individuale. — « Gli Ebrei vogliono un re, ebbene l'abbiano », disse il profeta; i coloni vollero la proprietà privata e l'ottennero; a ciascun individuo fu accordata la proprietà personale, ereditaria di un acre di terra, quota che venne alcuni anni da poi ampliata, e soltanto i prati vennero conservati alla proprietà

---

(1) TAITLER, l. c., 36, 39-40, 60-62.
(2) PALFREY, l. c., I, 214. BRADFORD, l. c., 134-5, 167-8.

comune. Così sorsero nell'America i primi proprietari di terre (1).
Ma questo interessante processo dalla proprietà collettiva alla
proprietà privata della terra, che si dispiega nelle colonie, come
prodotto della popolazione crescente, si riscontra con meravigliosa
identità nella Germania primeva. Infatti anche nella Germania
primitiva la terra libera dà luogo ad un'energica procreazione.
« Numerum liberorum finire flagitium habetur. — Sera juvenum
Venus eoque inexhausta pubertas. » Di qui un aumento di popolazione, che espugna la vecchia forma di economia; poichè « quegli
stessi motivi, che hanno provocato il frazionamento dell'antica
marca, cioè l'aumento della popolazione e lo scambio di conseguenza accresciuto, adducono ancora al frazionamento dei singoli lotti ed alla loro diminuzione; onde deriva la distruzione
della primitiva eguaglianza delle proprietà territoriali e la dissoluzione della comunità fondiaria. » (2). A questa succede immediatamente la proprietà di famiglia (3) e solo in un periodo più
tardo la proprietà privata. della terra, per un processo che è
ben noto agli storici, i quali lo hanno correttamente designato
come un prodotto dell'incremento della popolazione (4), e che
riproduce perfettamente, benchè sopra una scala dilatata nello
spazio e nel tempo, lo sviluppo economico delle colonie. — Che
se nell'antica Europa si compie in una successione di secoli quel
processo, che si compie in una successione d'anni nell'America nascente, ciò è dovuto al meno rapido sviluppo demografico
dell'Europa primitiva, ove la popolazione, non essendo costituita
di immigranti, nè accresciuta dalle immigrazioni, sfugge a quelle
speciali influenze, che accelerano l'aumento della popolazione nelle

---

(1) PALFREY, l. c., I, 229. BRADFORD, l. c., 215-6. Nella grande colonia
olandese, a Giava, si può, a così dire, toccar con mano l'influenza della decrescenza del prodotto a generare la proprietà privata della terra. Ivi infatti le
terre di prima qualità appartengono allo Stato ed il coltivatore non ne è che
affittuario; mentre nei distretti *Sunda*, più sterili, lo Stato è costretto ad iniziare la proprietà privata. RAFFLES, *History of Java*, 2ª ed. Lond. 1830, I, 154.

(2) MAURER, *Einleitung*, 207.

(3) Cfr. HEARN, *The aryan household*, Melb., 1879, 190 e ss.

(4) Si vegga p. es. LAVELEYE, *De la Proprietè*, 111 e ss. MAURER, *Mar-
kenverfass.* 431 e ss. LANDAU, *Die Territorien*, 1854, 81. « Il riconoscimento
del diritto di proprietà privata della terra è il prodotto necessario dell'aumento della popolazione. » BLAKSTONE, *Commentaries on the laws of England*,
Lond. 1854, II, 7.

colonie. — Ond' è che, come l'americano incanutisce diec'anni prima che l'europeo, così le forme economiche invecchiano nell'America più rapidamente che in Europa e vi si compie più celere l'evoluzione sociale.

Per tal guisa si chiude il primo periodo delle colonie e d'Europa e con esso l'età dell'oro del nuovo, come dell'antico genere umano. Che monta infatti che la proprietà collettiva inceppasse la produzione? Essa non toglieva per ciò che la prosperità e l'agiatezza dominassero sovrane nelle economie primitive. — Di quanto benessere fruissero i primi coloni d'America si scorge da questo semplice fatto, che 100 famiglie operaie, composte di 3 persone ciascuna, ricevevano in Inghilterra un reddito annuo di 1000 sterline, mentre nell'America quelle stesse famiglie, fatte coltivatrici del suolo, conseguivano un reddito di 6000 sterline (1). I cittadini di Charlestown si proclamavano gli abitanti più felici del mondo (2). « Le colonie inglesi, la Pensilvania per es., presentarono nei loro primordi una meravigliosa prosperità. Esse furono realmente l'Arcadia sociale de' nuovi tempi e ci diedero uno spettacolo che non si rinnoverà più mai; poichè fenomeni eguali ricorrono nella economia, ma non però i fenomeni stessi e la società ha già attraversata quella forma specifica della propria esistenza. » (3). Eguaglianza di condizioni, assenza di ricchezze esagerate e di dolorose miserie, fertilità inesausta del suolo e libertà politica irrefrenata formano dell'America prima il tipo di quel paradiso economico, che Smith e Ricardo contrappongono costantemente agli strazi del nostro sistema sociale; e riproducono in una forma immortale quella incantevole primavera umana, di cui la leggenda abbellisce, ma la storia registra le delizie e la pace. Ma da questo primitivo e placido azzurro la società americana e l'europea vengono sbalzate d'un tratto nelle tempeste e negli orrori della proprietà, la quale, impossessandosi ad un tempo della terra e dell'uomo, precipita la storia dell'umanità nell'inferno delle abbiezioni e dei martirj.

---

(1) TAITLER, l. c., XI.

(2) PALFREY, l. c., III, 104.

(3) MERIVALE, l. c., II, 276. « È lo stato umano più felice compatibile colla esistenza della proprietà. » WAKEFIELD, *Engl. and Am.*, I, 131. Ma nel fatto però la proprietà privata è, durante gran parte di questo periodo, ignorata, almeno per ciò che riflette la ricchezza territoriale.

Allo spettacolo di queste tristezze dobbiamo ora volgere i nostri sguardi. Ma innanzi di lasciare quest'epoca primitiva di letizia per addentrarci nell'altra e terribile che le succede, arrestiamoci ancora un istante sulle verità, che da quella ci son rivelate. — Oggi ancora l'economia astratta si annida fra le sue leggi naturali del salario, del profitto e della rendita, non dissimile da certo vescovo dell'êra di mezzo, che proclamava l'umanità ripartita eternamente da Dio in « oratoribus, agricultoribus et pugnatoribus ». Questa illusione della economia speculativa scompare d'un tratto, quando si porti la propria attenzione sui fenomeni delle colonie nascenti. Imperocchè in queste si scorge, non solo la possibilità di una esistenza sociale, civilizzata e florente, senza l'intervento del salario e del profitto; ma si scorge la impossibilità organica di quelle categorie economiche in un determinato periodo sociale e precisamente nel periodo, in cui sono ampie terre inoccupate. — E quella scuola storica, la quale deduce lo sviluppo sociale dalla evoluzione dello stromento tecnico, è forse meno recisamente contraddetta dai fenomeni delle colonie? — Ecco due regioni abitate da una medesima razza ed egualmente progredite nello sviluppo tecnico, l'Inghilterra e l'America del secolo XVII; ecco due regioni abitate da una razza per gran parte diversa, in tempi diversi, in uno stadio profondamente diverso dello sviluppo tecnico, l'America del secolo XVII e l'Europa primitiva. Se veramente il motore dello sviluppo sociale fosse lo stromento produttivo, noi dovremmo trovare una identità dei fenomeni sociali nelle colonie e nell'Inghilterra, un antagonismo reciso nella costituzione economica delle colonie e dell'Europa primeva. Ma avviene perfettamente il contrario. Quei rapporti economici, che sono normali nell'Inghilterra, sono impossibili nelle colonie ad essa contemporanee; ed in queste divengono necessari quei rapporti economici, che nella società primitiva di Europa eran normali. E non è tutto; poichè quello stromento produttivo, che vige in Europa, che i coloni perfettamente conoscono, che forse essi stessi hanno ideato, quando abitavano la madrepatria, diviene inapplicabile alla nuova regione, nella quale debbono fatalmente adoprarsi gli stromenti consueti alla umanità primitiva. Allora non è più possibile una illusione. Lo stromento produttivo vigente in un'epoca ci appare allora come il risultato necessario, non già delle condizioni intellettive dell'uomo, ma delle condizioni della terra; e queste, non lo stromento di produzione, si disvelano come le generatrici del sistema tutto della vita sociale. — Strani fenomeni invero! — L'uomo, che vive in una regione antica, in seno a certi rapporti di produzione, emigra ad una nuova sede ed ivi cangia rapporti di produzione e stromenti ed istituzioni e, che più monta, sè stesso; e in questa rinnovazione totale della società e del carattere umano ricorrono le relazioni economiche, gli istituti, il carattere della umanità primitiva; ossia si riproducono gli stessi fenomeni sociali e psicologici col riprodursi delle condizioni stesse della natura fisica, della terra, per quanto mutino frattanto le condizioni dell'uomo, soggetto apparente d'ogni rapporto sociale. — Per la coscienza umana, lo vede ciascuno sin d'ora, v'ha dunque ben picciolo posto nella storia dell'umanità; processo naturale, inconsciente, che involge l'umana famiglia, ma al quale questa rimane perfettamente straniera.

CAPITOLO III.

IL PROFITTO A BASE DI SCHIAVITÙ NELLE COLONIE E NELL'EUROPA

---

§ 1. Formazione storica della schiavitù.

Sotto la stretta di una coltura esauriente e di un progressivo passaggio a terre meno feraci, le condizioni territoriali delle colonie vengono grado grado mutando ed allontanandosi dalla esuberanza primitiva. Infatti la produttività della terra, per quanto si mantenga sempre elevata, si fa ben tosto minore di quella, che nel periodo primitivo si aveva; onde noi vediamo nell'America un acre di terra, coltivato estensivamente, dare 25 a 30 staja di grano, 35 a 40 di orzo, 40 a 50 di avena; e la semente rendere un prodotto da otto a dieci volte maggiore (1). Cifre, come ciascun vede, cospicue, che tradiscono una produzione assai maggiore di quella, ottenibile con egual capitale nell'Europa contemporanea, ma assai lontane da quelle, che Incontrammo nelle primitive colonie. Ora di fronte al nuovo grado nella produttività della terra coltivata, diviene sempre meno tollerabile quel sistema economico, che si è formato sulle ruine della proprietà collettiva e che, se accresce la produzione cogli stimoli della proprietà privata, la rallenta colla dissociazione dei produttori; e giunge ben tosto il momento in cui quel sistema è in contraddizione colle esigenze della vita sociale, sia perchè non consente un prodotto sufficiente a mantenere il coltivatore, sia anche, indipendentemente da ciò, perchè non consente un prodotto bastevole a mantenere quella popolazione non agricola, che è condizione necessaria di esistenza civile. Per ciò a questo punto

---

(1) DE Bow, *Encyclopœdia of the trade and commerce of the U. S.* Lond., 1854, I, 81. JOHNSTON, l. c., II, 191-3.

si impone la necessità di istituire una nuova forma della associazione di lavoro, non più sulla base della proprietà collettiva, limitante la produzione, sibbene sulla base della proprietà individuale. — Ma se il nuovo grado della produttività della terra è abbastanza depresso da rendere necessario un sistema di produzione associata, esso è però abbastanza elevato da escludere l'associazione di lavoro spontanea; mentre la esistenza di terra fertile incolta, permettendo al lavoratore libero di trasferirsi a proprio conto sovr'essa, esclude l'associazione di lavoro coattiva, ottenibile col salario. Di qui un progressivo contrasto fra la domanda e l'offerta di derrate agrarie ed una serie di limiti alla produzione sociale, i quali divengono intollerabili innanzi all'aumento progressivo della popolazione, e perciò rendono sempre maggiori le preoccupazioni dei coloni sulle sorti delle loro nascenti società. Nella Virginia le condizioni miserrime della produzione, che necessitano l'importazione di una enorme quantità di prodotti, inducono il governo britannico ad incaricare una commissione di studiare la causa dell'inerzia del popolo. Questa causa non è altro che il difetto di associazione di lavoro. Epperò quando approdano alla colonia 500 operai emigrati d'Europa, sono salutati con esultanza e si spera che con essi verrà inaugurato il salario, e che alla piccola industria, alla dissociazione de' produttori abbiano a scavare la tomba. Ma indarno! La natura non ha imposto a quei 500 uomini il carattere di salariati e la terra libera della Virginia li tramuta d'un tratto in coltivatori indipendenti. Ne cresce la dissoluzione della colonia; e già la sorte di questa si tien disperata, quando avviene un incidente, in apparenza di poco rilievo, ma che nel fatto esercita una influenza fondamentale nella storia della economia americana. Nel 1620 approda a James'River, spinto dal difetto di provvigioni, un vascello negriero olandese. I coloni, il cui grido di guerra è: conquista di lavoratori, accolgono come cosa di cielo questo dono, che fa loro la sorte, di una schiera di operai, che rimarranno al loro servigio nonostante ogni seduzione delle terre inoccupate; ed acquistano gli schiavi. È questa l'origine della schiavitù americana (1).

A partire da quest'epoca incomincia la seconda fase delle

---

(1) WACKEFIELD, *Engl. and Amer.* II, 10 e ss.

colonie, nella quale la schiavitù si erige sulle ruine della economia primitiva e compie la sua missione storica, sostituendo un sistema di produzione insufficiente e retrogrado ed accelerando, sia pure collo strazio dell'uomo, il cammino della civiltà. Colla istituzione della schiavitù cessano d'un tratto le cause, che inceppavano lo sviluppo delle colonie, cessa il disgregamento, la piccola industria, il cumulo delle occupazioni presso i singoli produttori; la Virginia risorge a nuova vita e con essa l'America, ove la schiavitù si diffonde bentosto con meravigliosa rapidità. Finchè l'offerta degli schiavi non è ancora abbondante, si cerca di ridurre in ischiavitù gli stessi piccoli proprietarj, mediante un sistema di credito non molto dissimile dal *nexum* latino. Così leggiamo in una relazione sullo stato della Virginia, presentata al Consiglio del Commercio sotto la regina Anna: « Lungo ogni fiume trovansi uomini, i quali coll'industria e col traffico acquistano poderi. Questi uomini pigliano cura di provvedere i poveri di prodotti e derrate e son sicuri di renderli a sè debitori e perciò dipendenti. » (1). È questa una riproduzione perfetta dei *nexi* romani. Ma bentosto la schiavitù assume nell'America una più schietta e rigida forma. Il primo statuto che stabilisca la schiavitù nel Nuovo Mondo è il celebre « Code of fundamentals or Body of *liberties* of Massachussets Colony ». La prima volta in cui si parla di vendita di schiavi nel Massachussets è nel 1637. Prima del 1641 era stabilito che tutti coloro che avessero commesso qualche offesa fossero venduti come schiavi, finchè i loro servigi avessero pagato l'ammenda ond'erano colpiti (2) e che i condannati per crimine divenissero schiavi a vita. Nel 1669 i proprietari della Carolina, insoddisfatti del loro sistema di produzione, firmarono un corpo di leggi, che Locke, il saggio, avea compilate. La più degradante schiavitù vi era stabilita, poichè ad ogni libero si accordava la proprietà di un negro (3). Animate dal desiderio insaziabile di lavoratori, le colonie d'America stabiliscono che una donna libera, che sia resa madre da un negro, schiavo o libero, divenga schiava per 7 anni (4); e qui non è

---

(1) Grahame, l. c., II, 61.

(2) Moore, *Notes on the history of slavery in Massachussets*, New-York, 1866, 10-11.

(3) *Collections of the american statistical association*, Boston, 1847, I, 200.

(4) Chalmers, l. c., I, 527.

chi non vegga il ricorso delle leggi d'Europa, medievale e romana. Nel Maryland il negro libero, che sposa una donna bianca, diventa schiavo. Nella Carolina del Sud, se un negro libero ricetta uno schiavo fuggitivo, sia pure sua moglie o suo figlio, è fatto schiavo. Nella Georgia un uomo di colore, che entri nello Stato e non possa pagare una ammenda di 100 dollari, diviene schiavo a vita (1). Nella Virginia tutti gli schiavi emancipati, che rimangono un anno nello Stato, son rifatti schiavi: ed alcuni vignaiuoli d'Europa, chiamati in quella colonia perchè vi lavorino, e ricusanti di stare al contratto, sono costretti a lavorare come schiavi. Infine le leggi della colonia prescrivono che ciascun immigrante non cristiano, il quale non si battezzi appena giunto alla colonia, divenga schiavo (2). Tuttavia non eran le leggi che istituivano la schiavitù nelle colonie; esse non facevano che sanzionare i fatti compiuti, e bene spesso, esacerbarne il processo. Infatti lo Stato non si arretrava innanzi alle conseguenze più enormi della schiavitù. Nel Massachussets lo schiavo fuggitivo doveva essere inseguito e restituito al suo padrone (3); ed il *Fugitive Slave Act* (Novembre 1792), che accordava ai proprietari un diritto illimitato di perseguitare gli schiavi fuggitivi, veniva approvato dal Senato dell'Unione all'unanimità e dalla Camera dei Rappresentanti con soli 7 voti contrari (4). Nel 1790 tutti gli Stati dell'Unione, eccetto il solo Massachussets (che primo aboliva di fatto la schiavitù nel 1781), possedevano schiavi e questi rappresentavano, negli Stati ov' erano in maggior numero, la grande maggioranza della popolazione. Nè gli schiavi erano soltanto impiegati nell'agricoltura, ma eziandio nelle manifatture e nei commerci (5); e come ai tempi di Tacito, essi ve-

---

(1) *The condition of the free people of colour in the U. S.* Lond., 1841, 18. — *Records of Massachussets*, Boston, 1853 e ss., IV, ii, 473.

(2) GRAHAME, l. c., II, 62.

(3) *Records of Massachussets*, IV, i, 826-7.

(4) WILSON, *History of the rise and fall of the slave power in America*, Boston, 1872-77, I, 69-70.

(5) *The West India question*, Lond., 1826, 5-6. *Collections of the N.-York historical society*, New-York, 1811 e ss., IV, 275-7. — JOHNSTON, l. c., II, 364.5; COXE, *A view of the Un. St.*, Dublin, 1795, 379; WESTON, *Progress of slavery in Un. St.*, Washington, 1857, 204, ci dànno ampie notizie sull'impiego degli schiavi nelle manifatture.

nivano divisi in *famiglie* secondo i vari servigi (1). Nell' isola di San Domingo i favoriti del Governo, vedendo ridotte a vano fregio, per difetto di salariati, le immense terre ricevute in dono, dovettero invocare che alle donazioni di terre si aggiungesse l'assegno in proprietà di un certo numero d'indigeni (2), e questo sistema, detto dei *repartimientos*, venne instaurato del pari dai conquistatori del Messico e del Perù, nonostanti i divieti della corona spagnuola (3). Gli stessi negri di Haiti, che si impadronirono colla forza delle terre, uccidendo i proprietari bianchi, e che perciò non aveano alcuna spesa d'impianto delle loro aziende, videro impossibile di trarne un profitto adeguato senza la schiavitù (4). Nell'Australia si ebbe ricorso ad un altro mezzo non meno strano, benchè meno crudele, al sistema dei *convicts*. I condannati alla deportazione divennero una merce; essi furono assegnati, talora gratuitamente, più spesso a pagamento, ai capitalisti, impazienti della manchevole offerta di lavoro, che li ruinava, perchè fossero da quelli impiegati nella produzione. Noi non tratterremo il lettore sulle curiose, ma non edificanti conseguenze di questo sistema, il quale faceva del delitto europeo un fattore della produzione australiana. Diremo soltanto che la meno disgustante fra quelle conseguenze era la concorrenza irrefrenata, che destavasi fra i capitalisti, i quali disputavansi l'un l'altro avidamente quei fruttificanti rifiuti della madrepatria europea, e che la concorrenza era così ardente, che riusciva ad escludere i capitalisti meno agiati dall'acquisto dei *convicts*, epperò dalla produzione. Ma si comprende di leggieri l'impulso, che dovette porgere questo sistema all'accentramento delle fortune e gli abusi e le scellerate violenze, a cui esso diè luogo nei 52 anni in cui ebbe vita (5); e si comprende come un senso di generale sollievo si destasse

---

(1) HAZARD, *Historical collections for an history of the U. St.* Philad., 1792, I, 266.

(2) MERIVALE, l. c., 1, 5.

(3) PRESCOTT *Conquéte du Mexique*, 1864, III, 190. *Conq. du Perou*, 1862, II, 341.

(4) VINDEX, *Considerations submitted in defence of the orders in council for the melioration of slavery*, Lond., 1825, 102.

(5) FLANAGAN, l. c., I, 422 e ss. Fra le contraddizioni di questo sistema vi avea quella, che i *convicts* dovevano esser trattati tanto più mitemente, quanto maggiori erano i loro demeriti, poichè i più abili e più colpevoli non potevano essere stimolati al lavoro che per mezzo di premi (MERIVALE, l. c., II, 8).

nelle colonie quando, nel 1838, esso venne abolito, e perchè intollerabile a libere genti e perchè reso inutile dall'offerta crescente del lavoro salariato.

Questa rapida e generale istituzione della economia a schiavi dimostra in modo eloquente che, ad un certo stadio del loro sviluppo, « le colonie sono impossibili senza la schiavitù » (1). Quindi ovunque si ebbe una abolizione prematura della schiavitù, la rovina della colonia fu inevitabile; come fu ad Haiti, ove, dopo la redenzione degli schiavi, ogni specie di coltura, che richiedesse associazione di lavoro, decadde, e l'economia tutta assunse un'impronta di indolenza. Così fu nella Gujana, che, per non aver introdotto il commercio degli schiavi, lentamente deperì. Così ancora nelle colonie d'America, in cui prima la schiavitù fu abolita, divenne impossibile prendere a prestito sopra ipoteca, poichè il valor della terra, che limitavasi al valor degli schiavi coltivatori, d'un tratto si ridusse a nulla (2). Ma dove possiamo studiare nella più recisa sua forma la necessità organica della schiavitù nelle colonie, è nella storia della Georgia. Gli *Highlanders* scozzesi, immigranti primi a questa regione, ravvisavano la schiavitù come contraria a natura, e dai fondatori della colonia ponevasi per condizione prima della sua costituzione economica la esclusione della schiavitù. Ma la terra libera riluttava a queste limitazioni, imposte da sentimenti educati fra le condizioni territoriali del vecchio mondo; epperò fu lunga, infaticata battaglia fra i provveditori della colonia e gli immigranti, il cui *porro unum* divenne omai questo: la necessità di introdurre la schiavitù dei negri, come condizione *sine qua non* ad una coltura efficace e soddisfattiva de' crescenti bisogni. Il 1° settembre 1737 il *Gran Giurì* di Savanna inviava ai Provveditori della Colonia una rimostranza sulle condizioni desolanti della coltura pel difetto di operai. « La grande mancanza di servi in questa città e nel paese, vi si diceva, rende i coloni incapaci a procedere coll'energia

---

(1) DE PRADT, *Les trois âges des colonies*, Paris, 1802, 15-16. L'A. è vescovo. — BROUGHAM, l. c., I, 438.

(2) CAREY, *Slave Trade*, Philad., 1853, 86. Non altrimenti nella Roma imperiale i creditori ipotecari non ritenevano di avere alcuna garantia, se non vi fosse stata la schiavitù, o la *adscriptio glebæ* dei lavoratori; appunto perchè senza questa la terra ed i capitali in essa impiegati sarebbero rimasti improduttivi. RODBERTUS, *Agrarische Entwickl. Roms*, Jahrbücher 1864, II, 232.

sufficiente nella coltivazione delle loro terre », e si conchiudeva colla preghiera, che si inviassero nella colonia dei. *servants*, o meglio ancora dei negri. Il governatore Oglethorpe rispondeva che, finchè egli avesse avuta qualche influenza nella colonia, questa non avrebbe mai introdotta la schiavitù. Ed allora si vide un fenomeno straordinario. Interrotte tutte le opere pubbliche, il dissodamento delle terre riconosciuto impraticabile dal lavoro dissociato, epperò la terra per gran parte abbandonata e la colonia tutta in compiuto sfacelo. I coloni, ridotti a ruina, non sapendo a qual consiglio affidare le sorti pericolanti della loro terra, inviarono ai Provveditori un reclamo, nel quale dipingevano la impossibilità di ottenere una produzione sufficiente ai bisogni delle loro famiglie, ed invocavano ad alte grida l'introduzione della schiavitù. Certo, dicevano quegli onesti scozzesi, noi siamo sensibili agli abusi, che derivano agli Stati d'America dalla schiavitù dei negri; ma qual medaglia non ha il suo rovescio? Eppoi, si cerchino provvedimenti a tutela degli schiavi, ma non si precluda a noi la proprietà dei negri, unico modo a ristorare le fortune e le forze della ruinante colonia. Questa rimostranza era accompagnata dalla lettera di un anonimo al Governatore, nella quale dicevasi che il divieto della schiavitù rendeva impossibile non soltanto l'agricoltura, ma l'industria, poichè gli Stati a schiavi producevano tutto a miglior mercato e vincevano nella concorrenza i produttori liberi della colonia. I provveditori si opposero, meravigliando dell'inumana richiesta, ed osservando che la schiavitù ucciderebbe l'industria dei liberi bianchi. Ma i coloni ribatterono, affermando che aveano abbandonate le loro sedi sul fiume Ogeeche, poichè non potevano proseguire senza la schiavitù, ed attribuendo all'inesistenza di questa la spopolazione della colonia, ridotta omai ad $1/6$ de' suoi primitivi abitanti. La lotta si combattè così per un ventennio fra i coloni da un lato ed il Governatore o i provveditori dall'altro. Che se per noi è spettacolo rivoltante questa spietata avidità di carne umana, onde i coloni parean dominati, non dobbiamo obliare che quei coloni, o i loro padri, avean vissuto ed erano stati educati in Inghilterra ed aveano appresa la morale britannica, dannatrice d'ogni schiavitù; e che responsabile de' loro sentimenti pervertiti, non era il loro carattere, ma le condizioni mutate della terra, che quei sentimenti evocavano. E le condizioni della terra trionfarono infine delle teorie filantropiche degli uomini, che dall'Inghilterra reggevano la colonia. La schiavitù venne infatti instaurata, dapprima in oltraggio alla legge, poi col forzato consenso di questa; e se creò nella Georgia le diseguaglianze sociali e vi affrettò l'esaurimento del suolo, fu tuttavia la fonte di una rinnovazione economica e schiuse un'epoca di rigoglioso progresso (1). — Ma questa battaglia, più o meno prolungata e recisa, fu generale in America, ed ovunque fu coronata dal trionfo della schiavitù (2).

Questa formazione della schiavitù, la quale compivasi con tanta ferocia nell'America, avveravasi alcuni secoli prima in una regione d'Europa, in cui le condizioni territoriali erano analoghe a quelle delle moderne colonie. Le vaste terre deserte, che stendevansi nella Russia nel secolo XII e XIII, impedivano la consolidazione della proprietà signorile. I coloni, liberi di fissarsi ove lor meglio piaceva, o ricusavano di stanziarsi sulle terre dei grandi signori fondiarii, o le lasciavano d'improvviso per passare altrove. Ma, a reagire contro queste influenze della terra libera, interviene la legge, la quale inizia la schiavitù più assoluta. Infatti, fino al *Sudebnik* (codice del secolo XIV), è consentita nella Russia una vera e propria schiavitù, non però perpetua, ma limitata a 7 anni. Una fra le disposizioni più importanti del *Sudebnik* è la mitigazione e la parziale abolizione della schiavitù, poichè mentre per lo innanzi esistevano schiavi per nascita o per contratto (e quanta libertà vi fosse in contratti simili è facile imaginare), quel codice vuol subordinata la schiavitù al consenso dell'autorità superiore, proibisce di ridurre in ischiavitù i prigionieri, ed abolisce l'antico metodo di iscrivere come servi, fino al riscatto del debito, i coloni riceventi un prestito pel loro primo impianto.

---

(1) TAITLER, *Georgia*, 39 e ss. La necessità organica della schiavitù è pure dimostrata dal fatto, che non appena le emancipazioni divengono frequenti, la legge le limita o vieta. Così nel Massachussets, *Collections of Massach. hist. soc.*, IV, 100. Così a Roma le leggi *Aelia Sentia* e *Furia Caninia*.

(2) Un esempio di questi trionfi ci è dato dalla contesa che si combattè alla Camera dei Rappresentanti ed al Senato degli Stati Uniti nel 1819. È interessante il vedere con quanta accortezza le due Camere sapessero palleggiarsi l'emendamento di Tallmadge, inteso a preparare l'abolizione della schiavitù, cosicchè facesse inonorato naufragio, di mezzo alle dichiarazioni in apparenza abolizioniste dei rappresentanti delle due assemblee. Vedi GREELEY, *History of the struggle for the extension of slavery in U. S.* New-York, 1856, 148-9.

Ma non ostanti queste leggi, rimangono frequentissimi i casi di coloni, che ipotecan sè stessi pel pagamento dei debiti contratti verso il signore (1). Così l'*yankee* del secolo XVIII, civilizzato e libero, non giunge a crearsi rapporti economici diversi da quelli, che assumeva nel secolo XIII un popolo barbaro e servo. Ma che dico nel secolo XIII ? Non è già soltanto nelle foreste di Russia che noi vediamo riprodursi i fenomeni dell'America, poichè questi appaiono colla più completa identità nella Roma pagana. È qui che ci attende la più singolare rivelazione delle colonie, le quali ci mostrano, nel secondo loro stadio, un sistema economico identico a quello, che nell'antichità d'Europa ebbe vita. I *dati americani* riappaiono stupendamente nell'Europa dell'epoca greco-romana, per quanto diversi siano in questa i costumi, la religione, la razza, l'uomo insomma, che del sistema sociale è riputato il creatore; e riappaiono perciò solo che si ripresentano nel mondo greco-romano quelle condizioni stesse della terra, che presiedettero al secondo periodo delle colonie.

Invero le condizioni territoriali dell'epoca antica in Europa presentano una profonda identità con quelle delle colonie nella seconda lor fase. Circa la fertilità della terra nell'evo antico avverte Dickson che « se le terre fossero oggi così fertili, non vi sarebbe alcuno stimolo a compiere migliorie rilevanti. Nell'Italia si può calcolare che si producessero 21.4 a 31.2 staja di grano per *acre*, in Sicilia 25.7 a 30.7, ossia si otteneva un prodotto alquanto superiore a ciò che ottiensi in Inghilterra, con un costo immensamente minore di quello che oggi è richiesto (2) ». In Sicilia, nell'età antica, il prodotto è, secondo Boeck, uguale ad 8 o 10 ed anche 15 volte la semente, cioè presenta una cifra identica a quella, che si riferisce alla produzione americana nel periodo della schiavitù (3). Secondo Mommsen, 2 jugeri producevano nel Lazio 50 staja di grano. Un fatto, il quale sta a perfetta riprova di questa fertilità elevata della terra nell'epoca antica si è, che le terre italiche coltivate a grani, le quali pur tol-

---

(1) Wassiltchikoff, l. c., 320 e ss. Nowitzki, l. c., 64-71. Tchitcherin, l. c., 340-60.

(2) Dickson, *Husbandry of Ancients*, Edinb. 1788, I, 2-3.

(3) Boeck, *Publ. Ec. of Ath.*, Lond., 1842, 60, 80. Bertagnolli, *Vicende dell'agricoltura in Italia*, 1881, 126.

leravano la concorrenza dei grani importati dalle fertilissime regioni transmarine e distribuite a prezzi di favore fra i proletari, erano le peggiori fra le terre coltivate (1). Gli stessi approvvigionamenti di grano per opera dello Stato, i quali sopravvanzavano sempre il necessario alle largizioni ordinarie (2), dimostrano qual grado raggiungesse la fertilità del suolo nella classica antichità. Ma accanto a questa grande produttività della terra coltivata, si incontra nell'età romana una cospicua estensione di terre incolte, che niuno pensa a sfruttare (3). La terra libera trova una prima manifestazione in quell'*ager publïcus*, in cui si impernia la storia tutta di Roma, e che è appunto costituito dell'ampie terre incolte, proprietà dello Stato e da questo distribuite fra i *cives* (4). Le fondazioni incessanti delle colonie nell'epoca romana sono una manifestazione novella dell'ampie terre libere, poichè « vasti tratti di terra venivano in quelle distribuite fra i cittadini poveri di Roma, nella ragione di 2 jugeri per ciascuno. » (5). Infine rimane incontestabile prova della terra libera dell'età romana negli *agri occupatorii*, abbandonati alla mercè del primo occupante (6); ed infatti « risulta da Erodiano che vi erano ai tempi di Nerone vaste estensioni di terra incolta, onde Pertinace ne consentiva a ciascun occupante la proprietà esente d'imposta » (7).

Ora la terra libera, che si stende interminata nel mondo pagano, genera nell'età antica un tessuto di rapporti economici,

---

(1) RODBERTUS, *Agrarische Entwikl.*, 217-18.

(2) MOMMSEN, *Römische Geschichte*, Berl., 1856 e ss. I, 815 ss. MARQUARDT, *Römische Staatsverwaltung* II, Leipz., 1876, 123.

(3) « Ego autem.... populo..... satisfaciebam emptione, qua constituta et sentinam urbis exhauriri et *Italiae solitudinem* frequentari posse arbitrabar. » CICERONE, *Attic.*, I, 19, 4.

(4) SPARRE (*Die Lebensfragen im Staate in Beziehung auf das Grundeigenthum*, I, Giessen, 1842, 114) avverte acutamente che le leggi licinie e dei Gracchi attestano la scarsa densità della popolazione, dacchè un podere di 500 jugeri veniva accordato a ciascun cittadino. — Del resto, l'*ager publicus* era veramente una *terra libera*, per tutta la parte che non era appoderata dai coltivatori, perchè eccedente la richiesta.

(5) LANGE, *Römische Alterthümer*, Berl., 1870, 1, 607. LATTES, *Studj*, ecc., *sull'Enfiteusi*, 1871, 74. — « Urbs a plebe egena, otiosa et novarum cupida, colonia deducta, liberatur. » HEYNE, *Opusc. acad.*, Gotting., 1785, I, 298.

(6) RODBERTUS, *Geschichte der röm. Tributsteuern*, Jahrbücher V, 1865, 251. SEEBOHM, l. c., 277.

(7) HUME, *Populousness of ancient nations*, negli *Essays*, Lond. 259-60.

che assumono quasi a punto di partenza la proprietà dissociata. L'economia romana dell'età dei re ci presenta infatti una piccola proprietà dissociata, probabilmente prodotta dalla decomposizione di una comunità primitiva e certamente esclusiva d'ogni progresso della produzione, come d'ogni profitto (1). Ma quella fame di operai, che le condizioni analoghe della terra destano nei piantatori d'America, si desta del pari ne' proprietari di Roma, ed aguzza il loro intelletto a ricercare ogni spediente, che assicuri ad essi colla forza quel lavoro, che spontaneamente non s'offre. Il primo di questi spedienti è la *clientela*, la quale non era appunto che un prodotto della terra libera, poichè « a quelli che avean molte terre e poche braccia a loro disposizione, poteva riuscire un affare assai vantaggioso l'attrarre a sè dei clienti » (2). E questo facevasi prima colle lusinghe, colla forza dappoi. Infatti, in un primo periodo la terra cedevasi al cliente dietro tenuissimo canone, semplice compenso alla protezione del patrono, od anche gratuitamente (3). Ma appena si vide che la terra libera riusciva a rendere necessariamente gratuite le cessioni della terra ai liberi, venne la condizione dei clienti peggiorata, ed essi non furono omai che semischiavi (4). Metodo meno diretto, ma ben più notevole, di asservimento del lavoratore è il *nexum*. Finchè le conquiste latine non sonosi ancora estese per modo, da assicurare una provvista costante ed abbondante di schiavi, i grandi proprietari, colle guerre e colle usure pertinaci, ruinano i proprietari minori e li costringono ad abbandonare le loro terre; poi, mercè il feroce sistema del « credito personale » (Mommsen), asserviscono i debitori e li costringono a lavorar come schiavi ne' propri latifondi (5). Da ciò l'acerba contesa fra patrizi e plebei, invocanti questi l'abolizione del *nexum* e negandola quelli con pari tenacia, o rispondendo colle stragi civili alle invocazioni della plebe. Ma quando le guerre di conquista hanno assicurato ai proprietari romani la possibilità di procacciarsi a basso prezzo numerose torme di schiavi, viene a dileguare d'un tratto la loro avversione alle

---

(1) BÜCHENSCHUTZ, *Bemerk. über röm. Volksw. der Konigszeit*, 1886, 17.
(2) IHERING, *Esprit du droit romain*, I, 240.
(3) V. SCIALOJA, nel *Bollettino dell'Istituto di diritto romano*, I, 1, 25.
(4) LANGE, l. c., I, 243.
(5) Tutto ciò avveniva del pari nella Grecia. GROTE, *Hist. of Greece*, 1859, II, 397, III, 101.

esigenze plebee ed il *nexum*, solo perchè non più richiesto ad assicurare un profitto ai proprietari, viene abolito e sostituito col mezzo più spicciativo della schiavitù. La dipendenza di questa dalla terra libera ci è attestata dalla coincidenza singolare, che « l'anno 387, in cui si hanno le prime traccie della grande coltura fondata sulla schiavitù, la quale sgomina la piccola coltura dei clienti, è pur quello in cui si ha la legge licinia relativa all'agro pubblico » (1). Ma poi tutta la legislazione romana relativa agli schiavi ha evidente radice nelle terre inoccupate e nella avidità di lavoratori, che ne derivava, la quale era furiosa così, che i proprietari si impadronivano a forza di persone libere, passanti per le pubbliche strade accanto ai loro fondi e le gettavano negli *ergastula* (2). Quando, col crescere della popolazione, gran parte delle terre italiane venne posta a coltura, parve un istante che si potesse introdurre il salariato; del quale non manca per avventura qualche accenno nell' economia romana, come in ciascuna delle forme economiche estinte (3). Ad agevolare la formazione del salariato contribuiva infatti per un lato la distanza, esacerbata dagli imperfetti metodi di comunicazione, che separava dagli *agri occupatorii* delle provincie la plebe italiana, e che attenuava il sussidio della terra libera; per altro lato la costante politica dello Stato, intesa ad accordare le terre provinciali ai ricchi capitalisti, che vi fondavano la grande produzione escludendone i plebei (4). Quindi non è meraviglia, se durante la republica si incontrano a Roma, accanto ai produttori indipendenti ed agli schiavi, degli operai salariati, cui la concorrenza del lavoro schiavo riduce ad

---

(1) MOMMSEN, l. c., I, 457. Lo stesso autore nota l'analogia fra l'economia a schiavi di Cartagine e quella delle piantagioni americane (l. c.). Ma già Hume avvertiva profondamente: « Io confesso che la descrizione, che dà Polibio della economia romana, ricorda assai più quel sistema economico che si riscontra nelle colonie americane, che non quello d'alcun paese europeo ».

(2) SAVIGNY, *Ueber den römischen Colonat.*, Vermischte Schriften, Berlin, 1850, II, 11 e pass.

(3) « Attilius Regulus consulibus scripsit: villicum in agello, quem septem jugerum in Pupinia habebat, mortuum esse, *occasionemque nactum mercenarium*, amoto inde rustico instrumento discessisse ». VAL. MAX., IV, 4. Cfr. ROSCHER, I, 472, MARQUARDT, *Privatleben*, I, 135, KEMBLE, *Sachsen in England*, Leipz., 1854, I, 176, BELOCH, l. c., 150, 493.

(4) HUMBERT, *Sur la condition des ouvriers libres chez les Romains*, nei Recueils de l'Acad. de Législ. de Toulouse, 1868, XVII, 393. LANGE, l. c., I, 607.

una mercede miserrima (1). Ma il fatto stesso che i Romani dovettero sovente ridurre in ischiavitù, o in una condizione di poco migliore, questi operai liberi (2), dimostra abbastanza che la libertà del lavoratore era incompatibile colla percezione di un profitto costante e ragguardevole. Del resto il salario non fu nell'economia romana che una manifestazione frammentaria, insignificante e transitura. « Siccome vasti tratti di terra rimanevano incolti in regioni più remote, così si ebbe una forte emigrazione. Allora il valore del lavoro libero riacquistò la sua superiorità primitiva sul costo di sussistenza dello schiavo (o meglio: quella elevatezza primitiva, escludente il profitto) e la schiavitù rimase istituto universale. Se non vi fosse stata la possibilità di emigrazione all'Asia minore, all'Italia od alla Sicilia, la schiavitù romana si sarebbe estinta assai prima » (3). La dipendenza della schiavitù dalla terra libera fertile si scorge qui nella piena sua luce; ma essa appare viemmeglio dal fatto, che là dove la terra libera non è fertilissima, ivi la schiavitù vien mitigata, o è meno diffusa. Così presso i Germani, poichè la terra incolta non era assai fertile, e quindi il libero non avrebbe potuto procacciarsi la sussistenza su quella senza un penoso lavoro, non era necessario che il padrone fosse molto severo per costringere gli schiavi alla fatica ; onde la schiavitù vi era più mite che fra i romani (4). Che se ci volgiamo al paese, in cui la sterilità del suolo ebbe una classica fama, all'Attica, troviamo che essa è il solo paese dell'antichità, in cui, pure esistendo la schiavitù come forma fondamentale dell'economia, il salariato si toglie alla forma sporadica ed anormale (5).

(1) HUMBERT, l. c., 402.

(2) HUMBERT, l. c., 397, 442-4. MOMMSEN, l. c., V, 11.

(3) MACDONNELL, *Considerations on negro slavery*, Lond., 1825, 97.8.

(4) MACDONNELL, l. c., 106.

(5) BOECK, l. c., 116. BRANTS, *De la condition du travailleur libre dans l'industrie athénienne*, Gand, 1883, 11-14. Le condizioni economiche dell'Attica sembrano in parte contraddire ai risultati della precedente narrazione; poichè in quella regione, accanto ad una densità di popolazione di 6000 abitanti per miglio (tedesco) quadrato, cioè eguale all'incirca a quella della Baviera attuale, si incontra un sistema economico affatto diverso dall'odierno, la schiavitù come forma economica generale, il saggio dell'interesse elevatissimo e depressa la rendita (RODBERTUS, negli *Jahrbücher für N. E.* 1884, 530). Tuttavia questi fatti si spiegano, quando si pensi che condizioni privilegiate di sito, o di civiltà, possono agglomerare in una picciola plaga una quantità cospicua di genti, creando

§ 2. — Struttura della economia a schiavi.

La schiavitù, che per tal modo si forma nelle colonie moderne e nell'Europa antica, genera un intero organismo economico, il quale presenta i più interessanti fenomeni alla nostra meravigliata attenzione. Anzitutto merita d'essere avvertita la duplice e contraria influenza, che la schiavitù esercita sulla produzione. Per una parte è indubbio, che la schiavitù opera a promovere il progresso della produzione, strappandola alla anemia, che è dovuta alla economia dissociata. Così agli Stati Uniti l'iniziarsi della schiavitù si accompagna al risorgere della associazione di lavoro (1) ed è salutato da un notevole perfezionamento degli

---

una elevata densità di popolazione in un senso puramente geografico, non però, o non necessariamente, nel senso economico della parola; poichè queste genti, raggruppate in una città, o in uno stato, possono premere sopra un territorio senza misura più ampio e più fertile ed avere libera disposizione di terre inoccupate. Ora tale era appunto il caso della popolazione ateniese, la quale, benchè accalcata in un territorio ristretto ed infecondo, ritraeva le sussistenze dalle fertilissime terre della Sicilia e dell'Asia e poteva inviare periodicamente la parte eccessiva delle sue genti a colonizzare le terre libere, che illimitate la circondavano; onde si avea sempre quella esistenza di terre fertili incolte, che forma la base della schiavitù. Queste considerazioni rispondono alla obbiezione mossami dal DIETZEL (*Zeitschr. für die gesamm. Staatsw.* 1882), il quale trova che alcuni paesi dell'antichità presentano, accanto ad una densità di popolazione non minore dell'odierna, forme economiche e giuridiche perfettamente diverse. — Si avverta poi che la cifra data da Rodbertus sulla densità di popolazione dell'Attica è probabilmente esagerata; poichè il BELOCH (l. c., 506) calcola quella popolazione (che rappresenta la massima densità di popolazione dell'antichità) ad 89 abitanti per kilom. q., pari a circa 4895 abitanti per miglio quadrato. In generale le cifre date dal Beloch sulla densità delle popolazioni antiche accennano ad una popolazione di gran lunga meno addensata dell'attuale. Si potrebbe opporre l'esempio dell'Egitto, la cui popolazione, di 7 milioni nell'evo antico, non era più che di 3 milioni alla metà di questo secolo (CLOT-BEY, *Aperçu général de l'Égypte*, Paris, 1840, I, 168). Ma contemporaneamente a questa riduzione della popolazione egiziana, si ebbe una contrazione del territorio stesso d'Egitto, di cui una gran parte venne invaso dalle sabbie del Sahara; onde la densità relativa della popolazione non vi scemò, od anzi vi crebbe, col scemare della sua cifra assoluta.

(1) La economia cooperativa, che si accompagna alla schiavitù e ne è il prodotto, trova la sua piena esplicazione nei *villaggi di schiavi*, che si incontrano così di frequente nell'America, e che associano gli schiavi lavoratori. Cfr. HALL, l. c., III, 179.

strumenti agricoli, come è sotto l'impero della schiavitù che la tecnologia romana acquista svariate e nobili forme (1). Di questa influenza della schiavitù abbiamo splendida prova nel fatto, che nei primordi della economia a schiavi si avverte una coltura meno intensiva, che nel periodo immediatamente anteriore; appunto perchè l'intensità della produzione è resa meno necessaria dalla cresciuta efficacia del lavoro. Così nell'America il sorgere della schiavitù si accompagna ad un ricorso della agricoltura nomadica (2); mentre a Roma, ne' primordi della schiavitù, la coltivazione è schiettamente estensiva, e prevale il principio *nihil minus expedire quam agrum optime colere* (3). In seguito però la coltivazione a schiavi diviene intensiva, ed anzi procede a gradi di intensità, che erano rimasti ignoti alla forma economica precedente e che questa non avrebbe mai consentiti. Così l'allevamento del bestiame su larga scala, la coltura alterna ed il giardinaggio, che caratterizzano la produzione romana ne' più progrediti suoi stadi, non sarebbero mai stati possibili senza la schiavitù; mentre nella Russia la sostituzione della coltura triennale alla agricoltura nomadica non è resa possibile che dall' asservimento del lavoratore (4).

Ma se per tale riguardo la schiavitù accresce l'efficacia del lavoro, per altri e più importanti rispetti essa funziona a frenarla. Anzitutto l'appropriazione stessa dell'uomo colpisce la produzione nel suo elemento essenziale; poichè la produttività del lavoro schiavo è notoriamente attenuata dalla riluttanza, con cui esso è prestato e da quello stesso abbrutimento dello schiavo, che è necessario ad assicurarne la soggezione assoluta (5). Questa inferiorità produttiva del lavoro schiavo è anzi così ragguardevole, che dal 1840 al '50 nell'America, gli Stati liberi videro crescere le loro raccolte del 22 %, mentre quelli, che possedevano schiavi, le videro scemare del 7 % (6). Conseguenza dell' abbrutimento degli schiavi è l'assenza di versatilità, che costituisce il carattere

(1) Cfr. BOLLES, *Ind. hist.* 37, con DICKSON, l. c., I, 358-60, il quale ammira la varietà e la perfezione degli aratri romani.
(2) CAIRNES, *Slave power*, Lond., 1863, 57-8.
(3) ROSCHER, II, 118.
(4) KEUSSLER, l. c., I, 69-70.
(5) OLMSTED, *Journey in the back country*, Lond., 1860, 345.
(6) T. ELLISON, *Slavery and Secession in America*, Lond., 1861, 218.

essenziale, per cui il loro lavoro si contrappone svantaggiosamente al lavoro dei liberi. Infatti se gli è vero, che la divisione del lavoro tende ad imporre quello stesso carattere al lavoro libero, limitando ciascun operaio ad una sola occupazione, questa limitazione non è però irrevocabile ed assoluta e tende poi a cessare col diffondersi delle macchine, le quali rendono uniforme il lavoro nelle varie sfere della produzione; laddove la schiavitù rende psicologicamente ed irrevocabilmente impossibile all'operaio di trasferirsi da una specie di lavoro ad un'altra. L'abbrutimento degli schiavi vieta poi di affidare loro l'impiego de' più delicati strumenti produttivi, i quali vengono da essi miseramente sciupati; onde Clay, deputato al Parlamento del Kentuky, diceva nel 1840: « Noi viviamo, per ciò che riflette la produzione, in secoli da lungo tempo trascorsi; per noi le macchine, lo sviluppo combinato della scienza e dell'arte, son come nón avvenute » (1). « Fino all'esplosione della guerra civile, negli Stati a schiavi posti sul golfo del Messico, si trovavano degli aratri di costruzione chinese, che scavavano la terra come il porco e la talpa, senza fenderla nè sovesciarla » (2). « Mi furon mostrati, soggiunge Olmsted, degli stromenti, che fra noi nessun uomo sensato darebbe a trattare ad un lavoratore e l'eccessivo peso dei quali deve rendere il lavoro almeno di un decimo più gravoso. Ma stromenti meno rozzi non potrebbero essere usati dagli schiavi, dacchè non durerebbero un giorno nelle loro mani » (3). Per la stessa ragione la schiavitù esclude l'uso dei cavalli nell'agricoltura ed impone l'uso dei muli, più resistenti alle sevizie, a cui gli schiavi assoggettano i loro muti collaboratori. Nè diversamente procedeano le cose nell'antica economia. « Se, osserva profondamente Grothe, gli antichi, i quali tanto conoscevano la matematica, rimasero così addietro nello stromento di pròduzione, ciò ha ragione nelle condizioni sociali dell'antichità. Lo schiavo solo lavorava; e la schiavitù era un limite allo sviluppo della tecnica industriale » (4). Gli stessi molini ad acqua, conosciuti dall'antichità più remota, non furono introdotti nella campagna di Roma

(1) JAY, Adress to the non-slaveholders of the south on the social and political evils of slavery, New-York, 1843, 5.

(2) CAIRNES, The slave power, 81.

(3) OLMSTED, Journey in the Seabord slave states, N.-York, 1856, 481.

(4) GROTHE, Bilder, pref.

che nel IV° secolo, quando, per le numerose emancipazioni degli schiavi sotto Costantino, fu necessario sostituire con altri motori il lavoro umano rincarito (1). Questa impotenza del lavoro dovea manifestarsi particolarmente molesta nelle manifatture ed infatti « nelle fabbriche il lavoro schiavo era affatto insoddisfaciente » (2). Ma a renderlo inefficace nell'agricoltura contribuiva il carattere fatalmente esauriente della coltivazione a schiavi, che essiccava la produzione nelle sue stesse sorgenti. È noto infatti che il difetto di versatilità, caratteristico agli schiavi, rende impossibili le rotazioni agrarie ed impone la coltura continua di uno stesso prodotto, la quale è per ciò stesso esauriente (3). D'onde la conseguenza, che la coltura a schiavi richiede amplissimi territorii, appunto perchè il coltivatore possa, esaurita una terra, passare ad un'altra; e d'onde ancora questa interessante coincidenza, che la terra libera, nell'atto stesso in cui rende necessaria la economia a schiavi, la rende possibile, poichè accompagna alla coltura esauriente il suo contrapposto necessario, l'ampiezza dei territorii inoccupati, ossia che essa crea ad un tempo il problema ed i mezzi della sua soluzione. Infine l' improduttività del lavoro schiavo fa che sulle terre più sterili esso non giunga nemmeno a riprodurre le sussistenze del lavoratore (4) e che perciò esso non possa venire impiegato che sulle terre feconde; cosicchè dalla estensione della schiavitù si può dedurre con perfetta esattezza quella del terreno ferace (5). Questa riduzione della coltura a schiavi alle sole

---

(1) BORDEAU, *Les forces de l'industrie*, 1884, 120.

(2) RUSSELL, *North America, its agriculture and climate*, Edinb. 1857, 297.

(3) Così nelle Indie occidentali la coltura dello zucchero era tanto esauriente, che ben tosto quasi tutte le terre migliori vi furono rese incoltivabili; e quella regione sarebbe stata sopraffatta dagli Stati Uniti nel commercio dello zucchero coll'Inghilterra , se non avesse acquistato il monopolio del mercato inglese; il che tuttavia non la sottrasse alla ruina, quando l'Inghilterra acquistò dall'Olanda le sue colonie americane (WACKEFIELD, *Engl. and. Am.*, II, 18). Nella provincia di Minas , nell'America, l'agricoltura era esauriente così, che notavasi d'anno in anno una diminuzione del prodotto (LIEBIG, *Chemische Briefe*, Leipz., 1859, II, 404).

(4) HALL, l. c., III, 194. RUSSELL, l. c., 289.

(5) WESTON, l. c., 227. La fertilità del terreno può però essere sostituita dalla protezione, la quale consente ai proprietari di schiavi di completare il loro profitto a spese dei produttori liberi. Così nelle colonie inglesi la schiavitù persiste lungo tratto, malgrado una produttività mediocre del terreno, in grazia dei premi e dei divieti protettivi ; ma ciò non ostante, il profitto è assai spesso insufficiente. — Cfr. *Edinburgh Review*, ottobre 1827, p. 490 e ss.

terre più fertili fa che vasti tratti di terreno rimangano incolti fra le proprietà private, come si avvera in ciascuna colonia nel periodo della schiavitù (1); onde la disgregazione, che è generale nella economia primitiva, permane, benchè attenuata, nel sistema economico che le succede.

Ma gli stessi metodi, di cui giovasi il capitale a reagire contro la improduttività del lavoro schiavo, non sono efficaci che a mitigarla in piccola parte e con dispendio gravissimo. Così la riluttanza, con cui è prestato il lavoro schiavo, impone enormi spese di sorveglianza, che costituiscono notoriamente un aggravio speciale della schiavitù (2). Del pari il proprietario, a sollecitare l'attività dello schiavo, è costretto ad accordargli un eccedente sul sostentamento necessario; concessione questa, che non compromette la condizione del capitalista, essendo impotente a spezzare le catene della schiavitù (3); che riesce indubbiamente a paralizzare almeno in parte le influenze dissolventi della schiavitù sulla produzione; ma che eleva il costo del lavoro schiavo e limita il profitto e l'accumulazione del capitalista. Perciò « il costo del lavoro schiavo è enorme » (4). Contro questa elevatezza del costo di lavoro i proprietarii mal possono reagire con un impiego dei fanciulli, poichè la stessa gravità del lavoro, dovuta alla rozzezza degli stromenti produttivi, rende impossibile d'aggiogare i fanciulli all'industria. Così nelle colonie inglesi i fanciulli schiavi sono esenti dai più penosi lavori ed a Roma i *mediastini* (fanciulli schiavi) non

_____

(1) CAIRNES, l. c., 81.

(2) Sulle enormi spese di sorveglianza, imposte dalla schiavitù, e sugli elevati salari dei sorveglianti, veggasi OLMSTED, *Back Country*, 57: « I profitti estorti dal lavoro degli schiavi, egli conchiude, sono appena sufficienti a pagare l'uomo che deve sorvegliarli », l. c., 181. Una immensa schiera di sorveglianti degli schiavi, schiavi essi stessi, aveasi del pari nell'economia romana. MARQUARDT, *Privatleben der Römer*, I. Leipz. 1879, 152, e ss. Uno studio dell'opera di BLÜMNER, *Technologie u. Terminologie der Gewerbe und Kunst bei Griechen und Römer*, Leipz., 1875-79, specialmente, II, tav. 49, 2, tolta da Micali, dimostra come lo stesso strumento nano, imposto dalla schiavitù, renda necessaria una minuziosa sorveglianza degli schiavi, la quale è invece attenuata dai grandi stromenti produttivi, che associano su piccolo spazio gran numero di lavoratori.

(3) È questo un reale vantaggio, che la schiavitù assicura al lavoratore, rendendo la persistenza del profitto compatibile con un eccedente della mercede sul minimo necessario.

(4) LAYMANN, *Outline of a plan for the better cultivation*, ecc. *of the british West Indies*, Lond. 1807, 17.

incominciano a prestar l'opera propria che verso i 14 anni (1). E poichè una reazione contro l'alto costo di lavoro mercè l'impiego di capitale tecnico è esclusa dalla struttura rachitica dello stromento produttivo, dovuta alla schiavitù, — così al capitalista non rimane altro scampo che di ricorrere a quel genere di produzioni, che riduce al minimo il numero dei lavoratori impiegati. Di qui la grande diffusione della economia pastorale a scapito dell'agricoltura sotto l'impero della schiavitù, nei paesi in cui il costo degli schiavi è maggiore; di qui una causa della inversione dell'ordine razionale delle colture, che si avvera in quest'epoca, e che determina nell'Italia romana l'allevamento del bestiame, respingendo la coltura del grano (prodotto che ha le maggiori spese di trasporto) nelle lontane provincie (2).

A queste prime influenze, che la schiavitù esercita sulla produzione, altre se ne aggiungono, mercè le quali essa inceppa le espansioni e le contrazioni della produzione medesima. Infatti la esistenza di terre incolte rende irrevocabile il licenziamento dello schiavo ; poichè questi trova la terra libera, che lo accoglie e lo nutre, e quindi, pari al corvo dell'arca, più non fa ritorno al suo signore. Perciò il licenziamento del lavoratore cagiona al capitalista la perdita del profitto ottenibile dal lavoro dello schiavo, durante l'intero numero d'anni produttivi, che quello può vivere ancora; d'onde uno scapito speciale, che deriva dal licenziamento dello schiavo e che trattiene il proprietario dall'appigliarsi a quello spediente, anche quando una diminuzione nella domanda del proprio prodotto gli renda temporaneamente impossibile l'impiego produttivo di un certo numero di lavoratori. D'altra parte l'assenza di versatilità, che costituisce il carattere essenziale del lavoro schiavo, toglie al capitalista la possibilità di trasferire ad altre industrie gli schiavi resi superflui alla propria dalla assottigliata richiesta de' suoi prodotti; onde la necessità pel capitalista di conservare un numero invariato di operai, malgrado l'attenuata richiesta de' consumatori (3). Le stesse ragioni fanno che il produt-

---

(1) Cf. FIELDEN. *The course of the factory system*, Lond., 1836, 14-15, con RODBERTUS, *Jahrbücher*, 1873, I, 244, 270 nota.

(2) Catone stesso avverte che la diffusione dell'economia pastorale nell'Italia era dovuta all'elevato costo del lavoro schiavo. DICKSON, *Husb. of anc.* I, 10.

(3) Di qui l'enorme quantità di schiavi inutili. — FRIEDLAENDER, *Röm. Sittengesch.*, 1881, III, 124.

tore, la domanda della cui merce d'improvviso si elevi, non possa impiegare una nuova quantità di lavoratori, i quali, mentre gli sono utili solo temporaneamente, debbono essere da lui mantenuti fino alla loro morte; mentre poi l'assorbimento di nuovi lavoratori dalle altre imprese gli è vietato dalla impossibilità di trasferire gli schiavi dall'una all'altra sfera della produzione. — Per tutto ciò l'economia a schiavi implica la impossibilità di adattare il numero de' lavoratori alle oscillazioni della richiesta dei prodotti (1), il che preclude al capitale la possibilità di sfruttare le primizie commerciali e costituisce un limite potente del profitto e della produzione. — Di qui la conseguenza che « le crisi nella economia a schiavi non colpiscono il lavoratore, ma il capitalista (2) » poichè questi non può ripararvi col licenziamento degli operai; e che in ogni economia a schiavi la produzione di valori d'uso prevale sulla produzione di valori di scambio, appunto ad evitare il danno derivante dalle contrazioni improvvise nella domanda dei prodotti (3). Di qui infine un fatto, del quale tanto si preoccupò il Rodbertus, senza però scorgerne la vera cagione, e che è caratteristico della economia a schiavi, — la concentrazione dell'agricoltura e dell'industria presso uno stesso proprietario. Infatti « quando ogni proprietario aveva una schiera di schiavi di diverse età ed attitudini, che esso era obbligato a mantenere, ed ai quali, di conseguenza, egli era interessato a trovare impiego in tutte le stagioni, la produzione agricola, la manifattura e l'industria doveano essere concentrate nella stessa mano » (4). La necessità di mantenere l'operaio, anche quando inattivo, costringeva il capitalista a raccogliere nelle sue mani l'agricoltura e l' industria, affine di trovare occupazione allo schiavo anche nella stagione morta dell'agricoltura, o nel periodo di ristagno

---

(1) « Un aggravio speciale alla schiavitù è la impossibilità di adattare il numero degli operai agricoli impiegati nelle varie stagioni ai diversi bisogni dell'agricoltura nelle medesime ». Olmsted, *Back country* 345. Il sistema romano dell'affitto degli schiavi nel periodo delle mèssi non riparava che in parte a questo inconveniente. Cfr. Mommsen, l. c., I, 811. Così pure è un aggravio speciale alla schiavitù il mantenimento degli schiavi vecchi ed impotenti. De Bow, *Encyclopoedia of the trade and commerce òf the Un. St.* I, 235.

(2) De Bow, l. c., II, 214.

(3) Blair, *Inquiry into the state of slavery amongst the Romans*, Edinb., 1833, 198-9.

(4) *Reports on colonial Possessions*, Lond., 1845, 20.

dell'industria; poichè la assenza di versatilità dello schiavo non si opponeva, acchè esso venisse fin da principio addestrato a due specie diverse di lavoro, mentre avrebbe reso impossibile di tras- ferirlo dall' una all'altra produzione col mutare nelle condizioni della domanda.

Questo carattere di rigidezza, che assume la produzione nella schiavitù, viene poi esacerbato da un'altra ed importante influenza, che limita gli incrementi della produzione stessa. — Siccome la schiavitù si accompagna all'esistenza di terre fertili incolte, così durante l'impero di quella la produzione può iniziarsi senza una accumulazione preesistente. Perciò un bandito qualsiasi, il quale si impadronisca di un certo numero d'uomini, può iniziare sovra una terra libera la produzione, senza aver accumulato alcun ca- pitale (1). Bensì una parte del prodotto ottenuto dal lavoro dovrà nell'anno successivo essere riservato, sia come alimento degli schiavi, sia come mezzo di produzione; ma a provvedere a queste esigenze della riproduzione basta una prescrizione preventiva del proprietario, che imponga agli schiavi il modo d'impiego delle varie parti del prodotto ottenuto. Così un atto di violenza basta ad iniziare l'impresa economica, un atto di autorità basta ad assicurarne il regolare processo; e la produzione si inizia e si svolge, senza che il proprietario compia direttamente alcun atto di accumulazione, od intervenga nel processo produttivo. Ora ap- punto perchè nell'economia a schiavi la produzione può iniziarsi e perpetuarsi colla violenza, questa diviene l'ottimo modo di acquisto e gli sforzi di ciascuno son diretti ad esentare sè stesso non soltanto dalle fatiche del lavoro, ma dalle brighe e dalle grettezze della accumulazione. Questo processo automatico di pro- duzione, esentando il proprietario dalla necessità di impiegare l'intelligenza e l'opera nell'impresa privata, fa della vita civile il solo scopo della sua attività; ed è questa la cagione di quella

---

(1) N. Küpfer, amministratore dei poderi del principe Tschernischoff, così si esprime innanzi alla Commissione d'Inchiesta sui risultati della abolizione della servitù: « Al presente, nei governi di Mosca e Kaluga, l'economia rurale è con- dotta con maggiore o minore successo solo sui poderi più vasti, ove il proprie- tario lascia ai contadini certi diritti agrari in cambio del lavoro che essi devono compiere sui fondi signorili. Con ciò si raggiunge un doppio scopo; si ottiene un reddito dalle terre incolte, che altrimenti non troverebbero fittajoli, e *la economia signorile è condotta senza alcun impiego di capitale* ». KEUSSLER, l. c., II, 236.

(se così posso esprimermi) centaurazione del cittadino collo Stato, che si riscontra nelle società a schiavi, di quella solidarietà politica, che in esse è tanto spiccata e di quella prevalenza degli alti interessi collettivi sul gretto tornaconto privato, che ne forma il più interessante carattere. Siffatto carattere della economia a schiavi si dispiega evidente nelle colonie. « Un esempio spiccatissimo di sacrificio degl' interessi pecuniari all'ottenimento dell' ascendente politico ci è dato dalla veemenza spiegata dagli Stati del Sud nel voler aggiungere Cuba all' Unione americana. Infatti quest'annessione deve di necessità rovinare i coltivatori di zucchero della Luigiana, della Florida e del Texas e riuscir dannosa all'Unione sotto ogni rispetto, tranne quello della potenza politica..... Dunque, sia che la misura proposta abbia o non abbia successo, il fatto stesso della sua proposta è dimostrazione evidente che i proprietari di schiavi non sono tanto dominati dal desiderio di un profitto, quanto da un calcolo politico e che questa sensibilità dei proprietari di schiavi nella questione del potere politico può riconciliarli con sacrifici gravissimi sotto ogn'altro rispetto » (1). Questa prevalenza del concetto politico esercitò una influenza assai sfavorevole sulla libertà d'azione dei singoli Stati d'America (2). Così nel 1820, quando si trattò dell' ammissione del Missouri nell'Unione americana, si videro gli Stati a schiavi del golfo del Messico, contrariamente al loro interesse pecuniario, associarsi alla Virginia nel votare l'ammissione del nuovo Stato. Ora se tale ammissione vantaggiava gli Stati allevatori di schiavi, fra cui era la Virginia, accrescendo la domanda del loro prodotto, essa danneggiava gli Stati consumatori di schiavi, accrescendo i loro concorrenti sul mercato del lavoro. Ma l'alleanza, che in questo caso fu assoluta, di tutti i proprietari e la loro fusione in una compatta falange, provano splendidamente quanto gl'intenti di dominazione politica prevalgano nella società a schiavi sugl'interessi privati (3). È solo con intenti politici che s'invocò a mille voci la espansione della schiavitù nella zona temperata e che il Texas, a proprio danno evidente, cooperò vigorosamente agli sforzi intesi a spingere la schiavitù nel Kansas (4). È infine

---

(1) Weston, l. c., 211-12.
(2) Id., l. c., 214.
(3) Id., l. c., 100.
(4) Id., l. c., 35.

la prevalenza del concetto politico, che spiega come i proprietari riluttassero alla redenzione degli schiavi, anche quando quella non avrebbe più impedito loro di percepire un profitto e, permettendo la coltivazione delle terre più sterili, sarebbe riuscita ad elevare la rendita fondiaria, — appunto perchè la schiavitù assicurava loro il potere politico, a cui avrebbero dovuto, parzialmente almeno, rinunciare dopo la sua soppressione (1). Al proprietario di schiavi si adatta dunque perfettamente la definizione dell'uomo data da Aristotele e che si riferisce appunto ad una società a schiavi: esso è essenzialmente un animale politico. Di più; quest'ozio economico, a cui è condannata la classe proprietaria, staccata dalla direzione dell'impresa, e questa preminenza morale accordata alla conquista sulla accumulazione, inducono quella classe ad esplicare le proprie energie nella guerra; e per ciò la società a schiavi è essenzialmente una società militare (2).

Ma più che le influenze politiche di questa scissione, dovuta alla schiavitù, fra il capitalista e l'impresa industriale, ci interessano le influenze economiche, che quella scissione produce. Infatti il carattere automatico, che essa imprime alla produzione, ha sulla produzione stessa una duplice e contradittoria influenza; poichè per un lato ne limita la quantità, sottraendole il contributo dell'intelligenza e dei risparmi del proprietario (3), per altro lato ne rende possibile e necessaria la persistenza, per quanto scemi il profitto; onde la conseguenza che nella economia a schiavi manca un minimo dei profitti. E ciò è dimostrato dalla persistenza dell'agricoltura romana, che sopravvive alle distribuzioni semigratuite delle derrate per opera dello Stato, per quanto queste deprimano il valor dei prodotti ed il profitto dei produttori rurali. Ma questa stessa persistenza automatica della produzione,

---

(1) CAIRNES, *Slave power*, 62, 110.

(2) L'ostracismo, questo istituto caratteristico dell'antichità classica, si riproduce nelle colonie. Nel 1776, durante la grande guerra d'indipendenza, in alcune città d'America si credea lecito escludere i *tories* inglesi, sospetti, da tutti i vantaggi della società umana e vietare solennemente ogni relazione ed amicizia con essi (MAHON, l. c., VI, 121). Chi voglia convincersi della analogia fra il carattere politico del proprietario di latifondi a schiavi dell'antica Roma e del piantatore americano, vegga *The great industries of United States*, 30.

(3) Questa dissociazione del proprietario dall'accumulazione produttiva spiega anche le enormi dimensioni del consumo improduttivo nella economia a schiavi, come il prevalere degli impieghi usurai, che ne forma così spiccato carattere.

associata ai fenomeni precedentemente avvertiti, ha poi una importante influenza sul processo del valore. Infatti, escluso normalmente il proprietario dalla accumulazione, o dalla direzione dell'impresa, soggetta questa a rigidi freni, tolta, pel difetto di versatilità degli schiavi, la possibilità di trasferirli dall'una impresa ad un'altra, inesistente, per la scarsezza della produzione, quel capitale disponibile, che è la condizione necessaria alla concorrenza industriale, la possibilità della concorrenza fra i capitalisti trovasi, nella economia a schiavi, totalmente eliminata. « Noi, così una Commissione governativa americana, non possiamo tacere il nostro rammarico pei troppo scarsi risultati, che diede la esposizione dei prodotti della manifattura domestica. Ma dove non vi ha concorrenza, ivi l'interesse personale è debolmente eccitato alle migliorie produttive » (1). Ora mancando la concorrenza, il valore trovasi necessariamente sottratto alla legge del costo e può essere normalmente inferiore a quella meta, rimanendo soggetto alle sole influenze della domanda e dell'offerta ; e quindi la legge che regola il valore secondo le utilità, od i bisogni, trova perfetta applicazione nella economia a schiavi, dalla quale la concorrenza è bandita, mentre rispetto all'economia del salario essa non regge un istante. « In proporzione al capitale ed al lavoro impiegato, il piantatore dovrebbe ottenere più che il doppio del valore ottenuto dal manifattore, ma nel fatto percepisce assai meno... Lo scopo del piantatore è d'impiegare un certo numero di lavoratori, di produrre tutto il cotone producibile dal loro lavoro, e di venderlo per quel prezzo, che piace ai consumatori accordargli. Poichè il mercato è sovraccarico di prodotti, il cotone dev'essere venduto a basso prezzo; ebbene, invece di distrarre una parte de' suoi mezzi ad altro e più profittevole oggetto, il piantatore si sforza di produrre una maggior quantità di cotone, sperando di compensare coll' incremento della quantità la riduzione del prezzo ; ma all' opposto l'accresciuta offerta scema i prezzi anche più ed abbandona il produttore all'arbitrio del mercadante straniero. — Così , per regola generale , il valore del cotone è inferiore al suo costo » (2). Ma gli stessi fenomeni riappaiono nella economia antica, nella quale il valore è esclu-

---

(1) *Transactions of the agricultural societies of Massachussets*, 1848, 84.
(2) DE BOW, l. c., I, 236 ; II, 314 ; CAIRNES, l. c., 745 ; OLMSTED, *Back country*, 120 e pass.

sivamente determinato dall'*abbondanza*, senza che s'abbia la
più piccola traccia di una riduzione di quello al costo di produzione (1). Appunto perchè manca il concetto di una sostanza del
valore e questo si commisura esclusivamente all'utilità delle merci,
così « la nozione del valore rimane alle origini completamente confusa colla nozione stessa della cosa » (2). Già nell'antica età, presso
i Germani, nella Norvegia, nella Danimarca, nell'Islanda, la misura
di lunghezza è pure la misura del valore. Un *tagwerk,* un *jurnale,*
un *jugero,* misura della quantità di terra lavorata da un uomo in
un giorno, equivale ad un altro tagwerk, ad un altro jurnale, ad
un altro jugero di terra egualmente ferace, per quanto diversa sia
la quantità di lavoro, che in ciascun d'essi è effettivamente impiegata (3). Nel periodo romano cercasi la base del valore, non più
nella forma transitoria del prodotto, ma nella forma definitiva, che
sta all'estremo del processo di produzione e ne rappresenta lo scopo;
ossia non nel prodotto per sè stesso, ma nella quantità di moneta,
in cui esso può convertirsi. Quindi nel diritto romano « l'idea stessa
del valore si manifesta nella vita reale sotto la forma di moneta,
cosicchè nel linguaggio del diritto (il linguaggio per eccellenza
dei Romani) valore e valore pecuniario sono sinonimi. L'antica
procedura romana fa spiccare in un modo palpabile questa riduzione dei diritti più diversi al valor monetario » (4). Fino a Costantino la moneta è considerata la base dell'avere: « Huic ac-
« cedit, quod ipsius pecuniæ, *in qua robur omne patrimoniorum*
« *veteres posuerunt,* fenerandi usus vix diuturnus, vix continuus
« et stabilis est » (5). Costantino ristabilisce il valor naturale delle
cose, e toglie l'obbligo prima fatto ai tutori di ridurre le proprietà dei pupilli in moneta e di prestarle ad interesse (6); Sabino
riconosce che il prezzo può consistere in altre cose che in moneta (7); ma il concetto di una connessione organica fra il va-

---

(1) SCHEEL, *Die wirthschaftlichen Grundbegriffen in Corpus Juris Civilis,*
Jahrb. 1866, 335.

(2) IHERING, l. c., III, 127.

(3) HANNSEN, *Ansichten über Agrarvesen der Vorzeit,* nel « Neues Staats-
bürgerliches Magazin », Schleswig, 1835, III, 106.

(4) SAVIGNY, *Traité du Droit romain,* Paris, 1840, I, 371.

(5) L. 22, *C. De adm. tut.* (5, 37).

(6) HUSCHKE, *Zur Geschichte des Geld-und Zinsrechts,* nell'« Archiv für civi-
listische Praxis » 1882, 235-6.

(7) GAJO, 3, 141, § 2, *J. De empt. et vend.,* 3, 23.

lore delle cose e la materia, ond'esse sono costituite, rimane il carattere dominante della circolazione romana e la più splendida prova, che questa è compiutamente sottratta alla norma del costo di produzione.

La inesistenza di una sostanza del valore rende incompatibile colla economia a schiavi quella moneta gratuita, che vedemmo essere dominante nella economia primitiva; essendo evidentemente impossibile riferire ad una moneta ideale, rappresentante di una certa quantità di lavoro, prodotti dei quali si ignora la quantità di lavoro in essi contenuta, o il cui valore non ha alcun rapporto con quella quantità. Quindi, ad un parto colla schiavitù, erompe la necessità di una moneta-merce, contro la quale i diversi capitalisti scambiino i proprii prodotti, secondo la legge regolatrice del valore nella economia a schiavi, ossia secondo le quantità dei prodotti e della moneta, che si incontrano nel mercato; e di qui un novello aggravio imposto alla società, od alla classe capitalista, dalla nuova forma economica. — Ora per ciò appunto che il valore normale dei prodotti è abbandonato alle oscillazioni della domanda e dell'offerta, è impossibile fissare, sia pure in via approssimativa, la quantità di moneta richiesta dalla circolazione; onde la necessità di vasti serbatoi, che assorbano la moneta temporaneamente superflua e la rigettino nella circolazione, appena questa lo esiga. Con ciò si spiega l'esistenza di quegli ampi tesori, che formano il carattere della economia monetaria nella classica antichità (1).

Se il difetto di versatilità, che è caratteristico del lavoro degli schiavi, rende impossibile la concorrenza fra i capitalisti, la schiavitù stessa rende impossibile la concorrenza fra i lavoratori; e ciò costituisce una cagione speciale di preponderanza della grande sulla piccola industria, poichè la prima, in ragione del maggior capitale tecnico e dei mezzi più potenti di produzione, può costringere l'operaio ad un lavoro più prolungato, più intenso e più disciplinato (2), senza che esso possa trasferirsi alle indu-

---

(1) Jacob, *Precious Metals*, 1, 138-40.

(2) « Come regola generale, quanto maggiore è il numero dei negri sopra una piantagione o sopra un podere, più essi sono trattati come una proprietà bruta, e in correlazione ad una politica indirizzata ad assicurare il massimo profitto. Ciò spiega in parte ι profitto più che proporzionalmente maggiore dei

strie minori e meno poderosamente sfruttatrici. Di qui il fatto, già da tanti avvertito, che nella economia a schiavi la prevalenza del grande capitale è incontestata ed invincibile (1).

Ora la preminenza accordata dalla schiavitù alla grande impresa è uno stimolo potente alla espansione delle proprietà fondiarie ed induce i grandi proprietari ad aggregare ai loro possessi quelli dei proprietari minori. L'esistenza di terre incolte non toglie nulla a questo incentivo, poichè quelle terre, meno fertili e più lontane, non equivalgono pei grandi proprietari alle terre più fertili e contigue ai loro poderi. Di qui le necessarie usurpazioni terriere nel regime della schiavitù, le quali si compiono dai grandi proprietari, sia ottenendo vaste concessioni di terre pubbliche, sia espropriando i proprietari lavoratori. Le appropriazioni delle terre pubbliche delle colonie per opera dei grandi proprietari e le immense concessioni, che essi sanno conseguire dallo Stato, son troppo note; ma non sono nelle colonie meno diffuse, benchè sian meno celebri, le espropriazioni dei piccoli proprietari. Così nella Giamaica « si avvertì che il piccolo proprietario non poteva sostenere la concorrenza del grande. Le spese di impianto essendo uguali per un prodotto di 10 come di 100 barili di zucchero, la superiorità della produzione in grande era incontestata. Questo indirizzo dei fenomeni era aggravato dall'esaurimento del terreno, che risultava dalla coltura spogliatrice de' proprietari minori e ne scemava il prodotto. Quindi tutte le relazioni sulle colonie delle Indie Occidentali, nella prima metà del secolo scorso, hanno lamenti sulla decadenza de'piccoli proprietari » (2). Questa ruina della piccola proprietà nelle colonie presenta una identità così meravigliosa coi fenomeni dell'economia romana, che ha sorpreso gli scrittori più riluttanti ad ogni spirito di sistema. Così Olmsted, dopo avere ricordato la decadenza della piccola proprietà romana e la sua sostituzione col latifondo, soggiunge: « Un viaggiatore intelligente, il quale attraversi la Carolina del Sud, non può non iscorgere uno stato di cose affatto simile a quello sopra descritto di Roma. I proprietari di schiavi non richieggono più

grandi poderi e la tendenza, che ovunque prevale, all'assorbimento delle piccole proprietà ed all'aumento delle grandi ». OLMSTED, l. c., 65, 329-30.

(1) CAIRNES, l. c., 74-5. « I profitti sono nella Giamaica più che proporzionali al capitale ». RENNY, *History of Jamaica*, Lond., 1807, 144.

(2) MERIVALE, l. c., I, 76.

alcun lavoro dagli uomini liberi, e questi son ridotti alle terre più povere e costretti ad una misera produzione, appena sufficiente alla loro sussistenza. Alcuni non lavorano affatto; altri ottengono una sussistenza precaria, quando col furto, quando colla caccia o colla pesca, talora colle rapine, spesso commerciando cogli schiavi e seducendoli a rubare a loro vantaggio » (1). Ma questo spirito di resistenza e di lotta del piccolo proprietario espropriato non è che il risultato della terra incolta, che lo accoglie e lo nutre; poichè la possibilità di una esistenza indipendente, che per tal modo gli è schiusa, gli consente di lottare contro gli espropriatori e di contendere loro palmo a palmo il terreno, o di amareggiare almeno della sua resistenza i loro trionfi. Di qui un fenomeno, che è speciale della economia a schiavi e che è il cardine della storia antica, *la lotta per la terra migliore;* la quale, se per un lato ha origine nella espropriazione compiuta dai grandi proprietari sui proprietari minori, o sulle terre dello Stato, ha d'altra parte ragione nella esistenza di terra incolta, che sorregge gli espropriati e dà lor modo di lottare contro gli espropriatori. La contesa per la terra migliore è ancora alimentata, nella economia a schiavi, dal fatto, che la rendita di quella terra funziona a limitare la produzione, senza che da questo limite derivi alcun vantaggio ai capitalisti, dacchè il profitto fondato sulla schiavitù non è subordinato alla esistenza di freni alla accumulazione ed alla produzione, e quindi è danneggiato da tutto che influisca a limitarle. Questa reazione degli espropriati si fa poi tanto più acerba, quanto più cresce la popolazione e con essa la rendita delle terre più produttive e più prossime, ossia il bottino de' vincitori (2). Perciò è spiegabile il fatto che quanto più si addensa la popolazione italiana, tanto più si faccia ardente la guerra agraria de' plebei contro i patrizi romani; la quale, se non preclude alla grande proprietà fondiaria il definitivo trionfo, lo sommette alla necessità di una contesa incessante e rende con ciò più costosi e meno cospicui i suoi successi (3).

Se per le influenze ora accennate la schiavitù è cagione di una

(1) OLMSTED, *Slave states*, 514.7.
(2) Cfr. MADWIG, *État Romain*, Paris, 1882-4, IV, 26, 28.
(3) Su tutto ciò veggasi HILDEBRANDT, *Die soziale Frage der Vertheilung des Grundeigenthums in Alterthum*, negli « Jahrbücher di Jena », 1869. I, 155. Uno sviluppo analogo si avverte nella Russia (KEUSSLER, l. c., III, 123 e ss.).

preminenza spiccata del grande capitale, essa infligge una particolare sconfitta ad una forma specifica di quel capitale, escludendo la necessità di un capitale improduttivo. Infatti una accumulazione eccedente le sussistenze degli schiavi, se pur riesce ad arricchire quest'ultimi con un aumento del loro peculio, non iscalza, nè pur remotamente minaccia la persistenza della schiavitù. Quindi in tali condizioni il profitto non esige, come condizione della propria persistenza, che una parte del capitale si impieghi improduttivamente ed il capitale improduttivo o non sorge, o è costituito di quel capitale, il quale, non trovando una offerta di lavoro corrispondente, cerca un interesse a detrazione del profitto (1). Ma appunto perchè questo capitale improduttivo non è necessario alla persistenza della schiavitù, esso non è l'oggetto di alcun favore da parte del capitale produttivo, il quale all'opposto combatte vigorosamente contr'esso e ne professa illegittimi i lucri. È ciò che si manifesta nel modo più spiccato negli Stati del Sud dell'Unione Americana. Infatti, mentre negli Stati, ove il lavoro era libero, il capitale improduttivo espandevasi nelle speculazioni più dissennate ed era favorito di privilegi dal capitale produttivo, gli Stati a schiavi si distinguevano per una maggior moderazione nelle emissioni e nelle imprese speculatrici. « La moderazione relativa delle Banche del Sud » è avvertita dagli scrittori più competenti. L'ammontare totale delle emissioni di quelle banche, benchè assai cospicuo, non giungeva però a portare il medio circolante a livello di quelli del Maryland e della Pensilvania. « La Virginia (uno Stato a schiavi) ha l'onore di essere il primo Stato, che prese misure efficaci a riformare la circolazione. Ciò essa fece nel 1820, quando proibì per legge la circolazione di biglietti di meno che 5 dollari. Le sue operazioni bancarie non sono mai state meno regolari di quelle degli Stati del centro; ed essa è uno dei primi Stati, che abbia stabilito un sistema di credito perfettamente vigoroso » (2). « Il capitale bancario rifugge dal Sud; questa non

---

(1) Appunto perchè il capitale improduttivo non è necessario, la moneta costosa potrebb'essere, nell'economia a schiavi, eliminata; ma essa è imposta, come vedemmo più addietro, dalla legge del valore che risulta dalla schiavitù.

(2) Gouge, *History of paper money and banking in United Stat.* Philad., 1833, II, 139-41.

è regione che sia governabile dall'aggiotaggio » (1). Ma questa avversione delle colonie a schiavi contro il capitale improduttivo ha perfetto riscontro nei fenomeni dell'economia romana. In questa società, che iscrive fra i suoi dogmi il *salve lucru!* (2), la Lex Genucia (a. 332) proibisce l'interesse fra Romani e il diritto successivo lo consente solo quando il mutuatario sia un industriale, poichè in tal caso la fonte dell'interesse è il lavoro degli schiavi (3); in altre parole, esso consente l'interesse del capitale produttivo, ma vieta l'interesse del capitale improduttivo. L'antico diritto romano ignora il furto dei redditi, nè ammette che, nei casi di danno dato, si debbano reintegrare i frutti (4). Inoltre esso considera il debito del capitale e quello dell'interesse come essenzialmente distinti; il primo è una *re contracta obligatio* e non esige alcuna formalità per divenire esigibile, mentre il secondo non è mai implicito, ma è il prodotto dell'arbitrio delle parti (5). Questa guerra, che a Roma sostennero contro l'interesse i giuristi, venne combattuta nella Grecia dai filosofi ed in ispecie dal massimo fra tutti, Aristotele, la cui teoria dell'interesse è inconsciamente dominata, non già secondo vorrebbe un economista moderno, dalla preistorica forma comune della proprietà (6), ma bensì dal carattere di superfetazione morbosa, che riveste il capitale improduttivo ed il suo interesse nel sistema della schiavitù.

Ma se, coll'escludere la necessità di un capitale improduttivo, la economia a schiavi giova al profitto, essa gli infligge un limite assai poderoso in virtù delle proprie influenze demografiche. Infatti l'abbrutimento e l'oppressione sistematica del lavoratore, che sono la condizione necessaria alla produzione nella economia a schiavi, abbreviano l'esistenza di quello e svolgono un coefficiente di mortalità economica, che è speciale alla schiavitù e che non ha nulla a fare con un eccesso della popolazione sulle sussistenze; poichè le condizioni stesse, nelle quali sorge la schiavitù, e le terre fertili incolte, che ne accompagnano il processo, escludono ogni de-

---

(1) BENTON, *Thirty years in the U. S. Senate*, New-York, 1886, I, 259, 465.
(2) Iscrizione della casa del mercante a Pompei.
(3) KNIES, *Der Credit*, I, 328.32, 342. FUNK, *Geschichte des kirchlichen Zinsverboten*, Tübingen, 1876, 13. Cfr. CICERONE, *De off.*, I, 42.
(4) IHERING, l. c., III, 123.
(5) SAVIGNY, *Römisches Schuldrecht*, nei suoi « Vermischte Schriften » II, 413.14.
(6) CLIFFE LESLIE, *History of profit*, 640-1.

ficienza della produzione di fronte alla popolazione. Ora questo coefficiente economico di mortalità può essere tale da rendere la popolazione schiava stazionaria, malgrado l'aumento delle sussistenze, o da determinare in essa un aumento minore di quello, che l'aumento delle sussistenze consentirebbe. Ma questo limite all'aumento degli schiavi funziona a limitare il reddito della classe capitalista, mercè una influenza che costituisce una interessante applicazione dei rapporti biologici dominanti fra il parassita e la sua preda (1). Infatti come nella lotta animale per l'esistenza una razza parassita si trova danneggiata dalla mortalità della razza da essa sfruttata, così nella lotta sociale la razza proprietaria si trova danneggiata dall'esistenza di una mortalità specifica della classe lavoratrice. Quando la mortalità speciale di questa è limitata all'eccesso della popolazione sul capitale, essa non arreca alcun danno al capitalista, il quale ottiene pur sempre il profitto da quella quantità di capitale, che gli piace di accumulare. Ma quando, come nel sistema della schiavitù, la mortalità del lavoratore non è già determinata da un eccesso della popolazione sulle sussistenze, sibbene dall'oppressione, che è indissolubile da quella forma economica, si ha una limitazione alla quantità della classe lavoratrice, che è indipendente dal limite dell'accumulazione e che costituisce un freno ineluttabile alla accumulazione ed alla ricchezza. E non è tutto, poichè l'oppressione degli schiavi influisce per ben altro modo a frenare l'aumento della popolazione, colpendo lo schiavo di sterilità (2). Ora

---

(1) Cfr. DARWIN, *Origine delle specie*, 65 e ss.

(2) HUME (l. c., 228) e MALTHUS (*Population*, 146) attribuiscono il debole aumento della popolazione schiava al fatto, che i proprietari non hanno interesse ad allevare a loro spese gli schiavi nelle città, ove alto è il valore delle sussistenze, ma sì ad acquistarli da provincie più remote, ove il costo dell'allevamento è minore. Ma, se tale fosse la cagione limitante la popolazione schiava, si dovrebbe avere un energico aumento di questa nelle terre remote dal centro, mentre invece i fatti dimostrano l'opposto. Talora i proprietari di schiavi ne limitano l'incremento, a scongiurare i pericoli derivanti dalla loro prevalenza numerica (CHAMBERS, *American slavery and colour*, Lond., 1857, 49). In taluni Stati dell'America si infliggono pene agli schiavi che contraggono matrimoni (GRAHAME, l. c., I, 143). « Ma non è tanto coi limiti ai coniugi, quanto coi mali trattamenti alle donne ed ai bambini, che si arresta l'incremento degli schiavi » (WESTON, l. c., 82. Cfr. WAPPAÜS, l. c., I, 288, 154, 157). I mali trattamenti giungono a tale, che di 1000 schiavi esportati dall'Africa, solo 300 sopravvivono dopo un anno (BUXTON, *The african slave trade and its remedy*, Lond., 1840, 200). Di

da questa deriva un nuovo e più rilevante limite organico della popolazione, il quale dimostra anche una volta la dipendenza del coefficiente di procreazione dalle condizioni territoriali, ed oppone un potentissimo freno al profitto ed alla produzione. Infatti anzitutto la sterilità stessa dello schiavo, rendendo più difficile la sua sostituzione, costringe il capitalista ad assicurarne la esistenza, consentendogli un sufficiente sostentamento, non solo negli anni di buon mercato, ma in quelli ancora di carestia (1), e gravando

---

qui la infecondità degli schiavi ed il fatto che « l'aumento notevole della popolazione schiava è dovuto esclusivamente alla immigrazione, poichè la mortalità vi supera la natalità » (COMTE, *Tr. de législ.* 431, e ss.). In America la proporzione della popolazione bianca alla nera era nel 1790 4.2 a 1, nel 1850 5.26 a 1, malgrado la forte importazione di schiavi, che durò fino al 1808 (DE Bow, l. c., III, 424). Secondo SEYBERT (*Annales statistiques des États-Unis*, Paris, 1820, 74, 75, 95) la proporzione degli schiavi per 100 liberi è 22.13 nel 1790, 20.29 nel 1800, 19.69 nel 1810. La popolazione schiava s'aumenta in una ragione decrescente. — Infine Tucker dimostra in modo ineluttabile la superiorità nell'aumento della popolazione libera su quello della schiava e la prevalenza della mortalità di quest'ultima; prevalenza crescente, poichè nel censimento del 1830 essa si manifesta a cominciare dall'età fra i 36 e i 55 anni, mentre nel censimento del 1840 si manifesta a partire dall'età fra i 24 ed i 36 anni. Gli Stati a schiavi presentano quindi una popolazione più rada e più lentamente crescente che gli altri Stati d'America (TUCKER, *Progress of the Un. St.*, New-York, 1843, 56, 58, 63, e 120, e DE Bow, sopraintendente al censimento, *Stat. View. of the U. St.*, Washington, 1854, 120 e ss.). Circa il debole aumento della popolazione nell'antichità si ricordi il classico asserto: Λακεδέμον' άπολέον δι' ὀλιγανθρωπίαν. — Cfr. anche DUREAU DE LA MALLE, *Examen des causes générales*, qui chez les Grecs et les Romains devaient s'opposer au développement de la population, Académie des Inscr., 1842, XIV, 318.

(1) « Un singolare fenomeno ci si presenta. L'eccesso di popolazione che negli Stati dell'antica Grecia era visibile anche all'occhio del volgare, nell'Europa moderna non si rende visibile che all'occhio del dotto. Nelle società nostre, quando vi è eccesso di popolazione, ogni uomo appartenente alla massa del popolo ha una minor quantità di cibo e si presenta come un indigente; ora quello che uno spettatore ignorante vede in tutto ciò, non è una popolazione eccessiva, ma una popolazione povera, poichè egli non vede che sia privo di sussistenze alcuno, il quale abbia di che pagarle. Ma nell'antichità, in cui il lavoro era schiavo, chi acquistava i viveri non era il lavoratore, bensì il suo proprietario; onde il difetto di cibo non appariva sotto la forma di una povertà e miseria generale, diffusa per la gran massa della popolazione mercè una riduzione dei salari, ma era sentito innanzi tutto dai grandi proprietari nel maggior costo di mantenimento dei loro schiavi ». MILL, art. *Colony*, nella « Enciclopedia Britannica », 136-7. Ora alla precedente argomentazione è implicita la premessa, che lo schiavo riceva una quantità di viveri invariata, il salariato una quantità di viveri decrescente coll'elevarsi del prezzo delle derrate. Del

così l'azienda privata di un costo talora elevatissimo. In secondo luogo, data la sterilità ineluttabile dello schiavo lavoratore, l'esistenza e continuità dell'offerta di lavoro non può essere assicurata, che a condizione di segregar dalla popolazione schiava una classe, la quale non lavori, ma sia impiegata esclusivamente alla procreazione degli schiavi operai. D'onde la necessità di un'industria speciale, quella dell'allevamento degli schiavi, che fornisca alle industrie il contingente umano ad esse necessario e che, sottraendo alla produzione una classe d'uomini impiegata esclusivamente a procreare ed una impiegata nell'allevamento de' giovani schiavi, arreca alla produzione ed al profitto una nuova e notevole detrazione.

Per tal guisa la sterilità organica dello schiavo ha ad ultimo risultato una divisione del lavoro fra gli allevatori ed i consumatori di schiavi ed un conseguente rapporto di scambio, che si istituisce fra le due classi. Gli acquirenti di schiavi debbono evidentemente compensare agli allevatori le spese di allevamento degli schiavi; ma ciò però non costituisce (come a torto si crede) un aggravio speciale, di cui la schiavitù colpisca il capitale produttivo; poichè il prezzo dello schiavo non è che l'importo di quelle spese di allevamento, da cui il capitalista produttore trovasi esente per la sterilità stessa degli schiavi lavoratori, e che rimangono a carico esclusivo dell'industria allevatrice (1). Ma questa arreca

---

resto, intorno alla ricca alimentazione degli schiavi, superiore d'assai a quella degli operai d'Europa, hanno dati eloquenti CHEVALIER, *Lettres*, I, 349; OLMSTED, l. c., 91. — Gli schiavi ricevono spesso una quantità di viveri così abbondante, che possono venderne una parte (HALL, l. c., III, 224).

(1) A torto dunque il CAIRNES, l. c., 80, e prima di lui HILDRETH, *Despotism in America*, Boston 1840, 15, credono che la economia a schiavi esiga nel proprietario un capitale maggiore che la economia a salariati, in ragione del valore degli schiavi; poichè questo capitale si esige del pari nel salariato, sotto forma di spese di allevamento ed educazione del lavoratore, e se l'anticipazione ne è ripartita per un lungo periodo, non è escluso che tale ripartizione si ottenga anche nella economia a schiavi, mercè un pagamento rateale del valor dello schiavo. Cfr. STORCH, *Corso di E. pol.*, 540. Del pari è in errore RODBERTUS (*Sachwerth des Gelds in Alterthum*, Jahrbücher 1870, II, 189) il quale crede che la schiavitù richiegga, *caeteris paribus*, una quantità di moneta circolante maggiore del salariato, in ragione del prezzo degli schiavi. — Ma queste osservazioni errate hanno però un fondo di vero per ciò, che il capitalista non deve soltanto compensare al venditor dello schiavo il capitale di allevamento, bensì ancora, come tosto vedremo, il prezzo del suo monopolio.

però una detrazione al profitto in forza di un elemento speciale, che nel reddito dell'allevatore di schiavi è contenuto. — Infatti la schiavitù non esige soltanto, in virtù dei limiti demografici da essa creati, la formazione di una classe di allevatori di schiavi, ma esige ancora una classe di cacciatori di schiavi, occupata a debellare la naturale resistenza dei liberi alla appropriazione della loro forza di lavoro. Imperocchè è evidente che, ad assoggettare a sè un altro uomo, l'uomo deve possedere della forza e che il capitalista non può costringere un certo numero d'uomini a lavorare per l'intera lor vita a suo profitto, in luogo di trasferirsi a proprio conto sulle terre inoccupate, senza disporre di mezzi di asservimento poderosi ed ineluttabili. Di qui la necessità pel capitalista di indurre una classe d'uomini liberi a compiere il lavoro di caccia degli schiavi, offrendo di ripartir con essi il profitto, che dall'opera degli schiavi si estorce. Ora ciò determina una detrazione importante dal profitto a vantaggio del cacciatore di schiavi; e poichè di regola questi è l'allevatore stesso degli schiavi, così il reddito dell'allevatore è duplice e per una parte si rannoda alla sua accumulazione, mentre per l'altra è il compenso di un lavoro di caccia o di conquista e una rendita dovuta alla proprietà dello schiavo conquistato. Questa rendita del proprietario di schiavi è, come ogni rendita di monopolio, regolata dalla domanda ed offerta, con questa attenuante però, che al capitalista riesce facile di mitigare la rendita del proprietario di schiavi, destando ed accrescendo la concorrenza fra i singoli proprietari. Infatti, siccome la merce, che in queste condizioni viene appropriata, l'uomo, è suscettiva di aumento illimitato, così il compratore può mitigarne il prezzo provocando un aumento dell'offerta. Perciò, sia che il capitalista accresca il numero dei cacciatori di schiavi, sia che renda più facile la conquista degli schiavi e maggiore la quantità di quelli conquistabile da ciascun cacciatore d'uomini, il risultato è sempre un aumento nella offerta degli schiavi, quindi una diminuzione del loro valore e della detrazione imposta dalla rendita del loro proprietario al profitto del capitale. Si inizia pertanto una lotta fra il proprietario di schiavi ed il capitalista, poichè il primo cerca di estendere la richiesta degli schiavi, il secondo di limitarla; il primo cerca di ridurre il numero dei produttori di schiavi e di rendere la conquista di questi difficile, mentre il secondo si sforza di agevolarla; il primo cerca di opporsi alla importazione degli schiavi, il secondo la caldeggia e promove.

Di questi fatti i paesi classici della schiavitù offrono memorabili esempi. Così nell'America la scissione fra il proprietario di schiavi ed il capitalista si è ampliata fino a creare una divisione territoriale del lavoro fra i paesi allevatori e i paesi consumatori degli schiavi (1). Dopoché il commercio degli schiavi è vietato, gli Stati allevatori conseguono un vero monopolio ed impongono agli Stati consumatori prezzi enormi, che esercitano una detrazione potente dal profitto del capitale. « Parecchi economisti del Sud affermano che l'errore dei piantatori è d'impiegare il loro capitale esclusivamente nell'aumento del numero dei negri, invece che nel miglioramento del terreno; che una elevazione eccezionale del valore delle derrate li seduce ad acquistare schiavi a credito a prezzi, che divengono ruinosi, appena il valore delle derrate diminuisca; che gli schiavi costano ora e costarono per molto tempo più che non valgano intrinsecamente; e che gli Stati allevatori fanno profitti esorbitanti a spese dei loro clienti » (2). Questi profitti, avverte il Weston nel 1857, sono veramente favolosi; ed i prezzi enormi degli schiavi, che variano da 350 a 1250 dollari per ciascuno (3), costituiscono tale un aggravio dell'industria e dell'agricoltura americana, da generare incessanti lamenti da parte del capitale. « Il deprezzamento delle terre, la decadenza dei villaggi, il difetto di lavori di pubblica utilità negli antichi Stati del Sud, sono in gran parte da attribuirsi alla cupidigia degli allevatori di schiavi ». La febbrile impazienza, con cui quelli si affaticano ad accrescere il numero degli Stati a schiavi per estendere la richiesta del loro prodotto, tende ad elevare sempre più il valore degli schiavi ed a scemarne il numero negli antichi Stati, soffocandovi lo sviluppo industriale. Quindi « se nuovi territori, come il Messico o l'America centrale, saranno occupati dal lavoro schiavo, ciò potrà farsi soltanto mercè la ruina e l'esaurimento degli antichi Stati a schiavi, a meno che non sia ristabilito il traffico degli schiavi africani » (4). Questa

---

(1) Cairnes, l. c., 135-6.
(2) Weston, l. c., 143.
(3) Id., l. c., 116-7.
(4) Id., l. c., 208-9.

usurpazione, che gli Stati allevatori esercitavano sugli Stati consumatori di schiavi, subiva però, come ogni più splendida cosa, dei lamentevoli ecclissi. Così quando la legge 31 gennaio 1829, introdusse ostacoli alla importazione degli schiavi nella Luigiana, il valore degli schiavi nella Virginia (stato allevatore) scemò del 25 %, due ore dopo che la legge venne a notizia (1); il che prova come il valore degli schiavi dipendesse dalle condizioni della domanda. Quando, nel 1832, un temporaneo ristagno della produzione negli Stati consumatori creò nella Virginia una offerta di schiavi, che non trovava sbocco adeguato, il deprezzamento della merce e la difficoltà di contenere una popolazione schiava addensantesi destò in quello Stato un sentimento di malessere, che dette occasione a parecchie proposte di abolizione della schiavitù (2). Ma questo sentimentalismo a buon mercato, il quale non era in realtà che il sentimento del danno, che dal buon mercato degli schiavi derivava, svani bentosto, quando l'espandersi dell' agricoltura a schiavi elevò la domanda di questi (3). Allora non solo ogni pensiero abolizionista venne abbandonato, ma a mano a mano che crebbe il prezzo degli schiavi, specialmente dopo il 1840, scemarono le emancipazioni degli schiavi, raddoppiò la vigilanza e l' energia contro gli schiavi fuggitivi e si accrebbe il numero dei negri ridotti in ischiavitù dai cacciatori di schiavi (Kidnappers). Infine si giunse perfino a proporre, nella Virginia, di ridurre in ischiavitù per decreto tutti i negri liberi, che si trovassero in quello stato (4); mentre gli Stati consumatori, a reagire contro l'elevato prezzo degli schiavi, non esitavano ad invocare il ristabilimento della obbrobriosa tratta dei negri, e sussidiavano l'istanza cogli argomenti giuridici più corretti ed irreprensibili (5). Ora di tutti questi fenomeni l'economia antica presenta un parallelo meraviglioso. Aristofane fa menzione dei *ladri d'uomini,* i quali, a rischio della loro vita, vanno a caccia di schiavi; la divisione fra gli Stati allevatori e consumatori di schiavi riappare nell'antichità, in cui l'Asia, alle-

---

(1) Id., l. c., 114.
(2) Id., l. c., 200.
(3) Id., l. c., 201-2.
(4) Id., l. c., 79.
(5) Id., l. c., 172.

vatrice di schiavi, li vende a caro prezzo all'Italia (1); e questa, o i suoi capitalisti, si sforzano di reagire contro tanta detrazione del profitto, provocando, colle guerre di conquista, un aumento della importazione di schiavi ed una diminuzione del loro valore.

I fatti fin qui narrati ci mostrano che nella economia a schiavi la redistribuzione della ricchezza ha una importanza ben maggiore che la sua distribuzione ed è suscettiva di una analisi teorica, a cui quest'ultima difficilmente si presta. Infatti la parte del prodotto, che spetta allo schiavo, è rigidamente fissata dall'arbitrio della classe proprietaria e, non essendo l'oggetto di alcun libero dibattito, o suscettibile di movimento, non può evidentemente dar luogo ad alcuna scientifica investigazione. Le stesse oscillazioni nella domanda di lavoro non possono, sotto l'impero di questo sistema, dar luogo a fenomeni di distribuzione, ma soltanto a fenomeni di redistribuzione; poichè l'aumento nella domanda di schiavi da parte degl'imprenditori industriali non fa che assicurare un incremento di rendita agli allevatori di schiavi a detrazione del profitto degli imprenditori stessi, senza mutar necessariamente la quantità del prodotto, che è percepita dal lavoratore. Invece la redistribuzione della ricchezza, la quale nella stessa economia a schiavi si compie fra uomini liberi, presenta quegli ondeggiamenti e quelle oscillazioni, che la rendono suscettiva d'una ricerca scientifica; ed anzi offre campo degnissimo allo studio ed alla osservazione per le forme complicate e bizzarre ch'essa riveste, e che in parte già rilevammo, ma di cui la più notevole è senza dubbio la seguente.

Infatti una nuova forma di redistribuzione ed una nuova detrazione dal profitto si avvera nella economia a schiavi. Imperocchè appena ci addentriamo nei segreti di questo complesso organismo, ci colpisce la tripartizione della società, costituita degli schiavi, dei capitalisti proprietari di schiavi e di una classe di liberi, che non posseggono ricchezza sufficiente all'acquisto degli schiavi. — Una parte di questi liberi è ridotta a coltivare col proprio lavoro le terre lontane inoccupate, creando così una classe frammentaria, quale si riscontra in ogni periodo sociale, di piccoli proprietari; ma i rimanenti vengono attratti nell'orbita dei proprietari maggiori, di cui formano l'ozioso, e

_____

(1) MARQUARDT, *Privatleben der Römer*, l, 167 e ss.; sui prezzi degli schiavi, ib., 170.

in apparenza disutile, corteggio, ricevendo, in ricambio di questa gradita funzione, un generoso compenso. Ora ad alimentare intorno a sè queste schiere di parassiti, i proprietari di schiavi non sono indotti che in picciola parte da una vana ambizione; sulla creazione di questa classe di ligi non ha nemmeno, od ha ben piccola influenza, l'interesse, che move i grandi proprietari a ridurre il numero dei proprietari minori, sovente disposti ad allearsi alla popolazione schiava contro la grande proprietà che li opprime. L'esistenza di questa classe di clienti è il prodotto necessario delle condizioni organiche della schiavitù. Se infatti, acciò questa si formi, è necessaria l'opera dei cacciatori di schiavi, perchè essa persista è necessaria l'opera di una classe d'uomini liberi, che funzioni, sia direttamente sia indirettamente, a prevenire ogni reazione dei lavoratori soggetti. Gli è perciò che una parte dei liberi vien distolta dal trasferirsi sulle terre inoccupate ed indotta ad entrare in un rapporto di clientela colla classe capitalista, la quale si assicura così una specie di milizia pretoriana, che soffoca le tendenze di reazione e di fuga degli oppressi lavoratori. — È questa una serie di fenomeni, che si manifesta spiccatissima nelle colonie. « Noi, avvertiva già Hume, siamo costretti ad assoggettare i negri ad un regime rigoroso e militare » (1). « A mantenere soggetti i negri di Caienna ridotti novellamente in ischiavitù, e a difendere i vasti confini di quella colonia è necessaria una forza militare assai ragguardevole » (2). Un viaggiatore non volgare soggiunge : « Un elemento essenziale del sistema della schiavitù è che lo staffile venga usato come mezzo di ottenere obbedienza (3), e la disciplina di ferro e di sangue vi è così necessaria, che ogni attenuazione di essa produrrebbe l'anarchia, l'insurrezione e tutti gli orrori di una guerra servile ». Gli è perciò che negli stati dell'America, ove ebbe impero la schiavitù, si incontrava in tutti i villaggi una vigorosa polizia ed un esercito così poderoso, che i proprietari sarebbero riusciti, anche senza il soccorso degli Stati

---

(1) HUME, *Essays*, 252.

(2) *The Crisis of the sugar colonies*, London, 1802, 100. Contra DE BOW, l. c., II, 243.

(3) « Credete voi che sia impossibile impiegare gli schiavi senza l'uso dello staffile? » — « Io lo ritengo impossibile ». *Report from sel. Comm. on extinction of slavery*, 1832, Evid. 186.

liberi, a difendersi da una rivolta degli schiavi (1). Il fatto, avvertito dallo stesso scrittore, che la condizione dei negri era tanto migliore quanto più si era lunge dalla costa, può spiegarsi colla maggior sicurezza de' proprietari ne' centri popolosi, che escludeva la necessità del rigore, o ne attenuava l'asprezza (2). Anche nella Russia, quando i proprietari vollero abbandonare, ne' loro rapporti coi servi, l'indulgenza a cui la propria debolezza li aveva costretti, dovettero sobbarcarsi ad una organizzazione militare enormemente costosa (3); e nell'antica Roma le spese di oppressione militare degli schiavi erano così ragguardevoli, che l'economo Catone consigliava di eccitare gli schiavi a contender fra loro, acciò non insorgessero contro i padroni e questi fossero sottratti alla gravosa necessità di difendersi dalle loro rivolte (4). Ma accanto a questa classe d'uomini direttamente impiegati ad opprimere gli schiavi, le colonie e l'antica Europa presentano una classe di clienti, che adempie, meno palesemente e perciò più efficacemente, la stessa funzione. Nell'America « i tratti di terra deserti divengono l'asilo di un'orda diversa, che, troppo povera per possedere schiavi e troppo fiera per lavorare, preferisce una esistenza vagabonda e precaria. Negli Stati del Sud essa ammonta a 4 milioni. I proprietari si lagnano di costoro pel loro ozio, perchè corrompon gli schiavi, ecc., *ma non possono esimersi dal loro appoggio,* poichè nel fatto essi adempiono una funzione indispensabile nella economia a schiavi, di cui sono al tempo stesso le vittime ed i principali sostegni. È dalle loro file, che son reclutate quelle spedizioni filibustiere, che sono così efficace stromento ad estendere il dominio degli Stati a schiavi; ed è alla loro antipatia verso i negri che i piantatori si affidano per reprimere ogni tentativo di insurrezione servile » (5). Una dimostrazione *e contrario* del valido sussidio fornito ai proprietari di schiavi da questi « bianchi poveri » è data da Cuba. Infatti « in quest'isola i bianchi non proprietari di schiavi erano ben diversi dall'analoga classe degli Stati Uniti del Sud, poichè non aveano

---

(1) HALL, l. c., III, 75, 168, 243.
(2) Id., l. c., III, 279.
(3) NOWITZKI, l. c., 149-50.
(4) PLUTARCO, *Catone,* c. 21.
(5) CAIRNES, l. c., 81-2; OLMSTED, *Back country*, 449; DE BOW, l. c., II, 234 e ss.

alcuna parte nei profitti, che gli schiavi assicuravano ai proprietari. Perciò, lunge dal favorire un sistema, che non recava loro alcun vantaggio, anzi li escludeva dall'industria e li degradava nella estimazione sociale, essi consideravano la schiavitù con gelosia ed avversione ». Ora appunto questa inesistenza di un rapporto di clientela rendeva frequenti le fughe degli schiavi, decrescente il loro numero (che da 436.495 nel 1841 scendeva a 330.425 nel 1853), la schiavitù vacillante e precaria, e la produzione ridotta a minime proporzioni. I proprietari doveano introdurre una disciplina di sangue, che elevava enormemente la mortalità dei loro schiavi, od eran costretti ad emanciparli per evitarne la rivolta (1). Nè meno istruttivo, sotto tale riguardo, è quanto avvenne a San Domingo. Quivi la popolazione constava di 30 mila proprietari di schiavi, 400 mila schiavi e 15 mila uomini di colore, liberi, che non possedevano schiavi. Ora quando, nel 1791, i capitalisti vollero opporsi al decreto dell'Assemblea Nazionale Francese, che accordava la piena cittadinanza ai mulatti, questi si allearono agli schiavi e ne provocarono la rivolta, dalla quale, in soli quattro mesi, più di 600 piantagioni vennero incenerite e i piantatori vennero costretti ad abbandonar le loro pretese (2). Ma questi fenomeni delle colonie hanno perfetto riscontro in quelli di tutte le economie fondate sulla schiavitù (3), e specialmente in quelli dell'antica economia, nella quale pure i capitalisti son costretti a lasciare una parte cospicua del profitto ai liberi poveri (4), ai clienti, che formano il più efficace presidio del ca-

---

(1) WESTON, l. c,, 262-71. Durante la rivoluzione americana, i navigli inglesi avendo offerto asilo agli schiavi fuggitivi, la repubblica insorta fu gravemente minacciata (OLMSTED, l. c., 477).

(2) *A particular account of the insurrection of Negroes in S. Domingo*, Lond., 1792.

(3) Una condizione di cose non molto dissimile si produsse in Egitto, quando Mehemet Alì, dopo avere sconfitto i beduini — i quali trovavano sussistenza indipendente nelle terre libere e da queste recavano continua molestia ai proprietari e ne subornavano i *fellahs* — li organizzò militarmente, e ne fece un presidio dei proprietari contro l'indisciplina dei coltivatori (CLOT-BEY, l. c.). Non altrimenti i Cosacchi, servi fuggitivi, stanziati sulle terre libere del Don, vengono dapprima combattuti dagli Czar, poi, dacchè ogni lotta è impotente a domarli, convertiti in cavalleria irregolare a presidio dei proprietari (SOKOLOWSKI, *La vita economica*, ecc., 240).

(4)   « Pallida mors aequo pulsat pede pauperum tabernas
          Regumque turres ».

pitale contro gli schiavi (1); e non appena il numero dei clienti, o la proporzione sua con quello degli schiavi, si assottiglia, ovvero (come avviene nella Sicilia) i clienti si alleano cogli schiavi, scoppiano le rivolte di questi e l'economia capitalista è scrollata (2). Naturalmente con ciò non vuol dirsi che il numero de' clienti debba essere eguale a quello degli schiavi, che essi son chiamati a debellare; mentre al contrario il numero dei liberi (di cui i clienti non son che una parte) è costantemente minore di quello degli schiavi, la oppressione dei quali è resa possibile, malgrado la loro prevalenza numerica, dalla stessa acquiescenza, che del loro abbrutimento è il risultato. — Così nelle colonie d'America la proporzione dei liberi agli schiavi è talora perfino di 1 a 6; nella Grecia di 1 a 3; nell'Italia, all'epoca dei Gracchi, si contano 6 a 7 liberi per 13-14 schiavi (3). Certamente « negli stati a schiavi la sicurezza della proprietà è in ragione del numero dei bianchi » (4); ma ciò che esige « la perfezione teorica del sistema della schiavitù, è che la proporzione dei bianchi non sia maggiore di quella che è necessaria per dirigere e dominare i negri; poichè questi bianchi poveri distruggono o diminuiscono i profitti ottenuti dai proprietari » (5).

Si comincia pertanto a comprendere che la schiavitù non presenta un carattere unico, ma duplice; che se essa avvince il

---

Queste parole del poeta latino rivelano una condizione dei poveri liberi nell'antica Roma, ben diversa da quella dei poveri attuali, la cui vita media è di tanto minore di quella dei ricchi.

(1) MARQUARDT, l. c., 1, 202 e ss.

(2) Sulle rivolte degli schiavi nell'antichità, provocate dall'alleanza che i proletari liberi stringon con essi, veggasi DIODORO, Storie, XVIII, 36, 8; XXXII, 4; TUCIDIDE, lib. III, c. IX; lib. IV, c. IX; WALLACE, Population des anciens temps, Amsterd., 1769, 333: La diserzione di 20 mila schiavi, nella guerra di Decelia, rende pericolanti le sorti degli Ateniesi.

(3) MOMMSEN, l. c., Lib. IV, cap. XI; BOECK, l. c., 36-7; WESTON, l. c., 45; COMTE, l. c., 37. Nel Brasile due terzi della popolazione era composta di schiavi (RECLUS, Le Bresil et la colonisation, « Revue des Deux Mondes », 1862, 395). Ricordiamo che in Irlanda, dopo la rivolta del 1641, si hanno più di 8 cattolici per 3 protestanti (LECKY, England in XVIII Century, II, 255) e nelle campagne 20 cattolici per 1 protestante (NEWENHAM, Popul. of Irel., 314) ciò che non impedisce la soggezione dell'Irlanda all'Inghilterra.

(4) RENNY, l. c., 147.

(5) WESTON, l. c., 41-2. « I liberi non proprietari di schiavi eccedono i proprietari nel rapporto di 3 a 1 » DE BOW, II, 108.

lavoratore al capitalista, avvince il capitalista al lavoratore; se impone la servitù del lavoro, impone con pari necessità la servitù del capitale; se toglie al lavoratore la possibilità di produrre a proprio conto, toglie al capitale la possibilità di appropriarsi per intero il suo profitto, di espandersi, di accumularsi con celerità, di secondare le oscillazioni del mercato, di cogliere le primizie commerciali ed usufruttarne i proventi. Per qualunque modo si consideri, la schiavitù è un limite del profitto e lo riduce a misere dimensioni (1); essa « è un grande, insuperabile ostacolo alla formazione ed accumulazione delle ricchezze » (2). Onde è facile comprendere che « nella economia a schiavi il capitale è una merce oltremodo rara » (3) e il saggio dell'interesse è ele-

---

(1) « In conseguenza di questo eccessivo costo di lavoro, i profitti dell'agricoltura sono assai minori di quello che sarebbero, se fosse istituito il libero scambio della merce-lavoro. La schiavitù arreca aggravi non necessari al costo di produzione della ricchezza; ormai il Sud, come un tutto, non ritrae alcun vantaggio dalla produzione del cotone, ed anche i piantatori ne ritraggono ben poco » (OLMSTED, l. c., 295, 324). « Il prodotto netto, o il profitto della manifattura del cotone nella Gran Brettagna, eccede quello della coltura del cotone negli Stati Uniti di più che cento per cento. I piantatori di cotone del Sud ricevono un profitto reale eguale a quello dei manifattori della Nuova Inghilterra, i quali impiegano un capitale di 43 milioni di dollari minore » (DE Bow, l. c., I, 235-6). In realtà « costa ben poco allevare il negro, ancor meno rubarlo nell'Africa; e tuttavia è dubbio se, mentre questo sistema promette così enormi profitti, esso ne produca alcuno. Nella maggior parte dei casi, in cui una nuova ricchezza è creata col lavoro degli schiavi, noi ci accorgiamo di leggieri che questa ricchezza è soltanto una appropriazione e trasformazione di qualche ricchezza già esistente. In altri casi, noi vediamo che questo lavoro non riesce nemmeno ad assicurare la propria persistenza, e che le terre vergini si esauriscono senza lasciare alcun equivalente che le rappresenti. — Di qui la decadenza del Sud, che i difensori della schiavitù si ostinano ad attribuire alle tariffe, alle spese pubbliche eccessive, alla limitazione della produzione a poche derrate, ecc. » (WESTON, l. c., 223, 228).

(2) COMTE, *Trattato di legisl.* Firenze, 1839, IV, 193. È dunque incomprensibile come RODBERTUS (*Geschichte der römischen Tributsteuern* negli Jahrbücher 1865, v. 300 nota) possa affermare che solo nella schiavitù il capitale acquista la massima forza accumulatrice, e che il proprietario di schiavi non deve dividere con alcuno il profitto.

(3) « L'inesistenza di manifatture e le consuetudini di prodigalità delle classi superiori (prodotto della disgregazione normale del proprietario dalla accumulazione e del carattere automatico dell'impresa e schiavi) fanno che il capitale sia nei paesi a schiavi una merce oltremodo rara ». CAIRNES, l. c., 74.5. « La maggioranza dei nostri acquirenti sono uomini senza capitale. È assai

vatissimo, anzi talora assorbe l'intero profitto (1); che i proprietari, soverchiati da una detrazione crescente dal loro profitto a vantaggio d'una schiera di clienti e di oziosi, sono gravati di debiti; e che la esuberanza del capitale sui modi di impiegarlo è fenomeno ignorato finchè impera la schiavitù (2). — Ora questo carattere profondamente anticapitalista della economia a schiavi, questo processo di disaggregazione della ricchezza e di riduzione del profitto, che è in essa fatalmente contenuto, rivela alla scienza la natura intima di tale sistema economico. Infatti per ciò appunto che la schiavitù influisce potentemente a diminuzione del profitto, rimane irrazionale ogni spiegazione, che la raffiguri come un metodo di elevazione del profitto, il quale fosse ottenibile senza di essa. La schiavitù non appare razionale, se non come risultato della impossibilità di ottenere un profitto dal lavoro libero, finchè la terra libera esiste, impossibilità la quale induce il capitale a procacciarsi sistematicamente un profitto, per quanto tenue, per quanto limitato dal meccanismo di quello stesso sistema, che è necessario ad assicurarlo (3). Così si manifesta ad un tratto la natura essenziale del profitto e della schiavitù; poichè questa appare razionale soltanto quale metodo di creazione artificiale del profitto (4), e

---

raro che i pagamenti sieno fatti alla scadenza ed i più mancano perfino al pagamento puntuale degli interessi » (OLMSTED, l. c., 328). « I nostri mezzi constano specialmente di terre e di schiavi, ma il capitale monetario è insufficiente. » DE BOW, l. c., I, 240. Sulla scarsità di capitale dei proprietari di miniere nella Grecia, BOECK, l. c., 663.

(1) Cfr. PERROD, *La provincia di San Paolo*, Roma 1888, 85, con RODBERTUS, *Versuch die Höhe des alten Zinsfuss zu erklären*, Jahrb., 1884, VIII, 530. Secondo Boeck, ad Atene l'interesse medio era di 16 $^1/_3$ %, nei prestiti marittimi di 36 % (l. c., 123). A Roma, anche di 48% (MARQUARDT).

(2) « Sembra che nessuna delle antiche nazioni abbia raggiunto tale apice di ricchezza, che desse origine alla emigrazione di un capitale esuberante, e che, eccettuate Tiro e Cartagine, nessuna di quelle abbia posseduto un capitale sufficiente per impegnarsi in commerci lontani. » BROUGHAM, l. c., I, 222. Cfr. A. SMITH, l. c., 303,4.

(3) Cfr. DE BOW, l. c., 11, 223-9.

(4) Così si corregge la mia affermazione (*Rendita fondiaria*, 19), che la schiavitù sia soltanto un mezzo di creazione artificiale della rendita, nel periodo in cui sono coltivate esclusivamente terre di prima qualità. Infatti la limitazione della coltura alle terre di prima qualità, per sè stessa, impedisce bensì ai proprietari privi di capitale di ottenere una rendita, ma non però ai capitalisti di ottenere un profitto; dunque essa costringe i primi, ma non i secondi ad introdurre la schiavitù; e se i capitalisti son costretti ad introdurla, se un uomo,

quindi la esistenza della schiavitù, normale finchè la terra libera
dura, tradisce la necessaria inesistenza del profitto automatico nel
periodo delle terre inoccupate (1). — Ma se tale è il carattere
della schiavitù dall'aspetto della economia individuale, essa ha
pure una importante funzione sociale, che la analisi precedente
permette di rilevare. Infatti successivamente alla decomposizione
dell'associazione propria coattiva, o alla formazione della proprietà
privata del terreno, il lavoro libero è, come le colonie ci mostrarono, necessariamente dissociato, dunque limitatamente produttivo.
Ora col decrescere nella produttività del terreno la produzione dei
liberi dissociati diviene sempre meno tollerabile, finchè giunge il momento in cui il prodotto agrario, o non è sufficiente al mantenimento
dei produttori, o non è sufficiente a mantener quella proporzione
della popolazione non agricola, che è condizione necessaria della civilizzazione economica. Perciò a questo punto l'economia dissociata
dev'essere sostituita da una forma economica associatrice dei lavoratori. Ma poichè la decrescenza nella produttività della terra
non giunge a tale, da provocare una associazione spontanea dei
produttori indipendenti ; poichè una associazione di parecchi lavoratori liberi sotto la direzione di un capitalista è esclusa dall'e-
sistenza di terre inoccupate ; poichè infine l'associazione propria
coattiva si è già dimostrata inadatta a promuovere la produzione ; così è necessario ricorrere ad una forma novella di associazione di lavoro coattiva, la quale si ottiene mediante la schiavitù. Dunque la schiavitù non è soltanto necessaria al capitalista
come base del suo profitto, ma è pure necessaria alla società come
mezzo di associazione coattiva del lavoro, che non è associabile
spontaneamente.

---

il quale si è impadronito del capitale di un altro, deve appropriarsi anche la
persona di questo, per ottenere un profitto da quel capitale, ciò non può spiegarsi che con una influenza, la quale sia estranea alla uniforme produttività
delle terre coltivate e renda impossibile il profitto. — Sul capitale posseduto
dai proprietari di schiavi cfr. MAINE, *Early history of institutions*, London,
1875, 58 e ss., 159.

(1) Huber ha ritrovato la schiavitù presso le formiche, poichè le amazzoni
rubano le larve delle formiche nere, che divengono loro schiave, e lavoran per
esse. Anche le formiche *sanguines* hanno delle schiave, assieme alle quali lavorano. — Ma nessun naturalista ha trovato fra gli animali il rapporto di salario ;
il che è facilmente spiegabile, quando si pensi che le specie animali vivono
sotto l'impero della terra libera.

Un fatto veramente caratteristico è che, innanzi che l'attenzione dei pensatori si rivolgesse all'economia delle colonie, nessuno seppe mai porre sotto un aspetto scientifico il problema circa la causa della schiavitù. Da lungo tempo una erudizione fantastica ha ravvisato l'antica schiavitù come una mitigazione della antropofagia primitiva (1). Chi abbia veduti questi antropofagi antichi imporre calcolatamente un freno alle proprie velleità gastronomiche e ridurre i vinti nemici non più a condizione di manicaretti, ma a quella di produttori, la storia non dice, non dice la filosofia della storia; ma comunque, tale spiegazione, ove pur fosse attendibile per ciò che rifletta la schiavitù antica, sarebbe pur sempre inapplicabile alla schiavitù dei nuovi tempi. Nè coloro, che ravvisano nella schiavitù il prodotto della efferatezza umana, s'appongono meglio dei primi, poichè venne la schiavitù così nell'antico, che nell'evo moderno difesa da uomini incorrotti, anzi dagli spiriti magni di quelle età. « Si parla del costume infernale del proprietario di schiavi, osserva il Wakefield, del costume infernale di Socrate e Platone, di Cicerone e Seneca, di Alfredo il Grande e Las Casas, di Baltimore, di Penn e di Washington ! ». Ma quelli che assistono alla formazione naturale della schiavitù non son vittima di cosiffatte illusioni. « L'esistenza di terre inoccupate, soggiunge lo stesso scrittore, ecco la causa storica, ecco la base della schiavitù. Questa è il prodotto di fenomeni, che si riferiscono, non già al vizio ed alla virtù, ma alla produzione; è il prodotto necessario di un certo stadio delle condizioni territoriali, le quali producono quello stato della mente, in cui la schiavitù divien desiderabile ai proprietari » (2). La stessa dottrina è difesa nell'America da Macdonnell, Tucker, Franklin (3). Che se nell'evo antico e medio la natura della schia-

(1) Un viaggiatore deduttivista, Bruce, credè di poter difendere la schiavitù americana, dicendo che essa aveva abolito fra i negri il costume d'antropofagia. Ma gli fu dimostrato che tale costume non esisteva più tra i negri dell'Africa, quando il commercio degli schiavi venne iniziato.

(2) WAKEFIELD, A view, ecc. of colonization, 323-4.

(3) « Perchè. gli americani acquistano schiavi ? Perchè gli schiavi possono essere trattenuti finchè piace al proprietario, mentre i salariati lasciano continuamente i loro padroni, anche a mezzo della produzione, per istabilirsi a proprio conto. » FRANKLIN, Observations on increase of mankind 1751, Works, 1840, II. 315. MÖSER (Patriotische Phantasien, Berl., 1084, I, 170-3) riconosce che la schiavitù è il prodotto di una necessità naturale e cessa col crescere

vitù rimane un mistero, la funzione sociale di siffatto sistema non è totalmente sfuggita ai pensatori massimi di quelle età : « La necessità della schiavitù, dice Aristotele, è nella natura stessa dell'economia ; poichè come nell'arti è d'uopo usare stromenti efficaci, così nella domestica economia ; e gli stromenti son di natura duplice, gli animati cioè e gli inanimati » (1); mentre il Vico a sua volta riconosce che la prima forma del rapporto fra il capitale e il lavoro non può essere che quella da lui designata sotto

della popolazione, quando il capitalista può trovar operaj altrimenti. Lo stesso concetto è svolto da Macdonnell, il quale considera la schiavitù come la forza coattiva necessaria a sostituire il timore di morire di fame, che per lungo periodo è ignorato (l. c., 60-68). Si vegga anche RUSSELL, l. c., 293, e le *Suggestions on the abolition of slavery*, Cambridge , 1831 , 10 nota. Tuttavia la maggior parte degli scrittori, i quali presentono la base territoriale della schiavitù, cadono in gravi errori. Così THORNTON (*Overpopulation*, 123) crede che la schiavitù sia il sintomo infallibile della inesistenza di una popolazione eccessiva, poichè se questa si avesse , si avrebbe il salariato. Il che è falso, poichè se la produzione dissociata è sufficiente a mantenere il produttore, ma non esiste terra libera, il salario si forma necessariamente, e quindi è inutile la schiavitù, mentre d'altra parte, ove la produzione dissociata sia insufficiente al mantenimento dei produttori, ma esista terra libera, quelli non aderiranno mai spontaneamente a sommettersi al capitale, e quindi la schiavitù sarà necessaria. Dunque non l'equilibrio fra la popolazione ed i viveri, ma l'esistenza della terra libera è la causa della schiavitù. A sua volta il TUCKER (l. c., 112-3) crede che la schiavitù sia il prodotto necessario di quello stadio di densità della popolazione, nel quale il salario è elevatissimo, o in altre parole, che essa sia una reazione contro il basso profitto ; il che è erroneo, poichè la schiavitù è per sè stessa — e lo vedemmo — un limite così poderoso del profitto, da riescire spiegabile solo quando il profitto sia impossibile senza di essa. — Ma gli errori di questi economisti sono assai più scusabili di quello del Carey. Questi pretende spiegare la schiavitù americana col monopolio britannico del mercato mondiale, che, riducendo gli altri paesi alla sola produzione agraria, vi esaurisce il terreno e vi provoca una diminuzione del prodotto, contro cui il capitale reagisce colla schiavitù nell'America, colla riduzione dei salari nell'Europa (*The slave trade*, 70 e ss.). Ora è evidente che questa teoria non ispiega nulla, poichè rimane sempre il quesito, come mai una stessa cagione agente sulle colonie e sull'Europa, il monopolio commerciale dell'Inghilterra, produca nelle colonie il fenomeno speciale della schiavitù.

Contro la teoria che considera la schiavitù come un prodotto della rarità della popolazione sta, in apparenza, il fatto che nella China la schiavitù coesiste coll'occupazione totale della terra; ma la schiavitù chinese è *volontaria* (COMTE, l. c., 243), è un prodotto della miseria, che dalla popolazione eccessiva risulta; inoltre è fenomeno anormale (WALLON, *Histoire de l'esclavage*, 1879, I, 44); e infine può persistere malgrado la possibilità del salario, poichè la stessa fertilità della terra rende insensibili i limiti, che essa infligge alla produzione.

(1) ARISTOTELE, *Etica*, VIII, 13.

il nome di *feudo*, per la quale i soci degli Eroi vengono costretti da questi a lavorare le terre, lasciando ad essi la miglior parte del prodotto (1).

Ma la giustificazione storica della schiavitù non è sufficiente ad acquetare la coscienza collettiva delle epoche, nelle quali essa è elemento organico della civiltà; ed a riconciliare il suffragio degli animi al sistema di oppressione, è necessario rannodare questa a qualche principio di suprema giustizia. Di qui tutto un conserto di apologie della schiavitù, che si dispiega al nostro studio nelle colonie e nell'antica Europa. — Nulla di più strano che questo contrasto, per cui quegli uomini stessi, che nelle regioni d'Europa combattevano l'istituto della schiavitù in nome de' principii filantropici, mutavano d'improvviso coscienza nelle colonie, ove riproducevano gli argomenti della antichità classica a difesa della schiavitù. — Jefferson, per esempio, insiste con manifesta compiacenza sulla superiorità dei bianchi di fronte ai negri. Gli schiavi negri, egli dice, son trattati meno crudelmente che gli schiavi romani (2); ma di questi taluni divennero artisti di grido, laddove tutti gli schiavi negri rimangono in una condizione di abbrutimento. Come gli Spagnuoli, a giustificare la schiavitù degli Indiani, affermavano che questi erano *de jure* una razza soggetta e che la Spagna, accordando loro una condizione di poco superiore a quella degli schiavi, li favoriva di troppo, così l'Yankee sapeva assai bene conciliare la sua fede religiosa colla istituzione della schiavitù, poichè considerava la razza negra come un prodotto inferiore della creazione, condannato dalla natura a condizione servile (3). Ed una prova luminosa del carattere spregiudicato, obbiettivo di questa dottrina ci è porta dal fatto, che uomini, rappresentanti delle discipline naturali, non si peritarono a dare di questa teorica una dimostrazione induttiva, confortandola di lunghe e coscienziose investigazioni. La teoria di Agassiz della pluralità delle specie umane incontrò una grande popolarità nel-

---

(1) Vico, *Scienza nuova*, Milano, 1820, 288, 291, ecc.

(2) Ciò è contraddetto da Hugo, *Geschichte des röm. Rechts*, Berl., 1832, 84, il quale afferma che gli schiavi romani eran trattati meglio dei negri, benchè peggio degli schiavi germanici. — Il che dimostra anche Stephen, *The slavery of the british West India colonies*, Lond., 1824-31, I, 347.

(3) Jefferson, l. c., II, 236-8.

l'America, perchè adduceva alla giustificazione della schiavitù (1).
Nott e Gliddon, due naturalisti americani, non esitarono ad affermare che i negri sono una razza inferiore, la quale non è
suscettibile di maggiore progresso che i bruti (2). Un eminente
naturalista americano, venerato dall'Humboldt, il Morton, afferma
che il negro è naturalmente schiavo; imperocchè, egli dice, « se
esaminiamo i monumenti secolari dell'Egitto, vediamo dipinti l'uno
accanto all'altro, il Caucaseo ed il Negro, l'uno padrone, l'altro
servo, 22 secoli avanti Cristo ». E la stessa opinione è sostenuta
da Teodoro Parker: « Il caucaseo fu spesso dominatore di altre
razze, non mai loro schiavo » (3). — Ora queste dottrine riproducono mirabilmente quelle della classica antichità. V'hanno,
uomini, dice Aristotele, che pel corpo, come per lo spirito, non
sono capaci che a compiere le operazioni manuali; costoro sono
schiavi per nascita. La giustizia della schiavitù è nella natura
stessa dello schiavo, che ha appena tanta intelligenza, da comprendere ciò che gli è ordinato, ma non ha l'intelligenza volente, non ha το βουλευτικον (4). La base fondamentale della
teoria aristotelica è la distinzione fra i Greci ed i Barbari, dei
quali i primi soltanto hanno intelletto libero, mentre presso i secondi tutto è schiavo; onde la conclusione, che la schiavitù è un
rapporto, che la stessa natura ha creato, coll'infliggere ai barbari una morale inferiorità (5). Così alla distinzione cristiana fra

---

(1) JOHNSTON, l. c., II, 444.

(2) NOTT and GLIDDON, *Types of Mankind*, ecc. Lond., 1854, 260.

(3) Id., l. c., 306-7. Cfr. anche MAC HENRY, *The cotton trade in connection with negro slavery*, Lond., 1863, 17-17.

(4) DENIS, *Histoire des théories et des idées morales dans l'antiquité*, Paris, 1856. I, 220-22.

(5) SCHILLER, *Die Lehre des Aristoteles von der Sklaverei*; Erlangen, 1847, 20.
Nè diverso è l'avviso di Platone (ZELLER, *Griech. Phil.*, II, I, 759). — Di qui si
scorge come a torto si condanni ogni raffronto fra la schiavitù coloniale e l'antica,
affermando che questa, a differenza della prima, ammette l'identità di razza fra
i padroni e gli schiavi. Del resto anche la diversità di razza è elemento che scompare nella schiavitù americana. « Razza! Non parlateci di razza; noi non ci curiamo affatto del lignaggio o del colore; ciò che noi sosteniamo è che la schiavitù, sia poi dei negri o dei bianchi, è la istituzione normale ed ottima della
società. Il sangue di oratori, d'uomini di Stato, di generali, ed anche di presidenti
della republica scorre nelle vene di migliaia di uomini, che sono comperati e
venduti come cavalli o muli. Inoltre è ben noto che molti fanciulli prettamente
anglo-americani cadono in ischiavitù. In alcuni casi i bianchi poveri del Sud ven-

l'uomo bianco ed il nero fa spiccato riscontro la distinzione pagana fra l'uomo greco ed il barbaro, e una illazione del pari brutale si deduce da queste distinzioni — l'asservimento di una classe d'uomini all'altra. —

Ma non eran questi i più strani fra gli argomenti addotti a difesa della schiavitù nelle colonie. Già era convinzione profonda dei teorici americani, che la condizione dello schiavo negro, per quanto desolante essa fosse, vinceva quella del salariato d'Europa (1). Narra Olmsted che parecchi proprietari di schiavi gli confidarono che avrebbero ringraziati i filantropi, che li avessero liberati dalla cura di provvedere ai loro schiavi; ed anche quelli, che non trascendevano alle umoristiche esagerazioni del Tucker, affermante la maggior longevità degli schiavi, cui il parco nutrimento esentava dalle malattie di indigestione, serbavano però la convinzione che la schiavitù fosse la miglior condizione possibile. — Il teorico più reciso di questa dottrina fu uno scrittore della Virginia, Giorgio Fitz Hugh, il quale usciva a sostenere filosoficamente il dogma della schiavitù universale. Egli intendeva che fossero fatti schiavi non solo i negri, ma tutti i proletari immigranti di Germania e d'Irlanda. « La libertà è pei pochi, egli esclamava, la schiavitù è pel maggior numero. Io tratto la schiavitù, non come un male necessario, ma come un bene positivo, ed affermo che la condizione dello schiavo è per molti rispetti superiore a quella del salariato. Non solo io sostengo che il commercio degli schiavi bianchi è più esauriente e più turpe che la schiavitù dei negri, ma che esso è più crudele, poichè lascia all'operaio la cura di provvedere a sè ed alla sua famiglia colla magra mercede, che il capitale gli ha accordata. Quando il lavoro del salariato è compiuto, esso è libero, ma rimane sopraffatto dalle cure della famiglia, che riducono a vana e delusoria irrisione la sua libertà. All'incontro il capitalista è veramente libero

---

dono i loro fanciulli ai trafficanti, ed il costume di dare la caccia ai fanciulli bianchi negli Stati del Nord e di trasportarli nel Sud è notevolmente in progresso» (W. Chambers, *American slavery and colour*, Lond., 1857, 1, 3). Il generale Sherman scriveva: « Vidi uomini e donne, bianchi come il più puro tipo anglo-sassone, venduti come animali » (Peto, *Resources and prospects of America*, Lond., 1866, 320). « Non era strano vedere schiavi così bianchi, che non si poteva distinguerli facilmente dai bianchi di sangue puro » (Ellison, l. c., 256).

(1) Lyell, l. c., 1, 169.

e può godersi i profitti assicuratigli dall'operaio, senza darsi cura del benessere di quello (1). Ma lo schiavo è libero quando i lavori giornalieri son compiuti, libero nella mente e nel corpo, dacchè il proprietario lo provvede di cibo, veste e di quant'altro gli occorra, cosicchè quando il lavoro dello schiavo finisce, sorge per esso l'ozio beato, mentre il lavoro del proprietario comincia. L'operaio libero è più schiavo del negro, poichè lavora più a lungo e più penosamente e per minor compenso che lo schiavo (2) ».

A chi giudicasse questa dottrina il prodotto di un cervello paradossale, risponde il fatto che essa veniva sostenuta da tutti i giornali degli Stati del Sud e da' loro più rispettabili pensatori. Gli schiavi stessi, del resto, ritenevano la schiavitù affatto legittima (3) e il *Richmond Enquirer* del 6 settembre 1855 giungeva perfino a questa conclusione, che noi oggi crederemmo dover attribuire alla aberrazione de' suoi redattori, mentre essa rappresentava l'opinione comune sull'argomento della schiavitù. « Dei fatti incontestabili confortano la vera dottrina, che la schiavitù è la miglior condizione della razza negra in America e che i veri filantropi dovrebbero desiderare che questa razza rimanesse in uno stato di schiavitù, anzichè divenisse libera col solo privilegio di rimanere senza valore » (4). Altri scrittori difesero la schiavitù con argomenti non dissimili da quelli, che poi vennero addotti a difesa della proprietà. « Ove si abolisse la schiavitù, esclama Mac Henry, le terre ora produttive diverrebbero un deserto e la condizione dei negri sarebbe peggiore di quella che è attualmente » (5). La formazione prima della schiavitù, soggiunge un altro scrittore, fu certamente criminosa, ma ormai di tutto ciò non v'ha più traccia, e gli attuali proprietari di schiavi, che

---

(1) REDGRAVE, nei *Reports of the Inspectors of Factories*, 31 ottobre 1854, 64, e già Ad. SMITH, lib. 1, cap. VIII, attestano la verità di questa osservazione.

(2) Cfr. LEWIS PEYTON , *The american crisis*. La stessa teoria è difesa da HUGO, *Naturrecht*, Berlin, 1819, 140, 259.

(3) COMTE, l. c., 292; BOECK, l. c., 257. SCHILLER, l. c., 12.

(4) Le stesse dottrine son difese nell'antichità. Gli schiavi medesimi, dice Aristotele, preferiscono la schiavitù alla libertà. E Cicerone: Cum diceretur iniustum esse, ut homines hominibus dominantibus serviant.... responsum est, id eo iustum esse, quod talibus sit utilis servitus... An non cernimus optimo cuique dominatum ab ipsa natura , cum summa utilitate infimorum datum? *De republica*, 1, 3, p. 109.

(5) l. c., 73.

li acquistarono per compera, eredità o, donazione, son proprietari così legittimi come i *landlords* d'Inghilterra (1). La schiavitù, dice Fermin, essendo necessaria alle colonie, è peccare contro lo Stato biasimare il traffico degli schiavi. Inoltre i negri guadagnano sempre nella schiavitù, perchè..... divengono cristiani (2). Non mancano teorici, i quali asseriscono che il traffico degli schiavi ebbe origine nel pensiero filantropico di diffondere la civiltà per le regioni dell'Africa (3). Forbonnais inneggia alla libertà dei commerci solo perchè permetterà una maggiore importazione di schiavi nelle colonie (4). Mac Duffie, governatore della Carolina del Sud, dichiara nel 1836, nel suo Messaggio, che egli considera la schiavitù come il fondamento delle libertà repubblicane (5); mentre questo concetto medesimo ripetono nelle colonie francesi i *concilj coloniali* (6). Hunter proclama la schiavitù la condizione normale della società umana (7). « Il nome stesso di libertà diviene nell'America un *hissing*, un nomignolo, una taccia. I poeti laureati stanno alla corte ed al servigio della schiavitù » (8). Che più? I ministri stessi della religione non solo posseggono schiavi, nè li trattano meglio, anzi spesso li trattano peggio che i proprietari laici, ma non arrossiscono di sostenere negli scritti e diffondere nell' insegnamento, che la schiavitù è santa ed ha la divina sanzione (9). « La

---

(1) An *official letter from the Commissioners of Correspondence of the Bahama Islands*, Nassau, 1823, 55.

(2) FERMIN. *Dissertation sur la question des esclaves dans les colonies*, Maestricht, 1770, 25. Vedi anche LASPEYRES, *Geschichte der volkswirthsch. Anschauungen in Niederlande*, Leipz. 1863, 111, e LECKY, *England in XVIII cent.* IV, 65.

(3) RAYNAL, l. c.

(4) FORBONNAIS, *Finances de la France*, II, 12.

(5) JAY, *Progress and results of emancipation in the english West Indies*, New-York, 1842, 10-11. — Id. *Adress to the non-slaveholders*, 9, Miss MARTINEAU, l. c., 129.

(6) COCHIN, *The results of emancipation*, Boston, 1863, 64-5. Anche di questa dottrina troviamo un parallelo perfetto nell'età antica. La schiavitù, dice Aristotele, è elemento organico della costituzione civile, poichè consente al libero cittadino di consacrarsi esclusivamente alla esplicazione delle facoltà superiori, alla αφθονια σχολης. SCHILLER, l. c., 22.

(7) J. W.MASSIE, *America, her claim for anti-slavery simpaty*, Lond.,1844, 41.

(8) WESTON, l. c., 34.

(9) *American slavery as it is; testimony of a thousand witnesses*, New-York, 1839, 180.

schiavitù non è proibita dalla legge divina; è quindi lasciato al
nostro arbitrio il tenere schiavi, o no. » Così il Rev. D' Dalcho
della Carolina del Sud. « La schiavitù, dice il Rev. G. W. Freeman, è gradita all'ordine della divina provvidenza » (1). Infine
l'arcireverendo R. Harris dimostra come il Vecchio ed il Nuovo
Testamento siano favorevoli ai proprietari di schiavi; prova indubbia, egli dice, che Dio gradisce la schiavitù (2).

Contro questa ristorazione della schiavitù per opera di una
gente cristiana s'infrange la vieta opinione, che deriva la schiavitù dal paganesimo e dal cristianesimo la sua abolizione (3);
come di fronte a questa ristorazione, che nelle colonie si compie,
delle antiche apologie della schiavitù, crolla una vicenda di dottrine, che a primo aspetto han parvenza di assiomi. Questo fatto,

---

(1) JAY, *Progress and results of emancipation*, 10. *The Bible against slavery*, New-York, 1839, 1-98.

(2) Rev. HARRIS, *Scriptural researches on the licitness of the slave trade,
sewing its conformity with the principles of natural and revealed religions*,
Liverp., 1788, passim. Per una strana combinazione, l'Autore, così prolisso nella
sua difesa biblica della tratta degli schiavi, soggiunge che la brevità del tempo gli
vieta di pubblicare la seconda parte della sua dissertazione, la quale mostrerebbe che la Sacra Scrittura esige un mite trattamento degli schiavi. — Dal
1711 al 1749 si ebbero petizioni incessanti dei manifattori inglesi perchè fosse
libero il commercio degli schiavi (*The case of the free labour british colonies*,
London, 1852, 2). Nel 1790-91 la Camera dei Comuni respingeva con 163 voti contro
88 la mozione di Wilberforce per l'abolizione della tratta dei negri; e Stanley
« agente per le isole » affermava in quel Consesso, che la schiavitù è nei decreti della Provvidenza (CLARKSON, *History of the rise ecc. and abolition of
slave trade*, Lond., 1808, II, 337). Nella Camera dei Comuni, disciolta nel 1826,
si contavano 56 proprietari di schiavi (COMTE, l. c., 101). Sotto Colbert la
Francia accorda privilegi al traffico dei negri nelle colonie (LEXIS, *Französische
Ausfuhrpr.*, 38).

(3) Contro questa leggenda hanno belle e forti considerazioni HUGO, *Naturrecht*, 242-4. LIBRI, *Histoire des sciences mathématiques en Italie*, Paris,
1838, II, 508. ANTON, *Geschichte der teutschen Landwirthschaft*, Görlitz, 1799,
I, 83. ZIMMERMANN, *Geschichte des grossen Bauernkriegs*, Stuttg., 1856, I, 382.
Il Macaulay, il quale afferma che la Chiesa cattolica promosse l'abolizione della
schiavitù in Inghilterra, ci narra (non so con quanta coerenza) che « prima
della Riforma, quasi tutti i servi del regno erano affrancati, *eccetto quelli posseduti dalla Chiesa stessa* » (*History of England*, trad, it., I, 67). S. Tommaso
è favorevole alla schiavitù (FORNARI, *Le teorie economiche nelle provincie na-
poletane*, 1882, 37). Nè è singolare coincidenza che i tre vascelli inglesi, che
primi trasportarono schiavi nelle colonie, portavano i nomi di Gesù, Salomone
e Giovan Battista (HOWITT, *Colonization and Christianity*, London, 1838,
503 nota).

che la serie delle deduzioni logiche sul tessuto dei fenomeni sociali si riproduca a 2000 anni d'intervallo con una esattezza
matematica, ha qualche cosa di spaventevole per le illazioni, a
cui esso dà luogo, circa i fenomeni della mente umana. Infatti
che la morale dell'uomo sia essenzialmente mutabile coll'ambiente,
in cui esso vive, che sia per natura storica ed evolutiva, non ci
reca sorpresa; onde non ci sorprende la riproduzione della efferatezza antica durante il periodo della schiavitù americana. Ma
se è omai ammesso dai più giudiziosi che i sentimenti morali
abbiano carattere essenzialmente storico, sembra però incontestato
che vi sia una roccia granitica del pensiero, la quale resiste al
mutar dei fenomeni, e questa è la logica. Ora quale non è la
nostra sorpresa nel vedere che questa logica assoluta, la quale
sembra sfidare ogni mutazione che nei fatti interceda, acquista
una mobilità irrequieta al pari del sentimento e deve subire degli
ecclissi o delle irreparabili contorsioni, durante intere epoche
sociali? Eppure questo fenomeno, a primo aspetto incredibile, non
è che il prodotto naturale dell'antitesi fra il carattere, essenzialmente storico, delle varie forme economiche e la necessità psico-
logica di rannodare quelle forme a qualche principio superiore
ed eterno, affine di rieconciliare colla loro permanenza durante
vasti periodi la coscienza collettiva che le dee tollerare; — antitesi la quale non può appunto consumarsi che mediante una
sospensione della logica (1). — È una sospensione della logica, sospensione fatale, a cui l'intelligenza più eletta non giunge a sot-
trarsi, che fa che la schiavitù, imposta alla civiltà greco-romana
dalle condizioni territoriali, appaia giusta agli uomini di Grecia
e di Roma, e che l'idea avversa alla schiavitù, educata fra le
condizioni sociali dell'Europa, dilegui d'un tratto innanzi alle
condizioni sociali, o naturali, dell'America, dalle quali la schiavitù è resa necessaria (2). Per tal modo finchè un fenomeno, un
rapporto sociale è necessario, esso è giusto, o il concetto della
ingenita sua giustizia si forma nella mente dell'universale; e solo
per tal modo il pensiero umano è sottratto al tormento di una
ribellione impotente contro i rapporti sociali storicamente ineluttabili.

_____

(1) Sul carattere storico della logica si vegga PRANTL, *Geschichte der
Logik im Abendlande*, Leipz., 1855-70, I, 4, 26, 87.

(2) « Quando un abolizionista del Massachussets denuncia l'istituzione della

§ 3. — Decomposizione della economia a schiavi.

Quanti hanno indagato lo sviluppo della schiavitù hanno avvertito che la violenza e ferocia, che ne formano il carattere, divengono sempre più cruente col procedere di quel sistema economico. Infatti nel primo periodo della schiavitù, quando per la scarsezza della popolazione e della ricchezza è picciolo il numero dei clienti, i proprietari non dispongono di un poderoso presidio, che tenga gli schiavi soggetti, e debbono perciò invocare dalla mitezza del trattamento la soggezione dei lavoratori. Ma a mano a mano che s'accrescono la popolazione e la ricchezza, questi motivi d'indulgenza verso gli schiavi svaniscono ed alla primitiva mitezza dei rapporti fra il proprietario e lo schiavo succede da parte del primo la più scellerata ferocia e lo sfruttamento più spietato del produttore. Gli è vero che questo sfruttamento sistematico abbrevia l'esistenza dello schiavo e tende sempre più a convertirlo di capitale fisso in capitale circolante; ma se la produttività della terra è molto elevata e tenue il prezzo degli schiavi, l'incremento di profitto, che il capitalista ritrae dal più intenso lavoro dello schiavo, eccede il danno, che gli deriva dal logoro più rapido del suo capitale vivente; onde lo sfruttamento omicida del lavoratore rimane conforme ai più savii precetti dell'economia. — Pertanto nella schiavitù americana, come nell'antica, si nota il processo dalla forma *patriarcale* alla *violenta*. Ne' suoi primordi la schiavitù presentava nelle colonie un carattere di sentita mitezza; i proprietari non isdegnavano di coltivare le loro terre, di dirigere personalmente l'azienda rurale, e i negri erano trattati pietosamente e si faceva giustizia ai loro reclami (1). Ora chi non vede qui riprodotti mirabilmente i rapporti de' primi tempi di Roma, quando il proprietario quirite viveva e coltivava collo schiavo, e a questo concedeva libero ozio ne'giorni

---

schiavitù ed un prete della Carolina la difende, tutti due hanno in comune lo stesso sentimento di giustizia ed ingiustizia; ciò che è diverso è l'oggetto di questo sentimento », ossia i rapporti economici, che sono imposti dalle condizioni territoriali. — Bain, *Emotion and will.*

(1) Poussin, *De la puissance américaine*, Paris, 1848, I, 426-8. Stuart, *Three years in North America*, Edinb., 1833, II, 64, 85.

di festa e con esso divideva fraternamente il prodotto? (1). Ma
si dissolsero i rapporti patriarcali de' primi tempi romani e si
eresse sulle loro ruine la schiavitù desolata e desolatrice dell'e-
poca del latifondo; ebbene dileguò parimenti il carattere patriarcale della schiavitù nell'America, per far luogo alla schiavitù
ferocissima, e all'esaurimento sistematico dello schiavo in un settennio di lavoro (2). — È sopratutto ove la produttività della terra
è elevata, che lo sfruttamento dello schiavo è terribile. Così « gli
enormi profitti dell'agricoltura tropicale offrono una costante tentazione al sistema di esaurire gli schiavi con lavori eccessivi e,
avuto riguardo soltanto all'economia presente, giustificano senza
dubbio tale sistema. La coltivazione dello zucchero ha distrutto
più vite che tutte le guerre napoleoniche. Costretto ad un lavoro
che raggiunge 19 ore al giorno, il disgraziato coltivatore cade
esausto sotto lo staffile, o pon termine ai suoi tormenti col suicidio » (3).

Ma questa schiavitù violenta, la quale porta all'estremo sfruttamento le forze del lavoratore, corrode ed esaurisce le energie
produttive del terreno e dà perciò un prodotto con rapidità decrescente. D'altra parte l'aumento della popolazione, per quanto limitato dalla schiavitù, procede incessante e rende sempre più intollerabile l'economia a schiavi, come i limiti onde essa inceppa la
produzione. Per ciò, ad un certo punto del processo economico,
la schiavitù, sorta come metodo di incremento delle forze produttive, si converte in limite delle medesime e diviene socialmente impossibile. Ma lo stesso meccanismo della schiavitù la
rende pure impossibile per l'economia individuale, poichè rende
nullo o negativo il profitto, sia mercè i limiti stessi posti alla
produzione dalla schiavitù, sia mercè i limiti crescenti che questa
pone al reddito capitalista. Infatti, quanto più procede l'economia
a schiavi, quanto più si svolge quella associazione di lavoro, di
cui essa è capace, tanto più si esacerba la resistenza della classe
soggetta, organizzata dal meccanismo stesso della schiavitù e dalla

---

(1) MOMMSEN, l. c., I, 173-6.

(2) WACKEFIELD, *Engl. and Am.*, 11, 23 e ss. STEPHEN, l. c., I, 423.

(3) WESTON, l. c., 88. « Il trattamento degli schiavi è tanto peggiore quanto
più la terra è fertile ed elevato il profitto. Così esso è brutale nella più fertile
delle colonie, Demerara, mite nella più sterile, Bahmas. » *Edinburgh Review*,
l. c. 422.

associazione, che essa istituisce fra i lavoratori ; quindi si rende necessario un aumento crescente di clienti e di ligi, o una crescente detrazione dal profitto, il quale poi soffre una recisione ulteriore per l'incarimento progressivo degli schiavi, dovuto alla loro progrediente mortalità ed alle crescenti esigenze dei *Kidnappers*. Si comprende perciò di leggieri, come questa forma economica, che un tempo era stata l'oggetto di generali entusiasmi, provochi ora universali lamenti e per ultimo venga distrutta. — Il Perù è la colonia, in cui la schiavitù vien dapprima abolita (1550) ; e ciò è bene spiegabile, poichè più densa vi è la popolazione, accresciuta (a differenza che nell'altre colonie) da una fitta schiera di tribù indigene. Ma la dissoluzione della economia a schiavi si compie del pari, benchè assai più tardi, nelle Indie occidentali. « Si può affermare che fu sotto gli auspici della schiavitù che le Indie occidentali raggiunsero il grado presente di ricchezza e di coltura. Ma le circostanze, sotto l'impero delle quali esse hanno così a lungo fiorito, andaron progressivamente mutando » (1). « Il prezzo degli schiavi è omai enorme ; onde nella presente impossibilità di sostituire quei negri, che siano morti per eccesso di lavoro, o per insufficienza di cibo, si ha una perdita rilevante. Il lavoro schiavo non è più rimuneratore e la permanenza dell'attuale sistema di coltura è impossibile » (2). Perciò l'Inghilterra, facendosi interprete della impossibilità organica della schiavitù, abolisce nelle sue colonie dell'America centrale questa forma economica, che essa aveva tollerata per sì lungo intervallo, finchè era stata necessaria ad assicurare un profitto. — Nè altrimenti avviene agli Stati Uniti. Nella Nuova Jersey, quando la popolazione raggiunge la densità di 40 abitanti per miglio quadrato, si riconosce che il prodotto degli schiavi non eccede di molto il costo della loro sussistenza, e ciò induce i proprietari ad abolire la schiavitù. Del pari nella Virginia orientale e nel Maryland, quando la popolazione è di 35 abitanti per miglio quadrato, la coltura a schiavi non dà che un profitto impercettibile (3) ; ma quei proprietari, e con essi tutti quelli degli Stati del Sud, esitano ad abolire un sistema di produzione insufficiente e corrosivo, e

(1) LAYMANN, l. c., 12.

(2) *A permanent and effectual remedy suggested for the evils under which the West Indies now labour*, Lond., 1807, 17.

(3) TUCKER, l. c., 114.

cercano di prolungarne artificialmente l'esistenza, aggregandosi colla forza de' nuovi territori, da cui possano ottenere schiavi a basso prezzo, o a cui possano trasferire gli schiavi disadatti omai a trattare le esauste lor terre. La annessione del Missouri e del Kansas e la guerra contro il Messico formano appunto le più notevoli esplicazioni di questa politica dei capitalisti meridionali. E quando questa politica di espansione più non è tollerata dagli stati liberi, il capitale del Sud non esita a muover guerra a quegli stati medesimi, nella fidanza di espandersi a loro danno, di portare il vessillo insanguinato della schiavitù sulle terre, che il lavoro libero ha ristorate e rese novellamente trattabili dal lavoro bruto degli schiavi. Ma questo estremo conato degli stati a schiavi, come è ben noto, fallisce e con esso la schiavitù scompare per sempre dall'America repubblicana.

Se non che mentre l'associazione coattiva del lavoro, quale si ottiene mercè la schiavitù, è resa impossibile dall'incremento della popolazione e distrutta, l'associazione degli operai liberi sotto la direzione del capitalista è resa impossibile dalla esistenza di terre libere incolte, le quali attraggono a sè gli antichi schiavi e li convertono in piccoli proprietari. Il che sarebbe per sè stesso evidente, anche se non ce lo attestassero unanimi i risultati delle inchieste e i documenti più meritevoli di fede. « È giunto a vostra notizia, chiedono al signor J. Oldham i commissari dell'inchiesta sul garzonato coattivo nelle Indie occidentali, che vi sono regioni nella Giamaica, in cui i negri non vogliono lavorare per un salario ? — Sì. — A che attribuite questo fatto ? — All'esistenza di terre molto fertili incolte. — Si potrebbe accordare al negro di Giamaica la libertà, di cui gode il lavoratore inglese ? — No. Finchè vi sono nella Giamaica ampi tratti di terre libere, sulle quali i negri possono stabilirsi senza alcun titolo e mantenersi nell'ozio, divenendo così membri inutili della società (cioè inutili *ai proprietari*), le condizioni dei due paesi e perciò le leggi sul lavoro debbono essere diverse » (1). Nel sud della Pensilvania, scrive Giorgio Washington, il lavoro salariato è rarissimo, per la facilità con cui ciascuno può divenire proprietario di terra (2).

_____

(1) *Report from the sel. Comm. on negro apprenticeship in colonies*, 1836, 5129, 5655.

(2) WASHINGTON, *Letters to A. Young and sir J. Sinclair, concerning husbandry*, Alexandria, 1800, 51.

Nelle condizioni attuali, soggiungono altri scrittori delle colonie, « quando noi osserviamo l'ampiezza e la fertilità del nostro paese » (1), « ed il territorio che è libero alla coltivazione » (2), fertilissimo ed illimitato (3), comprendiamo come il salario sia impossibile, poichè nessuno ha bisogno di lavorare più di 4 ore al giorno, od anche al mese, sopra una terra libera, per produrre le sussistenze di un anno (4). Ora il necessario prodotto di questa attrazione, che la terra libera esercita sullo schiavo liberato, è la formazione di piccole proprietà. « Le vaste piantagioni a schiavi, che non sono più coltivabili dal lavoro di questi, il quale è omai esauriente, sono divise in piccoli poderi e coltivate dal lavoro libero » (5). « In Trinità e nella Gujana inglese, appena abolita la schiavitù, il lavoratore scopre tosto che una prospettiva di esistenza independente stendesi innanzi a lui e,. poichè i proprietari divengono esigenti, esso li lascia. Quindi si ha un generale abbandono dei poderi coltivati a zucchero ed una crisi generale dei piantatori, mentre al tempo stesso il numero de'piccoli proprietari cresce a dismisura » (6). « Innanzi ad una popolazione lavoratrice, che si ritira rapidamente dai latifondi per installarsi sui piccoli poderi, i proprietari della Giamaica si trovano colpiti da una bancarotta universale » (7). A San Domingo, appena abolita la schiavitù, nel 1792, si stabilì che i Negri dovessero lavorare pei proprietari ricevendo $^1/_3$ del prodotto, e che ad ogni settembre potessero mutar padrone; ma i Negri risposero a questi paterni decreti disperdendosi per le libere terre e divenendo proprietari indipendenti. In Barbada il numero dei piccoli proprietari, che possedevano un podere di 5 acri, cresceva in 15 anni da 1100 a 3537 e la maggioranza de' nuovi proprietari era composta di antichi schiavi (8). Negli Stati Uniti, dopo la eman-

---

(1) *Fourth annual report of the managers of the society for preventing pauperism in N.-York*, 1821, 4-5.

(2) GRAHAME, l. c., II, 428-9.

(3) *Proceedings and reports of the Massachussets Board of Agriculture*, 1851-2, 133.

(4) *Parliamentary papers*, 1845, XXXI, *Heads of a plan for the abolition of negro slavery*, 378.

(5) RUSSELL, l. c., 141.

(6) SEWELL, l. c., 36, 56.

(7) MAXWELL, *Remarks on the present state of Jamaica*, Lond., 1848, 8.

(8) CAIRNES, l. c.

cipazione degli schiavi, il Congresso deliberava che molte terre pubbliche dell'Arkansas, della Florida e del Mississipi fossero riserbate all'installamento degli uomini di colore; onde si aveva un aumento assai sensibile nel numero dei piccoli proprietari (1). I tre stati, in cui la popolazione schiava era più numerosa, la Carolina del Sud, il Mississipi e la Luigiana, contavano nel 1860 93 mila proprietà fondiarie, nel 1870 148 mila, ed ogni proprietà era, in media, di 462 acri nel 1860, di 226 nel 1870 (2). Per tal guisa la schiavitù compiva nelle colonie il movimento circolare, che è ingenito ad ogni forma economica e veniva a tramontare in quella proprietà dissociata, dalla quale avea prese le mosse.

Ora questi fenomeni delle colonie splendidamente riflettono quelli di Roma e ne riassumon l'istoria. La schiavitù romana era ormai divenuta, in sullo scorcio dell'epoca imperiale, impotente a dare un prodotto bastevole al consumo di genti, che ognor più si addensavano. Se infatti la popolazione indigena non progrediva, od anzi scemava, perchè trattenuta dai limiti demografici della schiavitù (3), la popolazione totale vigorosamente cresceva, per le incessanti immigrazioni di nuovi conquistatori (4); mentre venivano sempre più accentuandosi quei freni alla produzione, che la economia a schiavi racchiude fatalmente in sè stessa e che per lungo tratto erano stati latenti. L'esaurimento del terreno aveva ormai assunte enormi proporzioni (5), ed associato alla crescente improduttività del lavoro schiavo, avea ad effetto una diminuzione spaventevole della produzione rurale. Della quale è irresistibile prova l'incarimento dei viveri, che fu avvertito sotto Augusto e Tiberio, e che, attribuito da principio a cagioni transitorie, apparve bentosto come il prodotto di fattori permanenti e profondi; onde si provvide ad accrescere la importazione delle derrate colla

---

(1) HOCK, *Finanzen ecc. der Verein. Staat.*, 1867, 20.

(2) RATZEL, l. c.

(3) BELOCH (l. c., 504,5) vede che il regresso della popolazione, negli ultimi tempi di Roma, è dovuto alla prevalenza crescente della schiavitù; ma in luogo di considerarlo come il prodotto delle influenze demografiche di quella, lo considera come il prodotto del fatto, che essa toglie modo di sussistere ai liberi lavoratori; senza avvertire che questi liberi avrebbero potuto sussistere facendosi clienti dei proprietari, o trasferendosi sulle terre inoccupate.

(4) GUIZOT, *Essais sur l'histoire de France*, Paris, 1841, 14-5.

(5) LIEBIG, *Die Chemie in ihrer Anwendung ecc.*, I, 99-102. SETTEGAST, *Landwirthschaft* 339.

creazione della *classis africana* ed *œgyptiaca* (1). La richiesta crescente dei prodotti della piccola coltura rendeva impossibile di proseguire nel sistema dei latifondi, mentre diveniva sempre più malagevole di sorvegliare negli sterminati possessi gli schiavi. Infine la necessità di portare la coltivazione sui terreni meno produttivi rendeva intollerabile una forma economica, la quale cristallizzava la coltivazione nella zona dei terreni più compensatori. Tutto dunque rendeva perentoria la necessità di distruggere l'economia a schiavi, per sostituirla con una forma più efficace a sfruttare le forze della produzione.

Ma nel momento stesso, in cui l'aumento della popolazione decreta la distruzione della schiavitù, esso crea i mezzi di attuazione di tale decreto, ponendo in gioco gli agenti di dissoluzione di quella forma economica. Infatti, sotto il duplice martello del diminuito prodotto e dell'accresciuta spesa, il profitto divien negativo e l'impresa de' capitalisti non può più proseguire, ond'essi abbandonano gli schiavi a sè stessi e le loro terre all'improduttività (2). Ma questo processo è poi affrettato ed esacerbato, per una parte dal crescente monopolio dei cacciatori di schiavi, che si manifesta nell'enorme incarimento di questi (3), per altra parte dalle influenze sempre più dispotiche del lavoro improduttivo. Quanto più cresce la resistenza della popolazione schiava contro i capitalisti, tanto più cresce la necessità di ingrossare la schiera dei clienti e dei ligi, che tengono quella soggetta; onde le emancipazioni, che si fanno così frequenti nell'ultimo periodo di Roma, e che, sottraendo gran numero di braccia alla produzione, riescono ad esacerbare quella condizione patologica, di cui sono il prodotto. Al tempo stesso, colla resistenza degli schiavi s'accresce la soggezione dei capitalisti a quella turba di ligi, necessaria a garantire la persistenza della schiavitù; finchè i liberi proprietari latini, sempre più dominati dai loro clienti e liberti, degradano a divenire, come fu notato

---

(1) RODBERTUS, *Sachwerth des Geldes in Alterthum*, Jahrb., 1870, I, 349, 371.

(2) RODBERTUS, *Tributsteuern*, 291, vede come il processo della accumulazione generasse a questo punto il regresso della produzione e l'impoverimento generale, ma attribuisce erroneamente questi fenomeni al « libero scambio », ossia alla libertà economica.

(3) L'alto costo degli schiavi rende necessario, negli ultimi tempi di Roma, l'abbandono della coltivazione di molte miniere (JACOB, *Precious Metals*, I, 212).

dall'Herder, gli schiavi dei loro schiavi (1). In fatto, ed ove si prescinda dalla maschera che portano i vari attori del dramma, i veri proprietari del reddito romano sono ormai queste turbe oziose ed irrequiete, ed i proprietari nominali non ne sono che i fittuari, costretti, per conservare un reddito qualsiasi, a trasmettere a quelle la miglior parte del prodotto ; fino al momento in cui, decrescendo quest'ultimo mentre il canone si eleva, son ridotti a completa ruina. — Che se tale processo non appare allo storico ed all'economista sotto una forma così semplice, gli è perchè influenze accessorie sopravvengono a complicarne ed a travisarne il carattere. Se infatti i clienti romani espropriano i capitalisti, imponendo loro un canone crescente, mentre la produttività della terra diminuisce, questa imposizione non si compie dai clienti direttamente, ma per l'intermediario dello stato, il quale colpisce di imposte crescenti i *curiales* per mantenere le plebi affollantisi ; onde ciò, che appare all'osservatore, non è un processo di decomposizione intima della schiavitù, ma un'azione violenta dello stato intesa a distruzione della proprietà a schiavi (2). Pure ciò non è che apparenza. Imperocchè se lo stato colpiva la classe dei capitalisti a favore dei clienti e liberti, gli era semplicemente perchè quésti erano divenuti la classe economicamente predominante, i proprietari dei proprietari e perchè, appunto in virtù della loro potenza economica, essi, essi soli costituivano lo stato. Perciò, in luogo di imporre direttamente ai capitalisti l'onere di lautamente nutrirli, essi lo imponevano indirettamente e più imperiosamente, giovandosi dell'autorità di quello stato, che era loro creatura, e che tassava di enormi tributi i capitalisti, per soddisfare le cupide esigenze di questa plebe, che si sapea neces-

---

(1) Herder, *Ideen über die Philosophie der Geschichte*, Leipzig, 1869, IV, 27. Nel periodo florido della schiavitù l'emancipazione non esentava lo schiavo dall'obbligo di lavorare pel suo padrone, ma creava fra essi un rapporto simile alla servitù successiva. Marquardt, *Privatleben*, I, 175. Rodbertus, *Agrarische Entwickelung Roms*, 257.8. Humbert, l. c., 428. Hermann, *Griechische Rechtsalterthümer*, 1884, 23 — Ora ciò dimostra anche una volta che dall'operaio libero era impossibile estorcere un profitto.

(2) Cfr. Championnère, *De la propriété des eaux courantes*, Paris, 1846, 470. Clamageran, *Histoire de l'impôt en France*, Paris, 1867, I, 29 e ss. Stupendamente Guizot, *Essais*, 32, 37 e *Civilisation en Europe*, Bruxelles, 1844, 88-9. « Reddunt miseri (i *curiali*) dignitatum pretia, quas non emunt. Ut pauci inlustrentur, mundus evertitur. » Salviano, *De gubernatione Dei*, IV, 4.

saria. È sotto l'azione di questi tributi che la proprietà a schiavi si sfascia; ma l'intervento dell'autorità collettiva non modifica, come ora perfettamente si scorge, il carattere di questo processo di dissoluzione, il quale si compie per l'azione meccanica della popolazione crescente, come tutti i processi storici di decomposizione sociale. — Ma ove pure i capitalisti riescano a ribellarsi vittoriosamente alle esigenze de' loro clienti, non perciò essi sfuggono alla loro lugubre sorte; poichè i clienti, esclusi da ogni partecipazione al reddito, infrangono la secolare alleanza, che li avvince ai proprietari e si associano agli schiavi, non più con una coalizione temporanea e parziale, producente fuggitive sommosse, ma con una coalizione generale e permanente, che dissolve la base stessa della economia capitalista (1). Innanzi a questa improvvisa mutazione della classe opprimente in classe amica gli schiavi spezzano le proprie catene, fuggendo il campo de' loro tormenti; e le immense terre deserte, che salutano il tramonto dell'età romana, rimangono funebre monumento di tanta ruina.

Se non che mentre l'economia a schiavi era distrutta dalla crescente popolazione, era impossibile sostituire quella col salariato, poichè vi si opponevano le terre libere sterminate. — Infatti « era immensa la quantità di terre incolte all'epoca dell'impero. Queste terre furono, al principio dell'epoca feudale, donate dai re ai grandi e così esse divennero proprietà private, *ma non perciò perdettero la loro natura di terre incolte.* Molte terre, che formavano parte delle proprietà private, giacevano allo stato di natura, pel difetto di braccia, libere o schiave, che le coltivassero. Nelle valutazioni feudali quelle terre son chiamate *vasta, cremiæ, inculta* » (2). Nè l'esistenza di terre libere durante questo vasto periodo è contraddetta dal celebre principio feudale : *nulle terre sans seigneur.* Imperocchè ogni terra, coltivata od incolta, trovavasi

---

(1) Lo spirito di rivendicazione, in cui si associano i clienti e gli schiavi negli ultimi tempi di Roma, trova una espressione mistica nelle credenze cristiane, a cui essi dànno i primi loro martiri, mentre al paganesimo si attengono i patrizi, i dotti ed i medici, o più generalmente i ricchi proprietari. LASAULX, *Untergang des Hellenismus*, München, 1854, 147.

(2) CHAMPIONNÈRE, l. c., 331.3. WINSPEARE, *Storia degli abusi feudali*, Napoli 1883, 264-5. La legge 1. Cod. *De omni agro deserto*, obbliga i comuni a richiamare coltivatori ai loro terreni abbandonati; mentre la legge 7ª accorda agli occupatori della terra libera la proprietà ereditaria di questa. FARAGLIO, *Storia dei prezzi in Napoli*, Napoli, 1878, 7.

sotto la giurisdizione di un signore feudale, il quale rappresentava lo Stato, precisamente come è proprietà dello Stato ogni terra libera dell' Unione americana (1); ma questo dominio eminente della società, o de' suoi rappresentanti, sulle terre libere non toglieva che esse fossero accessibili ad ogni lavoratore. Così le consuetudini del Nivernais, al Cap. XI, art. 1, portano: « Chacun peut « labourer terres ou vignes d'autrui non labourées par le proprié- « taire, sans autre réquisition, en payant le droit de champart. » Così colui che voleva coltivare terra, non mancava di spazio, su cui stabilirsi. « Assai diffuso era il vago pascolo, e questo e lé terre comuni eran più che sufficienti all'allevamento del bestiame. Perciò per lungo tempo la proprietà delle terre incolte non fu un vantaggio assai ricercato. I grandi e gli uomini possenti si mostravano più avidi dei proventi fiscali, che del diritto stesso di proprietà fondiaria, diritto gravato dall'onere della coltura e dalle spese di amministrazione » (2). Ciò nella Francia. Ma nella Germania l'agricoltura soffre del pari per le molte terre incolte, le quali, sia a stimolare la coltivazione, sia a scopo fiscale, vengono assegnate ai proprietari dei *mansi possessi* (3). Immense terre incolte si avevano nelle provincie slave. « Auctæ sunt decimationes in terra « Slavorum, eo quod confluerent de terris suis homines Teutonici « ad colendum *terram spaciosam*, fertilem frumento, commodam « pascuorum ubertate » (4). Nell'Inghilterra, ancora al principio del secolo X, si aveva una grande quantità di terre incolte (5); e benchè immensi tratti di terra coltivata venissero ridotti a foresta nel periodo che corre fra Edoardo il Confessore ed il Catasto, ed un numero cospicuo di abitatori fosse espropriato ed espulso per la formazione della Nuova Foresta (6), tuttavia ancora nel

---

(1) LAFERRIÈRE, *Hist. du droit franç.*, 1846, II, 616. « Perchè i coloni russi si stanziavano sulle terre dei grandi proprietari, invece che rimanere sulle terre libere? Perchè in realtà tutte le terre si trovavano nella stessa condizione, tutte erano soggette alla giurisdizione di un signore, il quale però non aveva sovr'esse che un semplice diritto di giustizia. » WASSILTCHIKOFF, l. c.

(2) CHAMPIONNÈRE, l. c., 340. RIVIÈRE, *Histoire des biens communaux en France*, Paris, 1856, 253.

(3) ANTON, l. c., I, 128.

(4) LANGETHAL, *Geschichte der deutschen Landwirthsch.*, Jena, 1854-6, I, 112.

(5) KEMBLE, l. c., I, 95.

(6) ELLIS, *General introduction to Domesday-Book*, Lond. 1833, I, 109.

secolo XVII si notavano « parecchie migliaia di acri incoltivati » (1)
ed « immense terre comuni » (2). « Prima della Rivoluzione del
1688 molte miglia quadrate, ora chiuse da siepi e poste a coltura,
erano maremme, lande e foreste. Di queste terre selvaggie molte
eran comuni per legge e della massima parte di quelle, che per
legge non l'erano, si faceva sì poca stima, che i proprietari com-
portavano fosser comuni nel fatto; così verso i nomadi, che an-
davano ad occuparle, usavasi tolleranza, quale oggi non si saprebbe
immaginare » (3). Nella Spagna « le terre incolte erano sterminate » (4). Infine nell'Italia s'avea una « grande estensione di
terre comuni. La facoltà d' impedire a chicchessia l'ingresso nel
proprio fondo non era più conosciuto come un diritto della proprietà » (5).

Si comprende perciò l'affermazione di Grimm: « Il salario era
categoria impossibile nell'epoca feudale » (6), e si comprende
che queste terre incolte, illimitate, ospitassero e nutrissero gli
schiavi fuggenti dai loro signori, e li convertissero in liberi proprietari. Di qui una fiorita di piccole proprietà, che rigoglia sulle
ruine della schiavitù e forma il fenomeno più interessante e più
confortante di questo desolato periodo. Ma è appunto a questo momento, in cui la economia a schiavi tramonta nella proprietà disgregata, che la funzione economica della schiavitù si mostra più
luminosa. Imperocchè non appena la economia a schiavi si tramuta
nella piccola proprietà, cessa d'improvviso quell'associazione di
lavoro, che la schiavitù assicurava e che, accrescendo il prodotto
agrario, rendeva possibile l'esistenza di una classe non agricola;
onde questa d'un tratto scompare, o si riduce a miserevoli proporzioni, trascinando nella propria ruina l'intera civiltà. Perciò la decomposizione della schiavitù arreca all'Europa la distruzione di

---

(1) *A discourse of the nature, use and advantage of trade*, Lond., 1684, 30.
DAVENANT, *On the plantation trade*, Works, 11, 216.

(2) MARSHALL, *On the appropriation and inclosure of commonable lands*,
Lond., 1801, 2. EDEN, *State of the poor*, Lond., 1797, I, 7.

(3) MACAULAY, l. c., cap. III.

(4) CARDENAS, *Ensayo sobra la historia della propriedad territorial en
España*, Madrid, 1873, I, 210. « Il territorio universalmente della Spagna ha
poca gente, avendo rispetto alla grandezza del paese. » *Relazione Ambasc.
Veneti*, (1525), ed. 1840, serie I, vol. II, 38.

(5) WINSPEARE, l. c., ed. 1811, 281.

(6) GRIMM, *Deutsche Rechtsalterthümer*, Göttingen, 1854, 357.

quella vita industriale, che nel periodo latino avea mirabilmente
florito e restringe la vita economica alla sola produzione rurale;
dal che deriva la cessazione quasi completa degli scambi ed un
fatto unico nella storia dell'umanità, il regresso dalla economia
del denaro all'economia naturale. Infatti dopochè da più secoli
floriva una economia monetaria perfezionata e l'oro circolava in
grandi masse dall'India all'Italia, si vede questo metallo discen-
dere in una sepoltura secolare e cristallizzarsi nei tesori dei principi, o dei borghesi del medio evo; cosicchè all'epoca di Carlo
Magno non si ha più moneta d'oro in circolazione, cessa la produzione dei metalli più preziosi, si abbandonano le miniere d'oro
e d'argento, e si limita la produzione mineraria ai soli metalli più
rozzi (1). Questa sospensione dell'economia monetaria, questa restituzione dell'economia naturale, aveva appunto radice nella
mutazione dei rapporti economici e nella istituzione di una forma
produttiva insufficiente ad alimentare quella popolazione non
agricola, che è condizione necessaria alla esistenza di scambi numerosi e continuati (2).

---

(1) GUERARD, *Polyptique de l'abbé Irminon*, Paris, 1844, I, 130. JACOB,
Precious Metals, I, 212, 285, 302, INAMA, l. c., 450.1, 461.

(2) Sono notevoli a tale proposito le osservazioni di J. Steuart, il quale,
benchè mercantilista, intravvede la dipendenza della economia del danaro dai
rapporti economici e dal loro processo e riconosce che « l'inclinazione alle imprese industriali fu ciò che trasse la moneta dai tesori e la gittò nella circolazione, prima della scoperta d'America, come la cessazione dell'industria avea
prodotto l'opposto risultato, » l. c., II, 234. Cfr. HOFFMANN, *Lehre vom Gelde,*
Berl., 1838, 182 e ss. HEYKING, *Zur Geschichte der Handelsbilanztheorie,* 1880, 7.
HELFERICH, *Periodische Schwankungen im Werth der Edelmetalle,* Nurn-
berg, 1843, 70.77; e sul regresso dalle imposte in danaro alle prestazioni in
natura. SAVIGNY, *Ueber die römische Steuerverfassung,* nei « Vermischt. Schrift. ».
I, 162-3.

CAPITOLO IV.

IL PROFITTO A BASE DI SERVAGGIO NELLE COLONIE
E NELL'EUROPA

§ 1. — Formazione storica
e prima struttura della economia servile.

La piccola proprietà, che risorge nelle colonie successivamente alla decomposizione della economia a schiavi, riesce pertanto un limite potente e gravoso della produzione, che sopprime, colla associazione del lavoro, la civilizzazione economica; e diviene ogni dì più intollerabile il contrasto fra l'incremento della popolazione ed il decremento del prodotto. Infatti la produttività della terra nelle colonie degrada sensibilmente, come è dimostrato dalla diminuita produzione ed esportazione di derrate agrarie. Così nella Giamaica la esportazione di zucchero presenta le cifre seguenti:

Decennio	1801-10	119.821	barrili per anno
»	1811-20	109.827	»
»	1821-30	93.633	
Anno	1831	88.409	
»	1832	91.453	
	1833	78.375	
	1834	77.801	
	1835	71.017	
»	1836	61.644	»

Anche più eloquenti sono i dati che seguono, relativi al prodotto annuo del caffè in Trinità ed in Dominica.

Anno		TRINITÀ		DOMINICA
1828	Libre	241.697	Libre	1.974.635
1829	»	226.123		
1830		92.096		
1831		75.754		

Anno		TRINITÀ		DOMINICA
1832	Libre	148.821	Libre	1.355.061
1833	»	151.727		
1834				
1835	»	131.871	»	386.305 (1)

Al tempo stesso il prodotto decresce anche nell'altre colonie (2), e perciò in tutte si impone la necessità di reagire contro la scemata produttività della terra coll'associazione del lavoro. Ma a questo punto si riproducono gli stessi contrasti, che nel periodo precedente ci apparvero; poichè la fertilità del terreno è ancora abbastanza elevata da escludere la associazione di lavoro spontanea, mentre tutti gli sforzi, intesi a creare una associazione d'uomini liberi sotto la direzione di un capitalista, si infrangono contro l'esistenza di terre inoccupate, la quale toglie la possibilità che i capitalisti percepiscano un reddito, o un reddito serio, dall'impiego del lavoro altrui. « Nell'America spagnuola il proprietario di intere provincie dispone solo di un piccolo soprappiù di prodotto agricolo, al quale, nel sistema commerciale prevalente, gli è spesso impossibile di trovare spaccio. Nell'isola di Prince Edward tutta la terra coltivata appartiene a 12 proprietari; ma che importa? Gli Americani non vogliono lasciar loro alcuna parte del prodotto » (3). Nella Nuova Inghilterra nessuno vuol prendere terra in affitto; nello Stato di New-York la maggior parte delle terre non è affittata o, se lo è, lo è solo dagli speculatori, che hanno acquistato dal governo vasti tratti di terra a basso prezzo, coll'intento di rivenderli, appena la popolazione si avvicini a quei distretti. È così grave la difficoltà di ottenere dei fittaioli permanenti, che coloro che possegg no più terra che non possano coltivare, fanno di tutto per cederla a colonìa (4). Un cotal Rensellaer aveva ottenuto (nel periodo precedente la grande rivoluzione americana) un immenso tratto di terra di 24 miglia olandesi di lunghezza. Ebbene, nessuna parte di questa terra fu da lui venduta; e soltanto i più ricchi fra i coloni ne presero in fitto per-

---

(1) MONTGOMERY MARTIN, *British colonies*, Lond. 1843, 18, 34, ecc.
(2) Ib., 116.
(3) MERIVALE, l. c., II, 274.
(4) STRICKLAND, *Observations on the U. S. of Amer.* « Communications to the Board of Agric. » Lond., 1800, 136.

petuo delle frazioni estesissime, contro pagamento di una rendita in natura, eguale ad $^1/_{10}$ del prodotto (1). « Il sistema di partecipanza fra il lavoratore ed il proprietario del suolo fu introdotto nelle Virgin-Islands nel 1843, quando i piantatori dovettero accorgersi che il loro capitale era insufficiente a coltivare le piantagioni col sistema dei salari in moneta ; ed infatti v'erano parecchi poderi in quest'isole, in cui, per difetto di moneta, i coltivatori non erano stati pagati da più mesi ed erano stati costretti, per ripararvi, ad imporre il sistema della mezzeria » (2). Questi fatti mostrano da un lato il benessere del lavoratore, che poteva attendere per lungo tempo la rimunerazione del suo lavoro, dall'altro l'impossibilità pel proprietario di ottenere un reddito dalla sua terra senza ricorrere alla mezzeria. Anche negli Stati Uniti « è assai diffusa la colonia parziaria. In generale, se il proprietario dà solo la terra, riceve $^1/_3$, se una parte del capitale e le sementi, la metà del prodotto. Ma benchè il suolo sia eccellente, la coltivazione non è elaborata, ed il prezzo del lavoro è così elevato e quello dei prodotti così basso, che il drenaggio, la concimazione e le altre operazioni costose sono parcamente eseguite » (3). Se non che lo spediente della mezzeria non fa che differire il momento, in cui la elevatezza del valor del lavoro produce il suo risultato naturale, la impossibilità di un reddito capitalista ; e le concessioni gratuite del terreno assumono, in questa fase delle colonie , una frequenza sempre maggiore (4). Per tal guisa il primo tentativo di fondare il lavoro associato dopo la decomposizione della schiavitù si infrange contro la terra libera e la sua demoniaca potenza ; poichè per un lato si forma una quantità di piccoli poderi, che ospitano gli antichi schiavi e i liberi coloni, mentre i proprietari delle vaste tenute, i favoriti dei sovrani che hanno ottenuto da questi vastissime terre in dono, debbono lasciarle incoltivate per difetto di lavoratori, o rassegnarsi a cederle quasi gratuitamente. Ma i proprietari del capitale, non potendo conseguire un reddito dal lavoro libero degli emancipati, ricorrono allora per ottenerlo ad un violento processo ; il quale consta di tre

---

(1) STUART, *Three years in North America.* I, 53.

(2) *Correspondence relating to the labouring population in the W. Indies.* 1845, 208. Cfr. PERROD, *La provincia di S. Paolo,* 131.

(3) COMBE, l. c., II, 334.

(4) HOCK, *Finanzen der Ver. St.* 339.

momenti : dacchè prima i capitalisti acquistano colla forza la giurisdizione, poi espropriano quei piccoli proprietari, che dai loro allodi rifiutansi di lavorare per essi, ed infine costringono brutalmente questi espropriati a prestare l'opera sulle terre degli espropriatori.

La prima parte di questo processo si compie nelle colonie colla più scellerata violenza; poichè i proprietari si impadroniscono della giurisdizione, affine di procacciarsi, come rappresentanti dello Stato e a titolo d'imposta, quei redditi che, come proprietari privati, non possono conseguire. Perciò, in questo periodo delle colonie, la proprietà si associa alla giurisdizione ed assume un carattere feudale. — È ciò che dimostra con particolare evidenza la storia del Canadà, ove la fertilità limitata della terra non consente mai la diffusione della schiavitù ed ove perciò alla economia dissociata, o collettiva, dei primi tempi segue immediato il sistema feudale. Dal 1665 al 1672, quando il feudalismo è già scomparso dall'Europa, « le terre intorno a Richelieu vengono divise in vaste signorie fra parecchi ufficiali del reggimento di Carignano, i quali a lor volta cedono parte delle loro terre ai soldati, riserbandone per sè una porzione sufficiente. Ciascun ufficiale diviene così una specie di capo feudale, e l'intera colonia un accampamento militare permanente... I Sulpiciani, proprietari feudali di Montreal, adottano una simigliante politica e stendono sui loro dominj una rete di feudi grandi e piccoli, concessi specialmente ad ufficiali e a poveri coloni. Il signore militare è povero e valoroso; la sua proprietà personale consiste della sua spada e del danaro che il re gli ha largito a cagione del suo matrimonio; ma egli possiede il *diritto di molino* ed inoltre una giurisdizione, la quale, benchè vigilata dal governo, si esercita sulle più minute esplicazioni della vita » (1). Anche nel Brasile, durante questo periodo, si istituisce un completo sistema feudale, ed il proprietario, spesso titolato, ha un potere politico e giudiziario sul suo dominio, ha i suoi vassalli e non riconosce per sovrano che l'imperatore e il Congresso di Rio-Janeiro (2). Nelle Indie occidentali « ogni podere costituisce per sè stesso un piccolo governo, dove la polizia e la giustizia sono

---

(1) PARKMAN, *The old regime in Canada*, 14ª ed. Boston, 1885, 231 e ss., 245, 252.

(2) RECLUS, l. c.

re;olarmente amministrate dal proprietario » (1). Se non che ai redditi di carattere pubblico e necessariamente limitati, che la giurisdizione consente, i proprietari vogliono aggiungere redditi più cospicui mercè l'asservimento del lavoratore. Anzitutto, coll'assenso dello stesso Lord Grey, vengono gravemente tassati i poderi dei piccoli proprietari per affrettarne la espropriazione (2). Ma non basta. « I piantatori, irritati pel difetto di lavoro, hanno ideato di sottrarre ai coloni indipendenti i loro mezzi di sussistenza, di distruggere il loro mercato e di còstringerli nuovamente alla schiavitù. Perciò i piccoli proprietari sono stati, alcuni anni or sono, espulsi dalle loro terre mercè una serie di rapine e di abusi ; e ben può dirsi che la storia dell'abbandono delle piccole proprietà nella Giamaica non è che una storia di ingiustizie e di oppressione sistematica da parte della classe dei grandi proprietari. Questi, con feroci misure e grette persecuzioni, hanno costretti i Negri a lavorare sulle loro terre, ed instaurato un sistema di fitto *in terrorem*, il quale, sebbene da ultimo soppresso, rimase in vigore abbastanza a lungo per distruggere ogni confidenza reciproca fra il piantatore ed il colono » (3).

Ovunque, i piccoli proprietari espropriati, i quali, se liberi, potrebbero trasferirsi sulle terre incolte, vengono precipitati da una legislazione di ferro nel più rigoroso servaggio. — Quando, nel Perù, il governo spagnolo vuol sostituire la schiavitù colla libertà completa, esso provoca una tremenda rivolta dei capitalisti coloniali ed abbandona quel paese agli orrori di una guerra civile, la quale non ha termine, se non quando vien consentita la servitù della gleba (4). Assai più tardi Wilberforce, nella sua proposta di abolizione della schiavitù, sostiene del pari che questa debba essere sostituita, non già dalla libertà, ma dalla servitù della gleba. I proprietari di schiavi si ribellano (5) e tuttavia per ogni colonia si diffonde ben presto questo sistema di economia. « Avendo a scegliere fra il lavoro sulle proprietà altrui ed il facile acquisto di una porzione delle terre incolte, che si trovano

---

(1) BURNLEY, *Observations on the state of Trinidad*, Lond., 1842, 173.

(2) GREY, *The colonial policy of lord J. Russell*, Lond., 1853, I, 79, 81.

(3) SEWELL, *The ordeal of free labor in british W. Indies*, New-York, 1861,289.

(4) PRESCOTT, *Perou*, III, 239.

(5) *An official letter on abolition of slavery*, 55.

in quasi tutte le colonie, non vorranno i Negri fuggire le terre, il cui solo aspetto ricorda loro gli orrori della schiavitù? L'abbandono delle piantagioni in tutte le colonie di esteso territorio, ecco il pericolo, che la Commissione francese sulle colonie si propone di scongiurare, col sospendere l'emancipazione per 5 anni ed imporre agli schiavi liberati l'obbligo di stipulare un contratto scritto per lo stesso periodo, costringendo quello, che rifiuta di farlo, al lavoro forzato sotto sorveglianza » (1). A S. Domingo, benchè l'insurrezione dei Negri sia vittoriosa, benchè il paese sia desto dalle idee di libertà, che partono dall'Europa, alla schiavitù succede il servaggio, il quale, istituito con violenza dai Negri stessi, da Toussaint Louverture e Dessaline, viene regolato nel 1826 dalla introduzione del *Code Rurale*. Il principio di questo codice è l'obbligo del lavoro agricolo e l'infeudazione del lavoratore al suolo, per cui tutti coloro che non sono funzionari pubblici e non giustificano i loro mezzi di sussistenza, sono *de jure* addetti alla gleba (2). « Non è permesso, dice l'art. 4, che essi lascino la campagna per abitare i villaggi, senza un permesso del giudice di pace ». « Essi devono entrare in un mutuo accordo col proprietario o fittaiolo della terra, alla quale sono ascritti »; così l'art. 45. Articolo 71: I lavoratori non possono assentarsi dalle loro case dal sabato al lunedì, senza il permesso del proprietario. Art. 174: Tutti coloro, che non sono proprietari o fittaioli delle terre su cui risiedono, o che non hanno conchiuso un contratto di lavoro con qualche proprietario o fittaiolo, saranno riputati vagabondi ed arrestati dalla polizia della sezione, in cui furono trovati, e condotti innanzi al giudice di pace, il quale (art. 175) dovrà obbligarli ad impiegarsi nel lavoro agricolo; e dopo questa comunicazione dovrà rimandarli in carcere, finchè essi non siansi vincolati con un contratto. Se dopo otto giorni di detenzione, conchiude l'art. 177, il prigioniero non avrà aderito ad obbligarsi al lavoro agricolo, esso sarà mandato ai lavori forzati e vi sarà trattenuto, finchè non si ottenga la sua adesione (3). All'autorità giudicante

---

(1) COCHIN, l. c., 71.

(2) LITTRÉ, *Les barbares et le moyen-âge*, Paris, 1867, 233-4. L'autore rileva l'analogia fra le istituzioni economiche delle colonie di questo periodo e dell'Europa medievale, ma la spiega falsamente.

(3) *Proceedings before the privy council against compulsory manumissions*, 1827, 35, 38. Cfr. SAY, *Traité d'E. P.*, 223 e il decreto di Toussaint Louverture del 20 Vendemmiale, anno IX (*The crisis of the sugar colonies*, 207).

è concesso di prolungare indefinitamente il servigio, oltre il termine prescritto, mentre delle più lievi mancanze del colono si trae partito per estorcergli lavoro addizionale (1). Si costringe l'operaio a lavorare pei salari fissati dalla legge, cosicchè « gli ex-schiavi sono ridotti, di fatto, in una condizione di servitù. Il salario agricolo del libero in Barbada è di 24 *cents* per giorno; ebbene il coltivatore asservito è costretto a lavorare pel suo proprietario a 20 *cents* per giorno, pagando inoltre la pigione della casa che abita ed il fitto del poderetto che gli è assegnato » (2). L'assenza per due giorni, nelle Indie occidentali, è punita con 20 colpi di staffile, l'abbandono della piantagione con 30 (3). Si emanano leggi contro l'emigrazione ed il vagabondaggio, il cui scopo precipuo è di circoscrivere il mercato del lavoro libero; disposizioni proibitive contro la vendita di articoli d'importazione, per escludere i Negri emancipati dalle occupazioni indipendenti e confinarli all'agricoltura; leggi sui contratti e sulle coalizioni, che dànno ai piantatori il monopolio del lavoro (4). Nelle colonie francesi il vagabondaggio è definito e regolato in tal modo, che permette di far delle vere *razzie* fra i Negri poveri, per popolare le officine col sussidio della legge. Si reclutano dei Negri sulla costa africana mercè contratti di 10 a 14 anni (5). Nella Nuova Netherland i piantatori si assicurano che i loro coloni non fuggano, vietando loro di lasciar il fondo senza il consenso scritto del proprietario; e i fuggitivi vengono dalla Compagnia perseguitati e restituiti ai padroni (6). Una legge di Bermuda abilita gl'ispettori delle parrocchie, coll'assenso dei soli giudici parrocchiali (per lo più proprietari) a vincolare ogni fanciullo povero al servigio rurale fino ai 21 anni ed ogni fanciulla povera fino al matrimonio (7). Ad Antigua, nel 1834, si propone la legge seguente: poichè è dannoso che i Negri possano essere sedotti dalla tentazione di un aumento temporaneo di salario ad abbandonare i fondi, *a cui sono aggre-*

---

(1) *Report from sel. Comm. on negro apprenticeship*, 1836, 4376.
(2) SEWELL, l. c., 32.
(3) *Report of the proceedings of a public meeting held at Exeter*, 1837, 12.
(4) *Permanent laws of emancipated colonies*, Lond., 1838, 17, 19.
(5) MOLINARI, *Questions d'Éc. pol.*, 1861, I, 123. L'A. ha importanti osservazioni sulla dipendenza della servitù dalla terra libera.
(6) *Collections of N.-York, histor. soc.*, II, 1848, Parte Iª, 16.
(7) *Permanent laws*, 19.

gati, così chi impiega un lavoratore, sapendo che esso si è impegnato a lavorare presso un altro padrone, o che occupa una casa nel fondo di un altro, soggiacerà a gravi pene. — Lord Aberdeen, nel revocare questa legge con dispaccio del 28 febbraio 1835, avverte giustamente che trattasi qui d'una vera *addictio glebæ,* poichè vuolsi che i coloni di un fondo debbano lavorare a servigio del suo proprietario e non possano accettar lavoro da alcun altro (1). — Ma tutto il sistema del garzonato coattivo (apprenticeship), a cui vengono assoggettati gli schiavi liberati nelle colonie inglesi, è una vera servitù della gleba; alla quale non manca nemmeno il carattere della immobilità del colono, dacchè fin dal 1797, nelle Indie occidentali, su proposta di Edwards, si vieta di vendere gli agricoltori senza la terra (2).

Così alla schiavitù infranta fu sostituita nelle colonie una forma economica non sostanzialmente diversa; « la schiavitù divenne servitù; i diritti sulla persona furono convertiti in diritti sul lavoro » (3), ma la condizione del lavoratore di ben poco venne a mutarsi, anzi, per qualche riguardo, essa fu peggiorata. Infatti nel periodo della schiavitù, in cui le terre libere son prossime al lavoratore, la proprietà non isdegna i mezzi più scellerati e violenti per tener quello aggiogato al suo carro; ma poichè la produzione è copiosissima, il proprietario può accordare al lavoratore una rimunerazione cospicua ed una ricca alimentazione, e volontieri la accorda, affine di rendere meno desiderabile allo schiavo la ribellione e la libertà; onde in questo periodo l'alimentazione del lavoratore è altrettanto cospicua, quanto è severa la sua schiavitù. — Invece nel periodo del servaggio, scemata la terra libera e fattasi remota dal lavoratore, la proprietà può rinunciare in parte alla rigidezza de' suoi metodi di costrinzione; ma al tempo stesso, poichè scema la produttività della terra, il capitale è riluttante ad un generoso trattamento del servo, nè ha ragione di largheggiare con esso, appunto perchè è scemato il timore di vederlo fuggire alle terre inoccupate; onde in questo periodo si ha bensì una oppressione meno atroce, ma anche un

---

(1) *Acts disallowed for the suppression of vagrancy,* 1847-8, 56.

(2) *The crisis of the sugar colonies,* 146. Anche il filantropo autore, pur condannando la servitù, la vuole sostituita dal sistema degli *indented servants* che, come vedremo più oltre, è una servitù temporanea (l. c., 187).

(3) COCHIN, l. c., 78.

minore compenso ed una peggiorata alimentazione del lavoratore. Così « durante la schiavitù i proprietari solevano accordare ai Negri alcune gratificazioni addizionali; essi avevano facoltà di trattenerle in caso di punizione, ma, se lo avessero fatto senza motivo, avrebbero poste le loro terre in uno stato di rivolta. Perciò i Negri consideravano quelle gratificazioni come un loro diritto e come un obbligo dei proprietari. Ma dopochè la schiavitù fu sostituita colla servitù, il Negro fu costretto a lavorare di più di quanto era stabilito dall'*Imperial act*, per l'esplicita ragione che esso otteneva quelle gratificazioni e dovea compensarle al proprietario » (1). Se poi il Negro si rifiutava a questo lavoro addizionale, la gratificazione gli veniva ritolta, onde avvenne in molte colonie che « la quantità di prodotti accordata dal proprietario allo schiavo fosse maggiore di quella, che esso accordava all'apprendista o servo » (2).

Compivasi per tal guisa la seconda rivoluzione economica nelle colonie; ma questa rivoluzione compivasi del pari e con caratteri identici, ovunque si presentavano le stesse condizioni territoriali, e l'ukase di Boris Godunoff (anno 1602) che segnava l'inizio della economia servile nella Russia, traeva origine da condizioni territoriali perfettamente analoghe a quelle, onde erompeva la servitù della gleba nelle colonie. Fino a tutto il secolo XVI, le classi agricole della Russia viveano in floridissimo stato, parte nelle comunità rurali, parte sulle terre dei grandi signori fondiari, ai quali, e non allo czar, esse doveano i tributi, in forza del potere sovrano che era a quelli deferito (3). Ma la libertà di emigrazione, che per un certo periodo era stata vantaggiosa ai grandi proprietari, col promovere la coltura dei loro poderi, per molta parte deserti, recò loro bentosto un gravissimo danno, ponendoli nella impossibilità di ottenere dai coloni un canone certo e rilevante; poichè i coloni, liberi di lasciare il podere ed emigrare a terre novelle, pagavano poco e non sempre. Quando nelle terre vicine alle città sorse la rendita, i signori di quelle terre non dovettero più limitarsi ai redditi della giurisdizione, e poterono esigere un soprappiù, in grazia della superiorità produttiva dei loro poderi;

---

(1) *Report on negro apprenticeship*, 65.
(2) *Report of meeting at Exeter*, 10.
(3) Wassiltchikoff, l. c.

ma ciò indusse i signori delle terre più lontane ad imitarli e ad estorcere un maggior reddito dai loro coloni (1). Per qual modo? Anzitutto essi essanguarono i piccoli proprietari colle usure e li costrinsero a cedere loro le proprie terre (2); dappoi colpirono d'imposte quei coloni; che abbandonassero i loro poderi; infine, poichè questi metodi non erano ancor sufficienti ad assicurare loro un reddito cospicuo, ottennero che le comunità rurali fossero colpite da gravissimi tributi, il cui provento veniva da ultimo a raccogliersi nelle tasche d'essi signori. Disgraziatamente, in tutto questo processo, i signori del suolo russo non avean posto mente che la terra libera avrebbe mandata a male la loro avveduta politica. Esistevano infatti nella Russia terre libere sterminate, le quali potevano coltivarsi senza capitale, o con un capitale non eccedente i tre rubli (3), che i coltivatori potevano procacciarsi senza pena, od ottenere dalle comunità rurali. Ora le conseguenze di questo fatto non tardarono a manifestarsi. Villaggi interi vennero abbandonati dai coloni, insofferenti delle gravissime imposte, e migranti ad altre e libere terre; e le vaste pianure del nord-est ospitarono i profughi agricoltori, lasciando attoniti di rabbia i potentissimi proprietari, i quali vedeansi impotenti di fronte a quel grandioso Leviathan economico, ch'è la terra inoccupata. Fu allora che i proprietari del suolo, veduta impossibile ogni via simulata di assicurarsi un'offerta di lavoro costante ed un reddito cospicuo, e al tempo stesso costretti a contendere allo Stato la giurisdizione, che per ultimo veniva ad essi, insieme al reddito che ne derivava, ritolta, provocarono senza più il celebre ukase, che trascinò in una tomba quattro volte secolare la libertà del popolo russo (4). Esso

---

(1) Сочненія Юрія ѳедоровича Самарина. — Томъ второй. (SSAMARIN, *Opere*, II, 148-50).

(2) NOWITZKI, l. c., 58-59.

(3) SOKOLOWSKI, *La vita economica*, ecc. 31-3.

(4) SSAMARIN (l. c., II, 272) avverte perfettamente come la istituzione della servitù in Russia si accompagni alla perdita della giurisdizione da parte de' signori. Già nel 1566 si emanano leggi severissime per obbligare i coltivatori al lavoro ed impedirne la fuga; si accorda al contadino il diritto di proprietà mobile, ma la legge si fa sempre più severa relativamente alla proprietà fondiaria. Le genti serve crescono. Si prescrive che il contadino, il quale rimane per 10 anni sulla terra di un proprietario, perda il diritto di emigrazione, a meno che non si ricompri col pagamento della somma, allora enorme, di 10 grossi copechi. In generale i contadini non possono permettersi di emigrare, se prima

non valse però, se non dopo grandi e ripetute nequizie, ad assicurare al capitale una offerta costante e cospicua di lavoratori ; poichè, malgrado la disciplina di ferro e di sangue, che suffragò quel decreto, numerose torme di coloni riuscirono a fuggire alle lontane terre del Don, ove formarono le prime associazioni di Cosacchi, ed istituirono (finchè la popolazione non ebbe raggiunta una certa densità) una società retta a completa eguaglianza, quale è il prodotto inevitabile della libertà combinata dell'uomo e della terra (1). — Ma ciò che l'editto del 1602 fece pel lavoro agricolo, fece pel lavoro industriale l'ukase di Pietro il Grande, del 18 gennaio 1721, il quale permise agli imprenditori di comperare dei servi per impiegarli nelle industrie. La mobilità irrequieta del lavoro industriale, che rendeva prima impossibile la grande impresa, la condizione critica in cui le industrie erano poste dall'abbandono, in cui le lasciavano gli scarsi lavoratori all'epoca della messe, la necessità, a cui esse eran costrette, di elevare i prezzi per indennizzarsi della perdita, tutto ciò venne meno d'un tratto colla nuova legislazione, la quale creò nella Russia il profitto industriale. Questo ebbe però breve durata, poichè nel 1816 la concessione dell'impiego dei servi nelle manifatture venne ritolta, onde si vide cessare come d'incanto il profitto del capitale manifattore e la piccola industria risorgere (2).

Ma porgimi qui attenzione, o lettore, poichè noi troviamo nel bel mezzo dell'impero romano la riproduzione di questi fenomeni russi. Le condizioni di produttività della terra nell'Europa medioevale erano eguali a quelle del terzo periodo delle colonie; poichè se la terra di massima fertilità dava un prodotto eguale ad 8 o 9 volte la semente, ciò non era che eccezione ed inoltre a ciò si esigeva un anno di riposo, mentre la terra di media fecondità dava 6 volte la semente (3). Ora le piccole proprietà

---

non hanno lavorato pel signore durante un periodo determinato a suo arbitrio e che spesso eccede i 5 anni. — Infine l'editto del 1602 istituisce la servitù della gleba. E malgrado ciò, la Russia presenta questo strano spettacolo, che la massa intera della nazione vive vagabonda per isfuggire al servaggio. — (Nowitzki, l. c., 69, 75, 79).

(1) Sokolowski, l. c., 198 e ss.

(2) Корсак, о Формахъ промышленности. — Москва, 1861. (Korssak, Forme dell'Industria) 129-31.

(3) Dareste, Histoire des classes agricoles en France, 1858, 516.

disgregate, che si erano formate nell'Europa all'epoca di Carlo
Magno, si attestavano disadatte a trattare la terra di una fertilità così limitata. Senza dubbio, durante qualche tempo, questa insufficienza della piccola proprietà potea venir compensata dalla applicazione di stromenti più perfezionati; ed infatti noi sappiamo
che stromenti produttivi, i quali, durante il grado precedente
della produttività della terra non erano stati adoprati, venivano
ora diffusi sotto la stretta della crescente popolazione (1). Ma
giungeva il momento, in cui la stessa introduzione di perfezionamenti tecnici non era possibile, senza la istituzione del lavoro associato (2). Ora, poichè la terra libera rendeva impossibile di ottenere alcun reddito dall'opera di un libero lavoratore, così i
proprietari, i quali volevano istituire per qualche guisa una associazione di lavoro, doveano cedere la terra gratuitamente, o quasi
gratuitamente, assentendone al coltivatore la piena proprietà ereditaria. I proprietari d'immense terre incolte facevano d'ogni parte
appello ai coltivatori, offrendo a tutti quelli, che si stabilissero sulle
loro signorie, tanta terra, quanta essi poteano coltivare, il pascolo
libero pel loro bestiame e tutto il legname loro necessario. Le concessioni erano spesso gratuite; il coltivatore diveniva proprietario
della terra che coltivava, dietro pagamento di un canone spesso
irrisorio; ed il signore non sembrava avere altro scopo, che di ri-

---

(1) Sommamente istruttiva, a tale riguardo, è la vittoria dell'aratro germanico sul *rădlo* degli Slavi. Il radlo, o raffio, slavo, aveva una produttività com-
putata ad ¹/₃ di quella dell'aratro tedesco. Ora, finchè gli Slavi non aveano a
condividere con altro popolo la loro terra, la scarsa popolazione rendeva possibile una coltura estremamente estensiva, a cui pareva sufficiente il rozzissimo
rădlo; ed ancora nell'XI secolo i cronisti ravvisavano un profondo divario
nazionale nel fatto, che le terre germaniche erano trattate coll'*aratrum*, le
slave coll'*uncus*. Tuttavia l'efficacia di questo stromento era così misera, che
gli Slavi dovevano occupare le sole terre più leggiere, lasciando a pascolo tutte
le zone dei loro territori, in cui il suolo era resistente (LANGETHAL, *Gesch. der
deutschen Landwirthsch.* Jena, 1854-6, II, 66-7). Ma quando le famiglie germaniche scesero a colonizzare le terre degli Slavi, e crebbe così sul territorio la
pressura delle genti, si comprese tosto che il terreno non potevasi sommettere
a coltura intensiva, se non con uno stromento meglio efficace; ed allora la
gente slava fece sacrificio del proprio stromento nazionale e l'aratro fu vitto-
rioso (MEITZEN, *Der Boden ecc. Preussens*, Berl. 1868, II, 67).
(2) Questo processo economico è perfettamente descritto da INAMA-STERNEGG
(l. c., 172-3, 235-6) benchè questi non accenni, fra le molte cause, a cui la attribuisce, la vera e profonda cagione della impossibilità del salario.

chiamare sulle sue terre un germe di popolazione, che più tardi avrebbe fruttificato a suo vantaggio (1). Nella Spagna « quando i progressi della riconquista fecero sentire più viva la necessità di promovere la coltivazione e di utilizzare il terreno, quando i re, i signori, le chiese e le corporazioni entrarono in concorrenza per attrarre popolazione alle loro terre, fu allora che si generalizzò il costume di dare ed offrire terreni in proprietà ereditaria per maggiore stimolo di quelli, che venissero a coltivarli. Un possesso effimero non era sufficiente perchè dei valorosi cavalieri, capaci di conquistare intere provincie, si dedicassero a ripopolare le terre desolate dal nemico ; onde fu necessario che i re accordassero in eredità le signorie » (2). L'eredità intestata, almeno relativamente alla terra, sorge per tal guisa come un prodotto naturale della terra libera. Certo, in questo periodo di ricomposizione sociale, l'istituzione dell'eredità fondiaria era inevitabile, come base d'una coltura ristoratrice, che riparasse all'esaurimento del terreno impoverito dalla schiavitù ; ma la esistenza delle terre libere non contribuiva meno efficacemente a provocarla. Infatti « in un' epoca, in cui gran parte della terra è priva di coltivatori, vi ha una concorrenza, non già di uomini per aver terre, sibbene di terre per aver uomini, ed è nell'interesse degli stessi signori di richiamare i coltivatori alla terra ; ma poichè questi possono ottenere dovunque la proprietà libera e perpetua del suolo, così non possono essere indotti a stabilirsi sulle tenute dei grandi proprietari, se questi non offrono loro il possesso ereditario del terreno ; ed è per ciò che il possesso di questo, prima precario, diviene ereditario bentosto » (3). Così nell'India il ryot veniva fatto proprietario permanente del suolo, così a Giava (4). Ma queste concessioni perpetue di terre toglievano ai proprietari di percepire alcun reddito serio dai loro dominii. « Era assai diffuso nel costume del medio evo di mitigare i censi dei coloni e di compensarli con piccoli favori ; e molto spesso il concambio del signore superava il canone del censuario » (5). « Mentre numerose schiere di coloni si portavano di quando in quando al lembo orientale

---

(1) CHAMPIONNÈRE, l. c., 341. RIVIÈRE, l. c., 253.
(2) CARDENAS, l. c., I, 258.
(3) MILL, *History of british India*, Lond., 1858, I, 223.
(4) RAFFLES, l. c., I, 152.
(5) GRIMM, l. c., 394-5.

del mondo germanico e si stabilivano sulle terre libere, altri entravano nel vassallaggio e vi trovavano generoso compenso ai loro servigi » (1). Ma anche coloro, che non prestavano servigi feudali, anche i lavoratori del suolo, possedevano questo, senza dover quasi nulla al suo proprietario. Così nell'Inghilterra, prima della conquista normanna, si avevano i *liberi tenentes,* liberi coltivatori, i quali possedevano la terra prestando servigi o rendite tenuissime a qualche signore (2). Difficilissimo era a questo l'elevare le rendite (*cens sur cens ne vaut!*); egli doveva industriarsi, chiedendo pagamenti in grano invece che in moneta, o levando tasse ad ogni rinnovamento dei fitti cogli antichi canoni immutati (3). Ed esempi di canoni tenuissimi di mezzeria si hanno pure in Italia (4).

Ora questo sistema dei censi gratuiti, o semi-gratuiti, dovea riuscire assai sgradevole ai grandi signori fondiari, i quali vedevano così svanire, come in acqua spume, la parte utile della loro proprietà terriera e del capitale in essa impiegato. La condizione era critica, nè era più tempo di consultare il diritto delle genti; d'uopo era fare appello alla forza ed al suo secolare diritto. Ed è ciò che fecero i proprietari, iniziando una terribile guerra contro il lavoratore e la sua libertà. Come nelle colonie, così nell'Europa medieva, il primo e più timido mezzo, a cui ebbero ricorso i proprietari, fu l'acquisto della giurisdizione, la cui dipendenza dalla terra libera è così evidente, che ha colpito perfino gli scrittori più scevri da ogni preconcetto teorico. E basti a tale proposito rammentare la teoria del Cardenas. — Le terre di seconda qualità, che non davano rendita, osserva il dotto spagnuolo, non potevansi donare, senza accordare al donatario la proprietà degli uomini che le coltivavano, poichè l'immensità delle terre deserte rendeva impossibile d'impiegare dei lavoratori liberi, o di percepire un profitto sul prodotto del loro lavoro; ma

---

(1) GAUPP, *Germanische Ansiedlungen*, Breslau 1844, 570-1.

(2) FREEMAN, *History of the norman conquest of Engl.* Lond., 1875, V, 478. Cfr. BRANTS, *Essai historique sur la condition des classes rurales en Belgique*, Louvain, 1880, 54.

(3) ROGERS, *History of agriculture*, IV, 726. Cfr. MAINE, *Ancien droit*, Paris, 1875, 259.

(4) CORLEO, *Storia dell'enfiteusi ecc. in Sicilia*, Palermo, 1871, 15. GLORIA, *Agricoltura nel Padovano* (Atti Società Incoraggiamento di Padova, 1855) 81.

la proprietà dei coltivatori conduceva per diritta via alla giurisdizione, la quale pertanto diveniva il correlativo necessario della proprietà feudale (1). — Ora che questa dottrina, così espressa, non possa accettarsi, è evidente; ed infatti perchè mai la proprietà dei lavoratori conduce per diritta via alla giurisdizione? come mai ciò può ammettersi, mentre nella economia a schiavi i proprietari conservano per secoli la proprietà dei lavoratori, senza per ciò raccogliere in sè stessi gli attributi della sovranità? Eppure una correzione lievissima basta a rendere perfetta quella dottrina, poichè a ciò basta ammettere, che la giurisdizione sia sorta, non già come conseguenza della servitù del lavoratore, ma della sua libertà. Infatti finchè i coloni erano liberi, i proprietari, o almeno i proprietari delle terre di seconda qualità, non potean percepire alcun reddito dai loro terreni, o dai capitali in essi impiegati; mentre i proprietari delle terre migliori erano ridotti ad una rendita, che, in questo periodo di elevata fertilità della terra-limite, doveva essere tenuissima; e ciò appunto induceva gli uni e gli altri ad impadronirsi della giurisdizione, affine di conseguire a titolo di tributo e come rappresentanti della società, quei canoni, che, come proprietari privati, non potean percepire. S'aggiunga che i signori fondiari meditavano già la guerra agli allodi — che dovea compiersi mercè i patrocinj — la guerra ai censi e la servitù della gleba e che alla riuscita di questi processi la giurisdizione porgea valido aiuto; mentre le esigenze stesse della coltura, richiedendo che al coltivatore si lasciasse la proprietà ereditaria della terra, rendevano impossibile al proprietario di elevare i canoni, altrimenti che in forza del suo potere pubblico, quale rappresentante dello Stato. — Per tal guisa, come prima reazione contro la potenza del lavoratore, sorgeva il connubio della proprietà colla sovranità, che è caratteristica del sistema feudale.

Ma, ottenuta la giurisdizione, i proprietari non si addormentano sugli allori e più baldi proseguono la loro campagna contro i liberi coloni. Come prima avvisaglia di questo conflitto, si inizia la guerra all'allodio, o la espropriazione del piccolo proprietario, ed i primi secoli del cristianesimo sono salutati da una grandiosa ecatombe di proprietari coltivatori (2). Già nel V secolo, nella

(1) CARDENAS, l. c., I, 342-3.
(2) LANDAU, *Die Territorien*, Hamb., 1854, 107.

Gallia, era frequente il sistema dei *patrocinia*, per cui i piccoli proprietari eran costretti a cedere le loro terre ai ricchi signori, che divenivano loro patroni. Il nuovo patrono cedeva di consueto dei poderi da coltivare a titolo di colonato perpetuo a quelli che gli davano le loro terre e si raccomandavano a lui ; e benchè le leggi degli imperatori si sforzassero d'impedire ai deboli d'abbandonarsi per tal guisa ai potenti (1), pure le cessioni di poderi ai grandi signori, sia per isfuggire all'*eribanno*, sia per ottener protezione, divenivano ogni dì più frequenti (2). « Da gran tempo scarseggiavano le braccia per l'agricoltura. Re e grandi erano impacciati nel provvedere coltivatori a sì vasti spazi di terre incolte. Ben venuto era dunque chi pigliava l'impegno di coltivarle e farle coltivare. A ciò profferivansi raccomandandosi e uomini della stessa nazione vincitrice caduti in bassa fortuna, e vinti, che temevano la violenza dei potenti. Così i beni allodiali divenivano feudali» (3). Nella storia di Osnabruck, ad es. si notano tre periodi ; nel primo, l'età dell'oro, ogni terra è posseduta da un piccolo proprietario (Wehren); nel secondo periodo, che giunge a Lodovico il Pio, i grandi proprietari occupano i *mansos* vacanti coi loro servi e costringono i piccoli proprietari a cedere sè stessi in servitù. Infine coll'anno 918 si iniziano le *precarie*, per cui il piccolo proprietario cede il suo fondo al patrono e lo riacquista a censo, dietro un semplice canone di riconoscimento, *insieme ad una notevole aggiunta di terra* (4); e quest'ultima circostanza dimostra come il segreto della guerra agli allodi fosse la conquista del lavoro, non la conquista della terra. Se non che la guerra spietata agli allodi non giungeva a colpire alcuni poderi, posseduti in libera proprietà, i quali si trovavano incastonati nelle terre signorili, o sul lembo di queste. Ora a distruggere queste estreme vestigia dell' allodio, i proprietari non ebbero ricorso alla violenza, ma ad una finzione legale, sfruttando abilmente quella giurisdizione che avean conquistata. Infatti il principio *nulle terre sans seigneur*, il quale significava soltanto che ogni terra era soggetta alla giurisdizione di un *signore giustiziere*,

---

(1) Laferrière, l. c., II, 442. Maurer, *Dorfverfassung*, 1, 130-37. Lehuerou, *Histoire des institutions carlovingiennes*, Paris, 1843, 605.

(2) Langethal, l. c., I, 107.

(3) Cibrario, *Della schiavitù e del servaggio*, Milano, 1868, II, 194.

(4) Möser, *Osnabrückische Geschichte* (1768), Berl., 1819, I, Prefazione.

ossia all'autorità collettiva, venne dai signori fondiari, che possedevano la giurisdizione, interpretato nel senso, che non potesse darsi terra non soggetta a signoria feudale, ossia che ciascuna terra dovesse sempre presumersi nel dominio feudale di un signore; e la sommessa alleanza, che i signori trovarono nei giureconsulti, sempre paladini della proprietà, li aiutò a convertire senza violenze in terre feudali tutte quelle terre, che ancor rimanevano allodiali (1), e così ad estorcere un profitto da nuovi produttori. — Per tal guisa la guerra contro il lavoro procedeva incessante.

Ma gravi ragioni inducevano i proprietari ad esigere ulteriori vantaggi ed una più completa soggezione del lavoratore. Infatti la giurisdizione, lunge dall'essere una conquista durevole della proprietà, era minacciata dalla incessante reazione del potere centrale, che mirava a ritoglierla: onde la necessità pei proprietari di procacciarsi un'altra e più stabile sorgente di lucro. Gli è perciò che nella storia del medio-evo la perdita della giurisdizione da parte dei proprietari va parallela ad un peggioramento nella condizione del lavoratore ed al suo più completo servaggio (2), appunto perchè questo era necessario ad assicurare al capitale quel reddito, che, in qualità di sovrano, più non potea conseguire. Inoltre il desiderio stesso di un incremento di reddito stimolava i proprietari ad asservire gli espropriati; e perciò non è meraviglia se questo complemento della distruzione degli allodi, che vedemmo spiccato nelle colonie, si riproduce splendidissimo nell'Europa medieva, nella quale sorge e si diffonde con rapidità fulminea la servitù della gleba. La dipendenza di questa, come del sistema feudale, di cui essa è monade, dalle condizioni territoriali, è così accentuata ed evidente, che venne rilevata dagli scrittori più alieni da ogni spirito di sistema. Così avverte egregiamente Merivale: « La diseguaglianza di condizioni può essere il prodotto di due cause; o di un assoggettamento politico delle classi inferiori, come nell'antichità o nel medio-evo, o di una necessaria dipendenza della povertà dalla ricchezza, che si riscontra quando la terra fertile è tutta occupata. Finchè la terra era abbondante e rada la popolazione, il feudalismo si man-

---

(1) CHAMPIONNÈRE, l. c., 324-28.
(2) Cfr. LAMPRECHT, *Deutsches Wirthschaftsleben im Mittelalter*, 1886, 1156.

tenne dovunque. La decadenza di questo edificio compatto e magnifico non cominciò finchè la popolazione non si fu addensata» (1).
« È appena necessario avvertire — soggiunge Lord Brougham — la sorprendente analogia fra la condizione dei negri nelle colonie spagnuole e portoghesi e quella dei servi europei; i negri sono precisamente nella condizione dei *coloni partiari* dell'epoca feudale» (2). Per conquistare questi addetti alla gleba, ricorsero i proprietari ai mezzi più diversi, quando accorti, quando scellerati e violenti. Già gli imperatori romani, i quali possedevano alcune industrie condotte per loro conto, avevan proibito, sotto pena di tre libbre d'oro, e, in caso di recidiva, della verga, ai fabbricanti privati di attrarre alle loro industrie gli operai e le operaie delle fabbriche imperiali (3). Ma i proprietari privati non tardarono a seguire, esagerandolo, l'esempio dei principi. Prima della metà del secolo III, l'imperatore Filippo vietava « che si ritenessero per forza i conduttori di beni stabili dopo il termine della locazione; e ciò prova che contr'essi si esercitavan violenze. Nell'Illirio, nell'Egitto e nell'Asia i liberi uomini, debitori di qualche somma che non potevano pagare, eran costretti a coltivare le terre dei creditori» (4). « Gli abusi dei proprietari, che esercitavano continue estorsioni a danno delle genti, che non vivevano sopra la terra di qualche signore, influivano a render nulla la differenza fra i coltivatori residenti e non residenti sulle terre altrui. A danno dei coloni liberi si commisero le più brutali estorsioni. Si cominciò dal vendere e cedere arbitrariamente queste genti, poi si prese ad esigere somme di danaro per consentir loro il matrimonio, ad usurpare i loro retaggi, a costringere i liberi a servigi personali per un miserabile salario, od anche gratuitamente» (5). I così detti *coloni liberi*, già esistenti in Italia all'epoca di Tacito, erano genti vinte, le quali erano *obbligate* a vendere le loro terre ai vincitori ed a coltivare le terre cedute. Sorgeva il principio che *l'aria rende schiavi*, per cui il libero, che passava sulla terra di un signore, vi diveniva servo per-

---

(1) MERIVALE, l. c., II, 272.
(2) BROUGHAM, l. c. I, 515.6. Cfr. anche RODBERTUS, *Agr. Entw. Roms*, 266.
(3) HEGEWISCH, *Historisches Versuch über röm. Finanzen*, Altona, 1804, 338.
(4) CIBRARIO, l. c., I, 27.
(5) KINDLINGER, *Geschichte der deutschen Hörigkeit*, Berlin, 1818, 60.

petuo; era questo il « diritto d'albinaggio », il quale svolgevasi come prodotto della insaziabile fame di lavoratori, che esagita la proprietà sotto l'impero della terra libera (1). Dovunque, chi non aveva proprietà fondiaria, non era libero e veniva costretto al servigio (2). Nel borgo di Wolen, Gontrano costringe a forza gli uomini liberi, che gli hanno affidata la sovranità signorile delle loro terre, a lavorare la sua, minacciandoli di togliar loro ogni avere in caso di resistenza (3). Un Capitolare di Carlo Magno del 791 prescrive: Placuit nobis ut illos homines liberos comites nostri ad eorum opus servile non opprimant (4). Ed un Capitolare dell'801: Audivimus etiam quod iuniores comitum... operas collectionis frugum, arare, seminare, runcare, carrucare... a populo per machinationes exigere consuevere (5). Il codice dei Borgognoni insegna che presso questo popolo la presunzione legale era che tutti gli *advenae* fossero degli schiavi fuggitivi ; onde Lodovico il Pio è costretto ad accogliere sotto la sua protezione i profughi spagnuoli, che i conti delle frontiere trattano come dei coloni o degli schiavi (6). Il signore di Pacé ha diritto di far lavorare i calderai, che passano per la sua terra. Le Istituzioni di San Luigi, al c. 85, prescrivono : Se aucuns hom estrange estoit venu ester en aucune chastellenie de aucun baron et il n'avoit fait seigneur dedans l'an et le jour, il en estoit exploitable au baron (7). La guerra più scellerata movesi a quegli uomini eslegi, che non vogliono assoggettarsi ad alcun signore ; ad essi non rimane altro scampo che fuggire nelle foreste, ove traggono una vita selvaggia, perpetuamente minacciata dalla rabida caccia, che contr'essi movono i proprietari (8). Tutti gli sforzi dei signori fondiari tendono a scemare il numero di questi uomini liberi ed a rendere la condizione loro dura per modo, che siano spinti a

---

(1) MAURER, *Einleitung in die Frohn-ecc. Verfass.*, 333.
(2) KEMBLE, l. c., I, 73. SCHUPFER, *L'allodio*, Torino 1886, 78-9.
(3) GUÉRARD, *Polyptique*, I, 218-9.
(4) LEHUEROU, l. c., 605.
(5) CHAMPIONNÈRE, l. c., 474, 482.
(6) LEHUEROU, l. c., 16-7.
(7) MICHELET, *Origines du droit français*, Paris, 1837, 407.
(8) KEMBLE, l. c., II, 441-2. In Russia era questa la sorte riserbata ai servi fuggitivi. Veggasi il bel romanzo della signora ROBERT, *Serfs et boyards en Russie*. — Un fenomeno analogo avveravasi nelle colonie, come narra PARKMAN, l. c.

darsi in servitù; cosicchè « la storia ci presenta nel medio evo, da una parte il servo, che rifiuta la libertà, se non è accompagnata da guarentigie sicure, che stabiliscano canoni invariabili, e dall'altra l'uomo libero, il quale, esausto delle estorsioni signorili, si gitta nella servitù » (1). Onde non senza tristezza esclama Dumoulin : « Recens historia me docuit etiam esse refugium et asylum contra tolerandam tyrannidem hujusmodi servili conditioni, quam manusmortuæ vocant, sese subjicere ». — Questa politica del capitale medievo era indubbiamente favorita dalle frequenti carestie, le quali davano luogo ad una servitù volontaria; poichè durante l' inferire di quelle « subsidebant se pauperes servitio, ut quantulumcumque de alimento porrigerent » (2), ciò che permetteva ai signori fondiari (come già al casto Giuseppe) di ottenere dei servi senza ricercarli. Ma degli uomini, che per tal modo si offrivano al capitale, questo avrebbe assai volontieri fatto dei salariati, anzichè dei servi, che gli davano un profitto limitato dagli stessi metodi di coazione; e se esso non potea farlo, ciò era dovuto alla esistenza di terra libera, che rendeva impossibile estorcere da quegli uomini, in tempi normali, un profitto, ove non fossero saldati alla terra dalle più rigorose sanzioni. E veramente gravi erano queste. Imperocchè anzitutto non poteva il signore vendere il colono senza la terra (3) ed inoltre aveva il diritto d'impadronirsi dei beni mobili del censuario, che lasciava il podere, e conservava il diritto di perseguitarlo. « Vi ha nulla di più spaventevole, esclama Forbonnais, di questo diritto di persecuzione, per dieci anni, contro i coloni che trasportano il loro domicilio in una città libera? » (4). Ma le stesse città libere, ne' primi tempi del medioevo, alleansi ai signori fondiari in queste persecuzioni. « Præterea, così la carta di Laon, nullus extraneus de capite censis ecclesiarum, vel militum civitatis in hanc pacis institutionem (la co-

---

(1) CHAMPIONNÈRE, l. c., 504.

(2) KEMBLE, l. c., I, 159-60. WINSPEARE, l. c., 318.

(3) Cum satis inhumanum est, terram, quae ab initio adscriptitios habebat suis quodammodo membris defraudari et colonos in aliis terris demorantes dominos terrae maximis damnis afficere censemus, ... ita nec adscriptitiæ conditionis suppositus aliquis sibi vindicet libertatem; sed remaneat adscriptitius et inhaereat terrae (Cod. de agr. et cens., § 23). Notisi l'epìteto inhumanum attribuito a cosa per noi umanissima, ma riputata inumana in epoca, in cui riusciva nocevole all'economia nazionale e per questa sola cagione.

(4) FORBONNAIS, Finances de la France, 1, 316.

munità borghese) nisi annuente domino suo, recipietur ». Onde deriva che i coloni non possono che cangiar padrone, poichè il rifugio nei comuni è loro vietato(1). In breve, la politica de' signori fondiari si rivolge, non tanto ad opprimere il servo, quanto a togliergli la facoltà di trasferirsi sulla terra libera; cosicchè la caratteristica della libertà si riduce al diritto di emigrazione e l'uomo libero è definito quegli che ha il diritto di andare ove vuole e donde vuole: « Eam denique pergat partem quamcumque volens canonice elegerit, habens portas apertas » (2).

Ora sulla base di questo servaggio, che così veniva a formarsi, si eresse tutto un nuovo sistema economico, ed in esso vennero a fondersi i caratteri opposti dei due sistemi economici anteriori (l'associazione propria coattiva e la schiavitù) (3), i quali

... s'appiccâr come di calda cera
Fossero stati e mischiâr lor colore,
Nè l'un nè l'altro già parea quel ch'era. —

Infatti non è difficile scorgere che la economia servile presenta le analogie più spiccate colla associazione propria coattiva. Il carattere speciale della servitù è la concessione di una proprietà fondiaria al servo (4); e da questo carattere discende che la proprietà collettiva della terra, la quale è esclusa dalla schiavitù, può coesistere col servaggio. Così nel Galles, in una età molto arretrata, la terra è posseduta in comune dai proprietari del capitale

---

(1) RIVIÈRE, l. c., 288, 311.

(2) GUERARD, l. c., I, 212. La servitù della gleba è dunque il prodotto di un duplice indirizzo; la conversione dei liberi in servi, prodotto della impossibilità della associazione di lavoro spontanea; la conversione degli schiavi in servi, prodotto della impossibilità della associazione di lavoro coattiva fondata sulla schiavitù. Questo duplice sviluppo è assai bene tratteggiato da MARQUARDT, *Privatleben der Römer*, 1879, I, 189-90; SEEBOHM, l. c., 405; RODBERTUS, *Agrarische Entwickelung Roms*, 225, ss.; SAVIGNY, *Römischen Colonat*, 14-16, e già da SALVIANO, *De gubernatione Dei*, V, 8-9: Tradunt se ad tuendum protegendumque majoribus, dedititios se divitum faciunt et quasi circei poculi transfiguratione mutantur. Nam quos suscipiunt ut extraneos et alienos, incipiunt habere quasi proprios; quos esse constat ingenuos vertuntur in servos.

(3) MAINE, *Ancien droit*, 343-4.

(4) Nell'America i servi posseggono un tratto di terra (CREVECŒUR, *Lettres d'un cultitivateur américain*, trad. fr., Paris, 1787, I, 59 e RENNY, l. c., 178). — Non altrimenti nell'Europa « il servo era possessore della sua terra come il conte della sua contea» (COURSON).

e dai lavoratori, servi o coloni (taeogs); ed il prodotto della aratura cooperativa per $\frac{1}{12}$ spetta all'aratore, per $\frac{1}{12}$ al bifolco, per $\frac{1}{12}$ alla reintegrazione del logoro dell'aratro, per $\frac{1}{12}$ al proprietario del vomere e per gli altri $\frac{8}{12}$ ai proprietari degli 8 buoi che traggono l'aratro (1). Non altrimenti nell'Europa continentale i servi posseggono e spesso coltivano in comune la terra ad essi conceduta (2). Per questo modo, benchè la piccola proprietà sia di fatto la monade del servaggio, poichè i servi sono in realtà proprietari coltivatori, pure quel sistema economico sa raggiungere una produzione associata ed una sapiente combinazione di lavoro; poichè l'opera prestata dai servi sulla terra del signore è organizzata sotto la direzione del *villicus, steward, massaro*, mentre poi il lavoro dei servi sui propri poderi è reso efficace dall'associazione, che esiste fra i coloni di ciascun signore e ne disciplina l'attività produttrice (3). Quindi, ove ben si guardi, si scorge che la economia servile non è che una associazione propria coattiva producente sotto il dominio, non più della comunità, ma di un privato proprietario. Ora, se per la associazione di lavoro, di cui forma il substrato, la servitù accresce la efficacia della produzione, essa giova non meno potentemente a tale risultato col migliorare la condizione del lavoratore; dacchè rendendo invariabile la porzione del prodotto consentita al servo, accrescendo il suo benessere, ed assicurandolo da ogni mutazione od arbitrio, essa toglie gran parte di quelle ragioni, che inceppavano l'efficacia del lavoro sotto l'impero della schiavitù (4). La

---

(1) Cfr. Seebohm, l. c., 111, 196.8, 237-8. Una organizzazione non dissimile si riscontra nell'India (Laveleye, *Jahrbücher*, 1885, I, 76).

(2) Lattes, l. c., 294.

(3) Sul carattere organizzatore dell'economia feudale si vegga Delisle, *Études sur la condition de la classe agricole ecc. au moyen-âge*, Evreux 1851, 301. Inama, l. c., 358, 396. Seebohm, l. c., 75, 128.

(4) Vedi Courson, *Cartulaire de l'abbaye de Redon en Bretagne*, Paris, 1863, 283, e Mirabeau, *De la monarchie prussienne*, Londres, 1788, II, 63. Michelet, *Histoire de France*, 1879, VIII, 7, avverte: « La coltivazione, già assai difficile, non poteva aver luogo che in quanto il colono fosse in realtà quasi libero. » Benchè meno copiosa che quella degli schiavi, l'alimentazione dei servi era più che soddisfaciente. Sulla copiosa alimentazione dei servi presso i Sassoni,

condizione vantaggiosa fatta al servo rende meno necessario di
sottoporre ad una sorveglianza accurata il suo lavoro e possibile
di affidare alla coltivazione di servi isolati le terre lontane, su
cui non può giungere la sorveglianza dei preposti collocati sul
podere centrale. Quindi la servitù rende possibile di coltivare
terre sterili o lontane, che la schiavitù renderebbe incoltivabili.
Inoltre, elevando la condizione del produttore, la servitù consente l'impiego di stromenti perfezionati ; e di questa influenza
benefica della economia servile sulla produzione è documento il
rifiorire delle colonie, ove l' introduzione dei perfezionamenti
industriali, che la schiavitù rendeva impossibile, si diffonde appena istituita la servitù (1). Nelle Indie occidentali, solo dopo l'a-
bolizione della schiavitù viene introdotto il primo aratro e ben
tosto la produzione agraria presenta un rigoglioso progresso (2).
Non altrimenti nell'Europa medievale la servitù provoca un vigoroso progresso degli stromenti produttivi ; e la risurrezione della
classe non agricola, come il parziale risorgere dell'economia del danaro, si avvertono all'indomani della formazione delle signorie
sulla base del servaggio (3). Il rigoglioso sviluppo cagionato dalla
nuova forma economica nell' agricoltura trova la sua dimostrazione nel regresso della intensità della coltivazione al principio
dell'età feudale, in cui dalla coltivazione alterna, generale nella
età romana, si procede alla coltivazione triennale, notoriamente
meno intensiva ; e ciò spiegasi appunto, perchè i perfezionamenti
tecnici consentono un aumento di produzione, che rende possibile una attenuazione nella intensità della coltura (4). — Ma ben
più che per le precedenti influenze, l'economia servile differisce
dalla schiavitù pelle sue influenze sulla popolazione. Se infatti lo
schiavo, soggetto a una oppressione sistematica, è necessariamente
colpito di sterilità, non altrettanto avviene del servo, di cui la
condizione è ben diversa e men sciagurata ; onde la necessità

KEMBLE, l, c., l, 175. — In Russia era comune il proverbio: « Il mugik lavora
da schiavo, ma si pone a tavola come un re ».

(1) *Memorandum by the acting committee of W. India planters*, 1847,
Parl. Papers, 483.

(2) *Report on apprenticeship*, 4964. *Labouring population in the West
Indies*, 1846, 29.

(3) INAMA, l. c., 439.

(4) Cfr. SETTEGAST, l. c., 268-73.

degli allevatori di operai scompare nella servitù, nella quale la procreazione stessa dei servi basta a dar loro dei successori; mentre per ciò stesso non è necessaria una classe continuamente attiva di cacciatori di servi, poichè i cacciatori primitivi bastano ad assicurare al capitale una provvista permanente di operai. Tuttavia i limiti posti al matrimonio dei servi, il benessere stesso di cui questi fruiscono, e più la loro condizione di proprietari terrieri, ne elevano il costume e ne rallentano la procreazione; onde la economia servile è contraddistinta da un coefficiente di procreazione rigorosamente limitato, poichè ogni servo non ha, in media, che due figli, quindi da un debolissimo incremento della popolazione (1).

Ma se per tali riguardi la economia servile si differenzia dalla schiavitù, per ogni altro rispetto essa presenta di quella forma economica il parallelo più spiccato. Anzitutto, al pari della schiavitù, la servitù è un limite della efficacia produttiva; poichè la indissolubilità del lavoratore dalla terra, imposta dalle esigenze della produzione, toglie completamente la possibilità di trasferire i lavoratori dall'una all'altra impresa, imponendo un limite energico alla concorrenza ed alla accumulazione. — Non è quindi meraviglia se le terre di un grado assai depresso di fecondità sono incoltivabili dalla economia servile, e se perciò anche in questa i poderi sono disgiunti fra loro da vasti interstizj incoltivati (2); come non è meraviglia se, sotto l'impero della servitù, lo sviluppo tecnico rimane assai limitato. Nell'America, durante tutto il secolo scorso, ben poche migliorie vennero fatte in ogni specie di stromenti agricoli ed ancora nel 1776, nelle colonie del litorale, l'aratro era tutto di legno, tranne la punta che era di ferro (3). Nè era altrimenti nella manifattura; poichè fino al 1789

---

(1) Sul lento accrescimento della popolazione nel medio evo veggasi Thornton, *Overpopulation*, 126.8, Inama, l. c., 239, 514; Rümelin, *Reden und Aufsätze*, Tübingen, 1875, 315. Guillard, *Statistique humaine*, Paris, 1855, 39. Secondo Lamprecht, l'aumento annuale della popolazione tedesca, che oggi è di 1.4 %, era fra l'800 ed il 900 di 1.1; fra il 900 e il 1000 0.3; fra il 1000 e il 1050 0.45; fra il 1050 e il 1100 0.7; fra il 1100 e il 1150 0.5; fra il 1150 e il 1200 0.4; fra il 1200 e il 1237 0.35. Un aumento energico della popolazione incomincia solo col secolo XVII (l. c., 163-4). La tesi opposta è difesa assai debolmente da Dureau de la Malle, *Population de la France au XIV siècle*, Acad. Inscr. XIV, 1842, 39 e ss.

(2) Inama, l. c., 280.

(3) Bolles, *Ind. hist.*, 13 e ss.

il lavoro industriale americano riducevasi ad un sistema di operazioni manuali isolate, e vivono oggi ancora in America persone, che nei primi decenni di questo secolo fabbricavano cardi a mano per la filatura, o filavano il cotone e tessevano la tela di tutta la famiglia (1). Ma quelle stesse condizioni dello stromento produttivo e dell'industria, che appaiono nelle colonie di questo periodo, si manifestano nella economia medievale d'Europa. Quale fosse, ad es., la condizione della tecnica agricola nel secolo XII possiamo apprendere da un'opera scritta in quel secolo stesso. — « Habeat etiam rusticus noster (vi si legge) aratrum usibus humanae vitae admodum necessarium, cujus medium sorciatur grave robus, quod usualiter trabem, vel temonem dicimus, quod quasi bifurcando in binas aures procedit. Quoddam tamen aratrum unica aure, vel ansa contentum est. — Procedat etiam robur curvando in burim quae cauda bovis vel aratri interpretatur. Elevetur stiva obliquando, qua regatur aratrum, cui capulus infigatur. Est autem aratrum difficilis regiminis cum antimonia vel in terra gipsea, vel alumpinosa sit impressum, ubi subjugalium juga et retinabula franguntur salingua. *Supponatur dentile, vel dentale, cui vomer, vel vomis infigatur* » (2). Ecco una struttura di aratro affatto simile a quella, or ora additata, vigente nelle colonie. L'aratro normanno (1066-1307) era senza ruote ed avea solo un manico, che l'agricoltore teneva con una mano, mentre coll'altra teneva un bastone, che smoveva le zolle (3). In generale, osserva Rogers, l'aratro era rozzo; le parti più costose di esso erano il vomero e i ferri *pedales*, o le punte di ferro. Di rado usavasi il coltro (4). L'industria di questo periodo era esclusivamente domestica (5) ed insignificante lo stromento di produzione. Nell'epoca sassone (449-1066) troviamo in Inghilterra il molino a mano, il cui uso si protrae per lungo tempo anche nelle vicinanze dei molini ad acqua (6); ed ancora nel 1296 a Colchester il capitale di un falegname non ascende a più di 5 scellini (7).

---

(1) BISHOP, l. c., 11, 14.
(2) Alessandro NECKAM (1157-1217), *Tractatus de utensilibus*, nella Library of nat. antiquities, Lond. 1857 I, 112.
(3) SPENCER, *Descriptive Sociol.*, 61-2.
(4) ROGERS, *History of agriculture*, I, 15. Cfr. LAMPRECHT, l. c. 555.
(5) WACKERNAGEL, l. c., 20.
(6) SPENCER, l. c., 61.
(7) SPENCER, l. c., 61.

Il limite così rigoroso, che la servitù infligge alla concorrenza, fa che in quella forma economica, non altrimenti che nella schiavitù, il valore sia esclusivamente determinato dalla domanda ed offerta e diverga normalmente dalla legge del costo di produzione. Di questo importante fenomeno dell'economia servile sono stupenda dimostrazione le discussioni sul valore, che si impegnarono fra gli economisti russi durante il periodo della servitù. Infatti quei pensatori notavano con meraviglia, come le teorie degli economisti occidentali sul valore fossero affatto inapplicabili all'economia servile. « Il proverbio russo: Dio stabilisce il valore, scrive Ssamarin, è vero quando vi è libertà, non quando il valore è fissato dall'arbitrio degli uomini. Tutti i tentativi intesi a ridurre ad una legge il valore dei prodotti russi son vani, poichè è impossibile determinare il valore del lavoro. Così Wilikin cerca dedurre il valore del lavoro dal valore dei prodotti necessari all'operaio, ma è impotente a determinare quest'ultimo valore; Murawiew vuol dedurre il valore del lavoro servile dal valore del lavoro libero, ma indarno; poichè questo lavoro, oltre che essere assai raro, è compiuto da servi emancipati e tenuti ad un canone, il quale interviene come fattore della loro mercede; onde, lunge che il salario del lavoro libero determini quello del servo, è il rapporto feudale che determina anche il valore del lavoro libero. Da ultimo Pozdianin conclude che la determinazione del valore del lavoro è altrettanto impossibile, quanto la creazione alchimista dell'oro » (1). Nulla meglio che queste vacillanti considerazioni dipinge l'anarchia del valore, che risulta dalla servitù e che si riproduce ad ogni riproduzione di quella forma economica. — Gli è perciò che quelle teorie, che connettono il valore colla materia delle cose e che vedemmo difese nella economia antica, sono rimesse in onore nell'economia medievale dai canonisti, i quali considerano nella moneta la semplice materia, la sostanza palpabile, ma non sanno elevarsi al concetto di un substrato invisibile, il quale ne determini il valore (2), mentre Locke trova che il valore della moneta è dato esclusivamente dalla quantità d'argento

---

(1) Ssamarin, l. c., II, 48-9.

(2) Endemann, *Die nationalœkon. Grundsätze der canonistischen Lehre*, Jena, 1863, 82, 102.

in essa contenuta (1). — Infine è appena d'uopo avvertire che anche la contesa contro il capitale improduttivo, congenita alla schiavitù, si riproduce nella economia servile, e che la guerra contro l'usura vi è tremenda e spietata.

Si riproduce nella economia servile, con più complicati sviluppi, la redistribuzione della ricchezza fra i proprietari e quei lavoratori improduttivi, necessari a garantire la persistenza della schiavitù. Infatti il sistema feudale, istituendo una gerarchia complessa e numerosa di proprietari della stessa terra, crea una fitta schiera di partecipi al profitto, i quali oppongono una compatta falange alle reazioni possibili del lavoratore. Ma la schiera dei difensori del profitto è poi ingrossata dal seguito feudale, che circonda il proprietario di un vigoroso presidio, dai giuristi — i più fieri nemici della classe lavoratrice — e sopratutto dagli ecclesiastici. Imperocchè il clero ha adempiuto nel secondo periodo della soppressione della terra libera quella stessa funzione, che ha compiuto nel primo periodo la classe dei clienti, e, predicando ai volghi poveri la soggezione alla proprietà, ha fornito a questa un poderoso presidio contro le reazioni del lavoratore. Che se nell'epoca greco-romana, in cui esiste una legione di schiavi sufficiente alla produzione, i difensori del profitto proclamano la libertà come regola e la schiavitù come anomalia — nel periodo feudale, in cui il capitale deve procacciarsi i servi coi mezzi meno legittimi, rubandoli alla spicciolata e dovunque, i paladini ecclesiastici del profitto non esitano a negare la libertà ed a proclamare la servitù universale (2). Così nell'India « la polizia ed il clero hanno degradata la classe lavoratrice per modo, da rendere difficile distinguere un *ryot* da uno schiavo » (3). Non altrimenti nel medio evo d'Europa l'opera del clero saldò il colono alla terra, meglio che non valessero a ciò prescrizioni e minaccie; per quanto il popolo non fosse sempre ossequente alla interessata parola ed al precetto di questi difensori del profitto, dacchè, come avverte Michelet, le assemblee superstiziose del sabbato non furono che

---

(1) LOCKE, *Further considerations concerning raising the value of money*, (ed. 1870) 323.

(2) HALLER (*Restauration der Staatswiss.*, 1, 338) riproduce questa teoria, dimostrando logicamente essere conforme a natura il rapporto fra padrone e servo.

(3) BURNLEY, l. c., 7.

una rivolta notturna dei servi contro il dio del prete e del signore (1). Ora il capitale feudale non poteva assicurarsi l'alleanza del clero, se non accordandogli una parte nel reddito; e gli è perciò che nel medio evo, i signori feudali « alimentavano con tributi volontari· quelle folgori ecclesiastiche che talvolta ferivano essi stessi, ma che, lanciate a loro servigio, colpivano sicuramente e mortalmente » (2). Le ampie terre concesse alla chiesa, le elemosine (3), le decime, i tributi, la ricca messe della vendita delle indulgenze, erano queste le varie forme, con cui si compiva la redistribuzione fra il profitto e gli ecclesiastici, che funzionavano a consolidarne le basi (4). Certo, il capitale non tollerò senza grande ripugnanza questi difensori del profitto ed il clero trovò degli avversari negli stessi signori feudali, i quali si avventarono contro i loro sorreggitori ecclesiastici e cercarono rintuzzarne l'avidità ed il potere. È questo il segreto del conflitto fra la proprietà laica e l'ecclesiastica, che riempie delle sue lotte tanta zona della storia feudale, come di quello fra la proprietà industriale e la militare, che scoppia negli Stati dell'Oriente, — e che è soltanto una forma *sui generis* dell'eterno contrasto fra la classe proprietaria del profitto e la classe difenditrice di quella soppressione della terra libera, di cui il profitto è il risultato. —

(1) MICHELET, l. c., XIII, 215. Un perfetto riscontro di questa reazione religiosa dei servi si ha nelle Indie occidentali, ove i *metodisti neri* adunano conciliaboli notturni di servi, e vi predicano una religione tremenda e superstiziosa. — LEWIS, *Journal* ecc. 173-4.

(2) THIERRY, *Histoire de la conquête d'Angleterre*, Brux. 1839, 244. MACAULAY, *History*, I, 88.

(3) LAMPRECHT (l. c., 163-4) attribuisce la enorme quantità dei monaci nel medio evo all'eccesso di popolazione; il che è falso, poichè quei monaci si imponevano alla proprietà e ne ottenevano ampiamente i mezzi di sussistenza. — Lo stesso dee dirsi dei mendicanti. La potenza dei mendicanti francesi (*truands*), che aiutano Luigi XI a schiacciare il feudalismo, è stupendamente descritta da V. Hugo nella *Notre-Dame de Paris*. — Sulla concorrenza fra monaci e mendicanti, i quali ultimi invocano la soppressione dei primi, veggasi PIKE, *History of Crime*, II, 66, 71.

(4) Questi lavoratori improduttivi assumono una gerarchia foggiata su quella dei lavoratori produttivi; ed il rapporto fra i monaci ed i vescovi è essenzialmente identico a quello fra i coloni ed i signori feudali. — Non altrimenti in un periodo successivo, in cui prevalgono le corporazioni di mestiere, la Chiesa stessa appare come una corporazione, il frate laico è equiparato al garzone, il monaco al compagno, l'abate al maestro e il generale al Gran Maestro. Cfr. GUIZOT, *Civilis. en France*, I, 444; ROSCHER, III, 607-8.

Ma per quanto combattuta, la partecipazione del clero al profitto feudale persiste durante un lungo periodo e con essa è assicurato l'asservimento del popolo lavoratore (1).

Se non che giunge infine il momento, in cui la possibilità di questa redistribuzione del profitto feudale vien meno, e con essa è scalzata la base dell'intera economia servile. Infatti, per quanto frenata dalle condizioni organiche della servitù, la popolazione si accresce, e l'aumento della popolazione sospinge la servitù da uno stadio di primitiva mitezza ad uno di crescente ferocia (2). Ora questo peggioramento nelle condizioni del servo rende sempre più sentiti i limiti, che la economia servile infligge alla produzione, mentre la resistenza crescente dei servi, rendendo più prezioso al capitale il presidio dei lavoratori improduttivi, accresce le pretese di questi; onde deriva una degressione del profitto, che bentosto si accentua, così da destare le generali apprensioni (3). Per qualche tempo i signori cercano riparo al scemato lor reddito nelle rapine, nelle estorsioni, nelle aggressioni sulle grandi vie; ma giunge il momento, in cui questi mezzi più non sono sufficienti. Allora, in alcuni paesi, fra cui primeggiano Italia ed Inghilterra, la rapida degressione del profitto genera una *eutanasia* della servitù, ossia induce i proprietari ad abolire spontaneamente un sistema, che non arreca loro più alcun vantaggio. Ma v'hanno invece paesi in cui il capitale, lunge dall'addivenire spontaneo alla abolizione della servitù, appena il profitto da essa consentito diviene inadeguato, tenta reagire contro questo svantaggio, prima col scemare le largizioni alle arti, poi col ridurre il proprio seguito (4), infine coll'escludere i difensori ecclesiastici del profitto da ogni partecipazione al medesimo. Quest'ultima forma di reazione si dispiega in tutte le nazioni d'Europa. Così nell'Inghilterra la grandiosa confisca delle terre ecclesiastiche per opera di Enrico VIII si connette al peggioramento nelle condizioni del

---

(1) Su questa redistribuzione ecclesiastica si vegga WARNKOENIG e STEIN, *Franzosische Staats- und Rechtsgeschichte*, Basel, 1875, III, 304-11. SISMONDI, *Histoire des Français*, 1837, XI, 384. LAMPRECHT, l. c., 675.

(2) SCHMOLLER , *Historischer Entwicklung des Fleischconsums*, Zeitschr. Staatsw. 1881, 350.

(3) Sulla diminuzione progressiva del profitto a base servile ha cifre eloquenti LAMPRECHT, l. c., 621. SCHMOLLER, *Tucherzunft*, 147.

(4) LAMPRECHT, l. c., 850-2.

capitale; il che è dimostrato dal fatto, che essa è preceduta da un incarimento così enorme dei prodotti agricoli, che si crede necessario emanare statuti per mitigare i prezzi delle derrate (1). Ma questo processo si dispiega in proporzioni ben più grandiose nella Germania del secolo XVI, ove costituisce il substrato ai conflitti di quel memorando periodo. Imperocchè omai niuno ignora che la prima origine alla rivolta tedesca contro la chiesa non è già religiosa, bensì esclusivamente economica; che, come avvertiva già Melantone, il conflitto non è questione di fede, ma di proprietà; e che unico intento de' signori e de' capitalisti è di emanciparsi dal giogo della decima e delle contribuzioni ecclesiastiche. Il capitale raggiunge infatti, dopo vario conflitto, l'intento, e spoglia la chiesa de' suoi redditi e delle sue proprietà; ma che avviene? Non appena il capitale trionfante ha soppressa, o ridotta a minime proporzioni la partecipazione degli ecclesiastici al reddito, si veggono questi pretoriani della proprietà abbandonare d'un tratto la loro missione secolare di oppressione del servo e, mutandosi in alleati della gente oppressa, attizzarne la rivolta. — « La rivoluzione dei contadini, narra Janssen, trovò i più veementi istigatori nei membri del basso clero. Non appena, in seguito alla riforma religiosa, le decime e gli altri diritti ecclesiastici vennero in parecchie provincie a cessare, la povertà si diffuse fra i parroci e si fece sempre maggiore. Ora, questi diseredati del reddito parteciparono con crescente veemenza alla rivoluzione servile. Alcuni seguirono di mala voglia le torme irruenti dei coloni, ma i più assunsero di propria volontà la parte di cappellani, consiglieri, cancellieri, o capi dei ribelli, e non pochi spinsero di propria mano alla rivolta i contadini dei loro villaggi. — Fu solo per virtù di questa alleanza fra il clero e le classi agricole, scrive un cronista di que' tempi, che i coloni poterono avventurarsi a rifiutare ogni canone ai loro signori, e si levarono a riscossa, impadronendosi di tanti chiostri, saccheggiando tanti castelli, riducendo tanti palagi a ruina » (2). Per tal

---

(1) Eden, l. c., I, 99.

(2) Janssen, *Geschichte des deutschen Volkes*, 8ª ed., Freib. 1882, II, 349, 393, 438, ecc. Io cito questo libro, malgrado il suo carattere notoriamente tendenzioso, poichè su questo punto le fonti vi sono correttamente interpretate. — Del resto si confronti Jörg, *Deutschland in der Revolutionsperiod*, Freib. 1851, 191 e ss., il quale dimostra come la reazione dei grandi signori contro la chiesa

modo la diminuzione del reddito a base servile, sopprimendo la partecipazione del lavoro improduttivo a quel reddito, provoca l'alleanza fra il lavoratore improduttivo ed il servo e con essa prepara la dissoluzione della economia servile (1), la quale, dopo un periodo di laboriosa trasformazione, dilegua per dar luogo ad una forma più mite, che ora passiamo ad esaminare, di asservimento del lavoratore.

§ 2. — Trasformazione della economia servile. L'associazione mista coattiva.

a) Inesistenza del profitto dovuta alla libertà del lavoratore.

E qui ci attende un'altra e meravigliosa vicenda di fenomeni, che si presenta con perfetta identità nell'America e nell'Europa.

Nelle colonie, quando la servitù della gleba diviene incompatibile colle esigenze di un'addensata popolazione (2), il capitalista riesce bensì ad associare degli operai liberi, che mettano in opera il suo capitale, ma non riesce però ad ottenere da questo capitale alcun lucro; onde è costretto o a fondare l'associazione mista, o a rinunciare alle delizie del reddito. — Così nella Nuova Brunswick « il condurre una fattoria come mezzo di esistenza è molto vantaggioso, ma altra cosa è il condurre una fattoria come mezzo di lucro. L'opinione prevalente è che il coltivare la terra con lavoro salariato non rende nulla, cioè che in questa provincia l'agricoltura non è un impiego profittevole pel capitale. Ora se la produzione è copiosa ed i prezzi cospicui, eppure la coltivazione non è profittevole, convien dire che il costo di produzione sia troppo elevato. Infatti in quella colonia il lavoro umano è il principale e quasi il solo elemento, che il capitalista agricolo debba acquistare per moneta; ed è ammesso generalmente che solo al-

desse luogo ad un « proletariato clericale », che alleavasi ai contadini e ne suscitava la insurrezione.

(1) LAMPRECHT, l. c., 1231-37. ZIMMERMANN, l. c., I, 125, rileva il fatto che la guerra dei contadini fu preceduta da un incarimento delle derrate. — RANKE, *Reformationszeit*, II, 134 e ss. — MAURER, *Frohnhöfe*, IV, 525 e ss. — Su tutto questo periodo si vegga anche FLOBERT, *De statu et conditione agricolarum gallicana rura colentium.* Lausannae, 1853.

(2) Nell'America del Nord, oltre che dall'aumento della popolazione, la servitù rigorosa è resa impossibile dal protezionismo il quale, accrescendo la domanda di manufatti americani, costringe ad accrescerne la produzione.

l'alto prezzo del lavoro si debba, se è impossibile ottenere un profitto, coltivando col lavoro salariato ». — « Io, prosegue Johnston, rivolsi, a mezzo di una circolare, il seguente quesito alle persone più intelligenti di ciascuna contea: può l'economia rurale, in questa regione, esser condotta col lavoro salariato? Ottenni 50 risposte più o meno diffuse; 25 erano pel sì, 25 pel no. La risposta affermativa veniva da coloro, che poterono fare quattrini coll'impiego del lavoro salariato, la negativa da quelli, che non ne poterono fare, o non ne fecero. La conclusione giusta parmi questa, che mediante energia, abilità e prudenza *eccezionali*, qualità proprie della parte minore della popolazione in ciascun paese, il lavoro salariato può essere impiegato profittevolmente dal capitalista nella Nuova Brunswick, ossia dare un profitto. Quindi per una classe di capitalisti ricchi, che vogliano investire la loro ricchezza nella terra e farla coltivare da altri, vivendo del reddito, questo non è il paese più adatto; ed i capitalisti, a meno che non si diano al commercio, od alle speculazioni bancarie, o non prestino sopra ipoteca a fittaioli ruinati, debbono cercare altra sede » (1). Queste importanti osservazioni ci mostrano come, esistente la terra libera e la libertà del lavoratore, il capitale non possa percepire un profitto, se non quando il capitalista possegga intelligenza ed operosità eccezionali, nel qual caso però il profitto non è più il compenso dell'accumulazione, ma di quelle capacità superiori. — Ed è tanto vero che, in condizioni siffatte, il capitale non può, dagl'impieghi normali, percepire un profitto, che il capitalista, il quale vuole ad ogni costo percepire un reddito oziando, vedesi costretto ad abbandonarsi ai torbidi lucri dell'usura. Ecco spiegato l'inferir dell'usura nell'età di mezzo; esso non è che una reazione del capitale contro la inesistenza del profitto! Ma non antecipiamo.

Se le rivelazioni di Johnston dimostrano che soltanto qualche capitalista singolarmente operoso ed esperto può, nella terza fase delle colonie, percepire un profitto, un viaggiatore inglese, il quale ha, in quest'epoca istessa, appoderate parecchie terre in America ed ivi compiute alcune esperienze agricole, dimostra coi dati più minuziosi ed esatti l'assoluta impossibilità di un profitto nelle colonie, finchè è libero il lavoratore. « È ammesso da ciascun americano

---

(1) Johnston, l. c., II, 197-202.

esperto, egli dice, che niuno può condurre una fattoria in guisa da ritrarre tanto di che vivere, se non mediante schiavi. Le idee di libertà ed eguaglianza distruggono tutti i diritti del capitalista. Del resto ecco i fatti. Le spese e le entrate del capitalista sopra una delle migliori terre dell'America stanno come segue :

Rotazione di 4 anni con cereali di diversa specie :

	Sterl.	Scell.	Pence
Spese per acre	8	19	11
Prodotto . . .	9	18	3
Reddito netto	0	18	4

« Come appare da queste cifre, il capitalista ha appena di che vivere e la coltivazione non gli dà il profitto necessario, poichè gli operai consumano la maggior parte del prodotto. — Rispetto ad un altro podere, in cui si produce soltanto grano, noi troviamo le cifre seguenti:

	Sterl.	Scell.	Pence
Spese per acre .	7	17	6
Prodotto	5	10	
Deficit.	2	7	6

« Queste cifre ci rivelano un *deficit*, e ci fanno chiedere come mai un capitalista possa vivere del reddito di questa fattoria? Ei lo può soltanto, quando vi lavori egli stesso co' suoi figli, ed in tal caso ottiene, in 4 anni, un reddito di 318 sterline, le quali bastano al sostentamento della famiglia. Ma questa necessità che il capitalista, il quale vuole ottenere un reddito qualsiasi , contribuisca col proprio lavoro all'impresa, appare colla più completa evidenza dalla seguente tabella, relativa ad una delle terre migliori:

	Sterl.	Scell.	Pence
Rotazione di 4 anni — Spese per acre	24	5	$5\frac{1}{2}$
Prodotto . . .	27	1	3
Reddito netto .	2	15	$9\frac{1}{2}$

« Da queste cifre appare, che al capitalista rimangono 2 st., 15 sc., $9\frac{1}{2}$ pence per *acre* di profitto, da una terra di 40 ad 80 acri. Ma gli è solo, perchè il capitalista lavora al pari del salariato ed è pagato pel suo lavoro, che esso può guadagnare il suo pane; *in caso diverso le spese di produzione assorbirebbero l'intero suo profitto.* Un inglese, che arava la mia terra, così conclude Parkinson, mi affermava che se un americano facesse della sua terra quel ch'io facevo della mia e pagasse tutti i sabati tanti salari quanti io ne pago, sarebbe in due anni ruinato » (1). — Ma si opporrà forse che Parkinson, nella sua qualità d'inglese, potrebbe aver considerata l'America con preconcetti pessimisti? Ebbene leggiamo ciò che R. Peters, un fittaiolo americano assai riputato, scrive a Giorgio Washington: « Nelle provincie, che non hanno schiavi, il capitalista e la sua famiglia fanno essi medesimi la maggior parte del lavoro sulle loro terre. Questa è la ragione, per cui essi possono trarne qualche reddito e vivere agiatamente. Che se invece ogni lavoro agricolo fosse prestato per salario, poche terre nella Pennsilvania renderebbero un quattrino » (2). Ascoltiamo ancora un relatore ufficiale, lo Strickland, il quale, sullo scorcio del secolo passato, venne incaricato dal governo inglese di studiare le condizioni agrarie dell'America settentrionale. « Io sono incapace a scoprire come possa ottenersi un profitto dalla coltivazione del grano in America; ove i capitalisti non posseggano la terra e gli schiavi che la coltivano, essi debbono abbandonare ogni aspettativa di un profitto pel loro capitale » (3). « Io credo, soggiunge il commentatore dello Strickland, che pochi esempi si diedero, in cui un piantatore della Virginia siasi nemmeno sognato di attendersi un interesse specifico dal suo capitale » (4). Sessant'anni più tardi, Olmsted avvertiva con meraviglia lo stesso fenomeno, e soggiungeva che nella Carolina del Nord nessuno continuerebbe a produrre trementina, se dovesse pagare salari (5). Il tabacco, avverte a sua volta Russell, non può esser coltivato con salariati (6). « Senza schiavi le piantagioni rimangono prive di valore » (7). Nel Massachusets gli eccessivi salari fanno sì che molti preferiscano abbandonare la loro impresa ed i loro stromenti agricoli (8).

---

(1) PARKINSON, *A tour in America in 1798, 99 and 1800*, London, 1805, 383-98.

(2) WASHINGTON, l. c., 76.

(3) STRICKLAND, l. c., 154.

(4) TATHAM, *Comunications concerning agriculture of Un. St.*, London, 1800, 46,47.

(5) OLMSTED, *Slave states*, 335. *Back country*, 295.

(6) RUSSELL, l. c., 141.

(7) FEATHERSTONHAUGH, *Excursion through the slave states*, London, 1844, I, 127.

(8) *Records' of Massachusets*, 1, 326.

Nella Nuova Netherland, appena s'iniziò il salariato, la coltivazione fu ristretta a poche terre (1) ed in generale, dopo l'emancipazione degli schiavi, i terreni sterili si dovettero abbandonare, poichè non davano più un sufficiente profitto (2). « Informazioni da me attinte da mercanti dell'ovest d'America, scrive un viaggiatore distinto, affermano che nell'Ohio, quando il grano si vende a 70 *cents*, i coloni possono impiegare lavoro solo nel tempo della mésse, e quando il prezzo scende a 60 *cents*, pochi fra essi possono impiegare lavoro in qualunque tempo » (3). Un tale, che possiede più di 100 acri di terra, è miserabile, poichè non ne trae alcun profitto. Ad un altro coltivatore e proprietario di 150 *acri*, l'alto prezzo del lavoro non consente che tanto da mantenere sè ed i suoi figli, *ma purchè egli ed essi tutti prestino l'opera nella produzione*. In Nebraska una vedova tedesca possedeva 80 acri coltivati a grano e 16 a maiz; ma essa dovea pagare salari così elevati, che, ad ottenere un reddito qualsiasi dalla sua terra, si vide costretta a porsi essa medesima al lavoro (4). Un tale Garrard acquistò 150 acri a poca distanza da Pittsburg e cominciò a farli coltivare da salariati inglesi. Il fiasco fu completo. Egli poteva bensì vivere sul suo podere, senza scemare il suo capitale, ma non però ottenerne alcun soprappiù; onde approfittò di una espropriazione per pubblica utilità, per liberarsi di quella terra (5). « In tutta America, così uno scrittore riassume queste interessanti rivelazioni, non vi ha nemmeno l'idea del rapporto fra capitalista e salariato, e non vi ha altra differenza di classe, che quella che intercede fra forte e debole o fra padrone e schiavo » (6).

Questi sorprendenti fenomeni non sono particolari all'America del Nord, ma si riproducono in ciascuna colonia. Delle Indie occidentali così discorre un testimonio oculare: « Ove s'impiegano soltanto dei negri liberi, io dubito assai che una manifattura, od una fattoria, possa essere condotta con un profitto qualsiasi (with any profit). I salari son così elevati, che assorbono i profitti del

---

(1) *Collections of the N. York histor. soc.*, 1849' IIª parte, 345.
(2) *Labouring population in W. Indies*, 1845, 142.
(3) TREMENHEERE, *Notes on public subjects in Un. St.*, Lond., 1852, 71.
(4) CURLEY, *Nebraska*, Lond. 1875, 155.
(5) STUART, l. c., II, 299.
(6) SMYTH, *Tour in the Un. St.*, Lond., 1784, I, 330.

capitalista in modo ruinoso. Il capitalista bianco, proprietario di terre, edifici e macchine, essendo incapace a costringere al lavoro l'operaio libero, o a dargli salari, che ne stimolino l'energia, cade ben presto in povertà od in ruina, poichè il suo capitale gli accorda poco più che la sussistenza » (1). A S. Vincenzo « disgraziatamente il profitto derivante dall'incremento della produzione, dovuto all'abolizione della schiavitù, è più che bilanciato dall'elevatezza dei salari, che assorbe i profitti e fa di varie proprietà delle Indie occidentali un impiego improduttivo » (2). Le pittoresche piantagioni della colonia di S. Lucia non compensano le spese di coltura, e vengono abbandonate universalmente ai negri liberati (3). « In Trinità, scrive Burnley nel 1842, tutti i proprietari dipendono, in una misura prima ignorata, dall'arbitrio dei lavoratori, i quali fissano le condizioni del contratto di lavoro e le mercedi, e riescono a distruggere i profitti del capitale » (4). Un aumento nel prezzo dello zucchero non è di vantaggio sensibile al piantatore, poichè questi deve elevare in esatta corrispondenza i salari (5). Ne deriva che assai pochi poderi, dopo aver compensate le spese, lasciano un interesse al capitale (6). A H. N. Huggins, piantatore, si chiede: qual profitto attendete voi in quest'anno dalla vostra produzione di zucchero ? In conseguenza degli elevati salari e dello stato del mercato — egli risponde — temo che soffrirò una perdita di 1000 st. ; e tuttavia proseguo nella coltivazione, poichè una interruzione peggiorerebbe le condizioni del podere ed esigerebbe poi grandi spese per la ripresa della coltura (7). Nella Giamaica, tutto il lavoro salariato è tanto di perdita pel piantatore (8). In Tortola, il negro liberato accondiscende a lavorare continuatamente solo per salari così elevati, che il piantatore *anche sui terreni migliori non può ottenere alcun profitto pel suo capitale* (9). I Direttori della *British, irish*

---

(1) VINDEX, l. c., 84.
(2) *Reports on Colonial Possessions*, 62-63.
(3) Ib., 85.
(4) BURNLEY, l. c., 46.
(5) Ib., 49.
(6) Ib., 55.
(7) Ib., 104.
(8) *Permanent remedy*, 17.
(9) *Edinburgh Review, Selections*, V, 396.

and colonial silk Company volevano estendere la produzione
della seta alle isole delle Indie occidentali, ma si trovò che il
prezzo del lavoro opponeva un ostacolo insuperabile ad ogni tentativo di questa fatta (1). Infine così riassume la *Quarterly Review* questi sorprendenti fenomeni: « Non esiste alcun precedente
di negri liberi, che abbiano compiuti i lavori necessari alla coltivazione, in guisa da assicurare un profitto al loro imprenditore» (2).
Di qui la crisi generale, la quale colpisce gl'imprenditori, che non
impieghino l'opera propria nella produzione e che si diffonde nelle
Indie occidentali all'indomani della libertà (3).

Che fatti simili si avverino nell'Australia, è ciò di cui nessuno
vorrà meravigliarsi. « È certo che durante il primo periodo di
quella colonia (1788-1818) la terra non rendeva il profitto corrente del capitale richiesto a porla in coltura» (4); ed anche nel
periodo successivo « il rinascere della prosperità nell'Australia
portò con sè una forte domanda di lavoro, che elevò il saggio dei
salari, così da render nullo il profitto » (5). Nella Nuova Galles
del Sud i salari dei pastori sono spesso ruinosamente elevati,
poichè ascendono talora fino ad 1 sterlina per settimana; e ne risulta uno stato di bancarotta universale, per cui, nel solo anno
1843, 600 persone si valgono della legge di insolvenza (6). In Vittoria, probabilmente ¾ dei fallimenti nell'agricoltura debbono
attribuirsi alla insufficienza del prodotto del lavoro giornaliero
commisurato ai salari giornalieri degli operai agricoli (7). Nella
colonia di Tasmania, raffrontate le condizioni dell'agricoltura nel

---

(1) Ib., 419.

(2) *Quarterly Review*, vol. X, 1824, 14. « Se noi guardiamo alle foreste
americane, ove le famiglie si moltiplicano rapidamente, ove, eccetto che nelle
città, nessuna parte del reddito annuale è accumulata e posta a frutto, dove i
lavoratori hanno ampi possessi e parecchi stromenti, che essi usano a proprio
vantaggio, ma dove sono relativamente pochi quelli che lavorano pel profitto
del capitalista, — troviamo che una nazione può crescere in ricchezza anche
senza l'interesse del capitale. » HODGSKIN, *Popular political economy*, London,
1827, 257.

(3) *Memorandum ecc. of* W. *India planters*, 464.

(4) LANG, *Land and labour in Australia*, Melbourne, 1845, 7.

(5) WESTGARTH, *Australia felix*, Edinb., 1848, 267.

(6) *New South Wales*, Lond., 1849, 62. Lo stesso avviene nel 1831. Cfr.
FLANAGAN, l. c., I, 338-40.

(7) *Victoria government* (Prize Essays), Melbourne 1861, 256.

1870 e nel 1878, si trova che le terre a grano sono in questo periodo scemate del 22.42 %, le terre ad orzo del 55.26, quelle ad avena del 4.19, quelle a patate del 13.03 %. Quale la causa di questo regresso? « È sentenza comune, risponde la relazione ufficiale, che le cagioni di questi fatti riassumonsi in ciò : che finchè *il prezzo del lavoro eccede il prezzo del prodotto del lavoro*, non può sperarsi che l'agricoltura proceda. È perciò che il capitalista abbandona la produzione su larga scala e si rivolge alla piccola coltura » (1). Ma dobbiamo rinunciare al pensiero di addurre altri e notevolissimi esempi della impossibilità del profitto automatico nelle colonie, poichè la nostra attenzione è richiamata da un novello fenomeno, che è conseguenza del precedente. Gli è che la inesistenza del profitto genera come necessario risultato una accumulazione insufficiente. — La diffusione stessa della mezzeria, che già vedemmo compirsi nelle colonie, è in parte dovuta al difetto di capitale, che vieta ai piantatori di condurre l'impresa con operai salariati (2). Infatti se osserviamo ad es. le Indie occidentali, troviamo che in esse non si ha soltanto difetto di lavoro, ma di capitale, e che i negri, ben disposti a lavorare nella costruzione delle pubbliche vie, ricusano di entrare al servigio di privati proprietari, poichè sanno che da questi debbono attendere lungo tempo la mercede (3). Perciò il dottore Norton Shaw crede che una forte importazione di operai in quelle colonie sarebbe perniciosa, poichè mancherebbero i mezzi onde pagarli (4). Le dannose conseguenze derivanti dalla impotenza dei più poveri fra i coloni a pagare il lavoro non gratuito dei *convicts,* od anche a sborsar le mercedi del lavoro regolare, non sono meno gravemente sentite nella Nuova Galles del Sud, ove si assiste, nel 1814, alla dispersione abusiva dei *convicts* in cerca d'impiego in provincie remote (5); ad impedire la quale, lo Stato deve fornire al colono parte del capitale necessario (6). Alla impossi-

---

(1) *Statistics of the colony of Tasmania*, 1878, XXIII.

(2) Nella Gujana , ove i negri erano avversi alla mezzeria, e aderivano a lavorare solo per un salario elevatissimo , la terra rimaneva incolta perchè i proprietari non avevano capitale, con cui pagare le mercedi. — Cochin, loc. cit., 119.

(3) Sewell, l. c., 194.

(4) *Heads of a plan*, 248.

(5) *Reports of the Commissioner of Inquiry on N. S. Wales*, 1822, 75.

(6) Lang, l. c., 7.

bilità del profitto ed al difetto di capitale dee pure attribuirsi il fatto, che per sì lungo tempo la grande industria non abbia trovata ospitalità nelle colonie. Non può aversi finora in America, nota Birkbeck nel 1819, molto capitale da risparmiare per le manifatture (1). « È in gran parte dovuto alla sproporzione fra il numero dei nostri abitanti ed i vasti tratti di terra che rimangono incolti, se l'America non ha ancora altre manifatture che quelle indispensabili all'esistenza. Il successo della manifattura del ferro nell'America è impedito o scoraggiato dal difetto di operai, e da questo soltanto » (2). Nella Nuova Scozia, per il costo e la scarsità del lavoro, per la mancanza di mercati, ecc., l'agricoltura è rattrappita, le manifatture procedono solo lentamente, il diboscamento con estrema fiacchezza ed ancora nel 1847 le macchine a vapore e le fabbriche vi sono ignorate (3). Fino al 1791, fatta eccezione per alcune gualchiere, non vi sono macchine negli Stati Uniti. « Una difficoltà, che si oppone all'introduzione di industrie negli Stati Uniti è il difetto di capitale », così, nella sua celebre relazione, esprimesi l'Hamilton; il quale descrive l'industria americana dello scorcio del secolo passato come costituita soltanto di piccole imprese, o di manifatture domestiche. La sola obbiezione plausibile allo stabilimento di grosse manifatture in quest'epoca è la carestia e la scarsità degli operai (4), ed ovunque si deplora l'eccessivo costo del lavoro, che comprime lo sviluppo industriale (5). « Ancora nel 1765 la manifattura è della maggiore semplicità ; ed anche immediatamente dopo la rivoluzione, l'industria tessile non abbandona il suo carattere domestico, per quanto venga emancipata dalle proibizioni britanniche. Manca il capitale per costruire officine ; e sebbene col 1790 si inizii uno straordinario sviluppo dell'industria tessile, e benchè lo Slater introduca a quest'epoca la grande industria della filatura del cotone, il censimento del 1810 dimostra che la manifattura della tela è

---

(1) BIRKBECK, *Notes on a journey in America*, Lond., 1819, 32.

(2) *Collections of N.-York historic. soc.*, 1829, IV, 278.

(3) GESNER, *Industrial resources of Nova Scotia*, Halifax, 1849, 14. KENNEDY, *History and statistics of Maryland*, Washing., 1852, 7. MONTGOMERY MARTIN, *The british Colonies*, 179.

(4) HAMILTON, *Report on the subject of manufactures*, 5 dicembre, 1791, Lond., 1793, 58-9.

(5) ANDERSON, *Origin of Commerce*, Lond., 1732, III, 190 e ss.

tuttora per la maggior parte compiuta dall'industria domestica, la quale, secondo Gallatin, produce ²/₅ delle vesti e dell'intovagliato consumati agli Stati Uniti. Nulla monta che già siansi inventate le macchine a filare, la macchine a vapore, il *nap cutter* ed altre macchine ingegnose; poichè la manifattura domestica è cosa, a cui il popolo rinuncia difficilmente » (1). Diciassette anni più tardi le cose non sono progredite d'assai; dacchè il capitale investito in manifatture nella città di Nuova York è nel 1827 di soli 1.780.950 dollari; cifra che dimostra abbastanza come la manifattura si limiti al solo necessario (2), e prova anche una volta come lo sviluppo tecnico non abbia alcuna influenza a determinare la costituzione industriale di un'epoca, la quale è esclusivamente il prodotto delle condizioni storiche della popolazione o della terra.

Ma se il nostro pregiudizio dottrinario della eterna necessità del profitto rimane scosso di fronte a questi fatti, che dimostrano la inesistenza e la impossibilità del profitto nelle colonie di questo periodo, esso viene poi a crollare innanzi alla dimostrazione della inesistenza ed impossibilità del profitto nell'èra di mezzo, cioè in quell'epoca d'Europa, in cui le condizioni territoriali sono identiche a quelle della terza fase delle colonie. Così in Inghilterra nel 1349 le spese dell'agricoltura eccedono i redditi (3) ed ancora nel 1544 il capitale non può ottenere alcun profitto dalla coltivazione della terra mercè operai salariati (4). Ma ben più ragguardevole è la forma, che assumono questi fenomeni nelle industrie cittadine. Infatti, i limiti, che la servitù impone alla produzione, riescono assai più e prima molesti nell'industria manifattrice, che nella rurale, e quindi quel sistema economico riesce nella manifattura impossibile, appena la popolazione crescente esige l'impiego di perfezionati metodi produttivi. Al tempo stesso l'oppressione sistematica, che è facilmente trionfante del servo agricolo abbrutito e moralmente schiavo, mal giunge a dominare il lavoratore industriale, più squisito ed avido di libertà. Perciò ad un certo stadio nell'aumento della popolazione, la prosecuzione della manifattura nelle *ville* feudali per opera dei servi diviene inadeguata, come diviene impossibile trattenere nel ser-

---

(1) BOLLES, *Industr. hist.*, 375, 406, ecc.

(2) *Collections Maine historical soc.*, 1831 e ss. VI, 44.

(3) ROGERS, *Six Centuries*, ecc. 232.

(4) HUME, *History of Engl.*, Lond. 1782, VI, 273-7.

vaggio gli operai manifattori; i quali, fuggendo i loro signori ed affluendo alle città, vi formano i primi nuclei di produttori indipendenti. Ma come nelle colonie di questo periodo, così d'attorno alle città medievali la terra è libera a tutti i cittadini e ciascuno di questi ha la sua parte nella marca divisa ed indivisa (1). Ora i documenti più meritevoli di fede ci accertano che, sotto l'impero di queste condizioni territoriali, si inizia, benchè in una forma barbarica, e sotto una vigorosa coazione, una associazione di lavoro fra il capitalista operaio e l'operaio semplice, o una *associazione mista* (2), la quale esclude il profitto del capitale. Ascoltiamo il Schönberg, che ha studiato con tanto amore i rapporti economici delle corporazioni medievali. « I singoli produttori, che compongono la corporazione di mestiere, non sono — e questo è il loro carattere distintivo — imprenditori, ma sono lavoratori; la libera disposizione del lavoro d'un certo numero di operai da parte di un capitalista, questa premessa dell'impresa moderna, non è consentita ai membri della corporazione; *il capitale stesso non ha, come tale, alcuna potenza di acquisto, nè alcuna parte nel reddito*. Il reddito che gli artigiani percepiscono non ha dunque natura di profitto; ed ove si volesse classificare quel reddito sotto una delle moderne categorie economiche, non si potrebbe definirlo che come *reddito di lavoro* (Arbeitgewinn), benchè però esso non sia per nulla comparabile al salario moderno, adeguato ai consumi necessari del lavoratore » (3). « I ruoli dell'imposta di Basilea, osserva lo stesso scrittore, confermano novellamente questo risultato, che il reddito degli artigiani nelle corporazioni del medio evo è essenzialmente reddito del lavoro, non reddito dell'avere (Vermogensrente)» (4). « Dai regolamenti delle corporazioni, così uno scrittore autorevole, può dedursi un principio importante, sul quale esse poggiano. L'intero lavoro delle corporazioni è diviso in sezioni, e ciascuna sezione ha la sua parte assicurata nel prodotto totale. Le corporazioni sono quindi nulla più che associazioni di la-

---

(1) MAURER, *Städteverfassung*, 11, 195-9. VANDERKINDERE, *Le siècle des Artevelde*, Brux. 1878, 59-60.

(2) Cfr. vol. I, p. 14.

(3) SCHÖNBERG, *Wirthschaftliche Bedeutung des deutschen Zunftwesens im Mittelalter*, Berl. 1868, 65, 79.

(4) SCHÖNBERG, *Finanzverhältnisse der Stadt Basel*, Tübing., 1879, 139.

voro » (1). Con ciò si accorda il fatto, che nei ruoli delle industrie si richiede sempre il lavoro del maestro e che questo è sempre designato come un lavoratore, il quale presta l'opera ad un salario determinato; onde ancora nel XIII secolo, nel *Livre des métiers*, il termine *ouvriers* designa egualmente i maestri e gli apprendisti (2). Appunto perchè i maestri non sono che operai salariati, anche i non maestri, se ne hanno l'abilità, possono compiere il lavoro dei maestri; e perciò non è meraviglia se il maestro ammalato vien sostituito da un lavoratore a spese della corporazione (3). La differenza fra compagni e maestri è meno una differenza di condizione che di età (4) e come nei primi tempi delle colonie il salariato diviene ben tosto artigiano indipendente, così nel medio evo il compagno diviene, trascorso un anno, maestro (5). Ora anche questo fatto dimostra che i maestri non sono che operai salariati; ed infatti gli è solo perchè il loro compenso consiste esclusivamente nel salario del lavoro (6), che essi, purchè trovino lavoro, non hanno alcun interesse ad impedire ai compagni di assurgere a condizione indipendente. Del resto il fatto, che i maestri siano nulla più che operai salariati, non ha d'uopo di una dimostrazione indiretta; esso è scritto a caratteri indelebili nella storia industriale del medio evo. Assai sovente il salario del maestro è esattamente eguale a quello dell'operaio semplice. Così « ancora nel secolo XV, osserva Stahl, sono frequenti le associazioni fra i maestri ed i compagni, nelle quali essi lavorano insieme e *dividono a mezzo il prodotto* » (7). Nè diversa appare la cosa nei nostri statuti, dacchè lo Statuto di Faenza prescrive: « Fabri lignarii pro magistris matriculati et muratores pro eorumdem opera a cal. Martii usque ad cal. Novembris accipere possint solidos 7 boñ, alio autem tempore prefati magistri et muratores solidos sex » (8).

---

(1) Mone, *Zunftorganisation von XIII bis XVI Jahrh.* nella *Zeitschr. für die Gesch. des Oberrheins*, XV, 1863, 17.

(2) E. Boileau, *Livre des Métiers*, ed. Paris, 1879, CXI.

(3) Janssen, l. c., I, 329.

(4) Roscher, III, 602.

(5) Maurer, *Städteverf.*, II, 355.

(6) Intendiamo qui per *salario* il compenso del lavoro, non già la forma specifica, che esso assume col cessare delle terre inoccupate.

(7) Stahl, *Das deutsche Handwerk*, Giessen 1874, I, 340 e ss.

(8) *Faventiae ordinamenta novissime recognita*, 1524, 65.

Nell'Alsazia troviamo gli stessi fenomeni. A Mulhouse, nel 1457, gli operai falegnami hanno lo stesso salario che i padroni; a Colmar, nel 1592, padrone ed operaio ottengono eguale compenso; e questa identità di rimunerazione perdura ancora a Basilea nel 1711 (1). « Dovunque l'intento supremo è di stabilire l'eguaglianza proporzionale fra tutti i membri dell'industria » (2). Ma dove pure il maestro riceve un salario maggiore, in ragione del suo lavoro di sorveglianza, nulla esso percepisce per la sua accumulazione, benchè fornisca gli strumenti, l'officina ed i viveri. Così il Regolamento della Corporazione dei costruttori a Lubecca determina il salario tanto dei *maestri*, che dei *compagni*, mostrando con ciò come in questa industria i maestri non siano che operai salariati (3). Così lo Statuto di Pistoia limita a 3 soldi il salario giornaliero dei maestri legnaiuoli e tagliapietre, a 18 denari quello dei garzoni (4). Nel *Chronicon Preciosum* al maestro non si accorda che un salario e nulla più (5). Non altrimenti nel Belgio. Nell'*Ordinanza* della città di Iprés, del 1280, sta scritto: « Pour les estanfors d'un jour on paiera 4 sols 4 deniers, dont les valets auront 39 deniers et les maîtres 13 deniers; pour les estanfors de 2 jours, 6 sols, dont les valets auront 5 sols et les maîtres 12 deniers ». Un'altra ordinanza reca: « De chaque drap que l'on tondra, le maître aura 12 deniers et le valet 8 et de chaque drap d'estanfors, ou demidrap, le maitre aura 10 deniers et le valet 8 deniers » (6). Il tessitore, che avea la parte principale, non possedeva, almeno nei primi tempi, che un solo telaio e vi lavorava con un *valet* o *compagnon*; ma padroni ed operai erano pagati a cottimo ed al medesimo saggio. Il regolamento del mestiere dei tessitori a Bruges stabilisce: ad ogni 5 danari di prodotto, ne spettino 3 al maestro e 2 al garzone; ora il maestro forniva lo stromento e l'edificio (7) ed inoltre esercitava l'opera di sorveglianza. Se pur qualche volta il salario del maestro poteva salire fino al doppio di quello dell'operaio semplice, non era questa che una rara

---

(1) HANAUER, *Études économiques sur l'Alsace*, Paris, 1878, II, 415-16.
(2) VANDERKINDERE, l. c., 113.
(3) WEHRMANN, *Alteren Lübeckischen Zunftrollen*, Lubeck, 1872, 218.
(4) *Statutum ecc., Pistorii*, ed. ZDEKAUER, Mediolani, 1888, 159.
(5) *Chronicon Pretiosum* by FLEETWOOD, Lond. 1745.
(6) SAINT-GENOIS, *Monuments anciens*, Paris, 1782, I, 678-9.
(7) MOKE, *Mœurs, usages, ecc. des Belges*, Bruxelles, 99-100.

eccezione, poichè in generale il salario del garzone differiva di po-
chissimo da quello del maestro (1), mentre poi questo solo sog-
giaceva alle imposte (2). A Spira nel 1351 gli operai tessitori,
raccolti in associazione, pretesero un aumento di salari, ed inco-
raggiati da un primo successo, riuscirono ad ottenere, per le migliori specie di panno, un salario, che stava come 2 a 3 a quello
dei maestri; fatto questo al quale lo Schanz, che lo narra, fa seguire
una importante considerazione: « la posizione indipendente assicurata al lavoratore nelle città tedesche, egli dice, è possibile solo
finchè esiste la « economia libera », ossia finchè esistono terre
inoccupate» (3). Dovunque, si voleva che il lavoro di tutti, dei
maestri come dei compagni, fosse pagato secondo la durata del
lavoro stesso e ad un saggio preventivamente stabilito (4), e che
il maestro non potesse ottenere alcun profitto dal lavoro dei garzoni. « Per quanti lavoratori esso impiegasse, non poteva mai
percepire che il suo salario. Fu solo nel secolo XVI che i compagni furono costretti a lasciare al maestro una parte del loro
salario, la quale costituì il suo profitto» (5). E tuttavia questa
equa ripartizione del prodotto, che la corporazione di mestiere
assicurava, non iscompariva completamente nemmeno col sorgere
del profitto automatico ; poichè noi troviamo quasi perduta in seno
alla società moderna una forma della corporazione medievale.
Nella prima metà di questo secolo esisteva in Francia, a Lione,
una costituzione industriale, che riproduceva con singolare esattezza quella dell'età di mezzo. In ciascuna officina trovavasi un
maestro (*chef d'atelier*), il quale impiegava un certo numero di
compagnons; a lui stavano a carico le spese di produzione e l'alloggio ed il mantenimento del compagno e della sua famiglia; ed
il capitale da esso anticipato ascendeva talora a 400 franchi. Il
maestro possedeva 5 o 6 telai; da quello che lavorava egli stesso,
percepiva naturalmente l'intero prodotto, ma dagli altri non ritraeva che un salario di sorveglianza, misera mercede che va-

---

(1) Rogers, *History*, IV, 512 e ss.
(2) Boileau, l. c., CXVIII.
(3) Schanz, *Zur Geschichte der deutschen Gesellenverbände*, Leipz., 1877,
9, 109, ecc.
(4) Schönberg, *Zunfte*, 67.
(5) Id., *Zunfte*, 111-13.

riava da un minimo di fr. 1,35 ad un massimo di fr. 55,05 per anno, senza ottenere alcun reddito per la sua accumulazione (1).

Come nelle colonie, così nel medio evo d'Europa l'inesistenza del profitto genera la mediocrità della ricchezza ed il difetto di capitale. Un articolo degli Statuti di Etienne Boileau segnala l'indigenza, in cui molti padroni sono caduti, e da cui molti di essi son costretti a ridivenire garzoni (2). Il titolo dei tessitori di canevaccio contiene a tale proposito una notizia preziosa, poichè constata che circa 35 padroni han dovuto collocarsi come giornalieri per sovvenire alle necessità dell'esistenza (3). Di qui la conseguenza, che in questo periodo il risparmio era quasi ignorato (4); onde un difetto di capitale, che manifestavasi colle più rilevanti influenze. « Nel secolo XVII l'esportazione della lana dall'Inghilterra, era per gran parte il prodotto della scarsezza del capitale inglese, che era insufficiente ad elaborare tutto il prodotto greggio. Il primo ostacolo alla manifattura di questo era la mancanza di persone, che possedessero un'accumulazione sufficiente di ricchezza in una forma trasferibile, con cui si potesse pagare la tassa ed antecipare il capitale per la costruzione degli edifici ed il pagamento delle mercedi. La fabbricazione della lana era limitata alle specie, che erano tessute nelle case dei privati; e poichè la quantità di vesti tessute nel regno era ridotta a modeste proporzioni dalla povertà degli stessi tessitori, così il consumo interno di lana non poteva essere adeguato alla cresciuta produzione. Gli è perciò che, a quanto venne asserito, il re avrebbe prestato senza interesse ai mercanti una parte dei proventi dell'imposta, *ciò che può considerarsi come un metodo coattivo di creazione del capitale mercantile,* quando le condizioni sociali gli movevano ostacolo » (5).

(1) J. Favre, *Mélanges politiques*, ecc. 126.9. È interessante di seguire il riflesso di questa inesistenza del profitto nel sistema tributario. Infatti durante tutto il medio evo la forma consueta di tributo è l'imposta sull'avere, la quale solo nell'epoca moderna è sostituita dall'imposta sul reddito; appunto perchè nell'età di mezzo il capitale non possedeva la preziosa facoltà di produrre un reddito indipendente Cfr. Canestrini, *La scienza e l'arte di stato della republica fiorentina*, Firenze, 1872, 110-11. Vocke, *Geschichte der brit. Steuern*, 507 e ss. Roscher, IV, 306.7.

(2) Boileau, l. c., LXXIV.

(3) Ib.

(4) Vanderkindere, l. c., 134.

(5) Comber, *Inquiry into the state of national subsistence*, Lond. 1808, 89-90. Nicholls, *History of english poor laws*, Lond. 1854, I, 42 e ss.

Infine il difetto di capitale appare dalla necessità, in cui si trova lo stato, di accordare incoraggiamenti e sussidi alla fondazione delle società commerciali (1), come dalla condizione anemica dell'industria nell'età di mezzo, della quale gli scritti più diversi ci dànno notizia (2).

Un fascio di luce è proiettato da queste rivelazioni sui fasti delle colonie e sui complicati e tenebrosi fenomeni dell'êra di mezzo. Anzitutto la impossibilità di un profitto del capitale produttivo genera la necessaria ed immediata reazione del capitale, il quale, avido di conseguire per qualunque modo un provento, si abbandona alle imprese commerciali più dissennate, od alla più torbida usura. Così nell'America, in questo periodo, la speculazione dilaga irrefrenata, impadronendosi d'ogni ramo di commercio; così nella Russia, quando l'abolizione della servitù industriale rende impossibile di ottenere un profitto dalla produzione manifattrice, esso si estorce mercè la redistribuzione; poichè il capitale si dedica alle imprese commerciali e le afforza di monopolj, che gli consentono di carpire un reddito a spese dei consumatori (3). Del pari nella Germania e nell'Inghilterra le grandi compagnie commerciali riempiono delle loro estorsioni e dei loro successi il vasto periodo, nel quale il profitto è impossibile (4), mentre nelle repubbliche italiane il capitale, impotente a conseguire un reddito indipendente nell'industria, si sbizzarrisce, oltre che nell'usura, nelle speculazioni sui debiti pubblici e nelle imprese commerciali più arrischiate (5). Ma queste intemperanze del capitale provocano la guerra delle colonie e del medio evo contro l'usure, ed i commerci. Son note le leggi fierissime, che si emanano contro l'usura dalla Georgia (1845), dall'Illinese (1833), dal Maine (1821), e da molte altre colonie, le quali vietano l'interesse della moneta (6), e più nota ed altrettanto spiegabile è la guerra mossa contro l'usura dall'Europa medievale. Infatti la reazione del capitale che, impotente a conseguire un profitto negli investi-

---

(1) Vedi p. es. THIERRY, *Tiers état*, 1, 254, e STEUART, *Pol. Ec.*, IV, 193-4.
(2) Vedi, p. es., *The advantages of East India trade*, Lond. 1720, 107.
(3) THUN, *Landwirthsch. ecc. in Mittelrussland*, Leipz. 1879, 240-46.
(4) JANSSEN, l. c., I, 398-402.
(5) POHLMANN, PERRENS ecc.
(6) MURRAY, *History of usury*, Philad. 1866, 53, 75 — GRAHAME, l. c., I, 267.

menti produttivi, abbandonasi ai lucri usurari, deve dare per sè stessa impulso ad una legislazione avversa alle usure, poichè suscita il contrasto fra l'impossibilità organica del profitto negli impieghi produttivi e la percezione di un interesse da parte del capitale investito nel mutuo. Invero nulla di più naturale che la impòtenza del capitale produttivo a conseguire un profitto insinui il concetto, che le leggi organiche della economia precludano un compenso specifico al capitale, e che, quando questo percepisca un reddito proprio, non lo possa che mercè una infrazione delle leggi economiche ed un processo furtivo ed usurpatore (1). Di qui la guerra contro l'usura, ossia contro l'interesse del capitale, guerra che un'erudizione impotente osa rannodare ad un passo · della Bibbia, o ad una frase di Aristotele, e che ha cagione nella improduttività organica del capitale industriale. « Nulla di più naturale, osserva Arnold, delle leggi canoniche contro l'usura; esse ci mostrano che il danaro, non avendo ancora alcuna produttività capitalista, non potea recar interesse; onde chi questo esigeva, commetteva un'azione criminosa » (2). Ammettesi bensì nell'età di mezzo che la terra sia produttiva, poichè dà una rendita, e perciò ritiensi legittimo il canone fondiario, od il censo; ma l'interesse è colpito da sanzione, poichè il capitale si ritiene privo di produttività (3). Gli è solo dopo il secolo XIV, quando il lavoro si stacca dalla terra, ed il capitale si sviluppa e divien fruttuoso per colui che lo accumula, gli è solo allora che le leggi contro l'usura vengono a rallentare della loro crudezza. Tuttavia ancora nel sinodo di Besançon del 1571, un secolo dopo la concessione pubblica della compera delle rendite da parte della chiesa, si distinguono le *rentas foncieras* e le *personales*, lecite le prime, le seconde vietate; qualche tempo dappoi Botero non esita ad affermare che il prestito fatto allo stato non deve, in condizioni normali, percepire un interesse (4); e perfino al

---

(1) Chi non rammenta qui le parole del padre Bauny, citate da Pascal, *Provinciales*, Lett. 8? « L'on n'obligerait donc pas peu le monde, si, le garantissant des mauvais effets de l'usure et tout ensemble du peché qui en est la cause, on lui donnait le moyen de tirer autant et plus de profit de son argent, par quelque bon et legitime emploi ».

(2) Arnold, *Geschichte des Eigenthums*, Basel, 1841, 92-4.

(3) Ib., 88 e ss.

(4) Supino, *La scienza economica in Italia* ecc., 1888, 130.

termine del secolo XVII, quando le leggi civili hanno già abolita ogni proibizione dell'usura, non son pochi coloro, i quali considerano l'interesse del capitale come innaturale ed invocano la ristorazione del diritto canonico (1). Ma il capitale industriale non si limita a contendere contro il profitto del capitale usurario, poichè s'avventa eziandio contro quello del capitale commerciale e per ogni guisa si affatica a scemarlo (2).

L'impossibilità naturale del profitto, oltre che nella legislazione, trova evidente riflesso nella teoria, la quale nega tenacemente al capitale ogni virtù produttiva ed ogni titolo ad una speciale rimunerazione. Nelle colonie siffatta dottrina è difesa dal Carey stesso, malgrado le tendenze quietiste di questo scrittore (3), mentre Colton dichiara la teorica europea del profitto e del salario al tutto inapplicabile all'America (4). Ma nell'Europa medievale la teoria della improduttività del capitale dà luogo ad un intero sistema scientifico e forma il centro, intorno a cui si raggruppano le dottrine dei canonisti e dei loro postumi riproduttori, i fisiocrati. Come i primi negassero la produttività del capitale e condannassero l'interesse è ben noto; ma non meno espliciti sono i Fisiocrati, i quali affermano senz'altro essere il capitale per sè stesso sterile ed improduttivo ed essere il profitto, quando esista, nulla più che un risparmio sulla spesa, o l'inesistenza di una perdita (5). Quando il profitto esce da questa forma affatto negativa, osserva Quesnay, esso non è più che un furto (6). Gli industriali, soggiunge ancora il capo della Fisiocrazia, non accumulano delle fortune, se non perchè gli altri produttori fanno delle spese, ma non dànno luogo ad alcun incremento di ricchezza (7), e i guadagni dei commercianti sono altrettanto legittimi quanto quelli dei ladri delle grandi vie (8). E questa teoria attraversa la Manica e ritrova

---

(1) NEUMANN, *Geschichte des Wuchers in Deutschl.*, Halle 1865, 285, 289, 514. Eppure l'autore persiste ad attribuire all'influenza della Bibbia la legislazione contro l'usura.

(2) GEERING, *Handel und Industrie der Stadt Basel*, Basel 1886, 358-90.

(3) CAREY, *Economia politica*, 46-8, 50.

(4) COLTON, *Public economy of Un.-St.*, N. York 1853, 155.

(5) QUESNAY, *Dialogue sur le commerce*, ed. Daire, 145-6.

(6) Id., *Physiocratie*, Leyde 1768.

(7) Id., *Maximes de gouvernement*, ed. Daire, 56, 288.

(8) *Lettre de M. Alpha sur le langage de la sc. écon.* QUESNAY, *Oeuvres*, Francf. 1888, 680.

strenui seguaci in Inghilterra. « Noi sappiam bene, dice Culpeper (1623) che la moneta per sè non produce e che quanto è dato per l'uso di essa è tolto dai prodotti della terra, o dal lavoro dell'uomo; onde la terra è deteriorata e nessuno si vantaggia, tranne l'ozioso e disutile usuraio » (1). « La moneta, scrive Locke, è una cosa morta, e non produce nulla, tranne che per contratto trasferisce nella tasca di un uomo quel prodotto, che era il compenso del lavoro di un altro. Il che è il risultato della ineguale distribuzione di moneta » (2). « I capitalisti, conclude Child (1668), sono oziosi, che vivono del lavoro altrui » (3). — Ma un corollario non meno rilevante della inesistenza di un profitto è la teoria, che rannoda il valore al solo lavoro e categoricamente ne esclude ogni compenso del capitale. Nell'America la teoria riducente il valore al solo lavoro è affermata dalla coscienza popolare (4); e quanto essa risponda alla realtà ci attesta un viaggiatore intelligente, il quale, dopo aver dimorato in America al principio di questo secolo, afferma, che agli Stati Uniti « il prezzo di ogni cosa consta esclusivamente di lavoro » (5). Ora tale teoria trova il suo perfetto riscontro in Europa; e se fu già da altri osservato che essa forma da tre secoli il principio degli editti e delle leggi amministrative (6), noi possiamo rintracciarne la prima manifestazione in epoca ancor più remota. Nel dialogo dell'arcivescovo Alfric, che risale al secolo X, il maestro chiede al commerciante: Vis vendere res tuas hic (nel luogo di consumo) sicut emisti illic (nel paese di produzione)? — Nolo, risponde l'onesto mercator; quid tunc mihi proficiet *labor* meus? Sed volo vendere hic carius quam emi illic, ut aliquod lucrum mihi adquiram, unde me pascam, et uxorem et filios (7). — Ora qui appare evidente la limitazione del valore

---

(1) CULPEPER, *A tract against the rate of usury*, Lond. 1623, 15.

(2) LOCKE, *Further Considerations on lowering of interest*, ed. 1870, 331.

(3) CHILD, *Brief observations concerning trade and interest of money*, Lond. 1668, 14.

(4) CAREY, l. c.

(5) BIRKBECK, l. c., 31.

(6) FERRIER, *Du gouvernement considéré dans ses rapports avec le commerce*, Paris 1822, 44-5.

(7) *The colloquy of Archbishop Alfric* (Library of national antiquities, l.), Lond. 1857, 8.

al solo lavoro e la esclusione d'ogni elemento di profitto nella retribuzione del produttore. Questa teoria del mercadante (o dell'arcivescovo) inglese del secolo X è ripetuta dall'autore del Fleta, il quale, nel suo calcolo degli elementi costitutivi del valore del grano, non tiene (come Eden notava (1)) alcun conto della rendita, nè del profitto; fatto questo che riesce più notevole, quando si ponga a riscontro del celebre calcolo del costo di una piantagione dato da Columella (2), il quale contiene fra i suoi elementi l'interesse del capitale. Qualche secolo più tardi, i nostri antichi amici, i canonisti, propongono una misura del valore, nella quale, accanto al costo della materia prima ed al rischio, interviene il solo lavoro, e nella determinazione del compenso del produttore è calcolato il suo lavoro, non però il suo capitale (3). « In statuendis rerum pretiis, afferma San Tomaso d'Aquino, sive res publica, sive communis hominum æstimatio attendit..... sumptus, labores et pericula, quæ communiter occurrunt in rebus comparandis, vel distrahendis... Si rem in melius mutatam carius vendat, videtur præmium sui laboris accipere » (4). *Expensas, labores* et *industriam*, costituiscono per quello scrittore gli elementi del prezzo, per quello scrittore e per lo Scaccia (5), per Duns Scoto e per Emerico di Gand, ecc. ecc. (6). — Nè i riproduttori sistematici delle teorie de' canonisti, i fisiocrati, ravvisano meno esplicitamente nel valore la sola retribuzione del lavoro, chè anzi fanno di tale analisi la base del loro dogma fondamentale della sterilità dell'industria. « Nello stato normale della società, osserva Mercier de la Rivière, la classe sterile non può chiedere nulla più che il rimborso delle spese incontrate » (7). E più ampiamente lo di-

---

(1) EDEN, l. c., I, 23.

(2) *De re rustica*, III, 3.

(3) Veggasi ENDEMANN, l. c., 165, il quale però dapprima confonde la *bonitas intrinseca*, che i canonisti pongono a base del valore, col valor d'uso, e solo dappoi la interpreta giustamente come la quantità di lavoro contenuta nel prodotto (l. c., 103).

(4) S. TOMASO D'AQUINO, *Summa*, Parigi 1829, XIII, 143, 205, 231. Le sue disquisizioni (l. c., 246-7) sull'*absentia pecuniæ* valgono bene quelle del Senior sull'astinenza, e ne sono al tempo stesso la critica migliore.

(5) SCACCIA, *Tractatus de commerciis*, Romae 1619, 113.

(6) JOURDAIN, *Les commencements de l'Éc. pol.*, Acad. Inscript. XXVIII, 22-3. Veggasi anche la dotta *Storia critica della teoria del valore in Italia*, di A. GRAZIANI, 1889, cap. I.

(7) MERCIER DE LA RIVIÈRE, *Ordre essentiel* ecc., ed. Daire, 579.

mostra il Treillard nel 1768 : « In tutte le ipotesi possibili, egli dice, non vi sono valori nei prodotti dell'industria, tranne che la materia prima e le spese... Il lavoro dà agli operai un diritto sulle sussistenze ; le loro sussistenze son pagate dal proprietario, che li impiega; il compratore del prodotto, per es. della tela, paga al proprietario il valore del canape greggio e gli rimborsa le sussistenze degli operai. Dunque, l'industria, la quale non opera che per consumo, non crea alcun valore » (1). Questa dottrina, che tradisce una condizione economica, nella quale il solo lavoro trova rimunerazione nel valor del prodotto, si riscontra poi in una falange di economisti eminenti, specialmente della Gran Brettagna. Presso questi scrittori tale teoria assume una duplice forma, poichè per alcuni di essi il valore si riduce alla quantità di lavoro impiegato nei prodotti (2), mentre gli altri risolvono il valore non più nel lavoro, ma nei salari del lavoratore (3). Ma i più profondi economisti di questo periodo si affrettano a riconoscere che le due forme, che così assume la legge del valore, sono affatto equivalenti (4) e questa stessa equivalenza forma l'ultima e più luminosa riprova della inesistenza di una retribuzione diversa dal compenso del lavoratore, o, come essi dicono, dal salario; poichè è solo a questa condizione che il valore, dato dal lavoro, si risolve tutto nella rimunerazione dei lavoratori (5).

_____

(1) *Ephémérides du citoyen*, I. TREILLARD, *De l'industrie et des richesses*, 165-7.

(2) Cfr. *Discourse of trade, coyn and paper credit*, Lond. 1697, 43, 87; *Some thoughts on the interest of money*, Lond., s. d. 38-9. *The advantages of the East India Trade*, 61-5. BERKELEY, *Querist*, § 42.

(3) *Discourse on Money*, Lond. 1696, 53-4; VANDERLINT, *Money answer all things*, Lond. 1734, 15; *Essay on trade*, Lond. 1770, 66-7; *Britannia languens*, Ld. 1680, 68; ANDERSON, *Observations on the means of exciting a spirit of national industry*, Edinb. 1777, 375. Cfr. anche, sulle dottrine analoghe di Galiani, Steuart, Beccaria, Fabbroni, ecc.; LORIA, *Teoria del Valore negli Economisti Italiani*, 40.

(4) PETTY, *Discourse on taxes*, 1672, 24; Id., *Political anatomy of Ireland*, 63-5.

(5) È pur notevole il fatto, che nel medio evo è completamente ignorato il calcolo dell'interesse e la capitalizzazione del reddito fondiario come mezzo di determinazione del valor della terra (ENDEMANN, l. c., 111). RODBERTUS, il quale attribuisce sempre i fenomeni più profondi dell'economia alle cause più superficiali, vede in questo fatto il risultato della inesistenza di moneta, che toglie la possibilità di ridurre ad una comune misura il capitale ed il reddito, per paragonarli fra loro (*Zur Beleuchtung der soz. Fr.*, 1875, 99).

b) *Creazione sistematica del profitto mercè la servitù mitigata.*

Ma la impossibilità organica del profitto, che si manifesta in questo periodo, e la necessità, in cui si trova il capitale, di invocare un reddito dalla frode, o dall'esercizio di professioni infamanti, generano la brutale rivolta del capitale medesimo, il quale inizia una battaglia ciclopica per conquistare un reddito indipendente. Invero se il capitale avesse potuto percepire naturalmente un profitto, non sarebbe spiegabile quest'accanita contesa, nè la serie dei mezzi più o meno accorti, più o meno violenti, a cui esso ebbe ricorso con infaticabile tenacia. Questa grandiosa politica del capitale, che riempie un'intera epoca della storia umana, riesce spiegabile solo, quando si consideri come il prodotto fatale dell'inesistenza del profitto.

Gli è nelle colonie che appare più spietata la guerra di pensatori e reggenti contro la terra libera e contro il sussidio, ch'essa porge al lavoratore. Anzitutto « siccome vi hanno vasti tratti di terre incolte, che inducono la popolazione lavoratrice ad abbandonare le piantagioni e disperdersi pel paese, così viene proibito a ciascuno di occupare terra incolta » (1). Perciò nelle Indie occidentali, nell'ottobre 1838, un'ordinanza vieta lo *squatting*, l'occupazione delle terre incolte, e questo divieto è ritenuto necessario per assicurare lavoro salariato e proteggere il capitale dal deprezzamento (2). Inoltre si accresce in modo enorme la tassa di trasmissione delle piccole proprietà, affine di renderne sempre più difficile l'acquisto agli uomini di colore (3). Infine s'inizia e diffonde il sistema Wakefield, celebre sotto il nome di colonizzazione sistematica, che propone di alienare la terra a prezzi elevati e proibitivi per gli operai immigranti e di alimentare col reddito di quelle alienazioni una immigrazione incessante di salariati. Si riesce per questo modo ad una soppressione legale della terra libera e della sua influenza a sussidio della classe operaia

---

(1) *Acts disallowed*, 51-3; MAXWELL, *Remarks on present state of Jamaica*, 8; *The case of free labour british colonies*, Lond. 1852, 119.

(2) BURNLEY, l. c., 9.

(3) GREY, l. c., I, 77.

e si tronca alla sua radice la causa, che esclude il profitto nelle colonie. — Il sistema Wakefield viene per lungo tempo attuato nell'Australia, ove dura fino al 1862 e non è per picciola parte nella creazione del profitto; ma anche l'Europa ha i suoi sistemi Wakefield, che escludono dalla terra il lavoratore. Così nell'Italia, dopo l'abolizione della servitù, si sferrano le manovre colpevoli e le speculazioni disoneste dei signori per escludere gli antichi servi dalla terra (1); e nell'Europa medievale, dopo che la servitù viene abolita, si moltiplicano le imposte sui terreni e i divieti alle alienazioni delle terre e si consolidano queste nelle famiglie proprietarie mercè il diritto di retratto, affine di escludere l'uomo libero dalla proprietà territoriale (2).

Ma ben più che sulla terra cercasi di agire sull'uomo, o di aggiogarlo al dominio del capitale; e poichè la servitù vera e propria non è più consentita dalle condizioni della produzione, si cerca ogni mezzo più accorto, che valga a sostituirne l'efficacia. S'inaugura perciò nelle colonie il periodo della *servitù mitigata,* di cui le multiformi manifestazioni sono perfettamente concordi nel risultato e negl'intenti. Nell'Arcipelago di Santa Cruz e nelle Nuove Ebridi, essendosi fatta molesta la scarsezza di operai, il capitano Towns ebbe il pensiero di ricorrere ai Negri del Mare del Sud e di attrarli alla colonia colla seduzione del salario. Alcuni negrieri rapirono i Papous per trasportarli nelle piantagioni, ove quelli si obbligarono a prestar lavoro durante un certo periodo; ma al termine di questo, essi non riacquistarono la libertà, poichè i proprietari li trattennero forzatamente al servigio, ed i tribunali, composti esclusivamente di proprietari, ne approvarono la condotta (3). « Nella Nuova Galles del Sud un grande proprietario dovette importare 300 selvaggi delle Nuove Ebridi dall'isola di Tanna, nell'Arcipelago orientale, sebbene questi isolani fossero notoriamente cannibali. Ma queste piccole importazioni non furono sufficienti e il grido de' capitalisti rimase sempre questo: lavoro, lavoro, lavoro! » (4). Il ruggito bestiale della proprietà, defraudata del suo profitto dalla terra libera, echeggia nella vergognosa crociata,

---

(1) WINSPEARE, *Abusi feudali*, 196.
(2) Cfr. per es. ROSCHER, IV, 323. MIASKOWSKI, *Erbrecht*, II, ecc.
(3) QUATREFAGES, *L'espèce humaine*, Paris 1877, 342-4.
(4) *New South Wales*, 24-5.

che essa bandisce contro la libertà del lavoratore. Nelle manifatture di panno di Queretaro e di Quito, narra Humboldt, gli uomini liberi vengono costretti al par dei servi al lavoro, mercè uno stratagemma de' capitalisti. Questi scelgono fra gl'indigeni quelli, che sono i più miserabili, ma che annunciano attitudine al lavoro, ed antecipano loro una piccola somma di denaro; l'Indiano, che ama ubbriacarsi, la spende in pochi giorni, e diviene debitore del padrone, il quale allora lo chiude nella fabbrica sotto pretesto di obbligarlo a pagare il debito col suo lavoro. La giornata non gli è valutata che un *reale* e mezzo, ed invece di pagarlo in contanti, gli si forniscono dei viveri, dell'acquavite e delle vesti, sul prezzo delle quali il manifattore guadagna 50 a 60 %. Per tal modo l'operaio più laborioso rimane sempre indebitato e si esercitano su di lui gli stessi diritti che sullo schiavo (1). Nell'America del Nord la legge stessa interviene a domare i lavoratori riluttanti ad offrirsi per mercede. Così nella Nuova Inghilterra i comuni hanno piena facoltà di disporre di tutte le persone oziose o turbolente e di farle servire nell'industria, o in altro modo (2). Nello Stato di Nuova York, nell'anno 1664, si prescrive: ogni apprendista o lavoratore, che si assenti dal suo padrone senza averne ottenuta licenza, deve essere aggiudicato dalla Corte al suo padrone, per un tempo doppio della sua assenza dal servigio (3). Nel Massachusets ogni comune ha facoltà d'inviare alla sua *Quarter Court* tutte le persone oziose e la Corte ha facoltà di disporre di esse a proprio vantaggio. — Nel tempo della mêsse il connestabile può requisire artefici o lavoratori, e se taluno d'essi si rifiuta, deve prestare doppio numero di giorni di lavoro di quelli, per cui fu requisito. Nella Nuova Plymouth, se quelli che ricevono sussidi dal comune hanno figli e non possono impiegarli, il comune provvede di sua autorità, acciò questi fanciulli sian posti all'opera; e si erige una *casa di lavoro*, ove son cacciati i vagabondi (4). Leggi severissime si emanano contro questi in tutta America fin dal 1662 (5). Nella Pensilvania gl'ispettori dei poveri debbono costringere al lavoro i figli di tutti quelli, che non sono capaci

---

(1) Humboldt, *Essai politique sur la Nouvelle-Espagne*, Paris 1811, IV, 295-6.
(2) Palfrey, l. c., III, 54.
(3) *Collections of N. York histor. soc.*, I, 348.
(4) *Records of New Plymouth*, Boston 1855, XI, 120.
(5) *Records of Massachusets*, IV, I, 43.

a mantenersi e cacciare i vagabondi nelle case di lavoro (houses of employment). Ciò si prescrive nel 1767 ; ma la legge ha scarsa efficacia, onde nel 1771 si emana un nuovo decreto, che permette agl'ispettori di costringere gli orfani poveri a farsi apprendisti (1). Simili disposizioni si riproducono nelle Indie occidentali due mesi dopo l'emancipazione (anno 1833). Quivi una legge, cassata dal governo inglese, prescrive che ogni salariato che si rifiuti di lavorare per la mercede pattuita, sia costretto a servire il capitalista per un tempo determinato (2). In S. Vicenzo ogni persona che si trovi vagante per le pubbliche vie, o coltivante terre della corona senza licenza, è costretta al lavoro servile per un mese (3) ; e leggi draconiane succedono contro l'emigrazione e la dispersione degli emancipati (4).

La forma più notevole, che assume la servitù mitigata nelle colonie è il sistema appellato dei servi per contratto (*indented servants*). Son questi uomini, i quali vengono trasportati d'Europa in America a spese di un proprietario, dietro obbligo di lavorare per esso durante un certo periodo. — Questa istituzione viene d'ogni parte invocata come fattore potente della produzione e d'ogni parte affermasi, « nulla essere più opportuno, di quello che i provveditori delle colonie importino ogni anno un certo numero di braccianti, che siano obbligati a servire 5 anni per un salario di 2 a 4 sterline annue, oltre il vitto » (5). I *servants* non possono rimanere presso un proprietario per meno di un anno (6), nè ottengono un poderetto se prima non han prestato servigio fedele durante il tempo convenuto (7). Ove alcuno fra essi lasci il suo padrone, il *connestabile* deve disporre d'uomini, carri, navigli, a pubbliche spese, per inseguire il fuggitivo per mare e per terra e ricondurlo al suo signore , anche colla forza dell'armi (8). Se un *indented servant* pretende am-

---

(1) *Compilation of the laws of Pensylvania relative to the poor*, Phil. 1796, 6.

(2) *Acts disallowed*, 23-4.

(3) *Acts disallowed*, 23.4.

(4) Ib., 27-8, e UNDERHILL, l. c., 70.

(5) *A state of the province of Georgia*, Lond. 1742, 13-4.

(6) *Ordinance of the Governor of Trinidad for encouraging immigration*, 1847, 1-2.

(7) *Records of Massachusets*, I, 186.

(8) Ib., IV, 1, 326-7.

mogliarsi senza il consenso del suo signore, è punito con un anno addizionale di servitù (1). I tribunali, quasi sempre composti di proprietari, rendono più dura la condizione di quei lavoratori. Così nel 1667, innanzi al tribunale supremo della Nuova Plymouth, Beniamino Bartlett querela un suo bracciante, il quale si rifiuta di servirlo se il suo contratto di lavoro non è prodotto in giudizio. *Questo contratto non esiste più.* Tuttavia la Corte, comprendendo per sufficienti prove che egli deve servire per tre anni, gli ingiunge di accettare le condizioni pattuite col suo signore, sotto pena di essere publicamente staffilato e restituito colla forza al suo padrone. Un fatto simile si riproduce nel 1684 (2). Infine la durata del lavoro di questi braccianti vien regolata dalla legge colla più inumana durezza. « Tutti i *servants* impiegati nell'agricoltura debbono trovarsi al lavoro alle 6, o prima delle 6 ant. e rimanervi fino alle 6 pom., tolte le ore dei pasti, che non debbono essere più di 3 per giorno, sotto pena di 6 *pence* per ogni ora di assenza. È consentito un numero d'ore maggiore. L'operaio non deve assentarsi dal lavoro, finchè questo non è compiuto, sotto pena del carcere di non più che un mese, e di una multa non maggiore di 10 sterline » (3). Tuttavia, malgrado tanto apparato di leggi, questo sistema, al quale i proprietari si sono appigliati nella loro reazione contro la terra libera, sorte completo insuccesso. Appena giunti in America gli operai, o si dicono ingannati dai loro proprietari, o sperdonsi per le libere terre, o cercano lite contr'essi affine di venirne licenziati (4); ed il licenziamento, che per l'operaio d'Europa è una sventura, diviene nelle colonie un ambito favore, che libera il lavoratore da un impegno molesto e gli consente di passare sulle terre libere (5). Mac Arthur, un grande proprietario della Nuova Galles del Sud, asserisce che non uno solo degli *indented servants* ha serbato fede al contratto (6). Che fare dunque? A riparare a questo

---

(1) GRAHAME, l. c., I, 143.
(2) *Records of New Plymouth*, IV, 154.
(3) *Acts disallowed*, 28.
(4) JOHNSTON, l. c., II, 8.
(5) GREY, l. c., I, 373.
(6) *Reports of sel. comm. on disposal of land in british colonies*, 1836, 659. Questo sistema dei servi per contratto non è ancora del tutto scomparso; e molti de'nostri emigranti ne sanno qualche cosa.

insuccesso del capitale, List, il patriarca del protezionismo germanico, non esita a proporre: che non si trasportino ad un tempo nelle colonie tutti i membri delle famiglie operaie, ma prima vengano trasportati gli adulti, indi i giovani, poscia le donne, infine i fanciulli ed i vecchi, affinchè l'*indented servant* adulto, che brama ricongiunta la sua famiglia nella sede novella, debba lavorare per tale intervallo, che valga a rimborsare lo speculatore delle spese del viaggio, non solo di lui, ma di tutti i suoi parenti (1). Così la santa catena degli affetti di famiglia viene sfruttata a ribadire al piede dell'operaio la catena della schiavitù.

Ed ora se dagli splendori delle colonie ci trasportiamo al triste medio evo d'Europa, una novella sorpresa ci attende, poichè noi vediamo riprodursi in esso le leggi, intese ad impedire la mobilità del lavoro ed a saldare l'operaio al capitale. Uno statuto dei tessitori di Milano vieta che un maestro possa privare un altro de' suoi garzoni, offrendo loro una mercede maggiore (2). « Nessuno di questa società, prescrive lo statuto dei mercanti di lana di Milano, debba togliere ad altro della stessa alcun battitore, o tessitore, o alcun operaio, se questo fu accordato per contratto, o in qualunque altro modo » (3). Sanzioni fierissime colpiscono l'emigrazione degli operai, come appare dal decreto emanato dal Senato di Milano il 5 maggio 1564: « Essendo venuto a notizia dell'Ecc.mo Senato, che alcuni mercanti, *posponuto il ben pubblico di questa città e dello Stato*, hanno ardire di sedurre e condurre in altre parti operai e lavoranti dell'esercizio della lana, il che cede a danno gravissimo del pubblico beneficio » — si comminano gravi pene agli autori di tali infrazioni (4). Uno statuto di Pesaro vieta senz'altro che alcuno della città o del contado si rechi a lavorare fuori del territorio (5); e una grida ducale di Modena, del 25 settembre 1561, proibisce che « alcuno de tali sudditi al presente habitante in questo ducato non possa nè debba da quello partirsi» (6). Ma dove queste prescrizioni non bastano, si fissa esplicitamente l'operaio all'opera

---

(1) Roscher, *Kolonien*, 323.
(2) *Statuti della Università, ecc., di Milano*, 20.
(3) *Statuta et ordines mercatorum lanæ Mediolani*, 1623, 14.
(4) *Ordines Excell.mi Senatus Mediolani*, ed. 1743, 49.
(5) *Statuta civitatis Pisauri*, 1531, Lib. V, § 16.
(6) *Gride ducali, ecc., di Modena*, 1575, 18.

sua, come la conchiglia allo scoglio. — « Tutti coloro che esercitano lavori rustici fuori della provincia di Ferrara — si legge nello statuto di questa — e tutti gli abitanti di essa città, che per due anni successivi furon soliti a prestar opera di mietitori, possano essere costretti dai signori giudici delle Biade, per via reale e personale, a mietere col salario e nei modi prescritti dalla legge » (1). Ma troviamo ancora una *addictio glebœ* degli operai manifattori; poichè si prescrive che « quante volte un mercenario, od operaio, che sia solito locare l'opera sua giornaliera, sia richiesto da un cittadino perchè presti l'opera propria, incorra, in caso di rifiuto, nella pena di 20 *solidi* ». Così lo statuto di Pesaro (2). Lo stesso statuto sancisce pene pecuniarie gravissime contro i coloni, che promisero ad un proprietario l'opera loro e poi vennero meno all'impegno assunto, mentre consente privilegi ed esenzione da tutti gli oneri personali e misti ai coloni dimoranti sul podere (3). Anche lo statuto di Parma assente a tutti i coloni stranieri, che pongono stanza nel territorio parmense, una immunità decennale da imposte e carichi d'ogni guisa (4), mentre lo statuto di Pistoia costringe quelli che coltivano terre a non dipartirsene, minacciando di gravi pene i ribelli (5). Gli operai agricoli, così lo statuto di Firenze, son tenuti ad abitare colle loro famiglie le terre, che debbono lavorare, nè possono abbandonare incolti i poderi sotto pena di 200 libre. E lo stesso statuto si adira contro i *domicelli*, o domestici, od operai, che lasciano il proprietario avanti il periodo pattuito e severamente li colpisce (6). Secondo lo statuto della Corte dei Mercadanti di Lucca, l'operaio, che lascia il suo padrone, è considerato un *fuggitivo* e dev'essere costretto a ritornare al suo signore (7). Nel Napoletano, ciascuna fabbrica costituisce una corporazione, a cui sono dati parecchi privilegi; fra questi è quello del marchio, che essa ha diritto d'imporre sulle

---

(1) *Statuta, provisiones, etc., civit. Ferrariœ*, 1533, 218.

(2) *Stat. Pisauri*, V, § 125.

(3) l. c., § 30.

(4) *Statuta Parmœ*, 1494, 97. Anche il comune di Pisa accorda immunità alle famiglie forestiere, che si stanziano nella città, purchè dedite alle arti. PAGNINI, *Della Decima*, Lucca, 1765, 54.

(5) *Statuta Pistorii*, 113.

(6) *Statuta populi et communis Florentiœ*, Frieburg, 1778, II, 217-8.

(7) *Statuti della Corte dei Mercadanti di Lucca*, 1590, 122-3.

braccia de' suoi lavoratori, perchè non possano abbandonare il loro mestiere; è l'altro, che rende i figliuoli necessariamente addetti alle stesse fabbriche e servi dell'arte dei loro genitori; e finalmente è quello che punisce la loro fuga colla perdita dei beni e coll'esilio (1). Le Prammatiche 8 giugno 1585 e 30 giugno 1591 deplorano che i garzoni degli agricoltori si dipartano dai campi all'epoca dell'aratura e prescrivono che i contratti di lavoro si facciano in modo, che non si ripeta questo danno (2). Le consuetudini della Sicilia vietano al colono di lasciare il podere senza l'assenso del suo signore (3) e le Costituzioni di Federico II· impongono a ciascuno, che ritrovi un colono fuggente, di restituirlo al suo proprietario (4). Ma severissima fra le città italiche è Brescia, « Brescia la ferrea », la quale prescrive che l'operaio agricolo, il quale abbandona il fondo del suo padrone, sia, sopra istanza di questo, ridotto in carcere (5). — Nè i nostri statuti si limitano ad avvincere il lavoratore al capitale, poichè hanno prescrizioni severissime sulla durata e sulla continuità del lavoro. « Nessun tagliapietre, o muratore della città di Pisa si rechi in sua casa, se non una volta al giorno, nè lasci mai il lavoro per recarsi altrove » (6). E lo statuto di Milano: Niuna persona, che faccia lavorare lana nella città di Milano, lasci andar fuori della propria casa a lavorare alcun operaio, che lavori presso di sè (7). Infine lo statuto di Pesaro (il più notevole degli statuti italiani sotto l'aspetto economico) così si esprime: Tutti gli operai (gli *occupati*, come dice il medio evo, con voce ben più nobile che l'odierna voce *operaio*), che sono impiegati in qualche lavoro fuori della città, debbano andare od entrare al lavoro al suono della maggior campana, che suona alla prima messa nella cattedrale, e rimanere al lavoro, nè partirsene per tutto il giorno; e gli operai cittadini debbano stare al lavoro fino al suono della maggior campana, che suona *ad custodes*; e chi contravviene, paghi al suo padrone il danno da questo dichiarato; e nessuno che fa lavorare (*qui laborare fecerit*, si noti questa

---

(1) WINSPEARE, l.c., (1811), 113.

(2) *Nuova collezione delle prammatiche del regno di Napoli*, 1803, II, 16, 29.

(3) *Consuetudini delle città di Sicilia*, ed. *La Mantia*, Palermo, 1862, 31 (Palermo), 71 (Catania).

(4) *Constitutiones regni Utriusq. Sicil.*, mandante *Friderico II*, 1786, 166.

(5) *Statuta Brixiæ civilia*, s. d., 127.

(6) *Statuti inediti della città di Pisa*, ed. *Bonaini*, 1854, I, 510.

(7) *Statuti dell'Università, ecc., di Milano*, 25.

locuzione ben diversa dall'attuale di capitalista) debba dar cena ai propri operai » (1). Statuto questo davvero caratteristico, poichè ci rivela la potenza dell'operaio nell'éra di mezzo, e la necessità, in cui si trovava la legge, di limitarne le pretese.

Questi fenomeni americani, che nell'Italia medievale appaiono spiccatissimi, si riproducono con intensità non minore nel rimanente d'Europa. Così nella Germania le città attraggono gli stranieri, accordando loro la immunità daziaria; offrono asilo ai delinquenti fuggiti dalle campagne e cittadinanza ai coloni fuggenti dai loro signori, dopo un anno ed un giorno di dimora nella città; e fino al secolo XVI (dopo il quale, crescente la popolazione, la politica cittadina si rivolge a limitare il numero degl'immigranti) non lasciano alcuno sforzo intentato per attrarre artigiani (2). Ma al tempo stesso non si lascia alcuno sforzo intentato per abbandonare questi artigiani in balìa del capitale. Anzitutto si vieta severamente che un maestro sottragga operai ad un altro, offrendo loro una maggior mercede (3), o che prenda al suo servigio un apprendista, il quale abbia abbandonato il suo maestro. Ma più spesso la severità della legge si appunta direttamente contro il lavoratore, sia per impedirne l'emigrazione, che durante il medio evo è severamente vietata (4), sia per impedire che esso lasci il maestro, sia per punirlo quando lo abbia lasciato. Negli ultimi tempi del medio evo, quando la terra libera non è più minacciosa e presente, all'apprendista che lascia il maestro, non s'impone che una pena pecuniaria; ma ne'primi tempi, quando sono ancor ampie le terre libere, le pene all'apprendista o compagno, che abbandoni il maestro, sono severissime e si giunge perfino ad impedire che esso trovi lavoro (5). Così lo statuto dei coltellinai di Parigi prescrive: « Se li aprentiz s'en part d'entour son mestre sanz congiè pars sa « folour, ou par sa joliveté, par 3 fois, le mestre ne le doit prendre « a la tierce. Et cet establissement firent li preduome du mestier « pour refrener la folie et la joliveté des apprentis, car il font grant « damage a leur mestres quant ils s'enfuient» (6). E lo statuto dei

---

(1) *Statuta Pisauri*, V, § 29. Anche nell'America è ignota la parola *padrone*.
(2) MAURER, *Städteverfassung*, II, 760.
(3) MONE, l. c., 17; SMITH, *English gilds*, Lond., 1870, 336.
(4) STEIN, *Verwaltungslehre*, 1866, II, I, 196-8.
(5) SCHANZ, *Gesellenverbände*, 37.
(6) WEHRMANN, l. c., 120.

conciatori di pelli, art. 8, porta : « Se aucun apprentis s'enfuit d'en-
« tour son maistre par sa joliveté, ainz que il ait parfait et accompli
« son service et il demeure an et jour sanz retourner a son mestre,
« il ne peut ne ne doit jamès entremetre du mestier devant dit, ne
« son mestre ne puet prendre autre aprentiz devant que li 8 an
« soient passés » (1) ; ove si noti che quest' ultima prescrizione
tende a limitare le mercedi, frenando la richiesta di lavoro. —
Nella Francia « i compagni sono sotto l' assoluta signoria del
maestro. Accordati da lui per un anno, un mese, od anche una
settimana, essi non possono lasciarlo sotto alcun pretesto, innanzi
che sia spirato il loro contratto ; e se rimangono solo tre giorni
consecutivi senza padrone, vengono arrestati e tradotti nelle carceri
dello Châtelet (ad Castelletum), come vagabondi » (2). Nessun
apprendista, così la gilda dei fornai di Exeter, nel 1483, abbia la
libera cittadinanza se non ha servito 7 anni (3). Nel 1360 si
conferma lo *Statute of Labourers*, che infligge la pena di 15
giorni di prigione e del marchio colla lettera F a chi si assenta
dal lavoro. Nel 1388 si prescrive che nessun bracciante o lavoratore possa trasferirsi da un luogo ad un altro, sia per risie-
dervi, sia per prestarvi servigio, sia sotto pretesto di compiervi
un pellegrinaggio, senza una lettera-patente, che dichiari la cagione della sua partenza e l'epoca del suo ritorno; e che se il lavoratore trasgredisce a queste prescrizioni, l'autorità lo debba inseguire e restituire al suo padrone (4). La legge 3ª del primo
anno di regno di Ed. VIº (1547), prescrive che tutti coloro, che
sono abili al lavoro e si rifiutano di lavorare, debbano essere mar-
chiati colla lettera V ed aggiudicati come schiavi per due anni alla
persona, che li denunci; e che, se lo schiavo si assenta dal lavoro
durante 15 giorni, divenga schiavo a vita. Un editto del 14º anno

---

(1) BOILEAU, l. c., 118 e ss.

(2) LACROIX, *Le livre d'or des métiers, Hist. de l'orfevrie*, Paris 1850, 38.
Al tempo stesso la *taglia* giovava ad incatenare alla loro borgata gli operai delle
campagne, poichè quelli, che emigravano dall'uno all'altro villaggio, doveano pagare la taglia in entrambi. — FORBONNAIS, *Finances de la France*, I, 316.

(3) SMITH, *Gilds*, 390 ; HANAUER, l. c., II, 410.

(4) In Inghilterra i garzoni « mentre che imparano l'arte servono ai padroni,
ed i loro maestri hanno sopra quelli giurisdizione, *come se fossero schiavi* ».
Daniele BARBARO (1551), *Relaz. Ambasc. Veneti*, Alberi, II, 240. Cfr. BLACK-
STONE, l. c., I, 534 ; A. ANDERSON, *Historical and cronological deduction of the
origin of commerce*, Lond., 1787, I, 364; EDEN, l. c., I, 37, 75-6.

di regno di Elisabetta (1572) prescrive che i vagabondi siano costretti al lavoro sotto la sorveglianza degl'ispettori; e questa prescrizione è confermata da una legge del 17° di Giorgio II (1744). La legge 14ª del 6° di Elisabetta, prescrive che gl'ispettori debbano costringere al lavoro ogni individuo privo di proprietà fondiaria e disoccupato; e, se esso si rifiuta, condurlo in una casa di correzione; e la stessa pena è sancita contro quanti ricusano di lavorare per salari ragionevoli (1). La legge 3ª del 7° di Giacomo I°, afferma che grandi somme di denaro furono spese dallo Stato, per costringere i più poveri fanciulli ad obbligarsi al lavoro come apprendisti. Tuttavia malgrado le leggi, che costringono gli operai a lavorare nell'agricoltura, il numero dei vagabondi è sterminato, cosicchè il vescovo Berkeley propone la restituzione della schiavitù come mezzo di sopprimerli (2). Ad assicurare una quantità sufficiente di compagni e garzoni a ciascun maestro, si vieta od inceppa il loro accesso al maestrato, che nel precedente periodo vedemmo invece essere immediato ed agevole. Così nella Francia, i maestri sommettono a tasse gravissime l'accesso al maestrato; nelle manifatture della seta, è proibito di entrare al garzonato prima dei 15 anni; il garzonato dura 5 anni e non si può aspirar al maestrato, che dopo altri 5 anni di *compagnonaggio* (3). Gli statuti e regolamenti dell'agosto 1667 prescrivono 4 anni di garzonato e 4 di compagnonaggio pei tintori di lana, seta e cotone (4); e questi regolamenti tendono evidentemente a cristallizzare per lungo periodo il lavoratore nella qualità di bracciante o, come ben avverte Chaptal, ad « abbandonare alla discrezione dei maestri i giovani lavoratori » (5). Ora chi non vede in tutto ciò riprodotti i fenomeni delle colonie? Ma non

---

(1) *Essay on trade* (forse di Cunnigham), Lond., 1770, 12-3, 88-91.

(2) COMBER, l. c., 108: BERKELEY, l. c., 381-2: J. Steuart si afferma il teorico della economia medievale, quando asserisce che la politica economica deve sopratutto indirizzarsi ad assicurare al capitale una costante offerta di lavoro e consiglia l'uomo di stato di adunare nelle case di lavoro i fanciulli poveri e costringerli all'opera — (l. c., II, 33-4).

(3) FORBONNAIS, l. c., I, 479.

(4) CHAPTAL, *De l'industrie française*, Paris 1819, II, 158.

(5) CHAPTAL, l. c., II, 301. Vi si aggiungeva anche l'intento di limitare il numero de'maestri, per rendere più forte il loro monopolio di fronte alla proprietà fondiaria e più facile la estorsione di un profitto — che più oltre ci sarà dimostrata — a detrimento di quella.

è tutto. Nelle colonie trovammo gli *indented servants* e questi ritroviamo nell'Europa medievale. « I figli dei coloni residenti e non residenti, avverte Kindlinger, allorchè vogliono uscire a prestar servigio fuori della casa paterna, debbono prima offrire i loro servigi alla comunità signorile, o a' suoi membri, i quali hanno un diritto di prelazione sul loro lavoro; essi sono costretti a servirli durante un anno per nutrimento e salario, e spirato questo periodo, il signore deve provvederli di un podere, che essi conservano poi a titolo di censo » (1). — Infine, come nelle colonie, troviamo prescritta severamente la durata del lavoro nell'Europa medievale. Così in uno statuto inglese del 1388 si legge: Siccome gli artefici ed i lavoratori consumano oziando gran parte della loro giornata e non meritano i loro salari, venendo tardi al lavoro, o abbandonandolo tosto, si prescrive che ogni artefice, o lavoratore, si trovi al suo lavoro, dal marzo al settembre, alle 5 ant., riposi solo mezz'ora per la sua colezione e un'ora e mezza pel suo pranzo e lavori fino alle 7 od 8 ore pom., ossia fino alla campana della sera. Dal settembre al marzo si lavori dall'alba alla notte. Per l'assenza di un'ora dal lavoro, così la legge 4ª del 4° di Elisabetta, un *penny* di detrazione dal salario (2).

Ma non basta costringere colla forza gli operai a lavorare per un capitalista; fa d'uopo ancora costringerli ad appagarsi di un salario, che lasci a quello un profitto. Quindi non è meraviglia, se vediamo prodursi nelle colonie le leggi determinatrici dei salari in un'epoca, in cui quelle leggi sono da lungo tempo dimenticate in Europa. Alla prima *Court of Assistants*, tenuta a Charlestown, Massachusets, nel 1650, i salari dei falegnami, legnaiuoli, muratori, segatori e impagliatori sono fissati a 2 scellini per giorno e s'impone un'ammenda di 10 scellini ai capitalisti, od agli operai, che diano od accettino un salario maggiore. Nella Nuova Amsterdam si fissano i salari dei falegnami a 2 fiorini al giorno, quelli dei lavoratori a giornata ad un fiorino (3). La *Court of Assistants* tenuta a Boston il 1° novembre 1633 ristabilisce la tassazione delle mercedi. Nel 1635 si aboliscono le leggi determinatrici dei salari, ma si puniscono

---

(1) KINDLINGER, l. c., 97-9.

(2) EDEN, l. c., I, 75-7. Gli stessi fenomeni si avverano nella Russia. NOWITZKI, l. c., 111.

(3) *The great industries of U. S.*, 39.

quelli che pretendono salari eccessivi. Si consente che gli uomini liberi di ogni villaggio si accordino fra loro sul saggio dei salari, ma si stabilisce che questi salari divengano obbligatori per tutti gli operai, comminando pene ai trasgressori; ed agli ispettori delle opere pubbliche si dà facoltà di requisire un certo numero di lavoratori, e di fissarne la mercede (1). Al tempo della mêsse gli operai possono esser costretti dai constabili, per salari convenienti, a lavorare pei loro vicini nella mietitura del grano. I comuni di Boston e Charlestown hanno facoltà di accordare facchini e di fissarne i salari (2). Tuttavia queste leggi limitatrici non sortono grandi risultati, onde nel 1672 « poichè gli operai proseguono, malgrado le leggi, ad estorcere eccessivi salari e ad esigere gratificazioni d'ogni maniera, si vieta ai capitalisti di fornire liquori agli operai » (3). A rintuzzare le pretese di questi, si ricorre a mezzi indiretti. Così una legge delle Indie occidentali, cassata dal governo inglese, toglie ogni distinzione fra lavoro esperto ed inesperto e costringe l'operaio esperto a lavorare, come l'operaio manuale, per 8 ore al giorno ed a ricevere gli stessi salari(4). Nella Nuova Plymouth le leggi determinatrici dei salari non vengono revocate che nel 1639 (5), ma nel 1641 esse vengono introdotte nella Nuova Inghilterra (6) e si diffondono per tutta l'America, ove si ritrovano ancora nei primi tempi della repubblica (7). Nè la tassazione legale dei salari è meno consueta nelle colonie d'Australia. Quivi nel 1795 i mietitori esigono salari così elevati, che il governatore, impietosito dai lamenti patetici del capitale e preoccupato dalle sorti dell' industria agricola della colonia, prescrive con un decreto ai proprietari di non dare più che 10 scellini per *acre* per la mietitura del grano, minacciando loro la perdita di ogni assistenza del governo in caso di trasgressione (8).

Ora chi raffronti con tali prescrizioni quelle dell'Europa medie-

---

(1) *Records of Massachusets*, I, 124.
(2) PALFREY, l. c., III, 61.
(3) *Records of Massachusets*, IV, 11, 510.
(4) *Heads of a plan*, 164.
(5) *Records of New Plymouth*, XI, 30.
(6) *Hutchinson's Papers*, Albany 1865, 1, 192-4.
(7) BOLLES, *Financial hist. of U. S.*, N. York, 1879, I, 158.
(8) FLANAGAN, l. c., I, 87.

vale non può non persuadersi che una grande legge condanna l'umanità ad assumere gli stessi rapporti sociali col riprodursi delle condizioni stesse della terra. Infatti rivolgendoci anzitutto all'Italia, troviamo come quivi si cerchi di limitare la domanda di lavoro, affine di mantenere depresse le mercedi. Così lo statuto della Università dei tessitori di seta, d'oro e d'argento di Milano prescrive che nessun lavorante d'essa università possa tenere, nè accordare garzoni di ciascun grado (1). Lo statuto dell'arte della Lana di Fabriano prescrive: Nessun maestro di detta arte osi tenere alcun salariato avventizio (iugegnonem), che non sia già *giurato* nell'arte predetta, per più di 15 giorni, ma debba, trascorso questo tempo, restituirlo ai capitani (2). Ma a frenare la domanda di operai, si ricorre a ben altri e più artificiosi avvedimenti; poichè si vieta a ciascun maestro di tenere più che un ristretto numero di compagni e di garzoni; al maestro si permette d'impiegare un garzone solo dopo due anni di maestrato, e spesso si vieta che esso impieghi più di un garzone non appartenente alla sua famiglia (3). Gli stessi vincoli opposti all'accesso al maestrato, scemando il numero de' maestri, tendono a frenare la domanda di lavoro. Ma poichè questi metodi obliqui non raggiungono che imperfettamente lo scopo, si pon mano ad un metodo più decisivo, ossia si ha ricorso alla tassazione legale delle mercedi; e quelle stesse leggi determinatrici dei salari, che s'incontrano nel terzo periodo delle colonie, riappaiono nell'Italia medievale. « Che i consoli, dice lo statuto di Roma, siano tenuti, per mandato della curia capitolina, a moderare con consenso del governatore la mercede dei mietitori, dei cavallari e dei forcinatori di biade...., alla qual deliberazione e moderazione, tanto i mercanti, quanto i mietitori, i cavallari ed i forcinatori siano tenuti ubbidire e secondo quella si debba fare il pagamento della mercede » (4). Leggansi gli statuti di Pesaro: Se l'operaio fu accordato, ma per la pioggia o per qualche accidente non potè prestar l'opera, non debba ricevere la mercede, se non in proporzione del tempo, in cui ha

---

(1) *Statuti della Università, ecc., di Milano,* 1591, 23.
(2) *Statutum artis lanæ terræ Fabriani,* ed. Zonghi. Roma, 1880, XLVIII.
(3) OUIN-LACROIX, *Histoire des anciennes corporations d'arts et métiers de la capitale de la Normandie,* Rouen, 1850, 95; BOILEAU, l. c., 101.
(4) *Statuti dell'agricoltura volgarizzati,* ed. Albani, Roma, 1718, 89.

lavorato (1). Certo nessuna prescrizione rivela meglio di questa la potenza dell'operaio, dacchè la legge dee provvedere, acciò esso non ottenga un salario più che proporzionato all'opera sua. Una sanzione analoga si riscontra in uno statuto di Pisa, in cui si legge: « Ciascun uomo dell'arte della lana, che fa lavorar a giornata alcun lavoro della detta arte, sia tenuto di non dare ad alcun lavorante, che a giornata lavori, più pregio che per giornata per alcuno che più vi facesse» (2). Altri statuti di quella città moltiplicano le prescrizioni, perchè gli operai non ricevano salari che in ragione dei giorni di loro lavoro (3), e perchè si appaghino di limitate mercedi. Anche in queste limitazioni dei salari, come in ogni cosa umana, non manca il lato umoristico: Noi podestà, così uno di quegli statuti, non permettiamo che alcun barbiere della città di Pisa riceva o domandi per una raditura di barba, da cittadino o straniero, più che un denaro (4). Lo statuto di Pesaro prescrive che i salari non si paghino nel giorno dell'iniziato lavoro, ma alla domenicà successiva (5); ora è ben noto come il pagamento postecipato del salario funzioni a depressione dell'operaio. Non vogliamo, dice lo statuto di Ferrara, che gli operai industriali estorcano oltre il dovuto salario; e perciò limitiamo le loro mercedi a 6 soldi al giorno con vitto, od 8 senza vitto, dal 1° ottobre al 1° marzo, e ad 8 o, rispettivamente, 10 soldi per giorno dal 1° marzo al 1° ottobre (6). Colla maggior cura sono limitati i salari negli statuti di Firenze, secondo i quali, le mercedi debbono oscillare dai 6 ai 10 soldi al giorno senza vitto per gli operai agricoli celibi, il *famulus* deve appagarsi di 3 libre per mese oltre il vitto ed il *domicellus* deve ricevere cibo, bevanda e 12 fiorini d'oro all'anno (7). Faenza non ha prescrizioni di molto diverse (8). Lo statuto di Pistoia proibisce ai contadini di pretendere più di 2 denari per giorno, oltre il vitto, da novembre ad aprile e di 4 da aprile a novembre, e punisce con una ammenda

(1) *Stat. Pisauri*, V, § 20.
(2) *Stat. di Pisa*, III, 680.
(3) Ib., II, 1204.
(4) Ib., I, 337.
(5) *Stat. Pisauri*, V, 30.
(6) *Stat. Ferrariae*, 229.
(7) *Stat. Florentiœ*, III, 263, II, 396.
(8) *Ordinamenta Faventiœ*, 65.

di 12 denari chi paghi un salario maggiore (1). Ma la politica del capitale medievo non si accentua in alcuna prescrizione legislativa meglio che in questo statuto della Savoia, per sè eloquentissimo: « Siccome i *lathomi*, i falegnami, i *quadrigarii*, i coltivatori delle vigne e delle terre, i falciatori, i mietitori ed altri operai eccedono nell'esigere e nell'ottenere i salari dei loro lavori; e poichè da 10 anni circa intendiamo ad ogni tratto il lamento che i salari sono enormi, con grave danno della repubblica e dei privati; volendo moderare questo eccesso, ordiniamo con questo editto perpetuo, e prescriviamo a tutti i giudici ordinari delle città, ville e borghi, che fissino debitamente e moderino i prezzi ed i salari quotidiani di tutti gli operai e lavoratori, a norma della durata della giornata di lavoro, della qualità degli operai, dell'abbondanza dei viveri e della carità » (2).

Uscendo dall'Italia, troviamo le stesse prescrizioni nella Francia, ove i maestri cercano ogni via per scemare il salario ai compagni. « Defense aux maîtres de donner aux apprentis, pendant leur « temps d'apprentissage, aucuns gages, à peine de 20 livres d'a- « mende et de la privation de pouvoir faire des apprentis pendant « 8 années » (3). I salari sono fissati rigorosamente e ad un modico saggio, per .tutte le officine (4). Lo statuto dei pannieri di Châlons vieta al maestro di dare anticipazioni alle tessitrici innanzi al giorno del pagamento dei salari (5); nel 1350 Giovanni re di Francia fissa a 18 denari i salari de' trebbiatori ne' granai (6); e dopochè le guerre civili hanno rarefatta la popola-

---

(1) EMILIANI-GIUDICI, *Storia dei Municipi Italiani*, Firenze 1855, II, 552.

(2) *Decreta ducalia Sabaudiae*, Taurini, 1477, 131. Naturalmente però se qualche maestro, non pago di ottenere un profitto grazie alla tassazione legale delle mercedi, pretendeva conseguire un estraprofitto scemando il salario ad un saggio anche minore, gli altri maestri, e per essi la legge, si affrettavano ad impedirlo; al qual proposito è veramente notevole uno statuto di Lucca. Conoscendo per esperienza, esso prescrive, che l'avidità del guadagnare in alcuni passa tant'oltre, che senza haver rispetto a quello che devono non danno alli poveri tessitori la debita mercede delle fatiche loro — si vieta di dar mercedi inferiori ad un saggio determinato. *Statuto della Corte dei Mercadanti di Lucca*, 1590, 288-9.

(3) OUIN-LACROIX, l. c., 16.

(4) LACROIX, l. c., *Hist.des cordonniers*, 1852, 161-2.

(5) SCHMOLLER, *Strassburger Zünfte*, 15.

(6) JACOB, *Precious Metals*, 1, 320. Così nell'Inghilterra una legge del 12°, Ricardo II.

zione ed accresciute le esigenze dei lavoratori, Laffemas propone al re la tassazione legale di tutte le mercedi (1). Non altrimenti nella Germania, il maestro cerca ogni modo per ridurre il salario (2), la mercede dei compagni è fissata dalla legge, è consentito di dar meno, ma non più. Nelle corporazioni dei muratori, acconciatori di stanze e stuccatori, è vietato di dare birra e vitto agli operai (3). Perciò sono frequenti le contese dei compagni coi loro maestri per un maggiore salario ed esse chiudonsi il più sovente con rifiuti di lavoro e con rivoluzioni, come a Magonza, Spira e Costanza (4). Nell'Inghilterra l'ordinanza del 1349, la quale caccia nelle officine e nei campi tutti gli uomini atti al lavoro, fissa le mercedi degli adulti (5) e vieta che un fanciullo sotto i 16 anni riceva alcun salario oltre i viveri necessari (6). Nel 1376 la Camera dei Comuni mette alte strida per gli eccessivi salari, che i padroni son costretti a dare ai loro operai, acciò questi non li abbandonino, e perchè l'incoraggiamento, che questi ricevono a proseguire nelle malvagie lor pratiche, li induce, alla più picciola cagione di dissidio, a lasciare i loro padroni (7). Al principio del regno di Enrico IV°, la Camera dei Comuni ricorre ad un ingegnoso spediente, affine d'impedire che i lavoratori agricoli si trasferiscano alle manifatture ed elevino i salari rurali; poichè move una petizione al re, nella quale chiede che niun fanciullo sia impiegato in una industria, a meno che i suoi genitori non posseggano 40 scellini di reddito (8). Nel 1661 i giudici di Chelmsford fissano i salari dei contadini dell'Essex, nel 1682 nel Suffolk, nel 1688 nel Warwickshire vengono fissate le mercedi (9). « I maestri, così la gilda dei cardatori di Bristol, non possano dare ai loro operai più di 4 *pence* per giorno » (10). Ma il carattere di questa reazione contro l'elevatezza del salario, e la necessità d'interpre-

---

(1) FAGNIEZ, *L'industrie en France sous Henri IV*, nella *Revue historique*, settembre, 1883.

(2) SCHANZ, *Gesellenverbände*, 109-11.

(3) WEHRMANN, l. c., 120.

(4) MAURER, *Städteverfassung*, II, 437.

(5) EDEN, l. c., I, 34.

(6) ROBERTS, *Social history of people of south Engl.*, Lond., 1856, 209.

(7) EDEN, l. c., I, 42.

(8) ROGERS, *History*, IV, 72.

(9) MACAULAY, l. c., I, 203.

(10) SMITH, *English Gilds*, 285.

tarla come una esplosione delle esigenze del capitale, brutalmente
soffocate dalla potenza del lavoro, è dimostrata dal fatto che gli
scrittori più eminenti di questo periodo considerano la depressione
dei salari come la premessa inevitabile della produzione ed avvertono che « la non osservanza degli statuti regolanti il valor
del lavoro è così perniciosa, da paralizzare ogni tentativo di miglioramento dell'industria nazionale » (1).

Ma poichè le gotiche prescrizioni vincolatrici non valgono sempre
ad impedire questa perniciosa elevatezza delle mercedi, il capitale
si sforza di rivalersi per altro modo dello scapito, mercè una elevazione artificiale dei prezzi. Nelle colonie noi possiamo, a così dire,
toccar con mano questa dipendenza della elevazione dei prezzi
da quella delle mercedi, poichè esplicitamente la affermano i capitalisti delle Indie occidentali. « Il prezzo dello zucchero, essi avvertono, deve crescere regolarmente ogni anno, poichè gli operai,
avendo il potere di fissare essi stessi i propri salari, li determinano
in ragion progressiva ed estorcono per tal guisa mercedi proporzionali al prezzo dello zucchero; cosicchè noi abbiam d'uopo di
elevare il prezzo dello zucchero nell'anno successivo, se vogliamo
ottenere un profitto » (2). Ma quanto questa elevazione artificiale
dei prezzi divenga consueta nelle più diverse colonie, dimostra
il fatto che in esse risorgono le leggi limitatrici dei prezzi, quando
l'Europa le ha da lungo tempo obliate. — La Corte Generale del
Massachusets tassa i prezzi di tutte le specie di prodotti; si hanno
tassazioni di prezzi nel 1646, nel 17 ottobre 1649, nel 15 ottobre
1650, nel 14 ottobre 1651 ed ancora nel 1779 il Parlamento del
Massachusets si aduna per discutere sulla limitazione dei prezzi
dei prodotti (3). Leggi di questa specie vengon del pari sancite
nello Stato di Nuova York, e nella Nuova Inghilterra, ove fin
dal 1641 si prescrive che il governatore, con uno o più membri
del Consiglio, determini un saggio conveniente di prezzi dei prodotti importati (4). Nella Virginia, nel 1612, si prescrive che
niuno, sotto pena di morte, possa vendere o permutare a prezzi

---

(1) Petty, *Discourse of Taxes*, 32.
(2) *Reports of sel. Comm. on sugar and coffee planting*, 1848, 140.
(3) Felt, *Statistics of taxation in Massachusets*, nelle *Collections of amer.
statist. assoc.*, 1847, 424.5.
(4) *Abstract of the laws of N. Engl.*, Lond., 1641, Cap. V.

maggiori dei fissati (1). Nel 1677 l'Assemblea delle colonie unite
del Connecticut, adunata ad Hertford, delibera che nessun con-
ciatore possa percepire più che 2 *pence* alla libra di profitto sulle
pelli fresche e 4 sulle pelli secche, e che le prime debbano vendersi a 3 *pence*, le seconde a 6 *pence* per libra (2). E quando
nell'America la prima emissione di carta-moneta eleva enormemente tutti i prezzi ed il Congresso, ravvisando in ciò un grave
danno, tenta ripararvi col fissare legalmente i prezzi delle merci,
nessuno se ne maraviglia, come di una novità si farebbe; poichè
già è questo un costume universalmente diffuso (3). Non altrimenti, nell'Europa medievale, gli elevati salari costringono gli
imprenditori a rivalersene, tassando con elevati prezzi i consumatori (4). Certamente questa elevazione dei prezzi, se fosse
generale a tutte le produzioni, non riuscirebbe all'intento; ma
poichè nell'agricoltura la servitù rigorosa persiste, anche quandó
essa è divenuta impossibile nella industria manifattrice, così il capitale agricolo non ha d'uopo di ricorrere ad una elevazione dei
prezzi per procacciarsi un profitto. Ora dacchè i prodotti della terra
rimangono illesi dalla esacerbazione dei prezzi, questa consente ai
manifattori di ottenere un lucro a spese dei proprietari rurali, e
fa sì che il capitale industriale, che non ha una produttività propria, consegua un profitto a detrazione del reddito fondiario, ottenuto colla servitù. Un memorabile esempio di questa estorsione,
che i capitalisti del medio evo esercitano sui proprietarj, trovasi
nell'idea fisiocratica già da noi ricordata, secondo la quale i profitti dei manifattori non si possono ottenere che a danno dei consumatori, cioè dei proprietari territoriali (5). Questo lucro, appunto perchè non fa che assicurare al capitale manifattore un
profitto eguale a quello che rimane al capitale agricolo, potrebbe
persistere, anche data la libera concorrenza fra i due capitali;
ma, a rendere più certa la propria estorsione a danno dei proprietari consumatori, il capitale industriale non esita ad assicurarsi

(1) *For the colony in Virginea lawes divine*, 1612, art. 20.

(2) *The great industries*, 43.

(3) BOLLES, *Financial history, of U. S.*, I, 159.

(4) THUN, *Industrie am Niederrhein*, Leipz., 1879, II, 35.

(5) Cfr. la nostra *Rendita Fondiaria*, 30-38. — Il fatto, che le derrate agrarie
rimanevano sottratte alla elevazione generale dei prezzi, è provato dal basso
prezzo dei grani nell'età di mezzo. Sul basso prezzo delle materie greggie ha
dati interessanti, FORBONNAIS, l. c., II, 115. Cfr. ROGERS, *History*, IV, Cap. XIV.

per ogni guisa un monopolio. Perciò nell'America s'invoca il protezionismo, additandolo esplicitamente come un indennizzo alle elevate mercedi (1), e nell'Europa medievale le corporazioni impediscono la concorrenza, limitano il numero dei maestri, proibiscono ai garzoni di produrre a proprio conto, infine vietano ai maestri di vendere ad un prezzo minore di quello legalmente fissato. « Che non sia alcun maestro della università dei tessitori di seta, scrive uno statuto di Milano, il quale ardisca, nè presuma lavorare drappi di seta, d'oro o d'argento per minor prezzo dell'infrascritto prezzo — e questo sotto la pena della privazione di detto magisterio » (2). Tuttavia la concorrenza rimane pur sempre vivace fra le varie corporazioni, le quali si disputano ferocemente quel mercato, da cui dipende l'esistenza del profitto; e quando taluni fra i maestri trascendono nella elevazione dei prezzi, oltre quel saggio, che si richiede a dar loro il profitto ordinario, la reazione degli altri maestri o, per essa, la legge interviene ad impedirlo. — Per lo statuto di Firenze gli ufficiali delle Grascie debbono ad ogni due mesi stabilire, ordinare e tassare i prezzi da percepirsi dai fornaciari per calce, mattoni, ecc. (3). Secondo lo statuto di Pisa ogni *fundacarius* dee giurare un *breve*, che incomincia così: Giuro che non chiederò, nè riceverò, nè farò chiedere o ricevere dal compratore, o da chi per esso, più che una libra *pro petia examiti,* e due *pro petia purpure.* Il *Breve sensalium* contiene del pari il giuramento, che non si faranno coalizioni all'intento di elevare i prezzi (4). E più generalmente prescrive lo statuto stesso a tutti i mercadanti e produttori: « Nulli « homines artium vel mercatationis, seu alterius cujusq. conditionis « pisanæ civitatis et districtus, possint vel debeant facere rexam, « vel conspirationem, vel cohadunationem, vel ordinamentum, seu

---

(1) Miss MARTINEAU, l. c., 242.

(2) *Statuti, ecc., di Milano,* 29. — A Strasburgo si vieta severamente ai garzoni di produrre panno a proprio conto, affine di impedire la concorrenza e dominare il mercato. — SCHMOLLER, *Strasburger Zünfte,* 67.

(3) *Statuta Florentiae,* III, 208.

(4) È notevole la formola di questo giuramento, di cui l'ultime parole presentano la più spiccata analogia con certo costume delle *trades'unions* moderne: « Nullam rexam, vel compagniam, aut conspirationem faciam cum aliquo, vel aliquibus de arte mea; et si in ea sum, ipsam destruam, et me inde liberari faciam; et omnes qui mihi inde teneantur liberabo, nec in ea stabo; *excepto quod possim comunicare lucra mea cum sotiis meis.* » *Stat. Pisa.,* III, 111.

« statutum pro vendendo carius res et merces eorum » (1). Nè diversamente nella Germania e nella Francia ; ovunque cercasi vietare alle corporazioni una elevazione eccessiva del prezzo dei prodotti (2).

Ora questa economia servile mitigata, che per tal guisa si viene formando, esercita, al pari d'ogni altra forma economica, due influenze affatto opposte sulla produzione, della quale è al tempo stesso un incentivo ed un energico freno. Infatti da un lato questo sistema economico accresce la produzione, creando artificialmente la divisione del lavoro, cui la libertà economica renderebbe impossibile. Imperocchè una influenza notevole, che produce in questo periodo la esistenza di terra libera, associata alla fertilità, pur sempre elevata, della terra, è la mobilità irrequieta dei lavoratori, i quali, non essendo costretti ad ottemperare alla divisione del lavoro per ottenere un prodotto sufficiente, si trasferiscono a libito dall'una all'altra impresa; onde la reazione delle leggi, che la divisione del lavoro artificialmente introducono. — Perciò gli scrittori politici della Spagna, Diaz del Castillo, Vivero y Velasco, Ward, Campillo, invocano più volte dal loro governo che muti sistema nel riparto delle terre nelle colonie, attuandone uno più compatibile colla divisione del lavoro fra l'agricoltura e l'industria (3). Il protezionismo stesso, così diffuso nelle colonie, nel loro terzo periodo, è inteso (oltre che, come vedemmo, ad indennizzare il capitale della elevata mercede) a provocare, mercè i divieti alla importazione dei manufatti, una separazione artificiale fra il gruppo agricolo ed il manifattore (4). Ma in seno allo stesso gruppo manifattore la divisione del lavoro s'introduce per legge. « Considerando, dice ad es. lo statuto di Lucca, quanti disordini seguono e possono seguire nell'arte della seta per la mescolanza e confusione degli esercizi di quella, ordiniamo che nessun mercadante, filatore, cuocitore, tintore, possa o voglia per modo alcuno esercitare altro che una delle dette arti. E nessun sensale, filatore, cuocitore possa nè debba palese ovvero segreto in alcun modo lavorare, o

(1) Ib., I, 289.

(2) Ouin-Lacroix, l. c., 95; Maurer, *Städteverfassung*, I, 433; Schönberg, *Zünfte*, 111.

(3) Colmeiro, *Historia de la Economia politica en España*, Madrid 1863, I, 186.

(4) Wakefield, *Engl. and Am.*, II, 54.

far lavorare alcuna seta » (1). « Qualunque fosse la diversità dei lavori, che richiedeva la confezione del panno, nel Belgio, ciascun operaio compiva una sola operazione isolatamente, rimettendosi agli altri per le rimanenti » (2). Non altrimenti uno statuto di Augusta del 1276 vieta ai fabbricanti di panno di dedicarsi ad altre arti (3); ed analoghe prescrizioni si riproducono in tutta l'Europa del medio evo (4). Tuttavia questa creazione coattiva della divisione del lavoro non riesce ancora a dotare le colonie e l'Europa medievale di una florida industria; onde soccorre nuovamente la legge, vincolando con minuziose prescrizioni la produzione manifattrice. Così un'ordinanza della Corte Generale del Connecticut, nel 1692, esige che le costruzioni di una certa ampiezza sian fatte di mattone o di pietra, e prescrive il modo di loro costruzione, ed altre e strane sanzioni soggiunge (5), non dissimili dalle celebri leggi medievali, che impongono i metodi di produzione (6). — Ma questa fitta rete di minuziose sanzioni, come tutto il conserto di leggi vincolatrici che si accompagna all'economia servile, esercita sulla produzione una influenza sinistra, poichè inceppando la libertà dell'industria, soffoca lo sviluppo tecnico e ne impedisce ogni progresso. È noto infatti che dal sec. XII al XVI in Inghilterra non si ha un solo perfezionamento negli stromenti agricoli e che fino al principio del sec. XVIII l'invenzione tecnica rimane quasi stazionaria; ma qual è la cagione di questo fatto? Nulla sarebbe, ed ognuno il vede, più assurdo che attribuirlo ad una inferiorità della intelligenza umana nei periodi storici al nostro precedenti, inferiorità che è recisamente contraddetta dagli allori, che in quell'epoche l'intelletto umano pur colse in altre e non meno elevate manifestazioni del pensiero. Inoltre le stesse invenzioni tecniche, che in quell'epoca sono ideate, rimangono fatalmente prive d'applicazione; gli stromenti inventati da Leonardo da Vinci (1519) e da Moller (1568) giacciono ignorati e negletti; la stessa macchina di Vaucanson (1745) rimane per 50

---

(1) *Statuti, ecc., di Lucca*, 244.
(2) Moke, l. c., 100.
(3) Schmoller, *Zünfte*, 34.
(4) Cfr. Ouin-Lacroix, l. c., 130; Boileau, l. c., 27; Mone, l. c., 16; *Essay on trade*, 28-9; *The advantages of East India trade*, 71.
(5) *The great industries of U. S.*, 37.
(6) Vedi gli statuti già citati.

anni come un attrezzo da museo nel Conservatorio d'Arti e Mestieri a Parigi (1); le invenzioni si riducono a fenomeni individuali, di cui la società non sa maturare il germe fecondo. Perchè? perchè le condizioni stesse dell' ambiente economico contraddicono alla introduzione dei perfezionamenti industriali, soffocando la condizione che sola può render quelli possibili, la libertà del lavoro e della produzione (2).

Ma questi limiti poderosi opposti alla produzione, associati alla elevazione invadente del salario, hanno ad effetto necessario di ridurre il profitto ad irrisorie dimensioni e di compromettere la vitalità stessa della economia capitalista. Di che è memorabile conseguenza e dimostrazione eloquente il fatto, che la legge stessa deve sforzarsi di creare quella separazione fra capitale e lavoro, che la tenuità del profitto rende spontaneamente impossibile. Così a Strasburgo, uno statuto del 1474 stabilisce che solo coloro, i quali non pongon mano al telaio, possano essere imprenditori nella produzione dei panni, facendo così della astinenza dal lavoro il requisito essenziale alla qualità di capitalista (3). — Della tenuità del profitto in questo periodo è pur notevole prova il fatto, che ad ogni istante si invoca il sussidio dello Stato da parte dei capi d'industria, la cui fortuna vacilla. La necessità di questo sussidio non si palesa in alcuna regione più evidente che nelle colonie; ed ancora nel gennaio del 1788 i proprietari della fabbrica di vetri di Dowesborough, in America, devono fare appello al patriottismo dello Stato, perchè sorregga la loro impresa crollante per la eccessiva spesa delle mercedi. Questa esorbitanza delle mercedi ha effetti sociali così rilevanti, che nel 1793 il Parlamento di Nuova York dee votare un prestito di 3000 dollari per 8 anni agl' imprenditori industriali (4); mentre più di 35 anni dopo nella Nuova Galles del Sud la manchevole offerta di lavoro produce tale una crisi nella classe dei proprietari, che questi debbono invocare ad alte grida misure di protezione (5); esattamente come nel medio evo, le prescrizioni molteplici a protezione delle industrie (6) ed i privilegi

---

(1) GROTHE, *Bilder*, 70.
(2) LEVASSEUR, *Histoire des classes ouvrières jusqu'à la Révol.*, II, 388.
(3) SCHMOLLER, *Strassburg. Zunfte*, 149.
(4) BISHOP, l. c., I, 307.
(5) FLANAGAN, l. c., I, 338-40.
(6) Cfr. p. es. *Stat. Pisa*, III, 688-90.

o le esenzioni dalle imposte, onde esse sono favorite, vengono chiaramente designate quali metodi atti a ristaurare le condizioni affralite dell'industria manifattrice. « Artes et mercationes maris « et terræ liberas tenebimus, sine aliqua imposita et sine aliqua « exatione, ut possint fieri et exerceri pure et legaliter, sicut fie- « bant et exercebant olim, a quinquaginta annis decursis usque « ad decem annos proxime præteritos » (1).

§ 3. — Decomposizione della economia servile.

Dunque la servitù mitigata, imposta dal capitale, vincolando di freni potenti la produzione, riesce appena a creare un profitto limitato, intermittente e frammentario. Ma giunge bentosto il momento, in cui la rete di questi rigidi freni si fa così oppressiva e così limitatrice del profitto, da rendere questo negativo ; onde il capitale si vede costretto a rinunciare ad ogni metodo di asservimento del lavoratore, e questo sorge a libertà. Allora una sorta di splendore sociale rifulge nelle colonie e nell'Europa (2), fino a che non tramonti nelle tenebre procellose dell'organismo economico odierno.

Nelle colonie, appena la servitù ed il garzonato coattivo sono al tutto scomparsi, la potenza del lavoratore si dispiega superba. Così in Trinità, essendosi dichiarati nulli i contratti di lavoro conchiusi fuori della colonia, i quali tenderebbero a ristabilire una forma di servitù, il risultato è, che si rende assolutamente impossibile ogni associazione di lavoro, poichè nessun negro della colonia vuole impegnarsi nemmeno per un sol giorno, ciò che esclude la possibilità di condurre una manifattura economicamente (3). Malgrado la legge che la vieta, l'occupazione delle terre incolte (*squatting*) prosegue vigorosamente, ed i proprietari non hanno il coraggio di denunciare gli occupatori, poichè è dal beneplacito di questi che essi debbono invocare la possibilità di avere per qualche periodo dell'anno operai (4). « Nelle Indie occidentali, così una rela-

---

(1) *Stat. Pisa*, I, 288.

(2) Ciò avverte anche il sommo nostro FERRARA, *Prefazione al Vol. IV, serie II, Bibl. Ec.*, 46.

(3) BURNLEY, l. c., 17.18.

(4) Id., l. c., 99-100. Ancora nell'*Economist* del 23 aprile 1887 si legge, a proposito della emancipazione degli schiavi nel Brasile : « Una delle più gravi

zione ufficiale, gli operai non hanno costume di lavorare più che 5 giorni per settimana, poichè nessun lavoro è compiuto di sabato » (1). Ma son pochi quei negri, che acconsentono a lavorare più di 4 giorni per settimana, tranne nell'epoca della mêsse, in cui ne lavorano 5, mentre poi all'anniversario della loro emancipazione, ed alla Pasqua, essi esigono due settimane d'ozio completo (2). Così il numero dei giorni di lavoro prestati dalla popolazione lavoratrice riducesi a picciola cosa. « Il costo di lavoro, esclama un relatore, è ormai di 1 scellino e 6 *pence* per una giornata di 6 ore di lavoro, ed i negri non voglion lavorare più di 3 giorni per settimana » (3). Tal cifra sembra anzi fatale in questo periodo delle colonie, dacchè anche nell'America del Nord gli operai di rado lavorano più che tanto (4). H. Barkley, ricco proprietario delle Indie occidentali, dice: « Il numero di quelli, che in un anno lavorano sul mio fondo è di 315, mentre il numero medio, che lavora giornalmente, è solo di 115; ora ciò prova appunto che pochi lavorano per tutto l'anno. La media del lavoro è di 8 giorni e $^3/_4$ per mese » (5). In generale la quantità media di lavoro ottenibile non è calcolata che a mezza giornata di lavoro per giorno (6). La giornata di lavoro non dura mai più di 7 ore e mezzo, ma i piantatori sarebbero ben felici se potessero ottenere giornalmente questo numero d'ore di lavoro continuato ; perocchè la popolazione lavoratrice cresce in indolenza, ed invece di cercar lavoro, preferisce di sperdersi per le terre libere ed occupar clandestinamente le terre d'altre persone, od abbandonate (7). P. King, proprietario della Giamaica, dice: Io non posso mai ottenere una giornata di lavoro giusta, onde faccio eseguire a cottimo la maggior parte del lavoro (8). In Trinità, il lavoro agricolo cessa a

---

preoccupazioni è quella di sapere come potrà procedere la produzione successivamente all'abolizione della schiavitù, dacchè è generale opinione che gli schiavi, appena liberati, abbandoneranno il lavoro delle piantagioni per vivere a loro talento sulle terre inoccupate ».

(1) *Labouring population in W. Indies*, 7. UNDERHILL, l. c., 265.

(2) MAXWELL, *Remarks on Jamaica*, 10.

(3) *Reports on sugar*, II, 7-8.

(4) STRICKLAND, l. c., 142.

(5) *Heads of a plan*, 217.

(6) *Labouring popul. in W. I.*, 29.

(7) *The case of free labour*, 20.

(8) *Memorandum of W. Ind. planters*, 192.

mezzogiorno, e spesso alle 10, poichè il lavoratore, in questo breve periodo, guadagna più che il necessario, cioè 2 scellini e 1 *penny*, oltre a $^1/_2$ libbra di pesce salato e rhum. Il lavoro non vi è generalmente che di 4 ore per giorno, cosicchè 300 lavoratori liberi producono ora meno di ciò che prima producevano 200 schiavi; e ciò spiega l'aumento straordinario delle importazioni e l'incarimento di tutti i prodotti successivamente all'emancipazione. Inoltre la diminuzione progressiva della giornata di lavoro fa che la quantità del lavoro cresca meno che proporzionalmente all'aumento dei lavoratori, dovuto alla immigrazione (1). E non è tutto. La terra libera e la scarsa offerta di lavoro, così si scrive da Antigua, producono singolari influenze sul carattere della classe lavoratrice, la quale diviene irrequieta ed indisciplinata. Ovunque prevale uno spirito di concorrenza irrefrenata e di contestazione ineguale fra imprenditore e lavoratore, in cui la vittoria è di solito riserbata al secondo (2). « Io penso, dice F. Shand, un proprietario, che sarebbe mestieri di una legge che ci assicurasse l'opera dei lavoratori; in realtà il piantatore è oppresso dal negro, *il negro è padrone del piantatore* » (3).

La possibilità delle imprese, osserva R. S. Darling, dipende interamente dal capriccio dei lavoratori. Sul fondo dell'Eremitaggio noi volevamo interrompere la macinatura per sarchiare le canne, ma i negri rifiutarono di sarchiare, onde fummo costretti a rinunciare al pensiero ed a ricominciare a macinar le canne di zucchero (4). Sovente gli operai ricusano di obbedire all'imprenditore e lo abbandonano, se egli vuole che essi lascino un dato lavoro per un altro (5). Quando, al mattino, il piantatore ordina che il vapore sia formato nella caldaia della macchina, esso è incerto se potrà procacciarsi un numero di braccia sufficienti a compiere il lavoro della giornata (6). « Nessun contratto di lavoro eccede il periodo di una giornata, ed è questo che rende impossibile di condurre la coltivazione dello zucchero con quella continuità, che sarebbe possibile in Europa. Ecco perchè ogni industria ha regre-

---

(1) Burnley, l. c., 66, 84, ecc.

(2) *Parliamentary Papers on W. Ind.*, 1845, 187.

(3) *Reports on sugar*, 663-4.

(4) Burnley, l. c., 65.

(5) Underhill, l. c., 358.

(6) Burnley, l. c., 118-9.

dito dopo l'emancipazione » (1). Per ovviare alla intermittenza del lavoro, i proprietari hanno stabilito che chi si impiega al principio del mese debba considerarsi come impiegato per un mese; ma non osano attuare la legge per la scarsezza di lavoro e per la tema che i loro operai li abbandonino (2). J. R. Best conchiude con iscoramento: Io non so imaginare in qual modo si potrebbero rendere i lavoratori più dipendenti dai proprietari. Si potrebbe fare una legge, ma gli operai non vi aderirebbero. Si fece una legge sui contratti, ma non vi fu un solo operaio, che volesse firmare un contratto (3). Ed anche quando il lavoro viene offerto senza interruzione, esso lo è soltanto — come di leggieri si presente — per salari elevatissimi. All'indomani della emancipazione, i negri, ignorando il valore del loro lavoro, si appagano di un tenue salario; ma questa innocenza adamitica, così festeggiata dagli economisti delle colonie, scompare bentosto innanzi all'azione corruttrice dell'albero della scienza, o della vita, ed i lavoratori pretendono salari elevati e crescenti, mentre scemano l'ore, per cui son disposti a lavorare (4). Dovunque « gli operai fissano essi medesimi il loro salario » (5) e lo fissano (cosa veramente notevole) ad un saggio proporzionale alla quantità e qualità del lavoro. Perciò, nella prima metà del nostro secolo, quando in Europa il lavoro industriale è pagato più dell'agricolo, che è più rude e penoso, in Trinità il salario nelle manifatture è di 3 scellini e 4 pence, nell'agricoltura di 5 scellini. — E mentre nell'Europa il lavoro di riparo delle vie, più gravoso del lavoro agricolo, è meno od egualmente pagato, in Trinità esso ottiene 12 scellini e 6 pence per giorno, quando il lavoro agricolo ottiene 4 scellini e 2 pence. Di più, quando nell'Europa il prolungamento della giornata di lavoro è gratuito pel capitalista, nelle colonie il lavoro addizionale ottiene un compenso proporzionale, o più che proporzionale. — A J. G. Raymond si chiede: È vostra opinione che i salari sieno troppo elevati? — Decisamente; troppo alti pel vantaggio del pian-

---

(1) Burnley, l. c., 17-8.
(2) *Reports on sugar*, II, 50.
(3) *Heads of a plan*, 254.
(4) Grey, l. c., 60.
(5) *Reports on sugar*, II, 140.

tatore e dello stesso lavoratore...., il quale per tal modo è reso indolente. I proprietari, soggiunge E. Pickwood, si danneggiano a vicenda, cercando di togliersi gli operai; onde deriva che i salari attuali sono enormi e che gli operai si giovano di tutta la terra incolta del podere, ed oltre ai salari ricevono foraggio pei cavalli, capre ed armenti, che essi posseggono. In verità, esclama il povero proprietario, questo è troppo! (1). « Gli operai vivono in soverchia agiatezza e vanno a chiedere un aumento di salari, portando il parasole d'avorio ed altri ninnoli di gran prezzo » (2). A riparare a tanta ruina, si fonda una associazione agricola intesa ad evitare la concorrenza fra i capitalisti e ad impedir che si paghi oltre un certo salario; ma essa rimane priva d'effetto, poichè si scorge bentosto che ogni tentativo di depressione dei salari farebbe che per 30 miglia la terra fosse abbandonata (3). Molti imprenditori invocano un divieto alle coalizioni òperaie (4); ma indarno. I salari in tutto questo periodo rimangono così enormi, che il salario della donna basta a mantenere tutta la famiglia, onde il rimanente è accumulato (5), 5, 10 ed anche 15 fr. per giorno vengono chiesti durante il periodo della mêsse (6). Negli Stati Uniti, nel 1840, non v'ha un solo fanciullo impiegato nelle fabbriche, a Filadelfia tutti i coltivatori sono proprietari del suolo ed agiati, tutti i salari sono elevatissimi, e dovunque l'alimentazione del lavoratore consiste essenzialmente di cibo animale (7). È il trionfo della gente lavoratrice. « In America, dice Chevalier, le leggi si preoccupano assai meno che in Europa dei diritti acquisiti; il diritto che precede gli altri e li ecclissa è quello del lavoro; il riposo non ha ancora diritto di cittadinanza, ed in ogni contesa fra il capitalista ed il lavoratore è il primo che, di consueto, ha la peggio » (8). « Negli Stati Uniti, soggiunge Combe, il popolo ha il potere di tiranneggiare i ricchi; è l'opposto in Europa » (9). In Trinità i lavoratori

---

(1) *Reports on sugar*, I, 197.
(2) *Reports on sugar*, I, 654.
(3) *Reports*, ib., II, 119.
(4) Miss MARTINEAU, l. c., 253.
(5) BURNLEY, l. c., 89.
(6) *Dictionnaire d'Éc. Pol.*, Art. *Esclavage*.
(7) COMBE, l. c., I, 162; STUART, l. c., I, 104, ecc.
(8) CHEVALIER, l. c., II, 115-6.
(9) COMBE, l. c., II, 351.

posseggono una impunità quasi completa per tutti i crimini e delitti, poichè il piantatore teme, denunciandoli, di perdere il loro lavoro, ciò che per lui sarebbe ruinoso; tutt'al più l'operaio è punito con una picciola multa. È veramente singolare, soggiunge a tal proposito Burnley, che nelle colonie si accordi alle classi lavoratrici quel privilegio della esenzione dalle pene personali, che nell'Inghilterra è limitato alle classi superiori (1).

Rivolgiamoci ancora una volta a quella età di mezzo, oggi pur calunniata di troppo, e vi troveremo rispecchiata superbamente quella condizione di floridezza del lavoro, che ci apparve nelle colonie. « Non vi possono essere mendicanti, esclama Petty, in paesi in cui vi sono tanti acri di terre incolte per ciascun abitante» (2)! « Nel XIV secolo ed in principio del XV, la classe artigiana possiede una forza intima ed una importanza, che non ha riacquistata più mai » (3). Le associazioni dei compagni, non solo si difendono contro le depressioni del salario, sia poi che queste vengano tentate col sistema del salario in natura, o col far lavorare in giorno di festa, ma cercano ancora di elevare il salario e lottano non già, come i nostri operai, per la diminuzione delle ore, ma sì dei giorni di lavoro. Non paghi che il loro lavoro sia limitato ad 8 ore per giorno (4), gli operai di questo periodo vogliono riposare anche il lunedì (5). Col loro principio, che « il Lunedì è fratello della Domenica », col pretesto che è loro vietato di tenere adunanze, in giorno festivo, essi richieggono dapprima che una metà del lunedì sia libero, poscia, *consci della loro forza*, vogliono libero l'intero lunedì. Nel secolo XVII si cerca più volte dallo stato di abolire radicalmente « il lunedì azzurro » (*blau Montag*), ma sempre indarno. Nel 1731 esso viene abolito esplicitamente da una Prammatica Regia, ma questa rimane priva di effetto, onde nel 1771 un altro rescritto cerca impedire l'ozio degli operai nel lunedì, vietando agli osti di albergare i *compagni*, che in quel giorno lascino il lavoro.

---

(1) BURNLEY, l. c., 15.

(2) PETTY, *Several essays in Polit. Arithm.*, Lond., 1755, 30.

(3) WEHRMANN, l. c., 63.

(4) ROGERS, *Six centuries*, 542. Nel 1496, osserva Wade, le ore di riposo concesse agli operai erano maggiori che oggidì (*History of middle and working classes*, Lond., 1835, 25).

(5) SCHANZ, *Gesellenverbände*, 113-4.

È notevole poi che questo secondo rescritto riconosce il lunedì
libero come un diritto dei *compagni*, e dispone che quando in
tal giorno essi vengano impiegati, competa loro una rimunerazione addizionale. Nè il lunedì libero può essere evitato mercè
una sottrazione di salario o di sussistenze, che si faccia a danno
dell'artigiano, poichè questi lascierebbe il padrone e nessun altro
si offrirebbe in sua vece (1). Questo fenomeno così singolare, che
ebbe vita nella Germania fino al secolo nostro, è dimostrazione
stupenda della forza della classe lavoratrice nell'età di mezzo.
Ma dimostrazioni non meno evidenti ce ne porge la Francia.
— « Allorchè, narra Chaptal, un *compagno* giungeva in una
città, esso non aveva che a farsi riconoscere per ottener lavoro; e se per caso tutti i posti erano occupati, il più anziano
gli cedeva il suo. Quando un compagno aveva a lagnarsi d'un
padrone, ed il reclamo era ammesso dalla corporazione dei compagni, si condannava la bottega del padrone, e da quest'istante
non era più consentito ad alcuno d'essi di lavorarvi. Quando essi
credevano di aver motivo di lagnarsi dei magistrati di una città,
condannavano la città, ed allora tutti i compagni ne uscivano
ed i padroni erano costretti a trasferirsi alle città vicine, per
negoziarvi, implorandolo, il ritorno dei compagni e far loro levare l'interdetto » (2). Tale potenza della falange lavoratrice in
quest'epoca degenerava talvolta in tirannide, di che è prova il
seguente esempio: L'ora del principio e del termine del lavoro
era annunciata da una campana, la quale consideravasi come una
delegazione diretta della monarchia, ed un' ammenda di 5 soldi
parisis colpiva coloro, che si ponevano al lavoro troppo tardi,
o che lo prolungavano oltre il tempo fissato. Ora nel 1275,
avendo Gugliemo Pentecoste, podestà di Promis, fatto suonare arbitrariamente la campana degli operai pannieri un'ora più tardi
del consueto, quelli si portarono in massa alla sua casa e lo posero a morte (3). Fino al secolo XVIII furono incessanti i lamenti
sulla indisciplinatezza degli operai (4). Ma più che da siffatti lamenti, la potenza della classe operaia, in quest'epoca, è dimostrata
dal fatto, che essa riusciva sempre a ripercotere sull' impren-

(1) STAHL, l. c., 328.
(2) CHAPTAL, l. c., II, 313.
(3) MONTEIL, *Histoire des français des divers états*, Paris, 1872, 1, 37.
(4) BECKMANN, *Beitrage zur Geschichte der Erfindungen*, Leipz., 1782, II, 46.

ditore le imposte sugli oggetti di prima necessità. Così nelle città tedesche, quando si tassarono i viveri, gli operai misero alte strida, ma tosto trovarono nell'aumento dei salari un compenso (1); ed in Inghilterra, quando il Parlamento stabilì un'imposta addizionale di 3 scellini per barile sulla birra, i salariati elevarono di 3 pence i loro salari (2). Questi, oltre che essere sempre elevatissimi, venivano pagati agli operai, anche nel tempo in cui essi rimanevano oziosi (3), ed ovunque, esattamente come nelle colonie, « gli operai fissavano essi stessi il prezzo del proprio lavoro » (4). « Per quanto sembri a buon mercato il lavoro manuale al termine del medio evo, avverte Rogers, esso era l'elemento più costoso della produzione, mentre a' dì nostri l'elemento più costoso è il lavoro di sorveglianza, il compenso degli intermediari, il profitto del capitale » (5). Ovunque il benessere degli artigiani era grandissimo, e di rado vedevasi un coltivatore, che non portasse costosi vestimenti, costosi per modo, che provocavano leggi suntuarie intese a limitare il lusso dei lavoratori (6). Si legga per es. questo statuto di Ferrara, che oggi suonerebbe crudele irrisione: Comitatinæ vero feminæ (esso prescrive) vel uxores eorum qui operis rusticis vacant, non utantur zona serica, nec alia qualibet auro vel argento fulcta frangia, vel alio ornamento chremisino argenteo vel aureo, aut perlis in capite (7). Ma leggi simili si ripetono ovunque (8). Non si avevano fanciulli impiegati nell'in-

---

(1) Hüllmann, *Städtewesen des Mittelalters*, Bonn, 1826-29, II, 107.

(2) Posthlethwayt, *Universal Dictionary of trade and commerce*, 4ª ediz., Lond., 1774, XIII.

(3) Roberts, l. c., 201-2. Il 31 ottobre 1579, i sudditi dell'alto Landsberg rivolgono una petizione al loro signore, lamentando che il padrone sia costretto a pagare l'operaio agricolo durante l'inverno, quando esso non può servire nelle vigne e nei campi, mentre alla primavera esso coglie spesso un pretesto per abbandonare il proprietario, il quale trova così di averlo mantenuto per nulla. Le pretese dei lavoratori sono enormi; essi sono indisciplinati e richieggono, per impiegarsi, caparre eccessive. Hanauer, l. c.; II, 511-2. — Sulla vittoriosa reazione dei lavoratori contro i padroni nel sec. XV si vegga Hanauer, l. c., xxviii, xxxiii.

(4) *Some thoughts on the interest of money*, 73.

(5) Rogers, *History*, IV, 71.

(6) Schönberg, *Zunfte*, 77; *Finanzverh. Basels*, 138.

(7) *Statuta, ecc., Ferrariæ*, 92.

(8) Cfr. la nostra *Rendita Fondiaria*, 709. In Prussia Federico Guglielmo vieta alle donne comuni le vesti di seta. (Mirabeau, *Monarchie prussienne*, I, 75). Sul benessere dei lavoratori nel medio evo si legga Barton.

dustria (1) (gli stessi garzoni medievali non incominciavano che ad una età relativamente matura il mestiere); ed i cultori di Mammona di quest'epoca hanno rampogne contr'essa, poichè non pensa ad impiegare le donne nella manifattura, o nell'industria rurale (2). Questi contadini inglesi, scriveva l'inviato di Filippo II di Spagna al suo sovrano, vivono come porci, ma mangiano così bene come il re (3) e dei paesani d'Irlanda esso affermava, che vivevano *comiendo mucho carne y poco pan* (4). In ogni paese, l'alimentazione della classe lavoratrice in quest'epoca era costituita essenzialmente di cibo animale, e questo fatto soltanto, come vedremo più appresso, può dare la spiegazione della rivoluzione agricola, che pose termine a questo grande periodo (5). « Nel 1697, scrive Price, il grano era a 3 sterl. per *quarter*, e le altre derrate erano care in proporzione, ma tuttavia non vi era malcontento nel popolo; oggi invece, appena il prezzo del grano giunge ad un saggio assai più mite che allora, lo sgomento si fa generale e il povero muore di fame. Perchè? perchè allora il popolo nutrivasi diversamente che adesso. Infatti il vitto del povero nel secolo XVII era la carne, e questa vendevasi a metà del suo prezzo attuale. In un Atto del Parlamento del 25° anno di Enrico VIII, il bue, il vitello, il maiale ed il montone son designati come il cibo del povero, ed il loro prezzo è fissato; perocchè sembra sia stata cura dei nostri padri di mantenere depresso il valore delle sussistenze degli operai » (6). Ma

---

(1) (SWIFT), *Modest proposal for preventing the children of poor people from being a burthen to their parents or the country*, Dublin, 1730, 9, osserva che non vi sono nelle fabbriche fanciulli sotto i 12 anni; e cfr. *Remedies suggested for some of the evils, which constitute the perils of the nation*, Lond., 1844, 188. Ancora nel 1790 in Francia « il salario dei fanciulli è assai di rado indicato ». BIOLLAY, *Les prix en 1790*, 1886, 80. Cfr. HOWELL, *Conflicts between capital and labour*, 1878, 298; ROGERS, *Six Centuries*, 511.

(2) TUCKETT, *History of the past and present state of labouring population*, Lond., 1846, II, 325.

(3) ROBERTS, l. c.

(4) PLAYFAIR, *On the declining production of human food in Irel.*, Recess Studies, Edinb., 1870.

(5) HULLMANN, l. c., I, 234, crede che l'esagerato pietismo dei tessitori di Olanda e di Germania fosse esclusivamente il prodotto di una alimentazione troppo sostanziosa, associata ad una vita sedentaria.

(6) PRICE, *Observations on reversionary payments*, Lond., 1803, II, 148-50. Cfr. anche COBBETT, *Parliamentary history of England*, Lond., 1806, I, 590;

poichè Price è scrittore sistematico, udiamo ancora un cronista impregiudicato : « Gli artefici ed i coltivatori d'Inghilterra, scrive Hollingshed nelle sue celebri Cronache, fanno il maggior conto del cibo animale; il loro vitto consiste principalmente di bue, montone, vitello, agnello e maiale... Per concludere, l'artigiano ed il coltivatore si trattano alla loro tavola con vera munificenza, e quando essi si adunano a brigate sono così festevoli, privi di malizia, alieni dalle violenze italiane e dalle sottigliezze francesi, che sarebbe caro a ciascuno di trovarsi in loro compagnia » (1).

Se dunque nella prima età economica, il lavoro consegue intero il suo prodotto, ma questo è limitato dalla dissociazione; se nel secondo periodo il lavoratore è ridotto a condizione di schiavo e costretto a lasciare al capitalista la maggior parte del prodotto; in questo terzo periodo si ha un glorioso ricorso del benessere sociale della prima età, ricorso amareggiato bensì dalle limitazioni alla libertà del lavoratore, — però decrescenti via via col progresso — ma abbellito dalla elevatezza del prodotto, che dalla associazione del lavoro discende. Se non che questa condizione di prosperità, alla quale il lavoro trovasi quasi per incanto elevato, non dura che lo spazio d'un mattino; poichè col cessare della servitù, risorge la dissociazione dei lavoratori, e l'aumento della popolazione, che ha infranta la economia dei produttori di capitale dissociati nei periodi storici precedenti, ne determina anche una volta la negazione brutale; come è narrato nelle pagine che seguono (2).

TUCKETT, l. c., I, 74; HUME, *History of England*, Lond., 1782, VI, 277; EDEN, l. c., I, 115, crede che la carne entrasse nel vitto dell'operaio delle città, non in quello del contadino.

(1) HOLLINGSHED, *Chronicles*, *The description of England*, 167-8. Cfr. ROGERS, *History*, I, 80, e per l'Italia, BERTAGNOLLI, *Vicende dell'Agricoltura in Italia*, 224.

(2) « Quando le ultime vestigia del servaggio sono scomparse, la felicità delle classi inferiori può dirsi al suo colmo. Un largo intervallo deve trascorrere prima che la tema del bisogno sopraggiunga a crucciare la gente lavoratrice; e questo intervallo tra i rigori della servitù e le miserie derivanti da una popolazione eccessiva può dirsi l'età dell'oro delle classi più misere..... Chi si elevi a qualche vetta ideale ed imagini che tutte le nazioni che furono sulla terra passino innanzi a lui, vedrà sviluppata questa progressione regolare della società umana: difficoltà nel principio, benessere nel mezzo, miseria nella fine ». MACDONNELL, l. c., 77-8. Cfr. anche BERNHARDI, *Kleines und Grossgrundeigenthum*, 209; e *Sophismes of free trade*, 252-3.

CAPITOLO V.

IL PROFITTO A BASE DI SALARIO NELLE COLONIE E NELL'EUROPA

PARTE PRIMA
La formazione storica del salario.

§ 1. — L'espropriazione dei produttori di capitale.

È già gran tempo che l'accrescersi della popolazione, accelerato da una immigrazione progressiva, opera una specie di *run* sulle terre pubbliche delle colonie. La vendita di quelle si compie pertanto a larga mano ed è così parallela all'accrescersi delle genti, che potrebbe quasi considerarsene l'esatta misuratrice. Già si raggiunge il 100° meridiano, che si considera da molti come il limite massimo dell'agricoltura americana, ed al quale le estreme terre coltivate sono di una fecondità così misera, che la produzione vi è altrettanto costosa, quanto nelle regioni ove la terra paga una rendita di 30 dollari l'acre (1); e ben tosto la degradazione nella fertilità della terra si manifesta con evidenza brutale nella elevazione del prezzo del grano e nell'aumento di valore delle terre (2). Ora quale sia la necessaria conseguenza di questa degradazione del margine della coltura si presente di leggieri; la coltivazione disseminata de'piccoli produttori, mezzaioli o proprietari, diviene insufficiente ed è inevitabile che la grande coltura la sostituisca. « Da gran tempo, scrive il relatore ufficiale del Massa-

---

(1) N. B. HAZEN. *The great middle region of the U.S. and its limited space of arable land*, nella *North Amer. Rev.*, 1875. L'*acre*, occorre appena avvertirlo, equivale ad are 40.467.

(2) *Report of Commissioner of Agriculture for* 1868, Washingt. 50. Nel 1850 il prezzo d'un *acre* coltivato era in media di 28 dollari, era di 40 nel 1870. (GEORGE, l. c.). Nel solo stato di Rhode Island il valore della proprietà fondiaria è cresciuto dal 1865 al '75 di doll. 4.503.094.

chusets, le condizioni dell'agricoltura hanno per noi ben cangiato.
Dov' erano villaggi sorsero città e nuove borgate crebbero dalla
terra, che attrassero a sè la popolazione delle campagne. Contemporaneamente a questa metamorfosi, cresceva a dismisura la produzione delle piante industriali, e ciascuna fattoria passava grado grado
dalla coltura primitiva alle nuove e progredite sue forme. Allora
io m'avvidi che, mentre svolgevansi le nuove manifatture e si
fondavano le nuove città, i nostri agricoltori non eran rimasti in
addietro » (1). « L'aumento dei villaggi manifattori e della popolazione manifattrice, così un altro relatore americano, ha creata
una grande richiesta per certi prodotti agricoli ad esclusione di
altri, e la qualità dei prodotti, come il modo di coltura, ne andaron
profondamente mutati » (2). Al tempo stesso che si svolge la necessità della più accurata coltura, le invenzioni industriali assumono uno sviluppo, innanzi al quale diviene iperbolico perfino il
linguaggio, di consueto aridissimo, delle relazioni parlamentari. Ma
disgraziatamente però, come direbbe la scuola, non v'ha tesi senza
antitesi; questo rigoglioso sviluppo della economia e dell'industria
americana è una condanna di morte dei coltivatori indipendenti, e al tempo stesso che la grande macchina agricola fa il suo
ingresso trionfale nella economia delle colonie, vi appare il latifondo. — Chi affronti un instante la statistica e schiuda il vo-
luminoso censimento americano del 1870, riman tosto sorpreso
dalla costante colleganza tra l'accentramento delle proprietà terriere e l'accrescimento della ricchezza e della popolazione. Rile-
vasi infatti da quel censimento, che v'hanno due categorie di
stati nell'America del Nord; negli uni le proprietà superanti i
500 acri sono in maggior numero nel 1870 che nel 1860, è l'opposto negli altri. Ma esaminati ad uno ad uno gli stati, in cui la
grande proprietà è in aumento e quelli nei quali essa decresce,
trovasi che nei primi la ricchezza media per individuo si eleva
ad 825 dollari, mentre nei secondi è di 424. Ma v'ha di più.
Confrontando il movimento della popolazione ne' vari stati, trovasi che in quelli, in cui la grande proprietà crebbe, la popolazione è cresciuta, nel decennio 1860-70, dell'82.88 %, mentre

---

(1) 23 *Annual Report of the secretary of Massachusets Board of Agr.*,
1876, 14-15.
(2) *Report upon the Census of Rhode-Island*, 1875, XVII.

in quelli, in cui la grande proprietà è scemata, la popolazione
non crebbe che del 14.19 % (1). È in quegli stati che hanno
scarsa popolazione e povere industrie, è nell'Arkansas, nel Nuovo
Messico, nel Tennessee, che la proprietà terriera mostrasi meno
accentrata; mentre negli stati, che hanno popolazione numerosa e
floride industrie, in California, nell'Illinese, nel Washington, nel
Maine, nel Massachusets, la proprietà terriera presenta un accentramento minaccioso e crescente. « Pei vasti campi coltivati a grano
di California e di Dakota, narra il George, il viandante può avanzar
per un cammino di parecchie miglia, senza incontrarsi in abitazione umana; l'aratro a vapore e la macchina falciatrice hanno
creato nel Nuovo Mondo dei latifondi non disformi da quelli, che
l'abbondanza degli schiavi avea creato nell'antica Roma ». E ciò
che merita nota, poichè mostra anche una volta come la legge non
sia che l'espressione giuridica del movimento sociale, è che la
legislazione, la quale nei primi tempi delle colonie intendeva a
limitare le proprietà terriere, ora vede ad ogni tratto violate
le proprie sanzioni e trovasi finalmente costretta a consentire le
proprietà sterminate (2). Nella Nuova Galles del Sud, fin dal
1829, la distribuzione delle terre non si fa più in ragione eguale
fra i coloni, ma sì in ragione del capitale, che ciascuno può dedicare all'impresa agraria; e già nel 1831 la terra vendesi in
lotti di 640 *acri* (3). Ma a tutti son note del pari le donazioni in-
consulte di terre, che lo Stato americano compie con prodigalità
orientale, e che creano nel suo seno proprietà senza limite (4).
Dovunque è lo stato medesimo il quale, mercè un vero delitto
sociale, precipita il necessario processo di formazione della grande

---

(1) *IX Census of the U. S.*, 1872, 1, 568-70, III, 10, 81-91, 340.

(2) Disse giustamente il Vera: la storia non è che una perenne violazione
della legge.

(3) FLANAGAN, l. c., I, 344.

(4) Circa le donazioni eccessive di terre nelle colonie, veggasi WAKEFIELD,
Engl. and Am., 11, 289 e pass. — La Repubblica di Venezia mostrava di comprendere assai meglio il punto capitale, che vuol regolato nelle colonie, quando
prescriveva, il 4 dicembre 1621: « Vedendosi che da' Generali, o altri rappresentanti nostri, viene molte volte conceduto a diversi, sotto pretesto di loro merito, di godere (nei feudi e baronie d'oltre-mare) beni della signoria nostra, case,
terreni e altro », si vieta di fare concessioni di terre ad alcuno, neanche sotto
pretesto di fabbriche rovinose da restaurare, nè di terreni da migliorare. *Codice
Feudale della Serenissima R. P. di Venezia*, 1779, 71.

proprietà terriera e, inconscio ministro della crescente popolazione, decreta ufficialmente il latifondo. E questo dilaga immenso,
minaccioso, universo. Al sorgere di questo storico fattor di ruine,
erompe un grido di dolore dalla coscienza nazionale. « Una classe
di proprietari assenti, esclama il *World* di New-York, tende a
divenire caratteristica alle vaste regioni agricole della Nuova Inghilterra, crescenti d'anno in anno nel valor nominale dei terreni e nei fitti e degradanti nel benessere dei loro coltivatori ».
E la *Nation*, alludendo alle stesse regioni, soggiunge: Valor
nominale crescente dei terreni, rendite elevate, poche terre abitate dai - loro proprietari, coltivazione esauriente (1), salari decrescenti, una popolazione più ignorante, un numero sempre
maggiore di donne costrette a lavoro eccessivo, una trasformazione
sinistra del modo di coltura, ecco una vicenda di fatti, che ci sono
descritti da un cumulo di notizie, la cui evidenza è irresistibile ».
Nè un documento più efficace della trasformazione progressiva
del sistema rurale ci potrebbe essere offerta, che il decrescente
rapporto della popolazione delle campagne rispetto a quella delle
città. La popolazione urbana è infatti nel 1790 $1/_{30}$, nel 1800 $1/_{25}$,
nel 1820 $1/_{20}$, nel 1830 $1/_{16}$, nel 1840 $1/_{12}$, nel 1850 $1/_8$, nel 1860 $1/_6$,
nel 1870 più che $1/_5$ della popolazione totale degli Stati Uniti (2).
I coltivatori indipendenti, nei quali (come notava Tocqueville) era
la forza della grande repubblica americana ed il segreto della sua
riscossa titanica, lasciano le usurpate lor terre ; e della strage
di questi fidanzati della gleba crescono le sterminate fortune dei
mercanti del territorio, a cui il patriottismo è vana parola; poichè « l'amour de la patrie n'est que la sainte mémoire des champs
par ses pères semés » (3).

Questo incremento incessante delle grandi proprietà fondiarie
riscontrasi non meno spiccato anche nell'altre colonie. Nel 1877
in Vittoria, la più florente delle colonie d'Australia, non si contano più che 293 proprietari di terre sovra una popolazione di
860.787 abitanti, ossia il rapporto fra i proprietari di terre e la

---

(1) La proporzione delle piante esaurienti alle totali coltivate era, nel 1868,
del 33 % in Inghilterra, del 45 in Prussia, del 54 in Francia, del 60 agli Stati
Uniti.

(2) Ratzel, l. c., II, 191.

(3) Lamartine, *Jocelyn*.

popolazione è di 0,34 %₀₀ (1), e questo rapporto, che s'appressa
a quello della madrepatria, è non poco significativo rispetto alla
condizione della proprietà fondiaria nella colonia. In Tasmania l'accentramento delle proprietà terriere appare anche più manifesto,
appena si osservino le cifre seguenti, che designano le alienazioni
delle terre pubbliche in quella colonia.

Lotti venduti	Anno 1878	Area (in acri)	Anno 1877	Area
Lotti urbani .	209	1309	335	1058
Lotti rurali .	478	44,933	423	38,463

Infatti da queste cifre si scorge che i lotti urbani venduti durante il 1878 sono in minor numero di quelli venduti nel 1877,
eppure l'area dei primi supera quella dei secondi ; dunque accentramento delle proprietà urbane. E quanto ai lotti rurali, annualmente venduti, ne cresce dal 1877 al '78 e il numero assoluto
e l'estensione media, che ascende da 90 acri a 94. Un altro fatto
importante, che si rivela nella storia di questa colonia, è che dal
1877 al '78 l'estensione totale dei poderi inferiori ai 50 acri cresce
di 1233 acri, ossia del 18 %₀ ; l'estensione totale dei poderi di 50
a 100 acri cresce del 28 %₀ ; ma l'estensione totale dei poderi
eccedenti i 500 acri cresce di 3659 acri, ossia dell'80 %₀ : ove
si vede che la ragion d'incremento della estensione totale dei poderi è tanto maggiore, quanto più son ampi i poderi stessi, ossia
che la grande proprietà fondiaria ha sempre più il sopravvento (2).
Volgiamoci ancora ad un'altra colonia. Nella Nuova Galles del
Sud, nel 1870, la proprietà fondiaria media era di 283 acri, era
di 560 nel 1879 ; nel 1869 i proprietari di terre rappresentavano il 5.49 %₀, nel 1879 essi non erano più che il 5.46 %₀ della
popolazione. Ma la preponderanza della grande proprietà terriera
in quella colonia appare meglio a chi sappia che vi si trovano
67 proprietari di poderi eccedenti i 40 mila acri, 149 proprietari di 5000 a 7500 acri , 1674 proprietari di 6 a 7000 acri,
6420 proprietari di 100 a 200 acri (3). Ed anche qui si vegga
la dipendenza dell'accentrarsi della proprietà fondiaria dall'addensata popolazione! Quelle regioni, che rappresentano lo stadio

---

(1) *Statistical register of Victoria*, 1877, II, 13.
(2) *Statistics of Tasmania*, 1879, XX.
(3) *Statistical register of New South Wales, for 1878*, Sydney, 1879, 197-200.

primitivo della economia coloniale, ci danno un'ampiezza media di proprietà fondiarie di 189 acri soltanto, ossia la cifra minima di fronte ad ogni altra colonia (1).

Se l'aumento della popolazione determina una rivoluzione rurale, esso non impone meno necessariamente la ruina delle piccole industrie nelle città. « La mutazione dei metodi produttivi, per la introduzione della macchina a vapore e la conseguente suddivisione del lavoro, che accresce la produzione e scema il costo, sono disastrose pei piccoli manifattori americani, le cui imprese vengono a poco a poco assorbite dalle grandi manifatture » (2). Mentre la produzione annua dei filati di cotone e di lana cresce, agli Stati Uniti, in ragione progressiva, il numero dei filatoi di cotone scende da 1240 nel 1850, a 1074 nel 1860, e i filatoi di lana scemano, nel successivo decennio, di 638. Nell'America, esclama uno scrittore contemporaneo, la grande industria opprime le piccole manifatture e ne determina il precipitoso tracollo (3).

Ma questo grande fenomeno, che si compie nelle colonie, l'accentrarsi delle proprietà terriere e dell'industria sotto la stretta della crescente popolazione, ha sinistro riscontro nella distruzione delle economie patriarcali, che si compie in tutta Europa tra i secoli XVI e XVIII. Infatti quando, in Europa, le condizioni stesse della produzione hanno reso impossibile ogni forma di servaggio, ai grandi proprietari non rimane più alcun profitto, ed i loro poderi trovansi popolati da una gente di enfiteuti, i quali di fatto sono piccoli proprietari, che debbono soltanto una tenuissima rendita ai proprietari feudali. Tale è la condizione della classe agricola in Inghilterra prima del secolo XVI. « Regio etiam illa, così il cancelliere Fortescue, ita respersa re- « fertaque est possessoribus terrarum et agrorum, quod in ea « villula tam parva reperiri non poterit, in qua non est miles, ar- « miger, vel paterfamilias magnis ditatus possessionibus, nec non « libere tenentes alii et valecti plurimi » (4). Innanzi al regno di Edoardo I°, osserva Eden, la condizione dei coloni si è già

---

(1) *Statistics ecc.* 1878, 202 e ss.

(2) *VIII Annual Report of the Bureau of statistic of labor in Massachus.*, 1877, 21.

(3) Moody, *Land and labour in U. S.* New-York, 1883, 67.

(4) Fortescue, *De laudibus legum Angliæ*, ed. Cambridge, 1825, Cap. 29.

d'assai migliorata; l'arbitrio nella determinazione dei loro servigi
è cessato; essi hanno una terricciuola, ed i servigi, che debbono rendere, sono prestabiliti. Un *tenant by vileinage* è obbligato a certi lavori determinati pel suo signore, e generalmente
limitati al tempo della mêsse; ma negli altri periodi dell'anno ha
piena libertà di esercitare la sua industria per proprio conto, ed
è, di fatto, un proprietario indipendente (1). Negli *highlands*
di Scozia, finchè è tenue la densità della popolazione, la terra è
posseduta da fittaioli perpetui, i quali coltivano la terra in comune, formando quasi un'associazione di piccoli proprietari (2).
Così, dovunque la condizione del colono congiunge alla stabilità
ed agiatezza dell'epoca del servaggio, la proprietà e la libertà.

Se non che la popolazione, la quale « si è straordinariamente
accresciuta durante il secolo XVI » (3), determina un aumento
nella domanda di viveri e, con esso, il loro incarimento; onde il
vescovo Latymer, detto l'apostolo d'Inghilterra, deplora che « le
terre che affittavansi per 20 o 40 st., si affittino ora a 50 e 100
st. e più; che la fame affligga i poveri; che tutti gli alimenti si
vendano a prezzi eccessivamente cari (all kind of victuals is so
dear) »; e soggiunge che tutto è troppo caro, quando i redditi
dei proprietari son troppo elevati (4). Ma poichè l'alimento del
popolo in questo periodo è, come vedemmo, costituito essenzialmente di carne, così è il prezzo del vitto animale, che, crescente la popolazione, anzitutto si eleva. « L'aumento della popolazione accresce il consumo di carne, burro, ecc., mentre la
estensione dei pascoli rimane invariata ed il loro prodotto non
può venire accresciuto in proporzione alla richiesta. Di qui la
grande elevazione, che soffre il prezzo di tutte quelle derrate
anche in tempi, nei quali il grano è a buon mercato » (5). Infatti John Hales deplora l'eccessivo incarimento della carne,

---

(1) EDEN, l. c., I, 14.

(2) LEONE LEVI, *Economic condition of highlands of Scotland*, Journ. of
Stat. Soc., 1865, 398; SKENE, *Celtic Scotland*, III, Edinb., 1880, 373.

(3) ADDINGTON, *Enquiry into the reasons for or against enclosing open fields*,
Lond., 1772, 44; TUCKETT, *History of ecc. labouring popul.*, I, 84.

(4) LATYMER, *Sermons*, ed. Walking, Lond., 1834, 91-2. Cfr. ROGERS, *History*, IV, 725.

(5) *Reflections on the present high prices of provisions*, Lond., 1766, 18.
Cfr. NASSE, *Feldgemeinschaft in Engl.*, 61.

ed afferma che, giovandosi della scarsezza persistente di questa, diversi proprietari di bestiame lo recano al mercato, fissandone il prezzo, e, se non possono ottenerlo, riportano il bestiame alle loro case, così privando il popolo dell'alimento (1). Ora i proprietari non tardano a fare la scoperta che, per l'alto prezzo del bestiame, le terre a pascolo rendono più che quelle a grani (2) ; e perciò « il grande aumento nella domanda di cibo animale ha necessariamente ad effetto la conversione di terre arative a pascoli, o l'appropriazione delle terre comuni per istituirvi l'economia pastorale » (3). « Per un lungo periodo, osserva Mac Phail, si ebbero lamenti sull'accresciuto prezzo dei viveri ; parecchi rimedi furono suggeriti, ma il più efficace fra tutti è indubbiamente la coltivazione dei milioni di *acri* oggi ancora deserti » (4). « Ma io credo, soggiunge un altro scrittore, che gran parte della nuova terra posta a coltura sia dedicata all'allevamento del bestiame a cagione del suo prezzo cresciuto » (5). « Dovunque, sulle terre usurpate, alla coltivazione del grano si sostituiscono i pascoli » (6). « La mania delle *chiusure*, esclama Latymer nel 1547, è minacciosa e crescente ; questi allevatori di bestiame, usurpatori di terre comuni e cacciatori di rendite, sono funesti all'onore del sovrano; e le loro pratiche maligne tendono evidentemente a ridurre i coltivatori in ischiavitù » (7). Cinquant'anni più tardi questi processi hanno già compiuta la loro opera desolatrice, e Bacone asserisce malinconicamente alla Camera dei Comuni : Nell'Inghilterra, ove

---

(1) Cobbett, *Parliamentary history*, I, 590.

(2) Lord Kames, *The gentleman farmer, being an attempt to improve agriculture* (1774), Lond., 1814, 320-22.

(3) Comber, l. c., 86.

(4) Mac Phail, *Remarks on the present times, exhibiting the causes of high prices of provisions*, Lond., 1795, 114.

(5) *Inquiry into the connection between the present price of provisions and the size of farms*, Lond., 1773, 64-5.

(6) Addington, l. c., 37-8; Vanderlint, l. c., 10-12.

(7) Latymer, l. c., 73. Qui pure lo stato, come sempre, precipita il processo economico naturale; ed il divieto alla esportazione dei grani, come il permesso di esportare la carne e la lana, accelera la conversione delle terre arative a pascoli. Cfr. Roscher, III, 647, 622. Ma una influenza affatto analoga hanno i repporti del commercio internazionale; dacchè è noto che il fiorire delle manifatture fiamminghe, accrescendo la richiesta delle lane d'Inghilterra, vi incalza la rivoluzione agraria.

erano popolosi villaggi, si trova oggi una verdeggiante campagna, un pastore ed un cane. « Jam seges ubi Troja fuit! » (1).

Ma questa trasformazione agricola, che si compie colla sostituzione dei pascoli ai campi, non può non produrre un immediato incarimento delle derrate agrarie, la cui produzione viene così improvvisamente a scemare. Anzitutto « l'appropriazione delle terre comuni nuoce ai poveri, incarendo la carne di maiale, che è parte del loro vitto » (2). Ma ben più grave è l'influenza, che la trasformazione rurale esercita ad esacerbare il prezzo dei grani, riducendo l'estensione delle terre coltivate a cereali; influenza questa, che il celebre dialogo di Stafford pone in luce mirabilmente. « Le chiusure, così si esprime in quel dialogo l'agricoltore, son funeste, poichè ci costringono a pagar più cara la terra che noi occupiamo, e fanno sì che noi non abbiam terreno sufficiente, rispetto al capitale che potremmo dedicare all'aratura; dacchè tutta la terra è appropriata al pascolo. — Tutte le derrate son così care, che noi non possiamo vivere colla mercede giornaliera. Il bestiame è la causa di tutte le nostre miserie, poichè esso ha cacciato dal nostro paese l'agricoltura, che produceva ogni sorta di vettovaglie ed ha posto in luogo di quella armenti, armenti ed armenti ». — « Senza dubbio, soggiunge il cavaliere, le chiusure non possono essere la cagione della carestia, mentre tendono a scongiurarla; poichè l'esperienza dimostra che i fittaioli in comune (tenants in common) non son mai produttori così efficaci, come l'uomo, il quale possegga liberamente la sua proprietà, e che perciò le contee, nelle quali si ha il maggior numero di chiusure, son pur le più ricche. Funeste non son le chiusure, ma le conversioni di terre arative a pascoli, poichè queste scemano la produzione del grano e ne esacerbano il prezzo » (3). Ora questa elevazione del prezzo del grano impone l'espansione della sua coltura su nuove terre. « L'incarimento del grano per la diffusione della economia pastorale, nota già Price, non può essere che temporaneo, poichè l'alto prezzo del grano provoca una espansione della sua coltura » (4). Ma le nuove terre, che è necessario coltivare, sono di fertilità ben

---

(1) COBBETT, l. c., I, 900.

(2) ADDINGTON, l. c., 29-30.

(3) W. S., *A compendious or brief examination of certain ordinary complaints of divers countrymen*, Lond., 1581, 5-13.

(4) PRICE, l. c., II, 148.

minore che le precedenti, ed ormai il grano non dà che un prodotto medio eguale a 4.66 volte la semente (1). Ora appunto perchè la espansione della granicoltura non può farsi che dissodando le terre peggiori, sulle nuove terre è impossibile l'antico sistema di economia fondiaria. Già Lord Kames, un agronomo illustre del secolo scorso, osserva : La Scozia, crescente in popolazione, non produce grano a sufficienza pe' suoi abitanti, eppure vi abbondano le terre incolte, che potrebbero essere dissodate; ma l'agricoltura e gli stromenti rurali sono tuttora arretrati e disadatti alla coltivazione delle terre peggiori. E l'autore del supplemento all'opera del lord scozzese soggiunge anche più esplicitamente, che « nella Scozia, se il sistema dei piccoli poderi fosse stato conservato, l'agricoltura sarebbe rimasta stazionaria, e tutte le terre di qualità inferiore, che richieggono una forte spesa di capitale per essere rese produttive, eccettuata la piccola parte che poteva essere coltivata dai grandi proprietari, sarebbero rimaste allo stato di natura» (2). Poichè dunque è inevitabile la coltivazione delle terre meno compensatrici, d'uopo è di mutare radicalmente il sistema di coltivazione. I proprietari tentano dapprima di evitare una rivoluzione nei rapporti della proprietà fondiaria, imponendo ai loro fittaioli perpetui, od ai censuari, di adottare i nuovi metodi di coltura; e ne segue « un codice di prescrizioni rigorose, che impongono ai coloni il metodo di coltivazione, sotto il pretesto che i coltivatori, seguendo i propri metodi, essanguano ed esauriscono il terreno » (3). Ma tutto è indarno. Al nuovo sistema di produzione non sono sufficienti le prescrizioni ed i codici, non le istruzioni ai coloni; d'uopo è mutare radicalmente il modo stesso di appropriazione della terra. Ed è allora che i proprietari ricorrono ad una serie per lungo tempo ininterrotta di violente usurpazioni ed espropriazioni, le quali fanno sì che « le terre, possedute alcuni anni prima da 8 o 9 coltivatori liberi ed agiati, siano ora possedute da un solo proprietario, mentre quei 9 son divenuti suoi schiavi » (4). La

---

(1) LECOUTEUX, *Le blé*, 33, 139.

(2) KAMES, l. c., 36, 513.

(3) *One cause of the present scarcity of corn*, *by a Physician*, London, 1795, 6, 14.

(4) *One cause*, 26-7.

dipendenza di queste usurpazioni dall'incremento della popolazione e dei prezzi agricoli è scritta a caratteri indelebili nella storia di questo periodo. — Anzitutto è notevole che « le parrocchie in cui si hanno le maggiori *chiusure,* sono pur quelle in cui la popolazione è maggiore » (1). « Che cos'è, domanda Howlett, ciò che rende il povero incapace a mantenersi, se non l'alto prezzo dei viveri? E per reagire contr'esso è necessaria appunto la grande coltura, la sola, che possa migliorare la produzione. Certo che essa, nel periodo della sua formazione, determina l'espulsione dei coloni, ma poi, accrescendo la produzione agraria, fa che essi vengano riassorbiti dalle manifatture. I fatti si compiono in questa serie: l'aumentata popolazione accresce la domanda di grano; questa accresciuta richiesta è stimolo ai miglioramenti agricoli, quindi all'accentramento delle proprietà fondiarie; e questo produce il deprezzamento dei viveri » (2). La dipendenza serrata delle *chiusure* dall'aumento dei prezzi agricoli è pur dimostrata dalle cifre seguenti:

Anni	Prezzo medio del grano per quarter scell. e pence	Atti di Chiusura	Anni	Prezzo medio	Atti di Chiusura
1791	47.2	38	1810	106.2	122
1796	77.1	75	1811	94.6	107
1808	79	91	1812	125.5	133
1809	95.7	92	1813	108.9	119

Da queste cifre appare evidente come ogni aumento nella appropriazione dei beni comuni sia preceduto da un incarimento del grano (3) e come soltanto a reagire contro l'incarimento delle

---

(1) Howlett, *Enquiry into the influence which enclosures have had upon the population of Engl.,* Lond., 1786.

(2) Howlett, *The insufficiency of the causes to which the increase of our poor has been ascribed,* Lond., 1788, 34-5.

(3) *Edinburgh Review,* Vol. XLIV, 73. — E più spiccatamente lo mostrano i seguenti dati:

Periodo.	Numero delle chiusure.	Prezzo medio del grano per quarter, Scell. e pence.
1780-89	246	45.9
1790-99	469	55.11
1800-09	847	82.2
1810-19	853	88.8
1820-29	205	58.5
1830-35	77	54.7

(Porter, *Progress of the Nation,* I, 155-6).

derrate sia la rivoluzione agraria indirizzata (1). « Il miglioramento della coltura, così uno scrittore contemporaneo, non può attendersi che dalla grande proprietà fondiaria ed è a questa ed alla occupazione delle terre comuni, che noi dobbiamo l'incremento della produzione, che s'ebbe negli ultimi anni » (2).

« È incredibile, conchiude un altro scrittore, come si possa accusare l'accentramento delle proprietà fondiarie dell'incarimento dei prodotti, laddove il grande fittajolo è il solo, che possa dare una coltura feconda e compensatrice » (3).

Per tal guisa si compie nell'Inghilterra una rivoluzione agricola, la quale consta di un duplice processo; poichè dapprima, a soddisfare la cresciuta domanda di carne, si convertono a pascoli le terre arative più feconde, espellendone gli agricoltori, poi, per ricostituire la produzione della quantità richiesta di cereali, si estende la granicoltura a nuove terre meno produttive. E poichè queste terre peggiori non possono coltivarsi che dalla grande impresa, così i coltivatori indipendenti, che vi dimorano, ne vengono brutalmente cacciati ed alla rivoluzione agricola, compiuta sulle terre coltivate a pascoli, succede e ne è il contraccolpo una rivoluzione agricola sulle terre coltivate a grani. « Per tal modo, conchiude lo storico ottimista dell'Inghilterra, il trionfo della civiltà ha diminuito il benessere delle classi più povere, ed il

_____

(1) La dipendenza di questa trasformazione agricola dalla necessità di sopperire alle esigenze della popolazione cresciuta è bene dimostrata anche dal Duca D'ARGYLL, *On the econom. condit. of the Highl. of Scotl.*, Journ. Stat. Soc. 1866.

(2) *Inquiry on the connection*, 32, 81, ecc.

(3) *Three letters from a country farmer, concerning the prices of provisions*, Lond., 1766, 16. ANDERSON (*A calm investigation on the circumstances that have led to the present scarcity of grain*, Lond., 1801, 55) ha in un certo senso ragione, quando afferma, che un aumento di popolazione tende a *deprimere* il prezzo dei viveri, mercè la rivoluzione agricola che ne è il risultato. — Taluni scrittori rilevano la connessione fra le *chiusure* e l'incarimento dei viveri, ma sotto una forma fallace. Così il filantropo Wright esclama: La rabbia di chiudere le terre incolte si diè libero corso negli ultimi trent'anni; *eppure* tutte le derrate incarirono (WRIGHT, *Short adress to the public on the monopoly of small farms*, Lond., 1795, 5); « Il grande incarimento del bestiame negli ultimi trent'anni, così un altro scrittore, è *dovuto* alle chiusure, che sostituirono l'allevamento artificiale all'allevamento naturale » (*Political enquiry into the consequences of enclosing waste lands*, Holborn, 1785, 63-4, e *Two letters on the flour trade and dearness of corn*, Lond., 1757, 19-20).

progresso dell'agricoltura e della popolazione le ha defraudate di preziosi vantaggi » (1).

Sulle traccie dell'Inghilterra corrono l'altre nazioni e ne ripetono la rivoluzione rurale. In Iscozia l'espropriazione dei piccoli proprietari si compie in un modo più simulato, mercè la ipoteca, la quale, associata ad enormi abusi e alle frodi dei creditori ipotecari, adduce all'espropriazione dei coltivatori (2). Nella Germania, coll'incremento della popolazione, che si manifesta accelerato nei secoli XIII al XVI, sorgono le novelle città; ma l'èra della costituzione di queste nuove e più ampie sedi è anche l'epoca, in cui si iniziano le espulsioni dei coloni ed in cui i grandi signori, sostituendo il diritto romano a quel diritto della leggendaria Germania, a cui il colono era consueto, come alla sua lingua materna, preparano di lunga mano la degradazione dei coltivatori (3). In alcune regioni tedesche, come nel Mecklenburgo, la espropriazione dei coloni è più violenta, in altre più simulata (4); ma ovunque si ha la sostituzione delle terre arative coi pascoli e della piccola colla grande coltura; e solo il grande miglioramento agricolo, che deriva da questo processo, spiega il fatto che la produzione del grano non scema in proporzione alla diminuzione delle terre coltivate a grani (5). Anche nella Francia la popolazione si è notevolmente accresciuta verso la metà del secolo XVI, ciò che dimostrano le seguenti parole di Bodin: « Una cagione di tanti vantaggi, che ci son piovuti da 120 o 140 anni, è la popolazione infinita, che si è moltiplicata in questo regno dopochè le guerre civili della casa d'Orléans vennero a cessare... Da cent'anni, si è dissodata una sterminata estensione di foreste e di lande, si sono eretti parecchi

---

(1) MACAULAY, *History*, Lond., 1886, I, 206. Le chiusure ebbero ad effetto immediato una grande recrudescenza nella criminalità. PIKE, *History of Crime*, Lond., 1873-6, II, 35.

(2) DALRYMPLE, *An essay toward the history of feudal property*, Lond., 1759, 104-5.

(3) GRIMM, l. c., XVII; DANCKWARDT, *Nationaloek.-civilist-Studien*, Leipz., 1862, 29-30. TOCQUEVILLE, *Ancien régime*, 330-2. Non altrimenti nella Russia la condizione delle classi agricole, floridissima finchè non retta da alcuna legge, decadde nel secolo XVI, appena furono quelle classi sommesse ad organizzazione giuridica (NOWITZKI, l. c., 29).

(4) HANNSEN, *Agrarhistorische Abhandlungen*, I, 377.

(5) Id., l. c., I, 509.

villaggi, popolate intere città » (1). L'aumento della popolazione
è così veemente, che già gran tempo prima di Colbert l'esportazione dei grani dalla Francia viene a cessare, anzi fa d'uopo
importarne ed a carissimo prezzo e frattanto — fatto veramente
notevole — il saggio legale dell'interesse discende al 5 %, ciò che
tradisce una elevazione nel prezzo delle derrate (2). Disgraziatamente, all'aumento della popolazione non va parallelo quello
della coltura. Perciò, fin dall'epoca di Luigi XIV, si deplora che « i
prodotti lentamente crescenti e limitati dell'agricoltura coprano
appena le spese sempre crescenti » (3). E « siccome la popolazione cresce ad un saggio, cui seguono troppo lentamente i progressi della coltura e di tutte le specie di lavoro, così i vagabondi
formano bentosto un popolo nomade, che non cessa d'essere oggetto di pietà e di spavento e che infesta i quartieri della magni-
ficenza » (4). Ora non appena, sotto la stretta della popolazione
crescente e della scarsa produzione, il valore delle terre e delle
derrate si eleva, i signori reagiscono contro il sistema di coltura
arretrato ed iniziano una serie di usurpazioni e di chiusure delle
terre comuni (5). Indarno la legge contrasta ai loro attentati,
indarno il Parlamento li condanna. Forti dell'appoggio dei giuristi e della propria potenza, essi compiono la espropriazione dei
piccoli coltivatori e le usurpazioni delle terre comunali (6); e
quando l'Assemblea Costituente con postuma resipiscenza vieta
le chiusure, l'antico sistema agrario è omai sostituito dal latifondo (7). Nella Spagna la chiusura delle terre comuni, il *cer-
ramiento de las tierras*, procede frattanto irrefrenato e gli economisti più insigni gli prodigano i loro entusiasmi (8). Infine

(1) BODINUS, *Responsio ad paradoxa Malestretti de caritate rerum omnium
ejusque remediis*, Helmetstadii, 1663, 18-9.

(2) VOLTAIRE, *Siècle de Louis XIV*, ed. Paris, 1826, II, 54. Cfr. anche *Some
thoughts on interest of money*, s. d.; 12-13.

(3) LEMONTEY, *Essai sur l'établissement monarchique de Louis XIV*, Broux,
1833, 50.

(4) LACRETELLE, *Histoire de la France pendant le XVIII siècle*, Broux,
1819, III, 266.

(5) CHAMPIONNÈRE, l. c., 343-48.

(6) Vedi, p. es., *Lettre sur la querelle des propriétaires et des fermiers de
Picardie*, nelle *Éphémérides du citoyen*, V, 129.

(7) YOUNG, *Voyages en France*, II, 282, 437.

(8) JOVELLANOS, *Informe de la Sociedad Economica de Madrid en el ex-
pediente de Ley Agraria*, 1795, 24-5.

nell'Italia, mentre gli scrittori avvertono che « del grano non se ne raccoglie mai in tanta abbondanza, che possa avanzarne per il commercio esterno di esportazione, mancandone anzi sovente al nostro bisogno, come da ciascuno si deplora » (1), si inizia la espropriazione dei piccoli coltivatori, con tanta eloquenza descritta dai nostri classici economisti (2). Nel Napoletano, verso la metà del secolo passato, la coltivazione è povera. ed improduttiva ; « gli avvicendamenti malintesi, il non uso o cattivo de' concimi, la cieca o imperfetta preparazione de' terreni, l'uso dell'aratro latino, o delle zappe della barbarie, la incuria nella scelta dei terreni e delle sementi » fanno l'agricoltura insufficiente e spossatrice. Cresce la popolazione ; e poichè non è possibile migliorar la coltura sulle terre già dissodate, fa d'uopo che si espanda la coltivazione sulle terre deserte. « I campi di Puglia non hanno cambiato coltura e più di 40,000 moggi di terreno sonosi aggiunti a quella de' cereali ; in tutte le altre provincie del regno una quantità immensa di terreni sono stati dissodati ed in campi invertiti ». Così il De Augustinis (3). Ma quale è il risultato di questa espansione agricola rispetto alle condizioni del produttore? La caduta delle economie patriarcali e l'accentramento delle proprietà terriere, il quale raggiunge tal grado, che Genovesi avverte non senza amarezza : divise tutte le famiglie del regno di Napoli in 60 parti, una è posseditrice di stabili e 59 non hanno pur tanta terra da seppellirsi. Al tempo stesso procede l'usurpazione delle terre comuni. Ancora nel 1647-48 « gran numero di comuni si fanno restituire a forza le proprietà comunali ed aprire i pascoli e demanî, che i baroni avevansi chiusi e giungono a far pascolare i loro armenti in alcune delle difese baronali. Ma appena sedato il tumulto la convenzione vien infranta » e le terre comunali ritornano in proprietà dei grandi signori fondiari, che un cronista dell'epoca descrive come « mostri, che si hanno usurpato le selve, le balze, le terre, i pascoli, i flumi, la caccia» (4).

---

(1) ADAMI, *Della necessità di accrescere e migliorare l'agricoltura della Toscana*, Firenze,1768, 8, 28.

(2) Sulla distruzione della economia patriarcale in Italia, il lettore troverà più ampi particolari nella nostra *Rendita Fondiaria*, 710 e ss.

(3) DE AUGUSTINIS, *Della condizione economica del Regno di Napoli*, 1833, 23-6.

(4) WINSPEARE, l. c., 206-7.

In Sardegna, dopo la Carta reale del 1839, « in tutte le parti dell'isola si dà mano a cingere di siepi o di muri delle estensioni di terra e a costituire quei fondi che chiamansi *tanche,* per sottrarle al pascolo comune. Chiudere questi terreni però non è cosa facile. Le più violente opposizioni si manifestano e in tutte le parti, specialmente nel Nuorese, avviene che i muri di cinta innalzati di giorno, si abbattono nella notte. Codeste chiusure si considerano dai pastori e dagli invidi una usurpazione a danno di tutti, una illegittima spogliazione, alla quale si ritiene giusto opporre la violenza. Ma a dispetto di codesti sforzi un gran passo vien fatto e la comunanza del pascolo patisce delle restrinzioni » (1).

Ma le cagioni medesime, che impongono la distruzione delle piccole colture, provocano la distruzione delle piccole industrie manifattrici. Infatti, la stessa trasformazione agricola non può ottenersi senza una mutazione nella manifattura degli stromenti produttivi, i quali, tuttora imperfetti, costringono ad una coltura superficiale ed esauriente. Inoltre, siccome la trasformazione agricola non giunge che a rallentare la elevazione dei prezzi agrari, così a questa è d'uopo riparare con un deprezzamento dei manufatti, la quale esige appunto una trasformazione industriale. — Perciò l'invenzione dei processi tecnici, fin qui addormentata, di repente si desta e, sotto la stretta della popolazione crescente, battono, improvvise e feconde, le pulsazioni del genio. « Se nei paesi di popolazione rada le invenzioni sono quasi affatto ignorate, dove la popolazione fa grandi progressi ogni giorno presenta nuove combinazioni meccaniche e suscita forze, che pochi anni prima niuno avrebbe sognate » (2). Questa dipendenza della trasformazione tecnica dall'accrescersi della popolazione è stupendamente rivelata dalla storia della manifattura tessile, la quale, essendo, dopo l'industria agraria, quella i cui prodotti hanno maggior numero di consumatori, deve meglio che ogn'altra risentire l'influenza della popolazione addensata. Al principio del secolo XVIII, appena la richiesta del cotone ne eccede l'offerta e provoca una esacerbazione del suo prezzo, si veggono sorgere dalla terra invenzioni prodigiose; è allora che John Wyatt di Birmingham inventa

---

(1) SALARIS, *Atti Inch. agr.*, XIV, I, 88.
(2) RAVENSTONE, *Thoughts on the funding system and its effects*, Lond., 1824, 3.

la filatura a cilindri, a cui succede la celebre macchina filatrice di Hargreaves(1764) e le scoperte di Highs e di Arkwright, fino alla più decisiva, che applicando all'industria tessile il vapore le dà magnifico impulso (1). Ma questa rivoluzione tecnica segna la ruina delle piccole industrie britanniche. Al tempo stesso nella Germania Süssmilch lamenta il sorgere della grande industria. « La filatura domestica, egli dice, ha fatto luogo in Berlino alle camere di filatura (Spinnenstube), ove un imprenditore raccoglie parecchie fanciulle, che lavorano insieme con lui; d'onde non piccolo detrimento al costume deriva» (2). E Möser deplora che gli artigiani indipendenti nelle città vadano ogni giorno scemando; che la loro condizione peggiori sempre più; che sempre più essi debbano cedere il campo all'imprenditore capitalista, il quale impiega 30 o 40 operai, assegna a ciascuno un lavoro frammentario ed inizia quella « semplificazione industriale », che è già in voga a Londra ed a Parigi (3). Ma ciò che avvien nella Francia, durante l'amministrazione di Colbert, è specialmente meritevole della nostra attenzione. Infatti alla insufficienza dell'agricoltura nazionale, insufficienza che persiste, malgrado la trasformazione agricola che si viene compiendo, lo Stato non può riparare, modificando per legge gli arretrati processi dell'economia rurale, poichè ciò non varrebbe a dare un impulso immediato alla produzione agraria sempre lentamente mutabile. D'uopo è quindi proteggere l'industria manifattrice ed accrescerne la produttività, affine di ottenere a miglior patto i grani stranieri e di compensare il maggior costo dei grani col basso prezzo dei manufatti; ed è questo appunto il sistema, che viene attuato da Colbert e che da lui prende il nome. Le industrie sorgono; la piccola manifattura dà posto alla grande; Colbert acquista dall'Inghilterra il segreto di macchine ingegnose e potenti, che introduce nella manifattura francese; 1600 fanciulle vengono occupate nel solo lavoro dei merletti e si richiamano operaie da Venezia e dalle Fiandre e si erogano 36 mila lire ad incoraggiare l'imprese. In breve, si compie nella Francia una metamorfosi industriale, che erige sulla ruina della piccola industria la

---

(1) BAINES, *Hist. of cotton manufacture*, 119 e ss.
(2) SÜSSMILCH, *Die göttliche Ordnung*, ecc., Berl., 1762, II, 49.
(3) MÖSER, *Patriotische Phantasien*, I, 190, 289, ecc.

ricchezza, la potenza ed il fasto della grande manifattura (1).
Ma dalla Francia il nuovo sistema si diffonde in tutte l'altre nazioni d'Europa (2), in ciascuna delle quali la lentezza, con cui
l'agricoltura esce dalle strettoie dell' economia feudale, fa della
protezione industriale il solo metodo atto a bilanciare l'incarimento delle derrate, o a provvedere all'aumento della popolazione;
e sotto la pressione di questo, si consuma dovunque la ruina delle
piccole industrie indipendenti (3).

§ 2. — La cessazione della terra libera.

Pertanto nelle colonie e nell'Europa, benchè in periodi disgiunti da lungo intervallo, compiesi con regolarità prodigiosa
la distruzione delle economie patriarcali e la loro sostituzione
col latifondo e colla grande manifattura. Ma la espropriazione dei
produttori di capitale, questa strage degli innocenti che infierisce
all'aurora d'ogni periodo storico, non definisce un sistema economico, nè vale a determinarne la configurazione; poichè, se esi-

---

(1) Cfr. VOLTAIRE, l. c., 1, 92. Non sarebbe tempo che cessassero i tanti pregiudizi, che corrono sul sistema di Colbert ? Nessuno più che questo ministro fu
sfruttato da coloro, i quali si dilettano a derivare il movimento economico dal
capriccio individuale. Tuttavia già Necker, dicendo appunto di Colbert, avea
notato con giustezza, che « si attribuiscono quasi sempre tutti i grandi risultati
alle inclinazioni degli uomini, anzi che alla natura delle cose, di cui l'impero
è più grande, ma meno visibile » (NECKER, Oeuvres, II, 125). Ed invero l'esa-
gerazione della individualità di Colbert, di cui vorrebbe farsi un riformatore
autodidatto e dispotico del sistema sociale, è un errore profondo di non pochi
storici ed economisti. Questi chiosatori sarebbero disadatti a spiegare come mai
un uomo, il quale poneva a principio, che il benessere d'un paese ha per base
la buona coltivazione delle terre, abbia fatto della protezione dell'industria, del-
l'abbandono dell'agricoltura, il suo sistema di governo. — Nè ciò riesce spiegabile, se non considerando il Colbertismo come l'espressione teorica più perfetta
delle esigenze economiche di un'epoca, nella quale, essendo l'agricoltura refrat-
taria ad ogni azione governativa intesa a migliorarla, si dovea ricorrere al perfezionamento della manifattura, per accrescere le esportazioni e scemare il costo
delle sussistenze importate.

(2) Nella Prussia, Federico Guglielmo 1 riproduce il sistema di Colbert
(RANKE, Preuss. Gesch. 1874, III, 160).

(3) « La rente est devenue la force motrice, qui a lancé l'idylle dans le mou-
vement de l'histoire ». MARX, Misère de la Philosophie, Broux, 1846, 160. Questa
affermazione, perfettamente vera, è la negazione del sistema difeso da Marx nelle
sue opere successive.

stono terre incolte di prima qualità, possono gli espropriati trasferirsi su quelle, lasciando gli espropriatori nella impossibilità di
ottenere operai, o nella necessità di conseguirli mercè l'asservimento degli espropriati medesimi. Se non che, ciò che caratterizza
la espropriazione dei piccoli proprietari, che si compie all'inizio
dell'età moderna, ciò che la differenzia da tutti i processi analoghi, che si compiono nelle età anteriori, è il fatto che essa si
accompagna alla cessazione delle terre fertili incoltivate.

Nelle colonie la cessazione delle terre libere coltivabili dal lavoro puro è da qualche tempo un fatto compiuto. Così, per ciò che
riflette gli Stati Uniti, il Giffen di recente avvertiva : « Non solo
i 13 stati originari e le loro tre sub-sezioni sono ormai tutti occupati, ma lo sono ancora gli stati dell'Ovest, esclusi i territori
del Pacifico; non vi ha ancora molto spazio appoderabile in questi
stati ed un'aggiunta di 24 o 25 milioni alla popolazione rurale
degli Stati Uniti sembra tutto ciò che si richiede, ad occupare
tutta la terra ora coltivabile al modo stesso, in cui lo è quella già
dissodata. Sembra certo che fra 25 anni, e probabilmente anche
prima, la limitazione dell'area si farà sentire agli Stati Uniti.
Non vi saranno più ampi tratti di terra vergine per l'immigrante
e tutta l'area coltivabile sarà popolata da una classe agricola numerosa, così come sono ora popolati gli stati dell'Est » (1). Ma
assai prima che tutta la terra sia nelle colonie appoderata, si consuma in esse l'occupazione totale delle terre coltivabili dal lavoro
puro. « Per parecchi anni successivi alla adozione della Costituzione, i rapporti degli Stati Uniti coll'estero erano tali, che
il lavoro era meglio impiegato nell'agricoltura, che nell'industria.
L'Europa richiedeva urgentemente prodotti agrari americani e
gli Stati Uniti, per l'abbondanza di terre libere, non si trovavano
nella necessità di ricorrere a terreni più sterili per soddisfare alla
richiesta. Ora però (così si scrive fin dal principio del nostro secolo)
la condizione è ben diversa; ed omai la nostra popolazione ha raggiunto il limite, oltre il quale ogni accrescimento ulteriore diminuisce la quantità relativa dei nostri prodotti agrari. Certo vi sono
ancora delle terre vacanti, ma sono omai scarse e poco produt-

---

(1) GIFFEN, *Inaugural address to the Stat. Soc.* — Journal of Statist. Soc. 1882,
538 e pass.; LAFARGUE, Journal des Éc. Luglio-agosto 1884.

tive » (1). « Ormai la repubblica è entrata in una nuova éra. Il grande fatto, che fu già così potente, è cessato ; la terra libera non è più. Non già che non vi sian più terre pubbliche, che non debbano ancora per lungo tempo durare ; ma la miglior parte del continente è già occupata e la parte rimanente è la più povera, composta di terre montuose e lande mal produttive, in cui può riporre ben poca fidanza la popolazione avvenire» (2). Ora la cessazione delle terre libere coltivabili dal lavoro puro preclude, sia ai proprietari espropriati, sia ai sopraggiunti della popolazione, la possibilità di iniziare a proprio conto la produzione sopra una terra vergine e li costringe a vendersi ai capitalisti, o a divenirne i salariati. Già nel 1790, Hamilton, nella sua celeberrima relazione, così si esprimeva: « La scarsezza di braccia, che da tanti si deplora, non è un fatto che si manifesti in proporzioni rilevanti in ogni parte degli Stati Uniti. V'hanno ampie provincie, che possono considerarsi come pienamente popolate e che, nonostante una continua emigrazione verso sedi lontane, sono fittamente seminate di fiorenti villaggi. Se questi distretti non raggiunsero ancora il punto, in cui cessa il difetto di braccia, essi però non ne sono lontani e si avvicinano a quello » (3). Nella relazione di Hamilton l'industria americana è descritta come offerente « un'ampia scena di manifattura domestica », ossia come escludente il salariato ; ma questo si viene ben tosto, in tutta l'America settentrionale, formando durante un periodo, che può fissarsi dal 1790 al 1825 (4). Già, immediatamente dopo la pubblicazione di quel documento memorabile, « il lavoro americano incomincia gradatamente a cangiare la sua forma, lasciando il sistema generale di operazioni manuali, isolate e domestiche, benchè queste continuino ancora per lungo tempo a formarne il carattere fondamentale, e procedendo agli sforzi più organizzati di imprese regolari, con capitali associati, impieganti in maggiore o minor grado le nuove macchine, che si vengono inventando in Europa » (5). « Una grande mutazione, scrive Palmer,

---

(1) *Collections of the Maine historical society*, VI, 103-4; HAZEN, *The great middle region of the Un. Stat. and its limited space of arable land*, l. c.

(2) GEORGE, *Progress and poverty*.

(3) HAMILTON, *Report*, 39.

(4) Ed è notevole che questo periodo è precisamente quello della formazione del proletariato nell'Europa.

(5) BISHOP, l. c., II, 14.

si è compiuta negli Stati Uniti, dopo la pubblicazione dei viaggi
di Michanan, di Parkinson (1800) ecc. Dopo d'allora si è avuto
uno straordinario incremento di città e di villaggi, e la formazione di nuovi distretti e di nuovi stati. Certamente non s'hanno
ancora che poche industrie; certo le terre son coltivate generalmente dal proprietario e dalla sua famiglia; ma negli ultimi anni
si è avuta una fortissima immigrazione di operai sopratutto negli
stati dell'Est, e ciò ha provocata la formazione di una classe salariata, e prodotta un'abbondanza di lavoro siffatta, che omai le
manifatture vi florirebbero indubbiamente » (1). Nè le manifatture indugiano a sorgere. A Lowell nel 1818 non si ha che una
piccola fabbrica impiegante 20 operai; nel 1825 formasi la compagnia manifattrice del Merrimach; altre la seguono tosto, e nel
1832 il capitale investito è di 6 milioni di dollari, gli operai impiegati 5 mila, di cui 3800 donne e fanciulli, ed i salari complessivi ascendono ad 1.200.000 dollari. Nel 1825 gli Stati Uniti
esportano già manufatti per 5.729.797 dollari (2). Lo sviluppo dei
cotonificj americani, dopo la guerra del 1812, è uno degli av-
venimenti più meravigliosi della storia. Durante i 20 anni successivi, la parte precipua della filatura e tessitura vien trasferita
dall'industria domestica alla fabbrica, e questo trasferimento è
per sè sufficiente a creare una grande industria. Può quindi
affermarsi che lo sviluppo industriale dal 1810 al 1831 è dovuto
al fatto, che la fabbrica ed il telaio a macchina sostituiscono
l'industria domestica ed il telaio a mano, ossia che esso è dovuto
alla formazione del salario; mentre lo sviluppo industriale successivo al 1831 è il prodotto dell'aumento della popolazione degli
Stati Uniti e della loro crescente ricchezza (3).

Ma la regione, in cui si manifesta, a così dire, in rilievo la
formazione del salario, sono le Indie occidentali. Noi vedemmo
come in queste colonie i proprietari si trovassero nella più dolorosa impotenza di fronte agli influssi della terra libera, la quale,
rendendo impossibile il salariato, li costringeva a ricorrere agli
accorgimenti più crudeli e grotteschi per conseguire lavoratori.
Ma col progredire della popolazione, tali condizioni venivano ra-

---

(1) PALMER, *Journal of travels in the Un. St.* Lond. 1818, Prefaz. IV.
(2) Miss MARTINEAU, l. c., 226-7.
(3) BOLLES, *Ind. hist.*, 413.

dicalmente a mutare, e gli atti dell'Inchiesta sullo stato delle classi lavoratrici in quelle colonie ci permettono di assistere a tutte le fasi di questa singolare trasformazione. Infatti fin dall'epoca immediatamente successiva all'abolizione della servitù si manifesta in esse un processo di formazione frammentaria del salariato, che si trova nel seguente modo descritto in una pubblicazione ufficiale: « Dopo la emancipazione degli schiavi, il difetto di operai è l'oggetto de' generali lamenti, poichè tutti gli antichi schiavi divengono proprietari di terre. Tuttavia, per quanto lo schiavo liberato sia ora proprietario, gli è pur sempre mestieri di possedere danaro, per soddisfare a tutti quei bisogni, che nè la sua casa, nè il suo podere possono soddisfare, o per procacciarsi le vesti e gli altri oggetti necessari. Perciò, avendo d'uopo di questi prodotti, *il piccolo proprietario non può esimersi dal lavoro giornaliero sulla piantagione del capitalista;* e la quantità di lavoro necessaria all'ex-schiavo, per ottenere la soddisfazione di quei consumi, rappresenta i limiti, entro cui il piantatore può disporre del lavoro del salariato» (1). Qui invero potrebbe osservarsi, che la sola esistenza di bisogni, cui la produzione ottenuta dal poderetto non può soddisfar direttamente, non permette ancora di conchiudere che il proprietario di quello dovrà vendersi per alcune ore come salariato; poichè egli potrà sempre scambiare una parte dei prodotti del suo podere contro quei prodotti non agricoli, di cui abbisogna. Ma il fenomeno si spiega invece d'un tratto, quando si pensi che le terre coltivate dagli schiavi emancipati sono necessariamente di una scarsa produttività, poichè la abolizione della servitù non ha appunto altra cagione, che la necessità di spingere la coltivazione sulle terre inferiori. Al che si aggiunge anche l'azione diretta de' proprietari, i quali costringono gli ex-schiavi ad appagarsi delle terre più sterili, monopolizzando le migliori. Ora la scarsa produttività delle terre possedute dagli ex-schiavi ha ad effetto, che essi non possano ottenere dal loro poderetto che la quantità di prodotti richiesta alla soddisfazione dei consumi più necessari, e che debbano per ciò invocare la soddisfazione dei consumi superiori da un lavoro *extra*, che essi prestano sulle terre dei grandi proprietari, nelle ore che ad essi lascia libere la coltivazione del loro podere. Così se la terra

_____

(1) *State of the labouring population in W. Indies*, 1846, 42.

libera rende essenzialmente impossibile il salario, la sterilità di
quella terra lo rende frammentariamente necessario. Tuttavia si
osservi quanto è povero questo rapporto di salario nella prima ed
eccezionale sua manifestazione. « Per quanto, prosegue il relatore,
sia assolutamente necessario agli ex-schiavi di ottenere, oltre che
il prodotto del loro podere, i mezzi di procacciarsi i prodotti di
importazione, che possono acquistarsi soltanto per moneta, pure
l'acquisto di queste merci, nella realtà così indispensabili, è da essi
considerato come un affare secondario. Il piantatore non è servito
finchè il negro non trova conveniente di servirlo » (1). Ed è tanto
vero che la base di questo incipiente rapporto di salario è la sterilità della terra del proprietario coltivatore, che là dove la sterilità di quella terra è maggiore, ivi esso presta con maggiore assiduità l'opera sua al grande proprietario. Così « tra S. Ann's Bay
e Spanish Town il terreno posseduto dai piccoli proprietari è povero e sterile, mentre quello dei grandi proprietari è fertilissimo.
Ebbene i piantatori di zucchero di questa regione non hanno mai
a lagnarsi del difetto di lavoro » (2).

Tuttavia il sussidio della terra libera, già ridotto dalla sterilità
di essa terra, viene bentosto a cessare, e con ciò alla formazione
frammentaria della mercede succede la sua formazione normale.
« Non son più que' tempi, così una relazione ufficiale nel 1844,
nei quali il negro cercava sempre di assentarsi completamente
dal lavoro; ma tuttavia ad ogni tratto i negri lasciano un podere
per un altro » (3). « I salari, soggiunge E. Pickwood, sono
sempre eccessivi, benchè negli ultimi tempi siansi ridotti di ¹/₃.
Se l'operaio non vuol lavorare per voi, la sola cosa che voi po-
tete dirgli è: voi non potrete far uso della mia terra. Ma egli
vi risponderà: io andrò nel podere vicino e vi sarò accolto con
gioia » (4). A questo punto già si dispiega perfetta la cessazione
della terra libera, poichè il lavoratore trova impossibile di lasciare la terra di un proprietario per passare ad una terra inoccupata e solo può abbandonare un proprietario per offrire ad
un altro l'opera sua. « La vera e sola cagione di quel successo,

---

(1) l. c., 44.
(2) l. c., 46.
(3) *Correspondence relative to lab. pop. in W. Indies*, 1845, 126.
(4) *Memorandum by W. India planters*, 481.

che ha coronato in Antigua l'abolizione della servitù, è che la popolazione vi è omai addensata e che tutta, o quasi tutta la terra arativa vi è posta a coltura. I negri emancipati non possono perciò trasferirsi sulle terre libere ed i proprietari possono disporre del lavoro di quelli, in cambio del semplice necessario, ciò che è meno costoso che mantenere gli schiavi attivi e gli oziosi » (1). Infatti « in Antigua, osserva I. Tollmache, la terra libera è ormai ridotta a picciole dimensioni »; quindi « la nostra difficoltà non è più di trovare lavoro, ma di trovare lavoro continuato ; ed a rendere più continuato il lavoro basta la introduzione di macchine, o la riduzione dei salari ». Pochi anni or sono, dice C. Marryat, le pretese degli operai erano tali, che non avevano limite se non nella capacità economica dei piantatori ; ma la immigrazione ridusse le cose a tal punto, che i piantatori sono ora più che un tempo indipendenti dal negro, che possono ottenere lavoro più continuo, e che il saggio de' salari è ridotto. In passato, geme F. Shand, i salari erano enormi ; ma questo mercante nelle Indie e proprietario di vascelli a Liverpool si rallegra, dacchè negli ultimi tempi si è riusciti a scemare i salari da 10 a 6 *pence* per opera. Io dubito però, soggiunge W. Codrington, proprietario in Antigua, che le mercedi rimangano a questo saggio. Noi abbiamo colto l'opportunità di una stagione assai cattiva per ridurle e temo assai che, quando giunga il tempo della raccolta, noi non siamo costretti a rielevarle. A creare la continuità del lavoro salariato i proprietari ricorrono alla importazione di operai ed è per questo modo che essi, nel 1843, ottengono di scemare i salari complessivi da 1000 a 900 sterl. per anno (2). Ovunque, il trionfo del piantatore sul negro dipende esclusivamente dalla inesistenza di terre libere. In Demerara , ove la terra libera non è ancora totalmente scomparsa, narra T. Naghten, proprietario e mercante, si propose da lungo tempo una diminuzione di 30 °/₀ nei salari, ma non se ne fece nulla ; gli operai resistettero brutalmente ad ogni diminuzione della mercede, minacciando di abbruciare le case dei signori. In Barbada invece , ove non si ha più terra libera, narra H. Barkley, i salari sono ridotti a 6 *pence* per giorno. E lo stesso proprietario soggiunge : « fino a poco fa,

---

(1) De Bow, *Industrial Resources*, II, 254.
(2) *Report of sel. comm. on sugar, ecc.*, I, 662-4, 685, ecc.

quando si aveano ancora terre vacanti, gli operai trovavansi in una posizione molto indipendente; ma io credo che col mezzo della immigrazione noi li abbiamo ridotti a tale stato, che essi debbono, dopo una certa resistenza, accettare i nostri patti... Due carichi di lavoratori introdotti in Berbice farebbero pendere la bilancia a vantaggio del piantatore. Con ciò non voglio asserire, soggiunge cautamente l'inglese, che si verrà a stabilire un'assoluta signoria del padrone sull'operaio. Il salario dipenderà sempre da una convenzione, ma il lavoro sarà più continuo e maggiore » (1).

Ora proiettando questa luce d'America sul passato d'Europa, vediamo d'un tratto apparirci il rapporto di salario con uno stesso processo. Infatti, nel momento stesso, in cui i produttori di capitale europei soggiacciono a quella espropriazione, che or ora abbiamo indagata, e vengon privati d'ogni diritto sulle terre comuni, si scopre che le terre libere, trattabili dal lavoro puro, sono omai totalmente occupate. « Per riparare all'incarimento dei viveri, così uno scrittore inglese del secolo XVIII, si propose di dissodare le foreste cedendole a' privati; il che può giovare, ma non costituire un rimedio sufficiente a rimovere il male, poichè la quantità di terra coltivabile non è più che ben poca » (2). « Non son più que' tempi, così il Dᣴ Price, nei quali tutti avevano la possibilità di lavorar a proprio conto, com'era nel medio evo, come è ancora nelle nostre colonie » (3). « L'occupazione totale della terra, osserva Addington, fa che molti piccoli proprietari rimangano privi dei mezzi di sussistenza, poichè le loro terre non bastano al sostentamento, che in connessione coi diritti di pascolo sulle terre libere; onde, perduti quelli, essi si trovano impoveriti e costretti a farsi salariati » (4). Ma la cessazione della terra libera viene poi anche più splendidamente attestata da un altro grande fenomeno, la creazione del vagabondaggio. Se infatti la terribile rivoluzione agricola, più addietro descritta, espropria una schiera immensa di coltivatori, soltanto la cessazione della terra libera spinge gli espropriati alle città e li costringe a vendere il loro lavoro ai proprietari della ricchezza accumulata. Ma « siccome il capitale mobile cresce lentamente, così non può assorbire che una parte

---

(1) *Heads of a plan*, 224-6.
(2) *Three letters concerning the prices of provisions*, 1766, 20.
(3) Price, *Reversionary payments*, II, 158-60.
(4) Addington, l. c., 36.

degli espropriati » (1), onde una frazione imponente di costoro rimane priva d'impiego e si forma una classe di vagabondi. Questi costituiscono ben presto una popolazione così numerosa e terribile, che nel 1571, Wilson, provveditore delle suppliche, afferma la sua esperienza avergli mostrato che in tutta cristianità non si incontra così grande decomposizione civile come nella Gran Brettagna (2). « Noi, esclama un altro scrittore, abbiamo convertita una nobile ed operosa contadinanza in una gente di oziosi e di mendichi » (3). « Sembra che il decremento della servitù, osserva Eden, abbia segnata l'epoca dell'origine del povero. Omai l'accentramento delle proprietà fondiarie e l'usurpazione delle terre comuni hanno creato una classe di miserabili; ed è dubbio se un Istituto nazionale pel mantenimento dei poveri scemerebbe il costume omai prevalso del vagabondaggio » (4). A tal proposito è in sommo grado interessante di seguire l'evoluzione della legge relativa a questo sinistro fenomeno. Infatti nel periodo precedente, in cui il vagabondaggio è il prodotto del capriccio, dell'indolenza o del benessere, esso è, come vedemmo, l'oggetto de' più fieri divieti e delle più rigorose sanzioni. Ma quando cessa la terra libera, mentre si iniziano le espropriazioni dei coltivatori indipendenti, allora il vagabondaggio diviene il prodotto fatale delle condizioni economiche e la legge, divenuta impotente ad impedirlo, deve smettere del proprio rigore; quindi la legge 2ª del 43º di Elisabetta (1601) distingue i vagabondi abili dagli incapaci al lavoro e prescrive che i primi vengano costretti all'opera, i secondi ricoverati a spese dello Stato; e più tardi, la legge 4ª del 3º di Ed. VI abolisce tutte le antiche sanzioni contro i mendicanti abili al lavoro (5). Ed invero queste sanzioni sono omai rese superflue; poichè non solo la gente di miserabili, che viene formandosi, è il fatale prodotto della metamorfosi dei rapporti fondiari, ma è la necessaria premessa alla formazione del salario e costituisce il limaccioso, quanto fecondo detrito, da cui deve alimentarsi l'offerta del lavoro salariato.

---

(1) COMBER, l. c., 88.

(2) COBBETT, *Parliamentary history*, I, 746.

(3) *Inquiry into the causes of the increased amount of poor rates*, Norwich 1817, 7-9.

(4) EDEN, l. c., I, 60, 329, 416.

(5) NICHOLLS, *History of english poor laws*, Lond. 1854, passim. Cfr. THORNTON, *Overpopulation*, 186-7.

Quindi, non appena le ricchezze dormenti negli scrigni, o i capitali raccolti mercè l'usura ed il commercio vengono produttivamente impiegati, questi vagabondi vengono per una gran parte assorbiti nelle manifatture e formano il mesto popolo libero, che serve nelle officine. Per tal modo, a partire dal secolo XVI, i salariati sorgono in Inghilterra e nell'Europa continentale ed il loro numero di giorno in giorno s'accresce(1); per tal modo la espropriazione dei coltivatori indipendenti, e l'usurpazione delle terre comuni, dotata di una influenza tremenda per virtù della cessazione della terra libera, determina una metamorfosi radicale nella condizione del lavoratore e realizza colla potenza irresistibile di una legge cosmica quell'asservimento del lavoro, che le leggi civili dei secoli scorsi riuscivano solo imperfettamente ed a prezzo di enormi sforzi a creare; « per questo modo infine, esclama Rogers, il lavoratore, per tanta epoca sistematicamente degradato, diviene, ciò che non erasi mai veduto dapprima in alcuna società civile, *un servo senza proprietà fondiaria* » (2).

Ma la dipendenza organica del salario dalla inesistenza di terre coltivabili non ispicca in nulla più manifesta, che nella grandiosa crociata, cui la nuova epoca indice contro la terra libera frammentaria, sporadica, ancora superstite. Infatti benchè la terra libera fosse omai generalmente cessata, rimanevano tuttora sul lembo delle terre appoderate ragguardevoli tratti di terra incolta (3); e se questa non valeva, per la tenuità delle sue dimensioni, per la sua scarsa fertilità, per la sua distanza dai centri popolosi, a distruggere il nuovo rapporto di salario, valeva però ad impedirne la consolidazione ed a renderne minore la durata e l'intensità; quindi corrodeva la base stessa della novella società, che sul salario era fondata. Si comprende perciò la veemenza, con cui il capitale combatteva queste estreme ve-

---

(1) Rogers, *History*, IV, 493.

(2) Rogers, l. c., 499-500. Una ballata dell'epoca di Carlo II, ricordata da Macaulay, lamenta il buon tempo antico, quando ogni artiere che attendeva al lavoro della lana viveva riccamente, al pari d'un affittaiolo, mentre oggimai è ridotto ad un salario di 6 *pence* per giorno. « Per sì scarsa mercede i produttori della ricchezza sono obligati a lavorare da mane a sera, mentre il padrone pannaiolo oziando si arrichisce coi loro stenti ». (Macaulay, *History*, I, 141).

(3) Marshall, *Rural economy of Yorkshire*, Lond. 1788, I, 51.

stigia della sua secolare nemica e si comprende l'accanimento degli economisti e dei paladini del capitale contro la permanenza frammentaria delle terre inoccupate. Le declamazioni e le querele degli scrittori di quest'epoca contro i residui della terra libera sollevano d'un tratto tutto il velo, onde è avvolto il rapporto di salario e ne tradiscono la vera natura ed il carattere territoriale. « Il vantaggio, che si suppone i poveri ritraggano dalle terre comuni, scrive un autore da noi già citato, è puramente nominale, anzi esse recan loro un danno effettivo (!), poichè offrono un pretesto alla loro indolenza. Infatti, pochi eccettuati, se voi richiedete il loro lavoro, essi vi diranno che debbono recarsi a sorvegliare il loro gregge, a tagliare piante ecc. » (1). Nè diverso è l'avviso dell'agronomo Middleton: Le terre comuni, egli dice, non sono solamente inutili perchè improduttive; esse sono dannose al pubblico, poichè assicurano al povero i materiali onde costruire la sua casetta, oltre al legname ed all'armento. Questa è, come si comprende, una tentazione sufficiente per indurre gran numero di poveri ad installarsi sul lembo di queste terre comuni. E non è tutto; poichè, avendo ottenuto questo piccolo vantaggio, essi dànno alle loro menti un indirizzo fallace e rifuggono dal lavoro (2). Eden deplora che le terre comuni consumino il tempo dei lavoratori (3); e Marshall soggiunge: L'appropriazione delle foreste non riuscirebbe solo ad un notevole incremento della produzione agricola, ma sarebbe al tempo stesso il mezzo più acconcio a creare un numero addizionale di braccia utili all'agricoltura, diminuendo grado grado ed annientando quel sussidio all'ozio ed all'indolenza, che porgono i beni comunali e le terre inoccupate. *È solo a cagione di queste che il lavoro è prestato con indolenza ed a carissimo prezzo* (4). « I fittaioli affermano unanimi, che appena il lavoratore possiede terra, dedica a questa tutto il suo lavoro e si rifiuta, tranne casi eccezionali, a prestarlo sulla terra del proprietario » (5).

---

(1) *Inquiry into the connection between price of provisions and size of farms*, 1773, 81-4.

(2) MIDDLETON, *View of agriculture of Middlessex*, Lond. 2ª Ed. 1807, 117.

(3) EDEN, l. c., Prefaz. XVIII.

(4) MARSHALL, *Review of the reports to the Board of Agriculture from the southern and peninsular departments*, York, 1817, 48.

(5) *Report of sel. Comm. on Agriculture*, 1833, Evid., II, 760.

Pertanto, non solo è d'uopo che cessino ad ogni costo le ultime vestigia della terra libera, ma è d'uopo che ciascun proprietario si guardi scrupolosamente dall'assegnare un poderetto in godimento al lavoratore giornaliero ; imperocchè « se questi fosse per tal modo reso indipendente dal fittaiolo, dal quale altrimenti dee dipendere per la sua sussistenza, o venisse indotto a considerare come secondario il lavorare per mercede, egli diverrebbe tosto ozioso ed inutile al proprietario e si indurrebbe a lavorare soltanto per un salario assai maggiore dell'attuale » (1). L'annettere una piccola porzione di terra alla casa dell'operaio agricolo, conclude Holland , è *pericoloso*, poichè in tal caso quegli mantiene la sua famiglia col prodotto del suo poderetto e non lavora più pel capitalista (2).

L'incremento incessante della popolazione ha fatto bentosto piena ragione ai voti pietosi della proprietà ed ha reso superflui gli avvedimenti ed i consigli de' suoi prezzolati difensori. Infatti bentosto le terre incolte non riescono più d'alcun vantaggio al lavoratore, perchè non sono trattabili senza capitale (3); onde la cessazione della terra libera diviene in breve completa e l'operaio, al tutto privo d'opzione, precipita « in una schiavitù così oppressiva e degradata, come quella del servo feudale o del negro delle colonie » (4). Tuttavía anche quando l'opzione, che la terra libera accorda, è affatto scomparsa, rimane pur sempre una forma di opzione, che nessun aumento di popolazione può eliminare, ed è quella accordata alle popolazioni litorane dal mare, che offre al lavoratore privo di capitale i mezzi di sussistenza. Così anche oggigiorno, nell'Isola d'Elba, « la scarsità di braccia per il lavoro, dovuta all'esercizio del mare ed alla pesca , nuoce grandemente all'agricoltura ed ha elevato in questi ultimi anni specialmente ad un prezzo straordinario il valore della mano d'opera... Mancando le braccia, l'agricoltura ne soffre » (5). Ma contro questa

---

(1) SINCLAIR, *Account of the systems of husbandry adopted in Scotland*, Edinb. 1812, II, 6.

(2) HOLLAND, *General view of the agriculture of Cheshire*, Lond. 1808, 89.

(3) « In seguito alle quotizzazioni dei beni demaniali, le quote vennero affidate ai proletarj, che, non avendo o non potendo trovare i capitali per farle valere, ben presto le abbandonarono o venderono ». BRANCA, *Inch. Agr.* IX, I, 114.

(4) SOMERS, *Letters from the Highlands*, Lond. 1848, 88-9.

(5) *Atti dell'Inchiesta Agraria ;* PULLÉ, *Monografia sull'Isola d'Elba*, 610. In un pittoresco villaggio posto sulla riva del Baltico, a Swinemunde, potei

risurrezione parziale dell'opzione del lavoratore l'economista ortodosso non esita ad invocare quei metodi, che esso condanna, in nome della morale, finchè non son necessari, e propone « come rimedio alla deficienza di braccia per il lavoro della terra l'impiego dei *servi di pena* » (1).

Dunque ciò che giace al fondo del rapporto di salario, a base della sua genesi storica, è la cessazione della terra incolta trattabile dal lavoro puro, che si compie naturalmente coll' accrescersi della popolazione. Finchè esistono terreni inoccupati, finchè l'uomo libero può, appena il voglia, impiegare il suo lavoro indipendente sulla terra, il capitale non può conseguire un profitto, che realizzando colla forza il divorzio fra l'uomo e la proprietà fondiaria, distruggendo colla violenza la libertà del lavoratore. Ma la cessazione della terra libera modifica radicalmente questa condizione di cose; essa genera un fenomeno affatto nuovo nella storia dell'umanità, il divorzio naturale dell'uomo dalla proprietà fondiaria; essa distrugge il presidio secolare dell'operaio contro la servitù economica, e costringe quello a vendere il suo lavoro al capitalista, ossia a divenirne il salariato. La distruzione della terra libera è Dalila, che recide la chioma del gigante lavoratore; è la demoniaca potenza, che fa dell'uomo nominalmente libero il servo della proprietà fondiaria e del capitale; è la forza misteriosa e maligna, la quale consente che di mezzo ad una libertà giuridica universale si elabori e si accresca la servitù delle masse e che il capitale senza usurpazioni, senza oppressioni o violenze, possa conquistare un profitto. Come il ritirarsi dell'onde lascia scoperti i continenti, così il cessare della terra libera lascia scoperto il profitto automatico, il quale d'improvviso fa la sua apparizione nella storia. Al sorgere di questo meravi-

---

accertare *de visu* questa influenza poderosa del mare ad impedire lo sfruttamento capitalista. Tuttavia il mare è trattabile dal lavoro privo di capitale solo mercè la piccola pesca, che si fa dalla spiaggia, laddove la pesca in alto mare esige un capitale spesso elevatissimo. Gli è perciò che nelle comunità di pesca dell'Ural, in Russia, i lavoratori cercano di opporsi con ogni sforzo alla introduzione di reti costose, la quale, trasportando l'impresa pescareccia in alto mare, riuscirebbe ad escluderli dall'opzione, e ad abbandonarli in balìa del capitale (SOKOLOWSKI, *La vita economica ecc.*, 255 e ss.).

(1) PULLÈ, l. c., 616.

glioso fenomeno, caratteristico della nuova età, cessano d'un tratto tutti quei metodi, scellerati sempre ma spesso impotenti, di cui valevasi ne' periodi trascorsi il capitale per procacciarsi un profitto, cessano la schiavitù, il servaggio, le leggi vincolatrici; per la prima volta il lavoratore consegue la libertà ed a questa inneggiano i paladini del capitale, che, un tempo, solo per la servitù avevan lodi; ma la libertà giuridica del lavoratore non sorge che sulla tomba della sua libertà economica (1).

L'analisi teorica, la quale move dall'ipotesi della libertà personale, ci ha dimostrato che il profitto ed il salario nascono ad un parto dalla cessazione della terra libera, mentre sotto l'impero di questa essi sono entrambi impossibili. Ma l'analisi storica completa i risultati della indagine astratta, col dimostrare che la libertà stessa dell'uomo, lunge dall'essere un fatto primitivo ed eterno, è il risultato della occupazione totale della terra trattabile dal lavoro puro, mentre la esistenza di terra fertile incolta, determinando la impossibilità naturale del profitto, determina la appropriazione del lavoratore per opera del capitale, come mezzo di creazione violenta del reddito capitalista. Quindi la cessazione della terra libera non crea il profitto, ma ne trasforma la base, poichè al profitto fondato sulla servitù giuridica sostituisce quello fondato sulla servitù economica del lavoratore. Ma, producendo questa metamorfosi, la cessazione della terra libera scinde la storia dell'umanità in due grandi epoche, e genera un sistema economico affatto nuovo, il quale presenta caratteri e leggi profondamente opposti a quelli dei sistemi che lo precessero.

Infatti quei limiti alla produttività del lavoro, che sono il risultato della schiavitù, vengono ora a cessare e con essi vien meno quella impossibilità degli stromenti perfezionati, che la schiavitù rendeva inevitabile. Quindi la libertà del lavoratore, o

---

(1) « Le droit est la protection métaphysique et morte, qui a remplacé, pour le peuple, la protection qu'on lui devait ». LOUIS BLANC. — Allorchè nell'estate del 1888, il cardinale Lavigerie, quasi a mostrare che l'eroe di Cervantes è tipo comune a tutte le età, percorreva trionfalmente l'Europa, bandendo una crociata contro la schiavitù africana, — un giornale umoristico, prediletto dall'alta società di Vienna, scriveva queste parole: Eminenza, non è soltanto sotto le palme dei tropici, o fra i lontani deserti che si trovano schiavi; se n'hanno a miriadi più presso a noi, sotto i fumajoli delle nostre fabbriche. Al tempo stesso il senatore Vitelleschi avvertiva, che fra le condizioni dei nostri operai agricoli e quella degli schiavi, non v'ha differenza sostanziale. (*Inch. agr.* XI, I, 304).

la occupazione totale della terra, che la produce, è la causa, che rende possibile la transizione dallo stromento alla macchina e questa sorge sull'orizzonte economico come un prodotto mediato della cessazione della terra libera. Onde se noi vedemmo nel II° capitolo di questo libro che la discesa di un primo grado nella produttività della terra-limite crea la divisione del lavoro, vediamo ora che la discesa ad un grado anche più depresso di quella, sopprimendo la terra libera, genera la macchina, dalla quale la divisione del lavoro è limitata od infranta. Gli è così che nell'America del Nord la guerra di secessione, che segna il termine della schiavitù, segna l'inizio di un improvviso ed energico florire delle invenzioni; e queste moltiplicano i processi tecnici con sì meravigliosa potenza, che due anni dopo la pacificazione del Sud un uomo può produrre di più, che non potessero due uomini innanzi la guerra (1). A nulla dire delle macchine dissodatrici del terreno, le quali ebbero nell'America i primi e più gloriosi inventori, la meccanica agricola ed industriale assume bentosto negli Stati Uniti uno sviluppo, che le stesse relazioni ufficiali non esitano a chiamare meraviglioso (2). Ma non diverso spettacolo ci presenta l'Europa all'indomani della formazione del salario; poichè a partire da questo grande momento storico l'invenzione tecnica, che vedemmo prima stazionaria, presenta una improvvisa espansione, mercè una serie di brillanti scoperte, che si succedono con crescente veemenza fino alla metà del nostro secolo. Che anzi le stesse invenzioni dell'epoca precedente, ch'eran rimaste inapplicate, poichè incompatibili coll'organismo economico dominante, trovano ora d'improvviso attuazione. Così la macchina inventata da Moller nel 1568, e che viene allora distrutta dalla rivolta degli operai, è introdotta soltanto nel 1718; e l'Elettore di Sassonia, accordando un premio a chi vorrà impiegarla nelle officine, riconosce che sono i tempi mutati, che ne consentono l'introduzione (3). Ora gli è certo, e lo vedemmo non è guari, che questo progresso tecnico è in gran parte il prodotto della decrescenza nella produttività del ter-

---

(1) Rev. James SHAW, *Twelve years in America*, Lond. 1867, 129.

(2) *Report of the commissioner of agriculture for* 1866, Wash. 225. L'aratro boemo dei fratelli Wewerka, che, nel 1838, ebbe un successo così generale nella Germania, venne detronizzato dagli aratri americani (MEITZEN, *Der Boden*, II, 69).

(3) GROTHE, *Bilder*, ecc., 106.

reno coltivato, la quale impone metodi di produzione più perfezionati e squisiti; ma questa causa però non ispiega uno scatto così grandioso del metodo produttivo dallo stromento nano alla grande macchina. Un sì rapido scatto dalla stazionarietà al febbrile progresso, il quale contrasta così brutalmente colla legge di evoluzione (o meglio col modo, ond'essa è volgarmente formulata), non è spiegabile se non quando si rannodi alla decrescenza nella produttività del terreno incolto, la quale, sopprimendo la terra libera, genera la libertà del lavoratore, ossia pone in essere la condizione, che sola rende possibile l'uso dei grandi processi meccanici. Per tal modo la cessazione della terra libera determina uno slancio nel metodo di produzione, che non istà in alcuna dipendenza causale, nè in alcun rapporto colla decrescenza nella produttività del terreno coltivato, e che di lunga mano ne sopravanza i progressi.

La prevalenza, che per tal guisa viene assicurata al capitale tecnico nell'industria, imprime un carattere meccanico alla produzione e la rende indipendente dall'arbitrio dell'operaio, o dalla maggiore o minore efficacia del suo lavoro; e questo fatto toglie la necessità, che vedemmo caratteristica alla schiavitù ed al servaggio, di assoggettare ad una sorveglianza minuziosa il lavoratore, come la necessità di accordargli un superfluo, che ne stimoli le energie produttrici. Ora è facile scorgere come queste influenze della cessazione della terra libera debbano riuscire vantaggiose al capitale ed elevarne il profitto; ma quel grande fenomeno consente al capitale altri e non meno preziosi vantaggi. Infatti la cessazione della terra libera fa che il capitalista, innanzi alla scemata richiesta dei consumatori, possa licenziare l'operaio, sapendo che potrà poi ritrovarlo appena ne ha d'uopo, senza soffrire altra perdita che quella del profitto durante il periodo del licenziamento; mentre la versatilità del lavoro, prodotta dalla sua libertà, consente al capitalista, che vede scemare la richiesta di un prodotto, di trasferire gli operai dall'una all'altra sfera dell'industria; onde alla rigidezza della impresa servile succede la mobilità e l'agilità meravigliòsa, di cui è dotato il capitale nella economia a salariati e che gli consente di cogliere tanti allori, o tanti tesori, sui campi di battaglia della produzione. Senza dubbio questi cospicui vantaggi non son conseguiti dal capitale, che a prezzo di una assiduità ininterrotta nella accumulazione e nella impresa. Perocchè, cessata la terra incolta trattabile dal lavoro puro, un capitale di fondazione diviene necessario acchè l'impresa possa iniziarsi, e perciò il proprietario deve essere capitalista ed intervenire direttamente nel processo della produzione. Ora questa assiduità economica, dalla quale il capitalista non può oggimai esentarsi, assorbendo tutte le sue energie, le stacca dalla politica e dalla guerra che formano, nelle economie passate, l'occupazione della proprietà e per tal guisa alla società militare sostituisce la società industriale (1). Ma questa medesima assiduità del capitalista nella sfera della produzione diviene un fattore importante di elevazione del profitto, poichè sopprimé quei freni alla accumulazione, che si avvertono nella economia servile, come prodotto della dissociazione fra il capitalista e l'impresa industriale, e per la prima volta disferra nell'orbe economico l'accumulazione illimitata (2). Ora appunto perchè l'accumulazione, non più automatica, diviene la funzione spontanea della classe proprietaria, essa dipende esclusivamente dal talento di questa; la quale, non appena la ricchezza individuale basta al mantenimento del possessore per l'intera sua vita, non è più costretta ad accumulare, ma si risolve alla accumulazione solo in quanto questa dia un soddisfacente profitto. Quindi all'intervento diretto del capitalista nell'impresa produttiva, prodotto della cessazione di terra libera, è dovuto il fatto che, quando la accumulazione abbia raggiunte certe dimensioni, sorga il minimo dei profitti; e con ciò gli è dovuta tutta una serie di metodi e lotte contro la discesa de' profitti sotto il minimo, ch'è caratteristica della economia a salariati, e che imprime un più rapido e vibrato sviluppo a questa novissima fase del sistema capitalista.

La possibilità di licenziare il lavoratore, o di trasferirlo dall'una all'altra produzione, e la assiduità del capitalista nell'impresa, producono un fenomeno dapprima inaudito, la libera concorrenza, la quale pertanto non è che un prodotto mediato della cessazione della terra libera. Ora non appena la concorrenza si

_____

(1) Come nota Jhering, i nomi romani hanno radice nell'idea della *forza* (vir, via, virtus). Invece i nomi moderni hanno radice nell'idea della ricchezza e della ricchezza capitalista (uomo di *vaglia*, di *valore*, *valente*; questione *capitale*, ecc.) — È pure notevole il contrasto fra la parola inglese *capital* e la parola francese *foncier*, che significano entrambe *essenziale*.

(2) La genesi della accumulazione illimitata è perfettamente descritta da Tocqueville (*L'ancien régime et la révolution*, 175), il quale narra come si svolgesse lo spirito d'arricchimento nella Francia, in sullo scorcio del secolo passato, e come l'antico spirito di godimento ne andasse dissolto.

asside sovrana dei rapporti capitalisti, il valore dei prodotti, dapprima dipendente dall'utilità e sommesso alle oscillanti fortune della domanda e dell'offerta, vien sottratto a quelle influenze e assoggettato alla norma del costo di produzione; d'onde una rivoluzione nella legge del valore e la formazione di una sostanza del valore, indipendente così dalla utilità e dalla materia dei prodotti, come dalla loro quantità (1). La libera concorrenza, che per tal modo si forma, porge alla produzione un impulso poderoso, il quale tende naturalmente ad accrescere il reddito capitalista; ma a queste influenze, che la cessazione della terra libera svolge a pro del capitale, ben altre se ne aggiungono, ed anche più rilevanti. È vero che la cessazione della terra libera sottrae la distribuzione del prodotto a quella rigidezza immobile, che è caratteristica dell'economia servile e le imprime un movimento, la converte in un processo; ma il risultato di questo processo, è non soltanto di togliere all'operaio quell'eccedente sul minimo sostentamento, che vedemmo nell'economia a schiavi esser consueto, sibbene ancora di ridurre il salario ad un saggio insufficiente. Infatti, cessata quella oppressione sistematica del lavoratore, che era un limite all'aumento della popolazione nell'economia a schiavi, quella vigorosamente s'accresce, formando bentosto una popolazione eccessiva sul capitale accumulato; e questo rapido aumento della popolazione permette al capitale di dare all'operaio un salario insufficiente a ristaurarne le forze, poichè la morte del salariato, lunge dal nuocere al capitalista, gli giova, permettendogli di sostituire quello con un soprannumero, che altrimenti dovrebbe mantenere senza frutto (2). Di gran lunga meno efficaci sono le influenze della cessazione della terra libera sulla redistribuzione della ricchezza, la quale, essendo un rapporto fra proprietari, ri-

---

(1) La storia del valore segna un mirabile sviluppo dall'apoteosi del valor d'uso, quale fattore del valor di cambio, alla sua detronizzazione ; ed « è appunto la secessione dell'utilità dagli elementi del valore, che rende possibile una trattazione scientifica dello scambio ». — Cfr. Янжул Английская Свободная торговля. — Москва, 1876, (JANSCHULL, Libero scambio inglese), I, 95, LORIA, La teoria del valore negli economisti italiani, 1882.

(2) Il Jacini mostra di non avere avvertito questo divario sostanziale fra la schiavitù ed il salariato, poichè osserva: « Il salariato soffre la fame, lo schiavo no; perchè il proprietario di schiavi comprende il suo tornaconto, che è di conservare la vita dello schiavo, mentre il capitalista mostra di essere meno conscio del suo ben inteso interesse » (Relazione Finale, 71).

mane in molta parte immutata di fronte alle mutazioni nella base stessa della proprietà. Perciò il diritto, che è la tecnica della redistribuzione, si applica in forma di poco diversa nella economia a schiavi e nella economia a salariati e non appena, col cessare della terra libera, vien meno la causa, che rendeva impossibile il profitto nell'età di mezzo, risorge e dispiega i suoi influssi il giure di Roma. (1). Tuttavia anche nei rapporti della redistribuzione gravi mutazioni introduce il cessar della terra libera e tutte a vantaggio del capitale. Infatti, colla estinzione di quella, la espropriazione del piccolo proprietario per opera del grande non genera più la lotta per la terra, poichè l'espropriato non trova più una terra libera che lo accolga, ma tramonta nella servitù economica, che gli vieta di reagire contro l'espropriatore. E mentre questa influenza rende irrevocabili i trionfi del grande capitale, la legge stessa di persistenza del profitto a base di salario accorda (come vedremo) un'alta funzione sociale al capitale improduttivo, e fa che questa forma di capitale, che nella schiavitù è vilipesa e proscritta, venga ora ricolma di privilegi e di preziosi favori. — Ora da tutte queste influenze della cessazione della terra libera, o della libertà giuridica del lavoratore, si scorge, che se questa non reca all'operaio che ben mediocri vantaggi, essa riesce inapprezzabile beneficio al capitalista, il quale mercè sua trovasi esente dalla necessità di quella costosa e penosa battaglia per l'asservimento del lavoratore, che amareggia lo stesso proprietario e gli rende la sua ricchezza meno gradita, — e vede ad un tempo elevato il suo profitto ed acquetata la sua coscienza e la sua pietà. Se dunque la cessazione della terra libera non fa che trasformare la servitù del lavoratore, essa crea veramente la libertà del capitale, poichè lo proscioglie dai vincoli, che, appuntati contro il lavoro, si ritorcevano ad oppressione del capitale medesimo, e con ciò al profitto rachitico del capitale antico e medievo sostituisce il profitto gigantesco e senza freno crescente del capitale moderno.

Ma accanto a queste influenze sociali, che la cessazione della terra libera, spezzando le catene dell'operaio, produce, una

---

(1) Brüder (*Zur œkonomischen Charakteristik des Rom. Rechtes*; Zeitsch. Staatsw. 1877, 723) avverte egregiamente come la adozione del diritto romano nella Germania sia dovuta alla « rinvigorita produttività del capitale », ossia al sorgere del profitto automatico.

non meno importante influenza scientifica si dee qui ricordare. Infatti se nell'epoca di terra libera la critica si indirizza contro le categorie giuridiche, nell'epoca di terra occupata essa si appunta contro le categorie economiche; se nella prima domina il diritto, nella seconda impera l'economia politica. Imperocchè nel primo periodo, in cui le istituzioni civili producono sistematicamente un profitto, creando la schiavitù, od il servaggio, sono veramente i rapporti giuridici la cagione immediata della contesa sociale e delle usurpazioni, cui la critica intende a colpire; e se una analisi profonda discopre, che a base di questi rapporti giuridici sta un fenomeno territoriale, è pur sempre contro quei rapporti, che la critica deve prima appuntarsi. Ma cessata la terra libera, quando la servitù del lavoratore è fatalmente déterminata dalle condizioni territoriali, a cui i rapporti giuridici non dànno che espressione legale e sanzione, la critica dev'essere non più giuridica, ma economica e la scienza, che riassume la critica sociale, non è più il diritto ma l'economia.

A quest'alta funzione della nuova scienza corrispondono splendidamente gli sforzi di quei teorici, i quali assistono alla formazione del profitto moderno e ne annunziano ingenuamente il carattere, come la dipendenza dalla servitù del lavoratore. Così nell'America, nel periodo stesso in cui si forma il profitto, una pubblicazione ufficiale proclama che « la povertà è a considerarsi come un ingrediente necessario ed indispensabile della società, senza cui le nazioni e le comunità non potrebbero esistere in uno stato di incivilimento. Essa deve anzi essere considerata come la fonte della ricchezza, dacchè senza povertà non vi sarebbe lavoro (pel capitalista) e senza lavoro non vi sarebbe ricchezza, non raffinatezza e non profitto per quelli che posseggono capitali » (1). Nell'Europa la nozione del carattere intimo del profitto appare naturalmente assai prima. Così John Bellers scriveva fin dal 1696 : « L'aumento dei poveri è la fortuna del ricco, perocchè senza quelli non vi potrebbero essere ricchi. Ed infatti se un uomo possiede 100 mila *acri* di terra ed altrettante sterline in moneta ed altrettante in armenti, e non v'ha un solo lavoratore, che cosa sarà egli, se non un lavoratore? Il lavoro

---

(1) *Report to the managers of the society for the prevention of pauperism*, N. York 1819, 5.

del povero è la miniera del ricco » (1). Rattristato dallo spettacolo della violenta scissione del capitale dal lavoro e della formazione brutale del salariato, Bellers ideava, a rimedio di tanta
sventura, una sorta di falanstero, in cui si impiegasse il lavoro
del povero ed il capitale del ricco e si attribuisse a ciascuno una
parte nel prodotto. Ma l'epoca, nella quale il lavoro libero non
lasciava al capitale alcun profitto, era trascorsa da troppo breve
intervallo, perchè Bellers potesse sfuggire a questa obbiezione:
« E perchè mai proponete voi che i ricchi ottengano un profitto
col lavoro del povero, e non invece che l'intero profitto si lasci
a questo? ». « Perchè, risponde Bellers, il ricco non ha altro
modo di vivere se non col lavoro altrui, come il proprietario col
lavoro de' suoi fittaioli, ed i mercadanti ed industriali col lavoro
dei loro operai; a meno che non si muti modo e non si costringa
il ricco a lavorare col povero » (2). Qui la natura del rapporto
di salario è perfettamente designata, come è perfettamente compresa la possibilità di sostituirlo con una associazione di lavoro
fra il produttore di capitale ed il lavoratore. Dieci anni più tardi
Mandeville asseriva: Ove la proprietà è assicurata, è più facile
vivere senza moneta di quello che senza poveri (3). Forse che
una nazione di gentiluomini, chiedeva a sua volta Berkeley, non
sarebbe una nazione miserabile? (4). La dipendenza del profitto
dalla servitù economica del lavoratore, o dalla cessazione della
terra libera che ne è cagione, è pure perfettamente compresa da
un anonimo scrittore inglese, il quale osserva: Se una popolazione
consta di 10 mila abitanti e la terra è divisa fra 1000, i 9000 privi
di terra dovranno dipendere dai proprietari e lavorare per essi (5).
« È un dono di natura, così un altro anonimo, che gli uomini
possano ottenere una quantità di sussistenze maggiore di quella
necessaria a mantenerli; ma l'esistenza di un reddito netto è il
prodotto della convenzione umana e non già una legge della na-

---

(1) BELLERS, *Proposals for raising a colledge of industry*, Lond. 1696, 2.
Lo stesso afferma VANDERLINT, l. c.
(2) BELLERS, l. c., 4.
(3) MANDEVILLE, *The fable of the bees*, ed. Edinb. 1772, 140.
(4) BERKELEY, *The querist*, 286.
(5) *Enquiry into the nature, foundation and present state of public credit*,
by a friend of trade and liberty, Lond. s. d., 7-8.

tura » (1). Ascoltiamo ancora un altro scrittore : « Il profitto del capitale nasce dal fatto, che gli uomini posseggono in grado ineguale certi prodotti, che soccorrono il lavoro nella produzione delle merci. Se tutti possedessero quei prodotti in una misura eguale, il lavoro di ciascun uomo sarebbe reso efficacemente produttivo, ma il vantaggio che essi recano, o il prezzo di esso, non esisterebbe in una forma separata, quale si manifesta a' dì nostri, in cui l'operaio deve impiegare una parte del suo tempo a lavorare pel capitalista, affine di compensarlo della cessione degli stromenti produttivi » (2). E potremmo ancora ricordare Forbonnais, per cui l'interesse non è che un mezzo di far uscire il danaro dagli scrigni e di convertirlo in misura del valore (3) ; Müller, il quale si meraviglia del profitto come di cosa strana ed inesplicabile (4); Linguet e Hugo, pei quali il salario non è che una forma di schiavitù (5); Longfield, pel quale il profitto non è che il risultato della impossibilità, in cui l'operaio si trova, di attendere la sua rimunerazione al compimento del prodotto (6); Bernhardi pel quale il profitto non è che lavoro non pagato (7) ; Hodgskin infine, il quale afferma essere il profitto del capitale non già fenomeno naturale ed eterno, ma storico e contingente e sostituibile da una associazione di lavoro fra il produttore di capitale ed il lavoratore (8).

Ma queste affermazioni, ispirate ad una confusa nozione della natura del profitto, vengono mano a mano a svanire quanto più la storia si allontana dal periodo della cessazione della terra libera ; e l'economia politica vien sempre meglio ad assumere come dogma fondamentale la necessità perenne del profitto ed a considerare il salario come il rapporto economico rispondente all'interesse stesso del lavoratore. Su tal proposito ci fornisce prezioso insegnamento l'illustre A. Lalance. Questo gerente della casa

---

(1) *Inquiry into those principles advocated by M.ʳ Malthus*, ecc. Lond. 1821, 101.

(2) *Observations on certain verbal disputes in Pol. Ec.*, Lond. 1821, 74-5.

(3) FORBONNAIS, *Éléments de Commerce*, Amsterdam 1755, 58.

(4) MÜLLER, *Elemente der Staatskunst*, Berl. 1809, I, 226.

(5) LINGUET, *Lois civiles*, II, 461, 510; HUGO, *Naturrecht*, 130, 259.

(6) LONGFIELD, *Lectures on pol. econ.*, 39.

(7) BERNHARDI, *Gross-und Kleineigenthum*, S. Peterb.1848, 315.

(8) HODGSKIN, *Popular political economy*, 254, 257.

H. Hoeffely e C° di Mulhouse, più tardi deputato alla Dieta dell'Impero, pensò di impiegare le ore d'ozio, che la sua azienda gli consentiva, nella confezione di un intermezzo d'alta economia sull'origine storica del salario; nel quale, dopo averci narrato che nelle società primitive il prodotto si ripartiva fra il capo della tribù ed i suoi cooperatori in base ad accordi prestabiliti, così conclude le proprie elucubrazioni: « Perchè mai questo modo primitivo e semplice ha dato luogo al sistema attuale? Gli è che i redditi non erano regolari e le perdite non potevano essere sopportate da quelli, che non aveano altro capitale che le loro braccia. I cooperatori hanno *preferito* un reddito fisso alle eventualità aleatorie di guadagno, *ed è così che il salario è nato* » (1). Ma questi vaniloqui sfrontati non son già il privilegio del valente gestore della casa Hoeffely; essi sono il patrimonio dell'intera scienza economica odierna, la quale si drappeggia gloriosa in quelle impotenti blaterazioni. Così l'economia politica, che ne' suoi inizi avea compreso ed ingenuamente affermato il carattere della società attuale, compie uno spaventoso regresso; e mentre, col complicarsi dell'ingranaggio de' rapporti economici, si accrescono le cognizioni tecniche dell'economista e le sue minuziose acutezze, cresce e si fa ogni dì più profonda la sua ignoranza della natura intima de' rapporti sociali. Gli alberi gli impediscono di vedere la foresta. Per tale riguardo, e malgrado i prodigiosi trionfi dell'intelletto umano, l'età nostra non presenta alcuna superiorità di fronte alle epoche scorse, nelle quali del pari i rapporti economici rimangono un enigma per coloro che li subiscono. « L'origine ed il vero carattere dei diritti signorili, osserva infatti Championnère, furono, sotto l'antico regime, un mistero impenetrabile agli sguardi de' giureconsulti. Quanto le dottrine dei feudisti sono chiare, limpide, potentemente ragionate, finchè si tratta di spiegare la natura dei contratti sommessi ad imposta, altrettanto le loro dottrine sono oscure e puerili, quando esse si propongono di spiegare la causa dei canoni percepiti e di esporre le origini ed i caratteri del potere, da cui essi promanano. È certamente un fatto molto strano questa condizione singolare del diritto signorile, d'essere stato un mistero per quelli stessi, che ne subivano il giogo » (2). Ebbene altrettanto dee dirsi dell'organismo

---

(1) LALANCE, *De la formation du capital chez l'ouvrier de manufacture*, nei *Bulletins de la Société Industrielle de Mulhouse*, 1876, 267-8.

(2) CHAMPIONNÉRE, l. c., Pref. V.

economico odierno; poichè, se le teorie economiche son vere e profonde finchè analizzano le leggi dinamiche del profitto e del salario, altrettanto esse sono *puerili* quando si tratti di spiegare la causa di quei fenomeni fondamentali (1). Ma fra le due epoche corre un divario imponente, che è a tutto svantaggio della nostra. Imperocchè il carattere dell'epoca di terra libera è una brutale franchezza, la servitù vi è apertamente proclamata e le usurpazioni sono iscritte dai signori feudali negli statuti de' loro domini; mentre il carattere dell'epoca di terra occupata è la finzione, che si esplica in affermazioni menzognere di libertà e di diritto e di eguaglianza universale, le quali nascondono sotto una parvenza di giustizia le più profonde usurpazioni ed il più radicato servaggio. La prima epoca, pure ignorando ciò che si cela sotto le maschere, che ricoprono le varie classi sociali, non si illude sulla natura intima del proprio organismo, nel quale essa legge lo stigma della forza; ma era riserbato all'epoca nostra di disposare ad una profonda ignoranza della propria natura recondita la fede, che una perfetta equità ne regga i tenebrosi rapporti.

---

(1) Vedi il Cap. V, Parte II del primo libro.

PARTE SECONDA

La formazione storica del proletariato.

––––––

§ 1. — Riduzione diretta del salario e del costo di lavoro.

La proprietà salariante era sorta. Ma questo organismo economico, che oggidì, resistente e compatto, sembra sfidare l'opera dei secoli, non era nella sua infanzia che una delicata e fragile forma, minacciata ad ogni istante dall'azione funesta di influenze dissolvitrici. La prima fra queste, o quella che tutte le comprendeva in sè stessa, era la elevatezza delle mercedi, la quale non era che il necessario prodotto di quel vigoroso impulso, che avea dato all'accumulazione capitalista la libertà del lavoratore. Questo elevato saggio delle mercedi riproduceva, in seno alla economia della terra occupata, quei fenomeni che ci apparvero nell'ultima fase della terra libera, ma con un rilevante divario; poichè in questo periodo l'elevato compenso del lavoro era dovuto alla forza del lavoratore, era indipendente dalla quantità della accumulazione, e poteva giungere fino ad escludere ogni profitto del capitalista, ciò che costringeva questo a prestare l'opera nella produzione. Invece l'elevato salario, che si avvera all'indomani della cessazione di terra libera, è il prodotto della munificenza della classe imprenditrice, dipende dalla energia della accumulazione e dal fatto che essa si rivolge in proporzione cospicua a domanda di lavoro e, per quanto possa eventualmente eliminare il profitto, non giunge normalmente a questo risultato; il che permette al produttore di capitale di esimersi dal lavoro e di convertirsi in capitalista.

La prima cosa che ci colpisce, ove noi ci facciamo ad esaminare i fenomeni del salario nelle colonie è questa, che i salari sono più elevati in vicinanza alle città, o ai fiumi navigabili (il che può essere in parte il prodotto della opzione frammentaria assicurata dalla pesca) od alle linee ferroviarie. Così nella Contea di

St-Clair, i salari son elevati di fronte a quella di St-Louis ove son bassi. L'elevazione specifica dei salari in prossimità dei fiumi e delle ferrovie è dimostrata da ciò, che nel 1866 i salari agricoli, di 20.23 dollari nel Kentucky, ascendono nelle regioni del litorale a 24.23, e nell'Ohio a 28.27 dollari al mese (1). Ora questo fatto, che gli operai agricoli traggano vantaggio dalle condizioni particolarmente favorevoli delle terre, su cui prestano l'opera, attesta un benessere economico affatto speciale delle classi lavoratrici. E di questo benessere s'avveggon tosto i capitalisti delle regioni novèlle, i quali non mancano di deplorare con sentita eloquenza la elevatezza delle mercedi. Ecco, p. es., una voce, che move dal cuore. Il colonnello W. W. Hollister, uno dei principali agricoltori della California, scrive il 24 maggio 1875: « Noi soffriamo soltanto dell'eccessivo prezzo del lavoro. È d'uopo che il costo di produzione scemi, sicchè la sussistenza riesca meno dispendiosa. La riduzione dei salari deve iniziarsi dalle mercedi agricole (notevole la larghezza di vedute di questo agricoltore economista); in seguito ogn'altro lavoro verrà deprezzato in proporzione. Nessuna fattoria può procedere con salari di 25 dollari per mese quali si hanno nel nostro stato, o di 15 dollari quali si hanno negli stati dell'est. E se la fattoria ruina, tutto ruina » (2). Mentre i minatori della Sassonia ottengono appena il necessario, quelli del Pacifico ricevono un salario di 6 dollari per giorno, di cui soli uno ed $\frac{1}{3}$ bastano alla spesa giornaliera (3). Anche nell'Australia le mercedi si mantengono per lungo tempo elevatissime. Nel 1878, il salario agricolo nell'Australia è di 1000 a 1400 L. it. per anno, mentre nell'America è di 625, in Isvizzera di 540, ed in Italia di 300. In Vittoria un operaio agricolo riceve un salario di 15 a 20 scell., quando in Irlanda non riceve che 7 scell. e 6 pence per settimana (4). Ancor più spiccato è il raffronto de' salari industriali. Infatti nell'Australia l'operaio industriale riceve da 2000 a 2750 L. it. per anno, mentre nell'America ne riceve 1885 e in Italia 1028. Nella Nuova Galles del Sud gli operai falegnami ricevono un salario di 1750 L. it., mentre

---

(1) *Report of the Commissioner of Agriculture for* 1866, Washington, 85.

(2) *Monthly Reports of the Department of Agriculture for* 1875, Washington, 236.

(3) BROWNE, *Resources of the Pacific slope*, N. York, 1869, 607-8.

(4) *Statistical register of the colony of Victoria for* 1877, II, 145.

in Inghilterra essi non ricevono che 780 L. per anno. I manifattori di ferro di Darlington, nella Gran Brettagna, hanno un salario di 33 a 37 scell. per settimana, mentre in Vittoria gli operai di quella medesima classe ricevono circa 60 scellini settimanali. Nell'Australia un *groom* riceve 700 L., un cuoco 450 L. per anno, oltre il vitto e l'alloggio (1), ossia salari di gran lunga maggiori di quelli loro consentiti in Europa. Ma a questa elevatezza della mercede nominale risponde una pari elevatezza della mercede reale. Infatti basti notare che nella Nuova Galles del Sud l'operaio consuma settimanalmente 10 libre di carne e 10 di farina, $\frac{1}{4}$ di libra di the e 2 libre di zucchero (2) e che nel Massachusets il 23 % degli operai ha la proprietà della casa che abita, e l'1 % degli operai possiede biblioteche, di cui talune annoverano 100 o 150 volumi (3); mentre in Vittoria troviamo una media di 1, 21 abitanti per ciascuna stanza, ossia un rapporto che vince pur quello, favorevolissimo, della Svizzera, che è di 1, 24 (4). Nè questi documenti del benessere della classe lavoratrice nelle colonie sono contraddetti dalla minore affluenza, che in esse si ravvisa, della popolazione operaia alle Casse di Risparmio. È vero; il deposito medio per abitante presso le Casse di Risparmio è in Vittoria di 825 L. it., ossia superiore a quello di tutti gli altri stati civili, l'Inghilterra eccettuata (ov'è di 1190 L.). Ora la elevatezza del deposito medio rivela, o che le casse di risparmio rimangono precipuamente dischiuse alle classi più agiate, o che le classi operaie si trovano in condizione di straordinaria agiatezza. Ma quest'ultima interpretazione della elevatezza del deposito medio è razionale, solo quando il numero

---

(1) *Statistics of the colony of Tasmania for* 1878, 89.

(2) *New South Wales*, 24-5; *Colonial experiences*, 98.

(3) STUDNITZ, *Nordamerikanische Arbeiterverhältnisse*, 64. — Necker notava con acutezza: « Nell'America i contratti di salario portano il patto, che l'operaio verrà posto in grado di procacciarsi in un picciol numero d'anni l'istruzione elementare. Ora questo patto non può esistere, se non là dove gli abitanti son così radi, che il lavoro sia forte contro le pretese del capitale. Quindi i nostri legislatori, allorchè si affidano di poter raggiungere lo stesso scopo, creando una nuova gerarchia di collegi e di scuole, mostrano di non aver riflettuto sulle cause prime della istruzione del popolo. Questa non può sorgere, per quanto si faccia, in un paese, ove la densità della popolazione riduce il prezzo del lavoro al più stretto necessario » (*Oeuvres*, VIII, 326).

(4) *Statistical register*, 1-2.

dei deponenti sia grandissimo; laddove in Vittoria la proporzione dei deponenti alla popolazione totale non è che di 3.16 % (1), ossia è minore della proporzione, che si riscontra in tutti gli stati civili, e che è di 4 % nell'Inghilterra, di 6.77 % nella Francia, di 9.5 % nell'Italia, di 20.3 % nella Svizzera. Dunque le cifre dimostrano come scarsamente ricorrano agli Istituti di previdenza le classi operaie della colonia. Tuttavia, ove ben si guardi, questi fatti nulla provano contro il benessere degli operai, poichè essi non sono che la natural conseguenza di quel campo illimitato e fecondo, offerto al risparmio nelle regioni novelle, o di quella terra libera — trattabile col sussidio di un piccolo capitale — che, come tosto vedremo, offre ancora fertile campo alla accumulazione del lavoratore. Infine, ove si pensi che sono appunto le classi operaie, che forniscono al suicidio il suo contingente più ragguardevole, dovrà considerarsi come prova novella del benessere degli operai nelle colonie la minore frequenza del suicidio, che forma il più confortante carattere di quelle regioni. Ed infatti mentre i paesi vecchi, la Francia, la Prussia, la Sassonia, la Danimarca, l'Inghilterra e l'Italia, ci dànno una media annuale di 0.015 suicidi per 100 abitanti, le colonie d'Australia, durante il periodo dal 1868 al '78, non dànno che una media di 0,007 per 100. E mentre nell'Europa il suicidio è in costante incremento, nell'Australia, durante quell'intero decennio, non è possibile scoprire alcun movimento progressivo nel numero dei suicidi (2).

Un altro fra i fenomeni luminosi del salario nelle colonie è la correlazione costante fra la rimunerazione dei vari lavori e la loro entità, correlazione che già potemmo avvertire pel periodo estremo della terra libera (vedi il Capitolo precedente pag. 197) e che sussiste anche nel primo periodo della terra occupata. Anzitutto il salario femminile non presenta in America alcuna inferiorità di fronte al salario maschile; ed ancora nel 1866 « le operaie manifattrici, sarte e modiste, vi ricevono un salario, che ascende spesso a 2000 dollari per anno ed hanno un posto rispettabile in

---

(1) *Statistical register*, l. c.

(2) Cfr. *Statistical registers for South Australia, Tasmania,* ecc., con Morselli, *Suicidio*, 96. — Solo nella parte dell'Australia, ove la popolazione è più densa, in Vittoria, si nota un aumento, però molto irregolare, del suicidio.

società » (1). In secondo luogo nelle colonie il lavoro addizionale
ottiene un compenso proporzionale, o più che proporzionale ; di
che abbiamo la prova nel fatto, che in Barbada i proprietari si
oppongono acchè i lavoratori prestino più che una data quantità
di lavoro per giorno, affine di mantenere impiegati tutti i loro
operai (2). Questa disposizione è perfettamente spiegabile, quando
un prolungamento della giornata di lavoro assorba una quantità
di capitale, che altrimenti impiegherebbe de' nuovi operai; poichè
in tal caso quel processo respinge questi operai nella classe dei
disoccupati e li pone a carico del capitale, il quale pertanto cerca
di sfuggire all'aggravio, limitando la quantità di lavoro eseguibile
da ciascun lavoratore. Ma quella prescrizione sarebbe invece inesplicabile se il prolungamento della giornata di lavoro fosse gratuito, poichè in tal caso esso non assorbirebbe alcun capitale, nè
quindi creerebbe una classe di disoccupati ricadenti ad aggravio
del capitale. Infine il salario degli operai impiegati nelle diverse
industrie è, nelle colonie, adeguato alla gravità del loro lavoro,
ossia è in ragione inversa della quautità di capitale tecnico col
quale essi sono impiegati, appunto perchè il capitale tecnico attenua in esatta proporzione la gravità del lavoro; onde il lavoro
agricolo, che impiega la quantità minima di capitale tecnico, ottiene la massima rimunerazione. Ora questa correlazione costante
fra la rimunerazione del lavoro e la sua densità, questo fatto, che
il lavoro impiegato in connessione colle macchine, o con maggior
proporzione di esse, appunto perchè in esatta ragione più agevole,
riceva un compenso minore, toglie che il capitale tecnico differen-
ziale importi pel capitalista un costo maggiore e mantiene il
valore adeguato alla quantità di lavoro impiegata nella produzione. Gli è perciò che nelle colonie, anche dopo che la terra
libera è cessata, il valore dei prodotti si determina secondo la
quantità di lavoro (3). Ma quando il capitale tecnico impiegato dal
grande capitalista non eleva il valore del suo prodotto, son rese
più difficili le condizioni della piccola impresa, di cui il deprezzamento dei prodotti rende più rapida la ruina. E quindi nelle
colonie la ruina delle piccole industrie procede immensamente più

---

(1) *Report of special commission on the hours of labour*, ecc. Boston, 1866, 20.
Vedi anche Emily FAITHFULLL, *Three visits to America*, Edinb., 1885, 30, 35.
(2) BURNLEY, l. c., 88, 103.
(3) CAREY, *Ec. Pol.*, 531.

rapida che nell'Europa; e mentre nel vecchio mondo, ove, il
salario essendo al minimo, il valore dei prodotti della grande
industria è aggravato dal capitale tecnico, la distribuzione del
motore meccanico alla piccola manifattura giunge a differirne il
tracollo, nel nuovo mondo essa si manifesta impotente a depre-
carne il triste destino (1).

Si scorge da questi fenomeni, che la elevatezza del salario assicura al grande capitalista un vantaggio, agevolando il suo trionfo
sulla piccola impresa. D'altro lato questa elevatezza del salario
non toglie che il profitto rimanga pur sempre ad un saggio oltremodo cospicuo; il che trova dimostrazione evidente nel fatto che
il saggio medio dello sconto, in Australia, si eleva al 7-8 % sui
titoli locali a 65 giorni, all'8-9 % per meno di 95 giorni, al 9-10 %
per 95 a 125 giorni, al 10 % per più di 125 giorni; mentre la
Union Bank of Australasia richiede, nello sconto delle cambiali su
Londra, il 15 %, l'interesse sale perfino al 20 % (2) ed il profitto
al 24 % (3). Ma la elevatezza del salario diviene funesta alla
classe capitalista perchè, accordando al lavoratore la possibilità
di accumulare, gli consente bentosto di trasferirsi sulle terre inoccupate. Gli operai americani, scriveva già Birkbeck nel 1819,
hanno un cordiale abborrimento pel salario e si affrettano a divenire capitalisti (4). Il salario, che vien formandosi grado grado
lungo le coste, avvertiva Johnston 32 anni più tardi, trova di rado
il suo contingente negli uomini maturi, che solo in caso di estrema
necessità scendono a lavorar per mercede (5). Nelle Indie occidentali, gli operai non istanno al contratto e lasciano il capitalista, appena possono acquistare una terra. Nell'Australia « la quantità di
lavoro (salariato) diminuisce d'anno in anno, poichè le donne si
maritano e gli uomini divengono produttori a proprio conto sopra
una terra inoccupata; onde uno spaventoso regresso nelle mani-

---

(1) MOODY, l. c., 58, 75-6.

(2) *Essays on polit. Econ.*, Lond., 1830, 361.

(3) DAINTREE, *Queensland*, 26.

(4) BIRKBECK, l. c., 149. Si noti che la scarsezza del lavoro esercita per sè
stessa, e indipendentemente dalla elevazione di salario, che ne deriva, una influenza che agevola l'acquisto della terra ai lavoratori; poichè il proprietario,
non potendo porre a coltura tutta la sua terra, è indotto, appena si trovi in
istrettezze, a venderla per poco prezzo. BURNLEY, l. c., 13, 46.

(5) JOHNSTON, l. c., II, 156.

fatture e nel valore delle proprietà fondiarie » (1). Ovunqne gli operai, colla moneta guadagnata durante il servigio, acquistano poderi (2) ed il passaggio di questi operai sulla terra libera, scemando l'offerta di lavoro, accresce ulteriormente il salario degli operai impiegati (3); d'onde una rapida elevazione delle mercedi, la quale fa che i salariati accumulino in breve tempo la ricchezza necessaria all'acquisto della terra e che non rimangano più di 3 o 4 anni nella dipendenza dall'imprenditore (4). Ora come può sopra si mobile sabbia assodarsi l'edificio della proprietà capitalista?

Ma il capitale coll'inconscia acutezza, che ne forma il più sorprendente carattere, mira diritto alla radice di questa condizione di cose e la tronca in modo brutale. Anzitutto esso riprende ed esacerba l'antico metodo dell'incarimento artificiale della terra. Infatti questo processo, il quale, finchè la terra libera è di prima qualità, riesce a creare il profitto, quando la terra libera non è trattabile dal lavoro puro riesce a rendere persistente il profitto, sottraendo per un certo periodo al salariato l'acquisto della proprietà fondiaria; e tale carattere dell'incarimento artificiale del suolo spicca in ciò manifesto, che i teorici della colonizzazione sistematica si studiano di elevare tanto più il valor della terra, quanto è più elevato il saggio della mercede, che nelle colonie predomina (5). Ma anche là dove non è attuato un metodo di così rigorosa dissociazione fra il lavoratore ed il suolo, si cerca per altra guisa di raggiungere il medesimo risultato. Così in Van Diemen si consente l'acquisto delle terre pubbliche soltanto a quelli, che posseggano già proprietà fondiarie, — escludendo pertanto il lavoratore dalla proprietà terriera (6). Negli Stati Uniti la legge del 18 maggio 1796 prescrive che le terre debbano offrirsi all'asta pubblica in appezzamenti non minori di 9 miglia quadrate e a prezzo non minore di 2 dollari l'*acre:* ciò che rende impossibile ai meno facoltosi immigranti di partecipare alle terre publiche. Ora è importante osservare come il periodo di attuazione di

---

(1) *Reports on Colonial possessions*, 1845, 72, 137.

(2) COMBE, l. c., I, 363; STUART, l. c., II, 510.

(3) COMTE DE PARIS, *Associations ouvrières*, 147.

(4) RUSSELL, l. c., 4.

(5) TORRENS, *Colonization of South Australia*, 1835, 49.50. BURNLEY, l. c., 166, determina il prezzo sistematico della terra in funzione del saggio dei salari e della fertilità del terreno.

(6) WIDOWSON, *Present state of Van Diemen's Land*, Lond., 1829, 2.

questa legge, la quale sopprime di fatto la terra libera di seconda qualità, coincida col periodo di formazione, diffusione e degressione del salario negli Stati liberi dell'Unione, e come essa non venga abolita che quando è resa al tutto superflua; poichè l'*Homestead law*, la quale accorda al dissodatore di terre incolte la proprietà libera di quelle per una estensione non eccedente i 160 acri, non è introdotta che il 20 maggio 1862, quando la sterilità della terra libera, richiedente un forte capitale pel suo dissodamento, e la riduzione del salario ormai compiuta, rendono inutile ogni metodo di dissociazione artificiale fra la terra ed il salariato (1). Infatti all'incarimento artificiale della terra succede immediata la lotta del capitale contro l'acquisto dell'opzione da parte del lavoratore. Anzitutto il capitalista si sforza di impedire all'operaio la accumulazione, mercè il sistema del salario in natura; onde ad es. nella Nuova Brunswick i salari sono bensì elevati, ma son pagati in prodotti di tal fatta, che escludono l'operaio dall'accumulazione, e con ciò dalla terra libera (2). Bentosto poi il capitale si appiglia ad un metodo anche più decisivo, cioè alla depressione del salario. Così nelle Indie occidentali i proprietari ricorrono ai metodi più fraudolenti e criminosi per ridurre i lavoratori al salario minimo (3). Nell'Australia, nel 1843, la Compagnia tenta scemare i salari; ma gli operai, i quali hanno coscienza della propria forza, ridono di siffatte pretese; e, giunto il sabato, le mogli dei salariati, 200 Amazzoni vigorose, recansi all'ufficio di pagamento delle mercedi e violentemente si oppongono ad ogni diminuzione di salario. Gli impiegati della Compagnia, dopo 2 o 3 ore d'assedio, debbono cedere e consentire l'antica retribuzione (4). Più tardi, nel 1852, lo Stato, commosso dalle querele de' piantatori, si induce a porger ad essi soccorso nella loro campagna contro gli operai e Lord Russell sanziona la dottrina, già proclamata da Mac Culloch, che « quando la popolazione è rada è d'uopo tassare il popolo » (5). L'Ame-

---

(1) SERING, *Landpolitik der Ver. Staat.*, 449; DE BOW, *Industr. Res.*, I, 211. Al presente, il coltivatore non può dissodare una terra libera dell'Unione senza possedere un forte capitale; onde è diffusa nell'America l'industria del mutuo ai coltivatori delle terre libere, che divengono di fatto i salariati dei loro creditori (MOODY, l. c., 123).

(2) ATKINSON, *Historic. and statist. account of. N. Brunswick*, Edinb. 1844, 77.

(3) SEWELL, l. c., 286.

(4) *Colonial experiences*, 22-3.

(5) GREY, l. c., l, 77.

rica vede i suoi capitalisti attristati chiedere l'importazione dei chinesi (1), o il divieto alle coalizioni operaie (2) ed « avvicinarla sempre meglio alla condizione in cui si trova l'Europa, dopo un millennio di usurpazioni feudali e di tirannia capitalista, — colle terre concentrate in pochi proprietari e coltivate da una massa bruta, che è schiava de' ricchi » (3). Le nostre grandi città, nota Cooper nel 1830, vanno gradatamente assumendo il carattere dei paesi poveri di terre libere (4). Già le operaie impiegate nelle grandi città americane, lavorando 10 a 12 ore per giorno, non possono guadagnare più che da 75 *cents* a 1 dollaro per settimana; mentre metà di questa somma va consumata nel fitto e nel fuoco, lasciando da 37 a 50 *cents* pel nutrimento ed il vestito loro e dei loro figli (5).

Ben presto però, in questa politica di riduzione del salario la classe capitalista trova una poderosa alleata nella elevazione dei prezzi agricoli, che succede con breve intervallo alla formazione del salariato. Nell'Australia, già nel 1841 « i prezzi agricoli incominciano a crescere » (6). Nell'America, è dalla seconda metà del nostro secolo che si iniziano i lamenti sull' incarimento delle derrate. Così nel 1851, nel Massachusets, si deplora che, malgrado siansi posti in coltura, dopo il 1840, 342 mila acri, pure le messi decrescono (7); e nel 1857 Russell osserva : Nell'Ohio i prezzi del grano crebbero grandemente negli ultimi anni, ciò che sarà certo un energico stimolo alla produzione (8). Un *bushel* di grano che valeva, nell'America del Nord, dollari 0,71 nel 1840, ne vale 0,72 ¾ nel 1860, 0,81 ⅔ nel 1864, 1,17 ½ nel 1868 (9); ed omai, avverte uno scrittore recente, il vitto e l'abitazione sono un costoso elemento nel bilancio del lavoratore (10). La decrescenza nella produttività della terra ha un'immediata efficacia

---

(1) FARQOUHAR, *Suggestions arising from the abolition of the african slave trade*, LOND. 1807, 7.

(2) MARTINEAU, l. c.

(3) MOODY, l. c.

(4) COOPER, *Lectures on the elements of Pol. Ec.*, Columbia 1830, 105.

(5) GOUGE, l. c., I, 93.

(6) *Colonial possessions*, 132.

(7) *Proceedings of Mass. Board Agr.* 1851, 6.

(8) RUSSELL, l. c., 131.

(9) *Rep. Commiss. Agriculture*, 1868, Wash., 50.

(10) MOODY, l. c., 230.

a scemare il saggio del profitto; e nel breve periodo dal 1875 al 1880 la totalità dei profitti comparata a quella dei capitali discende nel Massachusets del 7,17 %, in Boston del 14,89 % (1). Ma alla diminuzione dei profitti s'accompagna la riduzione crescente delle mercedi. La degradazione di queste si compie infatti nell'America con celerità dolorosa, come dimostrano le cifre seguenti:

Salari agricoli mensili in dollari

	1866	1869	1875
Pensilvania	29.61	28.68	25.89
Ohio	28.46	26.35	24.45
Indiana	27.71	25.42	24.20
Illinese	28.54	27.32	25.20
Iowa	28.34	28.39	24.35

Secondo altri calcoli, dal '69 al '75 il salario agricolo sarebbe scemato anche più, ossia circa del 22 %. Ma anche i salari industriali scendono rapidamente, poichè abbiamo:

Salari industriali mensili in dollari

	Dicembre 1866	Dicembre 1869	Maggio 1875
Stati dell'Est	33.30	32.03	29
Stati del Centro	30.07	29.15	26.98
Stati dell'Ovest	28.91	27.01	23.25
Stati del Sud	16	16.81	15.27
California	45.71	46.38	44.50 (2).

Ma più che da queste cifre, per se stesse eloquenti, la degradazione del lavoratore americano è dimostrata dal peggioramento del suo tenor di vita. Si interrogarono a tale proposito gli stessi operai; e nelle loro deposizioni, che formano, si può ben dirlo, un compiuto trattato di economia politica, essi han deplorato con significante unanimità l'eccesso di lavoro, la povertà del salario, la assoluta inefficacia della macchina ad alleviare le loro fatiche, ed hanno asserito che essi vivono oggi assai peggio che 5 o 10 anni or sono. Lo stesso relatore ufficiale del Massachusets afferma schiettamente che in quello stato gli operai, benchè si cibino della miglior qualità di alimento, ne consumano una quantità assai minore che un tempo; e frattanto osservatori spregiu-

---

(1) *XIV annual Rep. of Bureau of Stat. of Lab.*, Boston 1883, 372.
(2) *Monthly Rep. of Agr.* 1875, 262.

dicati notano con tristezza che le operaie di Lowell non si recano più al lavoro con quella serena giovialità, la quale, 40 anni or sono, rendeva così gradito e simpatico quel centro industriale e che i loro salari sono ora di molto assottigliati. Infine il deficit affaccia il suo volto spettrale anche fra il bilancio del lavoratore americano e nel 1884, di 2129 famiglie operaie dell'Illinese, il 29 % vede le proprie spese sopravvanzare ai miseri salari (1). 18 o 19 anni fa l'operaio americano era ben pagato, ben nudrito ed alloggiato, ma a cominciare dal 1870 la « depressione continua dei salari », « l'alimentazione sempre più costosa e degradata » ed il « peggioramento continuo dell'operaio » hanno creato, almeno negli stati dell'Est, una *schiavitù reale*, che fa sinistro riscontro a quella d'Europa, e vi hanno diffusa fra le classi povere la follia ed il suicidio (2). Tuttavia una degradazione anche più grave attende gli operai dell'America; poichè qualche economista di questo paese, atterrito dal crescente costo dei salari, si adopera ad iniziare le classi lavoratrici ad una qualità di alimento inferiore (3).

Innanzi di procedere allo studio delle forme più complesse, che assume questa evoluzione, o meglio, questa degressione della mercede, volgiamoci all'indagine che, sola, può rivelare il carattere intimo di quella depressione, ossia allo studio della economia di Europa nel periodo immediatamente successivo alla formazione del salario. Perocchè solo la identità fra i fenomeni delle colonie moderne, e dell'Europa di quel più antico periodo, può dimostrare la dipendenza esclusiva della depressione dei salari dalle influenze della popolazione.

Se la cessazione della terra libera avea creato in Europa una classe salariata, la grande rivoluzione agricola, che l'aveva accompagnata, aveà determinato un energico aumento della produzione e della accumulazione, di cui una elevazione cospicua dei salari era l'inevitabile conseguenza. « Le chiusure, avverte Arturo Young, ebbero ad effetto di migliorare la condizione del fittaiolo, di accrescere il prodotto e con ciò di assicurare impiego al povero » (4). « I salari dei lavoratori, scrive nel 1742 uno stipendiato dell'ari-

---

(1) *Early factory labor in New England*, Bost. 1883, 399; e *Tenth annual Rep. Bureau*, ecc., 1879, 95.

(2) MOODY, l. c., 227, ecc.

(3) ATKINSON, *Margin of profits*, 122.

(4) YOUNG, *Agriculture of Lincolnshire*, Lond., 1799, 78.

stocrazia, sono enormemente elevati. Se i salariati che lasciano un capitalista non fossero più impiegati da alcuno, o se gli operai fossero obbligati a servire per le mercedi fissate dall'autorità, si otterrebbe una preziosa riduzione dei salari» (1). «Mentre vi ha tanta affluenza agli impieghi ecclesiastici e governativi, per l'aratura e per ogni sorta di lavoro agricolo è difficile di ottenere operai. Il difetto di braccia ha elevato i salari e provocata l'indolenza, poichè gli operai con poco lavoro si procacciano di che vivere » (2). Tale è pure l'avviso di Vanderlint: « Il caro prezzo del lavoro inglese a paragone di quello delle nazioni estere, egli dice, dà a queste un vantaggio sull'Inghilterra e nuoce a' nostri produttori, i quali perciò invocano il ristabilimento della tassazione legale dei salari » (3). In tempi normali gli operai con 3 giorni di lavoro ottengono di che mantenere la famiglia per una settimana (4). Perciò, a quanto narra l'autore dell'*Essay on Trade*, la « plebaglia operaia » d'Inghilterra non lavora più di 4 giorni per settimana, quando i prezzi dei viveri non siano elevatissimi e i capitalisti son costretti a mendicare il lavoro del povero, offrendo salari elevati e spesso prestando all'operaio moneta, la quale è perduta se quegli muore e di rado è restituita; poichè appena il capitalista ne esiga la restituzione, l'operaio lo abbandona per impiegarsi presso un altro imprenditore, il quale tosto gli presta il danaro necessario a ripagare il debito, privando così il primo capitalista del suo salariato (5). Nè ciò è vero soltanto dei salari industriali, chè gli stessi salari agricoli presentano in questo periodo una elevatezza incresciosa al capitale. Così ancora nel 1796 non solo è difficile nel Kent e nel Surrey l'ottenere un numero di operai bastevole a coltivare efficacemente la terra, ma i contadini vanno errando da un podere all'altro ed impongono i loro patti al fittaiolo (6). Nel Middlessex il costo di lavoro è elevatissimo, eccessivi i salari, gli operai troppo copiosamente alimentati (7). È una vera pena, soggiunge A. Young, il

---

(1) ALLEN, *The landlords Companion*, Lond. 1742, 33.
(2) *Discourse of trade, coyn and paper credit*, 1697, 46-7.
(3) VANDERLINT, l. c., 147.8.
(4) *Considerations concerning the taking off the bounty of corn exported* Lond. 1753, 3.
(5) L. c., 17-8.
(6) MARSHALL, *Review of the reports of Board of agriculture*, 53 ss.
(7) MIDDLETON, l. c., 507.

vedere l'elevatezza enorme dei salari nel Lincolnshire, ove essi ascendono a 10 scell. per settimana nell' inverno, e 15 nell'estate (1). Se la popolazione non cresce, onde i salari si deprimano, i fittaioli non possono proseguire (2) e già molti fra questi furono dall'alto prezzo del lavoro, associato al deprezzamento dei prodotti, costretti a restituire la terra ai proprietari (3).

Ora questo elevato salario riesce pericoloso al capitale per ciò, che una vasta estensione di terre, richiedenti un tenue capitale alla loro coltivazione, è tuttora inoccupata. Già Tommaso Mun, il celebre mercantilista del secolo XVII, lamenta che nell'Inghilterra le terre incolte siano infinite (4). Parecchi milioni di *acri*, osserva dopo un secolo e mezzo Mac Phail, giacciono ora deserti, malgrado le continue chiusure ed i progressivi dissodamenti (5). Nel 1773 Lord Kames ripete gli stessi rammarichi (6), mentre A. Young deplora che nella Francia le terre libere siano sterminate (7). Marshall, che scrive nel 1794, osserva: Nel Berkshire e nell'Hants una metà almeno delle terre arative è ad uso comune, il che limita potentemente la produzione; e noi vediamo con dolorosa meraviglia che i secoli si lasciano succedere ai secoli, senza provvedere con qualche efficace misura alla coltivazione delle terre deserte. L'appropriazione delle foreste, ad es., tenderebbe ad accrescere la popolazione ed a togliere l'indolenza e la miseria, che si trova presso le terre incoltivate (8). L'ampiezza delle terre incolte è deplorata da Eden nel 1797, da Marshall stesso nel 1801, da Middleton nel 1807 (9). Dopo la guerra antinapoleonica, il Parlamento inglese approva la mozione di Sinclair, che dichiara benemerito della nazione colui che dissodi terreni incolti (10), eppure ancora nel 1827 si hanno

---

(1) YOUNG, l. c., 398.

(2) *Considerations on bounty*, 1.

(3) VANDERLINT, l. c., 148.

(4) MUN, *England's treasure by foreign trade*, Lond. 1664, 7.

(5) MAC PHAIL, *Remarks on the present times, exhibiting the causes of the high prices of provisions*, Lond. 1795, 114; HOLLAND, l. c., 118.

(6) KAMES, l. c., 318.

(7) YOUNG, *Voyages en France*, II, 284-8.

(8) MARSHALL, *Review*, 336.

(9) EDEN, l. c., Pref. XX-XXI; MARSHALL, *On appropriation and inclosure of commonable and intermixed lands*, Lond. 1801, 7; MIDDLETON, l. c., 119.

(10) *Reports on agriculture*, 1833, 312.

in Inghilterra 15 milioni di *acri* incoltivati (1). Ora queste terre
libere rendono funesta al capitale la elevatezza del salario, la
quale consente ad ogni lavoratore « di accumulare rapidamente
un po' di denaro e di stanziarsi a proprio conto sopra un terreno,
inoccupato (2) ».

Pertanto non è meraviglia se gli economisti di questo periodo
iniziino una violenta crociata contro la elevatezza del salario e
stanchin l'ingegno per trovarvi riparo; nè è meraviglia se essi
scorgano d'un tratto che il mezzo più decisivo a ridurre al minimo le mercedi sarebbe l'aumento della popolazione e l'incarimento delle derrate. « Io penso, osserva sir W. Temple, che la
vera ed originaria base dell'industria sia la gran moltitudine di
popolazione raccolta in piccolo spazio di terreno, la quale cagiona l'incarimento di tutte le derrate necessarie alla vita e fa
che tutti quelli, che hanno proprietà, siano indotti alla parsimonia
e quelli che ne son privi siano costretti, per isfuggire alla miseria, ad aggiogarsi al lavoro » (3). È generalmente notato,
così il giornale lo *Spectator* nel 1711, che nei paesi ove l'abbondanza è maggiore la vita è più misera; la ragione è che i
poveri, che sono la massa della nazione, lavorano solo tanto da
vivere e quando, con 2 giorni di lavoro, ottengono la sussistenza
per la settimana intera, non lavorano di più (4). A. Young, Petty,
Child, Pollexfen, Gee s'accordano in questo concetto, essere una
florida industria incompatibile col basso prezzo delle derrate (5),
mentre altri scrittori riconoscono che per rendere i salari *tollerabili* (tollerabili, ci si intende, al capitalista) è desiderabile l'eccesso di popolazione (6). Il grande olandese De Witt non esita a
consigliare l'istituzione di imposte sui viveri necessari, affine di
costringere ad un lavoro continuo la classe popolare (7). Nè Voltaire, questo campione degli oppressi, porta diverso giudizio. «L'o-

---

(1) PORTER, *Progress of the nation*, I, 177.

(2) KAMES, l. c., 317.

(3) TEMPLE, *Observations upon the United Provinces*, (1672) nelle Works,
Lond. 1814, I, 164.

(4) *Spectator*, ed. 1876, 227 e ss.

(5) Cfr. PETTY, *Essays in Pol. Arithm.* 132-3; MORTIMER, *Elements of commerce*, Lond. 1772, 90; YOUNG, *Expediency of a free exportation of corn.*,
Lond. 1770, 28, combattuti da Adamo Smith.

(6) *Britannia Languens, or a discourse of trade*, Lond. 1680, 9.

(7) DE WITT, *Memoires*, Ratisbonne 1709, 31, 74.

peraio, egli dice, deve essere ridotto al necessario perchè lavori ; tale è la natura dell'uomo » (1). « È solo la fame, nota l'avversario implacabile degli operai, Townsend, che può stimolare il povero al lavoro ; esso non conosce onore nè ambizione. La stessa imprevidenza del povero è provvidenziale, poichè è dessa che lo assoggetta al capitalista. Ma oggi questa soggezione è incompleta; l'operaio lavora poco e consuma eccessivamente » (2). Ma poichè la popolazione non può essere accresciuta d'un tratto ad arbitrio del capitalista, così è ben d'uopo ideare metodi artificiali di deprezzamento del lavoro. Quindi ecco Townsend medesimo proporre nulla meno che *l'assicurazione coattiva del lavoro*, la quale si istituirà imponendo all'operaio celibe il contributo di ¼, all'ammogliato di ¹/₁₃ del suo salario e, scemando all' operaio la possibilità di accumulare, riuscirà a renderlo soggetto all'arbitrio del capitale (3). Mandeville, a sua volta, consiglia che si cerchi ogni mezzo per impedire all'operaio di accumulare (4); un anonimo, volendo scemare la domanda di lavoro, domanda che si facciano fabbricare i vascelli inglesi dai negri delle colonie (5), Petty vuole che si accentri la popolazione nelle città (6), Child invoca un atto di naturalizzazione degli stranieri residenti in Inghilterra (7). James Steuart, tory e filantropo, scrive: « Il numero degli operai deve essere accresciuto ed il prezzo delle loro sussistenze esacerbato con imposte, affinchè il salario sia ridotto ad una misura conveniente (*to a proper standard*) » (8). Tale consiglio è già in precedenza avanzato da un altro scrittore, il quale vorrebbe che al tempo stesso si proibissero gli studi liberali a quelli che non

---

(1) VOLTAIRE, *Siècle de L. XIV*, II, 94.

(2) TOWNSEND, *Dissertation on the poor laws* (1786), Lond. 1817, 15.

(3) Ib., 98-100. Ciò gitta qualche luce sull'intento riposto di un istituto, che oggi si riproduce sotto velo di filantropia. Naturalmente nel periodo automatico l'assicurazione coattiva di lavoro non è più rivolta ad impedire l'accumulazione del lavoratore, ma è un ingegnoso spediente, che fa pagare dalla stessa classe lavoratrice una parte della tassa dei poveri.

(4) MANDEVILLE, l. c., 140. Cfr. TOWNSEND, l. c., 18. Gli è solo quando questi processi hanno ridotto l'operaio al minimo salario, è solo allora che l'economista lo consiglia a risparmiare.

(5) *Advantages of East India trade*, 115-7.

(6) PETTY, *Essays in polit. Arithm.*, 29.

(7) CHILD, *A new discourse of trade*, Glasgow 1751, 106, 110.

(8) STEUART, l. c., V, 207.

posseggano un reddito di 300 sterline (1). Infine l'autore del Saggio sull'Industria invoca la istituzione di ospizi di lavoro, ciascun dei quali sia una *casa del terrore*, in cui si caccino i vagabondi e gli operai riottosi, trattandoli col regime ricostituente delle lunghe ore di lavoro e di un pasto eccessivamente pitagorico (2).

Se non che mentre costoro vanno elucubrando il capitale è entrato in azione e la lotta, così multipla nelle sue forme, così una ne' suoi risultati, per deprimere il salario, dirompe. Suo primo obbiettivo è, come sempre, la terra; e la esclusione dell'operaio da quella costituisce il metodo più gradito al capitale. « Il sistema di accentrare le proprietà fondiarie e privare i contadini della terra contribuisce grandemente ad accrescere il numero dei poveri ed a mantener depresso il salario » (3). Se vi ha solo un *ettaro* presso la capanna del lavoratore, il fittaiolo pensa che è di troppo e la usurpa, senza che il proprietario si opponga a tale violenza (4), e siffatta mutazione nella distribuzione della terra genera tosto una dolorosa degradazione dei salari (5). Questa è poi esacerbata dalle gravose imposte sui viveri di consumo del lavoratore (6), le quali si addensano per modo, che mentre nel 1762 l'imposta assorbe $1/_{36}$ della spesa dell'operaio agricolo inglese, nel 1833 $1/_5$ del suo reddito è assorbito dall'imposta e dai monopoli delle compagnie (7). Ed un fatto veramente caratteristico, che tradisce la missione capitalista di imposte siffatte, è che quando in Inghilterra, al cessare della guerra napoleonica, si pensa di ridurre i tributi, « sorgono gravi apprensioni sui *danni* (inconveniences), che possono derivare da un improvviso *miglioramento* nella condizione del lavoratore » (8).

---

(1) *Discourse on the necessity of encouraging mechanik industry*, Lond. 1690, 22.

(2) *Essay on trade*, 242-4. Un concetto simile di un ospizio di lavoro pei vagabondi, ma con opposti intenti, era stato additato da Leibnitz.

(3) DAVIES, l. c., 55, 57.

(4) *Reason for the late increase of poor rates*, 1777, 31.

(5) ROGERS, *Six centuries*, 173.

(6) HOWLETT, *The insufficiency of the causes to which the increase of our poor ecc.* Lond. 1788, 46 e ss.

(7) WADE, l. c., 542-6.

(8) HAMILTON, *National debt*, 243. Alla metà del secolo XVIII un imprenditore del Northamptonshire, Moss, ricusa di impiegare un operaio, che vesta un bell'abito, dichiarando che i migliori operai si trovano fra gli affamati (HOWELL, *Conflicts*, 98).

Ma tutto ciò non è che una timida prefazione alla guerra contro l'opzione dell'operaio. Questa si inizia, come sempre, dal pagamento del salario in natura; e già fin dal 1464 si lamenta nell'Inghilterra che gli operai tessitori sian costretti a ricevere gran parte del loro salario sotto forma di spilli, cintole ed altri inutili oggetti; mentre in Germania, anche in tempi più prossimi « l'imprenditore paga l'operaio con zigari e, se esso non sa che farsene, gli dice motteggiando — Gittali via — o ride del lavoratore, che strappa con rabbia il mantello da passeggio che riceve in mercede » (1). — Ma frattanto la diminuzione del salario procede con una serie di metodi, di cui il primo e più notevole è il passaggio a forme di rimunerazione del lavoro sempre meno generose e meno favorevoli all'operaio. Nel periodo immediatamente successivo alla abolizione della servitù, la forma dominante di rimunerazione del lavoro è la mezzeria; che vediamo istituita nell'America del Nord, nei primi tempi del salario, nelle Indie occidentali, dopo l'abolizione del garzonato coattivo, come nell'Italia, quando la servitù della gleba è abolita (2). In un periodo successivo predomina il salario a cottimo, nella forma in cui esso è veramente vantaggioso all'operaio e non è ancora, come sarà più tardi, un peggioramento del salario a tempo (3). Ma queste forme di rimunerazione, le quali consentono una parziale rispondenza fra il salario ed il prodotto, sono per ultimo detronizzate dal salario a tempo, nel quale ogni larva di connessione fra la mercede ed

---

(1) SAX, *Hausindustrie in Thüringen*, III, 37. Il Kincaid, ispettore delle fabbriche scozzesi, ci narra che a Glasgow alcuni stabilimenti commerciali « of ostensible respectability », hanno iniziato un sistema detto « the club system », il quale consiste nell'emissione di biglietti, che vengono venduti agli operai, specie alle donne ed ai fanciulli, e che abilitano questi ad acquistare per 20 scell. di vesti. Ora fra le infinite estorsioni, a cui van soggetti gli sciagurati acquirenti, v'ha questa, che essi son costretti ad acquistare, per una parte del loro credito, oggetti di cui non hanno bisogno. « Uno dei fanciulli ch'io esaminai, narra il Kincaid, mi disse ch'egli, dovendo assistere al matrimonio di sua sorella, aveva acquistata la cedola affine di procurarsi una veste, per la quale pochi scellini sarebbero bastati; ma che fu costretto ad esaurire il valsente acquistando altre specie di vesti, di cui egli non aveva bisogno » (*Reports on Factories*, 30 aprile 1851, 39). — Il 2 settembre 1882 si tiene a Londra un meeting di chiodajoli, per protestare contro questo sistema, che li costringe a pagare i prodotti ad un prezzo 30 a 40 % maggiore del giusto.

(2) Cfr. STRICKLAND, l. c., 136. SOMERS, *The southern states*, 1871, 60. RUMOHR, ecc.

(3) Cfr. il Cap. precedente.

il prodotto scompare. Ottenuta appena la istituzione del salario a tempo, il capitale procede tosto alla diminuzione del salario stesso, la quale si inizia dai salari agricoli ed inflerisce veemente nel Gloucestershire, nel Norfolk, nel Sussex (1). Ancora al principio del nostro secolo il proprietario irlandese si riserba il diritto di fissare il salario, al quale il contadino dee lavorare per lui (2), mentre dagli imprenditori inglesi si invoca di nuovo la tassazione legale dei salari e si cacciano in prigione gli operai, che si rifiutano al lavoro (3). Durante tutto il secolo passato, son frequenti in Inghilterra le coalizioni degli imprenditori per ridurre i salari, e non cessano che a' nostri tempi; ma ancora nel nostro secolo, non appena una produzione esuberante di viveri eleva i salari, i capitalisti ricominciano le antiche intraprese per assottigliarli (4). L'intervento diretto del capitalista a diminuzione del salario, che incomincia nell'Inghilterra alla seconda metà del XVI secolo, celebra bentosto le sue vittorie lugubri e trova un'eco lamentevole nelle doglianze del lavoratore. Nel 1495 il contadino inglese provvede alla sua famiglia con 15 settimane di lavoro, l'artigiano con 10; nel 1564 son già necessarie all'operaio agricolo 40 settimane di lavoro. La rimunerazione giornaliera dell'operaio agricolo e dell'industriale, ridotta a quarter di grano, presenta le cifre seguenti:

Anno	Salario agric.	Salario industr.	Anno	Salario agric.	Salario industr.
1581	$\frac{1}{12}$	$\frac{1}{18}$	1621	$\frac{4}{139}$	$\frac{4}{288}$
1591	$\frac{2}{41}$	$\frac{2}{61}$	1631	$\frac{2}{75}$	$\frac{2}{172}$
1601	$\frac{1}{32}$	$\frac{1}{48}$	1641	$\frac{1}{43}$	$\frac{1}{64}$
1611	$\frac{2}{59}$	$\frac{2}{88}$	1651	$\frac{1}{46}$	$\frac{1}{69}$

ossia diviene nell'ultimo periodo eguale ad ¼ di ciò che era nel primo (5). Non son più que' tempi, così un autorevole scrittore,

---

(1) MARSHALL, *Rural economy of Norfolk*, 1787, I, 174; Id., *of Gloucestershire*, 1780, I, 51-2, ecc.

(2) WAKEFIELD, *Statistical account of Ireland*, Lond. 1812, I, 507.

(3) *First Report on Artizans and Machinery*, 1824, 284.

(4) THORNTON, *Overpopulation*, 228; PORTER, l. c., II, 244, 251-62.

(5) ROGERS, *Six centuries*, 428. MEYER, *Ursachen der amerikanischen Concurrenz*, 758-62.

in cui l'operaio poteva, con 4 giorni di lavoro, procurarsi le sussistenze per la settimana intera (1). Nella Scozia, osserva Anderson, la condizione dei lavoratori è omai miserabile (2); nell'Inghilterra, scrive Parry, essa viene progressivamente degradando (3) e la diminuzione del salario diviene, a cominciare dal sec. XVIII, apprezzabile dalla osservazione più volgare (4). « La miseria e la degradazione dell'operaio inglese, conchiude Rogers, sono il risultato di una serie di atti del Parlamento e del Governo, intesi all'esplicito scopo di ridurre l'operaio al minor saggio possibile di salario e che riescono per ultimo nel loro intento. Dal 1563 al 1824 una cospirazione, appoggiata dalla legge ed attuata dalle parti interessate, viene iniziata per defraudare l'operaio inglese de' suoi salari, saldarlo alla terra e degradarlo ad una irrimediabile povertà. Una breve elevazione di salari del 50 % si ha durante il governo di Cromwell; ma ad essa segue la confisca degli averi delle corporazioni artigiane, che toglie alle classi operaie un efficace presidio; la Legge dei Poveri, che le salda alla parrocchia e consente ai capitalisti agricoli di ridurre al minimo i salari; infine la confisca delle proprietà ecclesiastiche e la sostituzione dei preposti feudali con avidi fittaioli » (5); conserto di malaugurati processi, di cui la decadenza precipitosa delle genti lavoratrici è l'inevitabile risultato. Al tempo stesso nel Napoletano l'impoverimento del contadino è accelerato mediante gli usurari *contratti alla voce*, ossia colla vendita al creditore di una certa quantità di derrate non mature, al prezzo che avranno al momento della maturanza (6), ed in Francia, prima della Rivoluzione, la borghesia ricorre ai metodi più vili per deprimere il salario (7).

Ma frattanto quel fatto, che deve sopprimere decisamente l'elevatezza dei salari, quel fatto che ha formato l'aspirazione dei teorici del capitale, l'incarimento delle derrate, progressivamente si avvera pel poderoso incremento della popolazione e pei limiti

---

(1) SMITH, *Three tracts on corn trade*, 1766, Lond. 1795, 94.

(2) ANDERSON, *Observations on the means of exciting a spirit of national Industry*, Edinb. 1777, 5.

(3) PARRY, *The question of the necessity of the existing corn laws, considered*, Lond. 1816, 751.

(4) BARTON, *Observations*, 26 e pass.

(5) ROGERS, *Six centuries*, 398, e *History*, V, 622 e ss.

(6) GALANTI, *Descrizione ecc. delle Sicilie*, III, 277-80.

(7) TOCQUEVILLE, l. c., 268, 283.

crescenti, che la rendita oppone ai perfezionamenti rurali (1). « Che
serve, così uno scrittore nostro del secolo XVII, che serve copia
tanto grande d'oro, se le cose necessarie alla vita umana ogni
giorno si veggono più salir di prezzo e se la povertà dei popoli
ogni dì si fa maggiore? » (2). Paragonando l'incarimento dei viveri e dei manufatti nella Francia dal 1202 al 1750, troviamo
che i primi, durante questo periodo, incariscono del 4541 %, i
secondi solo del 2419 %; il che rivela appunto una cagione di
incarimento specifica ai prodotti agrari, mentre l'incarimento dei
manufatti può considerarsi come il risultato del scemato valor della
moneta (3). Che anzi, assumendo ad esame il periodo dal XIV al
XIX secolo, troviamo che nella Francia il prezzo delle derrate
cresce, mentre scema quello dei manufatti. Dal XIV al XV secolo
il valore del grano scema da L. 3.19 a L. 1.98 per *mine* (4);
nel XVI secolo sale a 4.38; nei secoli XVII e XVIII oscilla fra
3.79 e 2.64, ma nel secolo XIX si rieleva a 6.63. Il valore di
una vacca, che nel XIV secolo è di L. 17.28, è di L. 200 nel
1860; nello stesso intervallo il prezzo di un montone sale da
L. 2.85 a L. 30, quello del burro da 0.43 a 0.88 per libra;
ma frattanto il ferro manufatto scende da 0.65 a 0.45 per libra
e la seta da L. 4.92 a L. 3 per oncia (5). L'incarimento delle
derrate si avverte frattanto nella Germania, ove il prezzo della

---

(1) Talvolta l'incarimento delle derrate è dovuto ad un aumento nella domanda estera. Così l'aumento della domanda inglese di grano irlandese incarisce
il grano in Irlanda; e del pari l'aumento nella domanda inglese di cotone indiano, durante la guerra civile americana, contraendo la coltivazione del grano
nell'India, vi incarisce le sussistenze, e vi provoca terribili fami.

(2) BOCCALINI, citato da FABBRONI, l. c., II, 132. La espansione della coltura a
nuove terre meno produttive, come le paludi Pontine, il Polesine e le valli di
Comacchio, è attestata dall'autorità di BOTERO, *Ragion di Stato* (1592), Milano
1820, II, 23. Sull'incremento dei prezzi agricoli in Italia a partire dal 1800 fornisce dati importanti, MORPURGO, l. c., II, 357.

(3) DUCHATELLIER, *Essai sur les salaires, et les prix de consommation de 1202
à 1830*, Paris 1830, 19. « I ministri e i cortigiani sono divenuti men ricchi,
perchè il denaro essendo aumentato numericamente di *quasi metà*, il prezzo
delle derrate è salito di *più del doppio* » (VOLTAIRE, *Siècle de L. XIV*, II, 94);
ove si scorge che le derrate erano incarite più che proporzionalmente al deprezzamento della moneta.

(4) La *mine* è una misura d'Orléans pari a litri 33.61.

(5) MANTELLIER, *Mémoire sur la valeur des principales denrées et mar-
chandises en Orléans*, Orléans 1861. Cfr. SCRIVE, *Prix du blé et de la journée
de travail*, 1870. LEFORT, *Salaires et revenus à Rouen*, 1887, ecc.

segala, che era di 4 florini e 30 *kreuzer* per *scheffel* dal 1637 al 1687, e di 6.8 dal 1688 al 1737, sale ad 8.3 dal 1738 al 1787 e ad 11.29 dal 1788 al 1838 (1). Noi troviamo ancora che dal 1760 al 1789, mentre il valore della moneta e quello dei manufatti si mantengono stazionarii, i prezzi agricoli presentano un notevole incremento, quale è attestato dalle cifre seguenti

PRODOTTI	GERMANIA MERID. (in florini e kreuzer)		DRESDA (in talleri e groschen)		MONACO (in florini e kr.)	
	170-696	1770.73	1764-69	1770-73	1780-85	1786-89
Grano	7.36	17.13	1.23	4.1	7.21	9.22
Frumento . .	11.20	21.3	3.1	4.18	10.5	13.26
Orzo.	6.28	14.16	1.9	3.5	6.2	7.36
Avena. . . .	4.7	6.2	0.22	1.13	3.41	4.6

Qui si dimostra l'incarimento effettivo de' prodotti agrari « dovuto all'aumento della popolazione ed alla coltura delle terre meno produttive » (2), incarimento che strappa al campione del medio evo tedesco, Giusto Möser, rammarichi eloquentemente appassionati (3). Ma ove l'incarimento dei viveri è più spiccato e imponente è, come il lettore presente, nell'Inghilterra. Da lungo tempo, avverte già Howlett nel 1788, i periodi di caro dei viveri si fanno frequenti. Dal 1670 al 1690 i viveri incariscono; crescono nuovamente di prezzo nel 1704, nel 1735, nel 1752-53, nel 1756-58, nel 1765; dal 1768 al 1788 i prodotti di consumo dei lavoratori incariscono di ¼ (4). Dal 1732 al 1766, osserva a sua volta Eden, il prezzo del grano oscilla fra 10 scell. e 1 sterl., 17 scell. per *quarter;* nel 1757-58 sale a st. 2.4 e 2.10; nel 1767 scende a 2, ma a questo punto si arresta, con rarissime oscillazioni in decremento e frequenti in aumento; e considerando il periodo dal 1444 al 1774 si trova un aumento quasi costante nel prezzo dei viveri (5). Secondo Rogers, dal 1541

---

(1) FRAAS, *Ackerbaucrisen*, 54.

(2) HELFERICH, *Periodische Schwankungen im Werth der edeln Metalle*, Nürnberg, 1843, 135.

(3) MÖSER, *Patr. Phant.*, II, 15-20,

(4) HOWLETT, *Insufficiency ecc.*, 34, 51, 75.

(5) EDEN, l. c., 1, 74; III, LXXX-I; II, 150-1.

al 1642 i grani incariscono nel rapporto di 1 a 3, dal 1643 al 1702 nel rapporto di 1 a 2 (1). I prezzi dei grani, osserva finalmente West, crescono, da st. 1.19.9 per *quarter* nel decennio 1756-66, a 2.11.15 nel decennio 1766-76, mentre nel periodo dal 1776 al 94 ascendono a 2.10, cifra che risulta maggiore della precedente, poichè frattanto la moneta è stata ristaurata; e questo incarimento dei viveri è esclusivamente dovuto alla coltura delle terre meno produttive (2). Ma la dimostrazione più decisa di questo progressivo incarimento delle derrate ci è porta dalla storia della politica annonaria dell'Inghilterra. Dal 1688 al 1764 lo stato inglese attua una politica di incoraggiamento dell'agricoltura, vieta o colpisce di dazi la importazione e favorisce la esportazione delle derrate, la quale, per tutto questo periodo, supera l'importazione. Ma crescente la popolosità, il fenomeno viene invertito e nel 1763 incomincia una forte importazione di cereali dall'estero. Allora la politica annonaria soffre una completa rivoluzione, e nel 1773 si inizia la legge, che favorisce per ogni modo la importazione, lasciandola esente da dazio, finchè il prezzo del grano non ecceda i 48 scell. per quarter. Ora « è il progresso della popolazione la sola causa di questa rivoluzione della politica annonaria » (3), poichè è desso che, imponendo la necessità della importazione dei grani, rende dannosi i dazi sui cereali (4). Tuttavia quello stesso aumento di popolazione, che rende necessaria l'importazione dei grani, determina la rapida espansione dell'agricoltura nazionale verso terreni meno produttivi e con ciò rende sempre maggiore il danno, che può derivare ai proprietari da una importazione di grani a basso prezzo. Perciò contro questa eventualità i proprie-

---

(1) ROGERS, *History*, V, 787.

(2) WEST, *Price of corn*, 7-10.

(3) DEACON HUME, *Thoughts on the corn laws*, Lond. 1815, 35.

(4) DIROM, *Inquiry into the corn-laws*, Edinb. 1796, 126, 145. ANDERSON, *A calm investigation on the circumstances that have lead to the present scarcity of grain in Gr. Britain*, Lond. 1801, dimostra, giovandosi specialmente dell'opera di Dirom, come la legislazione inglese favorisca dapprima la esportazione, poi la inceppi e favorisca l'importazione, ma soggiunge: Ecco la causa, per cui l'Inghilterra, dapprima nazione esportatrice, divenne importatrice; gli è che la legge, già incoraggiante l'agricoltura, le è divenuta matrigna (16, 70, 89). Ora la fallacia di tale interpretazione è evidente a chi osservi che la energica importazione dei grani in Inghilterra incomincia nel 1763, 10 anni prima della rivoluzione nella politica annonaria.

tari si difendono, esigendo la istituzione di dazi, non più proibitivi, ma protettivi; i quali poi vengono progressivamente crescendo, quanto più si estende la coltivazione delle terre sterili, e s'accresce il costo di produzione del grano nazionale. Infatti, per la legge del 1791, il prezzo al quale il grano estero è esente da dazio sale a 54 scell.; nel 1804 quel prezzo ascende a 66 scell.; ma nel 1807 esso raggiunge la cifra di 80 scell., e nel 1822 troviamo il dazio di 1 scellino anche quando il prezzo del grano sia di 85 scell. per quarter. Così la tendenza ascensiva dei prezzi agricoli si rivela compiuta; e si avverta che frattanto il valore della moneta metallica non soffre alcuna diminuzione (1).

È d'uopo soggiungere che l'incarimento delle derrate esercita immediatamente un contraccolpo sinistro sulla condizione del lavoratore? Nella Francia fin dal 1758 Forbonnais osserva che la cagione del malessere dell'operaio è che i salari non son cresciuti in proporzione ai prezzi delle derrate (2); e la quasi-stazionarietà dei salari nominali di fronte al crescente prezzo dei viveri può seguirsi nell'intera storia economica di quel paese. Infatti dal 1350 al 1750, mentre i prezzi dei viveri crescono del 1761 %, i salari non si elevano che del 781 %; dal 1575 al 1725, mentre i prezzi dei viveri crescono del 222 %, i salari salgono del 101 % e generalmente i salari rimangono stazionari quando il prezzo dei viveri cresce, scemano quando esso è stazionario (3). Nella Germania, il salario monetario cresce sempre in proporzione minore del prezzo dei viveri (4) e ne segue una crescente miseria (5). Rispetto all'Inghilterra noi potremmo limitarci a ricordare Howlett, il quale così conchiude le sue ricerche: La grande causa dell'aumento dei poveri è l'aumento nel prezzo dei viveri, che procede in ragione maggiore dell'aumento dei salari (6). È ben vero che Howlett attribuisce l'incarimento dei viveri alle imposte ed al deprezzamento della moneta; ma se deve ammettersi che questa

(1) HELFERICH, l. c., 89.
(2) *Finances de la France*, 1, 320.
(3) DUCHATELLIER, l. c., 19.
(4) SCHMOLLER, *Die historische Entwickelung des Fleischconsums*, 353.
(5) MÖSER, *Patr. Phant.*, II, 20.
(6) Nella Russia si manifestano gli stessi fenomeni. « Da mie ricerche, però solo approssimative, osserva NOWITZKI (l. c., 124), risulta che negli ultimi tre secoli il valore delle sussistenze crebbe in un rapporto incomparabilmente più rapido che il valor del lavoro ».

sia stata una causa dell'incarimento delle derrate, il ravvisarla come la cagione esclusiva è in contraddizione con quanto quello stesso economista riferisce, intorno all'enorme elevazione delle rendite e del valor delle terre, che tradisce l'influenza dell'aumento della popolazione (1). Un altro eminente indagatore della storia economica d'Inghilterra, Eden, osserva : Raffrontando i salari fissati nell'11° anno del regno di Enrico VII con quelli del 1444, si scorge che, nonostante l'incarimento dei viveri e l'aumento nella richiesta di lavoro, i salari han variato ben poco. Ma tale stazionarietà dei salari persiste nell'epoca successiva, di fronte ad una enorme elevazione del prezzo dei viveri e fa che sullo scorcio del secolo XVIII il bilancio domestico degli operai si chiuda con un deficit generale, producendo un notevole incremento nella tassa dei poveri. Il sentito aumento di questa, avveratosi nel 1774, è appunto dovuto all'enorme incarimento dei viveri mentre le mercedi sono stazionarie o lentamente progressive (2). Che al grande incarimento dei viveri non sia stato adeguato l'aumento dei salari in moneta appare del resto in modo irresistibile dalle cifre seguenti:

Periodo	Prezzo medio di una giornata di lavoro in pence	Prezzo di un quarter di grano in scell. e pence.
Metà del secolo XIV	2	3. 4 a 4
id. » XV	3	5. 5 a 6
id. » XVI	3 ½	7. 6
id. » XVII	13	40
Seconda metà del XVIII	14	42. 6

ove si scorge che mentre i prezzi agricoli son cresciuti 14 volte i salari non son cresciuti che 7 (3). Gli operai agricoli ascrivono giustamente la loro miseria all'alto prezzo dei viveri. « Negli ultimi 40 anni, così uno scritto anonimo del 1777, la terra è salita in valore di più che il 60 %; la rendita ed i prezzi dei cereali crebbero in proporzione; ma l'operaio agricolo non vide crescere il suo salario. Nel precedente periodo il reddito settimanale dell'operaio agricolo e della moglie era di scell. 7.3; ma oggidì, i consumi, che esso potea soddisfare con quel salario, hanno un prezzo di scell. 9.10 ½, mentre i salari non crebbero che

---

(1) HowLETT, Insufficiency, 49.
(2) EDEN, l. c., ll, 150-4 ; I, 74.
(3) DAVIES, l. c., 24-5, 53-7, 65-70.

a scell. 8. 3; onde un disavanzo settimanale di scell. 1. 7 $\frac{1}{2}$ nel bilancio del lavoratore, ed un peggioramento nella sua condizione, a cui corrisponde un profitto addizionale a vantaggio del proprietario. *Tutte le classi superiori si sono per lungo tempo arricchite a detrimento della classe lavoratrice* » (1). I nostri vecchi, notava Davies nel 1795, sono unanimi nell'affermare che i redditi dell'operaio e di sua moglie bastavano, alla metà di questo secolo, a mantenere essi e tre figli; oggi sono insufficienti a mantenere essi e due figli (2).

Nè soltanto il salario nominale rimane stazionario, ma decresce coll'elevarsi dei prezzi agricoli, e le deposizioni di Milne e di Lauderdale innanzi alla Commissione d'Inchiesta sulle leggi dei cereali non lasciano dubbio sul fatto, che, nel periodo del profitto sistematico, il salario a cottimo varia in ragione inversa del prezzo del grano. Ecco infatti i varî prezzi pagati per la tessitura di una certa quantità di *cambrick* in Stockport, comparati col prezzo del grano:

Anno	Salario a cottimo in scellini	Prezzo del grano per *quarter* in sterline e scell.
1798	21,6	2.14
1799	21	3.15
1802	23	3.7,4
1804	20	3.9,6
1805	15	4.8
1810	10	5.12
1811	11	5.8
1814	17	3.10

Come si vede, ad ogni alterazione nel prezzo del grano segue un'alterazione in senso inverso nel prezzo del lavoro. Ma lo stesso fatto ci appare, comparando i prezzi pagati per la tessitura di un'auna di *mussolina* in Glasgovia, coi prezzi del grano:

Anno	Salario a cottimo	Prezzo del grano
1790	15	2.16,1 $\frac{3}{4}$
1795	11 $\frac{5}{8}$	4.1,6
1800	9 $\frac{3}{8}$	6.7

---

(1) *Reasons of increase poor rates*, 6, 14, 28, 33.
(2) DAVIES, l. c., 6.

Anno	Salario a cottimo	Prezzo del grano
1805	$11\,^5/_8$	4.8
1806	12	4.3
1810	8	5.12
1812	$6\,^3/_4$	6.8
1813	$7\,^1/_2$	6
1814	$9\,^1/_4$	3.10 (1).

Tra il 1812 e il 1813, così si esprime il Milne, ricco proprietario scozzese, io volevo compiere un lavoro di chiusura su un mio podere, ma dissi al mio fattore, ch'io non volevo assoggettarmi all'alto salario di 3 o 5 scellini per auna, che avevo dovuto pagare 25 anni prima. Il fattore però mi rispose, che *siccome i viveri erano assai incariti, si poteva ora far eseguire quel lavoro ad un salario a cottimo minore* e promise che lo avrebbe fissato a scell. 2.6 per auna. Mi consigliò poi di approfittare dei depressi salari per compiere un altro lavoro di drenaggio, che da lungo tempo avevo in animo di fare; ed avendo io aderito, egli stabilì il salario a cottimo per quel lavoro a 6 *pence* per auna, mentre, quando i viveri son deprezzati, non si può ottenerlo a meno di scell. 1.6 (2). Da questa diminuzione dei salari, parallela all'incarimento dei viveri, consegue un incremento ulteriore della tassa dei poveri (3). « Negli ultimi anni, osserva uno scrittore nel 1815, la tassa dei poveri crebbe fuor di misura, ma non per un aumento dei poveri, dacchè tutti gli operai trovano impiego, sibbene pel recente incarimento delle derrate » (4), incarimento così ragguardevole, che le rendite si sono raddoppiate in 25 anni (5). Ma l'aumento della popolazione, che procede incessante, determina una novella elevazione dei prezzi agricoli (6), e con essa un novello impoverimento del lavoratore, il quale compie omai l'ultimo tratto, che lo separa dalla povertà. Se infatti erano deplorevoli, e lo vedemmo, le sorti della classe operaia sullo scorcio del secolo passato, esse erano l'agiatezza a paragone di quelle, che incontriamo nella prima metà del secolo

---

(1) *Reports of the lord committee on corn-laws*, 1814, 52, 83.

(2) L. c., 51.

(3) DAVIES, l. c., 70.

(4) *Observations on rent*, 48.

(5) *Report of sel. Comm. on corn laws*, 1814, 32.

(6) DAWSON, *An attempt to develope the causes of pauperism and distress*, Lond. 1831, 43.

attuale. « 35 anni or sono, avverte uno scrittore del 1831, il lavoratore agricolo possedeva una casa, che lo riparava, una famiglia che lo confortava e dell'alimento che lo sostentava. In molti casi esso risiedeva sulla terra da lui coltivata o viveva in una casetta, o in un villaggio vicino. Ora non v'ha più traccia di ciò. L'operaio agricolo è privo d'ogni proprietà, è ridotto alla più degradante alimentazione ed erra da un casolare ad un altro mendicando un giaciglio » (1).

Ma la popolazione addensantesi, oltre che determinare una degressione spaventosa del salario reale, provoca, con ritmo del pari spiccato, un passaggio a contratti di lavoro sempre più brevi e ad un impiego sempre più intermittente del lavoratore. Fino al principio del nostro secolo, la scarsità e l'onnipotenza dei lavoratori costringe il capitalista ad accordarli per un lungo periodo, affine di non esporsi alla eventualità, altrimenti probabile, di rimaner privo di salariati, anzi l'obbliga a promettere premi agli operai, che aderiscano ad impegnarsi per lungo tempo (2). Perciò l'industriale è costretto a mantenere i propri operai anche in epoca di crisi, come l'operaio agricolo è alimentato dal fittaiolo per l'anno intero, anche se l'opera sua non è necessaria che durante un più breve periodo (3). « In generale, così si esprime nel 1833 un fittaiolo, una quantità di operai è richiesta in estate e divien superflua nell'inverno. Ora quando io cominciai la mia professione, era costume di accordare gli operai ad anno, ciò che costringeva il fittaiolo ad alimentare nell'inverno i contadini, di cui aveva mestieri nell'estate ». 30 o 40 anni fa, soggiunge I. Cornely, non vigeva il costume de' fittaioli di impiegare solo temporaneamente gli operai, di cui avean d'uopo per la mêsse; ma gli è che allora quelli disponevano di mezzi maggiori e potevano impiegare maggior numero di braccia; e sopratutto che non era così facile come ora di ottenere operai, poichè le braccia non erano così abbondanti » (4). Ma coll'aumento della popolazione

---

(1) Postans, *Letter to sir Thomas Baring on the causes which have produced the present state of the agricultural labouring poor*, Lond. 1831, 4.

(2) *Considerations on Taxes* (dell'autore dell'*Essay on trade*), Lond. 1765, 16. Cfr. *ante*, pag. 201.

(3) *Proposal for encouragement and amendment of servants*, Lond. 1752, 1-2. Lafargue, l. c. *Reports on poor laws*, 1838, Evid. 3802 ecc.

(4) *Report on agriculture*, 1833, 56 e ss.

tutto ciò muta d'un tratto. L'operaio, non più accordato che per un breve periodo, è licenziato appena l'intermittenza dei lavori o la crisi rendano superflua l'opera sua e sorge quella classe di operai frammentari, ai quali è imposto il paradosso economico di alimentarsi per l'anno intero, mentre il loro lavoro, deplorevolmente retribuito, non è richiesto che durante poche settimane. « Più che osserverete nelle popolazioni agricole una perfezione di coltivazione — così un nostro rugiadoso economista — più troverete e poveri e accattoni, non solo provenienti dalle arti ed artigiani, ma derivanti da una classe di aiutanti, che sono chiamati temporaneamente alle faccende rurali di premurosa sollecitudine. Ora queste classi di agricoltori temporari sono da considerarsi come arnesi dell'agricoltura, che bisogna conservare, risarcire quando si guastano e rifare quando sono laceri, e non sono punto un male nè un disordine. Essi sono nell'ordine naturale delle cose e servono di prova alla prosperità dell'agricoltura. *La moltitudine dei poveri naturali serve di dato a giudicare della moltitudine delle ricchezze nazionali* » (1). Per questo modo lo sviluppo stesso della economia capitalista, dopo aver ridotta al minimo la mercede giornaliera, rende sempre più precario l'impiego dell'operaio (2), e con ciò prepara elementi, dapprima ignorati, di degradazione sociale.

A questo punto il salario ha raggiunto il limite di congelazione, al di sotto del quale è la morte ed il capitale, nel constatare

---

(1) GIANNI, *Discorso sui poveri*, Scritti di Publ. Ec. Firenze, 1848, I, 177, 195.

(2) Oggi le stesse « Trades'Unions » non pretendono un impiego durevole del lavoratore (BRENTANO, *Arbeitergilden*, II, 108). « I modi di impiegare operai agricoli sono diversi; le donne e gli operai giornalieri sono, come implica il loro nome, impiegati giorno per giorno. Il saggio dei salari per le donne è di solito fissato a tanto per giorno, ma quello dell'uomo, quando è impiegato a giornata, a tanto per settimana. Ciò potrebbe indurre alla conclusione che l'operaio fosse impiegato per settimana, od anche, poichè i salari sono spesso pagati ad ogni due settimane, per quindicina; ma in pratica non è così, e benchè i fittajoli più generosi si considerino obbligati a trovar lavoro pei loro operai, sia il tempo buono o cattivo, ed altri non rifiutino l'impiego agli avventizi, pure vi sono parecchi fittajoli di un più rozzo carattere, che senza scrupolo rinviano l'operaio a giornata in un mattino procelloso, o quando non abbiano alcun'opera direttamente rimuneratrice ad affidargli ». *Child. Empl. Rep. commiss.* 1868, I, 41. Cfr. ROSCHER, *System*, III, 685 e 705. Le ultime limitazioni legali della giornata di lavoro hanno introdotto in Inghilterra il sistema di pagare gli operai ad ora.

l'avvenimento, manda il suo grido di vittoria e di esultanza:
« la condizione del lavoratore coincide ormai colla povertà » (1).
L'epoca di questa riduzione del salario al minimo saggio, che per
gli Stati Uniti vedemmo datare dal 1870, si può fissare, pei paesi
più progrediti d'Europa, all'anno 1824, il quale segna un momento
memorabile nella storia del salario; poichè esso precede immediatamente la prima crisi prodotta dalla riduzione del saggio dei profitti al minimo, ossia annunzia il rallentarsi della accumulazione
produttiva, che inizia l'êra del salario minimo in Francia ed in
Inghilterra. Nella Francia il salario si mantiene elevato dal 1789
al 1824; ma a partire da quest'epoca gli operai delle manifatture
guadagnano meno e gli altri non hanno che un aumento di mercede illusorio, eliminato dalla diminuzione di $^1/_3$ nel valore del
medio circolante. Il salario medio (3 a 3.50 lire per giorno) è appena
sufficiente pel celibe, insufficiente per l'ammogliato (2). « Si può
ormai considerare come una regola generale, avverte Blanqui,
come una vera legge economica, il processo decrescente del salario nelle industrie francesi » (3). Non altrimenti nell'Inghilterra.
Fino al 1824, dice un tessitore di Spitalfields, il mio lavoro era
pagato a 6 scell. per yard, ora non lo è più che a scell. 3.6. I
salari dei tessitori sono scemati di più che metà dopo il 1824;
prima del '24 vi erano circa 14 mila operai impiegati, i quali
guadagnavano in media scell. 14.6 per settimana, mentre ora non
ve ne sono che 9 mila e questi guadagnano in media scell. 4.6
per un lavoro, che è di $^1/_8$ maggiore (4). Gli operai dei cotonifici,
che prima del '24 ottenevano 20 soldi, sono successivamente ridotti
a 15, 12, 8 (5). « Ormai (così affermano gli operai stessi innanzi
alla Commissione d'Inchiesta Industriale nel 1824), nelle industrie
in cui è grande il numero dei lavoratori, i padroni non hanno più
d'uopo di coalizzarsi per scemare i salari, dacchè gli operai non
offrono più resistenza. Da 5 anni i padroni presero a scemare i salari; essi lo fecero alla spicciolata e gli operai dovettero cedere.
Certamente, quando i viveri incarirono e gli operai chiesero un

---

(1) *First Report on corn laws*, 60.
(2) MICHELET, *Le peuple*, 51-2, nota.
(3) BLANQUI, *Des classes ouvrières en France pendant l'année 1848*, I, 114.
(4) LEDRU-ROLLIN, *Décadence de l'Angleterre*, Brux. 1850, I, 181-4.
(5) SISMONDI, *N. Princ.*, II, 360; HOWELL; l. c., 109; BRENTANO, *Arbeiter-gilden*, I, 111 e ss.

aumento di salari, essi finirono per trionfare; ma dovunque, la quantità superflua di lavoratori ha reso possibile ai capitalisti di ridurre le mercedi » (1). Di qui il fatto notevole, che è precisamente nel 1824 che l'Inghilterra vede abolite le antiche sanzioni contro le Trades' Unions, ormai divenute impotenti innanzi alla riduzione automatica del salario (2). Certo però, se nel 1824 si avvera la prima riduzione automatica della mercede al minimo nei paesi più progrediti, nulla toglie che la produttività della terra si rielevi dappoi e che perciò sia possibile una nuova elevazione del salario in un periodo ulteriore. E poichè frattanto l'occupazione totale della terra esclude ogni minaccia, che possa derivare alla persistenza del profitto dalla elevatezza del salario, così si nota, durante un certo periodo, una elevazione progressiva delle mercedi, la quale è però troncata ben tosto dalla crescente rendita di monopolio. Così a partire dal 1880, un forte deprezzamento dei prodotti agricoli porge nuovo impulso alla accumulazione produttiva e con ciò tende a rielevare i salari; ma questa influenza è in brev'ora neutralizzata dal monopolio crescente della proprietà fondiaria e dalla rendita speciale, che ne deriva, la quale col frenare, mercè la riduzione del profitto, l'accumulazione produttiva e coll'estorcere dall'operaio un canone crescente sotto forma di pigione, assicura la riduzione del salario, malgrado ogni maggior deprezzamento delle derrate (3). Perciò a questo punto, ove pure gli operai ricorrano ad uno sciopero, la diminuzione progressiva nel saggio del profitto rende loro impossibile di conseguire un'elevazione della mercede; e da ciò deriva il fatto, avvertito dagli sta-

---

(1) *Report on Artizans and Machinery*, Evid., 134.47.

(2) Nella Francia il divieto alle coalizioni operaie dura fino al 1864. Tale divieto si estende bensì alle coalizioni degli imprenditori, ma queste si formano ugualmente e sfuggono alla legge, assumendo il nome di società commerciali. LEXIS, *Gewerkvereine*, 16. — Nell'America il divieto alle coalizioni non cessa fino al 1869. Sui metodi sleali, di cui si valgono i capitalisti per distrarre gli operai dalle coalizioni, promettendo loro una partecipazione al profitto, che poi sopprimono, vedi FROMMER, *Gewinnbetheiligung*, Leipz. 1886, 35.

(3) L'ultimo Libro azzurro pubblicato sulla statistica delle mercedi (1887), attesta la diminuzione nei salari di molte industrie britanniche. Vedi p. es. p. 360, 364, ecc. La diminuzione dei salari in Inghilterra è pure attestata dalla diminuzione dei depositi di 5 a 15 sterline presso le Casse di Risparmio, mentre i depositi superiori si accrescono. — *Miscellaneous statistics of the Un. Kingd.* 1879, 356.

tistici, che la maggior parte degli scioperi tentati negli ultimi tempi hanno pieno insuccesso (1); e che le associazioni di resistenza tendono sempre meglio a mutarsi in società di mutuo soccorso, perdendo ogni influenza sulla determinazione del saggio dei salari (2).

Nei paesi ov'è più lento lo sviluppo economico, anche la depressione del salario al minimo si compie in un'epoca più tarda. Così nelle filature di cotone sassoni un raffronto dei salari del 1855 con quelli del 1839 dimostra una perfetta stazionarietà della mercede monetaria settimanale, la quale rimane di 2 talleri e 13.5 soldi pel filatore, di 1 tallero e mezzo per la filatrice; eppure frattanto i viveri sono incariti del doppio (3). Ma anche nel periodo successivo il salario degli operai di fabbrica presenta un sentito regresso (4). « Malgrado i progressi dell'agricoltura ed il miglioramento nei mezzi di trasporto — si legge nei Bullettini della Società Industriale di Mulhouse — malgrado certi alleviamenti ottenuti colla associazione, o colla soppressione degli intermediari, sembra a prima giunta che siasi piuttosto regredito che avanzato. Il prezzo dei viveri è salito dal 1867 al 1877 del 25 a 35 % e le spese di alimentazione delle famiglie operaie assorbono ora i $^3/_5$ della loro spesa totale » (5). Nell'Austria, nel breve periodo dal '74 al '77' i salari scendono del 20 % e molti proprietari di miniere debbono soccorrere per carità i loro operai (6). Nel Belgio, fin dal 1855 Ducpetiaux osserva: « Il costo dei prodotti, che entrano nel consumo abituale delle classi operaie, è in progressione costante. Anche limitando le osservazioni agli ultimi anni, si trovano aumenti del 10 al 50 % per alcune derrate come il pane, la carne, il burro, le patate, ecc. Ora i salari, tranne alcune eccezioni, non sono cresciuti in una proporzione corrispondente; e questo solo fatto spiega il malessere, che regna oggidì in un gran numero di famiglie e la condizione ogni giorno aggravantesi dei salariati » (7). I salari giornalieri del lavoro esperto, che ascendono, nel Belgio, ad 11 fr. nel 1872, sono nel

---

(1) Cfr. Crouzel, *Étude historique ecc. sur les grèves*, Paris 1887, 376-7.

(2) Max Schippel, *Moderne Elend*, 129.

(3) Engel, *Die Baumwollspinnerei im Königr. Sachsen*, nella « Zeitschr. Sachs. Stat. Bur. », 1856, 151.

(4) *Concordia*, 8 luglio 1880.

(5) *Bulletins ecc. de Mulhouse*, 1878, 230, ss.

(6) *Reports of secretaries of Embassy*, 1878, 60.

(7) Ducpetiaux, *Budgets économiques des classes ouvrières*, 398-9.

1877 ridotti a 4 fr.; è ben vero che questa riduzione pone in disagio gli operai, ma « l'industria non può mai fiorire se i capitalisti non ottengono un profitto soddisfacente, tale che dia uno stimolo adeguato all'impiego del capitale; e l'operaio belga, colla sua educazione squisita, ha il buon senso di comprendere ciò. S'aggiunga che nel Belgio, appena la proprietà è minacciata, il governo prende le misure opportune a difenderla; la cavalleria viene sguinzagliata e l'ordine è ristabilito ad ogni costo. Ora gli operai sanno tutto questo ed il risultato è che essi esitano a far sciopero e che il loro buon senso (*rinvigorito, s'intende, dalle cariche di cavalleria*) li spinge ad accettare lavoro a quei salari che possono ottenere » (1). Che però talvolta questo buon senso vacilli, lo provano i conflitti, che divampano nel 1884 fra i capitalisti e gli operai dell'industria del vetro. I capitalisti, sotto pretesto di una scemata domanda del loro prodotto, licenziano una parte degli operai; ma quelli rimasti in impiego si associano ai licenziati e risolvono di lavorare alternativamente gli uni e gli altri, affine di evitare una concorrenza, che scemerebbe i salari. Se non che ciò costringe i capitalisti a gittare la maschera; ed essi affermano apertamente che non già una diminuita richiesta della loro merce, ma il desiderio di scemare i salari li ha indotti a licenziare una parte degli operai, ed impongono a questi di abbandonare il sistema del lavoro alternativo. Ne segue uno sciopero. Ma, essendo riusciti a provocare la defezione di una parte degli scioperanti, i capitalisti portano lo scoraggiamento nelle file dei lavoratori ribelli, i quali si risolvono a capitolare. Ed allora i capitalisti, dopo aver confiscati tutti i depositi che han fatti gli operai presso le loro casse e tutti gli arretrati del salario, movon lite alla *Trades' Union* e la costringono a sborsare 33.000 lire di indennizzo (2). Nell'Italia infine da una recente statistica, pure evidentemente ottimista (3), apprendiamo come quegli industriali, che si indussero ad una elevazione dei salari nominali negli ultimi tempi, riconoscano d'esservi stati costretti dal cresciuto prezzo dei viveri; e possiamo perciò imaginare a qual condizione debbano essere ridotti quegli operai, i

---

(1) *Reports of Secr. Emb.*, ib. 107.
(2) *Archiv für sociale Statistik*, 1888, II, 288-92.
(3) *Saggio di statistica delle mercedi*, Roma, 1888, 29, 112, ecc.

quali, di fronte a questo incarimento dei viveri, videro la loro mercede rimanere stazionaria, o scemare, secondo attestano le cifre seguenti :

SALARI IN LIRE

Anni	Operai riempiteri delle Romagne	Picconieri siciliani	Minatori continent. della Sardegna	Minatori insulari
1881	2.45	4	4.50	3
1887	2.03	2.45	4	2.40

Infine, per ciò che riflette i nostri operai agricoli, è noto che il loro salario non vale ad accordare una alimentazione sufficiente, o una abitazione non degradata (1).

Per tal modo il salario scende a quel saggio minimo, il quale è spesso insufficiente a ristaurare le forze dell'operaio (2), ma è sempre sufficiente ad impedire che il suo lavoro sia inefficace, e che esso muoia prima d'esser sostituito da un altro lavoratore. Ora appena il salario è ridotto al minimo, il capitale, non solo si astiene da ogni riduzione sistematica della mercede, ma si guarda ancora dall'usufruire di quelle condizioni economiche, che ne permetterebbero la depressione. Perciò fin dal 1814 si avverte che il prezzo del lavoro agricolo inglese (9 scell. e 6 pence per settimana) non scende più, per quanto la domanda di lavoro scemi e si licenziino operai (3). Ma la indipendenza del salario, così degradato, dalle oscillazioni della offerta o dimanda di lavoro è più splendidamente illustrata dalle testimonianze, che raccolse nel 1833 la Commissione d'Inchiesta sulla agricoltura del Regno Unito. « Nel Galles meridionale, narra ad esempio un agrimensore, Murray, si è avvertito il fatto notevole che i salari non sono scemati malgrado la concorrenza degli operai disoccupati ; il che si spiega per ciò, che solo i migliori operai sono impiegati, mentre i peggiori, non potendo ottenere lavoro, cadono ad aggravio della parrocchia ». Tale spiegazione non giunge però ad appagare il Presidente della Commissione, il quale, indignato per tanta violazione delle leggi economiche, domanda: Ma se vi sono degli

---

(1) Vedi *Inch. Agr.*, TANARI 231-2, BERTANI 499, MAZZINI 502, ecc.

(2) Appunto per riparare ai disastri del salario insufficiente, Pitt, Fox, Withbread, invocano la teoria, che il salario non è adeguato ai servigi ma ai bisogni. (THORNTON, *Overp.*, 214). Così questa dottrina, che sanziona la servitù del lavoro, giova ancora ad attenuarne i patimenti.

(3) *Rep. from sel. Comm. on corn laws*, 60.

operai eccessivi in ciascuna parrocchia, come mai il saggio dei salari non scema per la concorrenza? — È generalmente desiderio de' proprietari, ribatte un altro agrimensore, Hughes, che i salari non scemino sotto un certo saggio; ed io non trovo che i fittaioli sian bramosi di assottigliarli oltre quel limite. — Questi lavoratori eccessivi non esistevano 15 anni or sono e crebbero assai negli ultimi 3 o 4 anni; essi sono il prodotto delle mutate consuetudini e dei mutati impieghi di capitale da parte dei fittaioli; essi avrebbero la tendenza a deprimere i salari, eppure questi non ne sono depressi; i fittaioli avrebbero la piena possibilità di scemare i salari, eppure non li scemano, o almeno non quanto potrebbero. Non li scemano, soggiunge a sua volta W. Taylor, poichè i fittaioli non vogliono ridurre i loro operai alla miseria (1).

Ora questo arrestarsi improvviso nell'azione del capitale, intesa a scemare la mercede, questa immobilità del salario reale che ne è il fatale prodotto, genera quella corrispondenza fra le oscillazioni del prezzo dei viveri e del salario in moneta, che invano si cerca di scorgere, o di istituire, nel periodo precedente. Infatti finchè il salario eccede il minimo, la mercede nominale rimane stazionaria o decresce, mentre il prezzo delle derrate si eleva; e lo svantaggio, che da tale divergenza proviene agli operai, provoca i generali lamenti di quelli e dei filantropi loro difensori. Così Davies e gli scritti anonimi *Reason of the increase of poor-rates, Observations on rent, Proposal for the amendment and encouragement of servants* ecc.; vorrebbero che si stabilisse per legge l'aumento proporzionale del salario in moneta ad ogni elevazione del prezzo delle derrate (2); nel 1795 una adunanza dei magistrati del Berkshire raccolti a Speenhamland, invoca dal parlamento una legge, per cui si elevi il salario in proporzione al prezzo dei viveri (3). Ma questa legge, che non è mai votata dal Parlamento, viene 19 anni più tardi meccanicamente realizzata dall'aumento della popolazione; poichè, essendo il salario reale omai irriducibile, ad ogni elevazione dei prezzi agrari deve seguire una elevazione

---

(1) *Report on agriculture*, 1833, Evidence, 11-14, 56-7.
(2) DAVIES, *The case of labourers in husbandry stated and considered*, Bath, 1795, 113; *Reason of the increase of poor rates*, 33; *Observations on rent*, 51.
(3) ROGERS, *Six centuries*, 410.

corrispondente del salario in moneta. Perciò a partire dal 1814
« le variazioni durevoli del salario sono in esatto rapporto con
quelle del prezzo degli alimenti » (1) e la rispondenza fra il
valore delle derrate e quèllo del lavoro diviene oramai fenomeno
universale (2). La storia del salario traccia pertanto una singolare evoluzione da un salario nominale stazionario ad un salario
nominale crescente coll' incarimento dei viveri di consumo del
lavoratore.

Al tempo stesso una somigliante e più notevole evoluzione si
avverte, la quale move da un salario monetario costante e
procede ad un salario monetario crescente col deprezzamento dei
metalli preziosi, o meglio del medio circolante. Gli economisti che
studiarono questo fenomeno, quale si manifesta in Europa, ove
complicate influenze storiche ascondono la sua natura, come quella
d'ogni altro rapporto sociale, videro bensì in quel grande avvenimento una causa di degradazione delle classi lavoratrici, ma non
seppero coordinarlo all'organismo della proprietà salariante, nè
ravvisarne il carattere voluto e la meta che lo determinava. Ma
nelle colonie, ove i rapporti economici si manifestano cristallini e
rivelano la loro intima essenza, il deprezzamento del medio circolante si appalesa come un metodo categoricamente indirizzato alla
riduzione del salario. Osserviamo ad es. l'Australia. I capitalisti,
che immigrano in questa regione nel 1852, attuano bensì e nella
più rigorosa sua forma la colonizzazione sistematica, applicata alla
proprietà fondiaria; ma si guardano dall'estendere il prezzo proibitivo alle miniere, di cui all'opposto lasciano libera la coltivazione
a ciascun immigrante. Ora questa, che sembra una anomalia inesplicabile, od una malaccorta dimenticanza, non è che una prov-
vida misura intesa a preparare una riduzione dei salari. Perocchè
rendendo la coltivazione delle miniere accessibile a tutti, determina una febbrile affluenza degli immigranti alle imprese mine-
rarie, quindi una enorme produzione dell'oro ed una elevazione
generale dei prezzi ; mentre la colonizzazione sistematica, sottraendo alla coltivazione una vasta zona di terre fertili, limita
la produzione dei viveri e ne esacerba l'incarimento. Ora l'elevazione dei prezzi così per doppia guisa raggiunta è stromento

(1) *Lords report on corn laws*, 27.
(2) ROGERS, l. c., 480, 501.

potentissimo di depressione dei salari reali. Infatti « se la carne e le derrate sono abbondanti in Australia, i prezzi di quelli stanno fuori d'ogni proporzione colla facilità, che il paese offre alla loro produzione ». Quindi, i salari monetari possono bene essere elevati; ma « quanto a quella parte di operai che dimora in Melbourne, si osservi quanta è la spesa per la carne, le vesti e sopratutto l'abitazione, che essi hanno a pagare coi loro salari, i quali ascendono a 1 st. ed anche a 30 scell. per giorno se si tratta di operai esperti. Sono precisamente il prezzo del lavoro e l'inesistenza di prodotti indigeni a buon mercato, che, agendo in ragione inversa, *dànno da una parte all'operaio 30 scell. per giorno, ma glieli ritolgono quasi completamente dall'altra* » (1). Nel 1852 la scoperta dei nuovi giacimenti auriferi eleva i salari del quadruplo, ma frattanto i prezzi dei prodotti di consumo del lavoratore, p. es. della carne, crescono nove volte (2). E quando il capitale non può scemare i salari agendo sulla produzione dei metalli preziosi, deprezza il medio circolante colla emissione di carta moneta, o colle speculazioni; come avviene negli Stati Uniti, ove le speculazioni bancarie e le emissioni eccessive, che dirompono al principio del nostro secolo, danneggiano in particolare gli operai, scemandone le mercedi; onde quelli veementemente reagiscono colle associazioni di resistenza (3). Ma questo contrasto fra il deprezzamento del medio circolante e la stazionarietà dei salari nominali si rende tanto meno possibile, quanto più scemano i salari reali e perciò bentosto si nota il cessare di quell'interessante fenomeno. Infatti nella California nel 1849 una produzione aurifera enorme eleva i prezzi delle derrate del 400 o del 500 %, ma frattanto i salari si elevano ad un saggio anche maggiore; e lo stesso fenomeno si ripete dal 1852 al '56 (4). In tempi più recenti, dal 1860 al 1878, nel Massachusets i prezzi agricoli presentano una elevazione del

(1) HOWITT, *Land, labour and gold*, Lond. 1855, II, 199, 316-20.

(2) PATTERSON, *New golden age*, I, 190-4. Il salario in natura, che vedemmo praticato con tanto fervore dal capitale, quando è efficace a' suoi scopi, viene bandito, appena il deprezzamento del medio circolante fornisce un mezzo di depressione della mercede. Perciò, nelle Indie occidentali, i capitalisti si rifiutano a produrre viveri di consumo dell'operaio, affine di poter pagare in moneta il suo salario (VERTEUIL).

(3) CHEVALIER, *Lettres*, II, 229; WELLS, nei *Cobden Club Essays*, 2ª Serie, 486; WEBSTER, *Works*, Boston 1853, III, 395.

(4) TOOKE, *History of prices*, VI, 175.

14 $\frac{1}{2}$ %, dovuta per gran parte al deprezzamento del medio circolante; i manufatti incariscono in una ragione anche maggiore; ma sopravanza a tutte le elevazioni dei prezzi l'elevarsi del salario, che ascende al 24 $\frac{1}{10}$ % (1).

Anche di questi fenomeni delle colonie la storia economica di Europa porge interessante riscontro. Due volte infatti e per due modi il capitalista si giova del deprezzamento dei metalli preziosi; anzitutto colla loro erosione. « L'influenza della moneta erosa emessa da Enrico VIII ad Edoardo VI, benchè tale emissione non durasse più che 16 anni, fu abbastanza potente da dominare la storia del lavoro e dei salari dal XVI secolo fino ai nostri tempi ». Così il Rogers, il quale ne conclude che niun delitto contro il lavoratore è più funesto che l'erosione della moneta (2). Del pari nel dialogo di Stafford, già ben noto al lettore, gli interlocutori, i quali deplorano la triste condizione del salariato, l'attribuiscono bensì parzialmente all'incarimento effettivo del bestiame e del grano, dovuto all'aumento della popolazione, ma ne trovano anche in parte la causa nell'aumento dei prezzi generali, dovuto all'erosione della moneta e non seguito da alcuna elevazione dei salari nominali (3). Ma più che l'erosione della moneta, nuoce all'operaio l'afflusso de' metalli preziosi, specialmente dopo la scoperta delle miniere del Nuovo Mondo. Nel Napoletano l'affluenza dei metalli preziosi nel secolo XV cagiona la miseria del popolo ed è fra le cause della rivolta di Masaniello (4). Nella Francia, dal secolo XV al XVII il prezzo del grano sale da 1.99 a 3.79 per *mine*, ed il salario monetario da 0.81 a 1.16, ossia in un rapporto di gran lunga minore. Nell'Inghilterra il movimento divergente del valore della moneta e del valor monetario del lavoro appare anche più manifesto. Infatti, secondo il *Chronicon Preciosum*, dal 1316 al 1401, mentre il prezzo del grano *scende* da 01.12 a 00.16.00 per *quarter*, il salario giornaliero *sale* da 0.0.1 a 0.0. 3 $\frac{1}{2}$ (5). Secondo Eden, dal 1270 al 1407, mentre il prezzo del grano *scende* da 0.18.16 a 0.6.20, il salario monetario *sale* da 0. 0. 3. 4 a 0. 0. 6; dal 1407

---

(1) *Annual Report of Bur. Stat. Lab. Mass.*, 1879, 80 e ss.
(2) Rogers, l. c., 429, 345.
(3) Stafford, l. c., 43-4.
(4) Faraglio, *Storia dei prezzi*, 10.11.
(5) Fleetwood, *Chronicon Preciosum*, Lond. 1745.

al 1504 il prezzo del grano *degrada* a 0.4.18, mentre il salario *cresce* a 0.1.6. Ma da quest'epoca le parti si invertono e mentre il prezzo del grano si eleva, scema quello del lavoro. Dal 1509 al 1574 il prezzo del grano *si eleva* da 0.4.18 a 1, mentre il salario *scema* da 0.1.6 a 0.0.8; dal 1574 al 1610 il grano *incarisce* da 1 a 2, mentre il salario in moneta rimane stazionario (1). Generalmente poi, ad ogni afflusso di metalli preziosi nel Regno Unito, si vede con mirabile prontezza scemare la mercede reale. Infatti nel 1495, prima della scoperta delle miniere americane, il salariato agricolo inglese ottiene una mercede reale pari a 199 *pinte* di grano per settimana; nel 1593, dopo la scoperta dei giacimenti auriferi del nuovo mondo, esso non riceve più che 82 misure; dal 1610 al 1651, crescente la produttività delle miniere, il salario reale scende a 46 misure; dal 1651 al 1750 invece scema la produttività delle miniere ed il salario reale si eleva a 96 misure; ma dopo ll 1750 la produzione dei metalli preziosi poderosamente s'accresce e tosto il salario reale precipita a 63 (2). Le teorie mercantiliste, che ravvisano nella moneta e nel modo di sua ripartizione la causa del sistema sociale, e le eloquenti declamazioni di Moser e di Boisguillebert (i socialisti del mercantilismo), i quali condannano la moneta come cagione della miseria, hanno appunto ragione in questa influenza della nuova moneta a degradare la condizione del lavoratore.

Questa indipendenza del salario monetario dalle oscillazioni nel valore dei metalli preziosi vien però, naturalmente, a cessare, appena il salario sia irriducibile, o la sua riduzione non sia più necessaria al capitale per garantire la persistenza del profitto; ed a questo punto il salario monetario oscilla in ragione esattamente inversa al valore del medio circolante. Così nella Francia, dal se-

---

(1) Veggansi i copiosi dati statistici sui prezzi, che porge Eden nel III° volume della sua grand'opera.

(2) JACOB, *Precious metals*, II, 87, 110 e ss.; BARTON, *Agricultural labour*, 113 e ss.; HELFERICH, l. c., 100 e ss.; ROGERS (*History*, IV, 736, 492) afferma che l'afflusso dei metalli preziosi ebbe piccola influenza sulla degradazione dell'operaio inglese, ben maggiormente provocata dalla erosione delle monete. Tuttavia i dati stessi accennati paionmi attestare il contrario. Cfr. COPLAND, *Agriculture ancient and modern*, Lond. 1866, I, 58, con PATTERSON (l. c., II, 358). Questi afferma invece il parallelismo fra l'importazione dei metalli preziosi e la prosperità nazionale; ma ciò vale tutt'al più della prosperità dei capitalisti, e solo rispetto ad una fase della economia.

colo XVII al XIX, il prezzo del grano sale da 3.79 a 6.63 ed il salario monetario da 1.16 a 2.25, ossia il prezzo del grano e del lavoro mutano circa nello stesso rapporto (1). Nell'Inghilterra si riproducono gli stessi fenomeni. Infatti designando con 20 la produttività delle miniere ed i prezzi dei manufatti e del lavoro nel decennio 1800-10, la comparazione fra il valore della moneta ed il salario presenta i dati seguenti:

Periodo	Produzione annua dei metalli preziosi	Prezzo della lana	Prezzo dei manufatti	Prezzo del lavoro agricolo
1761-80	16 $\frac{1}{3}$	15 $\frac{1}{3}$	14	12 $\frac{1}{2}$
1780-1800	19 $\frac{1}{2}$	16 $\frac{1}{6}$	15 $\frac{1}{2}$	16 $\frac{3}{4}$
1800-10	20	20	20	20 (2).

Ove troviamo che all'aumento nella produttività delle miniere corrisponde un aumento quasi proporzionale nel prezzo dei manufatti e del lavoro agricolo, ossia che il deprezzamento dei metalli preziosi non arreca più alcun danno al lavoratore. Infine la statistica svizzera ci offre una dimostrazione anche più spiccata e recente di questi curiosi fenomeni. Infatti dal 1848 al 1872 i prezzi agricoli soffrono nella Svizzera un aumento medio del 65 %, i prezzi industriali del 45.2 %, mentre i salari agricoli si elevano del 50.4 % e del 46.7 % i salari industriali (3). Ora da queste cifre si scorge, che i prodotti agricoli presentano un incarimento speciale e per ciò stesso indipendente dal deprezzamento della moneta ; e che l'aumento dei salari industriali è quasi esattamente proporzionale all'incarimento dei manufatti, che può considerarsi un indice sufficientemente esatto del deprezzamento del medio circolante.

Ma se, a questo punto, il capitale non si giova più delle influenze deprimenti il salario, esso indirizza invece la propria politica a deprimere il costo di lavoro. Nell' Irlanda, il premio all'esportazione del grano, istituito nel 1783, espandendo la granicoltura e spingendola sui terreni inferiori, eleva notevolmente il valore del grano; e l'elevazione del costo di lavoro, che ne è conseguenza, induce i capitalisti irlandesi a degradare l'alimen-

---

(1) MANTELLIER, l. c., 378.9, 391.
(2) Questa tabella è compilata coi dati di Tooke e Soetbeer.
(3) CHATELANAT, *Parallelen zwischen Lebensvertheuerung, Lohnerhöhung*, ecc. *Zeitsch. für schweiz. Stat.*, 1868, 166-70.

tazione dei loro operai, costringendoli a cibarsi di patate (1). Con ciò si abbandonano le sorti degli operai irlandesi a quelle di un frammento dell'agricoltura nazionale e si pone la base ad una divergenza, che domina indi innanzi l'agricoltura irlandese, fra il prodotto agrario costituente il profitto, che è per gran parte esportato e quello costituente il salario, che vien consumato in Irlanda; divergenza che esplode in un acuto conflitto nei periodi di scarso raccolto delle patate, nei quali ll popolo affamato assiste impotente alla copiosa esportazione di derrate alimentari dall'Irlanda all'Inghilterra. Nè altrimenti procedono i capitalisti in quest'ultimo paese. Infatti ecco gli operaj inglesi, i quali, prima della guerra antigiacobina, mangiavano pane di frumento e cacio e carne almeno due volte per settimana, costretti a rinunciare per sempre al vitto animale, e a cibarsi di pan d'orzo e di patate; ecco i migliori economisti della Gran Brettagna, Colquhoun, Newenham, A. Young stancar l'ingegno per ammannire all'operaio un alimento anche meno costoso; ecco Thompson che inventa la celebre zuppa alla Rumford, che è solo a quell'intento ideata, e di cui Eden si fa banditore ed apostolo (2); ecco infine la classe capitalista ricorrere ad un serie di ingegnosi processi deprimenti il costo di lavoro, di cui il seguito della nostra narrazione ci farà ben tosto conoscere il carattere ed i risultati.

§ 2. — Riduzione indiretta del salario e del costo di lavoro.

a) *Impiego delle donne e dei fanciulli.*

Accanto ai metodi di riduzione diretta del salario prima, poi del costo di lavoro, si svolgono nelle colonie e nell'Europa altri e non meno rilevanti processi di degradazione del lavoratore, fra cui il più ragguardevole è l'impiego delle donne e dei fanciulli nella produzione. Negli Stati Uniti questo processo si manifesta all'indomani della formazione del salario, dacchè fin dal 1840 i capitalisti si giovano dell'impiego dei fanciulli per deprimere il salario degli adulti e da ogni parte si afferma, che « l'alto prezzo

---

(1) TORRENS (*Budget*, 180) dimostra come questa degradazione alimentare del salariato rendesse a sua volta possibile la coltivazione delle terre meno produttive.

(2) THOMPSON, *Essays political, economical and philosophical* Lond.. 1798, I, 210 e ss; EDEN, l. c. I, 522; PARRY, l. c., 201. Per ciò che riguarda l'Italia, cfr. BERTAGNOLLI, *Vicende*, 315-16.

del lavoro adulto costituisce il principale incentivo ad impiegare donne e fanciulli ». La stessa depressione, così ottenuta, del salario degli adulti, riesce poi ad eliminare ogni opposizione di quelli all'impiego industriale dei loro fanciulli. Bentosto infatti si avverte che « le famiglie agglomerate nei grandi stabilimenti industriali d'America o sono di quelle, che furono sfortunate nella produzione indipendente, agricola o manifattrice, o sono famiglie di salariati, che vivono giorno per giorno e son per ciò facilmente disposte a vendere i loro fanciulli » (1). Interrogato dalla Commissione d'Inchiesta sul lavoro, un operaio del Massachusets narra: Io fui costretto a mandare i miei fanciulli di 7 anni al lavoro, per provvedere alla nostra sussistenza, poichè i miei guadagni non bastavano a tener aperto l'uscio di casa. Noi tendiamo verso quella terribile condizione, in cui si trovano da più tempo i distretti manifattori d' Inghilterra (2). I disgraziati fanciulli sono assoggettati ad un trattamento così crudele, che al ritorno dalle fabbriche essi hanno aspetto di cadaveri, e che alcuni di essi cercano sollievo nella morte (3); e così insolenti si fanno di giorno in giorno gli abusi a danno dei fanciulli operai, che provocano l'azione della legge, la quale fin dal 1860 limita il lavoro infantile e lo assoggetta a rigorosa tutela (4). Tuttavia non appena la popolazione adulta si è accresciuta e la persistenza del salario è resa automatica, il capitale smette del suo accanimento nella lotta per la conquista dei fanciulli e delle donne lavoratrici ; e quando il prezzo dei viveri e con esso il costo di lavoro è depresso, il capitalista si adatta ad impiegare in proporzione prevalente gli operai attempati. Così negli stati dell'Ovest, ancora nel 1880 troviamo che 224 imprese, con un capitale investito di doll. 50.755.990, impiegano 34.626 operai di più che 16 anni, 2022 operai di meno che 16 anni e solo 15 operaie di meno che 15 anni ; ove si scorge che il rapporto fra i maschi inferiori a 16 anni e gli operai totali impiegati è solo del 5.5 %, mentre poi il numero delle operaie sotto i 15 anni è quasi nullo (5). Se non che ben diverse corron le

---

(1) BARNARD, *Legal provisions respecting the education and employment of children in factories*, Hartford, 1842, 7.

(2) *Report of the special Commission on the hours of labour*, Boston 1866, 7-9.

(3) ELY, *The labor movement in America*, N. York, 1886, 49.

(4) *General Statutes of the Commonwealth of Massach.*, I, 42.

(5) PORTER, *The West*, 48. Cfr. 339, WALTERSHAUSEN, *Gewerkvereine in Ver. St.*, l. c., 560 e ss.

cose negli stati, in cui la popolazione già densa, scemando i salari, l'elevato prezzo dei viveri, incarendo il costo di lavoro, inducono l'operaio adulto a vendere ed il capitalista a comperare il lavoro femminile ed infantile. Negli stati dell'est « fino agli ultimi anni, era assai raro che una donna maritata, anche appartenente alle classi disagiate, fosse obbligata a lavorar per mercede. Ma dopo la riduzione dei salari, che si è iniziata nel 1870, non è più così; la madre di famiglia è costretta a cercare nelle fabbriche un supplemento di salario, con grave danno della sua salute e del benessere domestico » (1); e negli Stati Uniti complessivamente le donne impiegate nel 1880 sono in eccesso su quelle impiegate nel 1870 per la cifra di 277.795. Nè l'impiego accresciuto delle donne impedisce che s'accresca frattanto il numero dei fanciulli impiegati; ed il Washburne, Governatore del Massachusets, così scrive nel suo messaggio del 1874: « La lotta per l'esistenza è ormai così ardente fra noi, che i genitori non hanno più modo di opporsi a che i loro fanciulli scendano nella impura atmosfera e nella lunga reclusione degli stabilimenti industriali ». Nel 1883, nel Massachusets, il 64 % degli operai ricorre al lavoro della moglie e dei figli per mantenere la famiglia; mentre nell'Illinese, su 111 famiglie, in cui la donna lavora, ve n'ha 92 in cui i suoi guadagni son necessari a coprire le spese domestiche. Delle famiglie operaie, il 5 % ha d'uopo del lavoro delle donne, il 19 % di quello dei fanciulli, ¼ dei quali è di età inferiore ai 16 anni. Generalmente, le famiglie, in cui i fanciulli lavorano, sono composte di un numero di persone maggiore (6.03) che la media (4.62) ed il guadagno del padre (doll. 339.73) vi è minore della media (525.27) (2).

Ma ben più complesso è lo sviluppo, che assumono questi processi nel Regno Unito. Quivi è verso il principio del secolo scorso che i capitalisti, a reazione contro le elevate mercedi, ricorrono ad un energico impiego di fanciulli nelle manifatture, violando la legge limitatrice del numero dei garzoni. 10, 20, 25 garzoni per ogni operaio adulto impiegato divengono rapporto normale; nel Lancashire il rapporto de' fanciulli agli adulti impiegati è di 55 ad 1, in Dunbarton di 60 ad 1. Nè questa sproporzione è cagionata dalla scarsezza degli operai adulti, — come avviene di

(1) JANNET, *Les États-Unis Contemporains*, 4ª Ed., 1889, II, 318.
(2) *III biennal rep. of Bureau of Lab. Stat. Illinois*, 1884, 283-93.

altri fatti analoghi in un periodo successivo (1) — poichè mentre
i fanciulli lavorano pel giorno intero, gli adulti cercano invano
lavoro; la cagione è che i capitalisti, impiegando fanciulli, risparmiano ¹⁄₈ nei salari. Appunto perciò, quando si licenziano
operai, i primi licenziati sono gli adulti e sovente i fanciulli son
licenziati appena fatti adulti, anche se debbono lasciare un lavoro
incompiuto. Si manifesta per questa guisa una rivoluzione nel
rapporto di garzonato, il quale, mentre nella sua forma medieva
è un vincolo potente alle espansioni del capitale, diviene ora
un poderoso stromento delle usurpazioni capitaliste. Il garzone,
già compagno al maestro, diviene sempre meglio un semplice salariato, con minore mercede, ma impegni più solenni del lavoratore adulto; il quale, espugnato nella sua posizione da questa
invasione di giovani lavoratori, tenta indarno di reagire invocando la restituzione delle leggi limitatrici del numero dei garzoni, o la brutale violenza (2). Nè i risultati disastrosi di questa
conquista dei fanciulli, i cui fasti riempiono l'intero secolo XVIII,
tardano assai a manifestarsi. Infatti, mentre pel crescente impiego delle donne e dei fanciulli i salari dei maschi adulti scemano (3) e i più d'essi sono posti fuori d'impiego e costretti a
farsi mendichi o rivenditori ambulanti (4), i fanciulli addetti al-
l'officina, mutilati, essiccati, affranti dall'eccessivo sforzo, sono,
appena usciti dall'adolescenza, condannati alla morte o resi per
sempre incapaci al lavoro. Al principio del nostro secolo, in Inghilterra, di 4 mila fanciulli, che entrano nelle manifatture, 600
soli se ne ritrovano all'età di 30 anni (5). La disorganizzazione
della popolazione infantile va tant'oltre, che nel 1801 il Parlamento
inglese crede necessario di limitarne il lavoro quotidiano a 12
ore. Generosità non certo eccessiva; ma che farvi? una maggior
generosità sarebbe rimasta senza pratico risultato; il che è tanto
vero, che la legge proposta da Peel nel 1819 per ridurre ad 11

---

(1) Nel 1853 la scarsità di braccia, durante un periodo di forte richiesta di
prodotti, induce alcune fabbriche di Glasgow ad impiegare fanciulli (*Reports
on Factories*, aprile '55).

(2) HOWELL, l. c., 97-8, 101-9, 236.9.

(3) A Kidderminster, nella tessitura dei tappeti, gli uomini hanno rifiutato
di lavorare nelle imprese ove lavorano le donne, poichè queste abbassano i loro
salari (*Reports on Fact.*, 1876, 112).

(4) EARL SHAFTESBURY, *Speechs on labour question*, 101.

(5) HOWELL, l. c., 299.

ore la giornata di lavoro dei fanciulli, è respinta dalla Camera dei comuni. In alcune imprese lavorano dei bambini sotto i 5 anni e la grande industria giunge a realizzare il paradosso antropologico del suicidio di fanciulli da 8 a 9 anni (1), indotti al lugubre passo dal lavoro spasmodico; infine la profanazione capitalista dell'infanzia procede così irrefrenata, da strappare a Fielden, manifattore egli stesso, la solenne parola: « Il profitto del capitale è comprato colla morte del fanciullo; la nostra prosperità industriale è fondata sull'infanticidio » (2).

Da questa strage dei fanciulli uscirebbe inevitabile una degenerazione della specie, cui lo sviluppo della manifattura avvizzisce nelle sue stesse sorgenti, se il risultato medesimo del lavoro femminile ed infantile, cioè la depressione del salario degli adulti, non rallentasse bentosto quell'esiziale processo. Infatti la sostituzione dell'adulto colla donna e col fanciullo realizza in breve il presagio di Pitt, il quale avea preconizzata l'epoca, « in cui, le manifatture essendo da lungo stabilite e gli operai non avendo altro impiego, a cui dedicarsi, sarebbe in potere di ciascun imprenditore di deprimere il salario; » ed invero la riduzione del salario al minimo è dopo il 1820 un fatto generale, che già ci è apparso per numerose ed irresistibili prove. Ora questa medesima degradazione toglie all'impiego dei fanciulli la sua funzione capitalista, poichè lo rende omai impotente a deprimere il salario degli operai adulti. Così nel 1843 100 operai impiegati nelle varie industrie tessili in Inghilterra si distribuiscono fra adulti e fanciulli nel modo seguente:

I.

Genere del prodotto	Fanciulli	Adulti
Cotone	7	93
Lana	11	89
Lana filata	9	91
Lino	9	91
Seta	23 $\frac{1}{2}$	76 $\frac{1}{2}$

Ebbene mentre nell'industria della seta si ha la massima pro-

---

(1) Esquirol (*Maladies mentales*, I, 588) cita come caso straordinario il suicidio di un fanciullo di 13 anni, dovuto alla lettura di Rousseau.

(2) Fielden, *The curse of fact. syst.*, 15.

porzione dei fanciulli impiegati, la riduzione dei salari in quell'industria non è così generale e così forte, come nell'industria del cotone; ed al tempo stesso nelle manifatture di lana e di lana filata, in cui è impiegato maggior numero di fanciulli, che nelle manifatture di cotone, i salari degli adulti non vengono affatto ridotti (1). L'impiego dei fanciulli, come metodo di depressione del salario dell'operaio adulto, è dunque omai arme spuntata, per ciò stesso che quel salario è ormai irriducibile. Ora da ciò deriva, che appena sia limitato per legge il lavoro dei fanciulli, questi vengono in parte risostituiti dagli adulti; appunto perchè esiste ora una popolazione adulta disponibile e perchè il costo del lavoro adulto, progressivamente scemante, è ora minore di quello del lavoro giovane assoggettato alle limitazioni legali. Così l'Atto sulle Fabbriche del 1844, il quale, pur abbassando l'età legale del lavoro dai 9 agli 8 anni, scema però la durata del lavoro dei fanciulli, provoca un energico impiego di operai adulti e una diminuzione nell'impiego dei fanciulli, quale ci è attestata dalle cifre seguenti:

II.

Operai impiegati nell'industria della seta in Derby.

Anno	Adulti	Giovani	Fanciulli fra 11 e 13 anni	Id. sotto i 13 anni	Totale
1844	2186	1079	633	431	4329
1845	2246	1220	625	128	4219 (2)

Pertanto mentre, preventivamente alla legge, dal 1840 al 1842, i manifattori di seta mettevano alte strida, affermando che la limitazione del lavoro dei fanciulli avrebbe loro impedito di procedere nella loro impresa, queste cifre dimostrano come i fanciulli siano perfettamente sostituiti dagli adulti, che l'impiego diffuso del lavoro giovane ha opportunamente deprezzati. — Ma la diminuzione del salario degli adulti determina la loro sostituzione ai fanciulli, anche indipendentemente dalla esistenza di leggi, che incariscano il lavoro infantile. Infatti una diminuzione nel numero dei fanciulli impiegati si avverte, in un precedente periodo, nel distretto dell'ispettore Horner, nel quale il numero dei fanciulli impiegati è:

---

(1) *Rep. Fact.*, aprile 1843, 39.
(2) *Rep. Fact.*, aprile 1845, 40. Cfr. PLENER, *Legislazione sulle Fabbriche*, 34.

nell'anno	1838	di	9494	nell'anno	1843	di	7526
»	1839	»	9153	»	1844	»	12428
»	1840	»	9201	»	1845	»	14441
»	1841	»	8442	»	1846	»	16349
»	1842	»	7042				

Ora qui è specialmente notevole la diminuzione del numero dei fanciulli impiegati nel 1841 e 1842, la quale, avverte Horner, è dovuta alla diminuzione del salario degli operai sopra i 13 anni, che li rende ora impiegabili a preferenza dei fanciulli (1); onde si ha una perfetta dimostrazione della influénza, che la riduzione del salario degli adulti, dovuta in parte all'impiego dei fanciulli, esercita a scemare l'impiego di questi. Che anzi, la riduzione stessa del salario degli adulti al minimo saggio rallenta l'impiego industriale dei fanciulli, anche quando l'impiego di questi cagionerebbe una riduzione nel costo di lavoro. Così nel distretto, di cui è ispettore il Saunders, gli operai impiegati son ripartiti nel modo seguente:

IV.

Anno	Operai sopra i 18 anni		Id. fra i 13 e i 18		Id. sotto i 13		Totale	
	Maschi	Femm.	Maschi	Femm.	Maschi	Femm.	Maschi	Femm.
1838	19.156	25.408	14.077	23.364	6.274	6.698	39.507	94.977
1843	23.746	27.022	13.450	21.438	5.186	5.647	42.382	106.489
1845	27.399	42.033	15.595	25.573	8.044	8.494	51.038	127.138

Quindi dal 1838 al 1843 il numero totale degli operai cresce del 7.2 °/₀ pei maschi, dell'11.5 °/₀ per le femmine, mentre la cifra dei fanciulli impiegati scema del 17.3 °/₀ pei maschi e del 15.6 °/₀ per le femmine (2). Il lavoro infantile non è dunque più oggetto di fervida richiesta da parte dei capitalisti, nè perciò è meraviglia se questi dichiarano ·che son soddisfatti della legge limitatrice del lavoro dei fanciulli e che sarebbero dolenti, ove fosse revocata. E si osservi che questa diminuzione nel numero dei fanciulli impiegati, che dagli ispettori tutti, Howell e Saunders, Horner e Stuart è

---

(1) *Rep. Fact.*, dicembre 1841, 19; dicembre 1842, 19.
(2) *Rep. Fact.*, aprile 1845, 47.

avvertita, si accompagna, come essi notano, ad una singolare floridezza dell'industria e ad una forte richiesta di prodotti (1); il che toglie che possa attribuirsi quel fatto ad un rallentamento della produzione. La vera spiegazione del scemato impiego dei fanciulli dee ricercarsi, sia nel deprezzamento del lavoro adulto, dovuto in parte al precedente impiego del lavoro infantile e femminile, sia nel deprezzamento dei prodotti agrarj, che si avvera dal 1838 al 1850 e che contribuisce a diminuire il valore delle mercedi. È importante, a tale proposito, la seguente tabella:

V.

Anno	Fanciulli sotto i 13 anni impiegati nelle fabbriche in Inghilterra	Operai totali	Prezzo del grano in scell. per quarter
1835	47.373	323.939	39.4
1838	24.831	389.097	58.10
1850	33.624	553.538	42.1
1856	44.385	626.360	72.3 (2)

Ora qui si scorge come fra il 1838 e il 1850 il numero degli operai impiegati cresca del 43 %, mentre il numero dei fanciulli impiegati cresce solo del 35 %; e ciò benchè la legge del 1844, pur limitando la durata del lavoro giovanile, ne abbassi l'età legale. Ma parallelamente a questo minore aumento del numero dei fanciulli nelle fabbriche, si ha una diminuzione notevolissima nel prezzo del grano, che scende del 29 %. — Un rallentamento nell'impiego dei fanciulli si nota del pari dal 1856 al 1862, nel qual periodo il numero degli adulti impiegati nelle industrie tessili in Inghilterra cresce del 13.6 %, mentre il numero dei fanciulli non cresce che dell'8 %; ora al tempo stesso il prezzo del grano, che era salito a scell. 72. 3 nel 1856, scende a 55. 5 nel 1862 (3).

Ma quando il prezzo dei viveri cresce, o la rendita di monopolio assottiglia il profitto, risorge più furiosa la rabbia del capitale per la conquista del lavoro giovanile ed ha tanto più sicuro

_____

(1) *Rep. Fact.*, dicembre 1843, 8-9, 22, 29.

(2) Avvertiamo che nel numero degli operai totali non sono compresi gli operai dell'industria della seta, poichè questa, soprattutto colla Legge del 1844, fu assoggettata a provvedimenti speciali.

(3) *Rep. Fact.*, ottobre 1862, pass.

trionfo, quanto che l'incarimento delle derrate preme al tempo
stesso sul lavoratore e lo condanna a vendere la sua donna e i
suoi figli. « Ormai, avvertiva già Eden in un periodo di caro
dei viveri, i lavoratori non possono mantenere sè, la moglie e
due figli coi loro redditi. Essi ricevono un soccorso dalla parrocchia, sia in moneta, sia in grano a prezzo ridotto, ma poichè
il soccorso è insufficiente, *i loro fanciulli debbono entrare
ad 8 anni nelle officine*» (1). « Per sopperire alle spese della
più assoluta necessità, osserva Ducpetiaux, l'operaio di Gand
deve guadagnare fr. 14.28 per settimana, ciò che suppone un
reddito annuo di fr. 742.56. Ora questa spesa, da cui è impossibile di nulla detrarre senza abbandonare la famiglia alla più completa miseria, è ancora al disopra dei mezzi dell'operaio di fabbrica,
il cui reddito medio non è che di fr. 656.08 per anno. È dunque
indispensabile che la moglie ed i figli lo completino col proprio
lavoro » (2). I salarj scemano, così i relatori inglesi nel 1842,
senza che diminuisca in proporzione l'affitto pagato dagli operai
per le loro misere abitazioni; quindi una famiglia operaia non
può vivere senza stenti, se non lavorano tutti i suoi membri (3).
L'incarimento dei viveri costringe gli operai adulti a prendere a
prestito danaro, offrendo in pegno il lavoro dei loro figli, ciò che
istituisce un sistema di schiavitù legalizzata ed abbandona quelli
in balìa del capitalista creditore (4). Ecco perchè la proibizione
dell'impiego dei fanciulli sotto i 10 anni danneggia molte famiglie
lavoratrici (5). Ma se per tale riguardo l'incarimento delle sussistenze agisce sul lavoratore, esso non agisce con minore potenza
sul capitalista, il quale, a reazione contro l'elevato costo di lavoro, sostituisce col fanciullo o colla donna l'adulto lavoratore,
dimostrando con ciò in modo ineluttabile, che la inferiorità del
salario della donna e del fanciullo è, a questo punto, maggiore
della inferiorità della loro forza produttiva. — Così l'incarimento
dei viveri, che, come vedemmo, si manifesta in Inghilterra al
principio della guerra contro la Francia, se in parte colpisce gli

---

(1) EDEN, l. c., II, 137.
(2) DUCPETIAUX, *Budgets*, 310.
(3) *Rep. Fact.*, 30 giugno 1842, 11, 31 dicembre 1841, 30.
(4) SHAFTESBURY, l. c., 21.
(5) *Rep. Fact.*, ottobre 1876, 7.

operai, viene però, almeno parzialmente, ripercosso sui capitalisti con una elevazione dei salari nominali; e contro questa gli imprenditori reagiscono, invocando il soccorso dello Stato. Narrasi che Pitt rispondesse loro una infausta parola: Prendetevi i fanciulli (1). Ma poco importa che la parola sia stata o no pronunciata; è certo che il fatto vien tosto compiuto dai capitalisti e che l'impiego febbrile dei fanciulli nelle industrie diviene a quest'epoca fenomeno generale. Dappoi, ogni qualvolta i prezzi delle derrate si elevano, si vede esacerbarsi l'impiego delle donne e de' fanciulli; il quale, nel periodo in cui il grano è artificialmente rincarato dalle leggi dei cereali, assume proporzioni enormi, che gli oratori della Lega attribuiscono correttamente alla attenuazione recata ai profitti dal monopolio dei proprietarj. Questa dipendenza dell'impiego abnorme del lavoro femminile ed infantile in quell'epoca dalla pressione che la rendita esercita sul profitto, è dimostrata dal fatto, che l'aristocrazia fondiaria inglese, la quale pur combatte così vigorosamente gli abusi dei manifattori e che, predominando nel Parlamento, potrebbe impedire l'impiego eccessivo del lavoro giovane nelle fabbriche, arresta la sua politica anticapitalista innanzi che essa maturi alcun pratico frutto; appunto perchè quella classe presente che a base degli abusi industriali stanno gli abusi suoi proprj e che, divietando quelli per legge, si imporrebbe o l'arresto della produzione, o l'abolizione delle leggi dei cereali (2). Ma quando pure, in un periodo di alto prezzo dei viveri, la legge riesca a scemare il numero dei fanciulli impiegati nelle fabbriche, ne risulta per necessità un incremento nell'impiego industriale delle donne, appunto perchè l'alto costo dei salarj rende impossibile di sostituire cogli adulti maschi i fanciulli, che la legge esclude dalla manifattura. Così la legge tutrice dei fanciulli, che viene attuata in un periodo, in cui il prezzo dei grani è in aumento, determina bensì una diminuzione nel numero dei fanciulli, che da 47.373 nel 1835, scende a 44.385 nel 1856 (vedi Tabella V), ma determina un contemporaneo incremento nel numero delle donne impiegate. Infatti la proporzione delle varie classi di operai impiegati, distinte per età e per sesso, è indicata dalle cifre seguenti:

---

(1) Ciò è contestato da LECKY, *Engl. in XVIII Cent.*, vol. V.
(2) FAUCHER, *Études sur l'Angleterre*, Paris, 1845, II, 127.

VI.

Classi di operai	1835	1856
Sotto i 13 anni	24.9 %	12.7 %
Fra i 13 e i 18	13.1 %	8.1 %
Donne sopra i 18	51.3 %	58.6 %
Uomini sopra i 18	10.7 %	20.6 %

ove si scorge come la diminuzione proporzionale nel numero dei fanciulli impiegati sia compensata dal maggior impiego delle donne. Nel solo distretto di Bradford, dal 1835 al 1839, gli operai crescono del 40 %, ma questo incremento è quasi esclusivamente costituito di donne (1); mentre nel 1838 le donne formano il 54 % della popolazione impiegata nella manifattura del cotone (2); e dovunque « i fanciulli congedati sono sostituiti colle macchine o colle donne provette » (3).

Ritornando alla Tabella III, noi troviamo ancora come dal 1842 al 1846, in uno dei distretti industriali più importanti dell'Inghilterra, il numero dei fanciulli impiegati vada progressivamente crescendo. Il debole aumento dal 1842 al 1843, avverte Horner, è dovuto alla prosperità cresciuta dell'industria ed alla ampliata domanda di prodotti; ma dal 1843 al 1844 abbiamo un aumento di gran lunga maggiore, il quale non istà in alcun rapporto colla influenza, che pur possa avere la legge limitatrice della giornata di lavoro dei fanciulli, ad accrescerne l'impiego. Poichè infatti la giornata di lavoro dei fanciulli è ridotta per legge dalle 8 alle 6 ore, i fanciulli impiegati dovrebbero crescere di 1680 per ricostituire la quantità complessiva di lavoro precedentemente impiegata; ora invece essi crescono di 4902. — Nè questo aumento dei fanciulli si rallenta, ma cresce nei due anni successivi, nei quali pure l'industria attraversa un periodo di ristagno e di crisi. Qual è dunque la causa di questo incremento sì improvviso e sì forte dei fanciulli impiegati? Se in parte, risponde l'Horner, esso è dovuto alla semplificazione introdotta nelle prescrizioni relative all'impiego dei fanciulli, ne è però causa precipua l'alto valore dei salarj degli operai sopra i 13 anni,

---

(1) *Rep. Fact.*, ottobre 1854, 70; ottobre, 1856, 76.

(2) *Rep. Fact.*, dicembre 1841, 29.

(3) PLENER, l. c., 11.

che induce i capitalisti a preferir loro operai meno provetti e costosi (1). Ora quest'alto prezzo dei salarj non ad altro è dovuto che all'alto prezzo dei viveri, dacchè frattanto il prezzo del grano sale da scell. 50.1 per quarter nel 1843 a 54.8 nel 1846. Al tempo stesso nel distretto dell'ispettore Saunders notasi (Tabella IV) un aumento nella proporzione dei fanciulli impiegati; poichè dal 1843 al 1845 gli operai totali crescono del 20.4 % se maschi, del 18.7 % se femmine, mentre gli operai sotto i 13 anni crescono del 55.1 % se maschi, del 50.4 % se femmine (2). Se esaminiamo poi il numero totale degli operai impiegati nel Regno Unito, troviamo i dati seguenti:

VII.

Anno	Adulti		Giovani		Fanciulli		Totale	
	Maschi	Femm.	Maschi	Femm.	Maschi	Femm.	Maschi	Femm.
1838	91.284	124.736	62.048	93.575	16.002	16.966	169.334	235.277
1847	138.298	198.231	64.426	101.039	22.769	20.113	225.493	319.383 (3).

Queste cifre dànno bensì un aumento dei fanciulli dei due sessi (30 %) che è minore dell'aumento degli adulti dei due sessi (55 %); ma se paragoniamo l'aumento degli operai maschi adulti e quello dei fanciulli e delle donne, troviamo che i primi crescono del 51 %, i secondi del 53 %. Ora il raffronto importante è precisamente quello fra i fanciulli e le donne da un lato e gli adulti di sesso maschile dall'altro, poichè l'impiego delle donne adulte è determinato dalla stessa causa ed ha il carattere stesso che l'impiego dei fanciulli; e tale raffronto ci rivela appunto un aumento nella proporzione dei fanciulli e delle donne impiegate. Eppure in quest'epoca l'industria langue nella più lamentevole crisi e « gli effetti della mancanza d'impiego premono sulla classe lavoratrice in un periodo, in cui le derrate necessarie sono eccessivamente incarite ». Ma l'alto prezzo del grano (scell. 69.9), spiega perfettamente l'accresciuto impiego dei fanciulli, in un periodo di scemata richiesta dei prodotti. L'alto costo dei salarj spiega ancora come nel distretto dell'ispettore Saunders, nel 1846, i fanciulli dagli 8 ai 13 anni impiegati nelle stamperie, essendo diminuiti

---

(1) Rep. Fact., aprile 1845, 14; aprile 1846, 4.
(2) Rep. Fact., aprile 1845, 47.
(3) Rep. Fact., aprile 1847, 18.

da 167 a 110 per la legge limitatrice, vengano sostituiti non già
da operai adulti, ma da giovani di più che 13 anni (1). Noi ritroviamo ancora dal 1850 al 1856 una elevazione del prezzo dei
viveri da scell. 42.1 a 72.3 ; ebbene, parallelamente a tale elevazione, troviamo (Tabella V) un aumento del 32 % nel numero
dei fanciulli impiegati, mentre l'aumento degli adulti non è che
del 12 % (2). L'incarimento delle materie greggie ha pure un'influenza non dissimile ad accrescere l'impiego delle donne e dei
fanciulli. Così nel 1850 le manifatture di cotone si trovano in una
condizione svantaggiata per l'alto prezzo della materia greggia ;
ebbene, appunto in questa industria gli abusi sono maggiori, ed
Horner ci narra di un industriale che, per eludere le indagini
degli ispettori, ha costretto 13 fanciulli maschi e femmine a lavorare nella latrina, stipati e agglomerati insieme come se potessero
stare l'uno sull'altro (3). Infine osservando l'incremento nel numero dei fanciulli e degli adulti, impiegati dal 1861 al 1871 nel-
l'Inghilterra, troviamo le cifre seguenti :

VIII.

	1861	1871
Giovani sotto i 20 anni	1.083.564	1.146.999
Adulti	3.744.835	3.990.720

ove così il numero degli adulti, come quello dei fanciulli è cresciuto del 6 %. Ora è ben noto come durante questo periodo
siansi emanati il *Factory act extension act* e il *Bleaching and
dyeing works extension act*, i quali arrecano così forti limitazioni all'impiego dei fanciulli inferiori ai 14 anni, da indurre
molti capitalisti a non impiegare più operai di quell'età (4). Ma
se, malgrado questa forte diminuzione degli operai inferiori ai 14
anni, l'aumento degli operai sotto i 20 anni si mantiene eguale
a quello degli operai superanti quell'età, ciò dimostra che gli
operai inferiori ai 14 anni sono sostituiti con operai fra i 14
e i 20 anni e non già con adulti; il che lascia presentire l'esi-

---

(1) *Rep. Fact.*, ottobre 1846, 18.
(2) *Rep. Fact.*, ottobre 1856.
(3) *Rep. Fact.*, 30 aprile 1850, 9.
(4) *Census of England*, 1861, II, xxxi; 1871, III, xxxv ; REDGRAVE, nei *Rep.
Fact.*, 31 ottobre 1864, 23-4.

stenza di condizioni incarenti il lavoro adulto. Ed infatti il prezzo del grano raggiunge in questo periodo, fra il 1867 e il 1868, l'alta cifra di 63 e 64 scellini. —

L'Inghilterra è il solo paese d'Europa, i cui documenti statistici consentano di seguire la storia industriale ne'suoi minuziosi processi; ma i fenomeni qui addotti si avverano in tutte le nazioni d'Europa (1) ed anche gli scarsi materiali, che l'Italia ci porge, confermano troppo i precedenti risultati. — Così, p. es., nella Sicilia l'incarimento dei viveri e più la rendita di monopolio, scemante il saggio dei profitti, determina con meccanica corrispondenza il consumo crescente e spasmodico di giovani vite nelle industrie, e ciò che scrive il Consiglio Sanitario di Caltanissetta sui giovani minatori delle zolfare siciliane ha di che far raccapricciare il più temperato fra i lettori. « Li obbligano a caricarsi ceste piene di zolfo greggio e salire così carichi, dopo aver percorso lunghi sotterranei, scale ertissime ed altre con gradini mal fermati nella stessa roccia; per cui vi si spezza il cuore nel vedere questi ragazzi piangenti e rantolosi ascendere come schiavi comprati quelle scale lunghe e perigliose con un carico superiore alle loro tenere membra, a piedi nudi e mal vestiti, e uscire affannosi da quelle bolgie e gettare affranti nei piani quel pesante fardello. Appena occorre di osservare che indarno quei miseri fanciulli pregano di non caricarli troppo, perchè i picconieri loro padroni, ora per ingordigia, ora per la poca mercede che ritraggono, non gli ascoltano e giungono talvolta a maltrattarli con calci e con bastonate per obbligarli a riceversi l'intero carico. I modi che gli intraprenditori di questi fanciulli adoperano per sollecitarli nel trasporto dello zolfo, sono dapprima i più crudeli pizzicotti, tali da lasciare nelle carni delle lividezze e suggellature per molti giorni; poscia, quando questi non bastano, bruciano o fanno bruciare dai loro commessi, per mezzo delle lucerne accese, i garretti o i polpacci delle gambe dei poveri fanciulli, sino a produrre scottature ed escare la cute » (2). Così

---

(1) La maggior proporzione dei maschi adulti impiegati nelle fabbriche in Francia (ove sono il 50 %/₀ degli operai totali), che in Inghilterra (ove sono il 40 %/₀) è semplicemente il prodotto della minor natalità, che presenta la Francia e che scema la proporzione fra i fanciulli e gli adulti.

(2) DAMIANI, negli Atti dell'Inchiesta Agraria, III, 660. Cfr. Annali dell'Industria, ecc. 1880, XV, 705. In Italia si calcola che solo il 27 %/₀ degli operai

la gentile Italia, che insegnò al mondo la mitigazione delle pene, esercita gli strazi più brutali e inauditi sovra i suoi giovani figli, ed ogni dì più le compete il primato, se non nello sviluppo industriale, nella maledizione popolare, che ne forma l'eco sinistra.

b) Prolungamento della giornata di lavoro.

La riduzione diretta del salario e l'impiego delle donne e dei fanciulli rendono facile al capitalista di arrecare alla giornata di lavoro una protrazione arbitraria, che costituisce a sua volta un mezzo di depressione ulteriore della mercede. Così nell'America, durante la prima metà di questo secolo, le ore di lavoro sono esageratamente protratte e raggiungono 14 ore al giorno nelle industrie comuni (1) e 17 ½ in quella del panificio (2). Nel 1836, nella Nuova Inghilterra 13 ore, nel Connecticut 14 ed anche 15 ore son consuete, mentre a Patterson nella Nuova Jersey le donne e i fanciulli debbono trovarsi al lavoro alle 4 ½ ant. (3). Tuttavia a questi primi deliri, che presenta la vita industriale delle colonie, succedono ben presto gli opposti fenomeni, dacchè vediamo l'operaio di quelle contendere con fortuna per la riduzione della giornata di lavoro (4), anzi conseguire al tempo stesso una riduzione della giornata di lavoro ed un aumento di salari (5), e la vittoria del lavoratore venir bentosto agevolata dalla annuenza stessa del capitalista. E perchè un simile cangiamento? Gli è che non appena il rapporto di salario è consolidato, sia per la riduzione del salario medesimo, sia pel rapido aumento della popola-

---

impiegati sia composto di maschi adulti; 49.32 % son donne, 23.68 % fanciulli, dei quali alcuni non hanno che 5 anni. Le donne impiegate nell'industria ascendono ad 1 milione (ELLENA, *Statistica di alcune industrie italiane*, 1880, 32). — Passeggiavo lungo la riva del nostro bel lago mantovano. Parecchi uomini trasportavano dei mattoni dalla spiaggia nelle barche. Un mattone cadde nell'acqua. Si ordinò ad un bambino di scendere nell'acqua a raccoglierlo: il clima era rigido e l'acqua profonda, e il fanciullo ricusavasi, con gemiti e strida, di obbedire. Lo si minacciò di busse; ed esso discese nell'acqua e quanto più scendeva, tanto più impallidiva. E quando risalì alla barca col mattone rosso sotto il braccio dinoccolato, era livido come la morte.

(1) *N. American Rev.*, 1886, 507.
(2) *Reports on hours of labor*, Boston, 1866, 19.
(3) ELY, l. c.
(4) *Reports on hours of labour*, 7.
(5) WALTERSHAUSEN, *Jahrbücher*, 1882, V, 126.

zione, che crea i sòstituti agli operai trasferentisi sulle terre libere
— il capitalista non ha più motivo di lottare per la depressione
della mercede, nè pel prolungamento della giornata di lavoro, che
ne è lo stromento efficacissimo. Pertanto nelle colonie, accanto
ad un vigoroso intervento della legge a tutela del lavoro dei fanciulli, notasi per lungo tempo l'assenza d'ogni sanzione legislativa
a limitazione del lavoro degli adulti, il quale nel Massachusets
rimane incondizionato fino al 1874, e nel Rhode Island è limitato a 10 ore, solo in quanto non piaccia alle parti di pattuire il
contrario (1); e al tempo stesso si avverte, che, malgrado l'assenza di leggi limitatrici, la durata del lavoro assume spontaneamente moderati confini. « Nelle industrie di Lowell e nelle
nuove fabbriche di Lisburn a Patterson, nella Nuova Jersey,
fondate con tanto successo dal capitale irlandese (narra una relazione inglese del 1866), le condizioni relative della durata del
lavoro giornaliero sono così ben definite e sono così lealmente ri-
conosciuti i diritti reciproci, che il sistema dà luogo alla soddisfazione generale degli imprenditori e degli operai, benchè l'intervento legislativo vi sia tuttora ignorato. Ma in queste regioni
non vi ha concorrenza della popolazione salariata, nè desiderio
negli imprenditori di far lavorare eccessivamente i loro operai e
son così cordiali i sentimenti reciproci fra imprenditore ed operaio, che dalle due parti si riconoscono tacitamente le regole
dell'equità e che il sistema delle brevi ore di lavoro è rigorosamente osservato, come se il Parlamento avesse comminate le
più severe pene ai trasgressori e schiere d'ispettori governativi
fossero state delegate a tutela degli operai. — Tale sistema, conchiude il relatore, non potrebbe però durare in Europa, poichè quivi
le imprese son condotte sovra scala troppo ampia e troppo è vivace
la concorrenza, così nel mercato del lavoro come in quello dei prodotti » (2). « La riduzione della giornata di lavoro dalle lunghe ore
di un tempo ad 11 ore nelle fabbriche e a 10 negli impieghi meccanici, si legge in una relazione americana del 1866, si è compiuta nel Massachusets senza alcun intervento legislativo. La regola delle 8 ore è già adottata in parte ed acquista ogni giorno favore; il signor J. B. Ham di Boston, deputato, ha condotte le sue

---

(1) *Rep. Fact.*, ottobre 1876, 19.
(2) *Rep. Fact.*, 31 ottobre 1866, 57-8.

ferriere per una parte dell'anno decorso secondo la norma delle 8 ore; una società per l'industria della guttaperca nella città di N.-York ha adottata spontaneamente la norma delle 8 ore; altrettanto hanno fatto molte industrie nella Nuova Inghilterra; altrettanto stanno per fare parecchie compagnie di Boston e di N.-York. L'introduzione del sistema delle 8 ore in Australia, come avverte il Tregurtha nel suo interessante rapporto, è stata una spontanea concessione fatta dai capitalisti al pressante desiderio dei lavoratori; » ed ancora nel 1876 parecchi imprenditori americani abbreviano spontaneamente la durata del lavoro (1). Ma non appena i viveri incariscono, la filantropia capitalista scompare e il prolungamento della giornata di lavoro diviene un mezzo potentissimo di ricostituzione del profitto, minacciato nella sua integrità. — Perciò nel Massachusets fin dal 1883 la giornata di lavoro si risospinge alle 12 ore, nel Connecticut la settimana di lavoro risale a 66 ore, ed in parecchie industrie americane ritorna normale una durata di lavoro di 18 ore per giorno — (2).

Questo bizzarro processo di contrazione ed espansione della giornata di lavoro trova un più ampio e notevole svolgimento in Europa. Quivi nel periodo iniziale della economia a salariati, sono generali i lamenti del capitale sulle ore di lavoro « vergognosamente brevi », che vengono imposte dal lavoratore (3). Ma « durante il XVII e il XVIII secolo, quando l'abilità degli operai e con essa la produttività del lavoro è grandemente cresciuta, si ha ricorso a vari metodi per prolungare la giornata di lavoro. Il riposo del mezzogiorno viene dapprima soppresso, poi altri intervalli di sosta vengono scemati e per ultimo viene introdotta una illuminazione artificiale, che ha ad effetto di abolire la differenza fra le brevi giornate d'inverno e le lunghe di estate, rendendo così eguale per tutto l'anno la giornata di lavoro » (4). Questi metodi raggiungono bentosto l'intento, a cui vennero indirizzati ed « omai, scrive Burke nel 1795, gli operai lavorano assai più che un tempo » (5). Ma lo schiudersi del secolo XIX

---

(1) *Rep. on hours of labour*, 44-5; Cfr. COMTE DE PARIS, *Associations ouvrières*, 86; WALTERSHAUSEN *Gewerkver*, 560; e *Rep. fact.* 1876.

(2) MOODY, l. c., 359.

(3) MARSHALL, *Rural economy of middle countries.* Lond., 1796, I, 166.

(4) HOWELL, l. c., 298.

(5) BURKE, *Thoughts and details on scarcity* (Works, II), 248.

è segnalato da un grido affatto nuovo, invocante la riduzione delle ore di lavoro, di cui la protrazione eccessiva ha deteriorata la salute e la forza degli operai; ed alla riduzione del lavoro si acconciano spontaneamente gli stessi capitalisti, appena il loro profitto sia divenuto incrollabile e purchè il costo dei salari sia mite. Una prima riduzione spontanea della giornata di lavoro si incontra nel 1837. « Il distretto intorno a Glossop nel Derbyshire, scrive in quell' anno l' ispettore Howell, è la parte della mia sezione, in cui meglio prevalevano un tempo le lunghe ore di lavoro; ma nella mia ultima ispezione trovai che in parecchi casi, e specialmente in due dei maggiori stabilimenti, la durata del lavoro era stata ridotta » (1). Tuttavia questa riduzione può attribuirsi, sia alla resistenza degli operai adulti, sia alla crisi commerciale, che in quel periodo imperversa fierissima. Ma 5 anni più tardi, la riduzione della giornata di lavoro si riproduce, e questa volta con evidente carattere di spontaneità da parte del capitalista. Il prezzo del grano, che era scell. 70.8 nel 1839, scende a 64.4 nel 1841; ebbene « una gran parte dei fabbricanti di merletti, industria fin qui non soggetta a limitazioni, sono ora convinti che sarebbe stato meglio per essi se le loro ore di lavoro fossero state originariamente limitate; onde una gran parte dei proprietari più intelligenti di quelle manifatture desiderano di essere inclusi nella Legge sulle fabbriche. In generale i capitalisti mostrano ottima disposizione a rispettare la Legge » (2). Anche durante il periodo dell' agitazione per la legge delle 10 ore, parecchi manifattori difendono la riduzione delle ore di lavoro; e nel 1842, quando le ore di lavoro sono 12 per giorno, la ditta W. H. Hornby di Blackburn giunge, mercè accurati calcoli, alla conclusione, che una riduzione delle ore di lavoro settimanali da 69 a 60 darebbe luogo ad un incremento di costo così piccolo, da non metter peso nella bilancia (3). La docilità stessa, con cui, dopo il 1847, i capitalisti si acquetano alla Legge delle 10 ore, malgrado la viva e crescente domanda dei loro prodotti, è con ciò solo spiegabile, che quella legge è stata preceduta da una riduzione di salari del 10 %, la quale

---

(1) *Rep. Fact.*, 31 ottobre 1837, 40.
(2) *Rep. Fact.*, 30 giugno 1841, 15; 31 ottobre 1841, 17.
(3) *Rep. Fact.*, 31 ottobre 1866, 37.

rende meno necessario il prolungamento della giornata di lavoro, e toglie la possibilità di impiegarlo a riduzione della mercede (1). Nel 1848, mentre il prezzo del grano scende da 69.9 a 50.6 scellini, gli imprenditori affermano « che un lavoro di 12 ore è incompatibile col benessere e con una condizione soddisfaciente dei loro operai; che la riduzione di un'ora per giorno produrrebbe un grande miglioramento; e che, sebbene ciò cagionerebbe una riduzione nel profitto, pure essa non imporrebbe un troppo grave sacrificio » (2). Nel 1850, mentre i viveri sono oltremodo deprezzati (scell. 40,3 per *quarter*) alcuni manifattori di seta dichiarano che le ore invernali di lavoro, consentite dalla Legge sancita in quell'anno medesimo, son troppo gravose agli operai e risolvono di accordare ore più brevi e meno moleste; cioè dalle 8 alle 11 ant. e dalle 2 alle 7 pom. (3). Nel 1851 « tutti i fabbricanti sono disposti ad obbedire alla legge » (4). Nel 1860 si avverte da tutti che « probabilmente in nessun'epoca gli operai hanno usufruito di tanti vantaggi come al presente; che i viveri sono a buon mercato (il grano si vende a 53.3); e che gli operai possono procacciarsi non poche agiatezze, che èran loro inaccessibili un tempo ». Ebbene, a questo punto non solo gli operai son riluttanti ad ogni protrazione della giornata di lavoro (5), ma gli ispettori delle fabbriche scoprono d'improvviso che « la razza degli uomini filantropici è cresciuta collo sviluppo del sistema di fabbrica e che il manifattore non è più il padrone dal cuor duro, la cui passione dominante è la cupidigia » (6). È ben vero che, al primo incarimento dei viveri, il manifattore filantropo si riconverte nel padrone dal cuor di macigno; ma lasciamo proseguire i relatori. Nel 1864, mentre il prezzo del grano è notevolmente depresso (43.2) « si avverte fra gli imprenditori un sentimento di generale favore verso le moderate ore di lavoro, nè s'ha alcuna riluttanza all'applicazione delle misure legislative » (7). Tanta docilità degli imprenditori risorge nel 1869. « La durata del lavoro, scrive l'ispettore Baker,

---

(1) *Rep. Fact.*, 30 aprile 1849, 19.
(2) *Rep. Fact.*, 30 aprile 1848, 1.
(3) *Rep. Fact.*, 31 ottobre 1850, 51.
(4) *Rep. Fact.*, 30 aprile 1851, 40.
(5) *Rep. Fact.*, 30 aprile 1860, 30.
(6) *Ib.*, 38.
(7) *Child. Employm. Commiss.*, 11, Rep. 1864, LXXV.

era finora dalle 7 ant. alle 8 pom. d'estate, dalle 8 ant. alle 7 pom. d'inverno; ma imprenditori ed operai hanno consentito in un numero d'ore minori e ne sono soddisfatti, sia quanto al prodotto, che quanto al salario. La stessa idea, che la durata del lavoro è sufficiente, anima capitale e lavoro » (1). E frattanto il prezzo del grano scende a 48.2. — Nell'anno successivo esso scende anche più, a 46.11; ebbene « un sentimento generoso si desta in parecchi imprenditori, i quali trovano utile la legge tutrice del lavoro e salutari i suoi provvedimenti ». Molti imprenditori scrivono di aver assunto impegno coi loro operai di non far lavorare più che dalle 8 ant. alle 6 pom. e le due parti ne sono soddisfatte. I signori Waths e Manton, fabbricanti di bottoni a Birmingham, scrivono: Nel 1866 noi eravamo così insoddisfatti della condizione dei nostri operai, che deliberammo spontaneamente di applicare alla nostra fabbrica i provvedimenti della legge del 1844 (2). Nè finalmente la diminuzione, successiva al 1870, nel prezzo del grano, che, dopo aver raggiunto cifre elevatissime, scende nel 1874 a 49.8 $\frac{1}{2}$, riman priva di una influenza immediata a contrarre la giornata di lavoro; ed infatti « la limitazione delle ore di lavoro imposta all'industria tessile dalla legge del 1874, che riduce da 10 $\frac{1}{2}$ a 10 le ore di lavoro, nei primi 5 giorni della settimana, e da 7 $\frac{1}{2}$ a 6 $\frac{1}{2}$ nel sabato, non provoca alcuna sofferenza o reazione del capitalista, essendo stata introdotta in un periodo di prosperità industriale » (3). Tale è il processo dei fenomeni nell'Inghilterra; ma nella Francia, ove la piccola proprietà dà un impulso poderoso alla produzione agraria e mantiene per maggior tempo elevato il saggio del profitto, è più duratura l'annuenza degli imprenditori alle brevi ore di lavoro e perciò « mentre in Inghilterra gli imprenditori si oppongono fieramente alle leggi tutrici degli operai, in Francia la parte massima dei capitalisti afferma la giustezza del principio di limitare la durata del lavoro » (4).

Ma appena l'incarimento dei viveri, o la rendita di monopolio, scemano il saggio del profitto, la docíle mitezza del capitalista convertesi nella più scellerata ferocia. Il periodo, in cui questa si di-

---

(1) *Rep. Fact.*, 31 ottobre 1869, 152.
(2) *Rep. Fact.*, aprile 1870, 44.
(3) *Rep. Fact.*, 1876, XXVII, 8.
(4) *Rep. Fact.*, 31 ottobre 1855, 76.

spiega impudente, è quello delle leggi sui cereali, le quali, elevando il costo del capitalista, lo costringono a protrarre la giornata di lavoro; ed è noto che, durante l'impero di quelle leggi, in molte città d'Inghilterra gli operai di più che 18 anni lavorano dalle 5 del mattino alle 8 $\frac{1}{2}$ pomeridiane. Nelle celebri discussioni che ne seguono, i proprietari incolpano i capitalisti di cagionare la miseria protraendo immoderatamente la giornata di lavoro, mentre i capitalisti ritorcono l'accusa contro i proprietari e contro il dazio protettore. Il partito della giovane Inghilterra, capitanato dai proprietari terrieri, Ashley, Manners, Disraeli, propone ogni anno la limitazione delle ore di lavoro, come il partito liberale, cui i manifattori compongono, propone ogni anno, per bocca di Villiers, la soppressione delle leggi dei cereali (1). La soppressione di queste, togliendo l'esacerbazione artificiale dei prezzi agrari, attenua la protrazione della giornata di lavoro, ma non toglie ch'essa si riproduca, quando i viveri per ragioni naturali incariscano; quindi all'indomani dell'istituzione del libero scambio risorge l'antico sistema delle lunghe ore di lavoro per gli operai di più che 18 anni. « L'economista teorico dirà forse che questi sono adulti e possono tutelarsi da sè stessi ; ma in fatto non può parlarsi di libertà del lavoro, quando vi è sì grande concorrenza per eccesso di popolazione » (2). Nel 1847, di fronte alla forte elevazione del prezzo delle derrate (st. 69.9) si ha non solo la ristorazione del sistema dei ricambi, di cui si era smessa la pratica dopo la legge del '44, ma la introduzione generale del sistema detto dei falsi ricambi (shifting system), che tende ad eliminare le influenze benefiche della legge limitatrice della giornata di lavoro (3). Questo sistema genera acerbe querele : « La classe operaia, infatti, vuol cessate tutte queste pratiche ed esige che le sia una volta concesso di fare la sua giornata di lavoro secondo i dettami della legge. Essa sa che il dazio sulla importazione della lana fu abolito ; sa che la farina, su cui pure il dazio fu tolto, è un ingrediente assai usato nella manifattura

---

(1) BASTIAT, *Cobden et la ligue*, 1845, XL.
(2) *Rep. Fact.*, 31 ottobre 1843, 4; id., 1848, 15.
(3) In forza di questo sistema il ricambio non è fornito da operai freschi, ma da operai che escono da altre fabbriche, o da altre sezioni della stessa fabbrica.

del cotone; e ricorda che i grandi manifattori, uomini d'affari ponderati e calcolatori, hanno asserito che 10 ore di lavoro sarebbero sufficienti se le leggi dei cereali fossero abolite » (1). Gli operai obliano soltanto che una legge fisica sostituisce efficacemente le leggi sociali abrogate, incarendo i viveri ed esacerbando la concorrenza fra i lavoratori. Infatti, in quello stesso anno 1847, essendosi posto a 1153 operai il quesito, se preferiscano di lavorare 12 ore, com'era l'antica regola, con un maggior salario, o 10 ore con un salario minore, molti rispondono che preferirebbero lavorare 10 ore per un minor salario, ma che non hanno scelta, poichè tanti sono i lavoratori disoccupati, che se essi rifiutano di lavorare per un periodo maggiore, altri prendono immediatamente il loro posto (2). Ma un documento anche più memorabile di questa condizione stremata dei lavoratori ci è porto dall'istanza, fatta in quest'epoca dagli operai meccanici di più che 18 anni del villaggio di Crewkerne, i quali, costrettivi dai capitalisti sotto pena di licenziamento, chieggono che non si conceda un'ora di riposo ai loro figli impiegati nelle fabbriche, perchè ciò li indurrebbe all'ozio; e quei fanciulli lavorano 10 ore al giorno! (3). Nella Francia, nel 1840, il lavoro industriale a Dornach, Mulhouse, ecc. è di 15 ore, e ciò mentre il lavoro dei forzati è fissato a 12 ore, ridotte a 10 dalle ore del pasto, ed alle Antille il lavoro degli schiavi non è che di 9 ore (4). Come l'incarimento dei viveri, così influisce a protarre la giornata di lavoro l'incarimento delle materie greggie; onde non ci sorprende quanto avverte il sotto-ispettore Iohnston nel 1876: In Warvick e in Worcester le ore di lavoro eccessive sono esaurienti per la classe lavoratrice; ma esse sono il necessario prodotto dell'incarimento delle materie greggie, che recide il profitto del capitale (5). Il lavoro delle donne e dei fanciulli, soggiunge il sottoispettore Walker, è talvolta protratto fino alla mezzanotte. Nelle sezioni di fabbrica, in cui si fanno i lavori di annaspo, è costume di continuare il lavoro dopo che il rimanente della fabbrica ha cessato e talvolta di cominciare prima

---

(1) *Rep. Fact.*, 31 ottobre 1848, 98; PLENER, l. c., 43.
(2) *Rep. Fact.*. ottobre 1848, 15.
(3) *Rep. Fact.*, ottobre 1848, 101-2.
(4) VILLERMÉ, *Tableau*, I, 21, II, 89.
(5) *Rep. Fact.*, 1876, 66.

che il resto della fabbrica sia in attività. In generale è costume di lavorare per un tempo eccessivo (1). Sotto la stretta della decrescenza nel saggio del profitto le leggi limitatrici del lavoro vengon poste in non cale e si ritorna ai tempi gloriosi del lavoro eccessivo e spasmodico. « Una occupazione assai penosa è quella delle donne e dei fanciulli impiegati nelle botteghe dei pannaioli e delle crestaie, e le lunghe ore di lavoro, a cui essi sono costretti, sono indubbiamente nocive alla loro salute. I più rispettabili fra i padroni lo riconoscono e sarebbero disposti ad abbreviare la giornata di lavoro, se l'acerba concorrenza dei loro colleghi non impedisse loro di farlo. Nelle industrie del ferro e nelle fornaci a mantice i giovani maschi lavorano giorno e notte, ciascuno a turno per una settimana; nelle industrie del vetro i giovani lavorano pure per turno dalla mezzanotte del lunedi a quella del sabato (2). Nelle stamperie gli ispettori medesimi accordano il lavoro notturno, per non più di 40 notti all'anno, e una durata di 15 ore di lavoro giornaliero. Nelle grandi manifatture di ferro del Monmouthshire gli scioperi divengono negli ultimi anni frequenti e disastrosi; minori ore di lavoro, o « un minor numero d'ore da calcolarsi come giornata di lavoro » e « il tempo *extra* da pagarsi come lavoro addizionale » sono la base dei reclami dei lavoratori e questi vengon respinti. Nel lavoro di carico di legname sui battelli le donne sono soventi costrette ad un eccessivo lavoro (3). « In generale, così riassume uno scrittore competente questo singolare regresso industriale, la diminuzione dei profitti rende impossibile ai capitalisti di mantenere le ore di lavoro ridotte, che furon in altri tempi attuate in alcune industrie, o di appagarsi dell'insufficiente quantità di lavoro, compiuta nelle ore di lavoro così abbreviate (4). » Di qui la conseguenza, che non appena l'*Atto delle Miniere* assoggetta l'industria mineraria ad una limitazione minore delle altre, si veggon fitte schiere

---

(1) Questa accresciuta durata del lavoro è in parte l'effetto della diminuzione nell'impiego dei fanciulli, dovuta all'Atto del 1874, il quale vieta l'impiego dei fanciulli sotto i 10 anni e consente l'impiego dei fanciulli di 13 a 14 anni, solo quando essi attestino di frequentare la scuola (*Rep. Fact.*, 1876, 103 e ss.).

(2) *Rep. Fact.*, 1876, 103 e ss.

(3) *Rep. Fact.*, Ib.

(4) BOURNE, *Trade, population*, ecc., 194. Vedi il bel lavoro dello STRINGHER, sulla *Depressione industriale*, Roma, 1887, 29.

di fanciulli trasferite dalle manifatture alle miniere con danno gravissimo d'essi e dei manifattori (1); e che parecchi fra i principali manifattori, che sono colpiti dalla Legge di Fabbrica del 1874, trasferiscono i loro capitali dall'Inghilterra nel Belgio, o in Italia, ove impera la libertà capitalista e gli operai lavorano di solito 12 o 14 ore al giorno (2). Ma anche là dove la legge tutrice degli operai è rigorosamente attuata, il capitale non si arretra innanzi ai metodi più efferati, pur di spremere dai propri operai la massima quantità di lavoro. Così in una fabbrica della Turingia, ad impedire che le operaie interrompano il lavoro per guardar nella via, il capitalista fa apporre alle finestre della fabbrica dei vetri smerigliati; onde, ne' giorni in cui risplende il sole, gli occhi delle operaie soffrono terribilmente. Il passeggiero ascolta con rammarico queste povere fanciulle, le quali, al par di augelletti acciecati, cantano la loro triste sorte (3); cantano..... finchè al capitalista non piacerà di vietarlo, come il capitalista romano vietava il canto alle schiave tessitrici, dicendo che

Cantantis pariter, pariter data pensa trahentis
Fallitur ancillae decipiturque labor.

Infine la relazione serrata, che intercede fra l'elevazione del costo di lavoro e lo sfruttamento del lavoratore, si manifesta nelle statistiche delle violazioni alle leggi di fabbrica e degli infortuni nel lavoro. Infatti poichè l'uno e l'altro di questi fenomeni riflettono l'azione violenta del capitale intesa ad accrescere la produzione, così si può già presentire che, quando l'azione del capitale è più energica, essi si manifesteranno in una forma più intensa; e poichè l'azione del capitalista è, come vedemmo, più brutale nei periodi in cui è elevato il costo di lavoro, od alto il prezzo dei viveri, così si dovrà avere una costante connessione fra l'alto prezzo dei viveri, e la esacerbazione di quei fenomeni. — E così avviene realmente. Per dare un esempio, nel 1852 il numero delle fabbriche nuove sorte durante l'anno è di 69, nel 1853 è di 74; le contravvenzioni alla legge sono 187 nel 1852, 230 nel 1853; ossia

---

(1) *Rep. Fact.*, 1876, 61.

(2) *Rep. Fact.*, 1876, 104. Nell'agosto 1888 le filatrici di Como si pongono in isciopero, chiedendo la riduzione delle ore di lavoro a 12; nel dicembre si perviene ad un accordo, che limita le ore di lavoro a 12 nell'inverno e 13 nell'estate. Frattanto il sistema dei ricambi fiorisce in tutta la Liguria.

(3) Sax, *Hausind.*, 1, 53.

la cifra annua delle nuove imprese è cresciuta del 7 %, quella
delle contravvenzioni annue del 23 %. Ebbene mentre nel 1852
il prezzo del grano è. di scell. 41.4 per quarter, esso ascende
a 53.9 nel 1853. Ancor più interessanti son le cifre del 1854.
In quest'anno il numero delle nuove fabbriche scende a 49, e
tuttavia il numero delle contravvenzioni sale a 290; ma il prezzo
del grano è frattanto salito a 72. Infine nell'anno 1856 il
prezzo del grano sale a 72.3, le contravvenzioni a 386. —
Che se osserviamo i dati relativi agli infortuni del lavoro, in
Inghilterra, troviamo che nel 1847, quando il prezzo del grano
è più di 69 scell. per quarter, essi sono 3561, mentre nel 1848,
quando il prezzo del grano scende a 50, essi scemano a 2769;
nel 1854, quando il prezzo del grano è 72, l'Inghilterra ha 4007
infortuni industriali, ma essi scendono a 3932 nel 1857, quando il
prezzo del grano scende a 63 scell. Nel 1858 il prezzo del grano
scende ancora a scell. 44.2; ebbene scende anche il numero degli
infortuni, ridotto a 3410. Esso si risolleva nel 1861, col salire
del prezzo del grano a scell. 55,4, e raggiunge la cifra di 4239,
per ricadere poi a 3920 nel 1863, quando il prezzo del grano è di
scell. 44.9 (1).

c) Impiego di capitale tecnico.

Accanto a questi metodi di degradazione del lavoratore, si svolge
nelle colonie e nell'Europa un metodo ben più efficace, di cui il capitalista si giova per deprimere il salario od il costo di lavoro —
l'impiego delle macchine. — L'influenza ascosa, che determina
l'invenzione dei processi produttivi e la introduzione di questi,
si rivela stupendamente nelle colonie, ove la necessità di ridurre
la mercede, per garantire la persistenza del profitto, stimola lo
spirito d'invenzione e provoca poi una introduzione febbrile dei
metodi inventati o perfezionati. — Nell'Australia, narra Westgarth, la elevatezza dei salari minacciava la persistenza e l'integrità del profitto; ma per ovviare all'imminente pericolo si è
fondata un'associazione agricola intesa ad incoraggiare i perfezio-

---

(1) Chi vorrà esaminare i dati relativi alla statistica degli infortuni del lavoro,
che sono raccolti nelle *Miscellaneous statistics of Un. Kingd.*, 1879, 462, troverà il notevole fatto, che i sinistri maggiori vanno regolarmente scemando,
mentre vanno costantemente crescendo i men gravi. Così la meccanica industriale presenta un processo inverso a quello della meccanica guerresca, la quale
rende meno frequenti, ma più disastrosi gli eccidi.

namenti meccanici e poco tempo dopo Ridley ha inventata una ammirabile macchina mietitrice, che è stata immediatamente posta in atto (1). In una Memoria sulle Indie occidentali si legge: Il crescente difetto di lavoro ha provocata l'invenzione di stromenti, di cui dapprima non si supponeva la possibilità, p. es. di macchine sarchiatrici (2). Negli Stati Uniti la invenzione di macchine raggiunge, come è noto, proporzioni meravigliose; dopo il 1834, quasi ad ogni anno si compiono in America dei perfezionamenti nella meccanica agraria (3); ed alla Esposizione di Londra del 1851 le macchine agrarie americane sono salutate come l'inizio di un'êra novella nell'industria rurale (4). Ma questi nuovi ritrovati vengon tosto messi ad esecuzione 'dai capitalisti, i quali non lasciano intentato alcun metodo, che valga ad emanciparli dal lavoratore. « Per comprendere lo spirito dell'agricoltura americana, osserva un distinto conoscitore dei rapporti economici del nuovo mondo, si dee sempre tener a calcolo l'alto prezzo del lavoro. È questo che spiega come si trovino così pochi lavoratori sui poderi americani. Nello Stato di Nuova York i campi di trifoglio vengon disposti alla coltivazione arandoli profondamente nel giugno e trattando poi la superficie coll'erpice e collo scarificatore per distruggere le mal'erbe. Ed invero, benchè tale sistema sacrifichi una gran quantità di foraggio prezioso, pure nelle circostanze attuali esso è forse il migliore che possa seguirsi, poichè esige una piccola quantità di lavoro. Gli è per la stessa ragione che nella zona occidentale dello Stato di N. York non si coltiva il grano turco, prodotto che esige molto lavoro » (5). Ormai il coltivatore americano dee calcolare fra le condizioni essenziali alla riuscita della impresa l'impiego di un forte capitale in macchine, ed ogni elevazione di salari accresce l'impiego di quelle (6). Il che s'avvera del pari nell'industria. Finchè la terra americana può essere ottenuta a basso prezzo, onde il salario si mantiene elevato (così il Lowthian Bell) (7), ogni processo meccanico è di

---

(1) WESTGARTH, Australia, 267.
(2) Memorial by planters, 483-4.
(3) MOODY, l. c.
(4) The industry of nations, Lond. 1852, 214.
(5) RUSSELL, L c., 26.
(6) Ib., 31.3.
(7) Report on the iron manufacture of U. S., Lond., 1877, 23.

maggiore importanza in America che in Europa. Già nelle industrie di Lowell si veggono gli elevati salari provocare i capitalisti ad una energica introduzione di macchine (1); ma il fenomeno si ripete in tutti gli stati dell'Unione. « Le nostre industrie, avverte il Bolles, sono oggi predominate dalle macchine anzichè dal lavoro umano e $^9/_{10}$ delle operazioni che, or non è molto, eran compiute dalla mano dell'uomo, son oggi compiute dalle macchine. Nell'America 3 mila operai bastano ad una fabbrica di locomotive, che nella Germania ne esige 10 mila » (2); e mentre sui bastimenti della marina mercantile inglese si trova 1 marinaio ad ogni 15 tonnellate, se ne trova 1 su 25 nei bastimenti americani (3).

L'introduzione delle macchine, così poderosa nell'America, non vi esercita dapprima una influenza dannosa alla classe lavoratrice, anzi in molti casi essa risulta a migliorare la composizione sociale della popolazione ; poichè l'operaio, che possiede dei risparmi, e che, finchè ha impiego costante nell'officina, è rattenuto per legge d'inerzia dall'abbandonarla, si trasferisce sulla terra libera appena venga sostituito dalla macchina e converte la sua condizione di salariato in quella di piccolo proprietario (4). Inoltre la macchina, se giunge a deprimere i salari, non esclude però l'operaio dal lavoro, poichè il Fondo-Salari assottigliato è sufficiente a mantenere tutta la popolazione lavoratrice ; onde il nome stesso di macchine risparmianti il lavoro è, per un lungo periodo, considerato quale un controsenso dagli Americani, i quali veggono che le macchine non pongon fuori d'impiego un solo lavoratore (5). Ma esse riescono però nel loro intento supremo, la depressione dei salari, la quale, come già vedemmo, si compie nell'America con rapidità spaventosa. Questa medesima depressione dei salari, finchè è accompagnata ad un prezzo mite dei viveri, rallenta l'introduzione di macchine ; e per un momento gli economisti avvertono che « la maggior parte delle imprese vien condotta nell'America con un capitale fisso relativamente limitato » (6). Ma

---

(1) JOHNSTON, l. c., ll, 422.

(2) BOLLES, *Ind. hist.*, 267.

(3) BRASSEY, *Work and wages*, 109. Singolare è il CAREY (*Wages*), il quale a pag. 80 trova che la forte introduzione di macchine in America è il prodotto, a pag. 86 che è la causa delle elevate mercedi.

(4) WALTERSHAUSEN, *Gewerkvereine in America*, 530.

(5) *Reports on hours of labour*, 42.

(6) STUDNITZ, l. c., 119.

la introduzione di macchine ripiglia impulso più baldo colla elevazione del costo di lavoro per l'incarimento delle derrate; ed a questo punto, in cui il Fondo-Salari è già presso al minimo, la macchina giunge per la prima volta a ridurre quel Fondo al disotto del minimo, e con ciò a creare, almeno temporaneamente, una classe di soprannumeri. Ormai infatti anche nell'America si può fare la triste esperienza che « dove un uomo può compiere col mezzo della macchina il lavoro di due, uno è abbandonato sul lastrico » e che « le invenzioni e i perfezionamenti tecnici hanno creata una gente di mendicanti ed oziosi, che riempie il paese delle sue strida per avere lavoro » (1).

Questo singolare processo appare naturalmente più completo nella storia d'Europa, la quale, illuminata dalle rivelazioni delle colonie, ci fa assistere appunto in tale materia ai più sorprendenti spettacoli. Imperocchè mentre lo sviluppo delle invenzioni tecniche sembra essere il risultato del progresso intellettivo, o del caso, o di parecchie cause incalcolabili affatto, la storia d'Europa ci rivela essere il processo delle invenzioni tecniche fatalmente determinato, dalla elevazione dei salari prima, poi da quella del costo di lavoro, cioè in ogni caso dalle condizioni territoriali, che di quei fenomeni sono la causa. È qui che appare nella sua più grandiosa portata l'influenza, che esercita come fattore sociale la terra, la quale non domina più soltanto i rapporti economici, giuridici, o politici, ma indirizza lo stesso umano pensiero in una fra le sue più imponenti manifestazioni.

L'invenzione di stromenti agricoli, che per tanta epoca era rimasta stazionaria, trova nella elevatezza del salario, caratterīstica all'infanzia di questa forma economica, un improvviso alimento. Ci basti ricordare il pio e borghese Olivier de Serres, il quale occupa nella economia rurale del secolo XVII quel posto, che Ure nella economia industriale del nostro secolo ed è al pari di quello dominato da un pensiero cocente, la necessità di degradare il lavoratore. « És journées des hommes employés a cest ouvrage (agricolo) court de la despence a cause de la longoeur de l'oeuvre; *pour espargner, un instrument est inventé* de si bon service, que moyennant icelui, un seul homme avec une ou deux bestes le promenant par le champ brise plus de mottes

---

(1) MOODY, l. c.

qui ne feroient dix hommes about des massues et besches. » E
quale lo scopo di questa invenzione? La riduzione del salario.
« Du salaire des serviteurs ne se peut dire autre chose que de
tascher a le rendre le plus petit qu'on pourra pour la conse-
quence du haussement toujours prejudiciable au menager » (1).
Ma è nella storia della tecnologia industriale che trovano la più
luminosa illustrazione questi interessanti fenomeni. La filatura,
compiuta a mano fino alla seconda metà del secolo scorso, soggiace ad una rivoluzione tecnica per opera di Crompton (1774),
il quale inventa la *mule-jenny*; ma questa macchina, nella prima
sua foggia, è mossa dalla mano dell'uomo, e non soddisfa che in
parte alle esigenze del capitale. Di qui gli sforzi incessanti degli
inventori per sostituire un motore automatico al motore animato.
Nel 1790, Kelly in New Lanark si giova dell'acqua, la quale
non esclude l'uomo dalla funzione di motore, ma rende possibile
ad un sol uomo di dare impulso contemporaneamente a due macchine, laddove prima esso non poteva porne in attività che una
sola (2). Se non che bentosto si ottiene la più completa esenzione della filatura dal lavoro umano mercè il motore automatico
di Roberts, il quale viene ideato all'esplicito scopo di lottare
contro una elevazione di salari imposta dagli operai. Ma lasciamo
narrare tutto ciò a Ure : « Nelle filature di lana grossa per ca-
licò, frustagno ed altri prodotti grossolani, gli operai avevano
abusato della loro forza oltre il tollerabile, dominando nel modo
più arrogante i loro padroni. Gli alti salari formavano il fondo,
di cui si alimentavano gli scioperi, che si succedevano nei diversi
distretti del Lancashire e del Lanarkshire. Durante una disastrosa procella di questa specie a Hyde, Stayleybridge e nei villaggi manifattori adiacenti, parecchi capitalisti, atterriti nel vedere
il primato della loro industria passare alla Francia, al Belgio ed
agli Stati Uniti, si rivolsero ai celebri macchinisti Sharp e C. di
Manchester, pregandoli a dirigere l'ingegno inventivo del loro
socio Roberts alla costruzione di un apparato automatico, che
emancipasse l'industria dalla schiavitù e dalla imminente ruina.
Roberts (1828), a delizia dei manifattori, i quali non cessavano
di stimolare la sua operosità colle frequenti lor visite, produsse,

---

(1) Olivier de Serres, *Théâtre d'Agriculture* (1600), Paris, 1804, 103-4, 38.
(2) Grothe, *Bilder*, 145-6.

nel corso di pochi mesi, una macchina, che sembrava dotata del pensiero, del sentimento e del tatto di un esperto operaio. Così sorse l'Uomo di Ferro, come gli operai lo chiamarono a buon diritto e che fu *una creazione destinata a ristabilire l'ordine fra le classi operaie* ed a confermare alla Gran Brettagna l'impero dell'industria; e la sola notizia di questo erculeo prodigio sgominò le unioni dei lavoratori e prima ancora che esso lasciasse la culla soffocò l'idra dell'anarchia». In generale « la necessità di estendere la macchina nella filatura, necessità creata dai decreti delle Trades'Unions, ha dato non è guari stimolo energico alla scienza meccanica e raddoppiando l'estensione delle sue macchine, il manifattore è riuscito a trionfare degli operai indolenti e riottosi e a divenire una volta padrone nella propria fabbrica » (1).

Le più diverse industrie ci presentano con pari esattezza la dipendenza delle invenzioni tecniche dall'elevato salario. Così nella tessitura l'aspirazione cocente degli inventori è di sopprimere l'impiego del garzone (2). Quell'industria, la quale nel 1730 esigeva 2 lavoratori adulti per ogni telaio, fa un primo progresso per l'invenzione di John Kay, la quale, oltre che rendere superfluo l'un d'essi, permette all'altro di compiere il lavoro con una sola mano, cui arma di una sferza, che colle sue corde mette in moto le navette (3). Ma rimane però necessario al tessitore adulto un garzone ed è questo che gli inventori ambiscono di eliminare. Un primo apparato riuscente a questo scopo, dovuto a Vaucanson (1745), è negletto, poichè non può usarsi che in connessione con un apparato meccanico, a cui l'epoca è immatura. 15 anni più tardi, Stell inventa la macchina a tamburo, la quale raggiunge meglio l'intento e si diffonde sul finire del secolo XVIII. Ma questi tentativi vengono ecclissati dall'opera di Jacquard, la cui vita può dirsi una dimostrazione luminosa della dipendenza delle invenzioni industriali dall'elevatezza del salario. Ed infatti doveva la forte quantità di operai richiesta dalla tessitura creare un assai grave squilibrio fra l'offerta e la domanda di lavoro ed una condizione assai disagiata al capitale, se il pensiero di esimere l'industria tessile dal garzone diviene in Jacquard un'idea

(1) URE, l. c., 365-8.
(2) KARMARSCH, *Gesch. der Techn.*, 681.
(3) GROTHE, l. c., 224.

fissa, perseguita per 11 anni con instancabile tenacia (1). Essa trionfa nel telaio automatico (1801), che si generalizza bentosto e giunge a sgominare le esigenze dei lavoratori. Volgiamoci ancora ad un terzo processo dell'industria tessile, la stampa dei tessuti. « Quest'arte elegante era stata lungo tempo lo zimbello di operai riottosi, che, associati in federazioni, sfruttavano i loro elevati salari come armi di guerra contro gli imprenditori e l'industria. Da questo intollerabile servaggio i capitalisti cercarono liberazione nelle invenzioni della scienza, che li ristabilì bentosto nella loro dominazione legittima, quella del capo sulle membra inferiori. Fu sotto l'alta pressura di queste confederazioni dispotiche, che gli apparati automatici per eseguire le operazioni di lavatura e tintura furono ideati. A Manchester, nel 1834, sciopero di operai tessitori ; poco tempo dopo, entrando nelle fabbriche del sig. Lillie, vidi il corollario dello sciopero sotto forma di un nuovo apparato meccanico » (2). Verso il 1812, in una fabbrica di canne da schioppo, uno sciopero, provocato dal desiderio di un aumento di salari, indusse il sorvegliante dell'officina a meditare un perfezionamento delle macchine e ad idearne una modificazione, leggiera in apparenza, la quale scemò d'assai il numero degli operai impiegati e tolse a quelli, che avevano acquistato una abilità speciale in quel lavoro, la prevalenza che prima ritraevano dalla loro destrezza. Nella medesima industria, alcuni anni più tardi, uno sciopero indusse a perfezionare un'invenzione fin allora incompleta ed inattuabile perchè troppo costosa ; e la nuova macchina, dispensando il capitalista da buona parte degli operai prima necessari, gli ridonò il dominio sui lavoratori impiegati (3). Anche nella Francia gli imprenditori, minacciati dall'elevato salario, dedicano una parte del loro tempo allo studio di vari processi tecnici e riescono così a rendersi indipendenti, quanto e più dei capitalisti inglesi, dai proprii operai (4). E come l'invenzione di macchine, così l'introduzione delle macchine già inventate non si compie già in modo arbitrario, nè basta a determinarla, come volgarmente si crede (5),

---

(1) KARMARSCH, l. c., 681-2, 672-5.
(2) URE, l. c., 369-70.
(3) BABBAGE, l. c., 298-300.
(4) BEVAN, *Pottery*, Lond. 1876, 61.
(5) Vedi p. es. DUNNING, l. c., 24.

l'attenuazione che la macchina arreca, alla quantità di lavoro impiegata nella produzione, ma è determinata dal fatto, non già tecnico ma economico, della elevazione dei salari. « Tutti gli sforzi degli operai per ottenere un aumento di salari, osserva Babbage, hanno la tendenza a determinare l'introduzione di macchine » (1). Nell'Irlanda, i grandi miglioramenti sociali introdotti dopo il 1847 producono una elevazione di salari, la quale determina per la prima volta l'impiego di macchine. Nell'Inghilterra ancora nel 1860 « la grande attività dell'industria è accompagnata da una notevole scarsità di lavoro, e se nei distretti laniferi la difficoltà non è così grave, gli è perchè gli imprenditori riescono a dispensarsi dal lavoro manuale mercè macchine perfezionate » (2). Infatti la introduzione di macchine segue, appunto in questo periodo di elevato salario, con rapidità vorticosa. Nel Regno Unito, nel 1850, si impiegavano 132.217 cavalli-vapore per dar moto a 25.638.716 fusi e a 301.445 telai; nel 1856 i fusi sono 33.503.580 e 369.205 i telai (3); e nella sola industria tessile, dal 1850 al 1862 si ha un aumento del 26.9 $\%$ nel numero dei fusi e del 15.6 $\%$ in quello dei telai, mentre il numero delle persone impiegate scende del 7 $\%$ (4).

Nel periodo dell'elevato salario la funzione prettamente capitalista, che ha l'impiego di macchine, come metodo di persistenza del profitto, predomina sopra la sua funzione, capitalista ad un tempo e sociale, di reagente contro la degressione nella produttività della terra; onde risulta un impiego di macchine ben più veemente di quello, che sarebbe richiesto a reagire contro siffatta degressione, e persiste o si fa più vibrata la indipendenza, che già vedemmo iniziarsi colla economia a salariati, dello sviluppo tecnico dai progressi della legge limitatrice. Ma non appena l'azione del capitale a depressione del salario trionfa e questo è ridotto al minimo saggio, si manifesta un immediato rallentamento nell'impiego delle macchine, o la sostituzione di queste col lavoro umano. — Così in Inghilterra, fino al termine del secolo XVIII, vi ha generale domanda di alcuni prodotti di calzatura; poi la moda di questi scema e gli operai di quell'industria si

(1) Babbage, l. c., 301.
(2) Rep. Fact., aprile 1860, 24-5.
(3) Rep. Fact., ottobre 1856 passim.
(4) Rep. Fact., ottobre 1862.

trovano in condizione assai dolorosa e debbono accettare salarj
poverissimi. Ora questa depressione dei salarj è causa, che di
molte macchine venga abbandonato l'uso e che si sostituiscano
col lavoro umano (1). In Irlanda prima del 1847 i salarj sono
così depressi, che non mette conto introdurre macchine (2). Nelle
aziende agricole tedesche, in cui la mano d'opera è offerta ad un
prezzo irrisorio, nota Hermann, l'applicazione del vapore alle
trebbiatrici e mietitrici sarebbe troppo costosa e perciò la funzione di motore è lasciata all'uomo, la cui opera è meno costosa non solo del vapore, ma spesso anche dell'acqua (3). Non
altrimenti in Italia, l'eccessivo buon mercato del lavoro agricolo
distoglie spesso dalla introduzione di macchine, che sarebbero
più costose degli operai da esse sostituiti (4). Nell'Egitto durante la
guerra civile americana, vengono introdotti 500 aratri a vapore,
ma il loro impiego non è proficuo pel basso prezzo del lavoro
e ²/₃ di essi non sono posti in opera. Del pari è ben noto che
nella China il basso prezzo del lavoro esclude l'impiego delle
macchine. — Ma non è tutto. Quando il salario è ridotto al minimo
ed il saggio del profitto è elevato, il capitalista non si induce
nemmeno ad impiegare una macchina avente un valore minore
degli operai da essa sostituiti, poichè, non essendo quella necessaria ad assicurare la persistenza del profitto, non vi ha stimolo
sufficiente a compiere una rivoluzione nel processo tecnico. Così
in sullo scorcio del secolo passato, in Francia, mentre il salario è
assai depresso, sono ignorate le macchine, e la stessa filatura del
cotone, che nell'Inghilterra è praticata colle macchine, viene
compiuta dalla mano dell'uomo (5). Allorchè il Duca di Clarence
visita, in quell'epoca stessa, la zecca di Parigi, chiede ad uno dei
principali impiegati, se egli non si serva della pompa a fuoco per
movere i bilancieri. « Grazie a Dio, risponde quegli, noi abbiamo
in Francia abbastanza braccia, per far a meno delle macchine » (6).
Nella stessa Inghilterra gli uomini tecnici affermano che quando
il salario è assai basso le macchine non vengono impiegate, per

---

(1) Spons, *Encyclopedia of industrial arts*, Lond. 1881, 1187.
(2) *Rep. Fact.*, ottobre 1852, 36-7.
(3) Hermann, *Staats. Unt.*, 268.
(4) Jacini (*Rel. Fin.*, 71) riferisce il fatto, ma non ne comprende la ragione.
(5) Chaptal, l. c., II, 4-5.
(6) De la Borde, *De l'esprit d'association*, ecc. Paris, 1818, 278.

quanto scemino il costo del capitalista. « È certo, afferma Bab-bage, che uno stimolo potente è necessario, perchè quegli si risolva ad introdurre un nuovo e costoso metodo di produzione e che quando il timore di una perdita pecuniaria (derivante dall'elevarsi del salario) non influisca energicamente, i miglioramenti industriali non vengono introdotti » (1). Ma Ure stesso non è su ciò meno esplicito. « Io fui assicurato, egli dice, che ove le esigenze degli operai non sono eccessive, essi rimangono illesi dal pericolo di un impiego di macchine; poichè questo esige gravi spese, nè il capitalista vi si induce senza una forte elevazione di salari » (2).

Quando però, successivamente alla riduzione del salario al minimo, qualche influenza sopravviene a scemare il saggio del profitto, la macchina vien tosto sfruttata a paralizzarne l'effetto, in grazia della riduzione che essa arreca al costo di lavoro, pur senza mutare il saggio omai irriducibile della mercede. Così i prestiti pubblici, scemando il saggio del profitto, per virtù delle gravi imposte che ne derivano, sono una causa della grande introduzione di macchine nelle industrie britanniche (3). Ma è più specialmente quando la diminuzione del saggio del profitto è dovuta all'incarimento dei viveri, o all'incremento della rendita, è specialmente allora che l'introduzione dei metodi perfezionati ridiviene un'arme efficace nella strategia del capitale. Perciò a questo punto l'impiego di macchine assume nuovamente un moto accelerato, benchè non proceda più così febbrile come nel primo suo stadio, ma rimanga adeguato ai progressi della limitazione produttiva della terra, o degli aumenti nel costo di lavoro, che ne sono il risultato. « Nei nuovi tempi, avverte uno storico della tecnologia, in cui i prodotti più necessari divengono molto costosi, in cui sopratutto i viveri crescono sempre più di prezzo, ogni nuova ed utile scoperta, che accresca i mezzi di sussistenza deve essere straordinariamente opportuna » (4). Con quale veemenza l'incarimento dei viveri determini l'introduzione di macchine si scorge dal notevole fatto, che le manifatture inglesi ven-

---

(1) Babbage, l. c., 301. Cfr. Vol. I, p. 404 nota.
(2) Ure, l. c., 368.
(3) Doubleday, *Financ. hist.*, Lond. 1847, 317-9.
(4) Poppe, *Gesch. der Technol.*, Gottingen, 1807-11, I, 203.

dono a tanto miglior mercato i loro prodotti, quanto più son care le sussistenze (1); appunto perchè a paro coll'incarimento di queste va l'introduzione di metodi perfezionati nelle industrie. « Qualche tempo fa, scrive Redgrave nel 1865, i manifattori mi accertavano che se negli ultimi anni non avessero introdotta una forte quantità di macchine a sostituzione del lavoro umano, sarebbersi trovati a mal partito per l'elevazione eccessiva delle mercedi ». Ma perchè questo aumento di mercedi? « Alcuni giorni dopo, prosegue Redgrave, discorrendo di questo tema con un manifattore autorevole, venni a notizia di due esempi, che mostravano con quanta rapidità crescessero i salarj. L'un caso era quello degli assortitori di lana, i quali esigevano un aumento di salarj di 2 o 3 scell. per opera. Essi fondavano le loro esigenze sul cresciuto prezzo dei viveri e soggiungevano: se voi osserverete l'elevazione generale delle mercedi in ogni ramo d'industria, troverete che la nostra rimunerazione annua non ci consente di conservare quella posizione sociale, che prima avevamo. L'altro caso era quello dei torcitori di corda, i quali, chiedendo una elevazione di salarj, aggiungevano il seguente *nota-bene:* Noi attendiamo una risposta favorevole; in caso diverso voi dovrete cercare altri operai, poichè a noi, nell'attuale caro dei viveri, è impossibile di così proseguire » (2). La dipendenza della introduzione di macchine, in questo periodo, dall'elevazione del costo di lavoro è dimostrata dal fatto, che le macchine vengono introdotte particolarmente nelle provincie, ove la popolazione è più addensata, ossia maggiore è il costo dei viveri (3) e che esse sostituiscono non già il lavoro dei fanciulli, ma quello degli adulti, di cui il costo è più elevato. — Così p. es. nel 1840 un manifattore impiegava 600 operai, di cui 200 fanciulli; nel 1850 esso impiega 350 operai, di cui 200 fanciulli; dunque la macchina ha sostituito soltanto gli adulti — (4). Ma la mutazione, operata nella composizione della popolazione operaia inglese dall'impiego di macchine, si trova delineata con anche maggiore evidenza dalle cifre seguenti:

---

(1) THAER, *Engl. Landw.* Hannover, 1801-4, II, 99.
(2) *Reports Fact.*, 31 ottobre 1865, 38.
(3) GASKELL, *Manufacturing population of Engl.* Lond. 1833, 179.
(4) *Rep. Fact.*, ottobre 1852, 58.

Età	Anno 1850	1875
Fanciulli	6.4 %	14 %
Giovani fra i 13 e 18 anni	10.3 %	8 %
Uomini di più che 18 anni	27.4 %	24 %
Donne	55.9 %	54 %

ove si scorge appunto la ragguardevole diminuzione del rapporto numerico fra gli adulti ed i fanciulli, compiutasi nel periodo in cui si introducono macchine a reazione contro l'alto costo di lavoro (1). E come nell'industria agricola e manifattrice, così questa introduzione di macchine a reazione contro l'alto costo di lavoro si compie nell'industria dei trasporti, poichè « la tendenza generale all'incarimento dei viveri ed alla elevazione dei salarj nominali genera in tutti i paesi molto popolosi il passaggio dai mezzi di trasporto animali ai meccanici, per evitare l'incremento di costo; laddove nei paesi a coltura estensiva i mezzi di trasporto animali sono a buon mercato ed usati proficuamente » (2).

Quanto all'influenza definitiva della macchina, essa è scritta a caratteri indelebili nella storia del popolo lavoratore. Certo, ove l'aumento dell'accumulazione eccede quello della popolazione, la introduzione di macchine è impotente a scemare le mercedi; epperò vediamo una energica introduzione di macchine compiersi nell'agricoltura britannica al principio di questo secolo e rimanere inefficace a deprimere le mercedi rurali (3). Ma quando la introduzione di macchine diviene sistematica, quando si compie con una parte del capitale precedentemente impiegato nella produzione, la diminuzione del salario è ineluttabile; ed infatti nell'Inghilterra dal 1839 al 1841 vediamo i salari scemare di $^{1}/_{4}$ in quelle industrie, in cui le macchine sono cresciute di $^{1}/_{8}$ in quantità e di $^{1}/_{6}$ in efficacia produttiva (4). Bensì la riduzione della

---

(1) BEVAN, *Textile industries*, Lond. 1877, 9-10.

(2) SAX, *Verkehrsmittel*, II, 170.1.

(3) *Rep. of sel. Comm. on Corn Laws*, 16. — Ciò spiega l'asserto di qualche scrittore di quest'epoca, che la macchina crei una popolazione eccessiva se introdotta nelle manifatture, non però se nell'agricoltura (BRERETON, *Practical inquiry into the number, means of employment and wages of agricultural labourers*, Norwich, 1824, 50-1), mentre il fenomeno opposto si avvera nell'economia attuale. — Anche nel 1865 si nota un aumento di salari, parallelo alla introduzione di macchine; ma questo fatto è generalmente attribuito ad una scarsità di braccia eccezionale (*Rep. Fact.*, ottobre 1865, 59-60).

(4) *Rep. on Export. of machinery*, 249.

mercede, dovuta alla macchina, viene, durante un certo periodo, dissimulata dal sistema di pagare un salario in apparenza invariato, detraendone la miglior parte come prezzo d'affitto dello stromento produttivo ceduto al lavoratore. Ancora nel 1778 questo sistema è considerato cosa nuova, vuoi che l'avvedutezza capitalista non sia per anche svegliata, vuoi che le condizioni stesse dello stromento produttivo rendano quel sistema inattuabile; ma dopo quell'epoca esso divien generale e costituisce per un lato un energico impulso all'impiego delle macchine, per altro lato un fattore addizionale di degradazione delle classi lavoratrici ed una cagione precipua della loro rivolta contro le macchine e del *luddismo* che serpe per esse (1). Fin dallo scorcio del secolo XVIII gli imprenditori non esitano ad imporre fitti usurari per l'uso delle macchine. Il prezzo d'un telaio a quest'epoca oscilla fra 6 ed 8 sterl., ma il lavoratore deve pagare per l'uso di esso da 1 scell. e 3 pence a 2 scell. per settimana, il che equivale ad un interesse dell'86 %. L'operaio viene obbligato a prendere in fitto questi stromenti, se vuole avere lavoro; che se egli cerca di acquistare uno stromento a sue spese, non è accettato nella manifattura. Gli operai debbono pagare questo fitto sia che lavorino o no, ed anche durante una malattia. Affine di garantirsi da ogni perdita, gl'imprenditori vendono agli operai i materiali necessari a fabbricare i prodotti e ricomprano poi questi, rifiutandoli appena non siano perfetti; ma gli operai debbono pagare il fitto del telaio anche quando gli imprenditori non forniscano loro i materiali con cui lavorare. Prevale il tristo sistema di estorcere un fitto dai telai non impiegati, in un modo indiretto; poichè se il capitalista affida all'imprenditore una quantità di materiali impiegabile da un uomo, avviene troppo spesso che quegli li ceda a tre operai e gravi ciascuno dei tre del fitto intero dello stromento ad esso prestato, benchè questo debba rimanere per buona parte del tempo inattivo (2). Alcuni imprenditori inceppano di proposito il lavoro degli operai, cosicchè essi possano condurre a termine solo un certo numero di prodotti per settimana, affine di poter estorcere l'affitto del telaio da un maggior numero di persone e di poter pagare minori salari. Per tal guisa gli imprenditori giungono, oltre che a

---

(1) FELKIN, *History of the machine-wrought hosiery and lace manufactures.* Lond. 1867, 117.

(2) *Rep. on Exp. Mach.*, 146.

garantirsi da ogni perdita, ad assicurarsi un lauto compenso per la cessione dei telai (1), e a fare dello stromento produttivo un metodo di poderosa estorsione a detrimento del lavoratore. E qui si avverta una notevole coincidenza. È precisamente nel periodo, in cui è elevato il salario, in cui perciò il capitalista saluta con esultanza ogni processo adatto a scemarlo, — è precisamente allora che è possibile l'affitto dello stromento produttivo, ancor nano e specializzato, ossia è possibile di convertire questo in un mezzo efficacissimo di degradazione della mercede. Invece in un periodo successivo, quando la riduzione omai completa del salario al minimo rende vana ogni azione del capitalista intesa a scemarlo, quando perciò l'affitto dello stromento produttivo non avrebbe più efficacia ad assottigliar la mercede, le dimensioni ciclopiche del meccanismo produttivo e la trasformazione dello stromento nella macchina rendono l'affitto del mezzo di produzione impossibile; onde la inutilità capitalista di quell'affitto coincide colla sua pratica impossibilità (2).

A questo punto, in cui il salario è omai sceso all'estremo, la introduzione della macchina rimane, com'è naturale, impotente a deprimerlo; e perciò il primo risultato della riduzione del salario al minimo è di far cessare le violente rivolte degli operai contro il fattore meccanico della produzione. Tuttavia anche in questo estremo suo stadio la macchina influisce sinistramente sull'operaio impiegato, rendendo più penoso, più prolungato, e più esauriente il suo lavoro. « Tre fasi, osserva Redgrave, ha percorso l'industria tessile. La prima è la fase patriarcale, in cui l'industria è domestica ; la seconda è la fase della manifattura, per lo più condotta nei distretti rurali e che ha nell'acqua la forza motrice; la terza è la fase dell'industria meccanica. È in quest'ultima fase che dirompe il delirio dell'introduzione di macchine, senza riguardo alcuno alla distruzione delle vite umane e che l'operaio di fabbrica vien degradato dalla condizione di robusto lavoratore in quella di debole, anemico e malaticcio salariato, che lavora quotidianamente e per l'intero giorno e possibilmente anche per parte della notte in una fabbrica chiusa, calda e mal ventilata e che ritorna dal lavoro ad una abitazione anche più insalubre della fabbrica; cosicchè la popolazione lavoratrice è ormai divenuta una razza distinta, riconoscibile all'as-

---

(1) Howell, l. c., 101-2.

(2) In Inghilterra l'affitto dello stromento produttivo come mezzo di riduzione del salario venne vietato per legge nel 1872.

petto ». Una serie di questioni rivolte su tale argomento nel 1875
ebbero unanimi risposte, le quali provano troppo la degenerazione
completa delle classi operaie, costrette ad un lavoro spasmodico
sotto la pressura delle macchine (1). Ma ben più grave è l'influenza, che esercita la macchina in questo suo stadio, a scemare
il Fondo-salari al disotto del minimo, e con ciò a porre fuori d'impiego numerose schiere di lavoratori. Così « l'applicazione della
macchina alla cardatura della lana nel 1836 ha per effetto di
espellere una grande quantità di operai dal lavoro. La lana era
dapprima cardata a mano, spesso nella casa del cardatore ; ora lo
è nella fabbrica ed il lavoro a mano è quasi generalmente sostituito. Alcuni dei cardatori a mano trovano impiego nella fabbrica,
ma il prodotto della cardatura a macchina è tanto superiore a
quello della cardatura a mano, che l'impiego di un gran numero
di cardatori è cessato » (2). E ciò che avviene nell'industria manifattrice si ripete, in proporzioni più gravi, nell'agricoltura, ove
l'introduzione del capitale tecnico, oltre che nell' impiego di macchine, si manifesta nella sostituzione dei campi coi pascoli o della
piccola colla grande coltura. « Che cosa diviene l'operaio agricolo,
il quale è licenziato? Esso viene soccorso dalla carità pubblica,
lotta contro privazioni senza nome e finisce o nella carità della parrocchia, o nella prostituzione » (3). « — Le evizioni, conchiude
energicamente Somers, *non sospingono soltanto le classi agricole dalla campagna alla città, ma dalla vita alla morte* » (4).

A queste influenze sinistre della macchina , gli statistici del-
l'industria contrappongono con manifesta compiacenza l'impulso,
che essa porge all'accumulazione ed alla domanda di lavoro. Essi
avvertono infatti come la forte introduzione di macchine, che si
compie nell'industria tessile irlandese dopo il 1849, determini un
grande miglioramento nella condizione dei lavoratori (5); come la
introduzione di macchine nella tessitura inglese abbia accresciuto
di 8 volte in 130 anni la popolazione del Lanarkshire ; come nel
solo periodo dal 1822 al 1832, mentre il numero de' telai meccanici cresce da 1970 a 9177, cresca da 3555 a 4247 quello degli

---

(1) BEVAN, l. c., 11-12.
(2) *Rep. Fact.*, ottobre 1856, 16.
(3) LAING, *National distress*, 31.
(4) SOMERS, l. c., 160.
(5) *Rep. Fact.*, 31 ottobre 1850, 30.

operai impiegati (1). A Bradford, le invenzioni tecniche « accrescono la popolazione lavoratrice ad un saggio straordinario, che non può essere sopperito, se non mercè una forte importazione dalle altre provincie e dall'Irlanda »; e la popolazione totale, che nel 1821 è di 70.847, vi ascende nel 1851 a 181.964 abitanti (2). Nel 1760, osserva il Baines, 40 mila persone al più erano mantenute dalla manifattura del cotone ; ma l'introduzione di macchine ha elevato il numero di quelle a più che 500 mila nel 1835, ossia lo ha accresciuto di 12 $\frac{1}{2}$ volte in 75 anni. Se dunque, esso conchiude, la macchina converte il salariato in proletario od anche in mendicante, non è questo che un risultato fuggitivo, il quale fa luogo bentosto all'impiego totale degli operai concorrenti, e ad un salario elevato dalle influenze stesse della macchina (3). E sia pure. Ma questi inneggiatori dell'industria dovrebbero riconoscere che rispetto alla sorte dei disgraziati, che la macchina inutilizza od uccide, è amara irrisione la eventualità, che la macchina stessa dischiude, di una maggior domanda di lavoro nell'avvenire. E di più essi dovrebbero, in qualità di storici imparziali, avvertire che il capitale tecnico, quando assume la sua forma tipica e perfetta, crea necessariamente un eccesso di popolazione irrevocabile ; ciò che dimostra con meridiana evidenza la storia della più sciagurata fra le regioni europee. Il lettore ha già nominata l'Irlanda.

Nell' « isola verde » la conversione di capitale salari in capitale tecnico è fenomeno da lungo tempo iniziato, sotto l'azione di cause potentissime, sociali ad un tempo e capitaliste. Per una parte l'aumento della popolazione inglese, accrescendo la richiesta dei prodotti d'Irlanda, vi ha da lungo tempo stimolato il compimento di grandi trasformazioni rurali. Durante un primo periodo, il premio alla esportazione del grano, che ha vigore nell'Irlanda fino al 1838, vi favorisce la granicoltura (4), e l'incremento continuo nella domanda di grano da parte dell'Inghilterra provoca nell'Irlanda una conversione crescente della piccola nella grande

(1) BABBAGE, l. c., 339.

(2) *Rep. Fact.*, 31 ottobre, 1854, 67.

(3) BAINES, l. c., 360.

(4) Fin dall'epoca di PETTY (vedi la sua *Pol. Anat. of Irel.*, Lond., 1691, 12-16) l'Irlanda è paese essenzialmente granifero, sopratutto in virtù del divieto alla importazione di bestiame irlandese in Inghilterra.

coltivazione a grano (1). Ma quando, colla abrogazione delle
Leggi dei Cereali, l'Irlanda cessa di essere fornitrice di grani
all'Inghilterra, la quale ora li trae dalla Polonia, o dall'America, il mercato inglese si rivolge all'Irlanda per completare la
propria provvista di prodotti animali. Ora come contraccolpo di
questa domanda di carne e de'suoi incessanti incrementi, si
compie nell'Irlanda una violenta conversione di campi in pascoli,
ossia si attua la forma più spiccata della conversione di capitale
salari in capitale tecnico. Ma se a determinare questa grandiosa
usurpazione della economia pastorale sull'agricola cospira potentemente l'accrescersi della popolazione britannica, che la impone
come una necessità sociale, quel processo è del pari determinato
dalla lotta contro l'alto salario o contro l'alto costo di lavoro,
che ne fa una necessità tutta individuale e capitalista. Non mancano infatti anche nell'Irlanda esempi di conversioni di campi in
pascoli intese a reagire contro l'elevatezza del salario. Così « sui
terreni leggieri di Bell's Isle il signor Foster aveva disposto di
seminare 100 acri a patate, ma trovando il lavoro poco docile
e troppo costoso preferisce dedicare quelle terre all'allevamento
del bestiame » (2). La contesa contro la elevatezza del salario
assume poi nell'Irlanda una forma *sui generis*, dovuta alla forma
specifica che riveste, durante un lungo periodo, il salario in
quella regione, ove l'operaio non è spesso che un fittaiolo miserabile, a cui il proprietario infligge ogni sorta di esazioni (3), e
lascia, di consueto, una parte minima del prodotto. Ora appena la
porzione del prodotto percepita dal fittaiolo si eleva, o quegli si fa
riottoso ed indocile, il capitalista si affretta a convertire campi in
pascoli, e la stessa legislazione fondiaria non fa che esacerbare
questo processo, poichè trasformando la locazione temporanea in
un affitto perpetuo, o attenuando il dominio dei proprietari sui

---

(1) Ancora nel 1835 Torrens avvertiva: « Si manifesta oggi una grande rivoluzione agricola in Irlanda ed in Inghilterra; in Irlanda si concentrano le
terre, si espellono i coloni e si estende la coltura a grani; in Inghilterra si convertono campi a pascoli; ne risulta una popolazione eccessiva ». Torrens, *Colonis. of South Australia*, 300-3.

(2) Dun (Corrispondente del *Times*) *Landlords and tenants in Ireland*,
Lond., 1881, 169.

(3) Senior, *Journals, conversations and essays relating to Ireland*, Lond.,
1868, narra che alcuni proprietari irlandesi fanno pagare ai loro fittaioli 1 sterlina per ciascun colloquio che accordano ad essi (II, 296).

coloni, induce quelli a sopprimere coi fittaioli la questione dei
fittaioli ed a convertirli in veri e propri salariati, sostituendo la
piccola colla grande coltura. Quando poi, in seguito a questi processi, il salario irlandese è ormai reso irriducibile (1), la conversione dei campi in pascoli diviene un mezzo di efficace reazione contro l'elevatezza del costo di lavoro; poichè diminuendo
la produzione delle patate, riduce la coltivazione di queste alle
terre più fertili, e contribuisce a scemare il costo del prodotto
di consumo del lavoratore (2). Pertanto, dall'azione combinata
di tutti questi fattori risulta una veemente conversione di campi
in pascoli, che si compie in tutta l'Irlanda, e la cui portata è
dimostrata dalle cifre seguenti:

Prodotti	Estensione (in acri) coltivata nel 1856-7	Id. nel 1867-8	Aumento o decremento
Grano	544.348	286.790	257.558
Orzo	197.042	188.252	8.790
Avena	2.009.185	1.699.919	309.266
Patate	1.125.675	1.025.949	99.726
Navoni	352.249	326.454	25.795
Bestiame a corna	3.604.406	3.620.352	+ 15.946
Bestiame lanuto	3.573.273	4.822.444	+1.249.171
Suini	1.086.855	862,443	— 224.412 (3)

Queste cifre ci mostrano come la estensione dei pascoli cresca,
mentre scema la produzione delle derrate agrarie; ma l'imponenza
di questi processi agricoli è pur rivelata dal grande accentramento

---

(1) Sulla triste condizione dei salariati irlandesi, impiegati da piccoli fittaioli
e ad intermittenze, veggasi DUN, l. c., 50.

(2) Per tal guisa la domanda inglese del bestiame d'Irlanda esercita una influenza perfettamente opposta a quella che, come vedemmo (pag. 264), esercita
la domanda inglese di prodotti indiani; poichè questa incarisce l'alimento del
popolo, lasciando costante la domanda di lavoro, mentre quella scema la domanda di lavoratori, ma, riducendo alle terre più fertili la coltivazione delle
patate, ne deprezza le sussistenze. Però la conversione di campi in pascoli ha
un'influenza indiretta ad incarire una derrata di consumo dei lavoratori irlandesi,
i latticini. Infatti sulle terre convertite a pascolo si diffonde l'allevamento dei
montoni, e la carne di montone, entrando in concorrenza con quella di bue, la
deprezza; ma poichè il costo di produzione del bue rimane invariato, così deve
crescere il valore dei prodotti complementari, cioè dei latticini. Cfr. LONGFIELD,
l. c., 246-7: PETTY, l. c., 81-2.

(3) PLAYFAIR, *Declining production of human food in Irel.* (Recess studies, 243).

delle proprietà fondiarie, che ne è il correlativo naturale. Infatti in meno di 30 anni, dal 1846 al 1875, 270 mila piccole proprietà sono nell'Irlanda assorbite nelle grandi ; solo dal 1872 al 1878 il numero dei proprietari scema di 10.396, e nel solo anno 1877-78 i poderi da 1 a 30 acri scemano di 23.120, mentre quelli sopra i 30 acri s'accrescono di 456 (1). Ora da questa grandiosa rivoluzione nel processo tecnico, quali influenze derivano alla gente lavoratrice? Finchè la condizione del lavoratore è peggiorabile, la conversione di terre arative a pascoli ha per effetto di degradarla ; ed il peggioramento nella condizione dei lavoratori d'Irlanda si legge evidente nella degradazione delle colture irlandesi a cereali sempre inferiori. Infatti dal 1872 al 1876, mentre scema nella Irlanda l'estensione di terra coltivata a grano, ad avena, a segala, a patate, a navoni, e ad altri legumi, cresce la zona coltivata ad orzo, a fave, a barbabietole, a trifoglio (2). Ma quando il salario è ridotto al minimo, l'ultimo risultato della trasformazione agricola è la creazione di una popolazione eccessiva, non già temporanea, bensì permanente. — A determinare questo risultato contribuisce anzitutto il fatto, che il capitale tecnico, introdotto sulle terre irlandesi, viene impiegato a produrre bestiame, ossia una merce, che può essere impiegata come capitale tecnico; onde la conseguenza, che quando pure l'incremento di profitto che quel processo cagiona, col scemare il costo del salario, ed il guadagno che esso può assicurare al consumatore, accrescendo il prodotto più che proporzionalmente al costo, si accumulino produttivamente, essi possono accumularsi in una forma inaccessibile alle classi lavoratrici.   Certo, non è questa

---

(1) CAIRD nel *Times*, 2 febbraio 1885.

(2)	Prodotti	Acri in coltura nel 1872	Id. nel 1876
	Grano	225.294	119.597
	Avena	1.624.711	1.487.086
	Segala	9.975	9.232
	Patate	991.871	880.693
	Navoni	346.711	344.721
	Orzo	219.013	220.662
	Fave	11.821	11.910
	Barbabietole	34.832	48.631
	Trifoglio	1.800.273	1.861.464

(*Agric. stat. of Irel.*, 1876, 472-4).

che una eventualità; mentre può darsi che il capitalista irlandese, che ottiene ora un incremento di profitto, scambi una parte degli armenti esportati in Inghilterra contro grani, ed impieghi questi a domanda di operai nell'Irlanda stessa od all'estero; e lo stesso dee dirsi del consumatore inglese, il quale, ove faccia un risparmio nell'acquisto della carne, può impiegare la ricchezza risparmiata a domanda di lavoro. Nè v'ha dubbio, che, considerando il fenomeno nel suo complesso, anzichè da un aspetto locale, debbe ammettersi che .gli operai espulsi dalla rivoluzione agricola irlandese vengano riassorbiti, anche quando, così i profitti addizionali o i guadagni che essa ha creati, come gli operai che essa rese soprannumeri, passino il canal di San Giorgio, o l'Atlantico e celebrino il loro connubio sulla terra britannica od americana (1). Ma perchè questo riassorbimento fosse possibile, converrebbe che l'incremento di prodotto e di profitto, dovuto alla rivoluzione agricola, fosse così ragguardevole, da stimolare il consumatore ed il capitalista ad un poderoso incremento della accumulazione. Ebbene invece la conversione irlandese di capitale salari in capitale tecnico non accresce il prodotto, relativamente al costo, o non così da stimolare un aumento della accumulazione, e non lo accresce per le influenze della rendita, la quale, infaticabile nel limitare la produzione affine di spingere la coltura alle terre peggiori, impedisce che la conversione. si accompagni ad impieghi di nuovi capitali nel suolo, che soli farebbero di quella un miglioramento rurale. Gli è perciò che, in luogo di una economia pastorale intensiva, il fittaiolo irlandese deve appigliarsi ad una economia estensiva o di steppa (2), la

---

(1) Gli economisti, che si occuparono dell'Irlanda, hanno troppo spesso obliato, che i rapporti internazionali, i quali non hanno per sè alcuna influenza a foggiare la costituzione economica, non possono averne alcuna a creare uno squilibrio fra il capitale e la popolazione. Così il Sadler, le cui indagini si riferiscono all'epoca, in cui l'Irlanda era paese esportatore di grani, vede nella esportazione dei viveri la causa dell'eccesso irlandese di popolazione; (SADLER, *Ireland, its evils and their remedies*, Lond., 1829, 18, 37) senza avvertire che l'Irlanda è pure un paese esportatore d'uomini, che possono essere mantenuti dai viveri esportati; onde questi non sono completamente sottratti alla popolazione irlandese, nè può quindi affermarsi essere la loro esportazione la causa dell'eccesso di popolazione. Per la stessa ragione l'emigrazione irlandese non dà per sè stessa la prova di una popolazione eccessiva.

(2) MURPHY (*Ireland, industrial, political and social*, 125-6) notava fin dal

quale, dando nulla più che un misero prodotto, esclude ogni deprezzamento del vitto animale ed ogni vantaggio del consumatore, quindi ogni stimolo alla sua accumulazione. Pertanto la rivoluzione agricola irlandese non ha altra influenza, che di accrescere il profitto del capitalista agrario, col scemare il costo del prodotto di consumo dell'operaio. Ma questo incremento di profitto, a cui essa dà luogo, non può essere uno stimolo durevole alle accumulazioni del capitalista, poichè, essendo dovuto esclusivamente ad una riduzione della quantità prodotta della derrata di consumo dell'operaio, cessa appena la accresciuta accumulazione determina un novello aumento di quella quantità. Infine ove pure un tenue incremento nella accumulazione produttiva si avveri, esso si trova impotente a deprecare l'eccesso permanente di popolazione, per virtù della moltiplicazione eccessiva a cui si abbandona la gente irlandese, in seguito alla degradazione del costume, che delle espropriazioni è il risultato. Questa procreazione irrefrenata troverebbe già la propria dimostrazione nel fatto, che gli anni, in cui si ebbe la maggiore emigrazione dall'Irlanda, sono contraddistinti, oltre che dalle alte rendite e dalla scarsità del prodotto, da una popolazione cresciuta enormemente (1). Ma non ha d'uopo di dimostrazione la « moltiplicazione insensata della popolazione rurale irlandese » (2), che i proprietari del resto favoriscono meditatamente; ed a tutti è noto che « la popolazione d'Irlanda, considerando che questa è paese esclusivamente agricolo, era probabilmente (prima dell'esodo) più densa che quella d'ogni altra parte del mondo, compresa la China » (3).

1870, come coll'aumento nella produzione del bestiame vada a paro in Irlanda la diminuzione nella produzione dei foraggi; ciò che rivela che la economia pastorale irlandese tende ad assumere una forma estensiva, « poichè in egual modo si moltiplica anche il bisonte a milioni nelle praterie deserte e nei Pampas del continente americano ». Più tardi si avverte ancora, che a paro colla *espansione* della economia pastorale procede in Irlanda la *diminuzione* nella quantità prodotta di bestiame maggiore. Infatti dal 1875 al '76 le bestie bovine scemano di 1595, le pecore di 246.509, le capre di 6445 (*Agr. Stat.* l. c.). Un processo analogo a quello, che si ha in Irlanda, si ha in Sassonia dopo il 1870 (*Reports of Secr. Emb.*, 1876, I, 25) e nell'Agro romano in tempo assai anteriore, ed anche ai dì nostri (SOMBART, *Römische Campagna*, 1888, 115 e ss).

(1) TUCKETT, l. c., II, 533.

(2) LAVERGNE, *Angleterre*, 377, 389.

(3) MONTGOMERY MARTIN, *Ireland before and after the Union*, Lond. 1842, 177.

Da questa serie di malaugurati processi deriva, che ove pure
i profitti irlandesi si capitalizzino nell'Inghilterra e (come avemmo
occasione di notare più addietro) negli Stati Uniti (1), una popolazione eccessiva permanente si forma nell'Irlanda e la miseria
vi predomina sterminata. L'eccesso di popolazione creato in Ir
landa dalla economia a pascoli si tradisce, non già nel grande
esodo di cui quella terra porge spettacolo (2), ma nella sorte che
agli emigranti irlandesi vien fatta nella nuova lor sede. La condizione creata agli immigranti irlandesi in Inghilterra è dimostrata dal fatto, che « la speranza di essere impiegati dalla
Società di Mendicità a portar pietre a 6 od 8 *pence* per giorno,
lavoro da cui i mendicanti inglesi rifuggono, produce tale emigrazione dal sud d'Irlanda a Londra, che quella Società si vede
costretta a fare una distinzione fra i concorrenti ed a rifiutare
l'impiego a chi non abbia dimorato nell'Inghilterra per un certo
tempo » (3). E quanto alla sorte degli Irlandesi emigranti all'A-
merica, essa non è che troppo conosciuta ; poichè niuno ignora
che il torrente umano, il quale move annualmente dalla scon-
solata Eríne al Nuovo Mondo, miseramente si impaluda nei quartieri poveri delle città americane.

Questa grandiosa introduzione di capitale tecnico, compiuta
nell'agricoltura irlandese, presenta pertanto caratteri assai diversi e più gravi di quelli, che l'impiego del capitale tecnico
nella manifattura ; ma l'osservazione più semplice dimostra che
questo divario non è dovuto ad una differenza organica fra l'industria agricola e la manifattrice. — Infatti chi raffronti i fenomeni, che si manifestano in Irlanda, con quelli che già narrammo, relativi alla rivoluzione agricola inglese dei secoli XVI e
XVII, avverte d'un tratto come una differenza del pari profonda
interceda fra gli uni e gli altri ; poichè mentre la conversione
irlandese di capitale-salari in capitale-tecnico crea un eccesso di
popolazione permanente, il processo analogo, compiutosi due secoli innanzi in Inghilterra, non vi crea che un eccesso temporaneo
di popolazione. Perchè tale divario? Gli è che nell'Inghilterra

---

(1) Vedi *ante*, pag. 299.

(2) Dal 1841 al '68, mentre la popolazione dell'Inghilterra e Galles cresce
del 36 % e quella della Scozia del 22 %, la popolazione irlandese scema del 32 %.

(3) SENIOR, *Introductory lecture on Pol. Ec.*, Lond., 1827, 21.

del secolo XVI l'incremento di profitto, dovuto alla conversione di campi in pascoli, può direttamente impiegarsi in capitale-salari, poichè in quell'epoca il cibo del popolo consta sopratutto di vitto animale; gli è che quella conversione accresce potentemente il prodotto e l'accumulazione, dacchè la rendita non è ancora efficace a limitare la produzione, o non ha interesse a farlo perchè le terre inoccupate non sono molto più sterili di quelle poste a coltura; gli è finalmente che la popolazione, per quanto stimolata dalla stessa espulsione dei lavoratori, che ne degrada il costume, non cresce ancora a tal punto da sopravanzare gli aumenti del capitale. Perciò in tali condizioni il capitale tecnico dà luogo ad un aumento nella domanda di lavoro, che riesce a riassorbire gli operai licenziati, o 'a ricondurre il Fondo-salari al precedente suo saggio. Gli è per la stessa ragione che il capitale tecnico rimane, come vedemmo, impotente a creare un eccesso di popolazione normale quando è introdotto nella manifattura, nella quale l'incremento di prodotto, che esso cagiona, è, di consueto, ottenuto in una forma che lo rende non impiegabile direttamente in capitale tecnico, ed è così ragguardevole, da stimolare l'accumulazione. Ma nell'Irlanda contemporanea il capitale tecnico produce un incremento di profitto, il quale è direttamente impiegabile come capitale tecnico; è dominato dalla rendita, la quale rallenta la sua azione intesa ad accrescere il prodotto; ed infine stimola un aumento immediato di popolazione, degradando il lavoratore; e solo dal conserto di queste circostanze, che si accompagnano all'impiego del capitale tecnico, erompe l'eccesso di popolazione permanente, che ne è il risultato. Dunque l'Irlanda attuale non dimostra punto — come vorrebbero i pregiudicati chiosatori della statistica irlandese (1), — che il capitale tecnico crea necessariamente un eccesso irrevocabile di popolazione, ma dimostra però che esso può raggiungere questo risultato, o che lo raggiunge necessariamente in quelle condizioni eccezionali, in cui assume la forma tipica ed adeguata,

---

(1) L'analisi della economia irlandese data dal Marx, avverte bensì come la conversione di campi in pascoli vi crei l'eccesso di popolazione, ma senza notare che nell'Irlanda le influenze compensatrici, ingenite nel capitale tecnico, sono eliminate da cause, le quali si avverano solo in certe condizioni e solo quando quel capitale assuma una forma specifica. MARX, I. 722 e ss. Cfr. LANGE, l. c., 237-40, e il Vol. I, p. 344, 589.

la quale risponde alla sua missione capitalista; e che perciò esso forma l'anello di congiunzione fra i metodi di creazione del proletariato, che fin qui ci sono apparsi e i metodi di formazione del pauperismo, a cui il seguito della nostra istoria sta per iniziarci.

§ 1. — Accumulazione del capitale improduttivo.

a) *La speculazione e le crisi.*

Il grandioso sviluppo, che assume l'invenzione e l'introduzione di macchine nelle colonie, è per sè stesso impotente a mantenere costantemente al minimo il salario, poichè l'energico incremento del capitale, che la macchina stessa riesce per ultimo a provocare, tende a produrre una rielevazione della mercede. Ma l'incremento della produzione e della accumulazione viene anzitutto rallentato dal fatto, che una quantità crescente di lavoro si impiega improduttivamente; ed inoltre l'influenza delle nuove accumulazioni ad elevare il salario rimane fortunatamente deprecata, perchè un prezioso campo di espansione è ad esse dischiuso dagli impieghi improduttivi. Perciò nei paesi giovani, nei quali una natura esuberante parrebbe invitare il lavoro ed il capitale alla produzione, il lavoro improduttivo si sviluppa rigoglioso ed il capitale improduttivo celebra bentosto i suoi più memorabili eccessi.

Le enormi proporzioni assunte dal lavoro improduttivo nell'America sono bentosto avvertite dagli osservatori più imparziali. Infatti, mentre nella prima età delle colonie si vuole « la totale esclusione degli avvocati mercenari » (1), fin dal 1750 si osserva: Uno dei cangiamenti recenti nelle consuetudini della Nuova Inghilterra è lo straordinario aumento dei litigi, ed il rapido aumento del numero e dell'importanza della classe leguleia. « Non mai, dice Noè Webster nel 1787, vi fu tanta ressa per lo studio della legge » (2). Al tempo stesso la predominanza del capitale intermediario di merci nelle colonie è l'oggetto delle osservazioni

---

(1) BANCROFT, *Hist. of Un. St.*, I, 174.
(2) LECKY, *Hist. of Engl. in XVIII cent.*, III, 278.

dei viaggiatori; e già Brissot, percorrendo l'America sullo scorcio del secolo passato, deplora l'eccessivo prezzo dei prodotti venduti dal commercio al minuto (1). Ma poichè potrebbe credersi che questi prezzi eccessivi fossero il risultato della costituzione economica medievale, dominante ancora in quell'epoca nelle colonie, così preferiamo riferire ad età più recente la nostra narrazione. Nelle Indie Occidentali, all'indomani della libertà, « gli intermediari son cresciuti ad una cifra enorme e che non istà in alcuna proporzione colle esigenze del paese » (2). Nè altrimenti avviene agli Stati Uniti. Negli ultimi anni, così uno fra gli economisti più competenti dell'America contemporanea, una gran parte della popolazione americana, acciecata dai grandi profitti lucrati negli affari mercantili, abbandonò la produzione industriale per darsi al commercio ed alla speculazione, i quali vanno assorbendo una popolazione crescente ed esauriscono la produzione nazionale (3). Dopo la guerra di secessione si ebbe un aumento straordinario dei commercianti ed intermediari, come è dimostrato dalle cifre seguenti:

Anno	Numero degli intermediari	Numero degli abitanti per ciascun intermediario	Numero degli elettori per ciascun intermediario
1866	160.303	222	37
1867	205.000	177	29
1870	427.292	89	15
1878	674.741	72	12
1882	852.256	61	10

Queste cifre si riferiscono al numero delle ditte, non delle persone impiegate nelle imprese intermediarie. Ora poichè ogni ditta comprende in media 2 persone, così il numero degli intermediari ascende nel fatto a 1.704.512, pari ad un intermediario per ogni 5 elettori. E tutto ciò, lasciando da parte un esercito di piccoli commercianti, agenti di cambio, banchieri, negoziatori di titoli, giocatori, speculatori, addetti alle imprese sulla proprietà fondiaria o sulle assicurazioni, impiegati, rivenditori, ecc., che ammontano ad altrettanti; cosicchè nel fatto ¼ della popolazione è dedita ad impieghi improduttivi. — Mentre, nel periodo accennato, la popolazione crebbe del 35 %, la proporzione dei commercianti alla

---

(1) Brissot de Warville, *Voyage aux États-Unis*, Paris, 1791, I, 207.
(2) Verteuil, *Trinidad*. Lond., 1858, 44.
(3) Wells, negli *Jahrbücher*, 1869, 435.

popolazione crebbe del 370 %, e ciò vale a spiegare perchè oggidì
il produttore ottenga sì poco pel suo prodotto, mentre il consumatore deve pagarne un prezzo così elevato ; gli è che tra i produttori ed i consumatori si insinuano queste grandi armate di non-
produttori, che sembrano assai riccamente nudrite, malgrado i loro
numerosi fallimenti (1). « La Borsa di Commercio è degenerata nel-
l'inferno dei giocatori. Mentre sopra 7 misure di grano prodotte
negli Stati Uniti una soltanto vien negoziata alla Borsa, i trafficanti di questa comprano e vendono per 2 misure sopra ciascuna
misura prodotta. Quando il prodotto del cotone nel Sud era di meno
che 6 milioni di balle, la Borsa negoziava sopra 32 milioni. Questi
fatti dimostrano quanto piccola parte delle transazioni della Borsa
sia commercio legittimo e quanta si riduca ad un semplice
gioco (2) ». Al tempo stesso e con eguale insistenza, questi lamenti
si ripetono nell'Australia. Al 31 dicembre 1872 « i proprietari ed
industriali della Nuova Galles del Sud sono indebitati per sterline
1.413.464, 13.2 verso i mercanti di Sydney. E per qual ragione?
Gli è che il produttore non può giovarsi dei mezzi più spediti e più
economici pel trasporto della sua lana e del suo sego a Londra.
Egli non può, p. es., spedirlo direttamente a bordo di un vascello,
nel prossimo porto, poichè il mercante di Sydney è assai probabilmente membro della Compagnia di Navigazione a vapore
del fiume Hunter ed esige che la lana del produttore sia tras-
portata a Sydney, affinchè la Compagnia possa percepire da 5
a 10 scellini per balla per il trasporto al luogo d'imbarco ». E
non si tratta già di un solo intermediario, ma di una schiera
di questi, che a vicenda si aiutano per isfruttare il produttore.
« Anzi, questa catena del monopolio è così fortemente saldata
intorno alla colonia, che se il produttore ha amministrato in
guisa da non aver debiti e da poter trattare direttamente col
capitano del vascello pel trasporto del suo prodotto a Londra, e
se egli porta la sua polizza di carico alla banca perchè sia scontata, quella ne rifiuta lo sconto, ove la polizza non abbia l'avallo
di un mercante di Sydney. Perchè? perchè i mercanti di Sydney

---

(1) MOODY, l. c., 192-4; WELLS, *Cobden Club Essays*, II, 483-4, narra degli
estraprofitti che gli intermediari americani sanno ottenere giovandosi delle imposte indirette.

(2) STRONG, *Our country, its possible future and its present crisis*, N. York,
1885, 117-8.

sono generalmente direttori di banca ed hanno fatto quella legge a proprio vantaggio. Infatti in questi casi il mercante di Sydney grava il disgraziato agricoltore di non meno del 2 $\frac{1}{2}$ % pel suo avallo, che non gli importa alcun rischio, appropriandosi così la crema del profitto del colono. Di qui tutto un sistema di monopolio e di iniqua estorsione, che rende perfino irrazionale il parlare di libertà del commercio in Australia, e che giunse a tal punto che masse immense di merci vennero distrutte, per la impossibilità, in cui trovavansi i proprietari, di pagare le somme enormi richieste per magazzinaggio ed altri aggravi (1) ».

Una forma anche più rilevante di capitale improduttivo presentano nell'America le ferróvie. Infatti una serie di ferrovie parallele, e di cui pertanto la metà è al tutto inutile, sorgono ad ogni tratto, sedotte dagli straordinari profitti che percepiscono le linee già costrutte e in genere dall'alto reddito del capitale improduttivo. Esse traggono vantaggio dallo stimolo temporaneo, che porgono agli impieghi di capitale nelle imprese ferroviarie e che permette loro di vendere ad alto prezzo le proprie azioni, ma poi necessariamente falliscono; e per tal guisa più che 100 milioni di dollari vennero impiegati in ferrovie improduttive (2). Le ferrovie che lavorano a perdita sono assai numerose negli Stati Uniti e può dubitarsi se l'immensa estensione di ferrovie, che ricopre quel paese, giunga a fornire anche un reddito moderato al capitale investito (3). Ma nelle stesse ferrovie, che riescono ad un risultato durevole, solo una parte del capitale è produttivo, mentre la parte massima è capitale fittizio, è il risultato della emissione e del traffico delle azioni, il quale riesce, per valerci del gergo borsaiolo, ad *annacquare il capitale,* ossia a gonfiare il capitale nominale in modo prodigioso; onde il debole saggio di profitto nominale che accorda il capitale ferroviario, mentre pure il suo saggio di profitto reale è così ragguardevole. La coalizione del carbone d'antracite, composta di 6 società ferroviarie, ha un capitale che ammonta a 500 milioni di dollari, mentre il costo della ferrovia e dei vagoni non è che di 114 milioni; e per assicurare un profitto a questo capitale così gon-

---

(1) LANG, *Historical and statistical account of N. South Wales,* Lond., 1875, II, 187-9, 350.

(2) I. F. HUDSON, *The railways and the republic,* N. York, 1886, 419.

(3) Ib., 231.

fiato, quella società dee ricorrere ad ogni sorta di mezzi ed allo
sfruttamento più spietato del consumatore e del lavoratore. Il
costo reale delle ferrovie americane è di dollari 3.787.000.000;
ma il capitale di cui esse dispongono, eccede questa cifra per
doll. 3.708.000.000, i quali perciò rappresentano un capitale fittizio, che ottiene un reddito a spese del profitto. Si comprende
di conseguenza assai facilmente perchè le ferrovie americane, le
quali darebbero al capitale reale un saggio di profitto di 6.7 %
e talora anche maggiore, non diano che un dividendo di 2.48 %;
gli è che una gran parte del prodotto netto del capitale produttivo vien confiscata dal capitale parassita, il quale, sopratutto
mercè le coalizioni, giunge a levare un'imposta sull' impresa feconda e ad arricchirsi a spese della produzione (1).

Nell'Europa, ove la finzione delle cose fa della scienza sociale un
labirinto inestricabile, come la finzione degli uomini vi fa altrettanto
della vita, una istituzione così mostruosa ed irrazionale, qual'è il
capitale improduttivo, giunge ad ammantarsi sotto le parvenze più
oneste e più perigliosamente ingannatrici. Ma nell'America, ove
la forza tuttora prodigiosa di un popolo giovane bandisce dal
costume ogni gesuitica simulazione, il capitale improduttivo si
dispiega impudente e gitta bentosto quella maschera di produttività, che aveva al suo nascere assunta. Infatti agli Stati Uniti
si diffonde un istituto, che un economista americano chiama correttamente *il Parassita* e che presenta la forma più evidente e
più bella di capitale improduttivo. Accanto ad ogni società ferroviaria si formano delle compagnie, che si fondano con un capitale ragguardevole, ma che non riescono ad assicurargli un
profitto, se non rannodando rapporti clandestini e fraudolenti coi
direttori delle società ferroviarie; i quali, dietro un generoso compenso, si impegnano a distrarre la miglior parte del prodotto
netto delle imprese a cui sono preposti ed a trasmetterla alle
compagnie parassite. Le forme, che assumono questi Parassiti, o
le imprese, che ne costituiscono il trasparente pretesto, sono
numerose e diverse; alcuni si fondano collo scopo apparente di
ricevere e serbare nei magazzeni i prodotti di una provincia,
altri costruiscono ed affittano vagoni e carri, altri raffinano e
vendono il petrolio, altri vogliono rendere possibile e facile il

---

(1) Ib., 271-2, e Adams, *Railroads, their origin and problems*, N. York, 1886, 203.

trasporto delle merci fino al punto estremo delle ferrovie... Ma
per quanto siano diversi i nomi, che assumono queste società, a
nessuno è un mistero il loro carattere e la loro funzione. Il loro
scopo reale è « di trasferire la massima parte dei profitti delle
ferrovie dagli azionisti di queste agli azionisti delle società parassite. — Esse non hanno nulla aggiunto all'industria; non hanno
creato alcuna impresa; *i loro processi sono semplicemente processi di appropriazione;* esse esistono come appropriatrici, non
come creatrici della produzione » (1). Gli è per questo modo che
si videro delle imprese bancarottiere e insolventi ripigliarsi d'un
tratto, divenendo parassite di compagnie produttive, di cui cor-
ruppero abilmente i direttori; e che bentosto, grazie alla seduzione esercitata da così lauto mezzo di lucro, sulla fitta rete delle
ferrovie americane si stese una fitta schiera di piovre anonime,
che con avidità crescente ne assorbirono i frutti. Quando poi la
diffusione di questi istituti fu completa, ed a ciascun capitale ferroviario si fu sovrapposto un capitale vampiro, si vide tosto la
necessità di sopprimere la concorrenza fra i capitali improduttivi,
che impediva loro di sfruttare a libito i produttori. Perciò dopo
una serie di rabide lotte contro le istituzioni ricalcitranti, si riuscì
nel 1870 « a convertire il parassita semplice nel parassita complesso », ossia a raccogliere i diversi parassiti in una federazione
tremenda e misteriosa (lo *Standard oil Trust*), la quale, inattaccabile ed inapprendibile, estorce senza colpo ferire i frutti del
capitale ferroviario. Ma bentosto, cresciuta in potenza, essa rannoda rapporti anche con altri capitali produttivi e li assoggetta
del pari a tributo. Ed infine essa inceppa meditatamente la produzione all'intento di elevare i prezzi delle merci e di procacciarsi un estrareddito a spese dei consumatori (2). Per virtù di
questi processi, il Parassita collettivo giunge a frenare gli aumenti
della produzione ed a cristallizzarne gran parte sotto una forma
improduttiva; e con ciò, scongiurando la elevazione dei salari,
adempie un'alta funzione come mezzo di persistenza della economia capitalista.

Ma la forma più memorabile, che assume nell'America il capitale improduttivo, è il capitale bancario. — Ciò che anzitutto

---

(1) BONHAM, *Industrial liberty*, N. York, 1888, 140, 121, ecc.
(2) Ib. 142.

ci colpisce, nella storia della circolazione americana, è la densa
rete di banche, che vi pullulano e la corona di privilegi, di cui
lo stato le cinge. Le banche son protette da *carte*, le quali proibiscono alle persone non contemplate in esse di impiegarsi nelle
imprese bancarie, esentano i soci da ogni responsabilità eccedente
il capitale sottoscritto ed attenuano alle banche il rischio del fallimento de' loro clienti, dichiarandole creditrici privilegiate dei
mutuatari dei loro biglietti (1). Nello stato di N. York la prima
banca privilegiata sorge nel 1784; 19 banche vengono create da
quell'epoca al 1812; dal 1812 al 1829 altre 24 se ne aggiungono.
Nel 1804 divien legge il *Restraining Act*, il quale vieta alle
istituzioni bancarie private di continuare nell'impresa, per lasciar
libero campo alle corporazioni privilegiate e proibisce sotto pena
di 1000 dollari di sottoscrivere, o partecipare, ad una associazione
per ricevere depositi, o fare operazioni bancarie. A questa legge
segue l'altra più severa del 1818, che vieta a tutti, tranne i
partecipi delle banche privilegiate, di ricevere depositi, scontare
cambiali ed emettere biglietti; e questa legge draconiana impera
fino al 1837 (2). Ma dallo stato di N. York il privilegio bancario
si espande per tutta l'Unione. Nel 1812-13 una legge fonda 25
banche privilegiate in Pensilvania. Nella Nuova Inghilterra i capitali bancari si formano con rapidità prodigiosa ed ottengono
privilegi cospicui; il Rhode Island, che avea 34 banche nel 1820,
ne ha 50 nel 1830; ed il Massachusets, nello stesso periodo,
aggiunge 40 nuove banche al numero di quelle esistenti; nel
Delaware, nel 1825, si hanno 80 compagnie privilegiate. — Anche
negli Stati dell'Ovest si ottengono privilegi bancari e la Miami
Exporting Company, fondata a Cincinnati nel 1813 in apparenza
per iscopi commerciali, consegue con subdoli abusi il privilegio
bancario. Quasi ciò non basti, nel 1815 si'iniziano le discussioni
per la creazione di una Banca degli Stati Uniti, intesa apparentemente a soffocare gli abusi delle banche privilegiate, ma
che nel fatto riesce ad esacerbarli. « La malattia di cui soffre il
nostro popolo, esclama Wells al Congresso, è la febbre bancaria
degli Stati; e si pretende curarlo dandogli la febbre bancaria
della federazione » (3). Alla nuova banca così fondata lo Stato

(1) GOUGE, l. c., I, 39.
(2) LALOR, *Ciclopœdia of political science*, Chicago, 1883, art. *Banking*, 213.
(3) GOUGE, l. c., II, 83, 127.

lascia in deposito gratuito i proventi delle imposte ; ed ogni tentativo, inteso ad ottenere da quella il pagamento di un interesse, è costantemente rintuzzato dal governo e dal congresso, il quale anzi le accorda una posizione solitaria e formidabile, obbligandosi a non autorizzare altra banca federale. Frattanto, nelle più diverse regioni, le banche privilegiate divengono ben presto uno stato nello stato. Infine i prestiti delle banche allo stato formano la base ed il pretesto a nuovi e più vergognosi favori, onde quegli istituti vengono avvantaggiati ; e « si accorda alle corporazioni banchiere un potere ed una influenza quasi così grande, come quella esercitata nell'età di mezzo dai signori feudali » (1). La differenza fra l'Inghilterra e gli Stati Uniti, conchiude Gouge, è semplicemente questa, che nel primo paese si accordano privilegi ad alcuni individui, che si chiamano lords; nel secondo a certe corporazioni, che si dicono banche. Ma l'influenza sul popolo dei due paesi è identica; in entrambi i più vivono e lavorano a profitto dei pochi (2).

Ora il carattere di queste banche e l'intento di questi privilegi non rimangono un mistero per coloro, che ne sono gli autori, i quali sanno perfettamente che le banche giovano solo alla speculazione e che, favorendole, si favorisce un valido stromento del capitale improduttivo. « È per dare agio maggiore alle speculazioni proprie e de' loro amici personali e partigiani politici, che i legislatori d'America hanno stabilite le banche e le hanno dotate di privilegi; ed uno straniero, osservando la serie delle leggi votate annualmente in America, potrebbe supporre che i nostri governi fossero istituiti a vantaggio speciale degli aggiotatori e speculatori » (3). È vero che il carattere improduttivo del capitale prestato da codeste banche non è imputabile ad esse, ma si alle condizioni economiche, le quali impongono di cristallizzare sotto una forma improduttiva il capitale che, produttivamente impiegato, eleverebbe il salario. Di che abbiamo notevole prova in quelle banche americane, le quali, fondate senza intenti di speculazione, alla speculazione e più tardi al fallimento son tratte dai loro mutuatari. Il caso della *Eagle Bank* di New Haven è

---

(1) Gouge, II, 226.
(2) l. c., I, 41-2.
(3) Gouge, I, 80. Gallatin, *A sketch of the finances of. U. S.* N. York, 1796, 109.

tipico a tale riguardo; poichè mentre essa era fondata con iscopì
esclusivamente produttivi, « i fondi della istituzione vennero impiegati in avventure e speculazioni ignote ai direttori ed agli azionisti ed affatto disgiunte e remote dalle operazioni di banca »,
speculazioni che trascesero a tali eccessi da portare il fallimento
della banca stessa nel 1825 (1). Ma per quanto non si possa im-
putare alle banche americane il carattere di improduttività del
capitale da esse prestato, è pur vero che esse porgono un poderoso
sussidio al capitale improduttivo, poichè assorbono quel capitale che,
senza di esse, potrebbe produttivamente impiegarsi e ne agevolano
il corso pei procellosi mari della speculazione (2). Soventi poi le
banche stesse si pongono a capo delle imprese più assurde. Così
« in luogo di rimanere banchieri, i membri della banca degli
Stati Uniti divengono speculatori di terre. Fino a 3 milioni di
dollari vengono investiti ad un tempo nell'acquisto di proprietà
fondiarie, mentre le somme più cospicue vengono pazzamente pro-
digate ad una schiera di giornalisti e di filibustieri della pubbli-
cità, affine di sedurre gli incauti produttori a conquistare il
dominio del mercato » (3). Il direttore di un giornale di N. York,
l'*Inquirer*, dà nel 1826 l'elenco di 34 banche, compagnie d'assicurazioni, o società d'altra specie, le quali tutte sono in potere
di una camarilla d'aggiotatori. Altrove le banche aiutano le speculazioni fondiarie e le imprese più folli, e come risultato di queste
speculazioni avventate, « le frodi, gli inganni e la peggior disonestà
si diffondono e mille modi oziosi di vivere vengono preferiti alla
industria onesta, all'economia ed alla solerzia, che per lo innanzi
avevano arricchito il paese ». L'usura, la ruina dei molti e le
ricchezze giganti dei pochi, ecco i risultati ultimi delle banche
(ossia del capitale improduttivo), che Jefferson perciò correttamente
denuncia come istituzioni parassite (4). « Una banca non è più
considerata come uno stromento, con cui la ricchezza eccessiva
dei capitalisti possa essere prestata ai loro concittadini operosi,
ma come una zecca, in cui può coniarsi a libito moneta per
quelli che non ne posseggono; e sedotto da questi fantastici vantaggi, il mercante, il manifattore, il meccanico abbandonano la

---

(1) Gouge, II, 158-9.
(2) Gilbart, *Hist. of banking in America*, Lond., 1837, 10.
(3) Benton, *Thirty years in Unit. Stat. Senate*, I, 197, 375-6.
(4) Gouge, l. c., I, 24, 77.

vita laboriosa pei sogni dorati di una ricchezza artificiale » (1). Il numero eccessivo di banche, oltre che trasmettere un capitale improduttivo, ne provoca per sè medesimo nuove e più patologiche forme. Così le 1600 banche, che esistono nel 1860, hanno posto in circolazione 10 mila specie diverse di biglietti; e per distinguere i buoni dai falsi si debbono fondare speciali riviste ed assoldare speciali *detektors*, che si occupano della scoperta delle falsificazioni, ed i commercianti maggiori debbono stipendiare un saggiatore delle banconote (2). La pluralità delle banche, i cui biglietti non hanno corso legale e fra le quali non esiste l'obbligo della riscontrata, ha fatto un'impresa dello sconto dei biglietti di banca, il quale, prima affidato ai mercanti di moneta, vien poi monopolizzato da un solo istituto, la *N. York Redemption Bank*, mercè una diminuzione nel saggio dello sconto, così enorme da escludere la concorrenza; e ne segue una speculazione organizzata sui mezzi di circolazione (3). Favorita dalle banche, che ne sono lo stromento ad un tempo e l'eccitante, la speculazione divien generale e si diffonde fra gli stessi membri del governo; le scommesse sui prezzi delle azioni divengono un'industria regolare, ed il commercio non è più che una ridda sfrenata. — « Voi, così scrive un direttore della Banca degli Stati Uniti ad un amico d'Inghilterra nel 1821, voi avete un commercio regolare e profittevole; ma noi non ne abbiamo. *It is all scamper and hap hazard* ». Il giudice Catron di Nashville scrive nel 1829: Io me ne appello a voi coltivatori o manifattori; non siete voi scalzati da avventurieri senza principj, i quali, non prima che l'altro giorno, abbandonarono l'aratro, il campo o la cazzuola e si cangiarono in falsi gentiluomini, bancarottieri e furfanti? (4). « I lavoratori onesti e modesti, conchiude Chevalier,· i coltivatori e gli operai sono vittime degli aggiotatori e concepiscono un odio accanito contro la nuova aristocrazia monetaria e contro le banche, che ne sono i vili stromenti » (5).

_____

(1) GOUGE, II, 55-7.

(2) HOCK, *Finanzen der Ver. St.*, 564.

(3) GIBBONS, *The banks of N. York*, N. York, 1859, 380-6.

(4) GOUGE, II, 137.

(5) CHEVALIER, *Lettres*, I, 54. I fenomeni stessi si avvertono nell'Australia, ove, fin dal 1818, le banche, favorite di privilegi, attizzano potentemente la speculazione. Vedi BRETT, *History and developement of banking in Australasia* nel *Journ. of Inst. of Bankers*, 18 ottobre 1882.

Questa avversione contro le banche è poi giustificata dagli enormi profitti, che esse, o il capitale improduttivo di cui esse sono ministre, estorcono a scapito della produzione. Già il privilegio, onde quelle son dotate, consente loro di elevare a libito l'interesse; onde si avverte talora nell'America il fatto singolare che le banche, lunge dal scemare il saggio dell'interesse, funzionano ad elevarlo, monopolizzando il prestito del capitale (1). La Banca degli Stati Uniti eleva talvolta l'interesse al 18 ed anche al 46 %; nel 1829 essa percepisce un profitto, che eccede di dollari 1.396.947 quello che sarebbe percepito da un capitalista privato; e nell'anno stesso le banche americane, con un capitale di dollari 49.387.015, estorcono dal popolo un profitto di doll. 7.862.698 maggiore di quello, che un capitalista privato avrebbe percepito da un capitale eguale. Il valore del monopolio della Banca degli Stati Uniti è calcolato nel 1832 a 17 milioni di dollari. — Non vi ha dunque a meravigliarsi se le banche accordano in quell'epoca lauti dividendi ai loro azionisti, malgrado gli enormi appannaggi riserbatisi dai direttori ed amministratori (2). E quando poi il profitto, decimato da queste crescenti estorsioni, degrada al minimo saggio, il capitale improduttivo si avventa contro il capitale stesso produttivo, e si arricchisce delle sue spoglie. — Di questa transizione dall'arricchimento del capitale improduttivo a spese del profitto al suo arricchimento a spese del capitale, dà memorabile esempio la seguente relazione fatta al Parlamento della Carolina del Nord, nel 1828-29. « A cominciare dal 1819, vi si legge, queste banche hanno iniziato un sistema di usura e di estorsione, che fu indi innanzi condotto con audacia senza pari. Fino a quest'epoca il rigoglio della vita commerciale, di cui questo paese godeva, rendea possibile alle banche di procedere, nonostante il carattere artificiale del loro capitale, senza ricorrere a disonesti spedienti. Esse aveano seguito, nelle loro operazioni, le risorse crescenti del paese, *così da assorbire, per mezzo di interessi e di sconti, quasi tutti i profitti degli immensi affari che allora si facevano*. Ma quando, per la mutazione avvenuta nei nostri rapporti coll'estero, la prosperità industriale del nostro paese venne ad arrestarsi, quando l'enorme quantità di

---

(1) GOUGE, I, 45.
(2) GOUGE, II, 51-2.

biglietti emessi dalle banche non venne più assorbita dal commercio, e quelli vennero riportati loro per essere convertiti, esse risolvettero di estorcere dal pubblico premi addizionali sui prestiti e ne nacque una scena di estorsioni e di usure, che non ha riscontro nella storia della avidità. Le banche, non solo ricusavano la conversione dei loro biglietti in metallo, ma prestavano enormi somme a condizione che l'intero ammontare sarebbe ripagato in metallo, entro 90 giorni, il che equivaleva — pel disaggio dei biglietti di banca — ad esigere un interesse del 26 %. Per tal modo, dopo avere per lunghi anni e con subdoli artifici sottratto al popolo tutti i profitti del suo lavoro, dopo averlo mercè queste pratiche ridotto in una condizione di disagio, che gli impedisce di pagare ad esse lauti profitti, *le banche si preparano ad estorcer da quello i mezzi stessi di sussistenza* » (1). La espropriazione del capitale per opera del capitale diviene da questo punto fenomeno normale nelle colonie. Soltanto, poichè la legge vieta alle banche di comprare o vendere terra, esse debbono ricorrere a sotterfugi ingegnosi per appropriarsi i beni dei loro debitori insolventi. Così nella Nuova Inghilterra, quando la fabbrica di Wolcotville deve passare in proprietà della banca di Lichfield pel fallimento del suo proprietario, la banca fa acquistare quella fabbrica dal proprio cassiere, e fa poi che questi si dichiari insolvente verso di essa e le assegni in pagamento del suo debito la fabbrica per questo modo acquistata. Evento singolare, che attesta una profonda degradazione del carattere e la ruina d'ogni dignità! « Mai, esclama l'*Argo* di Francoforte (Kentucky) nel 1819, la proprietà fu sacrificata in maggior quantità che nell'epoca attuale, in cui le espropriazioni, per l'ammontare di parecchie centinaia di migliaia di dollari, pendono sul capo dei cittadini. Le banche son la causa di tutto, le banche rubano il corpo sociale del suo sangue e della sua vita ». In Pensilvania il *Registro settimanale* dell'anno stesso deplora, che il coltivatore, il quale migliorò le sue terre, costruendo a credito costosi edificj, sia costretto a vendere la terra e l'abitazione per pagare i debiti incorsi nella costruzione. Dovunque, ruinosi sacrifici di proprietà fondiarie, vendute per meno di metà, $\frac{1}{3}$, $\frac{1}{4}$, del loro primitivo valore, vendite forzate di merci, di stromenti agricoli,

_____

(1) GOUGE, II, 144-50.

di macchine a prezzi inferiori al costo di produzione, privano numerose famiglie del necessario alla sussistenza. I cittadini più industri sono nella impossibilità di adempiere i loro impegni e costretti a sacrificare la loro proprietà, la quale cade nelle mani di pochi speculatori; onde la classe produttrice della società è impoverita e la classe speculatrice diviene di giorno in giorno più ricca. Di qui infine il sorgere e l'inferire di un fatto, prima inaudito all'America, i fallimenti. « Nella mia giovinezza (così il Watson ne' suoi *Annali di Filadelfia*, scritti durante il primo quarto di questo secolo) quando non si aveano fortune improvvisate, nè monopolj, ciascuno accresceva moderatamente le sue ricchezze, senza tema di crisi o di fallimenti. Allorchè un fallimento, per caso eccezionale, avveniva, era tale la sorpresa e la pietà generale nel pubblico, che i cittadini si salutavano con volto addolorato e facevansi condoglianze e rammarichi, come di una comune sciagura. Quando il proprietario di una fabbrica di Filadelfia fallì, la sua casa rimase chiusa per una settimana come emblema del più profondo lutto di famiglia, e tutti i passanti si arrestavano istintivamente ed esprimevano il loro amaro cordoglio. Ma oggi le cose sono ben cangiate; ed un certo numero di fallimenti nel corso dell'anno è considerato così naturale, come un certo numero di morti » (1).

L'orgia del capitale improduttivo è resa più frenetica dalle emissioni eccessive delle banche e dal loro costume di non tenere alcuna riserva. Invero le prime banche d'America ed anche le più rispettabili e salde formano il loro capitale vendendo le proprie azioni a persone, a cui hanno prima prestato i propri biglietti per dar loro i mezzi di acquistarle. Esse insomma « ottengono le promesse degli azionisti, dando in cambio le promesse della banca; e così i capitali bancarj si formano, scambiando una specie di biglietti fiduciari contro un'altra specie di biglietti fiduciari ». Ancora nel 1829 una relazione presentata al Parlamento della Carolina settentrionale osserva: L'intero capitale addizionale delle banche del *Cape Fear* è fabbricato dalle banche stesse, ed in parecchie circostanze si consente ad individui favoriti di acquistare azioni sottoscrivendo i propri nomi e pagando la Banca co' suoi stessi biglietti, senza antecipare un dollaro sol-

(1) Gouge, II, 187-8.

tanto del capitale attuale (1). Tuttavia se questi casi, in cui la riserva è ridotta a zero, possono considerarsi come riprovevoli eccezioni, la inesistenza di una riserva acconcia a garantire la conversione dei biglietti è fenomeno evidente della economia americana in quest'epoca. Indarno si propone di formare un fondo di garantia mercè un'imposta sulle banche, chè la gagliarda rivolta degli azionisti di quelle soffoca in germe il progetto. Le banche, si legge in una relazione ufficiale del 1815, stimolate dalla cupidigia, si lanciano ad una cifra di emissioni, che non ha riscontro negli annali della follia. Alle domande di prestiti, che move con avidità inesausta la speculazione ascendente, esse rispondono con docilità, che mai non vien meno. Così in quel periodo di speculazione, che può dirsi l'età dell'oro di Filadelfia (marzo 1816), non vi è quasi una sola cambiale che non sia scontata dalle banche. Nell'agosto 1817 la banca degli Stati Uniti delibera di scontare tutti i biglietti, che possono esser offerti nei giorni di sconto, fino ad un ammontare assai ragguardevole. Dovunque si deplora la « perigliosa facilità di ottener prestiti », la « costante tendenza delle banche a prestare troppo », la diminuzione esagerata del saggio dello sconto per accrescere le emissioni (2). Fatta ragione della circolazione esistente nel 1855, osserva Gibbons, nel 1856-57 i prestiti delle banche americane non avrebbero dovuto eccedere gli 86 milioni di dollari; invece ascesero a 100.488.046. La riduzione sistematica della riserva riconduce la circolazione americana nella morta gora del corso forzoso reale, all'indomani del giorno, in cui il corso forzoso è stato legalmente abolito. Certo Fisher chiede ad una banca di Virginia la conversione di 100 dollari dei biglietti da essa emessi; ma la banca ricusa ed in seguito a ciò lo sceriffo ne impone la chiusura. Se non che la banca intenta lite al disgraziato Fisher ed allo stesso sceriffo; le porte della banca vengono illegalmente riaperte e la banca prosegue nelle sue operazioni in onta alla legge (3). Ovunque, benchè il governo abbia proclamato l'abolizione del corso forzoso fin dal 1817, le banche rifiutano di convertire i loro biglietti ed ancora nel 1820 il Comitato del Senato di Pensilvania afferma che la ripresa dei pagamenti metallici è puramente nominale e

---

(1) GOUGE, I, 71, II, 145; CHEVALIER, III, 226.
(2) GOUGE, II, 92.
(3) GOUGE, II, 84.

che il disaggio della carta moneta procede inalterato. Ma anche quando le banche americane prestano agli speculatori soltanto fino al limite della riserva minima necessaria a garantire la convertibilità dei loro biglietti, l'ultimo risultato della loro politica è il corso forzoso. Infatti appena una nuova domanda di prestiti, dovuta ad una distruzione di capitale, minaccia quella riserva, esse elevano il saggio dello sconto, che in alcuni casi ascende a 24, 60, 100 % (1), ed allora il pubblico, il quale paga a così caro prezzo la convertibilità dei biglietti di banca, o la riserva, che ne è la condizione, si risolve ad una irruzione sulle banche, che le costringe a proclamare il corso forzoso; il quale, eliminando la necessità di una riserva, mitiga la elevatezza del saggio dell'interesse (2). Ma, ben più che di insistere su questi delirj banchieri, ci interessa di osservare come tale condotta delle banche esacerbi l'influenza economica del capitale improduttivo. Infatti il corso forzoso accresce al massimo l'efficacia delle banche come stromenti di circolazione di quel capitale, poichè, oltre che ridurre al nulla la riserva, permette loro di convertire in capitale improduttivo la ricchezza che esse sottraggono ai detentori di biglietti mercè il deprezzamento di questi. Di più, ove pure non giunga fino a generare il corso forzoso, la inesistenza di una riserva, imponendo una forte elevazione del saggio dello sconto ed una violenta contrazione dei prestiti nei periodi di crisi, rende più disastrosa la distruzione di capitale, che è l'ultimo risultato del capitale improduttivo. Così nel 1816, quando la distruzione del capitale per opera del capitale genera universali ruine, le banche, le quali pure potrebbero contrarre le emissioni vendendo titoli di debito publico, preferiscono il metodo più lucroso della elevazione degli sconti, da cui risultano spasmodiche contrazioni dei prestiti e generali catastrofi. Allo stesso metodo si ha ricorso nell'aprile del 1819 ed anche allora « le banche sono salve, ma il popolo è rovinato; da ogni parte si odono lamenti dei mercadanti sul ristagno generale del commercio e si hanno potenti riduzioni nel prezzo dei prodotti, e i fallimenti si moltiplicano » (3).

---

(1) Hock, l. c., 435; Willson, *Currency, or the fundamental principles of monetary science*, N. York, 1882, 257-8.

(2) Nasse, *Preussiches Bank*, Bonn, 1866, 31.

(3) Gouge, II, 110.

Se non che, crescente la popolazione, giunge il momento in cui la depressione del salario e. con essa la persistenza del profitto non è più, nell'America, connessa alla esistenza del capitale improduttivo e questo, ove sorga, non ripete più origine da una necessità organica della economia capitalista, ma dalla impossibilità, pei nuovi capitali, di ottenere un profitto sufficiente nelle imprese produttive. Questa transizione del capitale improduttivo dal sistematico all'automatico si può, nell'America, seguir *pari passu;* poichè fino al 1820 le crisi vi sono precedute da un forte aumento di capitale improduttivo, che scema il saggio dell'interesse reale, ma non il suo saggio nominale (1), nè il saggio del profitto; mentre a partire da quell'epoca esse sono precedute da un aumento di popolazione, che scema il saggio del profitto. Così la crisi del 1837 è preceduta da un aumento notevolissimo della immigrazione e da una forte corrente colonizzatrice, che dirigesi verso le pianure dell'ovest, ove i nuovi coloni si moltiplicano, a dirlo coll'Hock, siccome l'erba nelle savane. Nè altrimenti avviene nella crisi del 1857; nè diversamente nella crisi del 1873. Il decennio 1860-70 è notevole, nell'America del Nord, per un incremento straordinario delle terre appoderate, le quali nel 1870 sono già di *acri* 188.921.099, mentre non erano che di acri 163.110.720 nel 1860. Nel decennio stesso la popolazione cresce di più che 7 milioni; ed inoltre, negli anni di poco precedenti il 1873, l'immigrazione agli Stati Uniti raggiunge il *maximum* di fronte a tutto il periodo precedente, poichè gli immigranti, che nel 1865 erano 250 mila, sono 370 mila nel 1870 e 450 mila nel 1872. Infine le terre vendute ai nuovi coloni ammontano nel 1872 ad una superficie di 9 $\frac{1}{2}$ milioni di acri, cifra massima in confronto a tutto il periodo anteriore. Ora questo aumento della popolazione e questa diffusione della coltura per le terre meno fertili hanno a natural conseguenza, sia l'elevazione dei prezzi agricoli, sia, indipendentemente da questa, la formazione e l'aumento della rendita di monopolio, quindi in ogni caso la degradazione del saggio del profitto; e da questa erompe il capitale improduttivo nella sua forma automatica, il quale esplode bentosto nelle speculazioni dissennate e particolarmente nella speculazione ferroviaria. Già durante gli ultimi decennj si erano costrutte an-

_____

(1) Cfr., circa il significato di questi termini, Vol. I, p. 477, 505.

nualmente 50 miglia di ferrovie; durante il 1873 più di 150 miglia ne vengono costrutte; e queste costruzioni insensate, prodotte dalla elevazione del valor della terra, provocano a loro volta una nuova domanda di terre, quindi una nuova elevazione del loro valore, una nuova degradazione nella meta dei profitti ed un nuovo impulso alle imprese avventurose. Così la speculazione alimenta la speculazione; ma non tarda a sopraggiungere una rivulsione tremenda; e l'8 settembre 1873, poco dopo che si son fatti i raccolti, in quell'anno più abbondanti che mai (1), scoppia la celebre crisi, da' cui flagelli l'America rimane per sì lungo tempo prostrata (2).

Ora quanto più il capitale improduttivo viene assumendo una forma automatica, tanto più si rallentano i favori, onde lo circonda lo stato e si accentua la guerra contr'esso. Il Parlamento dell'Ohio, nel 1820, vieta per legge che la proprietà fondiaria sia venduta ad un prezzo minore di quello fissato dai periti; il Kentucky adotta pure provvedimenti a tutela dei debitori; in Nuova York si inizia una accanita battaglia contro le vituperevoli manovre della speculazione; mentre la legge 3 marzo 1863, vietando i contratti a premio od a termine, cerca di colpire nelle sue manifestazioni più morbose il capitale improduttivo; e frattanto i produttori cercano per ogni guisa di esimersi dagli intermediari (3). Parallelamente a questa reazione, vediamo svolgersi una veemente contesa contro i privilegi bancarj, sotto gli auspicj del Parlamento di Nuova York; il quale nel 1826, mentre vive pressioni si fanno per la istituzione di 25 nuove banche privilegiate, delibera di non accordare più oltre alcun privilegio e di arrestarsi nel funesto sistema del monopolio bancario (4). Sei anni più tardi, il presidente Jackson, forte del presidio del popolo produttore, combatte virilmente la Banca degli Stati Uniti ed il Congresso, che ne è il comprato stromento e martella sotto i replicati suoi colpi il congegno massimo del capitale di speculazione; il quale soc-

_____

(1) Ciò contraddice a coloro che veggono la causa delle crisi negli scarsi raccolti.

(2) La meraviglia del SUMNER (*History of american currency*, 84-8) intorno al più lento ritmo delle crisi in America che in Europa, dilegua, innanzi al fatto che ivi è meno rapida la decrescenza del profitto, di cui le crisi sono il risultato.

(3) GOUGE, l. c., II, 131; HOCK, l. c., 479.

(4) GOUGE, II, 172, 185.

combe, vendicandosi vilmente sul commercio americano e travolgendone gran parte, mercè misure restrittive, nella propria ruina (1). È questo il primo passo nel sistema della libertà bancaria, il quale viene grado grado diffondendosi pei varj stati, in ragione diretta della densità della loro popolazione. Gli è così che lo stato di Rhode Island ha la piena libertà bancaria, quando questa è ancora limitata negli stati meno popolosi del Massachusets, di Nuova York e di Pensilvania e quando il Missouri, stato di scarsa popolazione, ha una unica banca monopolizzata (2). La libertà delle banche viene poi sancita dal *Free banking act*, del 13 aprile 1838 (3). Ma qui non si arresta l'opera del governo, il quale inizia una energica guerra contro le banche, mercè una serie di leggi, che nel solo stato di Nuova York, dal 1838 al 1854, ascendono a 33 (4); e mentre nel periodo precedente le banche non tengono una riserva sufficiente a provvedere ai periodi di crisi, ora lo stato stesso costringe le banche a tenere una riserva. — Tuttavia a tale riguardo la politica bancaria di America sorte un completo insuccesso. Infatti, durante un certo periodo, una riserva metallica non può essere imposta alle banche, che dotandole di un monopolio, il quale le compensi della riduzione di profitto, indissolubile, in quel periodo, dalla esistenza stessa della riserva. Perciò la repubblica americana, la quale, colla legge del 1863, volle imporre la costituzione della riserva alle banche libere, non potè imporre ad esse una riserva reale, ossia consistente di metallo, ma dovette appagarsi d'imporre una riserva fittizia, o composta di titoli di debito pubblico; la quale, se non costituiva una perdita per le banche, non assentiva però alcun sussidio efficace nell'epoca di crisi, come i fatti successivi dimostrarono (5). I danni

---

(1) BENTON, l. c., I, 202, 240, 265. — Benton fu il più vigoroso avversario della Banca, di cui il WEBSTER (*Works*, III, 533-39, IV, 92 e ss.) fu il più strenuo difensore.

(2) CAREY, *Libertà delle banche*, 1130-31.

(3) LALOR, l. c.

(4) COURCELLE-SENEUIL, *Opér. de banque*, 312.

(5) Quando alle banche, oltre ad una riserva in titoli di debito publico, si voglia imporre una riserva metallica, il monopolio bancario è inevitabile; e perciò a ragione il FERRARA notava che la proposta, da qualche nostro avventurata, di applicare all'Italia il metodo americano, aggiungendo alla riserva in titoli quella metallica, adduceva al monopolio bancario (*N. Antologia*, 1873, 910). Sulla impotenza delle banche americane a prestar sussidio in epoca di crisi, si vegga COURCELLE-SENEUIL, l. c., 318, ROTA, ecc.

di questo sistema si avvertirono specialmente nel periodo dal 1863 al 1882, in cui la riserva metallica delle banche americane fu sempre esilissima e per lungo tratto decrescente; mentre a partire dal 1882 l'incremento del capitale disponibile esercitò anche nell'America la sua influenza, intesa ad accrescere la riserva metallica (1). Ma non sono tanto i danni dovuti alla legislazione bancaria della grande repubblica ed ai suoi deplorevoli errori, ciò che a noi interessa in questo momento, quanto il singolare processo del capitale improduttivo nell'America; ove, favorito dapprima di privilegi, esso ne viene spogliato dappoi per essere assoggettato alla tutela più rigida ed alle più moleste restrinzioni. Omai infatti la tassazione veemente delle banche americane, associata al valor crescente dei titoli di debito publico, ha precipitato quegli istituti in una condizione di disagio; e quelle banche stesse, che vedemmo già conquistare profitti nababbici, sono ora ridotte ad un profitto minore di quello delle banche europee, e così tenue che molte fra esse si dissolvono (2). Questo grandioso processo del capitale improduttivo dalla potenza alla abbiezione, di cui non abbiamo riassunte che le più memorabili forme, trova una manifestazione interessante anche nella evoluzione del debito pubblico; il quale, nel periodo in cui la popolazione è ancor rada, si svolge vigoroso nell'America, dando luogo a speculazioni esorbitanti; mentre si veggono cessare a poco a poco i privilegi dei creditori dello stato ed estinguersi progressivamente il debito nazionale, col cessare della funzione sistematica del capitale improduttivo (3).

Ma il carattere di questi fenomeni del nuovo mondo appare con irresistibile evidenza, appena se li vegga riprodursi nell'an-

---

(1) Però oggi ancora il Controllore della Circolazione deplora costantemente le troppo scarse riserve delle banche americane, assottigliate dal sistema del pagamento di un interesse sui depositi; e l'Atto del 3 marzo 1887 tende appunto a riparare a questa lacuna del sistema bancario americano. Al tempo stesso le banche di Vittoria e della N. Galles del Sud, che nel 1880 aveano una riserva di 4 scell. 5 $^3/_4$ d. per ogni sterlina emessa, non aveano più nel 1884 che una riserva di 2. 8 $^1/_2$. — *Economist*, 26 gennaio 1884.

(2) V. p. es. il *Rep. of Comptroll. of Curr.*, 1884, 42, 51, ecc.

(3) Così ancora, le pazze spese delle città americane, di cui la parte massima si raccoglie nelle tasche di pochi mestatori, vengono tollerate ed incoraggiate dai contribuenti finchè il saggio del profitto è elevato; ma col scemare nella produttività del lavoro, cresce la reazione contro questo sciupio, che recide il profitto a vantaggio degli improduttivi.

tico, nel périodo in cui questo attraversa le stesse condizioni territoriali. All'indomani della formazione del salario, il lavoro ed il capitale improduttivo si danno libero corso nell'Asia, nell'Africa, nell'Europa e funzionano come il deprimente massimo della mercede. Nell'Inghilterra, fin dal principio del secolo XV, l'aumento della ricchezza genera un aumento nel numero dei litigi, e con esso in quello degli avvocati. Al principio del regno di Enrico IV si deplora nel parlamento inglese il numero eccessivo dei notai, ed il Parlamento è così mal sodddisfatto dell'aumento del profitto dei legulei (legal profit), che tutti quelli *qui in jure regni vel docti fuissent vel apprenticii*, son dichiarati ineleggibili alla rappresentanza delle contee. — L'incremento dei legisti è frattanto deplorato in Francia ed in Germania, mentre nell'Italia si avverte essere, sotto la dominazione spagnuola, « cresciuto a dismisura il numero dei curiali » (1). Al tempo stesso si espande impudente il capitale improduttivo. Così in parecchie parti dell'Africa i mercadanti di liquori fanno profitti, che raggiungono il 700 % del capitale (2); ma la civiltà germanica non può vantare in tal materia alcuna superiorità sulla barbarie africana. Infatti anche nella Germania si deplora che gli intermediari impongano ai prodotti, specialmente se di prima necessità, prezzi eccessivi, che non istanno in alcun rapporto, sia coi prezzi all'ingrosso, sia coll'imposta, che eventualmente colpisca i prodotti medesimi; si avverte che i fornai intercettano la maggior partedel vantaggio derivante dal deprezzamento dei grani; che la vendita della carne e delle patate assicura agli intermediari guadagni eccessivi; e che questi provocano una perniciosa conversione di capitale produttivo in improduttivo, ossia un grave sperpero di capitale e lavoro (3). In età ben più arretrata gli stessi fatti si manifestano nell'Inghilterra, ove, durante il regno di Elisabetta, quando il profitto non è ancora automatico, si nota lo stesso incremento del capitale inter-

---

(1) Rogers *History*, IV, 61. Saint-Simon, *Catéchisme politique des industriels*, Œuvres 1832, II, 39, 169 ecc. Möser, *Patr. Phant.* II, 180.2. Verri, *Economia pubblica dello stato di Milano*, § 5.

(2) *Times*, 28 marzo 1887.

(3) *Untersuchungen uber den Einfluss der distrib. Gewerbe auf die Preise* Leipz., 1888. Il Lexis afferma che l'incremento di prezzo è meno grave pei prodotti di prima necessità (ivi p. 190); ma i fatti da esso addotti à p. 191.2 e 199 provano il contrario.

mediario (1). E l'arte degli intermediarj britannici nello sfruttare
il produttore è bene accorta e mirabile! « Il costo di costruzione
della torre di Londra, avverte Rogers, tenuto conto del valore della
moneta attuale, fu di 1630 st. ; per costruirla ora si esigerebbero
4 a 5 mila st. ; e questo soprappiù di costo è interamente dovuto
al profitto dell'appaltatore, dell'architetto e dell'intermediario. È
questo enorme incarimento, che ha costretto il consumatore a
scemare le mercedi ai suoi operai, *è dalla diminuzione dei salari
che i profitti degli intermediarj sono sorti* » (2). Ma accanto al
capitale intermediario sorgono in Europa le mille forme del capitale improduttivo, e questo celebra la sua danza pirrica sui mal-
fidi ghiacci della speculazione (3). Speculazioni furiose, disegni in-
sensati, dirompono nell'Inghilterra dopo il 1688 e nel 1720 il
governo stesso entra nell'orbita radiante dell'aggiotaggio, accettando
il progetto del Mare del Sud (4). Fin dal 1608 si fonda la Compagnia delle Indie, le cui vergognose estorsioni destano bentosto
un'avversione così generale, che nel 1654 si presenta al Consiglio del Commercio una petizione perchè si spogli la Compagnia
stessa d'ogni privilegio (5). Durante tutto il secolo XVIII il pubblico
inglese è colpito d'imposte per formare grandi compagnie mono-
poliste, le quali acquistano enormi fortune e sottraggono i capitali agli impieghi produttivi. Le società commerciali sorgono e
si moltiplicano, prima sotto la forma di società in accomandita,
poi sotto quella più svelta di società anonime e divengono il
meccanismo più efficace della speculazione (6). Infine il capitale
improduttivo viene particolarmente favorito mercè i privilegi

---

(1) Howell, l. c., 87.

(2) Rogers, *Six centuries*, 543-4.

(3) Fino agli ultimi anni del secolo scorso però, il capitale improduttivo non
si manifesta ancora in iscoppi periodici; onde le crisi, tranne quelle eventuali
per eccesso di produzione agraria, sono ignote; ed Eden afferma essere una crisi
possibile nell'agricoltura, ma impossibile nell'industria (l. c., Pref. XVII).

(4) Macaulay, *History*, II, 395.

(5) Mill, *History of brit. India*, I., 57.

(6) Porter, *Progress of Nation*, II, 218; Gilbart, *Pract. Treat. on Bank.*,
1865, I, 87; Macleod, *Banche*, 644 ss.; Fullarton, l. c., 164; Tooke, *Hist.*, III,
152 ss.; IV, 210 e ss.; Leroy-Beaulieu, *Repart. des Rich.*, 329 e ss. Cfr. anche,
sul passaggio dell'industria belga dall' impresa privata alle società per azioni,
Rep. of secr. Emb., 1878, 77 ; *Rep. on export. machin.*, 49. Sui deliri delle
fondazioni di società anonime in Ungheria, a partire dal 1868, Neuwirth, *Bank
und Valuta in Oesterreich*, Leipz., 1873-4, II, 37-8 e pass.

accordati alle banche, che ne sono potenti ministre. Così in Inghilterra il monopolio della banca, iniziato nel 1697 e consolidato
nel 1709, vieta ad ogni associazione di più che 6 persone la
emissione di biglietti, ossia vieta la possibilità stessa di banche,
diverse da quella, che sian vitali e durevoli. Si celebrano le il-
lecite nozze fra lo stato e la banca, la quale anzitutto ne riceve
i depositi pubblici gratuiti, assicurandosi un primo e poderoso
vantaggio, che le consente di prestare a basso interesse e di
schiacciare le banche rivali. In secondo luogo la banca ottiene
il corso forzoso, che la esime dalla molesta necessità di una riserva e le consente di accrescere le emissioni (1). Infine essa
riceve enormi compensi per la amministrazione del debito pubblico. E come nell'Inghilterra, così il monopolio bancario si asside
sovrano in ogni parte d'Europa, assicurando alle banche privilegiate colossali estraredditi (2).

Ora queste banche così potentemente favorite, di qual sorta di
capitale si fanno trasmettitrici, a chi porgono aiuto? Ai produttori, insegnano i trattati di economia politica; agli speculatori,
rispondono i fatti. Così nella prima metà di questo secolo, si nota
che la Banca d'Inghilterra « ha sempre assai limitati rapporti
colle forze produttive del paese. Le emissioni della Banca non
sono mai indirizzate allo scopo di provocare nuove imprese, e gli
oggetti, su cui il lavoro umano può venire impiegato, vengono
estesi e moltiplicati in numero e quantità infinite, senza alcuno
stimolo e diretta assistenza della Banca d'Inghilterra. È gran ventura se il commercio può ottenere alcuni prestiti o sconti di cambiali; dacchè la parte massima di questi viene consentita agli agenti
di cambio ed agli intermediari, non ai produttori, ai mercanti ed
agli speculatori, non agli agricoltori ed agli industriali. È fuor di
dubbio che durante 130 anni, fino al 1826, la Banca ha tanti rapporti colla classe produttiva, quanti ne può avere la zecca d'Inghilterra » (3). La istituzione delle succursali della Banca, nel 1826,
porge un impulso ulteriore al capitale improduttivo; poichè quelle

(1) HUSKISSON ha dimostrato che tutti i profitti derivanti dal corso forzoso
furono assorbiti dalla Banca d'Inghilterra (LAWSON, *Storia delle Banche*, 711).

(2) In Francia tutti coloro che hanno un'alta posizione finanziaria, si pro-
nunciano contro la libertà delle emissioni (COURCELLE-SENEUIL, l. c., 240).

(3) *A view of the banking question resulting from practice and experience*,
Lond., 1832, 9, 13.

assorbono gran parte del capitale, che prima era depositato presso i banchieri privati e da questi prestato ai produttori, e lo prestano invece agli speculatori; onde « quel capitale, che prima scontava le cambiali del filatore o dell'agricoltore, ora viene spedito a Londra e vi sconta le cambiali di Aguado e di Rothschild » (1). L'ascendente, che esercitano sui direttori della Banca gli aggiotatori, è poi la cagione, per cui anche gli scarsi prestiti, che la Banca accorda ai produttori, recan loro gravissimo danno; poichè appena una contrazione degli sconti è necessaria, questa non colpisce gli sconti fatti alla speculazione, ma quelli fatti ai produttori, i quali perciò vengon posti nella condizione più grave e spesso tratti a fallire. Questa non è, del resto, una influenza particolare alla Banca d'Inghilterra. Infatti nel 1825 le Banche scozzesi, dopo avere alimentata la speculazione sui traffici delle Indie orientali e dell'America Meridionale, non esitano, al momento della rivulsione, a far piombare la contrazione degli sconti sulle 80 industrie dei tessuti, allora appena sbocciate, di cui 60, sotto l'immane colpo, falliscono. Bene spesso le banche si fanno esse medesime costruttrici (2); ed in generale può dirsi che « nessuna grande speculazione si è compiuta nel Regno Unito, senza ricevere appoggio dalla Banca d'Inghilterra, dalle Banche di Scozia, o dai banchieri o mercanti di cambiali di Londra » (3). Nè altrimenti corron le cose nell'Italia contemporanea, ove il carattere improduttivo del capitale, che le banche privilegiate trasmettono, non è un mistero per alcuno. « Il commercio e l'industria serj, scrive un relatore competente, hanno diritto di impensierirsi nel vedere immobilizzati al servigio dei grossi comuni e dello stato parte dei risparmj nazionali, che furono alle banche d'emissione consegnati coll'espressa condizione, sancita da leggi dello stato, che dovessero servire a sovvenir ai produttori di quel capitale circolante, che essi sogliono antecipare nelle loro operazioni ». Prestiti per conto di municipj, il cui provento è destinato a pagare abbellimenti edilizi; sindacati per collocare obbligazioni ferroviarie; sovvenzioni agli speculatori di borsa, mediante i riporti; ecco le operazioni

---

(1) *A view*, ecc. 109. Cfr. *Rep. on bank acts*, 1858. Evid. 1143 e ss.

(2) FULLARTON, l. c., 164.

(3) *A view*, ecc., 128, 67. — Al tempo stesso la Banca di Francia favorisce il capitale improduttivo, ed il suo massimo strumento, il *Crédit mobilier* (TOOKE, *Gesch.*, II, 319 e ss.).

predilette dalle banche italiane (1). Di questo morboso connubio fra le banche ed il capitale improduttivo si ha una prova nel fatto, che le banche fanno i più cospicui profitti allora appunto che l'economia nazionale trovasi in istato di depressione. Così durante la guerra napoleonica, quando l'Inghilterra è più stremata, la Banca vi accumula enormi fortune, di cui una parte presta allo stato, ossia sotto forma improduttiva (2). Così nell'Austria il corso forzoso ed i prestiti allo stato assicurano alla banca ricche messi a detrimento dei detentori di biglietti progressivamente deprezzanti e mentre lo stato è presso a ruina (3). Una forte elevazione dei profitti bancarj consegue pure dal corso forzoso nella Francia (4) e nell'Italia (5), ove, dal 1865 al 1873, la Banca Nazionale, grazie al corso forzoso, accresce i suoi profitti di più del 100 %, la Banca Nazionale Toscana di quasi 200 %, la Banca Toscana di Credito e il Banco di Napoli di circa il 150, il Banco di Sicilia di oltre il 500 %. — Oggi ancora, dopo la abolizione legale del corso forzoso, i vincoli posti alla convertibilità dei loro biglietti consentono alle banche italiane emissioni eccessive, e la circolazione illegale, che progressivamente s'accresce, rende potenziata l'efficacia di quelle banche come stromenti di circolazione del capitale improduttivo. Ma anche nei paesi d'Europa, in cui la circolazione è convertibile, il sussidio accordato dalle banche al capitale improduttivo è reso maggiore dalla eccessiva larghezza, con cui esse conducono i loro prestiti e dal costume, a cui per lungo periodo esse ottemperano, di non tenere più che la riserva minima necessaria ad assicurare la conversione dei loro biglietti;

---

(1) FRANCHETTI, *Relazione sulla proroga del corso legale dei biglietti degli Ist. di Emiss.*, 1887.

(2) RICARDO, l. c., 423.9; PARNELL, *Paper money*, ecc., 114-16. « Non è forse deplorevole, chiede Ricardo, il vedere un istituto grande e dovizioso quale la Banca d'Inghilterra, cercare di accrescere i suoi incassi mercè illeciti guadagni estorti da un popolo immiserito? » La critica adduce Ricardo ad un vero socialismo bancario, l. c., 394, 421, 435.

(3) La storia delle banche non ha pagina più obbrobriosa di quella, che vi scrisse la Banca Austriaca il 28 novembre 1867, quando essa comunicava al Ministro delle Finanze, che, nonostante le sovvenzioni del governo, il dividendo era di 6 $\frac{1}{2}$ %, di soli 6 $\frac{1}{2}$ %!, ed esigeva, secondo i patti, dallo stato, stremato dalle disfatte recenti, una sovvenzione addizionale che portasse il dividendo al 7 % (NEUWIRTH, l. c., I, 144-7).

(4) COURCELLE-SENEUIL, l. c., 327.

(5) ROMANELLI, *Relazione sulla circolazione cartacea*, 263.

costume, il quale ha la sua dimostrazione evidente nella immediata elevazione degli sconti, che si manifesta non già soltanto nei periodi di speculazione ascendente, ma anche e più specialmente nei periodi successivi ad una distruzione di capitale (1) e che assicura alle banche medesime enormi estraprofitti (2).

Frattanto però il capitale improduttivo diviene in Europa au-

---

(1) Sulla insufficienza della riserva delle Banche in Inghilterra fino quasi ai dì nostri, e sulla sua influenza ad elevare il saggio dello sconto, si vegga PARNELL, l. c., 105-6; BAGEHOT, l. c., 36; MACLEOD, l. c., 518-24, 554; WILSON, l. c., 137-9; TOOKE, *State of the currency*, 52, 58. La nota proposta di TOOKE (III, 197), intesa ad assicurare una cospicua riserva alla Banca d'Inghilterra, incontra le più veementi obbiezioni, appunto perchè la Banca non vuole serbare oziosa una parte del suo capitale. Se la Banca di Francia non cristallizzasse una forte frazione del suo capitale in titoli di debito publico, essa potrebbe differire, o render più rara, la elevazione dello sconto (JUGLAR, *Crises commerciales*, Paris, 1862, 199; MAX WIRTH, *Grundzüge der Nat. Oek.*, 1881, III, 198). Si vegga anche NASSE, *Banknoten und Bankanweisungen*, ecc. PALGRAVE, *Bankrate*, ecc., 85 e ss., dimostra come la elevazione periodica dello sconto sia in ragione inversa del suo saggio normale; appunto perchè quanto questo è minore, tanto minore è la riserva nei periodi di crisi, quindi l'ascensione eccezionale dello sconto è maggiore.

(2) Ricardo, che ben conosceva i segreti della *city*, scriveva a Malthus: *Voi sareste sorpreso dell'abbiezione degli uomini di banca* e della grande influenza che posseggono i direttori, pel loro potere di scontare cambiali (*Letters*, 110). « Nel 1847 un antico cliente di un banchiere vedeasi rifiutato un prestito sopra un titolo di 200 mila sterl. Quando, al momento di lasciare il banchiere, esso gli fece noto, che si trovava perciò nella necessità di sospendere i pagamenti, gli si rispose che non vi era tale necessità, poichè il banchiere, in tali circostanze, avrebbe comperato il titolo per 150 mila sterl. » (*The theory of exchanges*, Lond., 1864, 80). — Dopo ciò non è meraviglia se un banchiere, al quale non vorrà almeno negarsi la capacità di determinare i redditi della sua professione, affermi che il capitale bancario esige in media un profitto del 20 %, malgrado ogni apparente tenuità del saggio dell'interesse (BOURON, *Guerre au Crédit*, 75). La Banca di Francia distribuisce ai suoi azionisti, in tempi di crisi, dividendi che variano da 15 a 25 %, mentre a Londra, in alcune Banche per azioni, essi ascendono fino a 73 % (COQ, *Les circulations en banque*, Paris, 1865, 15.19; BAGEHOT, l. c., 233; WOLOWSKI, *Question des banques*, 371). In Inghilterra, in 34 anni, gli azionisti della Banca ricevono dividendi per 16.270.254 st. (LAWSON, 738); e ciò preoccupa il governo inglese così, che esso impone ai direttori della Banca di distribuire fra i proprietari tutto il reddito eccedente un dividendo del 10 %, in luogo di aggiungerlo al capitale della Banca (RICARDO, *Works*, 429). In Francia, la legge del 1857 obbliga le Banche ad aggiungere alla riserva i profitti eccedenti il 6 %, mentre da altri vorrebbesi che gli estraprofitti, percepiti dalle Banche nel periodo di crisi, fossero deferiti allo stato (MAX WIRTH, l. c., 197; KNIES, *Credit*, II, 448).

tomatico, o risultante dalla degressione nel saggio del profitto. Già le deposizioni fatte nel 1833 innanzi ad una Commissione parlamentare inglese, sono unanimi nel constatare la enorme depressione nel saggio dell'interesse, « Noi, osservano i testimonj, non possiamo oggimai impiegare il nostro danaro superfluo nemmeno ad un interesse del 2 %. Se gli 800 milioni che furono distrutti dalle guerre napoleoniche si riavessero, ne deriverebbe una crisi tremenda » (1). Non altrimenti si esprime il Laing (2). « La condizione miserabile del capitale, che cerca impiego e nol trova, così uno scritto celebre pubblicato nel 1850, non è solo frequente in Inghilterra, ma è una delle nostre ben note miserie sociali. I profitti dell'industria sono ovunque depressi al di sotto di un *living and honest standard*. Il manifattore è costretto ad un modo di produzione inferiore, o a «sofisticare» le sue merci. Di qui l'impazienza dei capitalisti a trovare al loro capitale un impiego lucroso » (3) e le speculazioni ferroviarie dissennate, in cui tanti capitali si perdono (4). Più tardi « la pletora di capitale eleva il prezzo dei titoli di indubbia solidità, cosicchè coloro che vogliono titoli, od azioni riccamente rimuneratrici, sono costretti ad attendere tempi migliori » (5). « L'incremento progressivo del prezzo dei titoli, conchiude Giffen, dimostra splendidamente la tendenza del capitale a crescere senza trovare impiego adeguato e conferma categoricamente la legge della tendenza dei profitti verso il minimo, la quale non potrebb'essere rallentata che da un enorme consumo improduttivo del capitale esuberante » (6). Questo capitale si consuma infatti nelle crisi, le quali,

---

(1) WAKEFIELD, *Note a Smith*, *Wealth of Nat.*, Lond., 1840, I, 248.50.

(2) LAING, l. c., 8.

(3) *Sophismes of free trade*, 9ª Ed. 1870, 41-2. — Un elenco dei prodotti inglesi, che vengono falsificati, si trova nel 7 *Annual Rep. of local governm. board*, 1877-78, XCIV-V. Però, come della concorrenza eccessiva fra i capitali, l'adulterazione dei prodotti può esser l'effetto della inesistenza di concorrenza. Essa è quindi frequente nel medio evo, e ne fanno fede gli *Statuti* di Pisa, III, 46.

(4) Sull' aggiotaggio ferroviario in Inghilterra, vedi, p. es., l'art. *The watering of railway stocks*, nell'*Economist*, 9 febbraio 1889, LAING, *Business*, 250, e GALT, *Railway reform*, Lond., 1865, 126.

(5) BOURNE, l. c., 147, 194, 6; LEROY-BEAULIEU, l. c., 260 e pass.

(6) GIFFEN, *Stock exchange*, 141-2. Cfr. FULLARTON, l. c., 163; EVAN, *History of the commercial crisis*, 1857-58, Lond., 1859, 33; TORRENS, *Corn trade*, 319, ecc.

ignote o rare nel periodo sistematico, si succedono nel periodo automatico con sempre più rapido ritmo. Ora il capitale improduttivo, che si forma come risultato di questa depressione del profitto, e che, dopo averla esacerbata, scoppia disastrosamente nelle crisi, non solo è privo d'ogni funzione vantaggiosa al capitale produttivo, la cui base di operazione, la riduzione del salario al minimo, è omai assicurata, ma reca alla economia produttrice tali danni, da rendere legittima la guerra, che contro quel capitale si inizia. Anzitutto la guerra si appunta contro il capitale intermediario, e si accentua sempre meglio col scemar de' profitti. Nella Germania si inizia negli ultimi anni una reazione contro gli intermediarj, la quale determina una diminuzione progressiva dei loro profitti; onde già si incomincia ad avvertire una diminuzione dei parassiti, così funesti all'agricoltura di quel paese (1) — gran parte dei quali debbono rivolgersi ad industrie complementari per ottenere un reddito sufficiente (2). Gli stessi fatti si notano nell'Inghilterra. « Il movimento generale della età nostra, scriveva non è guari una rivista autorevole, tende a sopprimere gl'intermediarj. Pochi anni fa gli Americani ricevevano pel loro grano solo $^1/_5$ del prezzo, che l'Inghilterra pagava pel grano convertito in pane; e ciò per effetto degli intermediarj. Ma oggi ciò non è più, poichè il movimento cooperativo si estese per modo, da ridurre il rivenditore a un tenue profitto. Così, p. es., il consumatore di Londra dovea comperare il pane dal rivenditore, che lo comperava dal fornaio, che comperava la farina dal mugnaio, il quale dovea pagare il trasporto del grano al suo molino da Liverpool, ove quello avea già procacciati più di quattro profitti ad altrettanti intermediarj. E prima del suo arrivo colà, il grano avea pagato un profitto al compratore sul luogo di produzione, a due commissionarj, ad un agente di magazzeno in Chicago e nel Milwaukee e poi allo stesso numero di interme-

Per la Germania, NEUMANN-SPALLART, nella *Deutsche Rundschau*, dicembre 1883, 374. Sulla decrescenza del saggio dello sconto in Europa, RICCA-SALERNO, nell'*Annuario delle Scienze Sociali*, 1882, 80.

(1) *Bauerliche Zustände in Deutschl.* 1, 26, 193, 216.

(2) *Untersuchungen*, ecc., 66, 137. Anche v. d. BORGHT (*Der Einfluss des Zwischenhandels auf die Preise*, Leipz., 1888), avverte una diminuzione del tributo, che gli intermediari impongono ai consumatori sotto forma di elevazione del prezzo dei prodotti (pp. 263, 264).

diarj in Nuova York. Ora tutto ciò è cangiato, e la massima parte della farina usata dal fornaio inglese, in eccesso su quella fatta col grano nazionale, gli è spedita direttamente dal molino del nord-est degli Stati Uniti. È questa nuova caratteristica del commercio, che ha ucciso l'intermediario in Inghilterra » (1).

Nè sorti diverse da quelle delle altre forme del capitale improduttivo, attendono il capitale bancario, il quale viene detronizzato dall'antico fastigio e spogliato d'ogni favore. Infatti nel 1826, all'indomani di quella spaventevole crisi, in cui si è manifestato per la prima volta il capitale improduttivo automatico, il privilegio bancario riceve nell'Inghilterra un formidabile attacco, mercè la legge, che consente la fondazione di banche di più che 6 associati. — Se non che mentre il carattere automatico del capitale improduttivo tende a sopprimere i privilegi bancari, un'altra e ben diversa cagione tende a ristabilirli ; ed è la necessità di imporre alle banche una riserva, che valga a ristaurare le distruzioni periodiche di capitale, e quindi di compensare con un monopolio la diminuzione di lucro, che le banche hanno, pel fatto della riserva, a soffrire. Ed è questo appunto che ci spiega come nella Gran Brettagna la introduzione della libertà bancaria, timidamente iniziata colla legge del 1826, venga bruscamente interrotta dalla legge del 1844, che ristabilisce il quasi-monopolio della emissione. — L'intento di quella celebre legge e delle sue sospensioni (le quali, ben lunge dal formare uno strappo della legge, entrano nel ritmo di quella e ne formano lo scopo finale) è precisamente, di imporre alla banca la costituzione di una riserva, perchè sia prestata nei periodi di crisi e di compensare l'onere così imposto alla Banca coll'accordarle il monopolio delle emissioni (2). Che se quella legge non risponde perfettamente al suo intento, gli è che essa, in luogo di render possibile il prestito immediato della riserva nei periodi di crisi, pei quali quella è serbata, lo impedisce esplicitamente, ren-

---

(1) *Must the middleman go?* nel Banker's Magazine, settembre 1885, 210-11. Cfr. *Rep. on depression*, Evidence, n. 491, 501, 5673, 6353, ove si dimostra, come la diminuzione dei profitti tenda a fare scomparire gli intermediari.

(2) Questo carattere del monopolio bancario nel suo secondo periodo si manifesta nel fatto, che prima della votazione dell'Atto di Peel, una petizione dei principali banchieri e mercanti di Londra prega il Parlamento di respingere quella legge (CAREY, *Libertà delle Banche*, 1153); il che tradisce l'intento, ostile al capitale improduttivo, che in quella legge predomina.

dendo così necessario un intervento del governo, che consenta ad ogni periodo di panico la sospensione dell'Atto, ossia costringendo la riserva a rimanere, fino a che l'Atto non sia stato sospeso, inoperosa, allora appunto che sarebbe opportuno prestarla. — Ma se nella legge inglese del 1844 si mostra la utilità sociale della riserva bancaria e la impossibilità della sua costituzione spontanea in un certo periodo dell'economia (1), i fenomeni bancari, che si svolgono nell'Inghilterra in un successivo periodo, dimostrano come questa impossibilità di una riserva spontanea vada grado grado sparendo. Infatti è noto che dopo la crisi del 1866 la Banca d'Inghilterra e le banche minori mutano sostanzialmente politica e che alle grame ed insufficienti riserve del precedente periodo vanno sostituendo riserve cospicue (2); di che è luminoso commento il fatto che, dopo il 1866, non si ha più alcuna sospensione dell'Atto di Peel. Ora si comprende come questa formazione della riserva spontanea tenda a far cessare il monopolio bancario, ormai fatto inutile a garantire la esistenza di una riserva ed anzi, come è facile scorgere, divenuto un ostacolo a quel risultato; poichè l'interesse, che hanno le banche libere a sconfiggere la banca tiranna, è funesto incentivo, che le induce a sacrificare la propria riserva pur di raggiungere quell'intento. Infatti non appena la Banca d'Inghilterra, per difendere la propria riserva nel periodo di speculazione ascendente, eleva il saggio dell'interesse, le altre banche, in luogo di seguirla in questa politica, prestano ad un saggio d'interesse invariato, al solo scopo di privare la banca favorita de' suoi clienti e neutralizzare i vantaggi, che il privilegio le accorda; onde la riserva delle banche vien sciupata innanzi al momento della rivulsione, in cui essa sarebbe preziosa, mentre la banca privilegiata trovasi gravemente colpita e resa sempre più disadatta a difendere la propria scorta metallica (3). Questa guerra delle banche libere contro la

---

(1) La impotenza della legge a contenere entro certi limiti la circolazione delle Banche italiane non sarebbe una riprova della necessità del monopolio, perchè, durante una certa fase della economia, s'abbia la riserva bancaria?

(2) BAGEHOT, l. c., 172; PALGRAVE, l. c., 15; LUZZATTI, *Emulazione e progressi delle Banche d'emissione*, N. Antologia, 1886.

(3) PALGRAVE, l. c., 43: BONAMY PRICE, *Chapters in practical pol. ec.*, 2ª Ed., Lond., 478.9. Anche in Italia, benchè in proporzioni minime, si ha una guerra celata fra il Banco di Napoli e la Banca Nazionale.

banca suprema è oggi ancor mite ed incerta ; ma, minacciando sempre più la persistenza della riserva bancaria e convertendo il monopolio bancario da condizione *sine qua non* della riserva in ostacolo che la impedisce, tende a provocare la costituzione bancaria libera, nella quale le banche non hanno più incentivo a prestare, a scopo di guerra, quel capitale che oggi si impiegherebbe improduttivamente e che nel giorno della crisi diviene prezioso stromento a ristaurare il capitale consumato. — Quando ogni privilegio bancario sarà scomparso dalla legislazione, avrà termine quel tracollo del capitale improduttivo, che si inizia fatalmente all'istante, in cui l'economia capitalista si asside incrollabile sulla povertà del lavoratore.

b) La depressione industriale.

Durante un lungo periodo, che si protende fino agli ultimi tempi, il capitale improduttivo è un fenomeno parziale della economia, è la forma morbosa, assunta dalle nuove accumulazioni, le quali non ottengono un profitto sufficiente nella produzione. Ma giunge un momento, in cui il capitale improduttivo entra in una fase nuova e più interessante; la quale si inizia quando la rendita di monopolio ha ridotto per la prima volta permanentemente e generalmente sotto il minimo il profitto del capitale produttivo, e quando perciò alla distruzione parziale ed acuta del capitale, o alla crisi, succede la distruzione generale e cronica del capitale, o la depressione. È questo il fenomeno, il quale campeggia gigante nell'età nostra e quasi ne riassume il carattere.

Già negli Stati Uniti, ove pure il monopolio della terra non è ancora completo, la rendita di monopolio prorompe e parallelamente al suo crescere si avverte una costante diminuzione nel saggio del profitto, finchè alcune industrie son condotte con profitto tenuissimo o nullo (1). Ma ben più gravi son le proporzioni, che questo fenomeno assume in Europa. « Se gli operai delle miniere di Sicilia, scrive un publicista distinto, son ridotti non solo alla legge di bronzo del salario, ma al salario dell'inedia, ciò è dovuto alla rendita, alla parte del leone che si fa il proprietario della miniera, lasciando una parte troppo piccola al *gabelloto*

---

(1) *First ann. Rep. of the Commissioner of labour on Industrial Depressions.* Washington, 1886, 75.

(capitalista) ed all'operaio » (1). Nel Belgio, dal 1873 al 1883, mentre il prodotto delle miniere di carbon fossile cresce costantemente, i profitti ci presentano una veemente degressione, appunto perchè la miglior parte del prodotto è confiscata dal proprietario della miniera. Al tempo stesso le altre e svariatissime forme della rendita di monopolio recidono gli altri profitti ; l'interesse sui depositi scende ad $\frac{1}{4}$ $^0/_0$ ed i titoli commerciali di prima classe si scontano a $\frac{5}{4}$ $^0/_0$; onde i capitalisti non hanno più alcun incentivo a prestare i loro capitali e li richiamano, senza por mente alla interruzione delle imprese produttive, che tal richiamo cagiona (2). Nell'Inghilterra si considera quale causa speciale del decrescente profitto nella produzione del ferro e del carbon fossile l'elevata ed ascendente rendita delle miniere, che sale fino a 3 scell. ed anche 6 scell. e 3 pence per ogni tonnellata di ferro (3). Il sistema fondiario della Gran Brettagna, afferma una relazione ufficiale, che ha costretto il popolo ad abbandonare la terra e lo ha divorziato dalla proprietà fondiaria, ha una poderosa influenza a deprimere il commercio e l'industria in quella nazione (4). Ed Arturo O' Connor, che nella sua qualità di irlandese comprende perfettamente la causa fondiaria dei fenomeni industriali, vede la causa della depressione in ciò, che « nel sistema fondiario esistente i proprietari del terreno possono esigere una sì forte proporzione dei prodotti dell'industria del Regno Unito, che la residua è insufficiente ad assicurare una rimunerazione adeguata alle

---

(1) Vedi il bellissimo articolo del COLAJANNI, *Zolfare e zolfatai in Sicilia*, Riv.ª Ital. del Socialismo, 1887, 263 e ss.

(2) *Rep. Amer. on industr. depr.*, 40-6.

(3) *Engl. Rep. on industr. depr.*, Evid. 1288, 1191, 2889, ecc. Sull'aumento della rendita delle miniere col crescere della popolazione vedi *Industrial resources of Tyne, Wear, and Tees*, Lond., 1864, 134.

(4) *Rep. amer. on ind. depr.*, 29, 78. Se la influenza, determinante la depressione dei profitti, si riflette nella mente dei relatori, si riflette però in una forma fallace. Infatti essi (pur non avendo letto Rodbertus) credono che il monopolio della proprietà fondiaria determini la depressione industriale, impoverendo gli operai agricoli e scemando, colla loro richiesta di manufatti, lo spaccio delle manifatture. Ora ciò non è solo logicamente assurdo (poichè è evidente che di quanto si impoveriscono gli operai agricoli, di tanto si arricchiscono i proprietari, onde la domanda totale di manufatti rimane costante), ma è in contraddizione con quanto afferma la stessa relazione, ove dimostra che la floridezza dell'industria va spesso a paro colla diminuzione nella capacità di consumo del popolo (l. c., 75).

classi industriali, sia in forma di salari agli operai, che di profitti agli imprenditori o capitalisti » (1). La degressione dei profitti è infatti nell'Inghilterra generale e si fa ogni giorno più
grave. « Nel distretto di Oldham, la maggior parte delle industrie,
nel trimestre compiuto il 27 giugno 1885, lavorò o con perdita
o senza profitto » (2). Diminuzione e quasi annullamento del profitto si avverte nella produzione dell'acciaio e del lino; il capitale
di molte società anonime è deprezzato del 28 %; e i lamenti,
che d'ogni parte si levano, benchè diversamente accentuati, si
accordano in ciò, che l'industria, la quale pur non produce meno
di prima, vede il suo profitto tendere verso l'impercettibile (to va-
nishing punct). Questo carattere non compensatore dell'industria
attenua più sempre al capitalista ogni stimolo ad impiegare il suo
capitale nelle imprese produttive, e lascia fin d'ora presagire
il momento, in cui il capitale non avrà più alcun motivo ad impiegarsi nella produzione. Al tempo stesso si avverte che le classi
della popolazione, le quali derivano il loro reddito dagli impieghi
esteri, o da una proprietà che non è direttamente connessa colle
industrie produttive, hanno poco motivo di lamento, anzi veggono
accresciuti i loro profitti; il che mostra come il capitale improduttivo si arricchisca a spese del produttivo e si giovi dei periodi di ristagno, e come lo sviluppo stesso economico offra uno
stimolo poderoso ad una conversione crescente di capitale produttivo in improduttivo (3).

Ora contro questo fatale annullamento del profitto il capitale
produttivo si ribella, con una serie di processi, che presentano un
perfetto contrasto, secondo che si riferiscono all'industria rurale
od alle manifattrici. — Osserviamo anzitutto come proceda quella
reazione nell'agricoltura. Per qualche tempo il capitalista agricolo cerca reagire contro la diminuzione del suo profitto con
metodi, i quali accrescono realmente il prodotto, o non agiscono
a scemarlo, come colla introduzione di macchine, colla protrazione del lavoro, coll'impiego delle donne e dei fanciulli; ma
questi metodi incontrano bentosto un limite insormontabile. L'impiego di macchine in agricoltura ha ristretti confini; il prolun-

---

(1) *Final Report*, LXXV-VII. Cfr. Evidence, n. 1352, 1480, 2889-92, ecc.
(2) *Rep. Amer.*, 134.
(3) *Final Rep.*, 62, 43, e Evid., n. 4125, 5240.

gamento della giornata di lavoro trova un ostacolo nella legge; l'impiego delle donne trova inceppamento nella legge stessa, che, limitando il lavoro dei fanciulli, accresce le occupazioni domestiche delle donne e le trattiene dall'impiegarsi nelle imprese — e nella attrazione che esercitano le manifatture sulle donne lavoratrici. Ora non appena quei metodi di reazione contro la depressione del profitto, che accrescono il prodotto, hanno raggiunto il limite di saturazione, il capitalista agricolo prosegue quella reazione *per fas et nefas*, giovandosi di tutti i processi, che valgano ad accrescere il margine fra il costo ed il prodotto con una diminuzione del primo, per quanto essi si compiano a spese della produzione e corrodendo le stesse forze vegetatrici. È allora che il capitalista agricolo incomincia dal sostituire i campi coi pascoli per scemare il numero degli operai impiegati; poi sostituisce una economia pastorale, che esige una certa quantità di lavoro, con una che esige una quantità di lavoro minore, e con ciò diminuisce la quantità di bestiame prodotto; poi sostituisce una produzione di foraggio, che esige una certa quantità di lavoro, con una che richiede una quantità di lavoro minore e con ciò peggiora la qualità del bestiame prodotto; poi diminuisce l'impiego del concime e così vede in breve esaurirsi la terra; infine al campo ed al pascolo sostituisce la foresta ed il bosco e così riduce al nulla le spese di produzione, ottenendo un reddito dalla cessione della terra, ritornata selvaggia, ai dilettanti di caccia, o dalla vendita della selvaggina. Per tal modo il fittaiolo giunge a reagire contro l'annullamento del suo profitto; ma non è il suo che un triste e passeggiero trionfo. Imperocchè esso non fa che convertire il suo capitale di produttivo in improduttivo ed ottenere un profitto apparente consumando una parte di questo medesimo capitale; egli si converte da coltivatore in « uccisore della terra »; egli determina infine una degradazione progressiva e spaventosa della produzione.

Ed invero da ogni parte riceve dimostrazione e conferma la decrescenza della produzione rurale. Se osserviamo, ad es., l'agricoltura inglese, della quale, or son 40 anni, Lavergne dipinse con tanta eloquenza gli splendori, troviamo che, a partire dal 1867, al periodo di floridezza e progresso succede un periodo di regresso spaventoso, di decremento e di peggioramento progressivo del prodotto. Per una parte si inizia e d'anno in anno s'accresce la conversione di campi in pascoli; la quale assume bentosto così

ragguardevoli dimensioni, che nel 1882 l'estensione dei pascoli nel
Regno Unito ascende a 14.821.000 acri, ossia eccede di 3.685.000
acri l'estensione loro nel 1867. Ora se questa conversione di
campi in pascoli determina in un primo periodo — dal 1867 al 1874
— un aumento della produzione del bestiame, nel periodo successivo si avverte un movimento inverso, e parallela all'espansione
dei pascoli procede la diminuzione del bestiame prodotto. — Quindi
mentre nel 1874 si hanno 46 capi di bestiame per 100 acri coltivati,
nel 1882 essi scendono a 39. La diminuzione nella quantità del bestiame prodotto rende necessario un aumento della sua importazione
e questa, ch'era venuta scemando dal 1869 al 1874 coll'incremento
della produzione nazionale, ripiglia nuovo e più valido slancio a partire dal 1874; cosicchè se negli anni precedenti a quest'ultimo si importavano annualmente, in media, 203.588 capi di bestiame, nel-
l'intervallo dal 1875 al 1879 la importazione cresce a 390 mila
capi per anno. Nè il regresso della produzione si limita ad una
diminuzione nella quantità del bestiame prodotto, poichè ne peggiora al tempo stesso la qualità, ciò che, secondo afferma una
eminente autorità in fatto di economia rurale, il Shaw-Lefèvre,
si attesta nella degressione continua del peso del bestiame (1). —
Inoltre, a paro colla conversione di terre arative a pascoli, si
dispiega la conversione di terre coltivate in parchi o boschi improduttivi, nuovo e più potente fattore di regresso della produzione. — Ma non è tutto. Un nuovo elemento di riduzione e di
peggioramento della produzione agraria è la diminuzione progressiva, non solo nell'impiego e nella importazione, ma nella produzione del concime, la quale scema sempre più, malgrado la conversione crescente di campi in pascoli; poichè a paro con questa
non procede la produzione dei foraggi, i quali soltanto consentono
di accrescere la produzione delle materie fertilizzanti. Per ciò non è
meraviglia se l'impiego del concime nell'agricoltura rapidamente
decresce e se, mentre dal 1865 al 1870 s'impiegavano annualmente
58 tonnellate di guano per 1000 acri di terre granifere, dal 1870
al 1875 si impiegano, sulla stessa estensione, sole 42 tonnellate,
dal 1875 al 1880 36, nel 1881 18. La conseguenza naturale di

---

(1) КАБЛУКОВ, вопросъ о рабочихъ въ сельскомъ хозяйствѣ. — москва, 1884.
(KABLÜKOFF, La questione operaia nell'agricoltura), 298, Final. Rep. Depr., 34.
Si confronti ante ciò che Murphy riferisce dell'Irlanda (pag. 328).

questa decrescente concimazione del suolo è il suo progressivo esaurimento, sul quale sono unanimi le testimonianze degli agronomi e degli economisti. « Credete voi, chiede al fittaiolo Little il presidente della Commissione d'inchiesta sulle condizioni dell'agricoltura nel 1880, che la terra ben coltivata sia sempre meno produttiva? » — « Io non penso questo, risponde l'uomo pratico, ma so che molte informazioni mi attestano che la terra è d'anno in anno meno produttiva. Il Prof. Buckman, uomo assai versato nell'agricoltura, mi esprimeva l'avviso, che la produttività della terra diminuisce gradatamente ». A sua volta il Caird, scrittore non certo sospetto di pessimismo, avvertiva: « Paragonando il 1882 col 1870, si nota una diminuzione del 6 % nella quantità del bestiame, dell'11 % nel numero degli acri coltivati a grano, del 7 % nel numero degli acri coltivati ad erbaggi. Io non so, ma questi fatti mi sembrano confermare la opinione di coloro, i quali trovano che la fertilità della terra decresce » (1), poichè buona parte delle terre diviene disadatta alla coltivazione.

Parallelamente a questo decremento nella concimazione, si ha una diminuzione progressiva nella intensità della coltura, o nella quantità di lavoro, che nella terra è impiegata e, come risultato inevitabile di tale fenomeno, una decrescenza della produzione rurale. Già il roseoveggente Giffen aveva avvertito, che dal 1877 al 1880 non erasi avuto alcun aumento della produzione agraria a paragone di quella degli anni precedenti; ma nella realtà non trattavasi soltanto di una stazionarietà della produzione, bensì del suo rapido decremento. Infatti, secondo le testimonianze più degne di fede, il prodotto medio annuale per *acre* in Inghilterra sarebbe stato di 24 *bushels* di frumento dal 1853 al 1861 e di soli 19 *bushels* dal 1873 al 1879. Il Little affermava alla Commissione d'inchiesta che sulla sua terra esso raccoglieva 37 ½ *bushels* per anno dal 1867 al 1875, 30 ¾ dal 1875 al 1880; il Lawes, in seguito a 18 anni di esperienza agricola, attestava che nei primi 6 anni esso aveva raccolto 37 ¼ bushels per anno, nei se-

---

(1) KABLÜKOFF, l. c., 82-3. Cfr. HARRIS, *The decay of english agriculture*, nella *National review*, novembre 1887, 303 e ss. Sull'esaurimento delle terre nel Veneto, MORPURGO, l. c., II, 370, 390, 468. Sulla degressione del prodotto agrario in Sicilia DAMIANI, l. c. 681. Cf. JACINI, l. c. 59.

condi 35 $^3/_8$, negli ultimi 26; il Shaw-Lefèvre assicurava che la produzione annua di frumento per acre era stata

dal 1857 al 1862	28.4 bushels
dal 1863 al 1868	30.8 »
dal 1869 al 1874	27.2 »
dal 1875 al 1880	22.6 »;

nella contea di Hants, nel periodo dal 1859 al 1879, si ebbe un prodotto annuo di 33 bushels per acre nei primi 16 anni, ed uno di 30.1 negli ultimi cinque. — La diminuzione nella produzione annua del frumento nel Regno Unito è finalmente riassunta nelle cifre seguenti, che dànno la media generale:

dal 1866 al 1870	39	bushels per acre
dal 1871 al 1875	25.8	»
dal 1876 al 1880	24.6	»

I raccolti presentano una proporzione sempre minore alla estensione di terra coltivata ed una diminuzione sempre maggiore in relazione a quella degli anni precedenti; onde se nel 1875 l'Inghilterra ha una diminuzione di raccolto del 22 %, questa diminuzione è del 24 % nel 1876 e del 26 % nel 1877. Al tempo stesso la qualità dei prodotti agrari peggiora ed è questo peggioramento che spiega la diminuzione del loro prezzo. Omai la agricoltura del Regno Unito tende per una china fatale verso lo esaurimento completo, ineluttabile generatore di spaventose catastrofi; e già queste si annunziano nel numero crescente dei fallimenti dei fittaioli, che salì da 470 nel 1877 ad 800 nel 1878, e a 1400 nel 1879 — per procedere a cifre maggiori negli anni successivi — e nella quantità crescente di terre, di cui i fittaioli non possono proseguire la coltura e che debbono restituire ai proprietari. Di qui il grido di dolore dei relatori britannici, i quali avvertono che « l'agricoltura perde tutte le sue forze » e conchiudono che « il progressivo declinare della produzione agricola, considerato in rapporto alle sue influenze avvenire sulle condizioni sociali e morali del popolo, costituisce un così grave pericolo, che richiede immediata riflessione dal paese e dal parlamento » (1).

---

(1) *Fin. Rep. on Depr.*, 58; evid., n. 7671, 7753.

L'economista pratico, a cui ogni spiegazione è sufficiente, rannoda questi gravissimi fatti, sia alla successione accidentale di parecchi raccolti infelici (spiegazione evidentemente insostenibile per la persistenza del decremento nel prodotto agrario), sia alla concorrenza americana. Ma la importazione dei grani nell'Inghilterra assunse uno slancio poderoso fin dal giorno della abolizione delle Leggi sui Cereali, senza che però tale importazione crescente determinasse alcuna mutazione, o degradazione della agricoltura britannica. D'altro lato la conversione dei campi in pascoli ha così poco a vedere colla importazione dei grani a basso prezzo, che nell'anno 1867, il quale inaugura la depressione agricola attuale, il valore del grano ascende all'alta cifra di scell. 64,5 per quarter, mentre esso non era che di 49.11 nel 1866, di 41.10 nel 1865, di 40.2 nel 1864. Di più si osservi che nel 1860 erasi avuto un forte deprezzamento di prodotti agricoli, senza che questo determinasse alcuna conversione di campi in pascoli, e che all'opposto l'incremento dei prezzi agrari, avveratosi dal 1870 al 1874, non è punto riuscito ad arrestare quella conversione. Infine è pur notevole che nel periodo dal 1874 al 1880, nel quale i pascoli si estendono maggiormente a detrimento dei campi, il prezzo della carne decresce ; onde riesce assolutamente impossibile attribuire allo stato dei prezzi la degradazione agraria, che si spiega ai nostri sguardi. Ben lungi che sia la esportazione americana la causa della degradazione rurale nel Regno Unito, è questa degradazione la causa della importazione dei grani, necessaria a riparare alla crescente improduttività della agricoltura britannica (1); il che, naturalmente, non contesta che la esportazione americana influisca ad esacerbare quella depressione agricola inglese, di cui è il risultato. — Ma la cagion prima di tale depressione è la reazione patologica del capitale contro quella depressione del profitto, che è il fatale prodotto della rendita di monopolio.

Tuttavia l'influenza della rendita di monopolio a produrre la

---

(1) « L'agricoltura americana fu straordinariamente stimolata dalla crescente richiesta, cagionata dalla continua diminuzione della produzione agraria in Inghilterra e nell'occidente d'Europa », CAIRD, *Landed interest*, Lond., 1880, 159; *Fin. Rep. Depr.*, 46. Già Thünen, fin dal 1826, presagiva che l'esaurimento del suolo inglese, prodotto della coltura spogliatrice, avrebbe posta la Gran Brettagna in una dipendenza prima inaudita dalla produzione straniera e ne avrebbe scrollate le posse (II, 2, 231).

depressione agraria non appare perfettamente spiccata, poichè a generare quel fenomeno contribuisce anche la elevazione dei salari agricoli, che toglie al fittaiolo l'incentivo a compiere impieghi durevoli di capitale e lo induce ad una coltura spossatrice; e benchè questa causa non basti per sè stessa a spiegare un così grandioso regresso, pur non è dubbio che essa renda meno evidente l'influsso della causa predominante (1). Ma questa equivocità del fenomeno più non s'incontra nella depressione, che affligge oggidì, con intensità non minore, benchè sotto forma diversa, l'industria manifattrice. Infatti nel periodo stesso, in cui l'economia rurale presenta una produzione decrescente ed anemica, l'economia industriale presenta una produzione apparentemente eccessiva, perchè rivolta a prodotti, di cui la richiesta non esiste, o venne già soddisfatta. La esuberanza di una terra fortunata non giunge a preservare la grande repubblica americana dalla manifestazione di questi disastrosi fenomeni e nel 1882 la depressione industriale fa la sua prima comparsa negli Stati Uniti. Quivi si ha una enorme produzione di macchine, la quale stimola ad una fabbricazione eccessiva delle merci, alla cui produzione la macchina contribuisce; e questa fabbricazione crescente di merci, di cui la richiesta non cresce, genera l'eccesso di produzione e la depressione dell'industria. La maggior parte delle nuove costruzioni ferroviarie sono il prodotto della speculazione e, non rispondendo ad alcuna esigenza del consumo, tendono ad una necessaria ruina; il ristagno di quelle, assottigliando la domanda del ferro e dell'acciaio, ne scema il prezzo; ma la depressione si estende dalle industrie del ferro a tutti i campi della produzione ed al 1° luglio 1885 il 5 % delle industrie americane si trovano inattive (2). Se ci volgiamo ancora all'Inghilterra, troviamo che dal 1873 al 1879,

(1) KABLÜKOFF e BERTANI (*Inch. Agr.* 40) attribuiscono appunto questa depressione nel saggio dei profitti agrari esclusivamente alla elevazione dei salari agricoli avveratasi negli ultimi anni. Ma già il Wakefield fin dal 1840 avvertiva, che una depressione agraria permanente, che obblighi il fittaiolo a pagare la rendita col suo capitale, non potrebbe essere che il prodotto di una influenza agente con egual forza sull'agricoltura e sull'industria (*Note a Smith*, II, 320); mentre una causa agente sulla sola agricoltura sarebbe riparata dal fittaiolo con una elevazione dei prezzi. È solo quando questa elevazione non è possibile, è solo allora che l'aumento dei salari agricoli provoca necessariamente la degradazione dell'agricoltura. Cfr. Lib. I, pag. 582.

(2) *Amer. Rep. Depr.*, 75, 86, 230 e ss.

accanto ad un regresso della produzione agraria, si ha un eccesso della produzione manifattrice ed una depressione industriale; lo stesso fenomeno si ripete nel 1884, quando ad una depressione agricola, che si attribuisce ad una vicenda di raccolti infelici, fa riscontro una depressione industriale dovuta ad una produzione eccessiva. E questo notevole contrasto prosegue fino ai dì nostri. « Non v'ha dubbio, così si esprime la relazione inglese sulla depressione industriale, che mentre la produzione agraria veniva negli ultimi anni scemando, un processo d'indole perfettamente opposta avveravasi nelle altre branche della produzione. Molte di quelle merci, la cui produzione è indipendente dalle stagioni e dalle qualità naturali del suolo, si producevano in quantità progressiva; e noi abbiamo la prova che negli ultimi anni, e più specialmente negli anni durante i quali prevalse la depressione industriale, la produzione delle merci in generale e la accumulazione del capitale procedettero in Inghilterra più rapidi dell'aumento della popolazione e — ciò che più monta — eccedettero la richiesta attuale dei prodotti ed il suo attendibile accrescimento ». Questa produzione eccessiva non è appunto che il risultato di un impiego di capitale irrazionale, dedito alla produzione di merci non richieste, è dunque « anzichè vera produzione eccessiva, produzione inconsulta » (1). È nelle imprese di costruzione dei vascelli che si manifesta più spiccata questa produzione esorbitante ed infatti le costruzioni ascendono a

796.221	tonnellate nel	1880
1.013.208	»	1881
1.240.824		1882
1.329.604		1883
820.000	»	1884 (anno di reazione).

Di queste costruzioni eccessive si veggono gli effetti nei vascelli lasciati inoperosi per mancanza di carico, nella rapida degressione e nell'annullamento dei dividendi delle società costruttrici, nei noli esageratamente miti, nel ristagno di tutti i porti di mare, nel difetto di impiego, che colpisce l'immensa popolazione litorana del Regno Unito (2). Ma la produzione patologica non si limita ad

---

(1) l. c., 243.
(2) Edw. Goadby, *The depression in trade*, Lond., 1885, 254, 64.

alcune sfere dell'industria ; essa dilaga fra le più diverse branche della produzione, dando luogo ad un eccesso generale delle merci di fronte alla richiesta dei consumatori (1). « Il tratto più notevole della condizione attuale e quello, che la differenzia da tutti i periodi precedenti di depressione, è il grande incremento nella produzione di tutte le specie di merci, di cui l'offerta eccede costantemente la richiesta, e la lunga durata del tempo, pel quale questo eccesso di produzione si protende ; ed è veramente difficile spiegare questo eccesso di produzione sistematico, proseguito durante un lungo periodo, senza risultare ad alcun vantaggio delle classi produttrici ». Così la relazione inglese sulla depressione industriale (2) ; ma gli stessi fenomeni si riscontrano nei paesi del continente. Nel 1882 si inizia in Francia la prima depressione industriale, che quel paese ricordi, ed essa tuttora perdura ; ne sono caratteri l'eccessiva produzione di oggetti non necessari, l'eccessivo numero di imprese improduttive, la tendenza generale alla speculazione, l'eccesso dei lavori pubblici, le numerose imprese incominciate e non finite (3). Nel Belgio si riproducono gli stessi fatti. Già più volte nel nostro secolo quel paese era stato travagliato da crisi commerciali più o meno disastrose, sebbene di breve durata ; ma la crisi sopraggiunta nel 1873 e degenerata dappoi in una depressione. persistente presenta affatto nuovi caratteri, di cui è precipuo la sproporzione fra il numero delle imprese continuamente sorgenti e la esiguità delle risorse sfruttabili, ossia l'eccesso permanente della produzione sulla richiesta dei consumatori, indice e risultato di una produzione irrazionale (4). — Al tempo stesso nell'Olanda si incomincia a temere che la depressione delle manifatture prepari la completa distruzione della industria nazionale.

Un'immensa, continua e progressiva paralisi, la quale colpisce la economia agraria, assottigliando la produzione, e l'economia industriale, sospingendola ad una produzione di merci non richieste, ecco adunque l'ultima forma che assume, sotto gli influssi della rendita di monopolio, il capitale improduttivo, dopo avere per

---

(1) WILLIAM WATT, *The depression in trade*, Lond. 1885, 69-70.
(2) *Final rep. on depr.* 14-15 e ss.
(3) *Amer. rep. depr.*, 39-40.
(4) Ib. 45-6.

una lunga epoca riempiuto la storia dei suoi fasti e delle sue periodiche esplosioni. — Ma quale influenza esercita questa evoluzione del capitale improduttivo sulle sorti della società, o delle classi, in cui essa è casellata ? Ecco ciò, su cui il seguito della nostra narrazione ci fornirà qualche luce.

§ 2. — Differenziazione sociale risultante dai fenomeni precedenti.

a) *Accentramento della ricchezza.*

I molteplici fenomeni che fin qui narrammo e che formano il complesso tessuto della economia a salariati, tendono tutti, benchè per modo diverso, all'accrescimento della ricchezza capitalista. Mentre infatti la riduzione del salario riesce a sottrarre al lavoratore tutta la parte del suo prodotto, che eccede il necessario, l'impiego delle donne e dei fanciulli, il prolungamento della giornata di lavoro, l'introduzione di macchine, accrescono al massimo la quantità di ricchezza che rimane alla classe non lavoratrice. Dopo ciò non possono più esser cagione di meraviglia le dimensioni colossali, che assunse nel nostro secolo l'accumulazione capitalista, ed i suoi accelerati incrementi, e niuno vorrà sorprendersi se il capitale inglese, valutato a 4200 milioni di st. nel 1865, è già di 5431 milioni dieci anni più tardi, e s'accresce con una velocità superiore all'aumento della popolazione. Il reddito dell'accumulazione, che era di 115 milioni di sterline al principio del secolo, viene via via progredendo e diviene,

nel 1815	130
» 1843	251
» 1853	262
» 1855	308
» 1865	396
» 1875	571

cosicchè nel 1875 il reddito è del 44 % maggiore che nel 1865 (1). Soltanto dal 1874-5 al 1875-6 il reddito tassato (che è notoriamente assai inferiore al reale) cresce in Inghilterra da ster-

(1) GIFFEN, *Recent accumulations of capital in Un. Kingd*, negli Essays, I, 175.

line 498.260.000 a 503.676.000 (1); e nella Prussia, dal 1868
al 1879, si vedono più che raddoppiare i proventi dell'imposta
sul reddito (2). Questo reddito, con tanta veemenza crescente,
non si distribuisce però in ragione eguale fra le varie frazioni
della classe proprietaria; poichè la parte più cospicua di esso è
confiscata dalla rendita, dall'interesse del capitale improduttivo
e dal compenso del lavoro improduttivo, i quali crescono in ragione maggiore ed a spese del profitto. Le ultime relazioni intorno all'imposta sul reddito in Inghilterra non lasciano alcun
dubbio su tale indirizzo della redistribuzione della ricchezza;
poichè confrontando il 1885-6 col 1886-7, troviamo che i vari
redditi subirono le seguenti modificazioni:

Reddito	Aumento o diminuzione (in sterline)
Rendita	+ 1.063.892
Interesse del capitale improduttivo	+ 1.758.817
Compenso del lavoro improduttivo	+ 881.519
Profitto agricolo	— 606.097
Profitto industriale	— 3.555.791 (3).

Tuttavia la distribuzione quantitativa del reddito fra le varie
sue forme non ci illumina ancora sulla proporzione, in cui stanno
gli esclusi coi favoriti del reddito, i minori redditieri coi redditieri maggiori; e rimane pertanto il quesito, se la proporzione
delle persone fra cui il reddito si riparte, tenda ad elevarsi o a
scemare. A tal quesito la storia delle colonie dà immediata risposta, rivelando il vibrato accentramento delle fortune, che desta
nei paesi nuovi preoccupazioni legittime. Così in Vittoria, sotto
l'influenza di speculazioni frenetiche, il numero delle persone
indipendenti, che era di 1943 nel 1854, scende già nel 1857 a

---

(1) XX Rep. Comm. Inland revenue, 1878.
(2) SOETBEER.
(3) XXXI Rep. of the Commissioners of Inland Revenue, 1888, 33. Queste
cifre non esprimono con perfetta esattezza il movimento delle varie classi di
reddito, poichè la Rubrica D dell'Income tax (Profitti industriali) comprende
alcuni redditi, che sono in realtà interessi di capitali improduttivi (p. es. gli
interessi dei debiti pubblici stranieri) ed altre che contengono una rendita (per
es. i redditi delle miniere). — Ma appunto questi sono i soli elementi della
Rubrica D che presentano un aumento (l. c., 40); onde trasportando quegli elementi alle rubriche C (interesse del capitale improduttivo) ed A (rendita) non
si farebbe che accentuare il risultato, che discende dalle cifre addotte nel testo.

1175(1), mentre nell'America le speculazioni arricchiscono il ricco
e riescono ad accentrar le fortune (2). Certo, ancora nel 1866 si nota
negli Stati Uniti che la classe media sta in una proporzione assai
elevata colla popolazione totale, e che la ricchezza posseduta dai
maggiori capitalisti è relativamente limitàta (3). Se non che le tendenze accentranti si manifestano poderose a partire dal 1870, onde
a' dì nostri uno scrittore coscienzioso così si esprime: La tendenza all'aumento del numero e della ricchezza delle classi medie,
sarà vera per l'Europa, ma per l'America non lo è di certo; lo
sviluppo della ricchezza americana è ogni dì più aristocratico (4),
ed « il ricco vi diviene sempre più ricco, il povero sempre più
povero (5) ». Ma quanto poco l'opposta tendenza si manifesti in
Europa, i dati seguenti varranno a dimostrarlo.

Durante quel periodo dello sviluppo economico, nel quale è
elevato il saggio del reddito, nella sua distribuzione campeggiano
due caratteri opposti. Infatti se per una parte (e ciò si avverte
fin dal 1840) il numero dei ricchi cresce meno che proporzionalmente alla ricchezza, si nota del pari che quel numero cresce
più che proporzionalmente al numero dei poveri; il che dimostra
che le influenze della redistribuzione non giungono ancora a
provocare un accentramento aristocratico della ricchezza sociale.
Il fatto che, durante questo periodo, il numero dei ricchi cresce
in proporzione maggiore di quello dei poveri, si manifesta spiccatissimo nella Germania; ove, confrontando l'aumento dei contribuenti alla imposta sul reddito (la quale colpisce soltanto i redditi
eccedenti i 1000 talleri, ossia la sola classe ricca) coll'aumento dei
contribuenti all'imposta di classe (la quale colpisce i redditi inferiori a quella cifra, ossia la classe povera), si giunge ai seguenti risultati (6). — 100 contribuenti alla imposta di classe, esistenti nel
1852, sono cresciuti:

nel 1855 a 104.4
» 1860 a 110.7

(1) Archer, *Statistical notes on progress of Victoria*, Melbourne, s. d. 37.
(2) Gouge, l. c., I, 25.
(3) Cf. Wells, nei *Cobden Club Ess.* 1871-2, 497-8.
(4) Philipps, *Labour land and law.*, N. York, 1886, 405.
(5) Kelley, *Speech at the H. of Repres.*, 14 febbraio 1879.
(6) Engel, *Die Klassen - und klassificirte Einkommensteuer und die Ein-
kommensvertheilung in preuss. St.*, 1852-75, nella Zeitsch. des Preuss. Stat.
Bur., 1875, 115 ss.

nel 1865 a 117.9

» 1870 a 123.4

» 1873 a 124,

mentre 100 contribuenti alla imposta sul reddito sono cresciuti

nel 1855 a 115

» 1860 a 137.7

» 1865 a 160

» 1870 a 192.2

» 1873 a 225.7.

E non è tutto; poichè accanto alla eccedenza dell'incremento dei ricchi su quello dei poveri si nota una eccedenza nell'incremento dei più ricchi di fronte a quello dei meno ricchi. Così nella città di Berlino, dal 1853 al 1875, mentre la popolazione cresce nel rapporto di 1000 a 1708, il numero dei proprietarj dei vari redditi cresce nei rapporti seguenti :

Possessori di 1000 - 1600 tall. di reddito, nel rapporto 1000 : 2122

»   1600 - 3200   »   1000 : 3067

»   3200 - 6000   1000 : 3733

»   6000 - 12000   1000 : 4098

»   12000 - 24000   1000 : 7306

»   24000 - 52000   »   1000 : 9941

Quindi i grandi contribuenti son cresciuti, in questo periodo, in una proporzione immensamente maggiore dei piccoli, per modo che la classe ricca forma una frazione crescente della popolazione(1).

Ma se tali sono i risultati della distribuzione del reddito nel periodo ascendente de' suoi accrescimenti, gli opposti fenomeni si manifestano appena la decrescenza negli incrementi del reddito si avveri. Questa decrescenza si è già iniziata in alcune regioni della stessa Germania. — Così nel Wurtemberg l'aumento dell'avere nazionale, che presenta dal 1840 al 1861 il rapporto di 100 : 127, presenta dal 1861 al 1883 il rapporto di 100 : 150, dunque una proporzione crescente; ma l' aumento del reddito, che si compiè dal 1840 al 1861 nel rapporto 100 : 139.9, non pre-

---

(1) ENGEL., l. c., 146. A torto Engel, come già CAIRNES (*Alcuni Principii*, 183) vede in questo fatto un sintomo sconfortante dello sviluppo economico, mentre all'opposto è socialmente utile che il numero dei proprietari s' accresca. Egregiamente invece il MICHAELIS, *Gliederung der Gesellschaft*, Leipz., 1878, 16.

senta che un rapporto di 100 : 124.1 dal 1861 al 1883 (1). — Dunque se cresce il saggio d'aumento del capitale, il saggio d'aumento del reddito diminuisce. Ma è nell'Inghilterra che questa decrescenza si manifesta particolarmente spiccata e da più lungo periodo; ed infatti, ancora nell'ultimo ventennio, il saggio di incremento dei vari redditi e prodotti vi presenta una depressione notevolissima.

Redditi e prodotti	Incremento 0j0 nel periodo 1865-1875	Id. 1875-1885
Proventi dell'imposta sul reddito	44	10
Produzione di carbon fossile . . .	35	20
Id. di ferro	33	16
Proventi dei trasporti di merci per ferrovia	63	18
Polizze di trasporti marittimi	60	33 (2).

Ora parallelamente a questa decrescenza negli aumenti del reddito si fa sempre più acerba la lotta fra i capitalisti, e l'aggregazione del capitale al capitale, che ne è l'ultimo risultato, assume proporzioni sempre più ragguardevoli; quindi si ha un indirizzo sempre più aristocratico della ricchezza collettiva. Nella Germania, il progressivo accentramento delle fortune sarebbe già dimostrato dalla diminuzione progressiva delle persone, che tengono domestici (3), e dal progressivo aumento delle persone esenti da imposta (4). Nell'Inghilterra lo dimostra in modo evidente il fatto, che il numero delle grandi successioni mobiliari cresce di $\frac{1}{5}$ dal '73 all' '82, mentre il capitale mobile posseduto dai maggiori ricchi cresce di $\frac{1}{8}$ (5); e frattanto la ricchezza fondiaria si accentra con una veemenza, che è dimostrata dalle cifre seguenti:

				1851	1871
Poderi di meno che	100	acri		39138	33362
Id. più	che	200	acri	14701	14661
Id. più	che	1000	acri	492	582 (6).

---

(1) LOSCH, *Volksvermögen, Volkseinkommen und ihre Vertheilung*, Leipz., 1887, 49.

(2) GIFFEN nel *Journ. of. Stat. Soc.*, 1887, 616.

(3) MICHAELIS, l. c., 43.

(4) SOETBEER, *Umfang und Vertheilung des Volkseinkommens in preuss. Staate*, Leipz., 1879, 17. Nel 1877 la proporzione dei cittadini esenti dall'imposta sul reddito, in Prussia, era di 39 %, nel 1881 di 43 %.

(5) *Journal de la Soc. de Stat.*, 1883, 371 e ss.

(6) *Census of Engl.*, 1871, XLV.

Ma dell'accentramento delle ricchezze in Inghilterra ben altre ed irresistibili cifre forniscono matematicamente la prova. Valgano infatti i seguenti raffronti (1).

I.

Su 100 persone possedevano	1812	1867
Redditi eccedenti 1000 st.	0.5	0.9
Id. di 300 — 1000 »	5 } 38.5	1.2 } 9.5
Id. di 100 — 300 »	33	7.4
Id. di 60 — 100 »	1.4	10.6
Id. di 36 — 60 »	60.1	79.9

II.

Su 100 sterline	1812	1867
La I. classe ne percepiva	10.2	25.8
II. » »	29.2 } 74.9	10.8 } 50.4
III. »	35.5	13.8
IV. »	1.5	9.9
V. »	23.6	39.7

III.

Su 100 sterline	1812	1867	Aumento o decremento
Ciascun individuo delle 1e 3 cl. percepiva	1.9	5.3	+ 188 %
Id. della 4ᵃ »	1	0.90	— 10 %
Id. della 5ᵃ »	0.38	0.49	+ 28 %

Dunque mentre nel 1812 vi sono 38.5 ricchi su 100 abitanti, essi non sono più che 9.5 nel 1867; il che mostra che lo sviluppo economico ha cacciate dal novero dei ricchi 29 persone. Di queste, 9.2 passano nella classe IV, ossia nella classe media, e 19.8 nella classe povera o lavoratrice; onde, supponendo che rimanga costante il reddito individuale della classe media e della

_____

(1) Questi dati sono ottenuti dalle valutazioni di Colquhoun e di D. Baxter, delle quali già si valse con tanta acutezza RODBERTUS, *Zur Beleucht. der soc. Frage*, Berl. 1885, II, 70-90. *Contra* MALLOCK, *Property and progress*, Lond., 1884, 211 e ss.

povera, tutta la differenza fra il reddito finora percepito da 9.2 membri della classe ricca e da 9.2 della media, più tutta la differenza fra il reddito finora percepito da 19.8 della classe ricca e 19.8 della povera, viene aggregata al reddito dei 9.5 ricchi superstiti. — Però, come ci mostra la Tabella II, non tutto questo incremento di ricchezza viene conservato dai ricchi maggiori, poichè una parte si trasferisce ai poveri, il cui reddito totale si accresce pertanto in ragione maggiore del loro numero; ed infatti, mentre, a condizioni d'altronde pari, il reddito totale dei poveri dovrebbe crescere a 30.2, e quello della classe media a 10.3, questo rimane di poco inferiore a tale cifra, e quello dei poveri sale a più di 39. Vi ha dunque una ricchezza di 9, che, dopo essere stata appropriata gratuitamente dai ricchi superstiti, viene da questi trasferita ai poveri; il che si spiega come risultato della accumulazione crescente stimolata dall'accentramento del capitale. Ma comunque, rimane sempre vero che l'incremento di ricchezza individuale del ricco, e la tabella III lo dimostra, è di gran lunga maggiore di quello del povero; che mentre nel primo periodo 60.1 poveri producevano per 39.9 ricchi e medi, ora 79.9 poveri producono per 20.1; che mentre dapprima il superfluo si divideva fra 38.5, ora si riparte fra 9.5 ricchi; e che pertanto si rende sempre più spalancato l'abisso, che separa la ricchezza dalla povertà.

La parte massima di questi vinti della redistribuzione, che vengono espulsi dalla classe ricca, va ad ingrossare la schiera degli improduttivi; non già degli improduttivi dotati d'opzione, i quali fanno parte essi stessi della classe ricca e il cui numero decresce col scemare nel saggio del profitto, ma degli improduttivi salariati, i quali si trovano in condizioni più servile, ma fisicamente più vantaggiata, dei lavoratori produttivi. Infatti quella stessa diminuzione del saggio del profitto, che, provocando fallimenti e ruine, diminuisce il numero dei capitalisti, provoca, col rallentare l'accumulazione, un incremento nel numero dei salariati improduttivi. Perciò, mentre a' nostri giorni in Port Philipp (Australia) gli improduttivi non sono che l'8.16 %, in Vittoria l'8.68 % della popolazione (1); mentre, deducendo dai dati di Colquhoun, si trova che nel 1811 i lavoratori improduttivi

---

(1) ARCHER, *Statistical notes on the progress of Victoria*, 25.

sono il 7.7 °/₀ della popolazione britannica; nel 1871 essi ne formano l'8.8 °/₀ e nel 1881 l'11.9 °/₀ (1). Dal 1871 al 1881 gli impiegati delle banche crescono del 35 °/₀, i ragionieri del 20 °/₀, mentre le persone impiegate nelle assicurazioni, che erano 5657 nel 1871, salgono nel 1881 a 15068 (2). Al tempo stesso il numero dei domestici cresce più che proporzionalmente alla popolazione; poichè mentre questa, dal 1851 al '71, cresce del 25.18 °/₀ il numero dei domestici cresce del 51 °/₀ (3). Frattanto nella Francia il salario dei domestici, dal 1853 al 1876, cresce in una proporzione (64 °/₀) maggiore a quella del salario degli operai (31 °/₀); il che prova che la porzione della ricchezza, che si rivolge a domanda di improduttivi, cresce in ragione maggiore di quella, che richiede operai produttivi (4). Infine la espansione crescente della domanda di improduttivi trova un riflesso evidente nella statistica dei consumi. Infatti la proporzione fra la classe ricca ed improduttiva e la povera trova un'esatta misura nella proporzione fra il consumo della carne e quello del grano, potendosi ammettere senza tema di errare che la classe capitalista, coi suoi dipendenti e favoriti, si cibi di vitto animale, mentre la gente povera e lavoratrice è per gran parte costretta ad una alimentazione inferiore. Ora il consumo della carne e del grano nell'Inghilterra è determinato dalle cifre seguenti:

Anni	Grano consumato in milioni di kilogr.	Carne id.
1868	5610.86	1366.52
1869	5416.80	1388.36
1870	5108.44	1272.03
1871	4924.04	1489.96
1872	5177.53	1534.16
1873	4841.24	1610.86
1874	5633.72	1603.75
1875	5160.75	1611.88
1876	4828.54	1634.74

(1) COLQUHOUN, *Treatise on wealth, power and resources of british empire*, Lond., 1815, 109; GIFFEN, *Journ. Stat. Soc.*, 1887, 643.

(2) WALLACE, *Bad times*, 70.

(3) *Census of Engl.*, 1871, IV, XIV. Cfr. PORTER, *Progress*, III, 14, 7.

(4) *Statistique de la France*, 1876, 58-9.

Anni	Grano consumato in milioni di kilogr.	Carne id.
1877	5070.34	1618.99
1878	5695.18	1625.09
1879	4994.46	1622.55 (1).

Da queste cifre si scorge un progressivo decremento nel consumo del grano ed un aumento nel consumo della carne; ciò che tradisce appunto una crescente densità della popolazione improduttiva. Ma se la cifra della popolazione improduttiva si accresce, diminuisce il reddito individuale de' suoi componenti, dacchè, col procedere della decrescenza nel saggio del profitto, si contrae progressivamente il substrato stesso del reddito degli improduttivi. Perciò non è meraviglia, se le ultime relazioni sulla depressione industriale avvertono che il reddito dei lavoratori improduttivi va sempre scemando e che per molti di essi la lotta per l'esistenza diviene un problema insolubile (2).

b) Pauperismo.

Per tal modo una frazione crescente della classe ricca precipita nella classe media, ed una frazione crescente di questa degrada nella classe dei poveri. Ma la discesa verso l'abisso, in cui si riassume lo sviluppo capitalista nell'estrema sua fase, non si arresta a questo punto, poichè una discesa ulteriore è imposta ad una frazione della classe povera, la quale precipita nella classe miserabile.

Il carattere di questo grandioso detrito della economia a salariati appare evidente, appena si osservino i fenomeni della popolazione, quali si presentano nella storia americana. Il primo fatto, che da questa ci è rivelato, è la decrescenza progressiva, per un lungo periodo, del coefficiente di fecondità col crescere della popolazione. Infatti anche senza ricordare gli Indiani del Paraguay, i quali, ben pasciuti, esenti da penosi lavori e possessori di ampie e fertili terre, non s'accrescevano, anzi decre-

---

(1) BOURNE, l. c., 91.

(2) Nel 1885-86 in Inghilterra 193.789 lavoratori improduttivi si dividono st. 30.290.853; nel 1886-87 il loro numero sale a 197.937, il loro reddito totale a 30.828.725; dunque il loro reddito individuale è scemato da 156 a 155 st. (XXXI Rep. 33, 42).

scevano di numero, osserviamo il saggio d'aumento annuo della popolazione agli Stati Uniti, detratta l'immigrazione. Esso è:

Nel decennio	1790—1800	2.89	%
»	1800—1810	2.83	»
»	1810—1820	2.74	
»	1820—1830	2.64	
»	1830—1840	2.52	
»	1840—1850	2.39	
»	1850—1860	2.35	»
»	1860—1870	1.64	» (1).

(1) Questi dati sono attinti da TUCKER (*Progress of U. S.*, N.-York, 1843, 89 e ss.) colle correzioni di WAPPÄUS (l. c., I, 122 e ss.) e da JARVIS, *History of the progress of population of the Un. St.*, Boston, 1877, che dà i saggi di aumento decennale della popolazione. — L'essere ciascuna delle nostre cifre annuali minore della decima parte della cifra decennale corrispondente si spiega in parte per ciò, che per trovare il saggio d'aumento annuo della popolazione si è (secondo Wappäus insegna) divisa la decima parte dell'aumento decennale per la media della popolazione dei due estremi del decennio, mentre dividendola per la popolazione del primo anno si ha evidentemente una proporzione troppo elevata. Ma la divergenza è pure dovuta ad un diverso metodo di valutazione. Infatti il metodo del Jarvis considera come *base* dell'incremento della popolazione in un dato periodo la popolazione del principio del periodo, più gli immigranti che sopraggiunsero e che poterono procreare durante il medesimo, ossia più gli immigranti totali di quel periodo, moltiplicati per il numero medio d'anni da essi vissuti durante il periodo, successivamente alla immigrazione, e divisi pel periodo stesso. Quindi l'aumento complessivo della popolazione nel periodo osservato, detratti gl'immigranti, diviso per la *base*, dà il saggio d'aumento naturale della popolazione. Invece il metodo del Tucker, da noi seguito, considera come base dell'incremento della popolazione la sola popolazione del principio del periodo e quindi, per ottener il saggio del suo accrescimento durante il periodo stesso, sottrae dall'aumento complessivo della popolazione in esso periodo la totalità degli immigranti ed il loro accrescimento naturale durante il periodo osservato. Se il numero degl'immigranti è eguale nei vari anni (siccome la procreazione degli immigranti durante il periodo è tanto minore, quanto più tardi essi immigrano) per avere la procreazione dovuta agl'immigranti si moltiplicherà la metà del saggio d'aumento della popolazione per la totalità del numero degl'immigranti. Siccome però il numero degl'immigranti è crescente d'anno in anno, così questa cifra darebbe agl'immigranti una fecondità eccessiva; onde è più opportuno moltiplicare la metà del saggio d'aumento della popolazione per la media fra gl'immigranti di un decennio e del precedente. D'altra parte però la fecondità degl'immigranti essendo maggiore (secondo Sadler il quadruplo) di quella della popolazione totale, questa media così trovata dovrà moltiplicarsi per una cifra alquanto maggiore della metà del saggio d'aumento della popolazione. Ora, appunto in ragione della maggior fecondità degli immigranti, il saggio d'aumento

Certo, la decrescenza nella ragion d'aumento della popolazione non è equivalente ad una decrescenza della fecondità, ma può aversi anche a fecondità costante o crescente, per un aumento della mortalità. Ma i dati, per quanto scarsi, che possediamo sulla mortalità americana, non ci permettono di scorgere in essa alcun notevole incremento (1). Infatti la mortalità proporzionale nei vari Stati dell'America presenta le cifre seguenti:

Anno	Massachusets	Vermont	Connecticut	Rhode-Island
1865	2.06	1.47	1.59	1.84
1866	1.81	1.16	1.48	1.55
1867	1.70	1.24	1.43	1.46
1868	1.86	1.35	1.45	1.13
1869	1.84	1.37	1.59	1.61
1870	1.87	1.43	1.66	1.49
1871	1.87	1.36	1.50	1.49
1872	2.29	1.64	1.80	1.82
1873	2.16	1.46	1.75	1.83
1874	1.98	1.58	1.57	1.69
1875	2.12	1.62	1.70	1.67
1876	2.01	1.53	1.74	1.57
1877	1.89		1.63	1.68
1878	1.88		1.55	1.65
1879	1.85		1.48	1.64
1880	1,98		1.62	1.75
1881	1.95		1.66	1.79
1882	2		1.75	1.83
1883	2.03			(2).

della popolazione riesce minore se calcolato col metodo del Tucker, che lo determina escludendo la procreazione degli immigranti. TUCKER, l. c., 53-6 e Cap. X, WAPPAUS, l. c., I, 122. Cfr. anche, sui metodi per detrarre gl'immigranti, KNAPP, *Sterblichkeit in Sachsen*, Cap. III, 25, 27, ecc.; LEXIS, *Einleitung in die Theorie der Bevölkerungstatistik*, Strassb., 1875, 53.

(1) Nelle città americane si ha un aumento della mortalità, ma vi scema anche la natalità. Così a Filadelfia troviamo:

Mortalità annuale su 100 nati, nel 1789 .   49.94
        »   nel 1861-70   . 89.74
   Nati per matrimonio, nel 1861 . . . . 3.91
        »   nel 1870 .   . 2.67 (*Ann. d'hyg. pub.*, Vol. XLIII, 1875, 139).

(2) *Statistica della Popolazione*, 1884, 243.

Perciò il decremento nella ragion d'aumento della popolazione fino al 1870 può considerarsi come l'indice esatto della decresciuta natalità. Un fatto notevole, il quale conferma questa decrescenza della natalità americana, è il seguente. — Mentre nel censimento inglese del 1821 l'età dei 20 anni divide la popolazione in due parti eguali, nel censimento americano del 1820 la parte della popolazione inferiore ai 16 anni è uguale a quella, che ha superato questa età; ossia in quell'epoca il numero degli individui sotto i 16 anni è nell'America eguale, nell'Inghilterra minore di quello degli individui che han superato quell'età. Ora questo fatto può spiegarsi o con una maggior natalità, o con una maggior mortalità degli individui che hanno superato, non solo i 16 anni, ma l'età generativa; perocchè una maggior mortalità, che colpisca gli individui di più che 16 anni durante il periodo generativo della vita, funziona di necessità a scemare il numero dei nati, e quindi non vale ad elevar notevolmente la proporzione degli individui sotto i 16 anni di fronte alla rimanente popolazione. Ora, siccome nessun fatto ci annunzia che un enorme eccedente di mortalità colpisca l'età post-generativa in America, così dobbiamo conchiudere che la maggior proporzione degli individui inferiori ai 16 anni è esclusivamente dovuta alla maggior frequenza delle nascite negli Stati Uniti di fronte all'Europa. Ebbene questa proporzione fra gli individui inferiori ai 16 anni e la popolazione, proporzione che è l'indice della maggior natalità nell'America, va in questo paese progressivamente scemando. Infatti

I maschi sotto i 16 anni nel 1790 sono 50.3 % della popolazione
   »   » 1800 » 50.1   »
          » 1810 » 50.03
   »   » 1820 » 48.9
I maschi sotto i 15 anni nel 1830 » 45.28
   »   » 1840 » 43.79

Ove si scorge la degressione della fecondità coll'addensarsi della popolazione. Di ciò poi dà più esplicita prova il fatto che negli Stati dell'Unione americana, ove la densità della popolazione è maggiore, minore è la natalità. Così nell'anno 1840, troviamo le cifre seguenti:

Stati	Abitanti per miglio quadrato	Proporzione dei fanciulli sotto 10 anni alla popolazione.
Nuova Inghilterra (eccetto il Maine)	50	48.8 p. $^0/_0$
Stati del Centro	43.6	55.7 »
Stati del Sud	15.7	67.8 ɪ
Stati del Sud-Ovest	13.7	75.5 ɪ
Stati del Nord-Ovest	25.5	73.8 »

ove si scorge che la Nuova Inghilterra, che ha la popolazione più densa, ha la minor natalità relativa, la quale viene via via crescendo col diradarsi della popolazione. Soltanto sembrano fare eccezione gli Stati del Nord-Ovest, i quali, con una maggior densità di popolazione che gli Stati del Sud, contano una maggior natalità relativa; ma ciò si deve alla straordinaria fertilità di que' primi Stati, la quale fa che 25 abitanti per miglio quadr. non vi rappresentino una densità relativa di popolazione così grande, come 15 negli Stati del Sud (1). E non basta. La diminuzione di fecondità coll'addensarsi della popolazione si nota ancora nello stesso paese; così nel Massachusets i fanciulli sotto i 10 anni sono:

nel 1800 il 58.9 $^0/_0$ della popolazione
» 1810 » 57.6 »
» 1820 » 53.0
» 1830 » 48.0
» 1840 » 46.9

In generale « il numero dei figli, nati da genitori americani di nascita, decresce d'anno in anno » (2). Nè altrimenti procede la cosa nell'altre colonie. Così nella N. Galles del Sud l'aumento annuo della popolazione, che era di 18 $^0/_0$ nel 1815, scendeva già a 14 $^0/_0$ nel 1817 (3). Nello stesso paese la natalità proporzionale, che sollevavasi ad 1 su 24.18 abitanti nel 1841-42, scendeva, nel periodo dal 1849 al 1854, ad 1 su 28.67. Nel Basso Canadà dal 1831 al 35 la natalità era di 1 su 23.56 abitanti, nel 1851 di 1 su 24.23 (4).

---

(1) Tucker, *Progress*, 106.
(2) *Annales d'hyg. pub.*, l. c.
(3) Sadler, *The law of population*, ll, 198 ss.
(4) Wappaus, l. c., I, 154.

Dovunque il benessere stesso, di cui fruiscono i coloni, funziona a limitarne la fecondità; e dovunque si nota come una vera legge della economia coloniale, che « a mano a mano che i paesi nuovi vengono occupati, il saggio d'incremento della popolazione viene progressivamente a scemare » (1). E mentre la popolazione s'aumenta in una ragion decrescente, le sussistenze crescono in ragione crescente; onde, ad es., se nel 1840 la produzione americana di grano è di 22.12 bushels per abitante, essa è già di 25.53 nel 1850 (2). Nel Massachusets verso il 1850, si avverte esplicitamente che la popolazione s'accresce in un grado minore di quello, che l'aumento delle sussistenze consentirebbe (3); e questa esperienza, replicata sulle altre regioni d'America e d'Australia, induce qualche economista a proporre che si stimoli ad arte l'aumento della procreazione nelle colonie, componendo di sole giovani coppie le classi emigranti (4).

Ebbene, di mezzo a tanta esuberanza delle sussistenze sulla popolazione, sorge nelle colonie lo spettro dell'eccesso di popolazione e della mendicità. Nella sola Filadelfia, nel 1819, si hanno 20 mila persone, che cercano giornalmente lavoro; a New-York, nell'anno stesso, 10 mila uomini atti al lavoro si aggirano per le vie, e gran numero di donne si trovano disoccupate; a Baltimora più di 10 mila persone hanno impiego incostante; 30 imprese di Filadelfia, che nel 1814 davano impiego a 9188 operai e a 9672 nel 1816, non ne impiegano che 2137 nel 1819; a Pittsburg, parecchie imprese, che impiegavano 1960 persone nel 1815, ne impiegano nel 1819 soltanto 672. — Alcuni fra gli operai licenziati giungono ad emigrare alle terre incolte dell'ovest; ma nelle città americane rimane pur sempre un sedimento di disoccupati, e la pressione che questo esercita sulla offerta di lavoro rende assai difficile agli operai impiegati di procacciarsi la sussistenza, poichè il misero salario non procaccia loro la metà di ciò che ad essi abbisogna (5). Dopo ciò non è meraviglia se il numero dei poveri sorge e s'accresce. Nel 1815, nelle contee marittime degli Stati Uniti, si aveva un povero per 130 abitanti, ma la crisi del 1819

---

(1) *Massachusetts histor. soc.*, VI, 01.
(2) DE BOW, *Statistical view of the Un. St.*, Washington, 1854, 175.
(3) WAPPAÜS, l. c., I, 119, 143.
(4) WAKEFIELD.
(5) GOUGE, l. c., II, 118, 123.

doveva elevarne la cifra e nel 1821 troviamo già 2 poveri per ogni 130 abitanti. Nè il cessare della crisi migliora sensibilmente le sorti del lavoratore, poichè il capitale, per quanto si accumuli rapidamente, si guarda bene dall'assorbire l'intera popolazione atta al lavoro, di cui una parte prosegue a formare la zavorra alle pretese della sezione impiegata (1). Il capitale, che potrebbe impiegare gli eccessivi, si lancia invece — e lo vedemmo — nella speculazione; la quale, dapprima arricchentesi a spese del profitto, scoppia da ultimo nel 1829, generando una crisi che divampa specialmente nel Rhode Island, e vi moltiplica fallimenti e ruine. — Ma la ruina de' capitalisti ricade sinistramente sulle classi lavoratrici, le quali « private d'impiego, abbandonate e dolenti emigrano pel mondo e non sanno come ottenere la sussistenza. Dal 16 al 26 giugno del 1829, nell'ambito di 10 miglia intorno alla città di Filadelfia, più di 2500 persone vengono improvvisamente cacciate d'impiego e il disastro, che suscita questo evento, può essere meglio imaginato che descritto » (2). È per questo modo che il capitale è riuscito a creare nell'America, il paese detto da Cobbett antimalthusiano, il quotidiano spettacolo di una sovrabbondanza di braccia sul capitale destinato ad impiegarle. Ma nella sua politica intesa a creare una classe di soprannumeri il capitale riceve prezioso sussidio dalla colonizzazione sistematica, la quale riesce, senza intervento del capitalista, a creare uno squilibrio meccanico fra il capitale e la popolazione. Osserviamo ad es. un paese, in cui viene attuato su larga scala quel sistema di colonizzazione, la Nuova Galles del Sud. Quivi l'incarimento delle proprietà fondiarie, dovuto, sia al magistero del prezzo proibitivo, sia alla speculazione irrefrenata, fa che gran parte del capitale degli imprenditori si trasferisca allo stato od agli speculatori, ossia in ogni modo si converta in capitale improduttivo, che rimane sottratto alla domanda di lavoro; onde gli operai, di cui il provento della vendita delle terre ha resa possibile l'importazione, trovano un capitale insufficiente ad impiegarli. Quindi si ha il singolare contrasto di una popolazione eccessiva di mezzo ad un'ampiezza di terre inoccupate, e nel 1843 il pauperismo fa la sua tetra comparsa nella colonia. Un anno più tardi si raccoglie a Sydney un *meeting*

(1) Ib., II, 176.
(2) Ib., II, 196.

sulla triste condizione delle classi operaie e gli oratori popolari
vi deplorano che più di 2 mila operai colle loro famiglie siano
privi di lavoro nella città. La speculazione fondiaria e l'accentramento delle proprietà terriere vi sono giustamente designate
come la causa del pauperismo crescente e con ragione vi si
invoca l'intervento dello Stato a creazione di piccole proprietà
territoriali. Ma lo stato, com'è naturale, risponde col silenzio al-
l'appello. Dieci anni dopo le parti si sono rovesciate, ed alla mendicità del lavoro segue la mendicità del capitale, poichè il prezzo
enorme della terra ne' rallenta gli acquisti, e limita l'importazione
dei lavoratori, che dal provento di quegli acquisti dipende; onde
un eccesso del capitale sulla popolazione lavoratrice. Ben presto
però gli acquisti di terre rendono possibili nuove immigrazioni
di operai, i quali eccedono nuovamente il capitale disponibile,
cosicchè una parte di essi rimane per necessità soprannumera.
Infatti nel febbraio del 1860 la relazione della Commissione, eletta
dall'Assemblea legislativa per esaminare la condizione delle classi
operaie, rivela la esistenza di una miseria profonda fra gli operai
di Sydney e narra che la prostituzione vi fa strazio tra le fanciulle
di tenera età; onde la Commissione sollecita dall'Assemblea qualche provvedimento, che fornisca impiego alla popolazione disoccupata e risolva la questione agraria, favorendo la proprietà coltivatrice. Ma la relazione vien respinta a grande maggioranza, poichè.
i banchieri che seggono nel Parlamento australiano, e le cui pratiche son tanta causa delle deplorate miserie, non sanno dar fede
a descrizioni che essi appellano esagerate e fantastiche. La proposta di Black, intesa a rendere accessibile alle classi povere una
parte delle terre libere tuttora esistenti, per quanto richiedenti
un capitale per esser poste a coltura, viene del pari respinta e frattanto si adunano frequenti comizi notturni di operai disoccupati,
nei quali si invocano ad una voce provvisioni governative ripa-
ratrici alla ruina popolare (1).

Ma per quanto sia dolorosa l'irregolarità dell'impiego e la
esistenza di una classe disoccupata, che è caratteristica di questa
fase delle colonie, pure la popolazione, che è eccessiva di fronte

_____

(1) FLANAGAN, *N. S. Wales*, II, 460-1. Cfr. intorno alle speculazioni fondiarie
nelle colonie e alla loro influenza sulla popolazione, WAKEFIELD, *Engl. and
Am.*, II, 289; *View of colonization*, 81; FEATHERSTONAUGH, l. c., II, 171-4;
ROSCHER, *Kolonien*, 336.

al capitale, non lo è di fronte alle sussistenze, ed essendo necessaria a garantire la depressione del salario, riceve senza difficoltà, a spese della classe capitalista, un lauto sostentamento. Ben più grave invece è la cosa, quando la popolazione eccessiva non è più necessaria a mantenere depressa la mercede, e quando perciò quella popolazione non è soltanto eccessiva di fronte al capitale, ma di fronte alla quantità di viveri, che la classe ricca è disposta a distribuire per essa. — Ora questa seconda e più terribile forma dell'eccesso di popolazione viene grado grado sorgendo negli Stati americani. Già infatti noi vediamo che la decrescenza nella ragion di aumento della popolazione, proseguita fino al 1870, si arresta d'un tratto a quest'epoca, per far luogo al fenomeno inverso (1). Ma pur prescindendo dal più rapido aumento della popolazione, l'esaurimento progressivo del terreno ed il conseguente decrescere nel saggio del profitto bastano a generare una classe miserabile, frenando l'accumulazione produttiva, e facendo che questa rimanga sempre più sensibilmente in addietro di fronte agli aumenti della popolazione. — Perciò fin dal 1867 si ode una voce d'allarme, che esclama: « Il processo di pauperificazione si è già iniziato agli Stati Uniti » (2), e quattro anni più tardi si avverte per la prima volta un eccesso positivo della popolazione sulla quantità di viveri destinata al suo mantenimento (3), mentre sorge e d'anno in anno s'accresce una classe di operai privi di lavoro. Al 1° novembre 1878 essi ascendono a 460 mila; ma il loro numero cresce d'anno in anno e d'essi formasi nelle città americane un sedimento malsano di genti disoccupate e fameliche. Nel Massachusets essi crescono così, che sono

nel	1873	45.653
»	1874	98.263
‣	1875	137.308
‣	1876	148.936
‣	1877	164.336

---

(1) Infatti l'aumento della popolazione agli Stati Uniti, compresa l'immigrazione, è di 2.03 % dal 1860 al '70, di 2.61 % dal '70 all' '80, e una parte di questo maggiore aumento nel secondo periodo è dovuta alla cresciuta natalità (*Statistica della popolazione*, 378-9).

(2) GIBBONS, *The public debt of the Un. St.*, N.-York, 1867, 247.

(3) SHAW-LEFÈVRE, *A decade of inflation and depression*, nel *Journ. of Stat. Soc.*, dicembre 1878.

Per tal guisa si forma, a dirlo col Relatore ufficiale, un esercito permanente di vagabondi (a permanent army of vagrants), che si impone alla carità pubblica. La stessa ignobile armata s'incontra nella Pensilvania, ove « la grande sventura del vagabondaggio assume dimensioni sempre crescenti e sempre più difficile è il prevenirne gli eccessi. Nel 1874 i vagabondi sono 30 a 35 mila; ma nel solo anno 1875 essi crescono del 33 %, e nell'anno successivo del 33.80 % ». — Le costumanze girovaghe valgono loro il nome di *general tourists*, nome che essi giustificano meglio ogni giorno, attraversando come un esercito di vendetta le sedi della ricchezza e della felicità; e di essi si recluta la *National greenbak and labor party*, ispirata a tendenze sovvertitrici. Alcune società di beneficenza (Childrens aid societies) cercano provvedimenti a tanto strazio, ed organizzano spedizioni periodiche di fanciulli orfani nelle regioni poco popolate, ove essi trovino impiego come salariati rurali. Ma il grosso dell'armata vagabonda ricade fatalmente nella morta gora della mendicità. Infatti non son più que' tempi, nei quali un inglese doveva viaggiare per 5 anni negli Stati Uniti prima di trovarvi un povero; nè quelli, in cui miss Martineau potea dire di non aver incontrati per le vie di Washington che due soli mendichi, ed anche questi mendicanti per vizio; « noi, così un relatore ufficiale, siam lesti a deplorare le sorti dell'operaio inglese e gli eccessi del pauperismo britannico; ma le cifre ufficiali non ci consentono certamente di rallegrarci con noi stessi ». Raffrontando l'aumento della popolazione degli Stati Uniti coll'aumento della somma erogata annualmente nel sostentamento dei poveri, si hanno i dati che seguono

Anno	Spesa pei poveri in dollari	Popolazione	Spesa pei poveri per 100 abitanti.
1850	2.954.806	23.191.876	12.7
1860	5.445.143	31.443.321	17.3
1870	10.930.429	38.558.371	28.3

ove si scorge che la spesa pei poveri cresce più che proporzionalmente all'aumento della popolazione. Nel 1835 i poveri negli Stati Uniti sono meno che $1/_{100}$ della popolazione; ma nel solo Massachusets la tassa dei poveri cresce di $3/_5$ in 25 anni, e nel 1877-78, $1/_{20}$ della popolazione trovasi affondato nel pauperismo. In questa ricca regione, cosa notevolissima, il pauperismo ha un rapporto colla popolazione, che supera quello della stessa Inghilterra; poichè nel Massachusets si incontra un povero su 19 abitanti, in Inghilterra 1 su 23. Ed anche gli incrementi del pauperismo si compiono in ragione più forte nel Massachusets che nell'Inghilterra; poichè in questa, dal 1870 al 1871, i poveri crescono da 1.032.800 a 1.037.360, ossia del 0.4 %, mentre pel Massachusets troviamo le cifre seguenti:

Anni	1877	1878	Aumento
Poveri completamente sovvenuti	6166	6414	5 %
Poveri parzialmente sovvenuti	65.400	73.800	12.7 %
Numero totale dei poveri	71.566	80.214	12 %

Affrettiamoci però ad osservare che questa cifra così sfavorevole relativa al pauperismo d'America è per molta parte dovuta all'immigrazione crescente dei poveri d'Europa, e che perciò ai rapporti economici del vecchio mondo spetta la paternità di una frazione cospicua delle cifre suricordate. — Anche nella Pensilvania il pauperismo cresce d'anno in anno; dal 1875 al 1876 il numero degli indigenti vi cresce dell'11.98 %, ed una schiera di fanciulli poveri vi rimane negli ospizj sino all'età di 5 o 10 anni con grave danno del loro costume e della loro educazione. — Nè il pauperismo risparmia le colonie d'Australia. In Vittoria esso appare per la prima volta nel 1846, nel qual anno si trovano 107 poveri mantenuti a spese pubbliche; ma dappoi il pauperismo si diffonde per tutta Oceania, benchè v'infierisca tanto meno quanto meno la terra è monopolizzata. Così nel 1877 i poveri sono in Tasmania il 0.8 %, in Vittoria il 0.7 % della popolazione (1).

Ma se le cifre inanimate del pauperismo ufficiale non tradiscono ancora il carattere della miseria moderna, nè la sua dipendenza da uno squilibrio fra la popolazione e le sussistenze, questo carattere ci è rivelato dalla condizione stessa dei poveri, dalla insufficiente alimentazione a cui son condannati, dalla mortalità specifica che li colpisce. Nel 1875 lo stato del Massachusets dirige una circolare ai medici più provetti, richiedendoli sulle cause delle malattie, che hanno inferito in Boston con maggiore

----

(1) *VIII Annual Rep. of Bur. of Stat. of Lab.*, Boston, 1877, 211 e ss.; *VII* id., 291; *XV Ann. Rep. of Bur. of State Charities in Massach.*, 1879, 97 e ss.; *VI Ann. Rep. of Public Charities in Pennsylvania*, 1876, 29 e ss.; *VII* id., 23 e ss.: *XII Ann. Rep. of State Board Massach.*, 1876, 103-4; ARCHER. l. c., 22 ss.; *Statistics of Tasmania*, 1879, 158; *Statistical register of Victoria*, 1877, pass.

intensità. Tra le risposte che si ottennero, eccone alcune, relative alle cause del *cholera infantum*, che possono interessare il lettore:

Risposta 1ª : Temperatura eccessiva, agente su bambini nudriti con latte artificiale, in camere ristrette e mal ventilate, in case ove l'acqua è contaminata da materie animali putrefatte.

3ª. Cibo insufficiente ed aria mefitica; stanze buie e troppo ristrette.

4ª. Case ristrette ed eccessivamente popolate.

5ª. Affollamento di inquilini, difetto di luce, cibo insufficiente, vesti insufficienti, difetto di nettezza.

9ª. Affollamento di inquilini e nutrimento manchevole.

13ª. I bambini lattanti nudriti artificialmente, nutrimento cattivo, affollamento di inquilini in viuzze e cortili privi d'aria e di luce (1).

Eppure anche peggiori di quelle, che qui ci appaiono, sono le condizioni delle classi povere in Nuova York; e la relazione dell'Ufficio Sanitario della massima città americana non lascia su tale proposito adito alcuno ad illusioni ottimiste. « Più di metà dei cittadini, vi è detto, vivono in condizioni così sfavorevoli di domicilio e di sussistenza, che sono assolutamente incapaci a resistere alle cause locali di malattia; onde, durante i periodi più caldi e più freddi dell'anno, i rioni meno salubri divengono funesti al maggior numero dei loro abitanti. La insalubrità di questi rioni eccessivamente popolati appare dal numero enorme di fanciulli, che vi muore al disotto di 5 anni, e che ascende a 250 o 300 per 1000 ». La densità della popolazione accalcata nelle case umide e infette è considerata dal relatore come la cagione precipua della degradazione e dell'intemperanza di quegli operai. Il censimento del 1870 annovera 185.989 famiglie che vivono in 64.944 case, e trova una media di 14.72 persone per casa, ma queste cifre si riferiscono soltanto alle abitazioni separate; se non che più della metà della popolazione di Nuova York è alloggiata in quelle case comuni (tenement houses) nelle quali l'industria moderna seppe applicare l'utopia fourierista del *falanstero* nella più abbominata sua forma. Ora le condizioni di queste case comuni, che ascendono alla cifra di 800.856

---

(1) *VII Annual Rep. of State Board of Health of Massachus.*, 1876, 503-4.

nella sola Nuova York, sono veramente desolanti. Quelle case sono sì popolate, che non lasciano a ciascun abitante più che 6 metri e mezzo di spazio. 24 di questi edifici furono dichiarati inabitabili; e tuttavia uno fra questi, per dare un esempio, è abitato da 21 famiglie, composte di 40 adulti e 40 fanciulli. L'aria vi è impregnata di miasmi, e gli inquilini, tranne quelli che dalle occupazioni giornaliere son trattenuti fuor della casa per lungo intervallo, vanno distinti pel gracile corpo, pel pallido volto, per la frequenza della scrofola o della tisi e per la rapida decrepitezza (1). Queste condizioni della casa americana, tanto diverse da quelle di un tempo, porgono una luminosa riprova della bella osservazione di Hamilton, che la storia dell'architettura riflette la storia dei rapporti sociali. Imperocchè, se l'eguaglianza di condizioni, caratteristica ai primi tempi d'America, riflettevasi nella uniformità delle abitazioni modeste e senza splendori, l'odierno squilibrio delle fortune crea la diseguaglianza architettonica più spaventosa, e di fronte al superbo palagio del banchiere rizza il falanstero dei poveri (2), monumento di un sistema economico così fecondo in infamie, e cupa minaccia a' suoi ingloriosi trionfatori.
— Nè, dopo ciò, è meraviglia, se anche nell'America la morte cessa di essere imparziale come la natura ed inizia i suoi privilegi e le sue preferenze; se a Nuova York la mortalità è nei quartieri ricchi di 28.79 %, nei poveri di 150 a 196; se a Filadelfia dal 1861 al 1871 si ha una morte su 75 abitanti nella parrocchia più ricca, 1 su 42 nelle parrocchie di media agiatezza, 1 su 36.50 nella più povera (3); se la mortalità fra le mogli dei contadini canadiani è assai maggiore che fra i mariti, in grazia del lavoro eccessivo e della scarsa alimentazione, a cui le prime sono costrette (4); se insomma « la mortalità sociale è omai penetrata anche nel nuovo mondo » (5).
Negli Stati dell'est dell'Unione, ove la proprietà fondiaria ormai monopolizzata estorce una rendita crescente, l'accumulazione

---

(1) *IV Annual Rep. of the Board of Health*, N.-York, 1874, 236-301.

(2) Si ha per tal modo un ricorso della selvaggia età matriarcale, in cui le case sono falansteri di cui ciascuna coppia possiede un compartimento (Morgan, l. c. 489).

(3) *Annales hyg. pub.*, XLIII, 137 e ss.

(4) Edmunds, nel *Times*, 3 aprile 1885.

(5) Ely, l. c. 102.

incontra un freno progressivo indipendentemente dalla decrescenza nella produttività, o dall'esaurimento del terreno; e vi si nota quindi un eccesso di popolazione, che va a paro, non coll'incarimento dei viveri, ma con quello della proprietà fondiaria. « Nelle nuove sedi, ove la terra è a buon mercato, dice il George, voi non troverete mendichi, e lo squilibrio delle fortune sarà di poco momento; ma nelle grandi città, ove la terra è di tanto valore, che misurasi a piedi, voi troverete gli estremi del lusso e della povertà. A Nuova York la terra ha maggior valore che a S. Francisco, ed il cittadino di S. Francisco trova a Nuova York squallori e miserie che lo meravigliano; e per le vie illuminate dal gaz e percorse dai *policemen* in assisa, il mendicante attende i passeggieri; ed all'ombra di collegi, biblioteche e musei si addensa una legione di Vandali ed Unni più tremendi di quelli, che Macaulay, nella sua lettera al *Times*, avea profetizzati all'America » (1). Perciò il grande deprezzamento dei viveri sopraggiunto dopo il 1880 non è valso a redimere il nuovo mondo dal pallido morbo della miseria, il quale all'opposto vi si diffonde e s'accresce con triste rapidità; e già nel 1886 si conta negli Stati Uniti un milione di disoccupati (2).

Questo sviluppo americano della popolazione e del pauperismo trova un perfetto riscontro in quello d'un precedente periodo di Europa. Infatti, se noi osserviamo i rapporti demografici europei, all'indomani della formazione del salariato, troviamo come la popolazione non solo cresca in una ragion decrescente, ma in una proporzione debolissima, che talora s'appressa all'impercettibile. Certo noi non daremo gran peso alle seguenti cifre addotte dal Sadler, a provare la decrescenza della natalità nell'Inghilterra col crescere della popolazione.

Anni	Popolazione	Numero delle nascite per matrimonio	
1680	5.500.000	4.65	
1730	5.800.000	4.25	
1770	7.500.000	3.61	
1790	8.700.000	3.59	
1805	10.678.500	3.50	(3).

(1) GEORGE, *Progress and pov.*, 208.
(2) GUNTON, *Wealth and progress*, Lond., 1888, 254.
(3) SADLER, l. c., II, 479.

Tuttavia la esistenza di freni organici, che limitano in questo periodo l'aumento della popolazione, è provata dal fatto che la fecondità è tanto minore quanto minore è l'agiatezza; onde a Londra, all'epoca di Graunt, le famiglie dei maggiori ricchi hanno in media 10 individui per ciascuna, quelle dei commercianti ne hanno 8, ne hanno 5 le più povere (1). Ma la dimostrazione più evidente di questi freni demografici è nella stazionarietà o nel tardo incremento della popolazione. Nella seconda metà del secolo XVI l'Italia conta circa 11 milioni di abitanti, o 40 per kil. quadr.; ebbene la stessa proporzione all'incirca si ritrova al principio del secolo scorso (2). A Ginevra, nell'epoca in cui la ricchezza vi è egualmente ripartita, Sismondi trova le nascite esser eguali alle morti (3). Dal 1630 al 1700 la popolazione dell'Inghilterra e Galles cresce da 5.600.517 a 6.045.308, ossia in media di $^1/_{10}$ % per anno; ed un economista del secolo scorso, detto da Ad. Smith « ingegnoso e ben informato », scrive: Il Dr Brackenwridge calcola l'aumento annuo della popolazione d'Inghilterra e Galles a 18 mila persone, che è per sè un aumento assai piccolo; ma, senza l'aumento de'forestieri, la popolazione inglese non crescerebbe affatto (4). La stazionarietà della popolazione inglese desta le preoccupazioni degli scrittori, fra i quali è notevole l'autore anonimo di una *Seria proposta per promovere i matrimoni*. In questa grottesca scrittura si deplora che la rigidezza delle fanciulle le renda meno proclivi a concludere maritaggi e si somministrano loro consigli atti a renderle più facilmente appagabili nella scelta dei mariti; di più, si propone la istituzione di due publici uffici in due parti di Londra, un *ladies office* a Temple Bar ed un *gentlemen office* a Charing Cross, in cui le donne e gli uomini, che bramino di maritarsi, possano iscrivere i loro nomi, l'età, la dote, ecc., e nei quali si facciano le interviste, quando le parti lo richieggano (5). E mentre la popolazione è stazionaria, o così lentamente s'accresce, la produzione agraria, eccitata dalla grande trasformazione dei

---

(1) PETTY, *Essays on Polit. Arithm.*, 79-80.

(2) BELOCH, *N. Antologia*, settembre 1887.

(3) SISMONDI, *Études sur l'Ec. Pol.*, I, 90. Sulla sterilità delle classi ricche nell'India, vedi MAINE, *Early hist. of institut*, 335.

(4) CH. SMITH, *Three tracts on corn-trade*, 259.

(5) *Serious proposal for promoting lawful and honourable marriages, addressed to the unmarried of both sexes*, Lond., 1750.

metodi tecnici, si moltiplica rapidamente; onde un deprezzamento delle derrate ed una eccedenza della produzione sulla popolazione, la quale trova luminoso commento nella elevatezza dei salari, da noi già ricordata e nella contesa dei capitalisti per assottigliarne la cifra.

Ora in queste condizioni, che sono la negazione della possibilità di una popolazione eccessiva, qual è lo spettacolo che a noi dispiegasi innanzi? Quello di un'armata poderosa e crescente di vagabondi e di mendichi. Non sono i morituri di Malthus, ma dei mendicanti allegri (merry beggars), che impinguano all'ombra della ricchezza capitalista e ne formano, inconsci, il fondamento più saldo; non sono, come avverte egregiamente Thornton, il prodotto di un eccesso della popolazione sulle sussistenze, ma di una contrazione artificiale della richiesta di lavoratori; sono la zavorra, che preme sull'offerta di lavoro ed attenua la perigliosa elevatezza dei salari. Indarno la legge inferisce contro questi *beggars from choice* o *valiants vagabonds*, come si costuma chiamarli; nel 1535 si avverte che essi non possono per alcun modo trovare lavoro, poichè il capitale si rifiuta d'impiegarli; e conviene imporre alle autorità parrocchiali di raccogliere contribuzioni per provvedere al loro sostentamento, contribuzioni che divengono obbligatorie nel 1572 (1). Ancora nel 1704 Daniele de Foe scrive: « In Inghilterra non vi ha difetto d'impiego, ma di operai; il che io provo colla elevatezza dei salari, che nel paese nostro supera quella di tutte le nazioni del mondo. Se dunque vi sono dei mendicanti — e molti se n'hanno — ciò non può dipendere da difetto di lavoro, ma da vizio. Io affermo di mia propria scienza che quando ebbi d'uopo di un operaio e gli offersi 9 scellini per settimana, sovente egli mi rispose sul viso che poteva ottener di più mendicando. — Che non vi sia eccesso di operai è mostrato dal fatto, che operai di abilità media ricevono 16 a 20 scell. per settimana, e che l'Inghilterra ha gran pena a trovar soldati; poichè è la povertà che fa gli uomini soldati e li spinge alle armate, e la difficoltà di arruolare gl'Inglesi nell'esercito dipende da ciò, che essi vivono nell'agiatezza » (2). Anche Fermin e l'autore anonimo

---

(1) NICHOLLS, *History of engl. poor-laws*, pass.; THORNTON, *Overp.*, 186-7.

(2) DE FOE, *Giving alms no charity*, Lond., 1704, 70-1, 72-3, 82. Questa ultima osservazione, la quale gitta non picciola luce sull'origine degli eserciti

dello scritto *Bread for the poor* insistono su questi due fatti apparentemente contradittorj, di una elevatezza eccessiva dei salari e di una cifra ragguardevole di disoccupati ben pasciuti a spese delle parrocchie (1). Questa lauta alimentazione dei disoccupati, che è lo stigma dell'eccesso sistematico di popolazione, forma per un lungo novero d'anni la nota gaia del pauperismo; ed ancora nel 1723 il nutrimento nelle *case di lavoro* è copiosissimo e non pochi fra i ricoverati hanno pranzo di carne almeno tre o quattro volte per settimana (2). Nè diversa dalla mendicità britannica è in questo periodo la mendicità italiana. Nel Piemonte, ad es., al principio del secolo XVIII, mentre G. B. Vasco deplora con appassionata eloquenza l'accentramento delle proprietà terriere, « Sua Maestà si è compiaciuta di consentire il porto d'armi da fuoco a 6 uomini contrassegnati con livrea della città di Torino, per impedire le escursioni dei vagabondi » (3); e 70 anni più tardi un economista esclama con amarezza: « Chi v'ha che non conosca quanto siano fra noi divenute frequenti e dissolute le torme dei *ben pasciuti paltonieri*, i quali nelle ore meno opportune ad accattare vivono allegri tra il giuoco ed il chiasso? » (4). Che se l'epoca

---

stanziali e sulla loro connessione col sistema economico odierno, è ripetuta da altri scrittori. « Le flotte e le armate di uno stato, dice Townsend, troverebbero tosto difetto di marinai e di soldati, se la sobrietà e la diligenza prevalessero ovunque; perocchè che cosa, se non la miseria, può indurre le classi infime della società ad incontrare tutti gli orrori della guerra? » (l. c. 40). La piccola proprietà, osserva a sua volta YOUNG, non fornisce una classe di soldati, che aggiunga forza ad una nazione (*Size of farms*, nei *Georgical Essays*, IV, 558-9). Il che però è vero degli eserciti stanziali, non di un esercito nazionale suscitato dal momento del pericolo; questo trova la più salda sua base nella piccola proprietà (BACONE, *Hist. of Henry VII* nelle *Moral and historical Works*, Lond., 1877, 360). Anche il Kemble spiega il servizio militare come un prodotto dell'eccesso di popolazione (I, 133). I. Steuart considera le armate permanenti come un prodotto del sistema industriale moderno (l. c., II, 233, 244). Importanti sono le osservazioni di LEMONTEY (l. c., 21) intorno all'influenza dell'eccesso di popolazione nobile, all'epoca di Luigi XIV, sulla composizione degli eserciti, nei quali, per effetto di quell'eccesso, prevalevano gli ufficiali, onde una milizia nervosa. — Sull'aumento delle reclute nei periodi di depressione industriale si vegga *Final Rep. Depr.*, 72.

(1) FERMIN, *Some proposals for the employment of the poor*, Lond., 1678, 81; *Bread for the poor*, Lond., 1698.

(2) THORNTON, l. c., 206.

(3) *Ordine dei bandi campestri della città di Torino*, 1716, 6-7.

(4) RICCI, *Riforma degl' Istituti pii della città di Modena*, 1787; Custodi, P. M., XLI, 95.

d'infanzia del salariato è il periodo classico dell'eccesso sistematico di popolazione, questo fenomeno si manifesta del pari nei periodi successivi; ed ogniqualvolta l'incremento dell'accumulazione tende a produrre una elevazione perniciosa della mercede, si riproduce la bizzarra coesistenza di una produzione agraria esuberante e di una popolazione eccessiva. Ciò non è, del resto sfuggito allo stesso Malthus; il quale nota che in Inghilterra, durante il conflitto napoleonico, si ha sovente un deprezzamento dei viveri parallelo ad un aumento nel numero dei ricoverati; e riconosce che un paese può presentare ad un tempo basso prezzo del grano e miseria (1). Ed invero nell'Inghilterra è assai frequente che la somma spesa pei poveri sia in ragione inversa del prezzo dei viveri; come dimostrano le cifre seguenti:

Anno	Prezzo del quarter di grano in scell.	Spesa pei poveri in sterl.
1801	115.11	4.017.871
1803	57.1	4.077.891
1823	51.9	5.777.958
1824	62	5.736.898
1825	66.6	5.786.989
1826	56.11	5.928.501
1827	56.9	6.441.088
1828	60.5	6.298.000
1829	66.3	6.332.410
1830	64.3	6.829.042
1831	66.4	6.798.888
1832	58.8	7.036.968 (2)

Del pari nel 1849, 1850 e 1851 il prezzo del grano scende fino a 40 scell. per quarter, ma il numero dei poveri sale a 939.419, mentre nel 1855, 1856 e 1857 il prezzo del grano sale a 70 od 80 scell., ed il numero dei poveri scende a 851.369 (3).

Ben presto però la parte di profitto, che s'impiega in viveri, e nella quale soltanto è riposta la possibilità di vita della popolazione sopraggiunta, si contrae per virtù della decrescenza nella produttività del lavoro agrario, di cui abbiamo studiati, parecchie pagine addietro, i progressi. La influenza della rendita a limitare

---

(1) MALTHUS, *Population*, 377, 379.

(2) PORTER, *Progress*, I, 82.

(3) *Transact. of assoc. for Promot. social science*, 1858, 564.

la produzione si fa sempre maggiore e sempre più si deplora
che non tutto il capitale, che potrebbe impiegarsi, venga realmente investito. « L'agricoltura in Inghilterra, così una relazione
ufficiale nel 1838, è tuttora nell' infanzia; mentre coll' impiego
nell'agricoltura e nell'industria la popolazione lavoratrice sarebbe
tutta assorbita » (1). 26 anni più tardi, in Salop « vi hanno
ragionevoli doglianze, perchè la terra non è assoggettata ad un
lavoro sufficiente »; nel Warwickshire « si dice che la terra ri-
chiederebbe maggior lavoro »; nel Northamptonshire « 20 o 30
uomini s'aggirano per le vie per difetto di lavoro, poichè il capitale agrario non si accumula speditamente, o sovente diminuisce.
I campi sono pieni di mal' erbe e poveramente coltivati » (2).
Alla popolazione crescente fanno contrasto i metodi imperfetti di
coltura, che inceppano la produzione (3). « A dirlo in due parole,
così un oratore popolare, la terra va in ruina per difetto di lavoro
e gli operai vanno in ruina per difetto di impiego » (4). Ora questa
limitata produzione agraria, frenando l'accumulazione produttiva,
avrebbe necessariamente ad effetto un eccesso automatico di popolazione, anche se a produrre questo fenomeno non si aggiungesse,
di lunga mano preparato, il rapido aumento della procreazione, che
dalla formazione stessa del salario risulta. « Il decremento nel numero dei piccoli poderi di 10 a 50 açri (così uno scrittore inglese
del secolo XVIII) porse grande stimolo alla procreazione. Infatti i
figli e le figlie del piccolo proprietario tenevano a conservare elevata la loro condizione economica e, lunge dal maritarsi in gio-
ventù, continuavano per molti anni nel servigio, finchè i loro
risparmi, con un tenue sussidio degli amici, rendeano loro possibile
l'acquisto di un poderetto. Oggidì, all'opposto, siffatti compensi sono
così rari, che pochi salariati cercano di risparmiare alcuna parte
delle loro mercedi. Ma benchè non facciano che piccioli o nulli
risparmi per l'avvenire, essi di consueto si maritano in età più
giovane che un tempo e naturalmente cadono assai più presto
in miseria..... Ben di rado i matrimoni delle classi inferiori sono
rattenuti da motivi di prudenza. Di qui un incremento siffatto di

---

(1) *Rep. of sel. Comm. on Poor laws amendment act,* 1838, 10.
(2) Hunter, *Medical office Report,* 239, 261, 580.
(3) *Sophismes of free trade,* 91.
(4) *Sir R. Loyd-Londsay* alla *Small farmers and labourers land association,* 30 giugno 1885.

popolazione, che non solo il valor del lavoro è scemato, ma in alcuni distretti molti vecchi e fanciulli non possono trovare impiego » (1). Nella Prussia dopo le leggi di svincolo, le quali segnano l'epoca di ruina della piccola proprietà e di creazione del salariato, la procreazione e la popolazione crebbero in modo così straordinario, che s'incominciò a temerne le più sinistre influenze; onde, all'intento di accordare ai comuni una difesa contro l'immigrazione di stranieri poveri od indolenti al lavoro, la legge 31 febbraio 1842, oggi ancora vigente, determinò che il diritto di cittadinanza si potesse acquistare, oltre che per nascita, solo per matrimonio con un prussiano, o per domicilio come impiegato dello stato, o per concessione speciale (2). Ma l'energia dell'impulso, che il sistema del salario porge alla procreazione, spicca poi in modo decisivo, quando si osservi la diversa fecondità della classe ricca e della salariata. « Sembra una legge di natura, notava già Townsend, che i poveri debbano essere ad un certo grado imprevidenti, affinchè vi siano sempre alcuni, i quali compiano l'opere più servili nella società » (3). Più tardi Buck avvertiva che ad Amburgo, nel 2° battaglione, composto di agiati, si aveano 100 adolescenti sotto i 18 anni per 189 adulti, mentre nel 4° battaglione, meno agiato, si aveano 100 adolescenti per 158 adulti (4). Passy, raffrontando la fecondità dei matrimoni nei circondari ricchi e nei poveri in Francia, trovava nei primi 1.97, nei secondi 2.86 figli per matrimonio (5). Villot, capo dello stato civile alla prefettura della Senna, avvertiva nel 1832 che nei circondari ricchi di Parigi, come il 1°, il 2°, il 7°, l'8° e il 9°, la natalità era di 20 per 1000, mentre essa era di 28 per 1000 nel 12°, abitato da poveri; « malthusianismo a rovescio, che affida l'aumento della popolazione alla selezione dei tipi inferiori! » (6). Non è meno notevole il fatto che il numero delle nascite e dei coniugati è in ragione inversa della prevalenza della piccola pro-

---

(1) *Reason of increase of poor rates*, 11-12; Davies, l. c., 58; Thornton, l. c., 163; Doubleday, *True law of popul.*, 216.

(2) Meitzen, l. c., I, 311.

(3) Townsend, l. c., 39.

(4) Moser, *Gesetze der Lebensdauer*, 117-8, Nota.

(5) Ducpetiaux, *Budgets des classes ouvrières*, 531. *Contra* Horn, *Bevölkerungswiss. Stud.* Leipz., 1854, 241.

(6) Cheysson, *Journal de la Soc. de Stat.*, 1883, 457.

prietà; onde nella Francia, nelle provincie ove quella è più diffusa, si hanno 24.78, ove lo è meno, 28 nascite per 1000; e nella Germania le provincie di Westfalia e della Prussia Renana, ove predomina la piccola proprietà, dànno il minor numero di coniugati (1). A Londra, nel quartiere ricco di S. George si trova una natalità di 25 per 1000, mentre essa è di 35 nei quartieri poveri (2); e frattanto si avverte che nei distretti minerari e manifattori si contraggono con maggior frequenza i matrimoni immaturi (3). Nell'Irlanda si veggono gli operai agricoli contrarre matrimonio dai 18 ai 21 anni nella contea di Galway, dai 17 ai 20 in quella di King, dai 16 ai 21 in quella di Leitrim (4), e si veggono questi matrimoni precoci essere eccessivamente prolifici. Infatti dal 1831 al 1842, il rapporto dei nati alla popolazione è di 1 a 33.4 nelle contee ricche, di 1 a 29.9 nelle povere; nelle prime i fanciulli sotto 15 anni sono il 38 $^8/_{10}$, nelle seconde il 42 % della popolazione; nelle prime la popolazione cresce del 5 %, nelle seconde dell'8 $^7/_{10}$%. Tutto ciò dimostra in modo ineluttabile la forza prolifica della classe salariata; ma dessa è poi confermata dal fatto, che i proventi delle imposte crescono meno che proporzionalmente agli aumenti della popolazione, fatto il quale rivela come l'incremento di questa sia nella sua massima parte affidato alla gente lavoratrice (5).

Ma ove pure il salario per sè stesso non induca immediatamente il lavoratore ad una improvidente procreazione, il capitalista interviene a stimolarla, sia direttamente, sia col modo di pagamento della mercede. Così mentre nella Russia i proprietari favoriscono i matrimoni antecipati dei lavoratori (6), nella Scozia essi ne esacerbano la fecondità ideando il così detto *bothy system*, per cui si accalcano in vaste caserme operaj celibi ed operaje nubili,

---

(1) Meitzen, l. c., I, 321; Bertillon, art. *Natalité*, 485.

(2) Stallard, *On the relation between health and wages*, nel *Journal of Soc. Arts*, 4 dicembre 1867.

(3) Wappaus, II, 371; Bertillon, Art. *Mariage*, nel *Dict. des Sciences Médicales*, 29.

(4) Montgomery Martin, *Ireland*, 198. La precocità delle nozze giova indubbiamente a preservare la specie dalla decadenza, poichè di tal guisa, nel periodo della generazione, i lavoratori non sono per anche dissolti dalle sofferenze e dalla fame. Cfr. Vitelleschi, *Inch. agr.* 782.

(5) Doubleday, l. c., 216-8, 249-50.

(6) Keussler, l. c., I, 305.

divisi fra loro soltanto dalla breve scala, che separa un piano dall'altro (1). Nell'Inghilterra il maggior salario accordato all'operaio ammogliato è da lungo tempo additato come uno stimolo al matrimonio (2), mentre a' dì nostri nella Germania settentrionale si diffonde più sempre il sistema degli operai ammogliati e questi vengono costantemente preferiti dai capitalisti rurali (3). Se non che, accanto al salario per sè stesso ed al modo del suo pagamento, influiscono sulla procreazione imprevidente le oscillazioni della mercede. Già si era osservato che nel Geest, paese sterile, ma ove predomina la piccola proprietà, scarso era il numero degli illegittimi, laddove nelle Marschen, regione fertile, ma predominata dalla grande proprietà, la proporzione degli illegittimi era assai elevata; di che la cagione era riposta nelle oscillazioni dei salari, che variavano in ragione della mèsse più o meno copiosa e che provocavano l'improvvida condotta dei salariati (4). Nell'Inghilterra si era pure avvertito che i licenziamenti improvvisi dei lavoratori cagionavano un aumento nel numero degli illegittimi (5). In Italia, dal 1872 al 1882, abbiamo, per 100 nati, le seguenti cifre di illegittimi ed esposti:

Emilia	13.38		Campania	4.75	
Umbria	19.12	15.89	Puglie .	4.38	4.93
Marche	15.17		Basilicata	5.32	
Roma .	18.34				

ossia il numero degli illegittimi è maggiore dove è più diffuso il salariato. Del rimanente, l'influenza della elevazione precaria

----

(1) *Transact. on soc. sc.*, 1858, 62.

(2) Mentre STEUART (l. c., I, 93) afferma che il salario necessario dell'operaio celibe è tutto quanto riceve l'operaio ammogliato, il quale perciò vien ridotto a ruina (conseguenza questa che oggi non è più plausibile, poichè l'operaio ammogliato può contare anche sul salario della moglie e dei figli); TORRENS (*Corn Trade*, 88-90) ed ENGEL (*Preis der Arbeit*, 61-2) affermano che il salario è fissato dai consumi dell'operaio ammogliato, onde un guadagno pel celibe. Ma Hermann, che pure fu capo della statistica bavarese, sostiene invece che il salario dell'operaio ammogliato è maggiore (*Staatsw. Unters.*, 481-2) e tale avviso è confermato dal *Report on wages*, 1824, 61, e dal *Child Employm. Report*, III, 24. Cfr. THORNTON, l. c., 220. Però l'eccedente del salario dell'ammogliato è ben lungi dall'adeguarsi all'eccedenza della sua spesa.

(3) MJASKOWSKI, *Erbrecht*, I, 23; *Bauerliche Zustände*, II, 233.

(4) WAPPAUS, II, 390.

(5) *Rep. on wages*, 1824, 63.

LORIA, II.

della mercede a stimolare la popolazione è dimostrata in modo irresistibile dal fatto, che la nuzialità delle classi povere è in ragione inversa del prezzo dei grani (1), e dallo straordinario incremento che assume la popolazione inglese dal 1836 al 1841, dopo l'abolizione delle leggi dei cereali; mentre l'influenza della riduzione del salario a stimolare la procreazione trova ne' più svariati fenomeni l'illustrazione più convincente. Infatti, da ogni parte si avverte che, malgrado la ritardata pubertà della donna povera, il numero delle nascite è in ragione diretta della miseria, e che « la degradazione fisica cagiona un aumento della forza procreativa » (2). « Pochi anni or sono, scrive Eden sul finire del secolo scorso, gli operai si consideravano disonorati dalla necessità di ricevere sussidio dalla parrocchia; ma questo senso di vergogna è oggimai totalmente svanito, quindi si degrada il costume del lavoratore e con ciò la procreazione improvvidente s'accresce » (3). Ventisette anni più tardi, la Commissione d'inchiesta sulle Mercedi giunge alla conchiusione che « la demoralizzazione del popolo procede esattamente parallela alla riduzione del prezzo del lavoro; onde il processo delle cose è perfettamente inverso a quello, che Malthus ha designato » (4). « La dimostrazione, che connette la miseria e l'incremento della popolazione come causa ed effetto, soggiunge Laing, è resa evidente dal fatto, che nei distretti rurali, ove la condizione della classe agricola è soddisfaciente, fu ripetutamente provato dall'esperienza che non vi è alcuna tendenza ad un incremento eccessivo della popolazione; mentre nelle grandi città e nei distretti manifattori, ove la condizione delle grandi masse del popolo è estremamente depressa, il saggio di accrescimento è elevatissimo » (5).

Questo rapido aumento delle classi più numerose deve naturalmente risultare ad un vigoroso incremento del coefficiente di

---

(1) BERTILLON, art. *Grande-Bretagne*, § 32. D'altra parte la nuzialità delle classi ricche è in ragion diretta del prezzo dei viveri (Id. art. *Bavière*, § 34; FARR, *Vital Statistics*, Lond., 1885, 72).

(2) *Journ. of Soc. of Arts*, l. c., Cfr. QUATREFAGES, l. c., 307.

(3) EDEN, l. c., II, 137. Fu per lungo tempo un comodo ritornello degli economisti inglesi l'attribuire il pauperismo britannico alle leggi dei poveri; il che obliava molto a proposito, che queste non potevano essere la cagione del fatto che le avea generate.

(4) *Report on artizans and machinery*, 1824, 63.

(5) LAING, l. c., 34, 66-70.

natalità e della popolazione totale. Ed infatti il coefficiente di natalità, che in un periodo anteriore vedemmo seguire una ragion decrescente, presenta ora una ragione progressiva, quale è attestata dalle cifre qui appresso :

Periodo	Nascite annue per 1000 abitanti			
	In Inghilterra	In Olanda	In Baviera	In Belgio
1841-50	32.6	34.7	33.22	30
1851-60	34.13	35.05	33.23	30.3
1861-68	35.6 (1)	35.52	37.65	32.25

Periodo	In Isvezia	Periodo	In Prussia	Periodo	In Iscozia	Periodo	In Norvegia
1841	31.1	1844-53	37.67	1855-60	33.95	1846	32.3
1850	32.7	1861-67	38.2	1861-68	35.65	1855	34.7 (2)

La dipendenza di questo coefficiente eccitato di natalità dalla degradazione delle classi più numerose è poi confermata dal fatto, che nell'America, ove la degradazione del popolo non è ancor così profonda come in Europa, la natalità proporzionale vi è minore. Ed infatti ancora nell'anno 1882-83, quando il Belgio presenta una natalità annua di 3.05 e l'Austria di 3.82 %, lo stato di Rhode Island ha una natalità di 2.45, e il Connecticut di soli 2.28 % (3). Ma l'esacerbato coefficiente di natalità dà luogo ad un eccitato incremento di popolazione, che nell'Italia si manifesta a partire dal secolo XVIII e che si avverte, verso l'epoca stessa, anche nelle altre nazioni. — Così fin dallo scorcio del secolo passato la discussione iniziata fra Price e gli economisti sul problema se la popolazione inglese siasi accresciuta, viene risolta dal pubblico, contro l'opinione di quello scrittore, nel senso affermativo (4). Questo aumento sovreccitato della popolazione britan-

(1) A partire dal 1877 si nota nell'Inghilterra una diminuzione della natalità, probabilmente dovuta alla depressione industriale, che scoraggia gli operai dal matrimonio. Del pari nelle crisi commerciali precedenti si avvertì una diminuita nuzialità. Cfr. NEWSHOLME, *Vital statistics*, Lond. 1889, 56, con FARR, l. c., 74.

(2) BERTILLON, *Mortalité*, 748 ; *Natalité*, 459 ; *Dict. Ec. Pol. art. Population*, 411 ; HORN, l. c., Cap. XI; WAPPAUS, I, 272. Se il numero medio delle persone per ciascuna famiglia appare nei censimenti inglesi decrescente (4.83 nel 1851, 4.47 nel 1861), ciò deve ascriversi, secondo avvertono gli stessi relatori, a mutato metodo di valutazione (*Census of Engl.*, 1871).

(3) *Statistica della Popolazione*, l. c.

(4) DAVIES, l. c., 53.

nica, confermato da Howlett e West, che veggono in esso e giustamente una causa di esacerbazione del prezzo dei viveri (1) è definito da Jacob « un fatto singolare e quasi solitario nella storia dell'uomo » (2). Ma dappoi l'incremento della popolazione si fa anche più rapido; dacchè nel breve periodo dal 1801 al 1811, in cui la povertà è estrema, la popolazione britannica s'accresce da 8.872.980 a 10.150.615, mentre nel decennio dal 1811 al 1821 l'aumento della popolazione è, per la sola Inghilterra e Galles, di 1.828.260 e nel decennio successivo di 1.915.699 (3). Infine statistici coscienziosi dimostrano che nel periodo dal 1800 al 1871 la popolazione inglese crebbe del 100 $^0/_0$, esattamente come nel periodo dal 1570 al 1800; e che questo rapido aumento è esclusivamente dovuto agl'imprevidenti coniugíi delle classi misere (4).

Ora la popolazione crescente senza freno, urtando contro gli incrementi limitati della accumulazione, o del profitto impiegato in viveri, ha per contraccolpo necessario la formazione e l'aumento della classe miserabile. « Nella Germania, mentre il saggio del profitto va scemando, le tasse dei poveri crescono, scema il reddito delle imposte indirette, il bilancio è in *deficit*, scemano i proventi delle ferrovie, s'accresce enormemente il delitto, la follia ed il suicidio » (5). Nell' Inghilterra si nota il fatto sconsolante di un aumento dei poveri abili al lavoro, mentre scema quello degli inabili; ciò che dimostra come il pauperismo divenga sempre più un fenomeno industriale. Bensì le cifre del pauperismo ufficiale mostrano una illusoria diminuzione, dovuta alla maggior severità nell'accogliere i poveri negli asili; ma « da quando vi ha ricordo, il numero dei pazzi poveri va sempre crescendo; al 1° gennaio 1871 essi sono 48.334, sono 57.221 nel 1877, ossia sono cresciuti del 18 % » (6). Se non che il pauperismo automatico si rivela in modo ben più decisivo nella mortalità specifica, onde sono colpiti non solo i reietti dal lavoro, ma gli stessi operai

---

(1) Howlett, *Insufficiency of causes*, ecc., 89; West, *Price of corn*, 16.
(2) Jacob, *Letter to Sam. Withbread on agriculture*, Lond., 1815, 1.
(3) Thornton, l. c., 213, 227.
(4) Pike, l. c. II, 408.
(5) Rümelin, *Zur Uebervölkerungsfrage* nei *Reden und Aufsätze*, II, 598-9.
(6) *VII Annual rep. of local governm. board*, Lond., 1878, XV e ss. Il maggiore aumento dei pazzi fra i poveri è avvertito anche in Italia (Verga, *Forme frenopatiche nelle classi agiate*, Annali di Stat. 1883, 99 e ss.).

impiegati. Infatti in questa fase economica, in cui i nuovi capitali non possono, a condizioni normali, ottenere un profitto sufficiente, la popolazione sopraggiunta non può provocare nuove accumulazioni, o assicurar loro un sufficiente profitto, che appagandosi di un salario minore del necessario, o sobbarcandosi ad un lavoro esauriente, o al non impiego, da parte del capitalista, di quelle cautele, che renderebbero innocuo il lavoro — dunque in ogni caso soggiacendo a condizioni, che affrettano la morte del lavoratore. — Così la conseguenza della intensificazione febbrile del lavoro è che « la mortalità dei distretti industriali eccede di più che il doppio quella delle carceri » (1). « In molte delle fabbriche di cotone, lana e seta, una condizione di eccitamento esauriente, necessario a rendere capaci gli operai a sorvegliare le macchine, di cui il movimento fu assai accelerato negli ultimi anni, è probabilmente una fra le cause dell'eccesso di mortalità per malattie di petto. — Secondo il dottor Greenhood la mortalità annua dovuta a queste malattie è nei quartieri salubri di 4.29 maschi e 4.18 femmine per 1000 abitanti, mentre a Manchestersfield è 7.43 pei maschi, 8.13 per le femmine, e a Leek 7.80 e 8.51. — È vero che questa maggior mortalità potrebbe attribuirsi alle influenze specialmente funeste del lavoro nella industria della seta; ma se noi paragoniamo la mortalità in 8 distretti salubri e nei distretti industriali, troviamo in questi una mortalità doppia che nei primi. Onde acquista maggior credito l'opinione che le condizioni, nelle quali è compiuto il lavoro in generale, abbiano in sè qualche cosa che seriamente colpisce la salute degli operai e provoca un aumento di mortalità » (2). La dipendenza di questa dall'aumento della popolazione è dimostrata dal fatto, che la mortalità è tanto maggiore quanto la popolazione è più densa; così nell'Inghilterra,

Ove il numero di abitanti per miglio quadrato è di	La mortalità relativa è di
86	14-16
172	17-19
255	20-22
1128	23-25
3399	26 e più (3).

(1) *Transact. soc. sc.*, 1860, 579.
(2) *Rep. Insp. Fact.*, 31 ottobre 1861, 25-28.
(3) WATTS, *Cotton famine*, 50.

Ma questa legge, che si avvera nello spazio, non si avvera
meno spiccatamente nel tempo. Così a Glasgow in 15 anni,
dal 1823 al 1838, la probabilità di vita scema da 1 su 41 a 1 su 24;
e questa diminuzione è attribuita all' incremento eccessivo della
popolazione, o alla miseria, alle orribili abitazioni, all' impiego
irregolare, che ne sono il prodotto (1). A Preston la vita media,
che è di 31 anni nel 1783, non è più che di 19 ½ nel 1862; a
Liverpool essa scende da 24 nel 1784, a 17 nel 1855; e in
quella città, come a Manchester, si nota la fitta schiera di orfani
e vedove dovuta alla elevata mortalità degli operai adulti. —
Nel Lancashire si avverte che lo sviluppo della prosperità industriale è accompagnato da un incremento parallelo della mortalità (2), mentre il carattere essenzialmente economico di questa ha
la sua riprova nel fatto, dimostrato dalla crisi del 1862-63, che
una crisi commerciale scema la mortalità dei lavoratori (3);
poichè durante una crisi il fondo elemosine accorda gratuitamente
agli operai licenziati quella quantità di viveri, che in tempi normali il capitale vende loro a prezzo di un lavoro omicida. Ma
il carattere economico di questa mortalità accelerata non ha
d'uopo di dimostrazione indiretta. In 10 anni, osserva il Dr Farr,
dal 1851 al 1860, il numero delle morti in 30 grandi città d'Inghilterra fu di 32 mila maggiore di quello, che sarebbe stato secondo la mortalità media dei quartieri salubri; ma una parte di
questa medesima mortalità dei quartieri salubri è dovuta a cagioni
economiche. A Londra, dal 1849 al 1853, vi furono 21.403 morti
dovute a cause economiche, mentre a Liverpool, secondo Lord
Derby, le morti sono almeno del 10 per 1000 maggiori di ciò che
porterebbe la mortalità fisica (4). Questa mortalità economica, la
quale colpisce esclusivamente la classe povera, determina naturalmente una ragione di mortalità ed una vita media diverse per le
due classi della società. Infatti Villot trova a Parigi 1 morte per 42
abitanti nei circondari ricchi, 1 per 25 nei poveri; De Villiers
avverte una mortalità di 35 % fra gli operai di Lione e di 10 %
fra le famiglie agiate o campagnuole; e Villermè afferma che
« le sole condizioni che influiscono sensibilmente sulla mortalità,

---

(1) SAUNDERS nei *Rep. Fact.*, dicembre 1838, 69-72.
(2) *Transactions of assoc. for promot. soc. sc.* 1860, 587 e ss.
(3) *Rep. Fact.* ottobre 1863, 53.
(4) FARR, *Vital Statistics*, 130.

sono quelle che accompagnano necessariamente l'agiatezza e la miseria ». D'Espine trova che la vita media del ricco è di 20 anni maggiore di quella del povero (1); ma Chadwick, il quale compiè le proprie osservazioni sopra 14 città e distretti d' Inghilterra, giunge ad una cifra anche più elevata; poichè trova che l'età media al momento della morte è di 44 anni nelle classi agiate, di 27.45 nelle medie, di 19.58 nelle povere (2).

Ora questa condanna di morte, la quale pesa sui vinti della battaglia della vita, colpisce di preferenza i più deboli componenti della classe diseredata; onde l'enorme mortalità infantile, che travaglia le società nostre e che indarno qualche statistico vuol gabellare come prodotto di una necessità fisiologica ed eterna (3). Il carattere economico della mortalità infantile traspare anzitutto dalla cifra elevatissima dei nati-morti nelle classi povere, dovuta all'impiego industriale delle donne nell'epoca della gravidanza (4). Mentre, infatti, la proporzione dei nati-morti alla totalità dei nati nella Prussia fu, nel 1879, del 40.8 $^o/_{oo}$, essa salì al 44.88 nelle famiglie degli operai urbani, al 45.25 in quelle dei camerieri d'albergo, al 55.16 in quelle dei domestici (5). Ma, pur prescindendo dai nati-morti, la dipendenza della mortalità infantile da cause economiche appare evidente, appena si paragoni la sua quantità nella classe ricca e nella povera. « Quando le condizioni sono favorevoli, aveva già notato James Mill, la mortalità dei fanciulli è assai tenue e picciola è fra i fanciulli delle classi agiate » (6). « Quando la morte è appena conosciuta dal ricco, il povero la vede già decimatrice; ed è sopratutto nella maggior mortalità delle età prime che la sorte del povero si presenta più dolorosa » (7). « A Parigi le morti nell'età da 0 a 1 anno sono di 0.14 delle totali nel sobborgo di S. Onorato, di 0.17 nel 1º circondario (abitato dai ricchi), di 0,25 nel 12º, di 0.32 nella miserabile via Mouffetard. Pei

(1) D'ESPINE, *Influence de l'aisance et de la misère sur la mortalité*, Annales, 1837, 354. *Statistique mortuaire*, Paris, 1858, 47 e ss.

(2) *Ann. d'hyg. publ.*, 1867, 267, 273.

(3) WAPPAUS, 1, 183 e ss.

(4) NEWSHOLME, l. c., 216.

(5) *Zeitschr. preuss. stat. Bur.*, 1880, 324.

(6) *Elementi di Ec. Pol.*, 723.

(7) BENOISTON DE CHATEAUNEUF, *De la durée de la vie chez le riche et chez le pauvre*, Annales, III, 1830, 11-12.

primi 10 anni di vita la mortalità è quasi doppia nella via Mouffetard che nella via S. Onorato (1). « Mentre nelle famiglie degl'imprenditori, negozianti, fabbricanti di panno, direttori d'officine, ecc., la metà dei fanciulli raggiunge il 29° anno, questa stessa metà cessa d'esistere innanzi all'età di 2 anni nelle famiglie dei tessitori e dei filatori di cotone » (2). D'Espine ha dimostrato che nell'età da 0 ad 1 giorno si trova lo stesso rapporto di mortalità pel ricco e pel povero, ma che, trascorsa questa età, si manifesta nella mortalità delle due classi una divergenza spiccata, che non cessa fino ai 95 anni. « Il privilegio della ricchezza ha per limite la vitalità » (3). A Bruxelles la mortalità dei fanciulli al di sotto di 5 anni è del 6 %, nelle famiglie dei capitalisti, del 54 %, in quelle degli operai e domestici (4). Secondo Wolff, nel 1874 la mortalità dei fanciulli in Germania era del 30.5 % fra i lavoratori, del 17.3 %, fra le classi medie, dell'8.9 %, fra le ricche (5). Nelle famiglie aristocratiche della Germania, secondo Casper, la mortalità dei fanciulli al disotto dei 5 anni è di 5.7 %, mentre nella popolazione povera di Berlino è di 34.5 %. E più tardi il Pfeiffer, riassumendo le sue laboriose e profonde ricerche sulla mortalità infantile conchiude, che « la mortalità eccessiva dei bambini in Germania è esclusivamente il prodotto della povertà » (6). Nella Gran Brettagna, la Direzione dell'Ospitale dei Bambini di *Paddington Green* osserva: « Qual' è la causa, a cui si debbono attribuire la maggior parte delle malattie, che noi dobbiamo

---

(1) VILLERMÉ, *De la mortalité dans les divers quartiers de Paris*, Annales, ib., 310-324.

(2) VILLERMÉ, *Tableau*, I, 28.

(3) D'ESPINE, *Statist. mort.*, 47-8.

(4) *Zeitsch. preuss. stat. Bur.*, 1880, 324.

(5) *Archiv für soziale Gesetzgeb.*, 1888, I, 89.

(6) *Jahrbücher*, 1882, I, 57. Riconosciuto il carattere economico della elevata mortalità infantile, si comprende tosto come la legge statistica, che la fecondità determina la mortalità, sia vera solo quando si abbia una popolazione eccessiva. Infatti quando non si avesse l'eccesso di popolazione automatico, quando perciò la mortalità infantile non differisse sfavorevolmente da quella delle altre classi di età, non vi sarebbe ragione, perchè un aumento di fecondità determinasse un aumento di mortalità, eccezion fatta per quell'aumento impercettibile, proporzionale all'accresciuto numero di nati. Ma quando, per effetto dell'eccesso di popolazione, la mortalità infantile è tanta parte della mortalità complessiva, un aumento della fecondità produce necessariamente una esacerbazione corrispondente nella mortalità.

curare ? La fame! La fame sta alla radice di ogni male, cui noi dobbiamo guarire » (1). Di qui la maggior mortalità dei fanciulli poveri, ed il fatto che fra i fanciulli di età inferiore ad 1 anno si ebbe il 20 °/₀ di morti nelle classi ricche, il 44.4°/₀ nelle medie, il 50 °/₀ nelle povere (2). Secondo il dottor Farr, in Inghilterra, di 100 nati 26 muoiono sotto i 5 anni, ma nei distretti agiati 18, nei poveri 36 (3). Nel decennio dal 1851 al 1860 la mortalità media fra i fanciulli di meno che 5 anni fu 10.149 °/₀ nell'est di Londra, 10.219 in Nottingham, 10.852 in S. Giles, 11.725 nel distretto di Manchester, 13.198 nel distretto di Liverpool, mentre nei distretti più salubri d'Inghilterra fu poco più di 4 °/₀, tra i figli del clero poco più di 3 °/₀, tra quelli dei lords poco più che 2 °/₀ (4). Ma questa mortalità specifica delle genti misere non si limita all'infanzia, bensì colpisce tutte le classi più deboli di età. Infatti, secondo Ansell, in Inghilterra la mortalità delle classi ricche sta a quella delle povere, come :

$$
\begin{array}{lll}
52 & \text{a} \quad 100 & \text{fino al } 1^o \text{ anno di età} \\
26 & \text{a} \quad 100 & \text{fino ai } 5 \text{ anni di età} \\
61 & \text{a} \quad 100 & \text{fino ai } 15 \text{ anni di età} \\
104 & \text{a} \quad 100 & \text{fino ai } 25 \text{ anni di età} \\
91 & \text{a} \quad 100 & \text{fino ai } 35 \text{ anni di età} \\
73 & \text{a} \quad 100 & \text{fino ai } 45 \text{ anni di età} \\
77 & \text{a} \quad 100 & \text{fino ai } 55 \text{ anni di età} \\
71 & \text{a} \quad 100 & \text{fino ai } 65 \text{ anni di età} \\
81 & \text{a} \quad 100 & \text{fino ai } 75 \text{ anni di età (5).}
\end{array}
$$

Ove prevale il sistema di fabbrica tanti muoiono sotto i 20 anni, quanti altrove sotto i 40. — Mentre a Birmingham una metà della popolazione raggiunge il 16° anno, nella industriale Man-

---

(1) MAX SCHIPPEL, Moderne Elend., 112.
(2) Ann. hyg. pub., 1875, 133.
(3) Rep. Fact., ottobre 1866, 33.
(4) WATTS, Cotton famine, 51; BERTILLON, art. Mortalité, 760.
(5) ANSELL, Rate of mortality of upper and professional classes, Lond., 1874, 19. L'A. nota come il costume dei genitori operai di assicurarsi una somma sulla vita dei loro fanciulli, sotto il pretesto di provvedere alle spese dei funerali di quelli che morissero, « espone a rischi speciali » l'esistenza dei fanciulli poveri. Ma anche fra noi, ove quel costume non vige, s'accrescono ogni giorno le sevizie dei genitori contro i fanciulli poveri e formano la più terribile fra le manifestazioni della mortalità economica infantile.

chester una metà muore nei primi tre anni (1). — Infine, secondo le osservazioni di Chadwick, 16 a 18 mila morti annue di
persone sotto i 20 anni in Inghilterra sono dovute ad eccesso di
lavoro (2).

La stessa causa, che determina una prevalenza della mortalità
infantile nelle classi povere, vi esacerba la mortalità femminile; e
mentre questa è, nelle classi ricche, di gran lunga inferiore alla
mortalità dei maschi, tale inferiorità si riduce a ben piccola cosa
nelle classi disagiate (3). Tuttavia i provvedimenti a tutela delle
donne e dei fanciulli, introdotti negli ultimi tempi, non potevano
non attenuare la mortalità delle une e degli altri; e questa diminuzione della mortalità economica di una parte dei lavoratori,
non essendo accompagnata da una diminuzione della mortalità
economica complessiva, doveva avere ad effetto un aumento nella
mortalità dei maschi adulti. Gli è così che nella Sassonia vediamo
dal 1859 al 1864 scemare la mortalità nel periodo da 0 a 14 anni
ed accrescersi nel periodo dai 14 ai 20 (4). Del pari nell'Inghilterra, dal 1841 al 1875, ossia nel periodo successivo alle leggi
di fabbrica, si avverte una diminuzione della mortalità nel periodo
da 0 a 20 anni pei maschi e da 0 a 35 per le femmine; mentre
la mortalità dei maschi sopra i 20 anni e (benchè in una ragione di gran lunga minore) quella delle femmine sopra i 35,
presentano un accrescimento; e questo è così notevole, che nel
breve periodo dal 1871 al 1875 la diminuzione della popolazione
maschile adulta eccedette quella che si ebbe durante il periodo
dal 1846 al 1850, funestato dal cholèra. Ma è importante notare
come in questa sovreccitata mortalità dei maschi adulti abbiano
una parte decrescente le malattie dovute a condizioni sanitarie
sfavorevoli ed una parte crescente le malattie locali, generalmente
prodotte dall'eccessivo lavoro, o dalla alimentazione insufficiente.
Ora ciò dimostra appunto che la scemata mortalità economica
delle donne e dei fanciulli provoca un aumento corrispondente di
mortalità economica negli adulti, o uno spostamento di quella
dall'uno all'altro sesso, o dall'una all'altra classe di età. « La

(1) SHAFTESBURY, l. c., 96-7.
(2) *Transact.*, 604.
(3) ANSELL, l. c., 26.
(4) KNAPP, *Sterblichkeit in Sachsen*, 79.

mortalità dei maschi fra i 35 e i 45 anni andò crescendo non solo nelle grandi città e nei villaggi manifattori, ma anche altrove; e questo aumento non è dovuto ad epidemie, nè è accidentale, ma deriva da condizioni, le quali, se non mutano, possono crescere nel futuro per una estensione illimitata » (1).

Tali sono i più spiccati fenomeni, in cui si legge l'esistenza della popolazione eccessiva. Ma all'estremo lembo, a cui siamo pervenuti, dello sviluppo economico, l'eccesso di popolazione persiste anche quando si abbia una positiva eccedenza della produzione agraria sulla popolazione, poichè la rendita di monopolio, col ridurre il saggio del profitto, distoglie i nuovi capitali dagli impieghi produttivi, anzi determina la conversione del capitale produttivo in improduttivo, e con ciò funziona a creare una classe di soprannumeri. Così ai dì nostri, benchè i paesi più progrediti nello sviluppo capitalista presentino un regresso poderoso nella produzione agraria, pure la produzione totale eccede i bisogni della popolazione e fin dal 1885 si legge in una nostra publicazione ufficiale: « Per la prima volta nella storia moderna, il prodotto del frumento eccede i bisogni del consumo » (2); onde deriva la crisi agraria, che affligge l'Europa ed in parte l'America e le mille voci invocanti la protezione a· difesa de' produttori rurali. Ebbene nel momento stesso, in cui il bilancio delle sussistenze e della popolazione presenta un eccedente' di viveri ed ogni nembo malthusiano sembra svanito dal cielo della economia, si fan più gravi le querele dei poveri e s'accresce il loro numero; nel solo Mantovano si contano 90 mila disoccupati e nella fertile Italia le morti di fame si addensano (3); a Parigi si adunano procellosi comizi di turbe disoccupate e fameliche; nel Belgio le torme crescenti degli operai privi di lavoro dirompono in van-

---

(1) WELTON, *On certain changes of english rate of mortality. Journ. Stat. Soc.*, 1880, 77, 83, e LONGSTAFF, nel *Journal of Stat. Soc.*, 1884, 235. NEWSHOLME, l. c. 263 e ss. Anche in Francia la mortalità infantile, crescente dal 1840 al 1869, decresce, però debolmente, nel periodo successivo (BERTILLON, art. *France*, 512 e ss.; CHEYSSON, l. c., 457).

(2) *Bollettino di Legislazione doganale*, 1885, I, 283; *Rep. on depr.*, Evid., 794 e ss.

(3) Non è più quel tempo, nel quale gli economisti italiani poteano fare i liberali a spese dell'Ingbilterra. Nell'aprile di quest'anno un operaio licenziato, digiuno da due giorni, si getta sotto un treno ferroviario; e frattanto parecchie morti di fame vengono segnalate a Milano, nelle Romagne e nelle Puglie.

dalici eccessi. Ma è nell'Inghilterra che appare evidente il contrasto fra una offerta di derrate più che sufficiente al consumo nazionale, ed una accumulazione produttiva la quale, rallentata dalla rendita di monopolio, è inadeguata a mantenere la popolazione lavoratrice. Infatti da un lato i produttori agrari del Regno Unito lamentano l'eccessiva produzione ed importazione di derrate ed il prezzo non rimuneratore, dall'altro il barone Ferdinando Rothschild deplora che « negli ultimi 30 anni la popolazione sia cresciuta sproporzionatamente alle risorse del paese ed alla produzione agraria dell'Inghilterra » ossia a quella, che i capitalisti son disposti a rivolgere a domanda di lavoro. Al tempo stesso, mentre si ha una esuberanza di prodotti agrari invenduti, lord Compton avverte che, a partire dal 1884, i miserabili crescono più che proporzionalmente all'accrescersi della popolazione (1), ed una adunanza di disoccupati, raccolta intorno all'« ago di Cleopatra », così riassume la sua protesta contro il governo: « Noi venimmo a chiedervi pane, null'altro che pane e voi ce lo negaste. Di quelli fra noi, che morranno d'inedia ne' dì prossimi, facciamo voi, soltanto voi responsabili. Ritorneremo, ma non saremo più pochi, ma mille e mille ci seguiranno ed allora, se persisterete nel diniego, sarete voi, o signori, perdio, che dovrete morire » (2). E mentre, infine, la troppo succulenta alimentazione delle classi ricche diffonde nella regione occidentale di Londra le malattie cancerose, le morti di fame si succedono nella parte orientale della grande metropoli (3) e la inanizione serpe per l'immenso suo popolo, infettandogli il sangue, bruttandogli il volto, corrodendogli l'ossa, come una tre-

---

(1) *Fortnightly Rev.* Gennaio 1888.

(2) *Times,* 25 marzo 1885.

(3) Ricordo che il 3 ottobre 1882, mentre io mi trovavo a Londra, tutti i giornali della città portavano l'articolo *à sensation*: Starvation in the metropolis. Si trattava semplicemente d'un tal Guglielmo Starkey, che era stato trovato morto in Whitechapel (il quartiere operaio). Il medico attestò che il disgraziato aveva per lungo tempo sofferto la fame e che questa lo aveva ucciso. Ed avea soli 25 anni! Il Coroner, nel riassumere, si dolse di dover constatare che parecchie morti della stessa natura erano già state annunziate, benchè l'inverno non fosse ancora sopraggiunto. — Certo può sembrare strano che s'abbiano dei morti di fame in un paese, che assicura a ciascun indigente l'ospizio e la sussistenza; ma il legislatore inglese non fu generoso alla cieca! Ben conoscendo il carattere, riluttante ad ogni vincolo della libertà, di quel popolo che combattè per l'*habeas corpus*, esso circondò la carità di vincoli rigorosi, che le rendono preferibile la morte.

menda sifilide nazionale. « Mai prima d'ora, così si esprime un ministro atterrito, mai prima d'ora nella storia britannica la miseria dei poveri era stata più intensa e le condizioni della loro vita giornaliera più disperate e degradate » (Chamberlain).

Salariato — proletariato — pauperismo, ecco le tre fasi discendenti, che l'operaio attraversa, nel nuovo mondo e nell'antico, ecco i tre colpi dati sulla bara, che rinserra la libertà e le fortune del lavoratore. Colla narrazione di questa triplice scesa ha termine l'analisi comparata della evoluzione economica delle colonie e dell'Europa, poichè al termine di quella discesa più non esistono colonie. Omai infatti, sotto l'azione della popolazione crescente, l'America e l'Australia sono spoglie di quel tesoro di terre libere, che forma per lungo tempo il segreto del loro rigoglio, ed assumono le stesse condizioni territoriali del vecchio mondo; e parallelamente a questa mutazione nelle condizioni della terra, muta la costituzione economica di quelle società, le quali, composte dapprima di produttori di capitale, si scindono al pari dell'Europa in due classi, una di capitalisti ed una di salariati. — Per qualche tempo la condizione di questi salariati si mantiene superiore a quella degli europei; ma bentosto si inizia nell'America la conversione del salariato in proletario ed ha completo trionfo. — Infine il nuovo mondo non tarda a percorrere anche l'ultimo tratto della via dolorosa che lo separa dall'antico, poichè il pauperismo, questo appannaggio delle vecchie società d'Europa, riceve diritto di cittadinanza nell'America, senza che v'abbia tariffa Morril, che valga a difenderla dalla importazione di questa merce europea. Ora a questo punto il contrasto, fin qui tanto spiccato, fra le condizioni delle colonie e quelle dell'Europa ad esse contemporanea, di repente dilegua e l'antico ed il nuovo mondo si trovano ferreamente congiunti nella comunità del dolore. Ma questa trasformazione economica, che si compie nel nuovo mondo, vi genera una trasformazione politica corrispondente, poichè la cessazione della libertà economica, dovuta alla occupazione totale della terra, compone nel sepolcro il regime democratico, gloria de' primi tempi americani. — Avea detto Ad. Smith che le cause della prosperità delle colonie son due, l'ampiezza di terre fertili libere e la libertà politica. Ma la storia d'America ci insegna che queste due cause si riducono nel fatto ad una sola, poichè la libertà politica sorge in essa e s'accresce, finchè sono ampie le terre libere, mentre, scemanti queste, degrada e per ultimo cessa. Nei primi tempi delle colonie i Parlamenti sono l'espressione legale dell'intera nazione; ed i modesti coltivatori, nucleo di quella, inviano alle assemblee legislative uomini della propria classe, che ne rappresentano gli interessi ed i voti. « Il popolo d'America, notava già Burke, perchè composto di proprietari coltivatori, ha uno spirito repubblicano » (1). Sullo scorcio del secolo passato, un altro inglese avvertiva: « Il Parlamento britannico è precipuamente composto di ricchi, ma il congresso americano è composto di uomini scelti dal popolo. Il loro denaro non ha mai influito sulla loro elezione, nè mai si dà l'esempio che gli elettori vengano corrotti, o che un tentativo si faccia in tal senso; poichè un tale procedere non farebbe che eccitare l'abbominio dell'intera popolazione » (2). Parecchi lustri più tardi, i fenomeni non sono per anco mutati, e la obbedienza al popolo è pur sempre la condizione, senza la quale il Congresso americano non può durare; onde, ad es., appena il popolo esige la emissione di carta moneta, il congresso dee cedere (3). Certo « il popolo, che ha il potere negli Stati Uniti, non ha perpetrato nella sua legislazione contro il ricco una metà degli atti d'ingiustizia, che l'aristocrazia britannica ha compiuti colla sua legislazione contro il povero » (4). Ma tuttavia « a N.-York il popolo paga 1/3 di meno, la proprietà 1/4 di più che in Inghilterra; negli Stati-Uniti le imposte sono più lievi sulle persone, più gravi sulle proprietà, mentre in Inghilterra sono più miti sulla proprietà, tre volte maggiori sulle persone; a N.-York ogni cittadino ha diritto di voto, in Inghilterra deve essere proprietario per averlo; insomma, il grande contrasto fra l'Inghilterra e l'America è questo, che in America la massa fa le leggi e la proprietà paga, in Inghilterra la proprietà fa le leggi e il popolo

---

(1) Burke, *European settlements*, Lond., 1777, II, 167.
(2) *Letters on the present state of England and America*, Lond., 1794, 117-8. Cfr., sull'Inghilterra dello stesso periodo, dominata dalla plutocrazia, Lecky, *Engl. in XVIII cent.*, I, 330 e ss.
(3) Bolles, *Financ. hist.*, I, 39-41.
(4) Combe, l. c., I, 351.

paga » (1). Se non che mentre la popolazione si accresce e con essa la ineguaglianza delle fortune, mentre sorge e si addensa la classe dei signori della terra e del capitale, i Parlamenti americani si van popolando dei rappresentanti delle classi privilegiate e sempre più si fa spiccato il contrasto fra il paese legale ed il paese reale. Già verso la metà di questo secolo, mentre si riconosce che « la influenza dei lavoratori nel governo americano è poderosa ed irresistibile », si « incomincia ad avvertire un principio di gelosia fra i lavoratori ed i capitalisti avidi del potere » (2). Ma dappoi le cose prendono un aire più snello ed omai « i Parlamenti dell'Unione ributtano di proprietari terrieri e di speculatori, che stanno al governo delle città americane come le guardie pretoriane al governo di Roma ruinante » (3). Per tal guisa al mutare dei rapporti economici, i rapporti politici mutano con docile ritmo; e come un congresso di grandi popolani fu l'espressione parlamentare dell'epoca dei produttori indipendenti, così un congresso di plutocrati e di agenti delle compagnie ferroviarie è l'espressione parlamentare dell'epoca, in cui il capitale predomina. — E qui appare uno stridente antagonismo; poichè nell'epoca, nella quale un'azione riformatrice dello stato era resa superflua dal benessere sociale, il Parlamento rappresentava l'interesse collettivo, mentre oggi, quando l'accentramento del capitale ed il pauperismo invocherebbero un'azione redentrice dello stato, questo si compone di quelle classi, il cui tornaconto rilutta ad ogni riforma economica; onde si fa cocente il contrasto fra un processo sempre più accentuato del male economico e un'impotenza sempre maggiore dello stato, che dovrebbe alleviarlo. Così si rivelano nell'America, più ancora che nell'Europa, grandiosi e terribili gli antagonismi della costituzione economica, la quale, foggiando quei rapporti politici, che ne assicurano la persistenza, sembra rendere impossibile una modificazione intelligente ed umana della evoluzione fatale; e sotto la influenza tirannica della terra si avvera sempre meglio il presagio, che lanciava, or fa più che un secolo, il Necker sull'avvenire dell'America nascente. « Un giorno verrà forse, egli diceva, in cui il governo degli Stati Uniti non avrà

---

(1) Johnston, l. c., II, 254.
(2) *The american labourer*, N.-York, 1843, 237.
(3) George, *Progress and pov.*, 382.

più sufficiente energia; e sarà l'epoca, nella quale i suoi costumi avran cangiato. Sarà l'epoca, ancora lontana, nella quale la sua popolazione, pei progressi incessanti, raggiungerà nel suo corso gli incrementi della coltura e delle produzioni della terra. Sarà l'epoca, nella quale i proprietari, divenuti signori assoluti del prezzo della mano d'opera, ridurranno al più stretto necessario coloro, che vivono del lavoro delle loro braccia. Sarà l'epoca nella quale, per l'accumulazione continua della parte di ricchezza, che i secoli possono lasciare ai secoli che li seguono, il lusso s'accrescerà e renderà più spiccata la differenza di condizione fra coloro, che sono gli eredi dei beni della terra e quella moltitudine, che l'impero della proprietà condanna a non ottenere mai che l'alimento a prezzo della più compiuta obbedienza. Allora, al sopraggiungere di tutte queste rivoluzioni, risultato inevitabile del cammino del tempo, una classe numerosa di cittadini godrà senza fatica dei redditi territoriali, che comporranno il suo patrimonio; un'altra s'agiterà in ogni guisa per acquistare mercè il commercio una parte nell'incremento annuo delle ricchezze mobiliari; infine una terza classe d'uomini, più numerosa delle due precedenti, le circonderà senza posa, offrendo ad esse per una mercede miserrima l'opera delle sue mani » (1).

L'America ha omai compiutamente avverato il triste presagio del ginevrino; omai l'Atlantico non è più la barriera separatrice fra il pauperismo e la sua negazione; ed all'altra riva del grande oceano si riproduce e di giorno in giorno s'accresce quel sedimento di degradazioni e di squallori, che aderisce alla vecchia civiltà d'Europa, siccome cadavere.

> *Altera jam teritur bellis civilibus aetas,*
> *Suis et ipsis Roma viribus ruit.*

---

(1) NECKER, *Du pouvoir exécutif dans les grands états*, Oeuvres, VIII, 332. Necker prevedeva ancora che a questa dissoluzione sociale andrebbe compagna una dissoluzione delle idee religiose.

CAPITOLO VI

L'ULTIMA RIVELAZIONE DELLE COLONIE

§ 1. L'appropriazione esclusiva della terra.

Nel momento stesso in cui l'America e l'Australia, sotto gl'influssi della popolazione crescente, stanno per raggiungere la condizione economica dell'Europa, ossia per cessare di essere colonie, una terra, perduta all'estremo lembo del Pacifico, richiama l'attenzione degli emigranti europei, e nel 1838 si iniziano nella Nuova Zelanda i primi tentativi di colonizzazione. Ma questi tentativi s'infrangono a primo tratto contro gravissimi ostacoli, che alle colonie precedentemente stabilite erano rimasti ignorati. Infatti a quest'epoca è già compiuta nelle colonie britanniche l'abolizione della schiavitù, come delle forme più o meno simulate di servaggio, che l'hanno seguita e che omai non son più necessarie; e l'avversione dell'opinione publica contr'esse rende impossibile l'introduzione loro nella nuova colonia. D'altra parte, mentre le colonie d'Australia trovano, nei loro primordi, una doviziosa provvigione di lavoro gratuito nell'assegno dei forzati, la Nuova Zelanda rimane esclusa da tale vantaggio. Si potrebbe credere che ai capitalisti immigrati nell'isola fosse possibile giovarsi del lavoro degl'indigeni, che in quella colonia erano numerosi e mansueti; ma quegli indigeni eran proprietari di terre. Un sistema di comunità di tribù, non dissimile da quelli vigenti nell'Europa primeva, accordava a ciascun d'essi il possesso di un appezzamento di terra, di cui la proprietà ritenevasi sacra; e quando la terra occupata da una tribù era esaurita, questa (non altrimenti che le tribù germaniche) passava ad altre terre, ove attuava quello stesso sistema di economia collettiva, e di proprietà dissociata. Ora ciascuno presente che questi selvaggi proprietari di terre non avrebbero mai aderito a vendersi al capitalista immigrante per una mercede, fosse pure oltre misura

elevata ; e perciò niuno si meraviglia al vedere come tutti gli
sforzi del capitale s'infrangessero contro la tenace resistenza
degl'indigeni proprietari. Alcuni casi eccezionali si dettero d'indigeni ignari, o desiderosi di novità, i quali aderirono a lavorare
nel taglio delle foreste per una piccola rimunerazione, pagata
non a loro, ma al capo della tribù ; se non che ben presto queste
eccezioni scomparvero e quei pochi indigeni, i quali prestarono
l'opera loro nelle imprese di diboscamento, richiesero un salario
singolo, a vece che collettivo, e così elevato, che determinò un
enorme inasprimento del prezzo delle case e degli stromenti
rurali (1). Infine se nell'Australia, in virtù del sistema Wakefield,
l'immigrante capitalista avea diritto al passaggio libero di un
certo numero di lavoratori adulti, in ragione di un lavoratore
per ogni 20 sterline pagate in acquisto della terra, questo sistema
non venne applicato nella Nuova Zelanda, nè ivi si accordò al-
l'acquirente di terre alcun diritto ad una provvista di salariati (2).

Ora la conseguenza immediata di tale condizione economica, in
cui si aveva ad un tempo la terra incolta e la libertà del lavoratore, era la impossibilità categorica del profitto. « I 2173 lavoratori, che la Nuova Galles del Sud impiegò nel 1836, giovandosi
dei forzati, e spendendo 20 mila sterline nel loro mantenimento
(così si scrive nel 1837) richiederebbero 180 mila st. nella Nuova
Zelanda. — L'operaio agricolo chiede 8 scell., il muratore 10 scell.,
il falegname 16 a 20 scell. per giorno » ; e « questi salari così
enormemente elevati sono, può ben dirsi, una proibizione di tutte
le imprese », o meglio, delle imprese capitaliste. « La scarsezza dei
lavoratori neutralizza ogni influenza dei vantaggi naturali del terreno », ammenochè un'abbondante provvista di lavoro non sia
spedita dall'Europa, la formazione ed il progresso della colonia
ne saranno assai ritardati. Le imprese agricole condotte su larga
scala, allo scopo non solo di produrre il grano sufficiente ai lavoratori, ma un soprappiù per l'esportazione, non possono essere
nemmeno tentate nella condizione presente della colonia, tranne
che a rischio, non solo di ottenere un piccolo profitto, ma di
produrre a perdita. In tutte le produzioni il lavoro è così enormemente caro, che i capitalisti non possono risolversi ad impie-

---

(1) TERRY, *New Zealand*, Lond. 1842, 232-7.
(2) TERRY, l. c., 293 e ss.

garlo; e se la Nuova Zelanda non trova modo di scemare il valor del lavoro, rimarrà priva per sempre di imprese industriali » (1).

Ma la classe capitalista, la quale trovavasi impotente a sopprimere la terra libera coll' asservimento del lavoratore, pensò di ricorrere ad un diverso e più efficace processo, che nell'altre colonie sarebbe stato impossibile, ossia all' appropriazione totale della terra. Infatti se l'appropriazione esclusiva del territorio di America o d'Australia per parte del capitale, sarebbe stato, nei primordi di quelle colonie, un assurdo irrealizzabile, per la sterminata ampiezza di quelle regioni, (2) l'appropriazione capitalista della terra nella Nuova Zelanda non era più che un' impresa audace, se vuolsi, ma di possibile riuscita; poichè tutto riducevasi ad impadronirsi di 86 mila miglia quadrate di terreno, od anzi di una minore estensione, tenuto conto di quelle zone di terra che erano necessarie al mantenimento degl' indigeni e che perciò non avrebbero mai potuto divenire oggetto d'acquisto pei lavoratori europei. Ebbene tale fu nella Nuova Zelanda la gloriosa impresa dei cavalieri del capitale; e la caccia alla terra, di cui essi dierono spettacolo, fu altrettanto rabida, altrettanto intessuta di crimini e frodi, quanto lo era stata la caccia all'uomo nell'America e nell'Australia.

Già prima del 1836 si erano iniziati dei rapporti fra la Nuova Galles del Sud e la Nuova Zelanda e parecchi tratti di terra erano stati venduti dagl'indigeni della seconda ai capitalisti della prima colonia. Nel 1836 la frequenza di questi contratti persuase il Parlamento inglese della necessità di iniziare provvedimenti relativi alla Nuova Zelanda e tale intenzione del governo britannico, appena fu nota nella Nuova Galles del Sud, attrasse l'attenzione di quei capitalisti e li stimolò all'acquisto di terra nella nuova colonia. Ma fu specialmente in seguito alla conoscenza dei progetti della « New Zealand Company », che la ressa degli speculatori ebbe origine ed in sullo scorcio del 1839 numerosi vascelli salparono da Sydney verso la Nuova Zelanda, carichi di prodotti, coi quali acquistare

---

(1) lb., 249, 253, 259-61.

(2) Lo stesso sistema Wakefield, che è, entro certi limiti, un metodo di appropriazione capitalista della terra, non riesce che assai imperfettamente nell'Australia, poichè violato dalla occupazione abusiva delle terre incolte da parte dei lavoratori; ciò che costringe il capitale ad ideare altri metodi di asservimento del lavoro. Cfr. *ante* 172-6.

terre dagl' indigeni. « Tale era la febbre della speculazione, che
dei contratti di vendita vennero redatti a Sydney, in inglese,
lasciando in bianco la designazione dei confini dei terreni venduti,
per legalizzare gli acquisti delle terre degl' indigeni. A questi
poi quei documenti si spiegavano, o si pretendeva spiegarli, da
persone, che fungevano quali agenti degli acquirenti australiani
e che spesso conoscevano ben poco la lingua degl'indigeni ed ignoravano le leggi ed i costumi vigenti fra le tribù circa la proprietà della terra. Così, nella maggior parte dei casi, gl'indigeni
erano affatto inconsci di ciò, che aveano realmente ceduto con
quegli atti; spesso credevano di cedere in locazione quella terra
che invece aveano venduta; più spesso ignoravano la posizione e
i confini della terra ceduta, onde in seguito si scoperse che lo
stesso tratto di terra era stato venduto e rivenduto più volte ed
era preteso ad un tempo da parecchie persone, e che ad es.
nell'Isola di Mezzo, che ha l'estensione di circa 23 milioni di acri,
si trovavano 30 possessori di titoli fondiari, ammontanti complessivamente a 25 milioni di acri. Non solo dell'Isola del Nord e
delle parti sue omai ben conosciute, ma dell'Isola di Mezzo, quasi
ignota, era febbrilmente ricercata la proprietà e tratti di terreno più ampii che intere provincie, definiti talvolta dalla latitu-
dine e longitudine, o dal corso dei fiumi, erano venduti per un
nonnulla, per un mezzo foglio di carta ». Il luogotenente governatore Hobson scriveva nel 1840 al suo governo: La manìa
della speculazione fondiaria invade qui tutte le classi; tutte le
menti sembrano assorbite in quest'unico oggetto. Tratti di terra,
talvolta di 500 miglia quadrate, sono appropriati da un solo individuo e non di rado avviene che agl' indigeni vengano dati,
per isterminati possessi, equivalenti risibili, come qualche libbra
di tabacco o alcune pipe; il che si spiega per la grande abbondanza di terra, di cui dispongono gl'indigeni, e che la rende ad
essi inutile affatto. — Un certo Weller, di Sydney, acquistò
3.557.000 *acri* al prezzo di 1 *penny* per ogni 500 acri e 16.594.000
acri vennero acquistati da soli 6 proprietari. — Un tal Busby acquistò 50 mila acri di terra, più l'area di un villaggio, che egli
stesso valutava a 30 mila sterline; un tal Wentworth acquistò
100 mila acri nell'Isola del Nord e 20 milioni di acri nell'Isola
di Mezzo, il che equivaleva, come asseriva egli stesso, all'isola intera, detratti soltanto 3 milioni di acri, che appartenevano a pre-

cedenti compratori; e li acquistò al prezzo di 200 sterline, più altrettante da pagarsi annualmente fino alla morte dei venditori (1). Nell'Isola del Nord circa 7 milioni di acri erano divisi fra 200 persone. Per tutto ciò non è meraviglia se, pur facendo astrazione dai titoli duplicati e quindi privi di valore, nel 1840 4/5 della Nuova Zelanda erano omai in proprietà privata, cosicchè non ne rimaneva più che una picciola parte agl' indigeni ed agl' immigranti futuri. Ma bentosto il retaggio degli indigeni veniva novellamente assottigliato mercè una serie di acquisti condotti in guisa così fraudolenta, che l'esame degli atti di cessione strappa un grido di sdegno alla stessa britannica impassibilità. « È impossibile, così scrive Lord Goderich al maggior generale Bourke, di leggere senza indignazione i particolari, che questi documenti rivelano. L'opera di spopolazione si compie in un modo spietato; e gli sventurati indigeni, ammenochè con qualche risoluta misura non si provveda, andranno bentosto ad accrescere il numero di quelle tribù selvaggie, che in varie parti del globo ruinarono, in seguito al loro contatto con quegli uomini civilizzati, che portano e disonorano il nome cristiano »(2).

La scellerata ferocia, con cui il capitale procedeva nella conquista del territorio, e gli abusi, che ne derivavano, dovevano naturalmente provocare l'azione del governo britannico. Ma qui appunto si manifesta il fenomeno più interessante di questa singolare vicenda; poichè lo stato, nell'atto stesso in cui poneva un freno agli abusi ed alle incomposte violenze del capitale, introduceva una serie di provvedimenti intesi ad assicurare l'appropriazione capitalista del terreno e ad escluderne il lavoratore. Il governo ottenne anzitutto dai capi delle tribù indigene la cessione della sovranità delle isole, garantendo ad essi ed alle loro tribù il possesso esclusivo delle loro terre, ma assicurandosi un diritto di preemzione delle terre, che gli indigeni volessero alienare. Dopo ciò, si stabilì che gli acquisti di terra non fossero validi, se non quando ottenuti per l'intermediario del sovrano, o confermati da questo; si nominò una commissione, che esaminasse i titoli fondiari; e si prescrisse che le concessioni di terra non potessero eccedere i 2560 acri per ciascuna. Però oltre a

---

(1) TERRY, 73-5, 87, 95, 101-9.
(2) Ib. 112-3.

queste concessioni di terreni, già per sè molto ragguardevoli, si consentiva la cessione di parallelogrammi di terra di 20 mila acri e più al prezzo di 1 st. per acre, il che incoraggiava la formazione della grande proprietà fondiaria. Ma non basta. La vendita degli appezzamenti, che dovea cominciare il 12 marzo 1841, fu meditatamente differita al 12 aprile; ciò che influì ad elevare il prezzo della terra, accrescendo il numero dei richiedenti. La terra venne posta all'asta al prezzo di 120 a 250 st. e venduta fino al prezzo di 1608 st. per acre; e questi prezzi enormi, che non hanno precedenti nella storia della colonizzazione, funzionarono come un divieto all'acquisto del terreno per l'immigrante lavoratore ed accentrarono la proprietà fondiaria nelle mani degli speculatori e dei capitalisti. La vendita della terra in grandi lotti accentuava questo indirizzo, escludendo dall'acquisto del suolo i medi capitalisti e gli operai; ma quell'indirizzo veniva poi particolarmente esacerbato dal sistema di non portare in vendita che una frazione della terra incolta e di riservare la maggiore e migliore sua parte per le vendite future; il che, rendendo più intensa la concorrenza dei compratori, influiva ad elevare ulteriormente il prezzo del terreno (1).

Ora tutti questi provvedimenti tradivano l'intento segreto, che dominava il governo inglese, il quale non si proponeva già di sopprimere l'appropriazione capitalista del terreno, ma soltanto di disciplinarla, epurandola da quelle violenze, che la rendevano, oltre che obbrobriosa, meno efficace allo scopo. Indarno i filantropi invocarono una politica fondiaria più democratica e umana e la vendita della terra in piccoli lotti, o la sua cessione gratuita al primo occupante; il governo rimase sordo alla invocazione. Invano i teorici mostrarono che in tutte l'altre colonie mai non s'era dato, nei primordi almeno del loro sviluppo, l'esempio di una vendita di terra; essi obliavano che nelle altre colonie la possibilità di sopprimere l'opzione del lavoratore col suo asservimento avea resa superflua l'appropriazione esclusiva del suolo. Lo stato proseguì nella sua politica di ostracismo del lavoratore dalla terra e pervenne per mirabile guisa all'intento. Le terre, vendute in ampie estensioni a ricchi speculatori, vennero da questi rivendute a grandi capitalisti, o serbate incolte nell'attesa di

---

(1) Ib., 47, 143, 137, 159.

futuri acquirenti e così la circolazione della ricchezza fondiaria si aggirò sempre nell'orbita della proprietà capitalista. Che se qualche zona di terra rimase invenduta, essa fu sempre della classe di terre incoltivabili dal lavoro puro, rispetto alle quali è automatica l'esclusione del lavoratore (1); e ciò permise allo stato di dare, senza alcun pericolo, libero corso alle proprie velleità filantropiche, incoraggiando l'acquisto di quelle terre da parte delle classi lavoratrici.

L'appropriazione capitalista del terreno, favorita dall'azione del potere sociale, è valsa a generare nella Nuova Zelanda un profitto automatico assai più solido di quello, che il sistema Wakefield avrebbe potuto assicurarle. Infatti quest'ultimo sistema, fissando un prezzo della terra, che la rende accessibile ai lavoratori dopo un certo periodo di salariato, determina il necessario abbandono del capitalista per parte dei salariati che, avendo acquistato un capitale, possono trasferisi sulla terra libera. È vero che il prezzo stesso di questa, pagato dai lavoratori acquirenti, permette la importazione degli operai, che debbono sostituirli; ma non è men vero che la possibilità di tale importazione è subordinata alla esistenza di una classe disoccupata nella madrepatria e che, ove questa non esista, il profitto è, nella colonia, irrevocabilmente condannato. Invece la esclusione assoluta ed irrevocabile del lavoratore dalla terra assicura per sè medesima la permanenza 'del profitto; e se impone al capitalista la necessità di provvedere a sue spese alla importazione dei lavoratori, lo compensa di tale spesa, assicurandogli la disposizione piena e perpetua dei lavoratori importati, cui nessuna influenza giunge più a sottrarre al capitale. Nulla dunque di più naturale della prontezza, con cui la politica fondiaria della Nuova Zelanda è riuscita a dotare quella colonia di una popolazione salariata indissolubilmente avvinta alla classe capitalista. Che se in un primo periodo, l'enorme sottrazione di ricchezza inflitta ai capitalisti dalle spese d'acquisto della terra e d'importazione degli operai, priva quelli dei mezzi necessari e funziona a rattrappire le imprese produttive (2); questo fuggitivo periodo di crisi è bentosto seguito dall'epoca eroica della proprietà salariante, che dispiega nella nuova colonia

---

(1) Ib., 259.

(2) *Colonial possessions*, 140.

le sue rigogliose energie. Ed appunto perchè la proprietà esclusiva della terra rende la persistenza del profitto indipendente dalla depressione della mercede, così la Nuova Zelanda presenta un saggio di salari superiore a quello dell'altre colonie e la classe capitalista vi rimane oggi ancora immune dalla costosa necessità di ridurre la mercede al minimo mediante l'eccesso sistematico di popolazione (1).

Questa curiosa storia della più recente fra le grandi colonie ci rivela un processo di formazione del profitto, che è, almeno apparentemente, diverso da quelli descritti nei capitoli precedenti e che sembra affatto indipendente dal grado di densità della popolazione. Tuttavia se nella Nuova Zelanda l'appropriazione della terra è esclusiva di fronte al lavoratore, indipendentemente dalla esistenza di una certa densità della popolazione, ciò è dovuto al fatto che in quell'isola la terra è limitata. Che se invece osserviamo regioni più vaste, in cui all'inizio dello sviluppo economico illimitata è la terra, troviamo che esse non possono raggiungere una condizione territoriale eguale a quella della colonia ora ricordata, ossia che l'appropriazione capitalista del terreno non può divenirvi esclusiva, se non quando la popolazione abbia raggiunto un certo grado di densità, il quale perciò vi costituisce una condizione necessaria alla formazione del profitto automatico. Non è d'uopo che la densità della popolazione sia tale da imporre la *coltura* di tutte le terre; basta che ne renda possibile la *occupazione* totale. Imperocchè, non appena l'aumento della popolazione ha ridotto la terra occupabile a dimensioni limitate, si riproduce, rispetto a questa frazione residua della terra, quella serie di processi, che vedemmo compiersi nella Nuova Zelanda rispetto alla estensione totale del terreno; ed il capitale se ne

---

(1) Infatti i salari agricoli annuali, che sono nel Queensland 25 a 30 sterl., nella N. Galles del Sud 30 a 35, nell'Australia Meridionale 40, salgono nella N. Zelanda a 57 ¹/₂ sterline (*Statistics of N. Zealand*, 1878, 168-9). I fanciulli sotto i 12 anni non vi sono impiegati nelle industrie; la giornata di lavoro è di sole 8 ore; mentre la natalità relativa è superiore che in Inghilterra, si ha una mortalità infantile di 28,52 per 1000 viventi, laddove in Inghilterra essa è di 52,9 (GISBORNE, *Colony of N. Zeal.*, Lond., 1888, 320 e ss.) ed una mortalità totale di 12.4 %, mentre in Inghilterra è di 23.3 (NEWESHOLME). Infine è pure notevole che nella N. Zelanda non vi è alcun fondo destinato al mantenimento dei poveri (*Statistics*, l. c.).

impadronisce, senza attendere che il progresso naturale della popolazione ne renda la coltura necessaria. Ma questa prima differenza, per cui il fenomeno, che nella Nuova Zelanda è iniziale, è negli altri paesi il prodotto di un processo, trascina con sè un altro divario importante fra la prima e l'altre regioni. Infatti durante il processo che queste debbono attraversare, perchè vi divenga possibile l'appropriazione esclusiva della terra, può darsi che questa sia parzialmente occupata dai liberi lavoratori; ed in tal caso, quando la popolazione ha raggiunto quel limite, in cui riesce possibile al capitale di fondare la proprietà esclusiva della terra, esso non può istituirla che impadronendosi ad un tempo della terra incolta e della terra stessa del lavoratore.

Questo duplice processo si manifesta assai spiccato nell'India. In questa leggendaria contrada l'esistenza di terra inoccupata e la libertà del lavoratore aveano creato, come forma economica dominante, la comunità di villaggio, ogni componente della quale era in fatto libero proprietario del terreno che coltivava, non soggiacendo che al pagamento di un tributo allo stato, od ai Zemindars, i percettori dell'imposta. Ma questa forma economica, che escludeva il profitto, riusciva singolarmente molesta ai cupidi mercadanti indiani ed ai capitalisti d'Inghilterra, i quali avrebbero riversato con ardore nell'India il capitale mal rimunerato in Europa; e la loro avidità trovò un prezioso appoggio nella condiscendenza e nella ignoranza di Lord Cornwallis, a cui è dovuta la legislazione del 1793, che fondò nell'India il profitto automatico (1). Infatti per virtù di quella celebre legislazione i Zemindars vennero senz'altro convertiti da collettori d'imposte in proprietari assoluti delle terre da cui esigevano i tributi; e così le comunità di villaggio non furono più delle comunità di proprietari, ma di lavoratori mercenari. Ma poichè rimanevano ancora vaste estensioni di terreni incolti, a cui potevano trasferirsi gli espropriati, così si arrecò all'espropriazione del lavoratore un complemento immediato, dichiarando proprietà della corona britannica tutte le terre inoccupate, ciò che privò la popolazione non solo delle terre incolte, ma delle terre pubbliche, di cui s'era fin allora giovata a scopo di pascolo, o per far legna.

---

(1) CAMPBELL, *Cobden Club Essays*, III, 147 e ss.; LEES, *Land and labour of India*, Lond., 1867, 170.

Le terre incolte, così appropriate dalla corona, vennero poi da questa cedute gratuitamente ai Zemindars, o ad altri capitalisti ed immense donazioni di terre incoltivate si fecero a privati individui. — Nè i risultati di tali provvedimenti tardarono a manifestarsi; poichè mentre prima d'ora il prodotto ripartivasi esclusivamente fra i coltivatori e lo stato, ora i primi dovettero lasciare una parte cospicua del prodotto al capitalista, che prestava gli animali da lavoro, o gli stromenti rurali (1). Che se in un primo periodo i Zemindars, sia perchè storditi dall'inatteso trionfo, sia perchè la popolazione non cresceva abbastanza, da eccitare al dissodamento dei terreni incolti, non si valsero delle concessioni di terre loro largite, nè della facoltà loro fatta di estorcere dal coltivatore espropriato, il *ryot*, il profitto massimo — bentosto la coscienza del loro potere s'infiltrò nello spirito ottuso dei capitalisti indiani, i quali incominciarono ad appoderare le terre incolte. Ben presto mercanti e speculatori possedettero nell'India vasti poderi coltivati da mercenari, da cui intermediari cupidi estorsero enormi profitti. « La deplorevole influenza dei Wakarias, od intermediari, dal *dubash* dell'agente di Madras fino al mercante di villaggio, è considerata dalla Camera di Commercio di Bombay come la causa precipua, che impedisce l'estensione ed il miglioramento della coltura e dell'industria del cotone nell'India. Coloro fanno al *ryot* le antecipazioni necessarie, acchè egli semini il cotone e paghi il tributo, ed acquistano il suo prodotto, sempre innanzi che sia raccolto, spesso innanzi che sia mietuto, non di rado innanzi che sia seminato. Il *ryot* non può far nulla senza il soccorso del banchiere, e gli è così soggetto, come l'operaio di Europa al capitalista » (2). E quasi ciò non bastasse, ad evitare il più remoto pericolo, che il lavoratore giunga ad accumulare un capitale ed acquisti l'opzione, le comunità di villaggio vengono così fieramente colpite d'imposte, da preparare il loro sfácelo; la parte dovuta al sovrano cresce in breve tempo da 1/6, qual'era all'epoca di Menu, a metà del prodotto, « il che rende facile di spiegare la distruzione di alcune comunità di vil-

---

(1) Philipps, l. c., 172.3.
(2) Royle, *On the culture and commerce of cotton in India and elsewhere*, Lond. 1851, 30, 37. Nel maggio del 1875, nella Presidenza di Bombay, scoppiano tumulti fra i *ryots* indebitati, che si ribellano ai loro creditori.

laggio e la condizione miseranda, in cui l'altre si trovano » (1) ;
e gli è con questa violenta appropriazione della terra incolta e
di quella dei lavoratori, che il capitale giunge a conquistare,
nella culla favolosa dell'umanità, profitti del pari favolosi.

Ma il paese, nel quale possiamo toccar con mano la formazione
del profitto automatico sulla base dell' appropriazione capitalista
del terreno, sia inoccupato, sia occupato dal lavoratore, è la
Russia ; poichè la brutalità cosacca, che disdegna i mezzi termini,
o li ignora, lascia apparire nella più completa evidenza la natura di quel processo economico.

Come in ogni altra regione, così nella Russia la servitù non
escludeva nei servi la proprietà della terra, ma all'opposto assicurava ad essi, od alle loro comunità, la proprietà di ampie
estensioni di territorio. Ora l'abolizione della servitù non tolse ai
servi questo diritto alla terra, ma tutt'al più ne limitò l'estensione; epperò il risultato immediato di quel provvedimento fu la
creazione di una classe di proprietari lavoratori, liberi ed associati,
i quali, solo quando il volessero, prestavano il proprio lavoro
sulle terre dei proprietari maggiori. Tale è la serie di rapporti,
che si trovavano innanzi i capitalisti della Russia all'indomani
dell'abolizione della servitù e tale è la condizione di fatto, che
forma il punto di partenza alla loro reazione. Imperocchè non
appena questi rapporti eransi stabiliti, come risultato della Riforma
del 1861, incominciò da parte de' proprietari una guerra feroce
contro il lavoratore. Già l'abolizione della servitù, togliendo alla
proprietà fondiaria la giurisdizione signorile, aveva esentato il
proprietario da ogni dovere di protezione e di aiuto verso i suoi
coloni e convertite le relazioni patriarcali e più miti in un rapporto esclusivamente mercantile ; e l'impoverimento del colono,
che nel periodo della servitù era dannoso al proprietario, il
quale dovea provvedere al mantenimento di quello, diveniva ora
vantaggioso al signore, anzi convertivasi nella base stessa del
suo reddito. Ora questa degradazione del lavoratore ottenevasi
anzitutto col ridurre ad esigue dimensioni la terra ad esso accordata. Nella piccola Russia i proprietari ricorsero ad un metodo più spicciativo, appropriandosi tutta la terra degli antichi
servi, cui non lasciarono che la casa d'abitazione, e riducendoli così

---

(1) ELPHINSTONE, *History of India*, Lond., 1866, 80.

senz'altro alla condizione dei salariati europei. Ma nella grande Russia, ove l'usurpazione della terra dei coloni non era che la eccezione, i proprietari, sostenuti da una legislazione partigiana, riuscirono a ridurre a dimensioni irrisorie la proprietà degli emancipati. Giureconsulti mercenari non esitarono a proclamare il principio, che la terra posseduta dal servo non poteva assumersi a norma della ripartizione, poichè, ridotte coll'abolizione della servitù le prestazioni del lavoratore, dovea di corrispondenza scemare la quantità di terra da lui posseduta. La terra assegnata al contadino, che è normalmente la più sterile del podere e la più lontana, è sempre in una quantità insufficiente ad assorbire il lavoro di lui e della sua famiglia e ad assicurare la sua sussistenza; onde la necessità pel contadino di vendere al *bojaro* una parte della sua giornata di lavoro. Nè i proprietari celano un istante l'intento, che li guida in questi processi; chè anzi essi non esitano a chiamare provincie sfortunate quelle, in cui i contadini posseggono terra in quantità sufficiente, poichè ciò rende impossibile ai proprietari di esigere un lavoro continuato e di imporre un mite salario.

Ma un metodo più risoluto, con cui il capitale riesce a martellare il lavoratore, è l'enormezza dei canoni di riscatto del suolo. Infatti si crede forse che l'esiguo podereto assegnato al colono gli sia accordato in proprietà? Nulla è più lunge dal vero. Benchè il servo avesse un vero diritto di proprietà sulla terra, che possedeva, nessun diritto di proprietà su quella è riconosciuto nell'emancipato; chè anzi si nega perfino di riconoscere nei servi la proprietà di quei poderi, che essi hanno acquistato, durante la servitù, col loro peculio e col consenso dei loro signori. Il colono non può divenir proprietario della terra assegnatagli, che pagando per un lungo novero d'anni un canone di riscatto, la cui elevatezza eccessiva ne fa un mezzo infallibile di espropriazione del lavoratore. Gli economisti della proprietà superano sè stessi nell'escogitare ingegnose stoltezze e cretine elucubrazioni, che rendano logicamente incontestabile questa elevatezza dei canoni rurali. Si dice che l'utile del contadino proprietario cresce meno che proporzionalmente alla estensione della terra da esso posseduta, poichè, essendo limitata la quantità di lavoro da esso impiegabile, esso non può sopra una doppia estensione di terra impiegare doppia quantità di lavoro; e da ciò si conchiude che

il canone debba ridursi meno che proporzionalmente alla riduzione della terra colonica. Una deduzione veramènte tartara trae
da questo principio la Commissione redigente la nuova legislazione rurale, la quale, mentre *scema* le dimensioni del podere
colonico in parecchie provincie, vi *eleva* il canone da 8 a 9
rubli per capo; cosicchè l'aggravio del colono non si eleva solo
relativamente, ma assolutamente col scemare della sua proprietà.
Di più, ad ogni elevazione dei prezzi agricoli, si trova troppo
lauta la parte del contadino e si eleva il suo canone. E la giustezza capitalista di questi vergognosi sofismi vien dimostrata dalla
rapidità, con cui è raggiunto l'intento, che li ha ispirati. I
canoni imposti al colono, i quali eccedono in media del 41.5 %
il reddito del suo podere, accumulano bentosto enormi arretrati
e lo precipitano verso la più assoluta ruina. Siccome i contadini
non possono uscire dal comune, se non hanno pagata la metà del
capitale di riscatto e se il comune non garantisce per l'altra metà,
così dove il canone di riscatto supera il reddito del podere, il
colono si trova realmente *adscriptus glebae;* di più, al contadino, il quale si trova in arretrato col pagamento del canone,
si nega il passaporto, ciò che gli rende impossibile di recarsi ad
offrire il suo lavoro ove sarebbe meglio retribuito, e quindi
affretta l'impoverimento e l'espropriazione del colono. Che tale
sia il desiderio cocente dei proprietari, essi stessi riconoscono,
dacchè appena qualche istituto di credito cerchi agevolare al
contadino il riscatto del suo podere, i proprietari sorgono come
un sol uomo ad osteggiarlo; e gli sforzi delle Banche Fondiarie
de'governi di Twer (1875), Tauride, Kostrowa, Woronesk, Poltawa (1879 e ss.), intesi a prestare a basso interesse ai contadini
il capitale di riscatto, incontrano l'opposizione invincibile dei
proprietari, « i quali temono una elevazione perniciosa nel prezzo
del lavoro » (1).

Oltre che dai canoni di riscatto e indipendentemente da questi,
il contadino è gravato dal fitto della terra, che il proprietario
gli cede, dietro prestazione, sia di un certo numero di giorni di
lavoro ad un salario oltre misura depresso, sia di un fitto, che
eccede i già enormi canoni di riscatto del 20 %. È specialmente
mediante il monopolio dei pascoli che i proprietari giungono a

---

(1) KEUSSLER, l. c., II, I, 222 e ss.; II, II, 146 e ss.

dominare i coloni; poichè essi sottraggono loro sistematicamente
la terra a pascolo, pur necessaria alla coltivazione del podere colonico, e li costringono così a mendicare l' uso di quella terra,
offrendo in cambio la prestazione di un certo numero di giorni
di lavoro sul podere del signore. Così il monopolio delle terre a
pascolo diviene nelle mani dei grandi proprietari uno stromento
potentissimo, per eliminare l'influenza, che avrebbe la proprietà
fondiaria dei coloni ad impedire l'offerta di lavoro salariato (1).
Si aggiungono, a ruina del colono, le imposte, che gravano le
comunità di villaggio, ossia le terre dei coloni, imposte che gli stessi
grandi proprietari riconoscono eccessive e che porgono loro facile
modo di opprimere rapidamente il lavoratore (2). Ciò avviene sopratutto per mezzo della cosidetta *Kabála*, che non è se non una riproduzione del *nexum* romano e per effetto della quale il contadino,
il quale contrae un debito, è costretto a lavorare pel proprio
creditore. Per tal guisa il proprietario, o l'usuraio, si affretta a
prestare al contadino il danaro necessario al pagamento del tributo o dei canoni, imponendo però ad esso di prestargli durante
l'epoca della mêsse un certo numero di giorni di lavoro ad un
salario pattuito al momento del prestito ed inferiore del 66 al
100 %, al saggio corrente sul mercato. Ma le condizioni stesse
del prestito e la necessità d' impiegare il lavoro sulla terra del
signore rendono bentosto impossibile al contadino di proseguire
nella coltivazione della sua terra e lo costringono ad abbandonarla. Così, p. es., i contadini di Arcangelo, costretti dalla *Kabála*
a lavorare la terra del signore, debbono abbandonare la propria,
che più non possono coltivare. Nella provincia di Oufa, i contadini possedevano in comune 3890 *dessiatine* di terra; nel 1880
essi prendono a prestito da un funzionario, Rvanzeff, 1019 rubli
per pagare le imposte, obligandosi in cambio a cedergli tutta la
loro terra per 3 anni a 2 rubli la dess., rendita enormemente
depressa, ove si avverta che la rendita normale nel paese è di
6 a 7 rubli. Nel 1881 i contadini, così rimasti privi di proprietà
fondiaria, presero in affitto la loro stessa terra da Rvanzeff a 7
od 8 rubli per dess.; e per tal modo il loro creditore giunse ad
assicurarsi il dolce interesse di 2000 % nel primo anno e di

---

(1) Keussler, l. c., II, ι, 229 e ss.
(2) Ib., II, ι, 224.

6000 °/₀ nei successivi, e costrinse bentosto quei coloni ad abbandonargli la loro terra in piena proprietà. Sovente i capitalisti creditori procedono in guisa anche più spicciativa ed esigono in pegno gli stromenti agricoli del colono, o il suo bestiame, o la terra; metodi tutti, che hanno per necessario risultato la ruina dell'azienda indipendente del colono. « La privazione del bestiame e la perdita della terra, osserva a tale proposito uno scrittore russo eminente, procedono di conserva. Il bestiame indispensabile al colono è oppignorato dai capitalisti e da questi venduto; e ciò spiega perchè in alcune città di provincia una libbra di carne valga meno che una di pane, e perchè la produzione del bestiame nella Russia vada scemando così, che soltanto nelle 13 provincie della Russia centrale si ha un decremento del 17.6 °/₀ nel bestiame grosso. D'altra parte l'abbandono della terra per parte del colono spiega la scemata produzione del grano, che nelle stesse provincie, dal 1864 al 1880, scese del 27.8 °/₀, malgrado l'aumento del 6 °/₀ nella popolazione. Il contadino, che fu privato del suo bestiame, non si può più considerare come agricoltore. Il diritto imprescrittibile ad una quota di terra, che egli possiede come membro di una comunità di villaggio, diviene (sopratutto quando quella terra è già esausta da una coltura spogliatrice) puramente nominale e praticamente si annulla. Gli è per questo modo che la nuova borghesia agricola dei *Koulaks* raccolse nelle sue mani, sotto forma di enfiteusi, grandi estensioni di terra comunale teoricamente inalienabile, e che ora sovr'esse i contadini, i proprietari nominali, lavorano come proletari. Nella provincia di Poltawa, la terra degli antichi Cosacchi, inalienabile per legge, è concentrata per 24 a 32.6 °/₀ (secondo le varie zone) nelle mani dei *Koulaks* e 16.5 a 29.8 °/₀ della popolazione è costituita di proletari senza terra. I Koulaks, i *mangiatori del mir*, hanno divorata la proprietà comune » (1).

La letteratura economica russa, la quale presenta una percezione ben più lucida e profonda dei rapporti della proprietà fondiaria, di quello che la scienza europea, ha una parola energica a designare questa dissociazione violenta del lavoratore dalla terra: *obezzemelenie*, letteralmente *sterrificazione*, parola di cui noi, per quanto aborrenti dai neologismi, ci varremo, poichè essa de-

---

(1) STEPNIAK, *Russian agrarian question*, nel *Times*, 2 settembre 1886.

signa potentemente il processo di formazione del profitto automatico. Ora la rapidità, con cui procede nella Russia la sterrificazione del popolo, è dimostrata dai fatti. Nel 1877 la proprietà fondiaria era, nel governo di Mosca, divisa nel modo seguente:

I grandi proprietari possedevano il 71.67 % della terra;

I mercanti possedevano il 19.58;

I contadini possedevano il 5.91;

I borghesi possedevano l' 1.39;

Diversi possedevano l' 1.45.

Or qui si scorge a quali infinitesime proporzioni fossero omai ridotti i lavoratori proprietari. Nel 1870, sopra 2 milioni di masserie coloniche sparse in tutto l'impero, gli « uomini senza terra » (ozzemelinii) erano 120,500, ossia 6 % delle aziende agrarie; ma in alcuni governi essi ascendevano fino a 13 e 15 %, e in quello di Pietroburgo a 25 %. Nello stesso anno noi troviamo:

Nel governo di Tawricesk 13.500 uomini senza terra;

   »   »   » Kersonsk 16.685 »

   »   »   » Orlowsk 10.858 »

   »   »   » Twersk 10.000 »

Nel Circolo di Alitsk 1.247

   »   »   » Rostowsk 2.500 »

   »   »   » Belebeesk 3.300 »

mentre nel Kotrekin, di 443 masserie coloniche, 147, ossia il 33 %, vengono abbandonate dai loro proprietari. Ormai 2/3 dei contadini russi sono espropriati e cresce di giorno in giorno il numero delle vittime della sterrificazione. Ma questa ottiene poi il suo complemento necessario nell'appropriazione capitalista delle terre incolte, alle quali altrimenti si trasferirebbero i coloni sterrificati. « I contadini, vessati dalle estorsioni dei proprietari, emigrano alle terre libere dell'est della Russia; ma lo stato, vedendo che la terra libera fura le braccia necessarie all'agricoltura capitalista, si affretta a far passare quelle terre incolte nella signoria dei capitalisti maggiori. Così nello spazio di uno o due anni, ogni possibilità d'installamento sulle terre libere è tolta ed i contadini che emigrano si trovano innanzi quegli stessi accaparratori, pei quali eran fuggiti dalla patria ». Questa cessione delle terre libere ai capitalisti segna un'epoca nella storia della politica fondiaria della Russia e presenta un reciso contrasto con tutti i fenomeni dell'età precedente, nella quale anzi « lo stato cercava di formare sulle terre dell'impero numerose colonie di coltivatori indipendenti e forniva ai coloni il mezzo di ottenere la proprietà fondiaria senza l'intermediario degli speculatori. Ma la Riforma modificò tutto questo » (1). E ciò si comprende. L'appropriazione capitalista della terra non doveva manifestarsi che all'indomani del giorno, in cui era cessata l'appropriazione capitalista del lavoratore.

La sterrificazione del popolo non è però che un fatto brutale, il quale per sè stesso non ci rivela nè la ragion d'essere sua, nè il segreto che l'ha determinata; potendo essa interpretarsi, sia come mezzo necessario di creazione del profitto, sia come prodotto dell'egoismo dei grandi proprietari, o del loro desiderio di una maggior proprietà terriera, o di un profitto più elevato. Ma il seguito della nostra storia sta per mostrarci che solo da questo grandioso processo scaturì nella Russia il profitto automatico, e che questo era incompatibile colla detenzione della terra per parte del lavoratore. Infatti quando il processo di sterrificazione non si era ancora, o si era appena iniziato, il salario era nella Russia fenomeno rigorosamente impossibile; di che dà prova il notevole fatto, che nelle comunità russe i possessori, la cui famiglia si fosse assottigliata, aveano il diritto (e ne usavano) di rinunciare a quella parte della terra loro assegnata, la quale, non potendo più essere da essi coltivata pel scemato numero di braccia, mentre accresceva in ragione della propria ampiezza il loro tributo, costituiva per la loro azienda un inutile aggravio (2). Ora è evidente che tale rinuncia non saprebbesi concepire, se i proprietari avessero potuto impiegare dei salariati; poichè in tal caso la estensione di terra da essi sfruttabile sarebbe stata illimitata. Il che è tanto vero che a mano a mano che la sterrificazione cresceva e le terre occupavansi, questo diritto di rinuncia ad una frazione della terra comune

(1) В. В. Судьбі Капитализма Въ Россіи. — С. Петервургъ, 1882. (*Le sorti del Capitalismo in Russia*), 135-48, 283; KEUSSLER, III, 346; FUCS, *Ricerca sulla teoria della rendita*, I, Mosca, 1871, 19. La stessa occupazione della terra incolta contribuisce ad assottigliare il podere colonico. Infatti finchè esistono terre libere, la terra posseduta da un agricoltore, che ha più figli, passa in eredità ad uno di essi, mentre gli altri si trasferiscono sulle terre vacanti; ma col cessare di queste, lo sminuzzamento delle terre diviene la conseguenza necessaria dell'aumento della popolazione e dell'eredità.

(2) KEUSSLER, II, II, 108, 115.

veniva sempre meno esercitato ; appunto perchè cresceva in corrispondenza la possibilità d'impiegare operai salariati. Anche quei pochi, che aderivano a prestar lavoro per mercede, erano oggetto di vituperio e di condanna da parte dei più attempati abitanti, che li denigravano coll'appellativo di schiavi (1). Infine, quando pure questi lavoratori si offrivano per un salario, *la mercede, che essi esigevano, eccedeva il prodotto del loro lavoro,* ciò che rendeva impossibile l'impiego loro da parte dei capitalisti (2). Ma una dimostrazione più evidente della dipendenza del profitto della sterrificazione del lavoratore ci è data dalla doppia fase del processo, che vedemmo compirsi successivamente all'abolizione della servitù. Infatti la Riforma del 1861, accordando al lavoratore una terra gravata di un canone enorme, riusciva dapprima a far passare le accumulazioni degli antichi servi nelle tasche degli antichi signori, i quali così acquistavano il capitale, che facea loro difetto ; e dappoi le gravi imposte, che colpivano i proprietari lavoratori, li costringevano tosto o tardi ad abbandonare la terra per farsi salariati (3). Ora la prima fase di questo processo è certamente spiegabile, anche quando si ammetta che il capitale per sè medesimo produca un profitto; poichè appunto l'appropriazione del capitale dell'antico servo toglie a questo la condizione prima alla percezione del profitto, per trasferirla al proprietario. Ma quando il lavoratore proprietario di terra era stato completamente privato del suo capitale, perchè doveva il capitalista infierire ulteriormente contr'esso ed espropriarlo, mentre — secondo la teoria dominante — la sola detenzione del capitale per parte del proprietario maggiore e la esclusione del lavoratore da quella permetteva al primo di esigere dal secondo un profitto e costringeva questo a pagarlo? Perchè doveva il capitalista ricorrere ad una sterrificazione del lavoratore, dalla quale ritraeva un danno certo, per le fratture della produzione che l'accompagnavano e che provocavano una necessaria interruzione del profitto? — Di più. Se l'accumulazione del capitale per sè stessa genera il profitto, perchè mai questi lavoratori omai privi di capitale, i quali emigravano alle terre incolte, doveano costituire una minaccia od un inciampo

(1) *Capitalismo in Russia,* 89.
(2) Keussler, II, i, 20, 37.
(3) *Capitalismo,* ecc., 280.

alla economia capitalista? Si trasferiscano pure a lor voglia sulle
terre libere, potean dire ironicamente i capitalisti; ma se essi vorranno produrre, avranno d'uopo d'un capitale ed è da noi che
essi dovranno implorarlo, è a noi che essi dovranno pagarne un
profitto. Perchè dunque l'appropriazione violenta delle terre incolte da parte dei capitalisti? Mistero. Ma il mistero svanisce,
allorchè invece si ammetta che il lavoratore privo di capitale,
ma proprietario di terra, non accorda alcun profitto al capitalista
inoperoso e rende infruttifera la cessione di un capitale da parte
di quello.

La verità di questa conclusione ci appare vieppiù manifesta,
ove noi seguiamo le condizioni del capitale e le sue oscillanti
fortune durante il processo stesso della sterrificazione. Infatti
questo processo non si compie in tutte le parti dell' immenso
impero con piena efficacia, ma in alcune giunge ad espropriare
completamente il lavoratore, mentre in altre si limita a ridurne
il possesso; ed inoltre l'espropriazione parziale del colono lo colloca in una condizione diversa, secondo che la terra rimastagli
è più o meno produttiva. Ebbene noi troviamo che ovunque
« il profitto del capitale è fondato sulla insufficienza del podere
del colono ad assicurargli l'esistenza » (1) e che, secondo che
minore o maggiore è la estensione e produttività della terra lasciata al colono, maggiore o minore è la potenza del capitale e
la possibilità sua di percepire un profitto. Su tal proposito, noi
non abbiamo che ad aprire una importante publicazione sul Capitalismo in Russia, poichè a primo tratto vi leggiamo: « Il salariato è tanto più diffuso, quanto meno florida è l'agricoltura. Ove
l'agricoltura è florida, ivi i coltivatori, negli 8 mesi in cui si
dedicano ad essa, coprono quasi tutte le loro spese e non hanno
quindi ragione di farsi salariati. Nel circolo di Swenigorod, ove
l'agricoltura è depressa, su 48 operai industriali 45 sono salariati,
mentre nel circolo di Risk, ove l'agricoltura è prosperosa,
troviamo su 240 operai industriali 3 soli salariati (2). L'industria
delle stoviglie florisce nel circolo di Kiel, in Browinsk e Karpowsk,
ove si ha il vero tipo dell'operaio industriale, che è puramente salariato e con esso la specializzazione del lavoro, la quale nei circoli,

---

(1) Ib., 200.
(2) Ib., 81.

ove il lavoratore è indipendente, giammai non si ritròva. Ora ciò
ha appunto ragione nelle condizioni miserrime dell'agricoltura. In
Browinsk, p. es., la terra posseduta da ciascun lavoratore è di
6 dessiatine, o due volte minore che negli altri governi; in Kiel
è anche meno, poichè si riduce ad 1 ½ dessiatine, che accordano
il reddito insignificante di 15 rubli per anno. Ora *in tali condizioni l'agricoltura e la proprietà fondiaria del colono non
presentano più ostacolo alcuno allo sviluppo del capitale* »(1).
Tutti i fatti dimostrano, soggiunge la publicazione ora ricordata,
che la base del salariato, o della inesistenza di una industria indipendente, è la sterrificazione del lavoratore; e permettono di stabilire un parallelo costante fra la capitalizzazione dell'industria
e le condizioni dell'agricoltura. Ove la proprietà della terra è
collettiva, ivi il lavoratore non entra nelle fabbriche; le stesse
artels (associazioni produttive indipendenti) non fioriscono, che
dove la proprietà fondiaria è assicurata ai coloni, e sono il prodotto della connessione del lavoratore colla terra. Nel circolo di
Desensk della provincia di Podolisk, ove 28.7 % dei contadini
abbandonarono la terra, l'industria è su piede capitalista ed i
salari son bassi; invece nel circolo di Perkutchewsk, in cui solo
il 3.3 %, dei contadini abbandonò la terra, prevale l'industria degli
artigiani indipendenti, o l'*artel*. « La dipendenza della condizione florida, o svantaggiata degli artigiani, non già dalla minore
o maggior concorrenza della grande produzione, ma dalle condizioni
della economia colonica, è evidente nelle fabbriche di cucchiai del
circondario di Semerowsk. Infatti, mentre lo spaccio dei prodotti di
questa industria è grandissimo, poichè la Russia intera ne costituisce
il mercato, le condizioni della piccola manifattura vi sono miserabili. Ma la cagione di questo fatto non è da cercarsi nell'industria, non nei suoi elementi tecnici, o nella impossibilità di sopportare la concorrenza della grande produzione, sibbene nella
decadenza della economia colonica, la quale costringe grandi
masse di contadini ad abbandonare la terra, che più non basta
a nutrirli, a vendere il loro bestiame ed a gittarsi nel lavoro di
fabbrica, assoggettandosi al predominio dei *Koulaks*, i capitalisti.
— Nel governo di Nikegorodosk, ove l'agricoltura è florida, si
ha una schiera di piccole industrie indipendenti di fabbri-ferrai,

(1) Ib., 91.

son diffuse le *artels* e queste resistono virilmente alla concorrenza della grande industria, che pur dispone di macchine efficaci. All'opposto nel governo di Twersk, ove le condizioni dell'agricoltura sono peggiori, la piccola industria non resiste alla concorrenza della grande; nel circolo di Mosca, in cui la sterrificazione procede più rapida che altrove, si ha una straordinaria affluenza dei contadini alle fabbriche e la più completa ruina delle piccole imprese indipendenti »; mentre la diffusione e la forza della economia capitalista raggiungono il massimo nei distretti, ove la popolazione è più addensata, e le terre dei contadini, perchè più limitate, sono insufficienti ad assicurare la sussistenza del lavoratore (1). Talvolta però la grande produttività della terra colonica vale a compensare la sua limitata estensione, o viceversa una estensione ragguardevole di terra è, per la sua improduttività, insufficiente. Così nel governo di Saratowsk, la terra dei coloni, benchè sia ridotta a piccole dimensioni, pure per la grande produttività è sufficiente al mantenimento del produttore; e perciò l'economia dei coloni, lunge dal restringersi, si estende a detrimento di quella dei proprietari e la coltivazione a salariati non è vantaggiosa per l'eccessivo prezzo e l'indisciplinatezza del lavoratore. Con ciò si spiega la contraddizione economica, rilevata e dimostrata da Narutchew, che il profitto è tanto maggiore quanto più sterile è la terra; poichè la sterilità del terreno, rendendo insufficiente il podere del colono, costringe questo a vendere il suo lavoro al grande proprietario per una misera mercede, o — ciò che torna lo stesso — a prendere in fitto ad una rendita $_e$norm$_e$ la terra del signore. — Di qui ancora il paradosso economico, che il valor della terra è in ragione inversa della sua fertilità (2).

Ma a che rintracciare le prove indirette, o gli indizi della dipendenza del profitto dalla sterrificazione del popolo, quando possiamo osservare direttamente l'influenza di questo processo sulla formazione del profitto automatico? « Nelle provincie russe, ove la popolazione è scarsa, il capitale agricolo, o non ottiene alcun reddito, o solo un profitto irrisorio; ed a noi è noto che un podere di 1000 dessiatine, in una delle provincie più fertili,

---

(1) Ib., 235, 224, 165.

(2) Ib., 211-2. Lo stesso fatto si avvera nel Baden (BRENTANO, *Klassische Nationaloekonomie*, Leipz., 1888, 16).

non rese, nel corso di 5 anni, nemmeno 15 rubli di profitto. —
Che se in alcune regioni poco popolate gli operai debbono lasciare
un profitto spesso elevato ai proprietarj, ciò è dovuto soltanto
al fatto che questi si sono impadroniti di tutte le terre libere
e di quelle dei piccoli proprietarj, approfittando di un sistema
notarile, incapace a difendere con serj documenti i possessi dei
proprietarj minori » (1). « Nel circolo di Saratowsk l'agricoltura
capitalista del principe Kotchubey si è potuta fondare soltanto
mercè la sterrificazione dei coltivatori delle terre circostanti ».
Ma un esempio più completo di questi interessanti fenomeni ci
presenta il circolo di Obojansk. « Quivi si trova un podere di
3214 dess. di terra arativa e di 2100 dess. a bosco, nel quale
è pure stabilita una distilleria di zucchero. In questa tenuta si
compì una potente sterrificazione dei coloni, una parte dei quali
trovò impiego nella fabbrica di zucchero, altri nel podere vicino
di Karamsin. Ebbene, *se non fosse stata questa sterrificazione,
quella fabbrica sarebbe rimasta senza operai e quel podere
sarebbe rimasto incoltivato* ». Ora qui si scorge stupendamente
l'espropriazione dei coltivatori formar la base della economia
capitalista. Ma le difficoltà, che, nel podere ora ricordato, si opposero al profitto, successivamente alla sterrificazione dei lavoratori, non sono per noi meno istruttive, nè gittano minor luce
sulla natura del profitto medesimo. Infatti « siccome la offerta di
lavoro rimaneva inferiore alla richiesta, ad assicurare al podere
la quantità di operai necessari fu d'uopo staccare dal latifondo
1500 dess. di terra arativa e darle in fitto ai contadini, a patto
che si obbligassero a prestare un lavoro costante sulla terra del
proprietario (2). Così più di metà della terra coltivabile si stac-
cava dalla economia dei proprietari e passava ai contadini; ed
*il capitalista, il cui profitto è fondato sulla sterrificazione
del popolo, iniziava la sua azienda col cedere ai contadini la*

---

(1) Ѳ. М. Уманца, Колонизація Свободныхъ земель Россіи — С. Петербургъ, 1884. (Umantz, *La colonizzazione delle terre libere della Russia*), 172-6.

(2) Gli stessi fatti si avverano nel 1845 nella colonia di Montserrat, ove,
successivamente alla abolizione della servitù, l'eccesso della domanda di lavoro
sull'offerta costringe i capitalisti a cedere al lavoratore, in aggiunta al salario,
un appezzamento, spesso cospicuo, di terreno; il che recide i nervi dell'azienda
capitalista (*Colonial possessions*, 110-11). In Nevis, si ha qualche cosa di analogo (Ib., 116).

terra; esso cioè distruggeva la base stessa del capitalismo, creando o preparando la ricostituzione della economia indipendente e della proprietà terriera del contadino sterrificato » (1).

Questi fenomeni, che si riproducono ovunque, non tardano a neutralizzare l'influenza della sterrificazione, e bentosto potenti ostacoli si oppongono al capitale e contrastano alla persistenza del suo profitto. Gli è vero che la creazione di un certo numero di salariati genera per sè medesima la conversione di altri lavoratori-proprietari in lavoratori-mercenari, poichè gli operai già espropriati porgono la base di operazione ai più ricchi dei comunisti, i quali si giovano di essi non solo per assicurarsi un profitto, ma per costringere i rimanenti ad uscire dalla comunità ed a convertirsi in salariati (2). Gli è vero che sotto l'azione associata di tante influenze cresce di giorno in giorno il numero dei *lavoratori neri,* come con disprezzo son chiamati gli operai, che si vendono sul mercato del lavoro. Gli è vero che le stesse *artels,* di associazioni di lavoratori liberi, si vanno, sotto l'azione dissolvente del capitale e le persecuzioni governative, mutando in associazioni di salariati (3). Ma « per quanto sia rapida la sterrificazione del popolo, il processo di assorbimento del lavoro da parte dell'industria è più rapido, onde la richiesta di lavoro ne eccede l'offerta e la prevalenza rimane al lavoratore ». Giovandosi di questa prevalenza, « i contadini si oppongono al regime capitalista e, pur di conservare una larva di indipendenza, vogliono essere fittaioli della terra, da cui furono espropriati » (4), finchè giungono a spezzare ogni rapporto coll'imprenditore e a divenir proprietari. Nel momento stesso, in cui torme di contadini abbandonano la terra e si recano a lavorare per salario, si odono generali lamenti sulla scarsezza del lavoro. I proprietari non si lagnano tanto dell'elevato salario, quanto della impossibilità di trovare operai, specialmente nei governi di Tauride, Ssamara ed Oufa; essi deplorano che, non appena si presenti in un'altra provincia l'eventualità di ottenere una mercede maggiore, gli operai abbandonino d'un tratto il proprietario, spesso nel momento, in cui l'opera loro è più necessaria che mai; e notano con ramma-

---

(1) *Capitalismo,* 161-9.
(2) Keussler, II, n, 219-21.
(3) Thun, *Landw.,* 240-6.
(4) *Capitalismo,* 288-91.

rico l'intermittenza del lavoro e la crescente frequenza dei giorni
festivi, o di quelli, in cui l'operaio rifiuta l'opera sua. Che se
pure aderiscono a rimanere salariati, i coloni impongono una
mercede enormemente elevata. In alcune regioni, come nella *terra
nera*, nella Russia meridionale, i salari, malgrado la grande affluenza
degli operai delle provincie centrali, sono in costante progresso e
la concorrenza dei proprietari, i quali vogliono procacciarsi ad ogni
costo lavoratori per l'epoca della mêsse, è così sfruttata da questi,
che assai sovente il profitto agrario negli anni di mêsse copiosa è
minore che negli anni meno produttivi (1). Ma l'elevatezza del
salario non minaccia soltanto la quantità del profitto, bensì ne
compromette la persistenza, poichè « volendo ottenere ad ogni
costo la proprietà fondiaria, i coloni abbandonano la terra del
signore non appena il possano, e preferiscono l'acquisto di un
podere proprio all'affitto anche a basso prezzo della terra del
proprietario » (2). Ora da ciò consegue che per un certo periodo
il capitale russo, non solo è impotente ad impadronirsi esclusivamente della produzione; non solo deve tollerare la concorrenza delle *artels* e della piccola industria; ma vede sfuggirsi i
migliori salariati, che si convertono bentosto in lavoratori indipendenti (3). Per riparare a queste difficoltà, il capitale accresce
la proporzione del capitale fisso nelle imprese industriali, ciò che
limita la quantità di lavoratori, che è d'uopo espropriare per assicurare un profitto all'intero capitale. Ma l'elevato prezzo delle
macchine e la loro imperfezione costituisce un limite ulteriore
del profitto, mentre poi, nonostante l'impiego di quelle, la
espropriazione dei lavoratori procede in misura insufficiente ad
assicurare un profitto all'intero capitale. « È la resistenza del
popolo russo alla sterrificazione, che spiega il lento e rachitico
sviluppo del capitale russo, sviluppo soltanto fittizio, poichè le
industrie e le banche non possono conseguire un profitto sufficiente senza sussidi governativi, ed il capitale non si impiega in
forma industriale, che a condizione di ottenere la garanzia governativa di un certo reddito ». È ancora questa impossibilità organica
di un profitto permanente e sufficiente, che spiega la prevalenza

---

(1) KEUSSLER, II, I, 20, 37, 100.
(2) *Capitalismo*, 161-2.
(3) Ib., 80.

del capitale di redistribuzione nella Russia ed il fatto, che la accumulazione vi raggiunge lo zenith, non già nei periodi di elevata produzione, ma nei periodi di guerre o di grandi crisi nazionali. È infine questa impossibilità naturale della economia capitalista nella Russia, che spiega l'impotenza del capitale russo ad organizzare la produzione, e la decadenza di questa. Infatti, a paro colla resistenza della classe lavoratrice russa al processo di sterrificazione, si ha una diminuzione nella produzione del grano ed un regresso generale dell'agricoltura. « Dovunque volgiamo lo sguardo, troviamo nella Russia l'assenza di un piano direttivo nella produzione rurale, una produttività della terra diminuita, una scemante produzione di bestiame, una insufficiente diffusione dei progressi produttivi. Così la nazione si impoverisce e la produzione nazionale ruina » (1).

Ma l'azione tenace del capitale riesce per ultimo a trionfare della resistenza dei lavoratori. Anzitutto, il capitale colpisce quei proprietari lavoratori, che sorgono come prodotto della elevata mercede; ed in ciò si prevale di quegli stessi sussidi governativi, necessari a completare il troppo tenue profitto. Infatti questi sussidj sono sopperiti mediante imposte, le quali colpiscono i piccoli proprietari, infliggendo loro il còmpito non lieto di fornire i mezzi necessari ad introdurre e conservare nella Russia il sistema capitalista. Ora questi gravi tributi non solo fanno dei piccoli proprietari nominali i salariati dei capitalisti, che per mezzo dello Stato estorcon dai primi un profitto, ma tendono a dissolvere le aziende dei piccoli proprietari e a determinare la conversione di questi in veri e propri salariati (2). Ma ben più fervidamente si volgono i capitalisti a prevenire l'acquisto dell'opzione da parte del lavoratore. — Ove altrimenti non possano raggiungere tale scopo, i proprietari ristabiliscono senz'altro, e ad onta della legge scritta, la servitù; onde ad es. « i ricchi proprietari di Ecaterinoslaw mandano nella Grande Russia i loro agenti, i quali si impadroniscono dei lavoratori senza il loro consenso, e per semplice patto preventivo coll'autorità » (3). Ma anche senza por mano a queste violenze, i proprietari riescono con mezzi in-

---

(1) Ib., 146.
(2) Ib., 281.
(3) « Così il diritto feudale vige ancora nella Russia! » Ib., 208.

diretti ad avvincere il lavoratore. « Per trattenere gli operai nell'industria durante il periodo dei lavori agricoli più incalzanti, i fabbricanti ricorrono ai mezzi più illegittimi e violenti. L'estorsione di ammende per le negligenze più perdonabili si compie sovente in guisa affatto illegale. Nei *libretti di lavoro*, che vengono consegnati agli operai come contratti vincolanti, si insinuano determinazioni speciali dannose al lavoratore, che spesso da questo, inesperto od analfabeta, non son neppure avvertite, e che più tardi si attestano oltremodo oppressive; ed all'operaio non rimane altro scampo, che di abbandonare la fabbrica, violando il contratto di lavoro. La condizione degli operai è ben triste; gli imprenditori, che abusano del loro diritto di multa, non pagano agli operai nemmeno il salario pattuito, nè gli operai si inducono a mover querela agli imprenditori, tranne ne' casi estremi; dacchè si è diffuso fra quelli il costume di non impiegare alcun operaio, che abbia mosso querela ad un fabbricante » (1). Nè basta. Ad impedire ai coloni l'acquisto di un capitale, e con esso, della terra, i proprietari elevano enormemente i fitti, col metodo delle aste degressive, ossia offrendo la terra ad un fitto massimo, artificialmente elevato e diminuendo poi le pretese finchè tutta la terra trovi fittajoli; ovvero esacerbano le condizioni della *corvée* per modo, da rendere la condizione del lavoratore agricolo d'oggi assai peggiore di quella del servo. Infatti questi, ricevendo una dessiatina, dovea prestare la *corvée* sopra una dessiatina del signore; ma il lavoratore « libero », che riceve una dess., ne deve lavorare due pel proprietario. Nel distretto di Fatesk le famiglie dei servi ricevevano 8 dess. e ne lavoravano 6 pel loro signore; ma oggi i lavoratori che ricevono 8 dess. ne debbono lavorare pel capitalista $9\,^2/_3$ (2). — Ma anche più decisamente combatte il capitale contro l'opzione del lavoratore, scemandone le mercedi, e la riduzione progressiva di queste è il fenomeno più spiccato del decennio 1872-82. Nel governo di Nowgorod i salari annuali scemano in quel periodo da 40 od 88 rubli (secondo i casi) a 35 o 50. Nell'industria dei mobili il salario in moneta

---

(1) KEUSSLER, II, I, 243. La legge russa 12 giugno 1886 sui contratti di lavoro agricolo è tutta indirizzata ad impedire le violazioni del contratto di lavoro da parte degli operai ed a saldarli al capitale.

(2) *Capitalismo*, 206.

è stazionario, malgrado l'incarimento di tutti i prodotti e l'aumento di tutte le spese del lavoratore, mentre frattanto si ha un prolungamento smisurato della giornata di lavoro, che raggiunge le 16 od anche le 18 ore. Nell'industria della seta dei circoli di Podolisk e Zwenigorod, il salario nel 1870 era 17 rubli e 40 kopechi per mese, nel 1878 11.80, nel 1879, 8. Anche più vibrato è il deprezzamento del lavoro agricolo, poichè mentre nell'industria la diminuzione del salario può essere neutralizzata dal prolungamento della giornata di lavoro, ciò è nell'agricoltura impossibile. Così nel circolo di Browinsk, il salario agricolo è ora di 7 ad 8 rubli per mese, mentre nel 1870 era di 7 $\frac{1}{2}$ a 10; e nelle piantagioni di barbabietole del governo di Karikowsk il salario degli operai, generalmente donne e fanciulli, scema continuamente ed è già sceso, per ciò che riflette le donne, da 36 rubli all'anno, qual era nel 1871, a 32 $\frac{1}{2}$. — Certo, se noi osserviamo il salario medio in moneta, troviamo che, dal 1867 al 1878, esso cresce da 2 a 2 $\frac{1}{2}$ rubli per settimana; ma se col primo salario si potevano acquistare 3 *puds* di pane, il secondo — in ispecie pel deprezzamento del rublo — non ne acquista che 2 $\frac{1}{4}$ (1). E non basta. A realizzare la degradazione del lavoratore, il capitale russo si giova di metodi così infami, quali si cercano indarno nell'Europa civile. Infatti se nell'occidente d'Europa gli economisti si limitano a consigliare agli operai il consumo di cibi meno costosi, in Russia il capitale, « il nemico della nazione », come il popolo russo lo chiama, incarisce artificialmente dei prodotti per distrarre da questi la richiesta dei salariati e spingerli a consumi inferiori. Così per distogliere l'operaio agricolo dal consumo del pan di segala, dopo che il pane di frumento gli è divenuto inaccessibile per l'elevato prezzo, si eleva artificialmente il prezzo della segala ad un saggio quasi eguale a quello del frumento; e ciò spiega perchè nel primo trimestre del 1870 il frumento sia dell'84.6 % più caro della segala, nel secondo del 64 %, mentre nell'agosto del 1880 non supera che del 30 % il valore dell'altro prodotto. La degradazione così procurata nella alimentazione del lavoratore produce a sua volta la degenerazione organica della razza salariata, la frequenza crescente delle malattie

---

(1) *Capitalismo*, 252-69.

infettive e l'enorme mortalità dei bambini, che nella Russia è osservabile a primo tratto (1).

Gli è per questo conserto di mezzi che il capitale russo è riuscito a creare un proletariato, prima d'ora ignoto all'impero degli Czar. — All'epoca dell'emancipazione la Russia non aveva proletariato agricolo; 10 anni più tardi, il proletariato agricolo era già un fatto compiuto, ed il principe Wassiltchikoff trovava che il 5, 10, 15 % della popolazione agricola nei diversi distretti era composto di proletari; mentre non è guari, il 4 marzo 1886, il Presidente del Congresso dei fittaioli russi tenutosi a Pietroburgo, avvertiva che omai $^1/_5$ della popolazione dell'impero, ossia 20 milioni d'anime, è composto di proletari, e che il numero di questi è omai eguale al numero dei servi esistente all'epoca dell'emancipazione (2). E frattanto l'elegante podestà di Odessa asserisce che la Riforma del 1861 ha gravemente peggiorata la condizione degli operaj dell'industria, che essa ha solo nominalmente liberati (3). Ora questa conversione del salariato in proletario, che assicura al capitale una offerta di lavoro irrevocabile ed un profitto persistente, gli permette di gittare ogni maschera di umiltà o di tristezza. — Infatti meno di 14 anni dopo l'abolizione della servitù, W. W. Apraxin, grande proprietario dell'Orel, osserva con soddisfazione: « Io non ho a dolermi di violazioni del contratto di lavoro da parte degli operai; io impiego gran numero di lavoratori e posseggo per tale riguardo un monopolio di fatto, poichè se essi non adempiono esattamente i loro impegni, rimangono privi di lavoro ». Udiamo ancora un proprietario del Kursk: Gli accordi coi contadini sono da questi puntualmente eseguiti. I lavori sono pattuiti mercè l'affitto di appezzamenti ai coloni; e ciò vincola questi, poichè se essi non adempiono gli impegni assunti, non ricevono più in fitto la terra nell'anno venturo. Ora poichè abbisognano della terra, e solo in forza di questa necessità, essi adempiono colla maggiore esattezza l'opera loro. « Gli operaj, soggiunge infine J. J. Ssaweljew, pro-

---

(1) Ib., 307. Molti capitalisti russi si fanno cedere dal governo quei viveri, che andarono a male nei magazzeni dello stato, per darli ai loro operai.

(2) STEPNIAK, l. c.

(3) Н. А. Новосельскій. Соціальные Вопросы въ Россіи. — С. Петербургъ, 1881. (NOWOSSELISKI, La questione sociale in Russia), 82.

prietario e fabbricante, adempiono assai coscienziosamente gli impegni assunti, poichè essi sono omai, sotto l'aspetto economico, in una completa dipendenza dagli antichi signori » (1).

Questa formazione del profitto automatico mediante l'appropriazione esclusiva del terreno, quale ci è rivelata dalle regioni or ora studiate, trova qualche frammentario riscontro anche in quei paesi, che furono oggetto del nostro studio nei capitoli precedenti. Infatti, ripigliando la storia d'America e d'Europa colla scorta de' nuovi fatti ora rivelati, troviamo come questi fatti si manifestino anche in quelle regioni, benchè in una forma più limitata, che ci ha impedito di immediatamente scoprirli. Anzitutto quella appropriazione di terre incolte, che vedemmo nella Nuova Zelanda assumere una così grandiosa portata, appare, in proporzioni minori, anche nell'America e nell'Australia e vi influisce del pari alla formazione del profitto automatico. Così nella Nuova Inghilterra è numerosa una classe d'uomini detti *land poor*, che rimangono poveri, poichè insistono a serbare incolta una terra, offrendola a prezzi, che la rendono inaccessibile ai più. Non altrimenti presso S. Francisco stendesi una feracissima plaga di terreni boscosi, che dovrebbe secondo ragione venir coltivata, innanzi che si passasse a colture meno compensatrici, ma che rimane incolta, poichè il suo proprietario preferisce riserbarla ai prezzi maggiori, che potrà ottenere nell' avvenire. — Sotto l'azione di questo processo si precipita, epperò si scorge più limpidamente, quella degradazione del margine della coltura, che noi, cittadini d'Europa, ravvisiamo quale una sterile astrazione dell'economia deduttiva. Infatti, chi lascia il litorale dell'est in traccia del « margine della coltura », ove possa trovare terra libera, deve fare una lunga via per campi semi-coltivati e percorrere tratti sterminati di vergini glebe, prima di raggiungere la meta. Esso, e con lui il margine della coltura, è costretto ad una classe di terreni inferiori, perchè la speculazione monopolizza senza sfruttarli i più produttivi. E quando esso sceglie una terra, vuole appoderare a sua volta più terreno di quello che può coltivare, cosicchè i coloni successivi sen costretti ad occupare terre meno feraci di quelle, che il progresso della popolazione porterebbe (2). Per tal modo nell'Ame-

---

(1) KEUSSLER, II, I, 234-5.
(2) GEORGE, *Progr. and pov.*, 185-8, 231; MOODY, l. c., 122; BOWEN, *American*

rica il capitale riesce a conquistare le terre trattabili dal lavoro puro, ben prima che il progresso della popolazione ne renda l'occupazione necessaria (1). Non altrimenti nell'Australia. « I giornali d'Australia, così una relazione ufficiale, deplorano che Vittoria non possa produrre abbastanza alimento pel proprio consumo. Dalla estensione delle terre annualmente appoderate e, apparentemente, a scopo di coltivazione, potrebbe dedursi che non solo dovesse essere soddisfatta la richiesta nazionale di viveri, ma dovesse anche essere assicurato un soprappiù per l'esportazione. L'opposto risultato è attribuito al carattere di speculazione degli acquisti di terre, od al fatto che solo una parte delle novelle occupazioni è compiuta da coltivatori. I facoltosi si provveggono a larga mano delle terre migliori, e le lasciano incolte, attendendo l'incremento nel valor dei terreni per rivenderle poi » (2). Quanto più cresce la popolazione, tanto più si accentua l'avversione contro questi processi (3) e bentosto una voce sola si spande per tutta la colonia: sopprimere l'influenza del capitale nell'acquisto del suolo (4). Nel 1862 a ciò si provvede per legge; si stanzia un fondo di terra riservato agli acquirenti coltivatori; per ogni guisa si favoriscono le piccole proprietà; ma tutto è indarno. Quanto rapidi e giganteschi progressi compia nelle colonie l'appropriazione capitalista della terra è dimostrato dalle cifre seguenti:

---

pol. econ., N.-York, 1870, 174; WAKEFIELD, Engl. and Am., II, 289. WALKER (Land and its rent, Lond., 1883, 165-6) nega questo fenomeno, con singolare cecità di fronte ai fatti che ne attestano la esistenza, osservando che il proprietario, il quale si appropri una terra, ha sempre vantaggio a cederla per un fitto qualsiasi, non foss'altro equivalente all'imposta ed all'interesse del capitale d'acquisto. Il che sarebbe, se la sottrazione della terra alla coltura non arrecasse al proprietario un dovizioso compenso nella elevazione della rendita della terra coltivata.

(1) L'occupazione del nuovo stato di Oklahoma, dischiuso nell'aprile di quest'anno alla colonizzazione americana, ha dato luogo a scene selvaggie di appropriazione capitalista della terra. Pur di escludere da questa il lavoratore si ricorse perfino all'assassinio.

(2) Monthly rep. of Departm. of Agr. for 1878, Washington, 522-3. Nelle Indie Occidentali, per affrettare la appropriazione capitalista del terreno, si era proposto di distruggere una metà dei poderi ed assegnarli allo stato, che li avrebbe serbati incolti, escludendone i lavoratori. BURNLEY, l. c., 161-2.

(3) Australia as it is, by a clergyman, Lond., 1867, 132.

(4) FORSTER, South Australia, Lond., 1866, 120.

Nuova Galles del Sud.

Anno.	Terra appoderata e non coltivata. Acri	Terra coltivata. Acri	Proporzione della terra coltivata alla totale occupata.
1870	3.693.213 $\frac{1}{4}$	482.324 $\frac{1}{2}$	11.5 %
1879	15.903.803 $\frac{1}{2}$	613.642 $\frac{1}{4}$	3.7 %

Australia Meridionale.

Anno.	Terra coltivata.	Terra appoderata e non coltivata.	Proporzione della terra appoderata e incolta alla totale occupata.
1869-70	850.576	5.855.764	87 %
1878-79	2.011.319	27.791.780	93 % (1).

Queste cifre sono ben istruttive. Esse ci dicono che la terra occupata all'intento di sottrarla alla coltura è in progressione costante, non solo assoluta ma relativa, ossia in rapporto all'aumento complessivo delle terre appoderate. L'appropriazione capitalista della terra invade così grado grado tutte le giovani colonie e va scavando pazientemente nel seno di quella prosperità, che la terra libera assente, le condizioni e le basi della miseria europea. Prodotto della crescente popolazione, ma eccedente le esigenze di questa, anzi risultante in antitesi ad esse; prodotto della terra libera ed operante a scemarne l'ampiezza, il sistema di appropriare il terreno per lasciarlo incolto compie nelle colonie una curiosa parabola. Si manifesta in tenui proporzioni nei primordi delle colonie, quando, la terra essendo illimitata, l'appropriazione di terre incolte è priva d'ogni funzione capitalista; poi, crescente la popolazione, dirompe ed invade la terra; ma, nel proprio processo, essa divora l'alimento e la causa della stessa sua vita e, riducendo vieppiù sempre le terre libere, toglie modo a' suoi accrescimenti ulteriori, epperò, giunta ad un certo punto, viene progressivamente a scemare. — Le cifre seguenti lo dicono:

Colonie.	Anno.	Rapporto della terra appoderata, ma incolta colla totale occupata.
Australia Meridionale	1879	93 %
Tasmania	1878	92 %
N. Galles del Sud . .	1879	72 %
Stati Uniti	1870	24 %

(1) *Statistical register of Victoria*, 1875, 1877; *of Tasmania*, 1879; *of N. South Wales*, 1878; *of South Australia*, 1878; *of Queensland*, 1876; ARCHER, l. c., Append., 37.

ove si scorge che l'appropriazione delle terre incolte va scemando quanto più cresce la popolazione (1).

Questa occupazione di terre, che si sottraggono poi alla coltura, trova pure qualche esempio in Europa. Infatti il lettore, erudito nella storia britannica, ricorda senza dubbio l'eloquente orazione di sir John Hales, membro della Commissione Parlamentare contro le chiusure ed ardente difensore dei diritti de' proletari; il quale nel 1519 deplora che, di mezzo alle vaste terre comuni usurpate dai proprietari, tante rimangano abbandonate alla sterilità (2). E deplora il Necker che nella Francia, mentre la popolazione è in costante progresso, lo stesso abbandono si avveri, e che i parchi ed i giardini dei grandi sottraggano ampli tratti di terra alla produzione delle sussistenze (3). Nella China, soggiunge Mirabeau, è delitto sottrarre alla coltivazione il terreno per ridurlo a scopo di lusso; ma quanti in Francia si rendono colpevoli di siffatto delitto! (4). Frattanto gli scrittori italici del secolo scorso lamentano la vastità delle tenute sproporzionata alla scarsezza dei lavoratori (5), ed avvertono come infierisca sempre più veemente la appropriazione capitalista della terra incolta, all'esplicito intento di escluderne la gente lavoratrice. Ma l'appropriazione totale del terreno non vale ancora a sopprimere l'opzione delle popolazioni rivierasche. Ebbene nel 1750 i grandi proprietari scozzesi, avendo scoperto che il reddito della pesca distoglie le popolazioni del litorale dall'offrirsi per un salario, si impadroniscono del mare e ne fanno la loro privata proprietà (6).

Ma accanto all'appropriazione delle terre incolte, l'America e l'Europa ci presentano pur l'altro fenomeno, che vedemmo spiegarsi nelle regioni or ora studiate — l'appropriazione della terra del lavoratore. — Così nelle colonie inglesi, nella prima metà di questo secolo, infierisce la guerra contro i piccoli proprietari (7).

---

(1) *Statistical registers*, l. c.

(2) COBBETT, *Parliam. hist. of Engl.*, I, 590.

(3) NECKER, *Oeuvres*, III, 294. Cfr. SONNENFELS, *Grundsätze der Polizei*, 3ª ed. Wien, 1772, II, 127.

(4) MIRABEAU, *Ami des hommes*, 1759, I, 150-1.

(5) ADAMI, l. c., 36. Cfr. GLORIA, l. c., LXI.

(6) BLACKIE, *The scottish Highlanders*, 1885, 78. Frattanto i grandi proprietari della Germania vietano ai coloni la pesca (KNAPP, *Die Bauernbefreiung und das Ursprung der Landarbeiter*, Leipz., 1887, I, 44).

(7) « Entro certi limiti, la creazione di piccole proprietà, costituente il germe

Assai prima, sui primordi della conquista inglese, si compie in Irlanda una brutale sterrificazione dei *clan*, comunità proprietarie del terreno, e si escludono dalla proprietà territoriale tutti gl'indigeni, che son per tal modo costretti a divenir salariati degli espropriatori. — La « fame di terra » dei capitalisti britannici, le immense donazioni e le progressive confische riescono a fondare nell'isola il profitto automatico, il quale richiama in Irlanda il capitale inglese, difficilmente trionfante in patria della riluttanza del lavoratore (1). Nella Gran Brettagna noi già vedemmo i servi prematuramente e gratuitamente emancipati e divenuti proprietari, od enfiteuti liberi, essere brutalmente espropriati dai signori della terra e convertiti in proletari. Ma questa espropriazione, che per lo innanzi era apparsa soltanto come il prodotto della decrescenza nella produttività della terra, esigente una trasformazione della economia rurale, appare a questo punto sotto una luce affatto nuova e diversa, poichè si rivela come la condizione necessaria ad estorcere un profitto dai lavoratori, i quali, finchè proprietari del terreno, non avrebbero mai aderito a pagarlo (2). In tutti i paesi d'Europa l'abolizione della servitù non si compie, senza sottrarre, per vie più o meno simulate, al lavoratore quella proprietà terriera che, durante il periodo della servitù, gli spettava. Così nella Francia si ha cura di vendere ai servi la libertà, sottraendo loro l'intero peculio che son venuti accumulando, anzi obligandoli spesso a contrarre un debito verso gli antichi signori, di cui rimangono perciò dipendenti·(3); ed in seguito, mercè la taglia ed altre gravezze d'ogni maniera, si riduce sistematicamente il reddito del podere colonico, ciò che costringe il coltivatore libero a vendere una frazione della sua giornata di lavoro ai proprietari del capitale. A tale riguardo

---

di una classe media, deve produrre del bene; ma essa priva i poderi di una offerta costante di lavoro, senza la quale essi non possono essere coltivati con profitto ». *Colonial possessions* , 23, 52, 48, ecc.

(1) LECKY, *Engl. in* XVIII *cent.*, II, 106-243, ecc.

(2) « L'esperienza dimostra essere impossibile che un paese faccia progressi, finchè vi prevalgono le piccole proprietà fondiarie. Il gran numero di lavoratori, che si ha in Inghilterra, è specialmente dovuto alle grandi proprietà fondiarie, che vi furono ben presto istituite ed in conseguenza delle quali fitte schiere d'uomini sono costrette a dipendere dal loro lavoro giornaliero per la sussistenza ». SINCLAIR, *Husbandry of Scotland*, II, 54; KERR, *General view of agriculture of Berwickshire*, 2ª Ed., Lond., 1813, 104-5.

(3) LINGUET, l. c., II, 507; BAILLY, *Histoire financ. de la Fr.*, I, 87.

può osservarsi che la creazione del profitto automatico si compie in un modo tanto più diretto, quanto più forte è la classe capitalista; onde nell'Inghilterra, ove la borghesia è ben presto possente, la creazione della classe salariata si compie nel modo più reciso ed energico, mentre nella Francia, ove la borghesia è meno possente e soggiace più a lungo al predominio delle classi feudali, la creazione del salariato non può ottenersi che per una serie di processi più timidi e meno efficaci, i quali fanno sì che la sterrificazione del popolo vi sia per lungo tempo incompleta (1). È assai notevole, e tradisce assai più apertamente la natura del salariato il metodo a cui si ricorse in Italia (1250 e ss.), ove si vendette ai servi la libertà, non già (almeno di regola) contro una somma di danaro, ma contro la restituzione del poderetto, del quale, durante la servitù, essi aveano l'ereditario possesso; il che riusciva appunto ad attuare quella disgregazione del lavoratore dalla terra, che è base della economia a salariati, e creava quell'armata di proletari offerentisi per mercede, che sorse nel paese nostro prima che in ogni altro d'Europa. Ed anche quei servi, che giungevano a riscattarsi senza rimaner privi d'ogni proprietà terriera, la venivano gradatamente perdendo mercè una serie d'istituti, indirizzati a provocarne la espropriazione (2). Alla chiara ed aperta legislazione italiana fa singolare riscontro la subdola legislazione tedesca (1807, 1811), la quale lascia bensì ai servi liberati una proprietà fondiaria, ma — precisamente come vedemmo avvenir nella Russia — in così picciola quantità, da costringere pur sempre

---

(1) La dipendenza del profitto automatico dalla sterrificazione del popolo trova una dimostrazione *e contrario* nel fatto, che nella Francia, ove è più a lungo diffusa la piccola proprietà della terra, si ha una maggior prevalenza della piccola industria, escludente il profitto; ed infatti nel 1855 si aveano:

	In Francia	In Inghilterra
Numero delle imprese industriali	12.986	4.330
Numero delle persone in esse impiegate .	706.450	596.082
Numero medio di operai per ogni impresa	54	137
Numero medio di fusi per ogni operaio .	7	43

Vedi REDGRAVE, nei *Rep. Fact.*, ottobre 1855, 67; e DUPIN, *Forces productives*, I, 276-8. — Tuttavia questi fatti, che si riferiscono ad un periodo passato, non si riscontrano più nell'epoca nostra, in cui la piccola proprietà fondiaria va, dalla Francia, sparendo.

(2) RUMOHR, *Ursprung der Besitzlosigkeit der Colonen in neueren Toscana*, Hamburg, 1830, 116 e ss.

i coloni a vendersi per una parte della giornata al capitalista e gravandola di un canone così enorme, che prepara la inevitabile espropriazione dei contadini proprietari. Quindi il risultato delle leggi di svincolo tedesche è che una gran parte dei piccoli poderi, da esse precariamente creati, scompare, e che una turba anonima di salariati forma bentosto il piedestallo vivente dell' economia capitalista (1). Al tempo stesso i proprietari polacchi, insorgenti per la emancipazione dei loro contadini, scrivono sul loro vessillo : Ai coloni la libertà, ma a noi soli `la terra! (2).

La storia economica d'America e di Europa offre pertanto qualche riscontro a quell'appropriazione capitalista del terreno, che ha fondato il profitto automatico nella Nuova Zelanda, nella Russia e nell'India. Tuttavia dee riconoscersi che nell'Europa e in America l'azione diretta del capitale ad appropriazione della terra occupabile, o di quella del lavoratore, non riveste che una forma frammentaria, nè ha una importanza decisiva nella formazione del profitto automatico; nella quale campeggia, come influenza quasi esclusiva, quella cessazione naturale della terra occupabile, che fu da noi delineata nel capitolo precedente. Ma come lo studio degli organi completi di alcune specie animali dà immediata ragione degli organi rudimentali che in altre si avvertono, così la creazione del profitto mercè l'appropriazione esclusiva della terra, che si manifesta in una forma tipica nei paesi ora studiati, gitta una luce improvvisa sul processo, onde eruppe il profitto automatico nell'America e nell'Europa, e dimostra che a base di quel fenomeno, apparentemente derivante da una causa fatale, sta nella realtà una causa sistematica e umana. Infatti nella Nuova Zelanda, ove l'appropriazione capitalista della terra si compie nel momento stesso, in cui essa diviene esclusiva di fronte al lavoro, appare immediatamente la dipendenza del profitto automatico da quel processo usurpatore. Ma osservando, anzichè una regione limitata, l'intero mondo abitabile, si trova che vi ha un periodo di più millennj, in cui la appropriazione del terreno non può essere esclusiva, e in cui perciò il lavoratore

(1) Hoffmann, *Geld*, 182. Lette, l. c., 99, 35, 45, 187; Jäger, *Agrarfrage*, II, 45-8; Meitzen, l. c., I, 509, e specialmente Knapp, *Die Bauernbefreiung*, I, 138, 147, 170, 206, 283; libro che è tutta una dimostrazione della dipendenza del salario dalla sterrificazione del popolo.

(2) Knapp, l. c., I, 206.

non può essere escluso dalla terra, o il profitto essere fondato, che mediante la servitù. Se (come avviene nell' India e nella Russia) la servitù è incompleta, o cessa prima del momento in cui è possibile la proprietà esclusiva della terra, questa non può, quando il momento giunge, formarsi, che mediante la appropriazione della terra del lavoratore e della terra inoccupata, ossia mediante un processo violento, che la tradisce tosto come la base del profitto automatico. Se invece (come avviene in Europa e in America) la servitù prosegue fino al momento, in cui la proprietà fondiaria esclusiva diviene possibile, ad assicurare la formazione di questa basta liberare i servi senza lasciar loro alcuna parte della terra, che essi possedevano e di cui, del resto, non potevano considerarsi proprietari in ragione appunto della loro condizione servile. Perciò in queste condizioni l'appropriazione capitalista della terra si compie per un lungo periodo, senza essere esclusiva di fronte al lavoratore e senza generare per sè stessa alcun rapporto economico, onde l'osservatore si avvezza a considerarla come un postulato, od a prescindere dalla sua esistenza ed azione; mentre il momento, in cui la proprietà fondiaria diviene esclusiva, vi è segnalato non già da un processo violento compiuto dal capitale, ma al contrario dalla munificenza della classe capitalista, che accorda al lavoratore la libertà. Dunque non vi ha nulla che, in queste condizioni, riveli la appropriazione esclusiva della terra come un processo violento inteso a formare il profitto automatico; il momento appropriativo, che è pur tanta parte nella genesi di quello, rimane completamente nell'ombra; e perciò quando la terra occupabile viene, pel progresso della popolazione, a cessare, l'osservatore attribuisce a questo fatto la causa del profitto automatico, che a questo punto dirompe, senza avvertire che l'aumento della popolazione è bensì la condizione acchè la appropriazione della terra divenga esclusiva e generi il profitto automatico, ma non varrebbe per sè a produrre questo profitto, ove non fosse la precedente appropriazione della terra da parte del capitale. L'aumento della popolazione fa che, ad un certo punto, sia impossibile appropriare una terra, *rispettando la proprietà acquisita*, ma non toglie però che sia possibile occupare una terra, quando quella proprietà non esista, o quando, esistendo, si infranga. Dunque è solo in quanto la appropriazione individuale della terra persista, anche dopo che diviene esclusiva, è solo in queste condizioni che l'aumento della popolazione determina la cessazione delle terre occupabili e priva dell'opzione il lavoratore. Dunque se i fatti esaminati nel Capitolo precedente ci mostrarono che il profitto è il prodotto della cessazione delle terre occupabili, i fatti or ora narrati ci mostrano che questa cessazione esige bensì, per manifestarsi, un certo grado di densità della popolazione, ma trova la propria causa in un fatto di ben diverso carattere, la proprietà esclusiva della terra ; essi, in altre parole, ci mostrano che la cessazione della terra libera non è già una incolpevole sventura, ma· è l'opera di un delitto.

Che se poi si domandi per qual modo i proprietari del terreno riescano a conservare questa proprietà successivamente all'istante, in cui essa diviene esclusiva di fronte al lavoratore, come mai il maggior numero si lasci per tal guisa e senza ribellione espropriare dai pochi, risponde la storia che questi pochi posseggono l'intelligenza, prodotto di una ricchezza redata, mentre i più, degenerati da un secolare servaggio, ignorano perfino il carattere del processo, di cui sono vittima ; ma specialmente poi che quei pochi dispongono di una armata formidabile di lavoratori improduttivi, ad essi trasmessa dalle forme economiche anteriori e che ora si indirizza compatta ad assicurare la soggezione del lavoratore al nuovo sistema sociale. Il cliente romano, il leudo, o prete, o giurista feudale divengono ora il giurista, il prete, l'impiegato, il precettore, il militare, il cliente della classe salariante, ed assicurano alla proprietà un presidio ·imponente contro le reazioni del lavoratore. Ed il nostro rapido cenno della formazione del profitto automatico ci ha appreso più volte di qual valido ausilio sian generosi verso il capitale questi clienti, i quali riescono a conciliare il salariato colla proprietà esclusiva della terra, come già i clienti delle forme sociali anteriori riuscirono a ·conciliare colla proprietà esclusiva dell'uomo il lavoratore d'altri secoli (1).

---

(1) La forma, che assume il lavoro improduttivo nelle varie età economiche, risponde esattamente alla forma assunta da quella soppressione della terra libera, che esso deve difendere dalla reazione dei lavoratori produttivi. Così nel periodo della schiavitù il lavoro improduttivo è *militare*, in quello della servitù è *ecclesiastico*, in quello della proprietà fondiaria esclusiva è *giuridico*. Generalmente poi la forma di lavoro produttivo predominante in un'epoca lotta contro le altre forme, che rappresentano un detrito delle fasi economiche estinte.

Ma nella società, come nella natura, l'eternità della forma è una *contradictio in adjecto*. Questo organismo economico, così fondato sulla proprietà esclusiva della terra e sulla acquiescenza del lavoratore alla stessa, non è, per quanto di struttura saldissima, immortale. — La rendita di monopolio, che la stessa proprietà esclusiva del terreno produce, genera, come vedemmo, una depressione del profitto, di cui la depressione industriale è il sintomo più appariscente, e con ciò rende sempre più intollerabile la forma attuale di economia. — Al tempo stesso la decrescenza del profitto influisce a spezzare l'alleanza fra il capitale ed il lavoro improduttivo, che sulla partecipazione di questo al profitto è fondata. I lavoratori improduttivi, già alleati del capitale, si alleano sempre più strettamente al lavoro e, come prodotto di questa coalizione fra l'intelligenza ed il lavoro, si diffonde per le torme salariate la coscienza dello sviluppo economico e della sua caùsa generatrice. Del sorger di questa coscienza già si manifestano i prodromi. Infatti « mentre nell'Inghilterra i proprietari e i fittajoli si pongono il problema, come avvincere il lavoratore alla terra, gli operai si pongono il problema, come avvincere la terra al lavoro ed invocano ad alte voci l'accessibilità della terra al lavoratore » (1). E mentre nella grande repubblica americana trova fervidi e crescenti seguaci il pensiero di rendere libera a tutti la proprietà fondiaria (2), nei più colti paesi d'Europa gli operai, in luogo di lottare per una elevazione del salario, che è impossibile, dato il saggio attuale del profitto, combattono per la conquista della proprietà territoriale, per la soppressione del monopolio della terra. — Così la appropriazione esclusiva della terra, base del profitto, provocando la decrescenza del profitto, minaccia per varie guise la possibilità stessa del reddito capitalista e ne prepara la soppressione. Il giorno, in cui la proprietà del terreno diviene esclusiva, segna l'origine del profitto automatico; ma quel giorno stesso, ponendo il germe della rendita di monopolio, segna l'origine della influenza, che sospinge a ritroso i fati dell'economia capitalista;

> *Sed retro tua fata tulit par omnibus annis*
> *Emathiae funesta dies* . . . .

---

(1) Kabluckoff, l. c., 299.
(2) Philipps, l. c., 411.

§ 2. — La legge generale della evoluzione economica.

Nella storia dell'umanità, il metodo di misura delle cose percorre tre massimi stadi. La prima misura delle cose l'uomo la trova in sè stesso, o nelle proprie membra, o nelle proprie azioni ; ed alla dottrina che misura delle cose sia l'uomo, dottrina che Protagora ha annunziata pel primo, ma che ebbe sostenitori assai prossimi a noi, p. es. il Galiani, risposero le misure dei primi tempi, che raffrontavano le cose ad una unità tolta al *corpo*, od all'*azione* dell'uomo medesimo. Ricordinsi il *piede*, il *pollice*, il *cubito*, misure antichissime ; il *dito*, la *palma*, i *12 diti*, il *gomito*, i *6 gomiti*, misure usate dagli Ebrei ; ricordinsi le misure latine, come il *jurnalis*; le tedesche, il *tagwerk*, il *mannwerk*, corrispondenti alla quantità di terra coltivabile da un uomo in un giorno ; il *tàglo* russo, che è l'estensione di terra coltivabile in un giorno dal lavoro del marito e della moglie, ecc. In un secondo stadio, l'uomo misura le cose, non più dall'azione propria, ma da quella degli stromenti che esso ha costrutti ; ed a questo periodo rannodasi l'*aratro* o *soca,* misura della terra che predomina nel medio evo, il *jugerum*, l'*ara* (probabilmente il terreno che si può arare in un giorno), la *zappa*, misura delle terre slave nei primi secoli dopo il mille, ecc. (1). — Ma in un terzo ed ultimo stadio la misura delle cose non è l'uomo, nè lo stromento di produzione, bensì la cosa ; e l'uomo misura la cosa colla cosa, l'oggetto coll'oggetto. Questo periodo trova infatti la misura tipica nel metro, il quale non è appunto che una frazione del meridiano terrestre, ossia del globo, ossia di quella congerie stessa delle cose, che esso dee misurare. Si rivela così nella storia della misura delle cose un processo di oggettivazione, di transizione dall'io al non-io, dall'elemento subbiettivo ed umano all'elemento oggettivo e materiale.

Una coincidenza veramente meravigliosa, è che questo medesimo processo si osservi in quel grande metodo di misura delle

---

(1) Salvador, *Histoire des institutions de Moise,* Paris, 1862, I, 299; Grimm, l. c., 76, 86-7, ecc. ; Mommsen , *Röm. Gesch.*, I , 195 ; Hanssen , *Agrarwesen der Vorzeit,* 90, 105; Campbell, *Modern India*, Lond., 1852, 87; Roscher, III, 462-4; Keussler. II, i, 304.

cose, che è la scienza sociale. È noto infatti che l'uomo incomincia dal contemplare i fenomeni sociali come l'emanazione della sua volontà, o del capriccio individuale, e ravvisa qual causa del movimento storico umano se stesso, le sue passioni, le sue costumanze, il suo genio. Dappoi questo concetto si perfeziona e causa del progresso umano si proclama l'intelligenza, che trascina nel proprio sviluppo lo sviluppo sociale. Ma questo concetto non regge all'esame spregiudicato delle cose. Perocchè si scorge bentosto che lo sviluppo intellettuale, lunge dall'essere la causa dello sviluppo sociale, ne è il risultato, che i fenomeni dell'idea si producono come contraccolpo e riflesso dei fenomeni della società, e che la mente nostra non è generatrice, ma figlia del movimento reale, che la percote d'ogni parte (1). Allora sorge il concetto, che non più la mente umana nella sua universalità, ma la sua esplicazione tec-

_____

(1) Buckle, il quale del resto non comprese punto l'importanza ed il carattere della evoluzione economica (come dimostrano le sue considerazioni sulla distruzione dei coltivatori indipendenti in Inghilterra. *Hist. de la Civilis.*, II, 317) si trova condotto dal suo principio, che deriva la evoluzione economica da quella dell'intelligenza, alla necessità di ammettere che ogni aumento nella miseria sia preceduto da un peggioramento delle condizioni intellettuali (III, 55 e ss.). Il che, come ognun sa, è contraddetto dall'intera storia umana. — Del rimanente è notevole che il Buckle stesso rinnega il suo concetto sintetico sul finire della sua grande opera. « Chi dubita, egli dice, che una delle cause del trionfo della filosofia di Bacone non fosse lo sviluppo delle classi industriali, di cui le consuetudini, temprate agli affari e metodiche, sono eminentemente favorevoli alle osservazioni empiriche sui fenomeni dell'economia politica, poichè dalla giustezza di queste osservazioni dipende il successo di tutti gli affari privati? Certo noi vediamo che la demolizione della scolastica puramente deduttiva del medio evo fu ovunque accompagnata dall'estensione del commercio (l. c., V, 335) ». Invero non potrebbesi più chiaramente affermare la dipendenza dei fenomeni del pensiero dai fenomeni della società. Uno scrittore inglese, posteriore al Buckle, nota con maggiore coerenza; « È impossibile di costrurre una ferrovia, senza creare una influenza intellettuale. È probabile che Watt e Stephenson modificarono le opinioni dell'umanità almeno così profondamente quanto Lutero e Voltaire » (LECKY, *History of rationalism*, Lond., 1870, Introd. IX). Udiamo ancora Lange: « Ben lungi che debba attribuirsi ad Hobbes la metamorfosi così originale ed esemplare dell'Inghilterra moderna, è dall'insieme della sua situazione storica e materiale che è d'uopo far derivare la filosofia di Hobbes e la modificazione, che si compiva più tardi nel carattere nazionale » (*Hist. du Matérialisme*, Paris, 1877-9, I, 268). Vedi anche JONES, *Literary Remains*, 410-11. St. Mill, nel suo consueto eccletismo, è d'avviso che lo stato diverso delle umane cognizioni nei vari popoli sia tanto l'effetto, quanto la causa dello stato della produzione e della ineguale distribuzione della ricchezza (*Princ.* I, 23).

nica, ovvero lo stromento di produzione, sia la causa del movimento storico umano e che le grandi metamorfosi sociali non siano che il prodotto delle metamorfosi nello stromento produttivo. È l'*aratro* medievale che sostituisce il *cubito* greco-romano; è la proiezione dell'attività umana sulle cose, che prende il posto di quella stessa attività nella funzione misuratrice delle cose (1). Ma come l'aratro medievale fe' luogo al metro della culta Europa, così l'idea, che ripone la sintesi della storia nello stromento produttivo, cede al concetto che quella sintesi in null'altro sia riposta che nella stessa natura. Si scorge infatti bentosto che, a parità di condizioni dello stromento produttivo, si ha la maggior disparità nelle condizioni sociali; si nota dappoi che le manifestazioni tecniche dell'intelletto non si differenziano dall'altre sue manifestazioni, nè sono meno di queste il prodotto del processo dei fenomeni; si avverte cioè che la genesi stessa dello stromento produttivo ha radice nella resistenza, che la natura fisica oppone al lavoro umano (2), come la applicabilità dello stromento produttivo è subordinata alle condizioni del campo d'impiego, della terra; e si scopre pertanto che lo sviluppo tecnico, lunge dall'essere

(1) Il concetto, che rannoda l'evoluzione economica a quella dello stromento produttivo, sviluppato sistematicamente dai socialisti (Fourier, Marx, Engels), è comune ad una serie numerosa di scrittori; a cominciare da KEMBLE (I, 55), che ravvisa l'acqua come la chiave della storia d'Oriente (per l'influenza delle opere di irrigazione su quella civiltà) e della civilizzazione araba in Ispagna (per l'influenza delle opere di canalizzazione), fino agli odierni economisti della Turchia. « Perchè mai, chiede il Presidente di una Commissione esistente nominalmente a Costantinopoli per concedere licenze di opere pubbliche, dovremo noi concedere la costruzione di una ferrovia? Finchè noi viaggiammo sui cammelli e sui cavalli fummo forti. Se noi avessimo tenuto lontane quelle invenzioni diaboliche, saremmo forti ancora » (*Turkey falling to pieces*, Daily News, 13 gennaio 1885). Del resto in questa doglianza turca vi ha un fondo di vero; poichè se gli organi individuali di locomozione hanno assai scarsa influenza sullo sviluppo psichico dell'individuo, gli organi sociali di locomozione hanno una potente influenza sullo sviluppo della società.

(2) Dalle interessanti ricerche di NOIRÉ (*Werkzeug*, 22, 61, 133, ecc.) sulla origine dello stromento produttivo, appare quale profonda influenza questo abbia esercitato sullo sviluppo del pensiero, anzi come esso abbia generato la stessa coscienza, generando quella modificazione delle cose per opera dell'uomo, che forma appunto la condizione e il substrato del pensiero consciente. Ora poichè la invenzione stessa dello stromento di produzione è dovuta alla resistenza della natura, così si presente quale immensa influenza eserciti quella nel processo di formazione della coscienza.

una causa prima, è provocato dalla influenza tiranna della materia, e ne segue docilmente i progressi. Allora si giunge all'ultimo stadio nella concezione della sintesi umana e brilla la teoria luminosa, che la storia umana è un fenomeno della natura; allora si rivela per la prima volta quell'inconscio misterioso e potente, che si asconde nel cavo dei fenomeni sociali e ne è l'anima ignota; allora finalmente si comprende che a base della evoluzione sociale si cela ed impera, regina ignorata, la terra. La natura, avea già detto Eraclito, ama di ascondersi. *Natura se obducere atque abscondere amat* (1).

Infatti l'analisi della evoluzione economica, quale fu condotta nelle pagine precedenti, dimostra che la struttura delle varie forme economiche, le loro leggi organiche, la loro successione necessaria, non sono che il risultato di una serie di gradi decrescenti nella produttività della terra, determinati a lor volta dall'aumento incessante della popolazione. — Nelle condizioni iniziali della economia, in cui la terra ha il grado massimo di produttività, la associazione di lavoro non si istituisce spontaneamente, poichè il produttore preferisce il lavoro dissociato, che gli accorda la piena indipendenza, al lavoro associato, che funziona a

---

(1) LASSALLE, *Philosophie der Herakleitos des Dunkeln*, Berl., 1858, 24. Il primo a divinare questo concetto sintetico è Ferguson: « Il progresso dell'incivilimento, egli dice, è un incremento di forza all'intera società; dunque non può mai essere il progresso dell'incivilimento la causa, la quale, nel processo della storia, adduce le nazioni a ruina. Questa causa dee dunque trovarsi fuori dell'incivilimento e quindi dell'uomo, che ne è l'immediato soggetto; epperò quando alcuni stati si arrestano nel loro progresso, o incominciano a decadere, noi possiam sospettare che essi abbiano trovato un limite, oltre il quale più non posson procedere. E questo limite si incontra appunto dalle nazioni in quel momento, nel quale lo spazio vien meno alla popolazione. È probabile anzi che nessuna nazione abbia raggiunto quel limite, o sia stata incapace a differirne gl'influssi, prima che il suo fondo di materie greggie, o la fertilità delle sue terre, venissero ad esaurirsi » (*History of civ. soc.*, Basil., 1789, 352). « Nella storia dell'umanità soggiunge Wakefield, la decadenza degl'imperi fu sempre il prodotto dell'eccesso di due fattori della produzione, il capitale e il lavoro, sul terzo fattore, la terra » (*Engl. and Am.*, I, 134). Ma già G. R. Carli avvertiva: « La diseguaglianza dei beni non è tanto proporzionata alle circostanze politiche e morali di una nazione, quanto alle circostanze fisiche e locali di quella, giacchè quelle si subordinano e si piegano a poco a poco a queste;.... a misura che il rapporto del prodotto allo spazio produttore è diverso, si va graduando proporzionalmente la diversa ampiezza delle fortune degl'individui d'una nazione » (*Note a Verri*, Custodi P. M., 64).

vincolarla; e poichè la stessa produttività elevata del terreno fa che la associazione di lavoro non sia necessaria all'economia collettiva, così, in queste condizioni di produttività agraria illimitata, il lavoro umano è necessariamente dissociato. Ma questo lavoro libero e dissociato, se esclude la possibilità di un reddito capitalista, esclude al tempo stesso la possibilità di una produzione razionale ed efficace ed infligge alla impresa economica dei limiti poderosi e crescenti, i quali si rendono sensibili appena è esaurita la serie dei progressi tecnici, di cui quella forma economica è suscettiva, e divengono intollerabili, quando la popolazione addensantesi rende necessaria la coltura di terre meno compensatrici. — Perciò appena, col crescere della popolazione, si ha una prima decrescenza nella produttività della terra, l'associazione di lavoro diviene condizione necessaria allo sviluppo dell'economia e della produzione. Ma poichè la produttività della terra è ancora abbastanza elevata da escludere la possibilità della associazione di lavoro spontanea, così è d'uopo che quella si istituisca in modo coattivo, ossia che una classe d'uomini associ colla forza il lavoro dei rimanenti. Il profitto, che si può estorcere dai lavoratori così forzosamente associati, forma l'incentivo immediato, che induce una parte della popolazione ad associare forzosamente il lavoro dell'altra, ossia costituisce l'impulso individuale, che assicura l'incremento di produzione imposto dalla economia collettiva. Ma l'associazione coattiva non può ottenersi che impedendo al lavoratore di trasferirsi sopra una terra inoccupata, ossia ricorrendo alla violenta soppressione della terra libera, che dev'essere poi garantita contro le reazioni dei lavoratori mercè il presidio di un certo numero di clienti e di ligi; e perciò il risultato necessario della prima decrescenza nella produttività del terreno è la soppressione della terra libera, la quale, producendo l'associazione coattiva di lavoro ed il profitto, genera un organismo sociale affatto nuovo, e costituisce una prima e memorabile fase della evoluzione economica. Se non che a questa prima evoluzione succede immediatamente un processo nei metodi stessi di soppressione della terra libera, determinato dalla decrescenza ulteriore nella produttività della terra. Infatti la soppressione della terra libera esercita una duplice ed opposta influenza sulla produzione, poichè, mentre assicura un incremento di prodotto di fronte a quello ottenibile col lavoro dissociato, funziona come un limite della produzione in virtù del suo carattere vincolatore e come un limite tanto più potente quanto più è rigoroso il processo, con cui quella soppressione è conseguita. Ora, quando la produttività della terra incolta è elevata, la soppressione della terra libera non può ottenersi che mediante un metodo sommamente rigoroso e perciò limitante al massimo la produttività del lavoro; metodo il quale riesce tollerabile, solo perchè la produttività elevatissima della terra coltivata rende meno sensibili i limiti ond'esso inceppa la produzione. Ma questo limite potente della produzione diviene intollerabile appena l'aumento della popolazione determina il passaggio ad un grado inferiore di produttività della terra, e perciò a questo punto è necessario di distruggere il metodo esistente di soppressione della terra libera e di sostituirlo con altro, che assicuri al lavoro una maggiore produttività; in altre parole è necessario iniziare un processo di decomposizione e ricomposizione sociale. Come la necessità sociale di distruggere la primitiva economia disgregata trovava nel desiderio di percepire un profitto lo stromento immediato, che ne assicurava la soddisfazione, così la necessità sociale di distruggere la forma esistente di associazione coattiva trova il proprio stromento nel desiderio del capitalista di reagire contro la depressione e l'annullamento del profitto, che risulta dai limiti crescenti imposti alla produzione dal metodo esistente di soppressione della terra libera. Infatti l'annullamento del profitto, o induce direttamente il capitalista a mutare la forma economica vigente, o, se egli non sa o può compiere tal mutazione, distrugge la sua impresa e la forma di produzione dominante, o infine, se egli tenta reagire scemando il reddito del lavoro improduttivo necessario a garantire la soppressione della terra libera, priva quella del presidio necessario e ne determina la impossibilità. Certo, oltre che distruggere la forma economica vigente, d'uopo è di sostituirla con altra più produttiva. Ma lo stesso aumento della popolazione, che, provocando il nuovo grado della produttività della terra, ha posto il problema, svolge i mezzi della sua soluzione, poichè, la decrescenza nella produttività della terra incolta rende possibile un metodo più mite, e perciò meno vincolante, di soppressione della terra libera, quindi una forma economica più produttiva. Per tal modo il grado di produttività dell'associazione coattiva di lavoro, necessario ad integrare il grado di produttività della terra coltivata, si ottiene meccanicamente col metodo di soppressione della terra libera, determinato dal grado corrispondente di produttività della terra incolta. Questo equilibrio meccanico cessa però nel momento, in cui si è raggiunto un modo di soppressione della terra libera, che assicura il massimo prodotto ottenibile dal lavoro coattivamente associato, poichè appena una nuova decrescenza nella produttività della terra rende necessaria una forma economica più produttiva, è impossibile trovare alcun metodo di associazione coattiva di lavoro, che presenti una maggiore produttività. Perciò a questo punto la associazione coattiva di lavoro, o la soppressione della terra libera che ne forma il substrato, dev'essere infranta, perchè inadeguata ad assicurare una produzione sufficiente; e sulla base della terra libera ristaurata deve istituirsi la associazione di lavoro spontanea, la quale diviene appunto ora possibile, poichè la attenuazione stessa nella produttività della terra fa cessare la causa, che l'aveva esclusa nei precedenti periodi dell'economia. L'associazione libera di lavoro, che per tal modo si forma, sopprime poi ad un tratto tutti quei limiti, che l'associazione coattiva imponeva alla produttività del lavoro umano, e porge alla efficacia tecnica di quello un impulso vigoroso, che neutralizza ogni influenza del limite crescente della natura; onde la legge della produttività decrescente, già così poderosa in seno all'economia dissociata ed alle varie forme di soppressione della terra libera, si ecclissa o si adima sotto l'azione di una forma sociale superiore.

A grandi tratti ed a prescindere dalle innumerevoli suddistinzioni, l'incremento della popolazione ha generato quattro stadi decrescenti della produttività della terra, ai quali corrispondono altrettante forme progressive della costituzione sociale. In un primo periodo(1), in cui è massima la produttività della terra, la forma economica dominante è la *economia dei produttori di capitale dissociati*, di cui la istituzione dell'associazione propria coattiva attenua bensì le influenze disgregatrici ed i danni, ma non senza arrecar vincoli e limiti potenti alla produzione. In un periodo suc-

---

(1) Qui naturalmente si prescinde da quel periodo primitivo, in cui l'abbondanza dell'alimento gratuito esclude la necessità della produzione. La inesistenza della produzione implica la inesistenza di rapporti economici e con essi della storia, che ne è la emanazione e svolge in quella vece i rapporti di famiglia, i quali, organizzati a base materna, assumono una complicazione, non più raggiunta dappoi. Cfr. MORGAN, l. c.

cessivo si manifesta una prima decrescenza nella produttività della terra ed impone di istituire una forma più efficace di associazione di lavoro coattiva, mediante la soppressione della terra libera, soppressione la quale, a cagione della elevata produttività e prossimità della terra incolta, che rende facile il trasferirsi su questa, non può ottenersi che con un metodo estremamente rigoroso, ossia colla *schiavitù*. L'organismo economico, che sulla base di questa viene a foggiarsi, presenta i seguenti caratteri : Il difetto di versatilità e la riluttanza del lavoro schiavo limitano la produzione, ne inceppano le espansioni, elevano le spese di sorveglianza. La schiavitù implica una disgregazione costante fra il capitalista e la funzione accumulatrice, onde un'accumulazione automatica e per ciò stesso limitata. L'inesistenza di una concorrenza fra i lavoratori assicura una prevalenza invincibile alla grande industria, mentre l'assenza d'una concorrenza fra i capitalisti sommette il valore alla legge della domanda ed offerta. L'incremento della popolazione lavoratrice è limitato dal regime di ferro e di sangue, a cui essa è assoggettata ; il che inceppa la produzione ed esige la formazione di una classe di cacciatori ed allevatori di schiavi, che si appropriano la miglior parte del profitto. Infine la persistenza della schiavitù richiede una distribuzione ulteriore del profitto fra il capitalista ed i clienti, che formano il presidio del capitale contro la resistenza dei lavoratori. Ora tutti questi fenomeni costituiscono altrettanti limiti poderosi e crescenti della produzione, i quali divengono intollerabili appena l'incremento incessante della popolazione genera un grado inferiore della produttività della terra ; e perciò a questo punto è necessario distruggere l'economia a schiavi e sostituirla con un metodo più produttivo di soppressione della terra libera. La distruzione di quella forma economica si compie pel processo stesso de' suoi limiti immanenti, i quali, giunti ad una certa tensione, annullano il profitto e dissolvono l'azienda del capitalista ; mentre, se il capitale cerca reagire contro l'evanescenza del profitto riducendo il compenso del lavoro improduttivo, questo si coalizza agli schiavi lavoratori e determina, colla loro insurrezione contro i proprietari, l'abbandono della produzione. Al tempo stesso il nuovo ed inferior grado di produttività del terreno, rendendo meno facilmente accessibili e dissodabili le terre incolte, consente di istituire un metodo più mite, e per ciò stesso più produttivo, di soppressione della terra libera e per tal modo accanto all'impossibilità sociale ed individuale della schiavitù, sorge la possibilità di una forma economica più produttiva, il *servaggio*. La nuova forma economica non differisce sostanzialmente da quella che l'ha preceduta, da cui si distingue soltanto perchè acconsente all'operaio una maggior parte nel prodotto, mentre compensa il proprietario della perdita mediante la consolidazione della sovranità colla proprietà e mediante la diminuzione nel numero di clienti e di ligi necessario ad assicurare la soggezione del lavoratore. I limiti, che la servitù infligge alla produzione, divengono dapprima intollerabili nella industria manifattrice, nella quale perciò si formano bentosto dei nuclei di lavoratori indipendenti, i quali istituiscono una associazione mista coattiva mercè le corporazioni di mestiere. Ma crescendo ancora la popolazione e sorgendo un grado inferiore della produttività della terra, la servitù diviene impossibile anche nella industria rurale e necessaria è la sua distruzione; e la stessa decrescenza nella produttività della terra, facendo che le terre incolte siano omai intrattabili dal lavoro puro, rende possibile un metodo più mite e più produttivo di soppressione della terra libera, la quale può ora ottenersi, senza alcuna appropriazione dell'uomo, pel semplice fatto dell'appropriazione esclusiva del terreno. Per tal modo si istituisce una associazione coattiva di lavoro giuridicamente libero, fondata sull'appropriazione esclusiva della terra ed alla economia servile succede l'*economia a salariati*. Il nuovo metodo di soppressione della terra libera esige, al pari dei precedenti, un presidio di lavoratori improduttivi, che prevenga le reazioni degli esclusi dalla terra; ma si differenzia spiccatamente da quelli che l'han preceduto, poichè, generando la libertà del lavoratore, spezza i vincoli, che la appropriazione dell'uomo imponeva allo sviluppo tecnico, alla accumulazione, alla concorrenza ed alla popolazione, che ora assumono un incremento irrefrenato; poichè, mediante l'azione della concorrenza illimitata, genera una formazione nuova del valore, che si determina in ragione del lavoro complesso; poichè infine racchiude in sè stesso un agitato sviluppo dalla fase sistematica all'automatica. Infatti finchè la produttività della terra è elevata ed esistono terre incolte trattabili con un tenue capitale, la persistenza del profitto deve ottenersi mercè una riduzione sistematica del salario al minimo, la quale si raggiunge cristallizzando una parte del capitale sotto forma improduttiva e creando un eccesso sistematico di popolazione. Ma degra-

dando ancora la produttività del terreno, la persistenza del salario
al minimo diviene automatica, mentre, procedendo la occupazione
della terra e divenendo essa totale, la persistenza del profitto
si fa indipendente dalla depressione del salario ; onde a questo
punto cessa la ragione all'impiego di capitale improduttivo col-
l'intento di ridurre il salario. Al tempo stesso però la decrescenza
nel saggio del profitto rallenta l'accumulazione produttiva ; e ciò
per una parte provoca la formazione di un capitale improduttivo
automatico, che, degenerando bentosto in capitale distruttivo, si
frantuma e dissolve nelle crisi commerciali ; per altra parte, ed
in connessione coll'incremento irresistibile della popolazione povera
dovuto alle influenze del salario sulla procreazione, genera un
fenomeno che non ha precedenti nella evoluzione economica ,
l'eccesso di popolazione automatico. Pertanto, se nelle forme
economiche anteriori la soppressione della terra libera si ottiene
sistematicamente, coll'asservimento del *lavoro;* se nella prima
fase del salariato essa deve assicurare la propria persistenza con
una riduzione sistematica della mercede , ossia con una azione
sul *capitale;* nella seconda fase del salariato essa esiste e persiste
automaticamente, in virtù della semplice appropriazione esclusiva
della *terra* (1). Ma la stessa appropriazione esclusiva della terra,
che è, a questo punto, la base della associazione coattiva del
lavoro, ne limita la produttività, poichè, generando la rendita
di monopolio, funziona come un vincolo poderoso e crescente della
produzione. Ora, appena si procede ad un grado inferiore della
produttività della terra, questi limiti della produzione divengono
intollerabili e si impone tirannicamente la necessità di istituire un
modo più efficace di produzione. E poichè non vi ha alcuna forma
di associazione coattiva di lavoro, che presenti una produttività superiore a quella della forma attuale, così è d'uopo iniziare un'associazione di lavoro libero, della quale si hanno già notevoli, benchè
frammentarie, manifestazioni, e di cui la istituzione universale di-

---

(1) A tale riguardo è spiccatissima l'analogia fra la evoluzione del profitto e
quella dei metodi di produzione. Così, p. es., fino al secolo XVIII tutte le operazioni della filatura sono compiute dalla mano dell'uomo; nella *mule jenny* di
Hargreaves la prima operazione è automatica, ma le successive son compiute
dalla mano dell'uomo; un numero anche minore di operazioni spetta al lavoro
manuale in seguito all'invenzione del filatoio semi-automatico; mentre nel filatoio automatico la produzione è tutta compiuta automaticamente.

viene ora possibile, appunto perchè non s'ha più quella produttività elevata della terra, che la rendeva inattuabile nelle epoche anteriori. — Perciò a questo punto è mestieri abbandonare la soppressione della terra libera, base della associazione coattiva, ed istituire la proprietà libera della terra, base dell'associazione libera di lavoro. Questa sostituzione si deve compiere meccanicamente, per il processo stesso dei limiti imposti alla produzione ed al profitto dalla proprietà esclusiva del terreno. Infatti, procedendo la decrescenza nel saggio del profitto, giunge il momento in cui questo scende al disotto del minimo necessario alla accumulazione produttiva, la quale pertanto diviene impossibile. Contro la depressione dei profitti sotto il minimo il capitalista tenta reagire con una serie di metodi patologici, i quali si risolvono in una distruzione lenta e progressiva del capitale e generano un fenomeno dapprima inaudito nella economia delle nazioni — la depressione industriale, la persistente e cronica impotenza della produzione; finchè, all'estremo lembo della distruzione progressiva del capitale, si avvera la cessazione stessa della produzione, la dissoluzione dell'economia capitalista, la quale, staccandosi dalla terra, rende questa accessibile al lavoratore. Se non che prima ancora che questo processo si compia, il capitale, a reagire contro la insufficienza o l'annullamento del profitto, recide il compenso dei lavoratori improduttivi; ciò che stacca questi dalla funzione di presidio della proprietà esclusiva del terreno, ed alleandoli alle vittime di quella, rende inevitabile la sua distruzione e l'istituzione cosciente della proprietà libera della terra, base della associazione libera di lavoro. Di qui l'ultima e più adeguata forma della evoluzione sociale, forma in cui la concorrenza e libertà illimitata della economia capitalista si disposa alla accumulazione limitata delle forme economiche anteriori; in cui il valore è determinato dal lavoro effettivo ed il prodotto si distribuisce fra i produttori, in ragione della quantità di lavoro da essi contribuita; in cui delle usurpazioni violente, dovute alla appropriazione dell'uomo, o di quelle celate, dovute alla appropriazione della terra, non si ravvisa più traccia; in cui le contese volgari per la conquista della ricchezza, onde la storia sociale è profanata, si acquetano in un sistema economico non più brutale, ma umano.

Per tal modo il rapporto (sia di *produzione* che di *appropriazione*) fra l'uomo e la terra determina il rapporto economico fra

uomo ed uomo e questo muta colla mutazione progressiva, che
l'incremento della popolazione produce nel rapporto fra l'uomo
e la terra. Ma col mutare del rapporto fra uomo ed uomo si
trasformano ancora tutti quei rapporti domestici, giuridici e politici e quelle idee filosofiche, morali, religiose, le quali non sono
che una superstruttura ed un riflesso mentale della forma economica dominante. Così la famiglia a base paterna non è che un
prodotto della necessità di ottenere le sussistenze mediante la produzione, necessità che si impone all'indomani del periodo preisto-
rico e che facendo dipendere dal lavoro del produttore il mantenimento dei membri improduttivi della famiglia, abbandona questi
in potere del padre; mentre poi, istituendo la proprietà, tronca
le branche numerose della famiglia primitiva, che sminuzzereb-
bero gli averi fra un gran numero di discendenti. Ma la famiglia
paterna assume poi delle forme successive, le quali non sono a lor
volta che un necessario prodotto dei rapporti economici. Imperocchè
mentre nella economia dissociata si ha la perfetta parità giuridica
dei due sessi, col sorgere della economia capitalista sorge la soggezione della donna al marito; e quei rapporti di dominazione, che
imperano nell'economia, si riproducono nella famiglia, di cui la
costituzione presenta un dispotismo maritale e paterno decrescente,
col digradare del dispotismo economico dalla schiavitù, alla servitù
ed al salariato; cosicchè (secondo la fine osservazione di Giorgio
Sand) il proprietario, come il lavoratore, recano nelle relazioni di
famiglia quel rapporto di dominio, di cui sono gli sfruttatori o le
vittime. Nè i rapporti economici hanno sulla costituzione giuridica
una meno decisa influenza, come dimostra con evidenza ineluttabile
la storia del testamento. Infatti il diritto di testare, che costituisce
uno stimolo poderoso alla accumulazione, è ignoto a quelle forme
economiche, che oppongono dei limiti invincibili all'accumulazione
stessa; così esso è ignoto alla economia dissociata ed alla economia
servile, nella quale però si aggiungono ad escluderlo la congiunzione
della sovranità colla proprietà, che esige la trasmissione di questa
nell'orbita della famiglia, e la necessità di una coltura ristoratrice, che impone di istituire la eredità intestata sulle terre coloniche. Ma quando la forma economica oppone alla accumulazione
dei limiti vincibili (come nella economia a schiavi), o non ne
oppone alcuno (come nella economia a salariati), il testamento si
istituisce, sia come reazione contro quei limiti, sia come stimolo

ulteriore all'incremento del capitale. Infine, quando il profitto scende al minimo, ed un incremento della accumulazione diviene pernicioso, il testamento diviene nocevole, per ciò appunto che l'accumulazione promove; onde a questo punto prevale di nuovo l'eredità intestata, ed il sistema della legittima, che ne è la parziale attuazione, si diffonde sullo scorcio della economia a schiavi, come della economia a salariati. Del pari, sulla forma economica si erige e muta con essa la costituzione politica, la filosofia, il modo di concepire la moralità e la giustizia. Che più? lo stesso rapporto fra l'uomo e la divinità ne' diversi periodi storici non è che una riproduzione mistica del rapporto economico fra uomo e uomo, che in essi prevale. Così nell'età pagana, in cui il rapporto fra il lavoro e la proprietà ha origine in un brutale asservimento del maggior numero ai pochi, il rapporto fra l'uomo e la divinità vien rannodato ad una conquista primitiva compiuta sull'intera umanità dagli iddii trionfatori, e simboleggiata nel mito della vittoria degli Dei sui Titani; ma la religione trasporta poi nel cielo stesso quel rapporto di schiavitù che domina sulla terra ed ammette la distinzione degli Dei medesimi in liberi e schiavi. Nel medioevo invece, in cui il rapporto fra la proprietà ed il lavoro assume un carattere patriarcale, è sotto questa forma che si raffigura il rapporto fra l'uomo e la divinità; e nelle leggende medievali il Redentore è raffigurato come il signore feudale, gli apostoli come i vassalli, gli uomini come i servi (1). E non è tutto. In questi periodi storici, nei quali ogni base o carattere contrattuale è escluso dal rapporto economico fra uomo ed uomo, il concetto di uno scambio di servigi fra l'uomo e la divinità è perfettamente estraneo alla convinzione religiosa. « Così quando la legge fu dettata tra i folgori del monte Sinai, quando furono sospesi i flutti del mare ed il corso dei pianeti per comodo degli Israeliti, o quando i premi e le pene temporali erano le conseguenze immediate della loro osservanza o disobbedienza, essi continuamente si ribellavano contro la visibile maestà del divino loro sovrano e collocavano gli idoli delle genti nel santuario di Jehova; mentre a mano a mano che quella stirpe restò priva della protezion del cielo, andò la sua fede acquistando un corrispondente grado di purezza e vigore ». Non altrimenti, tutte le notizie rimasteci sulle cre-

---

(1) LECKY, *Rationalism*, I, 210 e pass.

denze dei Romani, ci attestano che « la loro condotta in questa vita non fu mai regolata da una seria persuasione delle pene e dei premi d'uno stato futuro » (1). Ma invece nella società a salariati, nella quale il rapporto economico fra uomo e uomo ha un carattere essenzialmente mercantile, questo carattere si insinua nella religione e Dio diviene un capitalista del cielo, che riceve dagli uomini le buone opere ed accorda loro un salario (il quale, in antitesi a quello vigente sulla terra, è proporzionale) nella vita avvenire (2). Per questo modo la evoluzione economica determina un corrispondente sviluppo nel diritto, nella politica, nella morale, nella filosofia, nella religione, e da una causa così semplice, qual è l'incremento della popolazione, nascono e si svolgono le innumerevoli forme del pensiero e della vita.

Se l'evoluzione economica non è che il risultato di una successione di gradi decrescenti della produttività della terra, provocata dall'aumento della popolazione, è evidente che quella evoluzione sarà tanto più rapida, quanto più la successione di quei gradi sarà veloce e sentita. Dunque là dove l'aumento della popolazione non determina una decrescenza sensibile nella produttività della terra, la stazionarietà economica è inevitabile; di che porge classico esempio la China, ove l'energico aumento della popolazione non è fecondo d'alcun progresso, appunto perchè non determina alcuna modificazione notevole nelle condizioni territoriali. Gli è perciò che la soppressione della terra libera in quello stato rimane spoglia d'ogni carattere sociale, poichè non giova ad assicurare una associazione coattiva di lavoro, che sarebbe superflua a cagione della fertilità del terreno, e non conserva più che un carattere individuale, ossia rappresenta soltanto il processo necessario ad assicurare un profitto alla accumulazione inoperosa. Del pari è la elevata produttività della terra, che in quella regione rende meno sensibili i freni imposti alla produzione dai vari metodi di soppressione della terra libera, e fa che i metodi più rigorosi vi persistano, anche quando i meno rigorosi e più produttivi son resi possibili; e se la cessazione della terra incolta

---

(1) GIBBON, *Decadenza Imp. rom.*, Cap. XV.

(2) Il carattere del *do ut des* nei rapporti fra l'uomo e Dio è brutale nella Russia moderna (LEROY-BEAULIEU, *Sentiment religieux en Russie* nella *Revue des deux Mondes*, 1887).

non vi esclude la schiavitù, gli è appunto perchè la elevata fertilità del terreno paralizza le influenze negative di quella forma economica. Dove invece l'aumento della popolazione determina una decrescenza nella produttività della terra, ma questa decrescenza è poco sensibile, ivi la evoluzione economica si manifesta, ma è lenta; e se la produttività del terreno non degrada mai a tal punto, che le terre incolte siano intrattabili dal lavoro puro, l'evoluzione si arresta alla schiavitù, od al servaggio. Gli è appunto la meno sentita decrescenza nella produttività del terreno, che spiega perchè nell'Asia la produzione dissociata, o l'associazione propria coattiva, persista in un periodo, nel quale essa è da lungo tempo obliata in Europa; come la maggior fertilità della terra nell'Europa meridionale spiega perchè in essa le forme economiche si succedano più lentamente che nell'Europa del settentrione. Invece là dove la successione dei gradi di produttività della terra è molto vibrata, ivi la evoluzione economica si compie con più rapido ritmo. Così dove la produttività della terra incolta è limitata a tal segno da consentire fin da principio le forme più miti' di soppressione della terra libera, ivi la evoluzione è più spedita, poichè una fase di essa, la schiavitù, rimane impossibile. Dà esempio di ciò la Germania, la quale ignora, anche nei tempi primitivi, la schiavitù ferrea, caratteristica dell'economia romana ed istituisce una forma di schiavitù non molto dissimile dal successivo servaggio, appunto perchè il grado depresso della produttività del terreno vi rende possibile un metodo meno rigoroso di soppressione della terra libera, come vi rende intollerabile il lavoro improduttivo degli schiavi. Del pari, un improvviso incremento della popolazione di uno stato, dovuto, sia alla sovrapposizione di un popolo conquistatore, sia alla immigrazione, accelera d'un subito in quello stato il ritmo della evoluzione e vi svolge nuove forme economiche, che nelle altre nazioni sorgeranno solo in un'età successiva. Così le irruzioni dei barbari ed il loro sovrapporsi alla popolazione italiana determinava nell'Italia un incremento improvviso di popolazione, che provocava un immediato processo di decomposizione sociale e la sostituzione della schiavitù con una forma economica più produttiva; mentre tale metamorfosi non compivasi che più tardi nelle nazioni, di cui furon diverse le sorti. Non altrimenti le irruzioni dei Normanni nell'Inghilterra, accrescendo d'un subito la popolazione, provocavano una grandiosa trasformazione economica, la quale compivasi mercè una serie di violenze e di memorabili espropriazioni. Così ancora la cacciata degli Ugonotti dalla Francia e dei Mori e degli Ebrei dalla Spagna, scemando la popolazione in quei paesi ed accrescendola nell'Olanda e nell'Inghilterra, cagionava l'accelerarsi della evoluzione in quest'ultimi paesi, nei quali l'economia a salariati apparve prima e si svolse più rapida che nelle altre regioni d'Europa. Viceversa un regresso della popolazione, determinando un aumento nella produttività della terra-limite, determina un corrispondente regresso sociale. Così nella Spagna stessa la spopolazione, che i fatti ora ricordati cagionavano, provocava la restituzione delle forme economiche feudali, mentre nella Sardegna il regresso della popolazione ha determinato il ritorno allo stromento tecnico de' primi tempi romani (1). Generalmente, una analisi accurata delle varie forme e della ineguale rapidità che presenta la storia sociale delle diverse nazioni, ci mostrerebbe che quelle diversità, che sogliono attribuirsi a differenze di razza, non sono che il prodotto di una diversa rapidità nell'incremento della popolazione, o di una diversa fertilità della terra, da cui deriva una successione diversamente rapida dei gradi di produttività della terra-limite. Infine, la durata delle varie forme economiche, che si succedono nella storia, è in ragione inversa del coefficiente di incremento della popolazione, che in ciascuna d'esse prevale; epperò è tosto spiegabile la lunga durata della economia a schiavi e servile, dovuta ai limiti demografici imposti da quelle forme economiche, mentre è del pari facile presagire che il sistema economico odierno, in cui l'aumento della popolazione procede irrefrenato, deve presentare una durata più breve di quella d'ogni forma economica anteriore.

Ma se l'evoluzione sociale è determinata dall'incremento della popolazione, essa però non esige punto al proprio compimento un eccesso della popolazione sui mezzi di mantenerla; ed in ciò sta il sostanziale divario fra l'evoluzione sociale e l'evoluzione animale. La causa essenziale di questa differenza è riposta nel fatto, che l'animale, solo capace di un lavoro di apprensione, non può giovarsi che delle sussistenze gratuite, senza poterle accrescere mai. Perocchè dall'esser le sussistenze animali inaumentabili e gratuite,

---

(1) SALARIS, l. c., 55.

deriva che un aumento della popolazione animale, che non ecceda la quantità di viveri esistente, non può determinare alcuna lotta per l'esistenza, la quale sorge soltanto come conseguenza di un eccesso di popolazione. Questo eccesso — importa avvertirlo — può aversi anche a popolazione stazionaria, dacchè una popolazione, riproducentesi in quantità costante, può essere eccessiva quando non esista una quantità di viveri sufficiente ad alimentarla; ma appena esso si avveri, dirompe la lotta per la esistenza, la quale determina un processo continuo di selezione miglioratrice e di trasformazione delle specie. Invece ben diversi fenomeni presenta l'economia umana, in cui le sussistenze sono prodotte col lavoro ed aumentabili. Infatti, poichè le condizioni della loro produzione si fanno sempre più gravose, quanto più la popolazione crescente esacerba le condizioni di produttività della terra, così l'aumento della popolazione umana, per se stesso, indipendentemente da alcun eccesso sulle sussistenze, costituisce un fermento di progresso, necessitando il passaggio (che si compie per mezzo a vasti periodi di decomposizione) a metodi produttivi ed a forme economiche sempre più efficaci a lottare contro la resistenza crescente della natura. Può certamente aversi un eccesso di popolazione, quando la trasformazione economica imposta dalla cresciuta popolazione non avvenga con sufficiente lestezza; ma questo eccesso di popolazione è pur sempre eventuale, di più è necessariamente temporaneo, poichè eliminato immediatamente appena sia compiuta la trasformazione del sistema economico e produttivo (1), ed infine è privo di qualsiasi influenza sulla evoluzione sociale, la quale si compie pel solo fatto di un incremento della popolazione esigente un processo a metodi produttivi sempre più efficaci. L'eccesso di popolazione permanente, lunge dall'essere la causa dell'evoluzione economica, si produce come ultimo detrito di questa evoluzione e per l'azione combinata della

---

(1) Uno scrittore, rendendo conto nella *Coltura* (febbraio 1883) del mio lavoro sulla *Legge di Popolazione*, ove si accenna a questo rinnovarsi periodico della popolazione eccessiva, avverte che l'economia politica classica non ha mai considerato altrimenti l'eccesso di popolazione, il quale anche per essa non è continuo, ma si produce quando l'aumento della popolazione ha consumato quel nuovo margine di alimenti, che una nuova costituzione fondiaria ha apprestato. Quanti conoscono le teorie dell'economia classica non hanno d'uopo ch'io aggiunga essere questa osservazione completamente infondata.

ren dita, che limita l'accumulazione produttiva e del salario, che stimola la procreazione; ed in questo periodo estremo in cui si manifesta, esso funziona a rallentare la evoluzione organica umana, od a convertirla in involuzione, provocando la prevalenza numerica degli individui peggio alimentati e più deboli. Così tutti i caratteri della evoluzione animale appaiono invertiti nella evoluzione sociale ed è appunto in questa inversione che risplende più fulgida la superiorità della specie umana. Infatti se la evoluzione animale non può compiersi che a condizione di un eccesso di popolazione, se essa esige un permanente squilibrio e una strage, la evoluzione umana, la quale pure presenta il fenomeno affatto nuovo della evoluzione superorganica, si elabora per la sola ed innocente influenza dell'incremento della popolazione, e l'eccesso di questa sulle sussistenze, quando pure si manifesti, non ha alcuna influenza sulla evoluzione sociale ed ha sulla evoluzione organica una influenza degeneratrice; cosicchè la dolorosa contraddizione del progresso che scaturisce dal male, quale si rivela nella evoluzione delle specie inferiori, si acqueta e si elide nella evoluzione dell'umanità (1).

Tale è la sostanziale differenza fra l'evoluzione organica e l'evoluzione economica; ma ecco che altri e pur rilevanti divari vediamo interceder fra quelle. Infatti, mentre la evoluzione organica è costituita da una successione continua di forme progressive, ed è, in ogni sua fase, inconsciente, le varie fasi della evoluzione sociale sono separate fra loro da dolorosi periodi di decomposizione e ricomposizione, che dissolvono la forma invecchiata e la immettono in altra superiore (2), e l'esistenza di questi

---

(1) Lo stesso Darwin consiglia tutti coloro, che non possono evitare una certa povertà ai loro figli, ad astenersi dalla procreazione. Ora se procreassero quelli soli, che possono assicurare le sussistenze ai loro figli, l'eccesso di popolazione non esisterebbe; quindi, se la selezione umana poggiasse su questo eccesso, si arresterebbe il progresso della nostra specie. Perciò questo stesso consiglio del grande teorico della selezione dimostra, come esso ammettesse la possibilità del progresso umano indipendentemente dall'eccesso di popolazione. Del resto si noti che, non essendo i consumi umani limitati alle sussistenze, la lotta per l'esistenza può combattersi, senza che s'abbia alcun eccesso di popolazione, per la conquista dei prodotti superiori, di cui il numero è limitato, mentre è illimitato il desiderio. Su tutto ciò si vegga VANNI, *Popolaz.*, 110 e ss., BONAR, *Malthus and his work*, Lond., 1885, 67 e ss.

(2) Simili strappi si avvertono in tutte le forme della evoluzione umana. Così

periodi critici rende sommamente desiderabile l'intervento cosciente dell'uomo, inteso non già a mutare una evoluzione irresistibile, ma a rendere meno gravi i sussulti che la travagliano e ad accelerarne il processo. La scienza rende possibile questo intervento conscio dell'uomo, espugnando il mistero, onde sono avvolti i rapporti economici ed illuminando la traiettoria della società umana; ma la sola scienza non basta a provocare quel risultato, poichè è d'uopo ancora che la coscienza della natura intima dei rapporti sociali penetri nelle masse, che ne sono le vittime, ossia è necessario che le classi intelligenti, difenditrici secolari della proprietà, abbandonino questa per allearsi alle classi sfruttate. Ebbene· questa alleanza sorge necessaria ad un certo stadio dello sviluppo economico, come prodotto della decrescenza nel saggio del profitto; cosicchè lo stesso processo economico inconsciente genera l'intervento consapevole dell'uomo, o la propria metamorfosi in processo conscio e razionale. — Nè un divario meno notevole fra le due evoluzioni è questo, che se la evoluzione organica può essere illimitata, la evoluzione economica trova un limite insuperabile, poichè move verso una forma sociale, che presenta, colla cessazione d'ogni usurpazione e d'ogni conflitto, le condizioni di una perfetta immutabilità. Ora da ciò discende uno fra i caratteri più luminosi della evoluzione economica; poichè il limite stesso, che ad un certo punto l'arresta, fa che quelle forze, le quali si consumerebbero nella produzione di nuove forme sociali, si indirizzino invece, nello stadio estremo dello sviluppo economico, alla produzione di forme più feconde, alle creazioni tecniche, artistiche, o, più generalmente, ideali.

Infine se la evoluzione organica procede verso forme sempre più complesse, ben diversa è la evoluzione sociale; poichè quella forma economica, la quale (a norma delle indagini fin qui condotte) costituisce il vertice, verso cui ascende la storia, differisce da tutte le precedenti per la semplicità assoluta dei rapporti, onde essa è intessuta. Ora ciò ha importanti conseguenze rispetto ai fenomeni del pensiero. Infatti la complessità delle forme economiche passate, come dell'attuale, assorbe l'intelligenza umana,

---

nella evoluzione della moneta (MOMMSEN, *Gesch. des röm. Munzwesens,* Berl., 1860, VIII), del linguaggio (MAX MÜLLER, *Lectures on Science of Language,* 1866, 73), ecc.

la quale si rivolge con fervore ad indagare quella fitta rete di rapporti minuziosi, che l'egoismo individuale ha frapposto fra uomo e uomo e sciupa nelle indagini di queste morbose creazioni della cupidigia umana le migliori sue forze. Così nella società a schiavi, nella quale sono semplici i rapporti della distribuzione, ma complessi quelli della redistribuzione della ricchezza, la mente umana si rivolge all'analisi della redistribuzione, e ne lumeggia i principî nella scienza del diritto; mentre nella società a salariati, nella quale la distribuzione della ricchezza presenta una complessità nuova ed i più astrusi problemi, il pensiero si rivolge alla ricerca delle leggi della distribuzione della ricchezza e l'economia politica sorge. Se non che questa analisi dei rapporti complessi fra uomo ed uomo, che le forme economiche hanno evocata, distoglie il pensiero dalle ricerche più profonde sulla natura stessa dell'uomo, della coscienza, dell'io e questi problemi fondamentali rimangono avvolti nelle tenebre più inestricabili. La scienza conosce perfettamente i rapporti fra esseri, di cui ignora completamente la natura e l'intime leggi. Or questa contraddizione stridente, che opprime oggi ancora l'intelletto, non potrà sparire se non colla formazione di un sistema economico, i cui rapporti semplici, trasparenti e immutabili non attraggano più oltre le forze della scienza investigatrice, la quale allora soltanto, lunge dal portarsi alla ricerca delle grette relazioni, che l'egoismo ha create fra gli uomini, potrà rivolgersi ai problemi supremi della conoscenza e vittoriosamente espugnarli. Pertanto la formazione novissima della società umana auspica la redenzione del pensiero dalla indagine dei rapporti egoistici fra uomo e uomo e lo sospinge alla indagine del sublime problema, la cui soluzione è l'aspirazione secolare della investigazione scientifica — la conoscenza dell'uomo medesimo; cosicchè il chiudersi della evoluzione economica dischiude un nuovo e più splendido ciclo alla evoluzione mentale della umanità.

Fine.

21